westermann

AF196654

EinFach
Deutsch

Heinrich Mann

Der Untertan

Erarbeitet und mit Anmerkungen
und Materialien versehen von
Claudia Müller-Völkl
Michael Völkl

Herausgegeben von
Johannes Diekhans
Lukas Diekhans

Der Text folgt der folgenden Ausgabe: Heinrich Mann: Der Untertan. Roman. Mit einem Nachwort und Materialienanhang von Peter-Paul Schneider. Fischer Taschenbuch, Frankfurt am Main 1991 (Heinrich Mann. Studienausgabe in Einzelbänden. Hrsg. von Peter-Paul Schneider. Frankfurt am Main 1986 ff.). Die Rechtschreibung und Zeichensetzung wurde behutsam an die gegenwärtig gültigen Regeln angepasst.

westermann GRUPPE

© 2021 Westermann Bildungsmedien Verlag GmbH,
Georg-Westermann-Allee 66, 38104 Braunschweig
www.westermann.de

Druck A^2 / Jahr 2022
Alle Drucke der Serie A sind im Unterricht parallel verwendbar.

Druck und Bindung: Westermann Druck Zwickau GmbH,
Crimmitschauer Straße 43, 08058 Zwickau

ISBN 978-3-14-**022706**-3

Heinrich Mann:
Der Untertan

I

Diederich Heßling war ein weiches Kind, das am liebsten träumte, sich vor allem fürchtete und viel an den Ohren litt. Ungern verließ er im Winter die warme Stube, im Sommer den engen Garten, der nach den Lumpen[1] der Papierfabrik roch und über dessen Goldre-
5 gen- und Fliederbäumen das hölzerne Fachwerk[2] der alten Häuser stand. Wenn Diederich vom Märchenbuch, dem geliebten Märchenbuch, aufsah, erschrak er manchmal sehr. Neben ihm auf der Bank hatte ganz deutlich eine Kröte gesessen, halb so groß wie er selbst! Oder an der Mauer dort drüben stak bis zum Bauch in der
10 Erde ein Gnom[3] und schielte her!
Fürchterlicher als Gnom und Kröte war der Vater, und obendrein sollte man ihn lieben. Diederich liebte ihn. Wenn er genascht oder gelogen hatte, drückte er sich so lange schmatzend und scheu wedelnd am Schreibpult umher, bis Herr Heßling etwas merkte und
15 den Stock von der Wand nahm. Jede nicht herausgekommene Untat mischte in Diederichs Ergebenheit und Vertrauen einen Zweifel. Als der Vater einmal mit seinem invaliden[4] Bein die Treppe herunterfiel, klatschte der Sohn wie toll[5] in die Hände – worauf er weglief.
20 Kam er nach einer Abstrafung mit gedunsenem Gesicht und unter Geheul an der Werkstätte vorbei, dann lachten die Arbeiter. Sofort aber streckte Diederich nach ihnen die Zunge aus und stampfte. Er war sich bewusst: ‚Ich habe Prügel bekommen, aber von meinem Papa. Ihr wäret froh, wenn ihr auch Prügel von ihm bekommen
25 könntet. Aber dafür seid ihr viel zu wenig.‘

---

[1] Lumpen: Textilreste, dienten zur damaligen Zeit als Rohstoff zur Herstellung von Papier
[2] Fachwerk: hölzernes Tragwerk eines in traditioneller Bauweise errichteten Hauses
[3] Gnom: ein dem Kobold vergleichbares klein gewachsenes Märchenwesen
[4] invalid: gesundheitlich beeinträchtigt, nicht mehr funktionsfähig
[5] toll: hier: verrückt

Er bewegte sich zwischen ihnen wie ein launenhafter Pascha[1]; drohte ihnen bald, es dem Vater zu melden, dass sie sich Bier holten, und bald ließ er kokett aus sich die Stunde herausschmeicheln, zu der Herr Heßling zurückkehren sollte. Sie waren auf der Hut vor
5 dem Prinzipal[2]: Er kannte sie, er hatte selbst gearbeitet. Er war Büttenschöpfer[3] gewesen in den alten Mühlen, wo jeder Bogen[4] mit der Hand geformt ward; hatte dazwischen alle Kriege mitgemacht und nach dem letzten, als jeder Geld fand, eine Papiermaschine kaufen können. Ein Holländer[5] und eine Schneidemaschine vervollstän-
10 digten die Einrichtung. Er selbst zählte die Bogen nach. Die von den Lumpen abgetrennten Knöpfe durften ihm nicht entgehen. Sein kleiner Sohn ließ sich oft von den Frauen welche zustecken, dafür, dass er die nicht angab, die einige mitnahmen. Eines Tages hatte er so viele beisammen, dass ihm der Gedanke kam, sie beim Krämer[6]
15 gegen Bonbons umzutauschen. Es gelang – aber am Abend kniete Diederich, indes er den letzten Malzzucker zerlutschte, sich ins Bett und betete, angstgeschüttelt, zu dem schrecklichen lieben Gott, er möge das Verbrechen unentdeckt lassen. Er brachte es dennoch an den Tag. Dem Vater, der immer nur methodisch, Ehrenfestigkeit
20 und Pflicht auf dem verwitterten Unteroffiziersgesicht, den Stock geführt hatte, zuckte diesmal die Hand, und in die eine Bürste seines silberigen Kaiserbartes lief, über die Runzeln hüpfend, eine Träne. „Mein Sohn hat gestohlen", sagte er außer Atem, mit dumpfer Stimme, und sah sich das Kind an wie einen verdächtigen Eindring-
25 ling. „Du betrügst und stiehlst. Du brauchst nur noch einen Menschen totzuschlagen."

---

[1] Pascha: im Osmanischen Reich Ehrentitel für hohe Staatsbeamte, hier: abwertend gebraucht für einen Menschen, der seine Macht rücksichtslos und willkürlich ausübt
[2] Prinzipal: Arbeitgeber
[3] Büttenschöpfer: Der Büttenschöpfer schöpft mit einem Sieb Faserbrei aus einer Holzwanne („Bütte"), um es zu Papier weiterzuverarbeiten.
[4] Bogen: genormtes Papierformat
[5] Holländer: Maschine, die im Prozess der Papierherstellung Textilien zu Fasern zerkleinerte
[6] Krämer: Kleinwarenhändler

Frau Heßling wollte Diederich nötigen, vor dem Vater hinzufallen und ihn um Verzeihung zu bitten, weil der Vater seinetwegen geweint habe! Aber Diederichs Instinkt sagte ihm, dass dies den Vater nur noch mehr erbost haben würde. Mit der gefühlsseligen Art sei-
5 ner Frau war Heßling durchaus nicht einverstanden. Sie verdarb das Kind fürs Leben. Übrigens ertappte er sie geradeso auf Lügen wie den Diedel. Kein Wunder, da sie Romane las! Am Sonnabend-abend war nicht immer die Wochenarbeit getan, die ihr aufgegeben war. Sie klatschte, anstatt sich zu rühren, mit dem Mädchen ... Und
10 Heßling wusste noch nicht einmal, dass seine Frau auch naschte, gerade wie das Kind. Bei Tisch wagte sie sich nicht satt zu essen und schlich nachträglich an den Schrank. Hätte sie sich in die Werkstätte getraut, würde sie auch Knöpfe gestohlen haben.

Sie betete mit dem Kind „aus dem Herzen", nicht nach Formeln, und
15 bekam dabei gerötete Wangenknochen. Sie schlug es auch, aber Hals über Kopf und verzerrt von Rachsucht. Oft war sie dabei im Unrecht. Dann drohte Diederich, sie beim Vater zu verklagen; tat so, als ginge er ins Kontor[1], und freute sich irgendwo hinter einer Mauer, dass sie nun Angst hatte. Ihre zärtlichen Stunden nützte er
20 aus; aber er fühlte gar keine Achtung vor seiner Mutter. Ihre Ähn-lichkeit mit ihm selbst verbot es ihm. Denn er achtete sich selbst nicht, dafür ging er mit einem zu schlechten Gewissen durch sein Leben, das vor den Augen des Herrn nicht hätte bestehen können.

Dennoch hatten die beiden von Gemüt überfließende Dämmer-
25 stunden. Aus den Festen pressten sie gemeinsam, vermittelst Gesang, Klavierspiel und Märchenerzählen, den letzten Tropfen Stimmung heraus. Als Diederich am Christkind zu zweifeln anfing, ließ er sich von der Mutter bewegen, noch ein Weilchen zu glauben, und er fühlte sich dadurch erleichtert, treu und gut. Auch an ein Ge-
30 spenst, droben auf der Burg, glaubte er hartnäckig, und der Vater, der davon nichts hören wollte, schien ihm zu stolz, beinahe straf-würdig. Die Mutter nährte ihn mit Märchen. Sie teilte ihm ihre Angst mit vor den neuen, belebten Straßen und der Pferdebahn, die hindurchfuhr, und führte ihn über den Wall nach der Burg. Dort
35 genossen sie das wohlige Grausen.

---

[1] Kontor: Büro eines Handelsunternehmens

Ecke der Meisestraße hinwieder musste man an einem Polizisten
vorüber, der, wen er wollte, ins Gefängnis abführen konnte! Diederichs Herz klopfte beweglich; wie gern hätte er einen weiten Bogen
gemacht! Aber dann würde der Polizist sein schlechtes Gewissen
5 erkannt und ihn aufgegriffen haben. Es war vielmehr geboten, zu
beweisen, dass man sich rein und ohne Schuld fühlte – und mit
zitternder Stimme fragte Diederich den Schutzmann nach der Uhr.

Nach so vielen furchtbaren Gewalten, denen man unterworfen war,
nach den Märchenkröten, dem Vater, dem lieben Gott, dem Burgge-
10 spenst und der Polizei, nach dem Schornsteinfeger, der einen durch
den ganzen Schlot[1] schleifen konnte, bis man auch ein schwarzer
Mann war, und dem Doktor, der einen im Hals pinseln durfte und
schütteln, wenn man schrie – nach allen diesen Gewalten geriet nun
Diederich unter eine noch furchtbarere, den Menschen auf einmal
15 ganz verschlingende: die Schule. Diederich betrat sie heulend, und
auch die Antworten, die er wusste, konnte er nicht geben, weil er
heulen musste. Allmählich lernte er den Drang zum Weinen gerade
dann auszunützen, wenn er nicht gelernt hatte – denn alle Angst
machte ihn nicht fleißiger oder weniger träumerisch –, und vermied
20 so, bis die Lehrer sein System durchschaut hatten, manche üblen
Folgen. Dem Ersten, der es durchschaute, schenkte er seine ganze
Achtung; er war plötzlich still und sah ihn, über den gekrümmten
und vors Gesicht gehaltenen Arm hinweg, voll scheuer Hingabe an.
Immer blieb er den scharfen Lehrern ergeben und willfährig. Den
25 gutmütigen spielte er kleine, schwer nachweisbare Streiche, deren er
sich nicht rühmte. Mit viel größerer Genugtuung sprach er von einer Verheerung in den Zeugnissen, von einem riesigen Strafgericht.
Bei Tisch berichtete er: „Heute hat Herr Behneke wieder drei durch-
gehauen." Und wenn gefragt ward, wen: „Einer war ich."
30 Denn Diederich war so beschaffen, dass die Zugehörigkeit zu einem
unpersönlichen Ganzen, zu diesem unerbittlichen, menschenverach-
tenden, maschinellen Organismus, der das Gymnasium war, ihn be-
glückte, dass die Macht, die kalte Macht, an der er selbst, wenn auch

---

[1] Schlot: Kamin, Schornstein

nur leidend, teilhatte, sein Stolz war. Am Geburtstag des Ordinarius[1] bekränzte man Katheder[2] und Tafel. Diederich umwand sogar den Rohrstock.

Im Lauf der Jahre berührten zwei über Machthaber hereingebro-
chene Katastrophen ihn mit heiligem und süßem Schauder. Ein Hilfslehrer ward vor der Klasse vom Direktor heruntergemacht und entlassen. Ein Oberlehrer ward wahnsinnig. Noch höhere Gewalten, der Direktor und das Irrenhaus, waren hier grässlich mit denen abgefahren, die bis eben so hohe Gewalt hatten. Von unten, klein,
aber unversehrt, durfte man die Leichen betrachten und aus ihnen eine die eigene Lage mildernde Lehre ziehen.

Die Macht, die ihn in ihrem Räderwerk hatte, vor seinen jüngeren Schwestern vertrat Diederich sie. Sie mussten nach seinem Diktat schreiben und künstlich noch mehr Fehler machen, als ihnen von
selbst gelangen, damit er mit roter Tinte wüten und Strafen austeilen konnte. Sie waren grausam. Die Kleinen schrien – und dann war es an Diederich, sich zu demütigen, um nicht verraten zu werden.

Er hatte, den Machthabern nachzuahmen, keinen Menschen nötig; ihm genügten Tiere, sogar Dinge. Er stand am Rande des Hollän-
ders und sah die Trommel die Lumpen ausschlagen. „Den hast du weg! Untersteht euch noch mal! Infame[3] Bande!", murmelte Diederich, und in seinen blassen Augen glomm es. Plötzlich duckte er sich; fast fiel er in das Chlorbad. Der Schritt eines Arbeiters hatte ihn aufgestört aus seinem lästerlichen Genuss.

Denn recht geheuer und seiner Sache gewiss fühlte er sich nur, wenn er selbst die Prügel bekam. Kaum je widerstand er dem Übel. Höchstens bat er den Kameraden: „Nicht auf den Rücken, das ist ungesund."

Nicht, dass es ihm am Sinn für sein Recht und an Liebe zum eigenen
Vorteil fehlte. Aber Diederich hielt dafür, dass Prügel, die er bekam, dem Schlagenden keinen praktischen Gewinn, ihm selbst keinen realen Verlust zufügten. Ernster als diese bloß idealen Werte nahm er die Schaumrolle, die der Oberkellner vom Netziger Hof ihm

---

[1] Ordinarius: ehemals gebräuchliche Bezeichnung für den Klassenlehrer
[2] Katheder: Lehrerpult
[3] infam: bösartig, durchtrieben

schon längst versprochen hatte, und mit der er nie herausrückte. Diederich machte unzählige Male ernsten Schrittes den Geschäftsweg die Meisestraße hinauf und zum Markt, um seinen befrackten[1] Freund zu mahnen. Als der aber eines Tages von seiner Verpflichtung überhaupt nichts mehr wissen wollte, erklärte Diederich und stampfte ehrlich entrüstet auf: „Jetzt wird mir's doch zu bunt! Wenn Sie nun nicht gleich herausrücken, sag ich's Ihrem Herrn!" Darauf lachte Schorsch und brachte die Schaumrolle.

Das war ein greifbarer Erfolg. Leider konnte Diederich ihn nur hastig und in Sorge genießen, denn es war zu fürchten, dass Wolfgang Buck, der draußen wartete, darüber zukam und den Anteil verlangte, der ihm versprochen war. Indes fand er Zeit, sich sauber den Mund zu wischen, und vor der Tür brach er in heftige Schimpfreden auf Schorsch aus, der ein Schwindler sei und gar keine Schaumrolle habe. Diederichs Gerechtigkeitsgefühl, das sich zu seinen Gunsten noch eben so kräftig geäußert hatte, schwieg vor den Ansprüchen des anderen – die man freilich nicht einfach außer Acht lassen durfte, dafür war Wolfgangs Vater eine viel zu achtunggebietende Persönlichkeit. Der alte Herr Buck trug keinen steifen Kragen, sondern eine weißseidene Halsbinde[2] und darüber einen großen weißen Knebelbart[3]. Wie langsam und majestätisch er seinen oben goldenen Stock aufs Pflaster setzte! Und er hatte einen Zylinder auf, und unter seinem Überzieher sahen häufig Frackschöße hervor, mitten am Tage! Denn er ging in Versammlungen, er bekümmerte sich um die ganze Stadt. Von der Badeanstalt, vom Gefängnis, von allem, was öffentlich war, dachte Diederich: ‚Das gehört dem Herrn Buck.' Er musste ungeheuer reich und mächtig sein. Alle, auch Herr Heßling, entblößten vor ihm lange den Kopf. Seinem Sohn mit Gewalt etwas abzunehmen, wäre eine Tat voll unabsehbarer Gefahren gewesen. Um von den großen Mächten, die er so sehr verehrte, nicht ganz erdrückt zu werden, musste Diederich leise und listig zu Werk gehen.

---

[1] befrackt: einen Frack bzw. eine Kellnerkleidung tragend
[2] Halsbinde: um den Hals geknotetes Tuch, Vorgänger der Krawatte
[3] Knebelbart: Bartmode, bestehend aus einem Kinnbart und einem an den Enden gezwirbelten Schnauzbart

Einmal nur, in Untertertia[1], geschah es, dass Diederich jede Rücksicht vergaß, sich blindlings betätigte und zum siegestrunkenen Unterdrücker ward. Er hatte, wie es üblich und geboten war, den einzigen Juden seiner Klasse gehänselt, nun aber schritt er zu einer
5 ungewöhnlichen Kundgebung. Aus Klötzen, die zum Zeichnen dienten, erbaute er auf dem Katheder ein Kreuz und drückte den Juden davor in die Knie. Er hielt ihn fest, trotz allem Widerstand; er war stark! Was Diederich stark machte, war der Beifall ringsum, die Menge, aus der heraus Arme ihm halfen, die überwältigende Mehr-
10 heit drinnen und draußen. Denn durch ihn handelte die Christenheit von Netzig. Wie wohl man sich fühlte bei geteilter Verantwortlichkeit und einem Selbstbewusstsein, das kollektiv war!
Nach dem Verrauchen des Rausches stellte wohl leichtes Bangen sich ein, aber das erste Lehrergesicht, dem Diederich begegnete,
15 gab ihm allen Mut zurück; es war voll verlegenen Wohlwollens. Andere bewiesen ihm offen ihre Zustimmung. Diederich lächelte mit demütigem Einverständnis zu ihnen auf. Er bekam es leichter seitdem. Die Klasse konnte die Ehrung dem nicht versagen, der die Gunst des neuen Ordinarius besaß. Unter ihm brachte Diederich es
20 zum Primus[2] und zum geheimen Aufseher. Wenigstens die zweite dieser Ehrenstellen behauptete er auch später. Er war gut Freund mit allen, lachte, wenn sie ihre Streiche ausplauderten, ein ungeübtes, aber herzliches Lachen, als ernster junger Mensch, der Nachsicht hat mit dem Leichtsinn – und dann in der Pause, wenn er dem
25 Professor das Klassenbuch vorlegte, berichtete er. Auch hinterbrachte er die Spitznamen der Lehrer und die aufrührerischen Reden, die gegen sie geführt worden waren. In seiner Stimme bebte, nun er sie wiederholte, noch etwas von dem wollüstigen Erschrecken, womit er sie, hinter gesenkten Lidern, angehört hatte. Denn
30 er spürte, ward irgendwie an den Herrschenden gerüttelt, eine gewisse lasterhafte Befriedigung, etwas ganz unten sich Bewegendes, fast wie ein Hass, der zu seiner Sättigung rasch und verstohlen ein paar Bissen nahm. Durch die Anzeige der anderen sühnte er die eigene sündhafte Regung.

---

[1] Untertertia: heutzutage: 8. Jahrgangsstufe
[2] Primus: Klassenbester

Andererseits empfand er gegen die Mitschüler, deren Fortkommen seine Tätigkeit infrage stellte, zumeist keine persönliche Abneigung. Er benahm sich als pflichtmäßiger Vollstrecker einer harten Notwendigkeit. Nachher konnte er zu dem Getroffenen hintreten
5 und ihn, fast ganz aufrichtig, beklagen. Einst ward mit seiner Hilfe einer gefasst, der schon längst verdächtig war, alles abzuschreiben. Diederich überließ ihm, mit Wissen des Lehrers, eine mathematische Aufgabe, die in der Mitte absichtlich gefälscht und deren Endergebnis dennoch richtig war. Am Abend nach dem Zusammen-
10 bruch des Betrügers saßen einige Primaner[1] vor dem Tor in einer Gartenwirtschaft, was zum Schluss der Turnspiele erlaubt war, und sangen. Diederich hatte den Platz neben seinem Opfer gesucht. Einmal, als ausgetrunken war, ließ er die Rechte vom Krug herab auf die des anderen gleiten, sah ihm treu in die Augen und stimmte in
15 Basstönen[2], die von Gemüt schleppten, ganz allein an:

„Ich hatt einen Kameraden,
Einen bessern findst du nit ...“[3]

Übrigens genügte er bei zunehmender Schulpraxis in allen Fächern, ohne in einem das Maß des Geforderten zu überschreiten oder auf
20 der Welt irgendetwas zu wissen, was nicht im Pensum[4] vorkam. Der deutsche Aufsatz war ihm das Fremdeste, und wer sich darin auszeichnete, gab ihm ein unerklärtes Misstrauen ein.
Seit seiner Versetzung nach Prima[5] galt seine Gymnasialkarriere für gesichert, und bei Lehrern und Vater drang der Gedanke durch,
25 er solle studieren. Der alte Heßling, der sechsundsechzig und einundsiebzig[6] durch das Brandenburger Tor eingezogen war, schickte Diederich nach Berlin.

---

[1] Primaner: heutzutage Schüler der 12. und 13. Jahrgangsstufe
[2] Basston: tiefster Ton eines Klanges
[3] Ich hatt einen Kameraden,/Einen bessern findst du nit...: Lied vom guten Kameraden; bis heute gebräuchliches militärisches Trauerlied
[4] Pensum: Lehrstoff
[5] Prima: veraltet für Oberstufe am Gymnasium
[6] sechsundsechzig und einundsiebzig: Die Siege Preußens im Krieg gegen Österreich 1866 und gegen Frankreich 1870/1871 wurden durch Soldateneinmärsche in der Hauptstadt Berlin gefeiert.

Weil er sich aus der Nähe der Friedrichstraße nicht fortgetraute,
mietete er sein Zimmer droben in der Tieckstraße. Jetzt hatte er nur
in gerader Linie hinunterzugehen und konnte die Universität nicht
verfehlen. Er besuchte sie, da er nichts anderes vorhatte, täglich
5 zweimal, und in der Zwischenzeit weinte er oft vor Heimweh. Er
schrieb einen Brief an Vater und Mutter und dankte ihnen für seine
glückliche Kindheit. Ohne Not ging er nur selten aus. Kaum, dass er
zu essen wagte; er fürchtete, sein Geld vor dem Ende des Monats
auszugeben. Und immerfort musste er nach der Tasche fassen, ob es
10 noch da sei.

So verlassen ihm um das Herz war, ging er doch noch immer nicht
mit dem Brief des Vaters in die Blücherstraße zu Herrn Göppel,
dem Zellulosefabrikanten[1], der aus Netzig war und auch an Heßling lieferte. Am vierten Sonntag besiegte er seine Scheu – und
15 kaum watschelte der gedrungene, gerötete Mann, den er schon so oft
beim Vater im Kontor gesehen hatte, auf ihn zu, da wunderte Diederich sich schon, dass er nicht früher gekommen sei. Herr Göppel
fragte gleich nach ganz Netzig und vor allem nach dem alten Buck.
Denn obwohl sein Kinnbart nun auch ergraut war, hatte er doch,
20 wie Diederich, nur, wie es schien, aus anderen Gründen, schon als
Knabe den alten Buck verehrt. Das war ein Mann: Hut ab! Einer
von denen, die das deutsche Volk hochhalten sollte, höher als gewisse Leute, die immer alles mit Blut und Eisen[2] kurieren wollten
und dafür der Nation riesige Rechnungen schrieben. Der alte Buck
25 war schon achtundvierzig[3] dabei gewesen, er war sogar zum Tode
verurteilt worden. „Ja, dass wir hier als freie Männer sitzen können", sagte Herr Göppel, „das verdanken wir solchen Leuten wie

---

[1] Zellulosefabrikant: Betreiber einer Papierfabrik

[2] Blut und Eisen: Anspielung auf eine Rede des preußischen Ministerpräsiden-
ten Otto von Bismarck aus dem Jahr 1862, in der er militärische Aktionen als
Mittel der Außenpolitik ankündigte.

[3] achtundvierzig: Gemeint ist die Märzrevolution 1848, mit der das Bürgertum
eine demokratische Verfassung sowie die nationale Einheit Deutschlands
erstreiten wollte. Die Revolution wurde von den Landesfürsten schließlich
gewaltsam niedergeschlagen.

dem alten Buck." Und er öffnete noch eine Flasche Bier. „Heute sollen wir uns mit Kürassierstiefeln[1] treten lassen ..."

Herr Göppel bekannte sich als Freisinnigen[2] Gegner Bismarcks[3]. Diederich bestätigte alles, was Göppel wollte; er hatte über den Kanz-
5 ler, die Freiheit, den jungen Kaiser[4] keinerlei Meinung. Da aber ward er peinlich berührt, denn ein junges Mädchen war eingetreten, das ihm auf den ersten Blick durch Schönheit und Eleganz gleich furchtbar erschien.

„Meine Tochter Agnes", sagte Herr Göppel.

10 Diederich stand da, in seinem faltenreichen Gehrock, als magerer Kandidat, und war rosig überzogen. Das junge Mädchen gab ihm die Hand. Sie wollte wohl nett sein, aber was war mit ihr anzufangen. Diederich antwortete ja, als sie fragte, ob Berlin ihm gefalle; und als sie fragte, ob er schon im Theater gewesen sei, antwortete
15 er nein. Er fühlte sich feucht vor Ungemütlichkeit und war fest überzeugt, sein Aufbruch sei das Einzige, womit er das junge Mädchen interessieren könne. Aber wie war von hier fortzukommen? Zum Glück stellte ein anderer sich ein, ein breiter Mensch namens Mahlmann, der mit ungeheurer Stimme Mecklenburgisch sprach,
20 stud. ing.[5] zu sein schien und bei Göppels Zimmerherr sein sollte. Er erinnerte Fräulein Agnes an einen Spaziergang, den sie verabredet hätten. Diederich ward aufgefordert, mitzukommen. Entsetzt schützte er einen Bekannten vor, der draußen auf ihn warte, und machte sich sofort davon. ‚Gott sei Dank', dachte er, während es ihm einen
25 Stich gab, ‚sie hat schon einen.'

Herr Göppel öffnete ihm im Dunkeln die Flurtür und fragte, ob sein Freund auch Berlin kenne. Diederich log, der Freund sei Berliner.

---

[1] Kürassierstiefel: schwere Militärstiefel

[2] Freisinnige: Im politischen Liberalismus standen die „Freisinnigen" für betont freiheitliche Positionen, vor allem für die Stärkung demokratischer Rechte.

[3] Graf Otto von Bismarck (1815 – 1898): konservativer preußischer Politiker, der maßgeblich die Gründung des Deutschen Kaiserreichs vorantrieb; 1871 – 1890 erster Reichskanzler des Deutschen Reiches

[4] der junge Kaiser: Gemeint ist Kaiser Wilhelm II. (1859 – 1941), deutscher Kaiser von 1888 – 1918.

[5] stud. ing.: Inoffizieller Titel für den Studenten eines Ingenieurberufs. Technik und Wissenschaft genossen im Kaiserreich hohes Ansehen.

„Denn wenn Sie es beide nicht kennen, kommen Sie noch in den falschen Omnibus[1]. Sie haben sich gewiss schon mal verirrt in Berlin." Und als Diederich es zugab, zeigte Herr Göppel sich befriedigt. „Das ist nicht wie in Netzig. Hier laufen Sie gleich halbe Tage. Was

5 glauben Sie wohl, wenn Sie von Ihrer Tieckstraße bis hierher zum Halleschen Tor gehen, dann sind Sie ja schon dreimal durch ganz Netzig gestiegen ... Na, nächsten Sonntag kommen Sie nun aber zum Mittagessen!"

Diederich versprach es. Als es soweit war, hätte er lieber abgesagt;

10 nur aus Furcht vor seinem Vater ging er hin. Diesmal galt es sogar, ein Alleinsein mit dem Fräulein zu bestehen. Diederich tat geschäftig und als sei er nicht aufgelegt, sich mit ihr zu befassen. Sie wollte wieder vom Theater anfangen, aber er schnitt mit rauer Stimme ab: Er habe für so etwas keine Zeit. Ach ja, ihr Papa habe ihr gesagt,

15 Herr Heßling studiere Chemie?

„Ja. Das ist überhaupt die einzige Wissenschaft, die Berechtigung hat", behauptete Diederich, ohne zu wissen, wie er dazu kam.

Fräulein Göppel ließ ihren Beutel fallen; er bückte sich so nachlässig, dass sie ihn wiederhatte, bevor er zur Stelle war. Trotzdem sag-

20 te sie danke, ganz weich, fast beschämt – was Diederich ärgerte. ,Kokette[2] Weiber sind etwas Grässliches', dachte er. Sie suchte in ihrem Beutel.

„Jetzt hab ich es doch verloren. Mein englisches Pflaster[3] nämlich. Es blutet wieder."

25 Sie wickelte ihren Finger aus dem Taschentuch. Er hatte so sehr die Weiße des Schnees, dass Diederich der Gedanke kam, das Blut, das darauf lag, müsse hineinsickern.

„Ich habe welches", sagte er, mit einem Ruck.

Er ergriff ihren Finger, und bevor sie das Blut wegwischen konnte,

30 hatte er es abgeleckt.

„Was machen Sie denn?"

---

[1] Omnibus: großer Bus im öffentlichen Nahverkehr
[2] Kokette: Ausdruck für Frauen, die auf Männer besonders anziehend wirken wollten
[3] englisches Pflaster: mit Heilmitteln imprägniertes Pflaster, das zum Schutz offener Wundstellen vor Infektionen dient

Er war selbst erschrocken. Er sagte mit streng gefalteten Brauen: „Oh, ich als Chemiker probiere noch ganz andere Sachen."

Sie lächelte. „Ach ja, Sie sind ja eine Art Doktor … Wie gut Sie das können", bemerkte sie und sah ihm beim Aufkleben des Pflasters 5 zu.

„So", machte er, ablehnend, und trat zurück. Ihm war es schwül geworden, er dachte: ‚Wenn man nur nicht immer ihre Haut anfassen müsste! Sie ist widerlich weich.' Agnes sah an ihm vorbei. Nach einer Pause versuchte sie: „Haben wir nicht eigentlich in Netzig 10 gemeinschaftliche Verwandte?" Und sie nötigte ihn, mit ihr ein paar Familien durchzugehen. Es stellte sich Vetternschaft heraus.

„Sie haben auch noch Ihre Mutter, nicht? Dann können Sie sich freuen. Meine ist längst tot. Ich werde wohl auch nicht lange leben. Man hat so Ahnungen" – und sie lächelte wehmütig und entschul-15 digend.

Diederich beschloss schweigend, diese Sentimentalität[1] albern zu finden. Noch eine Pause – und wie sie beide eilig zum Sprechen ansetzten, kam der Mecklenburger dazwischen. Die Hand Diederichs drückte er so kraftvoll, dass Diederichs Gesicht sich verzerrte, und 20 zugleich lächelte er ihm sieghaft in die Augen. Ohne Weiteres zog er einen Stuhl bis vor Agnes' Knie und fragte heiter und mit Autorität nach allem Möglichen, was nur sie beide anging. Diederich war sich selbst überlassen und entdeckte, dass Agnes, so in Ruhe betrachtet, viel von ihren Schrecken verlor. Eigentlich war sie nicht 25 hübsch. Sie hatte eine zu kleine, nach innen gebogene Nase, auf deren freilich sehr schmalem Rücken Sommersprossen saßen. Ihre gelbbraunen Augen lagen zu nahe beieinander und zuckten, wenn sie einen ansah. Die Lippen waren zu schmal, das ganze Gesicht war zu schmal. ‚Wenn sie nicht so viel braunrotes Haar über der 30 Stirn hätte und dazu den weißen Teint[2] …' Auch bereitete es ihm Genugtuung, dass der Nagel des Fingers, den er beleckt hatte, nicht ganz sauber gewesen war.

Herr Göppel kam mit seinen drei Schwestern. Eine von ihnen hatte Mann und Kinder mit. Der Vater und die Tanten umarmten und

---

[1] Sentimentalität: übertriebene Rührseligkeit
[2] Teint: Gesichtsfarbe

küssten Agnes. Sie taten es mit dringlicher Innigkeit und hatten
dabei behutsame Mienen. Das junge Mädchen war schlanker und
größer als sie alle und blickte ein wenig zerstreut auf die hinab, die
eben an ihren schmächtigen Schultern hing. Nur ihrem Vater erwi-
5 derte sie langsam und ernst seinen Kuss. Diederich sah dem zu und
sah in der Sonne die hellblauen Adern, überzogen von roten Haaren, ihre Schläfe kreuzen.

Er musste eine der Tanten ins Esszimmer führen. Der Mecklenburger hatte Agnes' Arm in den seinen gehängt. Um den langen Fami-
10 lientisch raschelten die seidenen Sonntagskleider. Die Gehröcke
wurden über den Knien zusammengelegt. Man räusperte sich, die
Herren rieben die Hände. Dann kam die Suppe.

Diederich saß von Agnes weit weg und konnte sie nicht sehen,
wenn er sich nicht vorbeugte – was er sorgfältig vermied. Da seine
15 Nachbarin ihn in Ruhe ließ, aß er große Mengen Kalbsbraten und
Blumenkohl. Er hörte ausführlich das Essen besprechen und musste bestätigen, dass es schön schmeckte. Agnes ward vor dem Salat
gewarnt, ihr ward zu Rotwein geraten, und sie sollte Auskunft geben, ob sie heute morgen Gummischuhe angehabt habe. Herr Göp-
20 pel erzählte, Diederich zugewendet, dass er und seine Schwestern
vorhin in der Friedrichstraße, weiß Gott, auseinandergekommen
seien und sich erst im Omnibus wiedergefunden hätten. „So was
kann Ihnen in Netzig auch nicht passieren", rief er voll Stolz über
den Tisch. Mahlmann und Agnes sprachen von einem Konzert. Sie
25 wollte bestimmt hin, ihr Papa werde es schon erlauben. Herr Göppel machte zärtliche Einwände, und der Chor der Tanten begleitete
sie. Agnes müsse früh schlafen gehen und bald in gute Luft hinaus;
sie habe sich im Winter überanstrengt. Sie bestritt es. „Ihr lasst
mich niemals aus dem Hause. Ihr seid schrecklich."
30 Diederich nahm innerlich Partei für sie. Er hatte eine Wallung von
Heldentum: Er hätte machen wollen, dass sie alles dürfte, dass sie
glücklich war und es ihm dankte ... Da fragte Herr Göppel ihn, ob
er in das Konzert wolle. „Ich weiß nicht", sagte er verächtlich und
sah Agnes an, die sich vorbeugte. „Was ist das für eins? Ich gehe nur
35 in Konzerte, wo ich Bier trinken kann."

„Sehr vernünftig", sagte der Schwager des Herrn Göppel.

Agnes hatte sich zurückgezogen, und Diederich bereute seinen Ausspruch.

Aber die Creme, auf die alle gespannt waren, blieb aus. Herr Göppel riet seiner Tochter, einmal nachzusehen. Bevor sie ihren Kompott-
5 teller hingesetzt hatte, war Diederich aufgesprungen – sein Stuhl flog an die Wand – und festen Schritts zur Tür geeilt. „Marie! Der Krehm[1]!", rief er hinaus. Rot und ohne jemand anzusehen, ging er wieder an seinen Platz. Aber er merkte ganz gut, sie blinzelten sich zu. Mahlmann stieß sogar höhnisch den Atem aus. Der Schwager
10 äußerte mit künstlicher Harmlosigkeit: „Immer galant[2]! So soll es sein." Herr Göppel lächelte zärtlich zu Agnes hin, die nicht von ihrem Kompott aufsah. Diederich stemmte das Knie gegen die Tischplatte, dass sie anfing sich zu heben. Er dachte: ‚Gott, o Gott, hätte ich nur das nicht getan!'

15 Beim Mahlzeitsagen gab er allen die Hand, nur um Agnes drückte er sich herum. Im Berliner Zimmer beim Kaffee wählte er seinen Sitz mit Sorgfalt dort, wo Mahlmanns breiter Rücken sie ihm verdeckte. Eine der Tanten wollte sich seiner annehmen.

„Was studieren Sie denn, junger Mann?", fragte sie.
20 „Chemie."

„Ach so, Physik?"

„Nein, Chemie."

„Ach so."

Und so imposant sie angefangen hatte, hierüber kam sie nicht hin-
25 weg. Diederich nannte sie im Stillen eine dumme Gans. Die ganze Gesellschaft passte ihm nicht. Von feindseliger Schwermut erfüllt, sah er darein, bis die letzten Verwandten aufgebrochen waren. Agnes und ihr Vater hatten sie hinausbegleitet. Herr Göppel kehrte zurück, erstaunt, den jungen Mann allein noch im Zimmer zu finden. Er
30 schwieg forschend, einmal fasste er in die Tasche. Als Diederich unvermittelt, ohne um Geld gebeten zu haben, Abschied nahm, bekundete Göppel große Herzlichkeit. „Meine Tochter werd ich von Ihnen grüßen", sagte er sogar, und an der Tür, nachdem er ein wenig überlegt hatte: „Kommen Sie doch nächsten Sonntag wieder!"

---

[1] der Krehm: Variante zu „die Creme"; Nachspeise
[2] galant: betont höfliches Verhalten eines Mannes einer Frau gegenüber

Diederich war fest entschlossen, das Haus nicht mehr zu betreten. Dennoch ließ er tags darauf alles stehen und liegen, um sich durch die Stadt bis zu einem Geschäft zu fragen, wo er für Agnes das Konzertbillett[1] kaufen konnte. Vorher musste er auf den Zetteln, die
5 dort hingen, den Namen des Virtuosen[2] herausfinden, den Agnes erwähnt hatte. War es der? Hatte er so geklungen? Diederich entschloss sich. Als er dann erfuhr, es koste vier Mark fünfzig, riss er vor Schrecken die Augen weit auf. So viel Geld, um einen zu sehen, der Musik machte! Wenn man nur einfach wieder fortgekonnt hät-
10 te! Als er bezahlt hatte und draußen war, entrüstete er sich zunächst über den Schwindel. Dann bedachte er, dass es für Agnes geschehen sei, und ward von sich selbst erschüttert. Immer weicher und glücklicher ging er durch das Gewühl. Es war das erste Geld, das er für einen anderen Menschen ausgegeben hatte.
15 Er legte das Billett in einen Umschlag, in den er nichts weiter legte, und schrieb die Adresse, um sich nicht zu verraten, mit Schönschrift. Wie er dann am Briefkasten stand, kam Mahlmann daher und lachte höhnisch. Diederich fühlte sich durchschaut; er besah die Hand, die er aus dem Kasten zurückgezogen hatte. Aber Mahlmann bekunde-
20 te nur die Absicht, sich Diederichs Bude anzusehen. Er fand, es sähe drinnen aus wie bei einer älteren Dame. Sogar die Kaffeekanne hatte Diederich von zu Hause mitgebracht! Diederich schämte sich heiß. Als Mahlmann die Chemiebücher verächtlich auf- und zuklappte, schämte Diederich sich seines Faches. Der Mecklenburger
25 wälzte sich ins Sofa und fragte: „Wie gefällt Ihnen denn die Göppel? Netter Käfer[3], was? Nun wird er wieder rot! Poussieren[4] Sie doch! Ich trete zurück, wenn Sie Wert darauf legen. Ich habe Aussicht bei fünfzehn Verschiedenen." Da Diederich nachlässig abwehrte: „Sie, da ist nämlich was zu machen. Ich müsste gar nichts
30 von Weibern verstehen. Die roten Haare! – und haben Sie nicht gemerkt, wie sie einen ansieht, wenn sie meint, man weiß es nicht?"

---

[1] Konzertbillett: Konzertkarte
[2] Virtuose: meisterhafter Künstler
[3] Käfer: hier: umgangssprachlich für eine attraktive Frau
[4] poussieren: flirten

„Mich nicht", sagte Diederich noch geringschätziger. „Ich pfeife auch darauf."

„Ihr Schade!" Mahlmann lachte tobend – worauf er vorschlug, einen Bummel zu machen. Daraus ward eine Bierreise. Die ersten
5 Gaslichter[1] sahen sie beide betrunken. Etwas später, in der Leipziger Straße, bekam Diederich ohne Anlass von Mahlmann eine mächtige Ohrfeige. Er sagte: „Au! Das ist aber doch eine –" Vor dem Wort „Frechheit" schrak er zurück. Der Mecklenburger klopfte ihm auf die Schulter. „Recht freundlich, Kleiner! Alles bloß Freund-
10 schaft!" – und überdies nahm er Diederich die letzten zehn Mark ab … Vier Tage später fand er ihn schwach vor Hunger und teilte ihm von dem, was er inzwischen anderswo gepumpt hatte, großmütig drei Mark mit. Am Sonntag bei Göppels – mit weniger leerem Magen wäre Diederich vielleicht nicht hingegangen – erzählte Mahl-
15 mann, dass Heßling all sein Geld verlumpt[2] habe und sich heute mal satt essen müsse. Herr Göppel und sein Schwager lachten verständnisvoll, aber Diederich hätte lieber nie geboren sein wollen, als von Agnes so traurig prüfend angesehen werden. Sie verachtete ihn! Verzweifelt tröstete er sich: ‚Es ist alles eins, sie hat es schon
20 immer getan!' Da fragte sie, ob das Konzertbillett vielleicht von ihm gewesen sei. Alle wandten sich ihm zu.

„Unsinn! Wie sollte ich dazu wohl kommen", entgegnete er so unliebenswürdig, dass sie ihm glaubten. Agnes zögerte ein wenig, bevor sie wegsah. Mahlmann bot den Damen Pralinés an und stellte
25 die übrigen vor Agnes hin. Diederich kümmerte sich nicht um sie. Er aß noch mehr als das vorige Mal. Da doch alle meinten, er sei nur deswegen da! Als es hieß, der Kaffee solle im Grunewald[3] getrunken werden, erfand Diederich sofort eine Verabredung. Er setzte sogar hinzu: „Mit jemand, den ich unmöglich warten lassen kann."
30 Herr Göppel legte ihm seine gedrungene Hand auf die Schulter, blinzelte ihn aus gesenktem Kopf an und sagte halblaut: „Keine Angst, Sie sind natürlich eingeladen!" Aber Diederich beteuerte

---

[1] Gaslichter: Gasgetriebene Laternen dienten zur damaligen Zeit als Straßenbeleuchtung.
[2] verlumpt: verschleudert
[3] Grunewald: Ausflugsziel vor den Toren Berlins

entrüstet, dass es nicht daran liege. „Na, wenigstens kommen Sie wieder, sobald Sie Lust haben", schloss Göppel, und Agnes nickte dazu. Sie schien sogar etwas sagen zu wollen, aber Diederich wartete es nicht ab. Er ging den Rest des Tages in selbstzufriedener Trauer umher, wie nach Vollziehung eines großen Opfers. Am Abend in einem überfüllten Bierlokal saß er, den Kopf aufgestützt, und nickte von Zeit zu Zeit auf sein einsames Glas hinab, als verstehe er jetzt das Schicksal.

Was war zu machen gegen die gewalttätige Art, in der Mahlmann seine Anleihen aufnahm? Am Sonntag hatte dann der Mecklenburger einen Blumenstrauß für Agnes, und Diederich, der mit leeren Händen kam, hätte sagen können: Der ist eigentlich von mir, Fräulein. Indessen schwieg er, mit noch mehr Groll gegen Agnes als gegen Mahlmann. Denn Mahlmann forderte zur Bewunderung heraus, wenn er des Nachts einem Unbekannten nachlief, um ihm den Zylinder einzuschlagen – obwohl Diederich keineswegs die Warnung verkannte, die solch ein Vorgang für ihn selbst enthielt.

Ende des Monats, zu seinem Geburtstag, bekam er eine unvorhergesehene Summe, die seine Mutter ihm erspart hatte, und erschien bei Göppels mit einem Bouquet[1], keinem zu großen, um sich nicht bloßzustellen und auch um Mahlmann nicht herauszufordern. Das junge Mädchen hatte, wie sie es nahm, ein ergriffenes Gesicht, und Diederich lächelte herablassend und verlegen zugleich. Dieser Sonntag deuchte ihm unerhört festlich; er war nicht überrascht, als man in den Zoologischen Garten gehen wollte.

Die Gesellschaft rückte aus, nachdem Mahlmann sie abgezählt hatte: elf Personen. Alle Frauen unterwegs waren, wie Göppels Schwestern, vollständig anders angezogen als in der Woche: als seien sie heute von einer höheren Klasse oder hätten geerbt. Die Männer trugen Gehröcke: nur wenige in Verbindung mit schwarzen Hosen, wie Diederich, aber viele mit Strohhüten. Kam man durch eine Seitenstraße, war sie breit, gleichförmig und leer, ohne einen Menschen, ohne einen Pferdeapfel. Einmal doch tanzte ein Kreis kleiner Mädchen in weißen Kleidern, schwarzen Strümpfen und

---

[1] Bouquet: gebundener Blumenstrauß

ganz behangen mit Schleifen, schrill singend, einen Ringelreihn[1].
Gleich darauf, in der Verkehrsader, stürmten schwitzende Matronen[2] einen Omnibus; und die Gesichter der Kommis[3], die unnach-
sichtlich mit ihnen um die Plätze rangen, sahen neben ihren heftig
5 roten zum Umfallen blass aus. Alles drängte vorwärts, alles stürzte
einem Ziel zu, wo endlich das Vergnügen anfangen sollte. Alle Mienen sagten hart: Nu los, gearbeitet haben wir genug!
Diederich kehrte vor den Damen den Berliner heraus. In der Stadtbahn eroberte er ihnen mehrere Sitze. Einen Herrn, der im Begriff
10 stand, einen wegzunehmen, hinderte er daran, indem er ihn heftig
auf den Fuß trat. Der Herr schrie: „Flegel!" Diederich anwortete
ihm im selben Sinn. Da zeigte es sich, dass Herr Göppel ihn kannte
– und kaum einander vorgestellt, bekundeten Diederich und der
andere die ritterlichsten Sitten. Keiner wollte sitzen, um den ande-
15 ren nicht stehen zu lassen.
Am Tisch im Zoologischen Garten geriet Diederich neben Agnes
– warum ging heute alles glücklich? – , und als sie gleich nach dem
Kaffee zu den Tieren wollte, unterstützte er sie stürmisch. Er war
voll Unternehmungslust. Vor dem engen Gang zwischen den Raub-
20 tierkäfigen kehrten die Damen um. Diederich trug Agnes seine Be-
gleitung an. „Da nehmen Sie doch lieber mich mit hinein", sagte
Mahlmann. „Wenn wirklich eine Stange losgehen sollte –"
„Dann machen Sie sie auch nicht wieder fest", entgegnete Agnes
und trat ein, während Mahlmann sein Gelächter aufschlug. Diede-
25 rich blieb hinter ihr. Ihm war bange: vor den Bestien, die von rechts
und links auf ihn zustürzten, ohne anderen Laut als den des Atems,
den sie über ihn hinstießen – und vor dem jungen Mädchen, dessen
Blumenduft ihm voranzog. Ganz hinten wandte sie sich um und
sagte: „Ich mag das Renommieren[4] nicht!"
30 „Wirklich?", fragte Diederich, vor Freude gerührt.
„Heute sind Sie mal nett", sagte Agnes; und er: „Ich möchte es eigentlich immer sein."

---

[1] Ringelreihn: Kindertanz
[2] Matronen: ältere, Respekt einflößende Damen
[3] Kommis: veraltet für Hilfsarbeiter
[4] renommieren: veraltet für angeben

„Wirklich?" – Und jetzt war es an ihrer Stimme, ein wenig zu schwanken. Sie sahen einander an, jeder mit einer Miene, als verdiente er das alles nicht. Das junge Mädchen sagte klagend: „Die Tiere riechen aber furchtbar."

5 Und sie gingen zurück.

Mahlmann empfing sie. „Ich wollte nur sehen, ob Sie nicht ausreißen würden." Dann nahm er Diederich beiseite. „Na? Was macht die Kleine? Geht es bei Ihnen auch? Ich hab es gleich gesagt, dass es keine Kunst ist." Da Diederich stumm blieb: „Sie sind wohl scharf 10 ins Zeug gegangen? Wissen Sie was, ich bin nur noch ein Semester[1] in Berlin: Dann können Sie mich beerben. Aber so lange warten Sie gefälligst –" Auf seinem ungeheuren Rumpf ward sein kleiner Kopf plötzlich tückisch anzusehen. „– Freundchen!"

Und Diederich war entlassen. Er hatte einen heftigen Schrecken 15 bekommen und wagte sich gar nicht mehr in Agnes' Nähe. Sie hörte nicht sehr aufmerksam auf Mahlmann, sie rief rückwärts: „Papa! Heute ist es schön, heute geht es mir aber wirklich gut."

Herr Göppel nahm ihren Arm zwischen seine beiden Hände und tat, als wollte er fest zudrücken, aber er berührte sie kaum. Seine 20 blanken Augen lachten und waren feucht. Als die Familie Abschied genommen hatte, versammelte er seine Tochter und die beiden jungen Leute um sich und erklärte ihnen, der Tag müsse gefeiert werden; sie wollten die Linden[2] entlanggehen und nachher irgendwo essen.

25 „Papa wird leichtsinnig!", rief Agnes und sah sich nach Diederich um. Aber er hielt die Augen gesenkt. In der Stadtbahn benahm er sich so ungeschickt, dass er weit von den anderen getrennt ward; und im Gedränge der Friedrichstadt blieb er mit Herrn Göppel allein zurück. Plötzlich hielt Göppel an, tastete verstört auf seinem 30 Magen umher und fragte: „Wo ist meine Uhr?"

Sie war fort mitsamt der Kette. Mahlmann sagte: „Wie lange sind Sie schon in Berlin, Herr Göppel?"

---

[1] Semester: Studienhalbjahr an einer Hochschule
[2] die Linden: Prachtallee „Unter den Linden" in Berlin

„Jawohl!" – und Göppel wendete sich an Diederich. „Dreißig Jahre
bin ich hier, aber das ist mir denn doch noch nicht passiert." Und
stolz trotz allem: „Sehen Sie, das gibt's in Netzig überhaupt nicht!"
Nun musste man, statt zu essen, auf das Polizeirevier und ein Ver-
5 hör bestehen. Und Agnes hustete. Göppel zuckte zusammen. „Wir
wären jetzt doch zu müde", murmelte er. Mit künstlicher Jovialität
verabschiedete er Diederich, der Agnes' Hand übersah und linkisch
den Hut zog. Auf einmal, mit überraschender Geschicklichkeit und
ehe Mahlmann begriff, was vorging, schwang er sich auf einen vor-
10 beifahrenden Omnibus. Er war entkommen! Und jetzt fingen die
Ferien an! Er war alles los! Zu Hause freilich warf er die schwersten
seiner Chemiebände mit Krachen auf den Boden. Er hielt sogar
schon die Kaffeekanne in der Hand. Aber bei dem Geräusch einer
Tür begann er sofort, alles wieder aufzulesen. Dann setzte er sich
15 still in die Sofaecke, stützte den Kopf und weinte. Wäre es nicht
vorher so schön gewesen! Er war ihr auf den Leim gegangen. So
machten es die Mädchen: dass sie manchmal mit einem so taten,
und dabei wollten sie einen nur mit einem Kerl auslachen. Diederich war sich tief bewusst, dass er es mit einem Kerl nicht auf-
20 nehmen könne. Er sah sich neben Mahlmann und würde es nicht
begriffen haben, hätte eine sich für ihn entschieden. ,Was hab ich
mir nur eingebildet', dachte er. ,Eine, die sich in mich verliebt, muss
wirklich dumm sein.' Er litt große Angst, der Mecklenburger könne
kommen und ihn noch ärger bedrohen. ,Ich will sie gar nicht mehr.
25 Wäre ich nur schon fort!' Die nächsten Tage saß er in tödlicher
Spannung bei verschlossener Tür. Kaum war sein Geld da, reiste er.

Seine Mutter fragte, befremdet und eifersüchtig, was er habe. Nach
so kurzer Zeit sei er kein Junge mehr. „Ja, das Berliner Pflaster!"
Diederich griff zu, als sie verlangte, er solle an eine kleine Universi-
30 tät, nicht wieder nach Berlin. Der Vater fand, dass es ein Für und
Wider gäbe. Diederich musste ihm viel von Göppels berichten. Ob
er die Fabrik gesehen habe. Und war er bei den anderen Geschäfts-
freunden gewesen? Herr Heßling wünschte, dass Diederich die Ferien benutzte, um in der väterlichen Werkstätte den Gang der Pa-
35 pierverfertigung kennenzulernen. „Ich bin nicht mehr der Jüngste,

und mein Granatsplitter[1] hat mich auch schon lange nicht so gekitzelt."

Diederich entwischte, sobald er konnte, um im Wald von Gäbbelchen oder längs des Nuggebaches bei Gohse spazieren zu gehen und
5 sich mit der Natur eins zu fühlen. Denn das konnte er jetzt. Zum ersten Mal fiel es ihm auf, dass die Hügel dahinten traurig oder wie eine große Sehnsucht aussahen, und was als Sonne oder Regen vom Himmel fiel, waren Diederichs heiße Liebe und seine Tränen. Denn er weinte viel. Er versuchte sogar zu dichten.

10 Als er einmal die Löwenapotheke betrat, stand hinter dem Ladentisch sein Schulkamerad Gottlieb Hornung. „Ja, ich spiel hier den Sommer über 'n bisschen Apotheker", erklärte er. Er hatte sich sogar schon aus Versehen vergiftet und sich dabei nach hinten zusammengerollt wie ein Aal. Die ganze Stadt hatte davon gesprochen!
15 Aber zum Herbst ging er nun nach Berlin, um die Sache wissenschaftlich anzufassen. Ob denn in Berlin was los sei. Hocherfreut über den Besitz seiner Überlegenheit, fing Diederich an, mit seinen Berliner Erlebnissen zu prahlen. Der Apotheker verhieß: „Wir beide zusammen stellen Berlin auf den Kopf."

20 Und Diederich war schwach genug, zuzusagen. Die kleine Universität ward verworfen. Am Ende des Sommers – Hornung hatte noch einige Tage zu praktizieren – kehrte Diederich nach Berlin zurück. Er mied das Zimmer in der Tieckstraße. Vor Mahlmann und den Göppels flüchtete er bis nach Gesundbrunnen hinaus. Dort
25 wartete er auf Hornung. Aber Hornung, der seine Abreise gemeldet hatte, blieb aus; und als er endlich kam, trug er eine grün-gelb-rote[2] Mütze. Er war sofort von einem Kollegen für eine Verbindung gekeilt[3] worden. Auch Diederich sollte ihr beitreten; es waren die

---

[1] Granatsplitter: Von Splittern aus Militärgranaten verletzte Personen konnten
   früher nicht immer operiert werden, die Splitter wuchsen in diesen Fällen ein.
[2] grün-gelb-rote Mütze: Studentenmützen weisen ihren Träger als Angehöri-
   gen einer studentischen Verbindung aus.
[3] keilen: Mitgliederwerben einer Studentenverbindung

Neuteutonen[1], eine hochfeine Korporation[2], sagte Hornung; allein
sechs Pharmazeuten waren dabei. Diederich verbarg seinen Schrecken unter der Maske der Geringschätzung, aber es half nichts. Er
solle Hornung nicht blamieren, der von ihm gesprochen habe; ei-
5 nen Besuch wenigstens müsse er machen.

„Aber nur einen", sagte er fest.

Der eine dauerte, bis Diederich unter dem Tisch lag und sie ihn
fortschafften. Als er ausgeschlafen hatte, holten sie ihn zum Frühschoppen; Diederich war Konkneipant[3] geworden.

10 Und für diesen Posten fühlte er sich bestimmt. Er sah sich in einen
großen Kreis von Menschen versetzt, deren keiner ihm etwas tat
oder etwas anderes von ihm verlangte, als dass er trinke. Voll Dank-
barkeit und Wohlwollen erhob er gegen jeden, der ihn dazu anregte,
sein Glas. Das Trinken und Nichttrinken, das Sitzen, Stehen, Spre-
15 chen oder Singen hing meistens nicht von ihm selbst ab. Alles ward
laut kommandiert, und wenn man es richtig befolgte, lebte man mit
sich und der Welt im Frieden. Als Diederich beim Salamander[4] zum
ersten Male nicht nachklappte[5], lächelte er in die Runde, beinahe
beschämt durch die eigene Vollkommenheit!

20 Und das war noch nichts gegen seine Sicherheit im Gesang! Diederich hatte in der Schule zu den besten Sängern gehört und schon in
seinem ersten Liederheft die Seitenzahlen auswendig gewusst, wo
jedes Lied zu finden war. Jetzt brauchte er in das Kommersbuch[6],
das auf großen Nägeln in der Lache von Bier lag, nur den Finger zu
25 schieben und traf vor allen anderen die Nummer, die gesungen werden sollte. Oft hing er den ganzen Abend mit Ehrerbietung am

---

1 Neuteutonen: fiktive Studentenverbindung, deren Bezeichnung („Teutonen"
   kann ironisch „Deutschtümler" bedeuten) eine betont nationale Grundhaltung nahelegt
2 Korporation: Studentenverbindung
3 Konkneipant: Anwärter auf Mitgliedschaft in einer Studentenverbindung. Der
   „Kneipant" ist der Zechkumpane.
4 Salamander: Trinkritual in einer Studentenverbindung
5 nachklappten: Nach dem Zuprosten sollten alle Gläser gleichzeitig abgestellt
   werden. Dem synchronen „Klappern" folgt idealerweise ein Moment der
   Stille, der als Zeichen von Verbundenheit gilt.
6 Kommersbuch: Liederbuch einer Studentenverbindung

Munde des Präses[1]: ob vielleicht sein Lieblingsstück daran käme. Dann dröhnte er tapfer: „Sie wissen den Teufel, was Freiheit heißt", hörte neben sich den dicken Delitzsch brummen und fühlte sich wohlig geborgen in dem Halbdunkel des niedrigen altdeutschen
5 Lokals, mit den Mützen an der Wand, angesichts des Kranzes geöffneter Münder, die alle dasselbe tranken und sangen, bei dem Geruch des Bieres und der Körper, die es in der Wärme wieder ausschwitzten. Ihm war, wenn es spät ward, als schwitze er mit ihnen allen aus demselben Körper. Er war untergegangen in der Korpora-
10 tion, die für ihn dachte und wollte. Und er war ein Mann, durfte sich selbst hochachten und hatte eine Ehre, weil er dazugehörte! Ihn herausreißen, ihm einzeln etwas anhaben, das konnte keiner! Mahlmann hätte sich einmal herwagen und es versuchen sollen: Zwanzig Mann wären statt Diederichs gegen ihn aufgestanden!
15 Diederich wünschte ihn geradezu herbei, so furchtlos war er. Womöglich sollte er mit Göppel kommen, dann mochten sie sehen, was aus Diederich geworden war, dann war er gerächt!
Gleichwohl gab ihm die meiste Sympathie der Harmloseste von allen ein, sein Nachbar, der dicke Delitzsch. Etwas tief Beruhigendes,
20 Vertrauengestattendes wohnte in dieser glatten, weißen und humorvollen Speckmasse, die unten breit über die Stuhlränder quoll, in mehreren Wülsten die Tischhöhe erreichte und dort, als sei nun das Äußerste getan, aufgestützt blieb, ohne eine andere Bewegung als das Heben und Hinstellen des Bierglases. Delitzsch war, wie
25 niemand sonst, an seinem Platz; wer ihn dasitzen sah, vergaß, dass er ihn je auf den Beinen erblickt hatte. Er war ausschließlich zum Sitzen am Biertisch eingerichtet. Sein Hosenboden, der in jedem anderen Zustand tief und melancholisch herabhing, fand nun seine wahre Gestalt und blähte sich machtvoll. Erst mit Delitzschs hinte-
30 rem Gesicht blühte auch sein vorderes auf. Lebensfreude überglänzte es, und er ward witzig.
Ein Drama entstand, wenn ein junger Fuchs[2] sich den Scherz machte, ihm das Bierglas wegzunehmen. Delitzsch rührte kein Glied, aber seine Miene, die dem geraubten Glase überallhin folgte,

---

[1] Präses: Vorsitzender
[2] Fuchs: Probezeitler in einer Verbindung

enthielt plötzlich den ganzen, stürmisch bewegten Ernst des Daseins, und er rief in sächsischem Schreitenor: „Junge, dass de mir nischt verschüttest! Was entziehst de mir überhaupt mein' Läbensunterhalt! Das ist 'ne ganz gemeine, böswillige Existenzschädi-
5 chung, und ich kann dich glatt verklaachen!"
Dauerte der Spaß zu lange, senkten sich Delitzschs weiße Fettwangen, und er bat, er machte sich klein. Sobald er aber das Bier zurückhatte: welche allumfassende Aussöhnung in seinem Lächeln, welche Verklärung! Er sagte: „De bist doch ä gutes Luder[1], de sollst
10 läm, prost!" – trank aus und klopfte mit dem Deckel nach dem Korpsdiener: „Herr Oberkörper!"
Nach einigen Stunden geschah es wohl, dass sein Stuhl sich mit ihm umdrehte und Delitzsch den Kopf über das Becken der Wasserleitung hielt. Das Wasser plätscherte, Delitzsch gurgelte erstickt, und
15 ein paar andere stürzten, durch seine Laute angeregt, in die Toilette. Noch ein wenig sauer von Gesicht, aber schon mit frischer Schelmerei, rückte Delitzsch an den Tisch zurück.
„Na, nu geht's ja wieder", sagte er; und: „Wovon habt 'r denn geredt, während ich anderweitig beschäftigt war? Wisst ihr denn egal
20 nicht wie Weibergeschichten? Was koof ich mir für die Weiber?" Immer lauter: „Nich mal ä sauern Schoppen kann 'ch mir dafür koofen. Sie, Herr Oberkörper!"
Diederich gab ihm recht. Er hatte die Weiber kennengelernt, er war mit ihnen fertig. Unvergleichlich idealere Werte enthielt das Bier.
25 Das Bier! Der Alkohol! Da saß man und konnte immer noch mehr davon haben, das Bier war nicht wie kokette Weiber, sondern treu und gemütlich. Beim Bier brauchte man nicht zu handeln, nichts zu wollen und zu erreichen, wie bei den Weibern. Alles kam von selbst. Man schluckte: und da hatte man es schon zu etwas gebracht, fühl-
30 te sich auf die Höhen des Lebens befördert und war ein freier Mann, innerlich frei. Das Lokal hätte von Polizisten umstellt sein dürfen: Das Bier, das man schluckte, verwandelte sich in innere Freiheit. Und man hatte sein Examen[2] so gut wie bestanden. Man war „fertig", war Doktor! Man füllte im bürgerlichen Leben eine Stellung

---

[1] Luder: eigentlich abwertend für eine liederliche, meist weibliche Person
[2] Examen: Abschlussprüfung eines Studiums

aus, war reich und von Wichtigkeit: Chef einer mächtigen Fabrik von Ansichtskarten oder Toilettenpapier. Was man mit seiner Lebensarbeit schuf, war in tausend Händen. Man breitete sich, vom Biertisch her, in die Welt aus, ahnte große Zusammenhänge, ward
5 eins mit dem Weltgeist. Ja, das Bier erhob einen so sehr über das Selbst, dass man Gott fand!

Gern hätte er es jahrelang so weitergetrieben. Aber die Neuteutonen ließen ihn nicht. Fast vom ersten Tage an hatten sie ihm den moralischen und materiellen Wert einer völligen Zugehörigkeit zur
10 Verbindung geschildert; allmählich aber gingen sie immer unverblümter darauf aus, ihn zu keilen. Vergebens berief sich Diederich auf seine anerkannte Stellung als Konkneipant, in die er sich eingelebt habe und die ihn befriedige. Sie entgegneten, dass der Zweck des studentischen Zusammenschlusses, nämlich die Erziehung zur
15 Mannhaftigkeit und zum Idealismus[1], durch das Kneipen allein, so viel es auch beitrage, noch nicht ganz erfüllt werde. Diederich zitterte; nur zu gut erkannte er, worauf dieses hinauslief. Er sollte pauken[2]! Schon immer hatte es ihn unheimlich angeweht, wenn sie mit ihren Stöcken in der Luft ihm die Schläge vorgeführt hatten, die
20 sie einander beigebracht haben wollten; oder wenn einer von ihnen eine schwarze Mütze[3] um den Kopf hatte und nach Jodoform[4] roch. Jetzt dachte er gepresst: ‚Warum bin ich dabeigeblieben und Konkneipant geworden! Nun muss ich ran.‘

Er musste. Aber gleich die ersten Erfahrungen beruhigten ihn. Er
25 war so sorgsam eingewickelt, behelmt und bebrillt worden, dass ihm unmöglich viel geschehen konnte. Da er keinen Grund hatte, den Kommandos nicht gerade so willig und gelehrig nachzukommen wie in der Kneipe, lernte er fechten, schneller als andere. Beim ersten Durchzieher ward ihm schwach: Über die Wange fühlte er es
30 rinnen. Als er dann genäht war, hätte er am liebsten getanzt vor Glück. Er warf es sich vor, dass er diesen gutmütigen Menschen

---

[1] Idealismus: Glaube an Ideale und Streben nach ihrer Durchsetzung
[2] pauken: vorgeschriebene Fechtübungen in einer „schlagenden", also den Fechtkampf praktizierenden Studentenverbindungen
[3] schwarze Mütze: Schutzhelm beim Fechten
[4] Jodoform: Desinfektionsmittel für Wundverletzungen

gefährliche Absichten zugetraut hatte. Gerade der, den er am meisten gefürchtet hatte, nahm ihn unter seinen Schutz und ward ihm ein wohlgesinnter Erzieher.

Wiebel war Jurist, was ihm allein schon Diederichs Unterordnung
5 gesichert hätte. Nicht ohne Selbstzerknirschung sah er die englischen Stoffe an, in die Wiebel sich kleidete, und die farbigen Hemden, von denen er immer mehrere abwechselnd trug, bis sie alle in die Wäsche mussten. Das Beklemmendste aber waren Wiebels Manieren. Wenn er mit leichter, eleganter Verbeugung Diederich zu-
10 trank, klappte Diederich, und seine Miene war leidend vor Anstrengung, tief zusammen, verschüttete die eine Hälfte und verschluckte sich mit der andern. Wiebel sprach mit leiser, arroganter Feudalstimme[1].

„Man kann sagen, was man will", bemerkte er gern, „Formen sind
15 kein leerer Wahn."

Für das F in „Formen" machte er seinen Mund zu einem kleinen schwarzen Mausloch und stieß es langsam geschwellt heraus. Diederich unterlag jedes Mal wieder dem Schauer von so viel Vornehmheit. Alles an Wiebel dünkte ihm erlesen: dass die rötlichen Barthaa-
20 re ganz oben auf der Lippe wuchsen, und seine langen, gekrümmten Nägel – nach unten gekrümmt, nicht, wie bei Diederich, nach oben; der starke männliche Duft, der von Wiebel ausging, auch seine abstehenden Ohren, die die Wirkung des durchgezogenen Scheitels erhöhten, und die katerhaft in Schläfenwulste gebetteten Augen.
25 Diederich hatte das alles immer nur im unbedingten Gefühl des eigenen Unwertes mit angesehen. Seit aber Wiebel ihn anredete und sich sogar zu seinem Gönner machte, war es Diederich, als sei ihm erst jetzt das Recht aufs Dasein bestätigt. Er hatte Lust, dankbar zu wedeln. Sein Herz weitete sich vor glücklicher Bewunde-
30 rung. Wenn seine Wünsche sich so hoch hinausgewagt hätten, auch er hätte gern solchen roten Hals gehabt und immer geschwitzt. Welch ein Traum, säuseln zu können wie Wiebel!

Und nun durfte Diederich ihm dienen, er war sein Leibfuchs[2]! Stets wohnte er Wiebels Erwachen bei, suchte ihm seine Sachen zusam-

---

[1] Feudalstimme: Tonfall eines Adligen
[2] Leibfuchs: „Ziehsohn" eines erfahrenen Verbindungsmitglieds

men – und da Wiebel infolge unregelmäßiger Bezahlung mit der
Wirtin schlecht stand, besorgte Diederich ihm den Kaffee und reinigte ihm die Schuhe. Dafür durfte er mitgehn auf allen Wegen. Wenn
Wiebel ein Bedürfnis verrichtete, hielt Diederich draußen Wache,
5 und er wünschte sich nur, seinen Schläger dazuhaben, um ihn
schultern zu können.

Wiebel hätte es verdient. Die Ehre der Korporation, in der auch
Diederichs Ehre und sein ganzes Selbstbewusstsein wurzelten, am
glänzendsten vertrat Wiebel sie. Er schlug sich, mit wem man woll-
10 te, für die Neuteutonia. Er hatte das Ansehen der Verbindung erhöht, denn er sollte einst einen Vindoborussen[1] koramiert[2] haben!
Auch hatte er einen Verwandten beim Zweiten Garde-Grenadierregiment Kaiser Franz Joseph[3]; und sooft Wiebel seinen Vetter von
Klappke erwähnte, machte die ganze Neuteutonia eine geschmei-
15 chelte Verbeugung. Diederich suchte sich einen Wiebel in der Uniform eines Gardeoffiziers vorzustellen; aber so viel Vornehmheit
war nicht auszudenken. Eines Tages dann, wie er mit Gottlieb Hornung, weithin duftend, vom täglichen Frisieren kam, stand an der
Straßenecke Wiebel mit einem Zahlmeister. Kein Irrtum: es war ein
20 Zahlmeister – und als Wiebel ihr Kommen bemerkte, drehte er ihnen den Rücken. Auch sie wendeten und machten sich stumm und
stramm davon, ohne einander anzusehen und ohne eine Bemerkung. Jeder vermutete, dass auch der andere die Ähnlichkeit des
Zahlmeisters mit Wiebel festgestellt habe. Und vielleicht kannten
25 die Übrigen schon längst den wahren Sachverhalt? Aber allen stand
die Ehre der Neuteutonia hoch genug, um zu schweigen, ja, um das
Erblickte zu vergessen. Als Wiebel das nächste Mal „mein Vetter
von Klappke" sagte, verbeugten Diederich und Hornung sich mit
den anderen, geschmeichelt wie je.
30 Schon hatte Diederich Selbstbeherrschung gelernt, Beobachtung
der Formen, Korpsgeist[4], Eifer für das Höhere. Nur mit Mitleid und

---

[1] Vindoborussen: fiktiver Name einer Studentenverbindung
[2] koramiert: veraltet für: zur Rede stellen
[3] Zweites Garde-Grenadierregiment Kaiser Franz Joseph: preußische Militär-
   formation, die aufgrund ihrer Verdienste den Ehrenrang einer Garde besaß
[4] Korpsgeist: ausgeprägter Gemeinschaftsgeist in einer Gruppe

Widerwillen dachte er an das elende Dasein des schweifenden Wilden, das früher das Seine gewesen war. Jetzt war Ordnung und Pflicht in sein Leben gebracht. Zu genau eingehaltenen Stunden erschien er auf Wiebels Bude, im Fechtsaal, beim Friseur und zum
5 Frühschoppen. Der Nachmittagsbummel leitete zur Kneipe über; und jeder Schritt geschah in Korporation, unter Aufsicht und mit Wahrung peinlicher Formen und gegenseitiger Ehrerbietung, die gemütvolle Derbheit nicht ausschloss. Ein Kommilitone[1], mit dem Diederich bisher nur offiziellen Verkehr unterhalten hatte, stieß
10 einst mit ihm vor der Toilette zusammen, und obwohl sie beide kaum noch gerade stehen konnten, wollte keiner den Vortritt annehmen. Lange komplimentierten[2] sie sich – bis sie plötzlich, im gleichen Augenblick vom Drang überwältigt, wie zwei zusammenprallende Eber durch die Tür brachen, dass ihnen die Schulterkno-
15 chen knackten. Das war der Beginn einer Freundschaft. In menschlicher Lage einander nähergekommen, rückten sie nachher auch am offiziellen Kneiptisch[3] zusammen, tranken Schmollis[4] und nannten sich „Schweinehund" und „Nilpferd".
Nicht immer zeigte das Verbindungsleben seine heitere Seite. Es
20 forderte Opfer; es übte im männlichen Ertragen des Schmerzes. Delitzsch selbst, der Quell so mancher Heiterkeit, verbreitete Trauer in der Neuteutonia. Eines Vormittags, wie Wiebel und Diederich ihn abzuholen kamen: er stand am Waschtisch und sagte noch: „Na da. Habt 'r heit aach so ä Durscht?" – plötzlich, ehe sie zugreifen
25 konnten, fiel er hin, mitsamt dem Waschgeschirr. Wiebel befühlte ihn: Delitzsch regte sich nicht mehr.
„Herzklaps[5]", sagte Wiebel kurz. Er ging stramm zur Klingel. Diederich hob die Scherben auf und trocknete den Boden. Dann trugen sie Delitzsch auf das Bett. Dem formlosen Gejammer der Wirtin

---

[1] Kommilitone: Studienkollege
[2] komplimentieren: hier: einer anderen Person ausgesprochen höflich den Vortritt lassen
[3] Kneiptisch: Biertisch
[4] Schmollis trinken: Ausdruck für ein Verbrüderungstrinken
[5] Herzklaps: Herzversagen

gegenüber verharrten beide in streng kommentmäßiger[1] Haltung.
Unterwegs zur Erledigung des Weiteren – sie marschierten im Takt
nebeneinander – sagte Wiebel mit straffer Todesverachtung: „So
was. Kann jedem von uns passieren. Kneipen[2] ist kein Spaß. Das
5 kann sich jeder gesagt sein lassen."
Und mit allen anderen fühlte Diederich sich gehoben durch Delitzschs treue Pflichterfüllung, durch seinen Tod auf dem Felde der
Ehre. Mit Stolz folgten sie dem Sarge; „Neuteutonia sei's Panier[3]"
stand in jeder Miene. Auf dem Friedhof, die umflorten[4] Schläger
10 gesenkt, hatten alle das in sich vertiefte Gesicht des Kriegers, den
die nächste Schlacht dahinraffen kann, wie die vorige den Kameraden; und was der Erste Chargierte[5] von dem Geschiedenen rühmte:
er habe in der Schule der Mannhaftigkeit und des Idealismus den
höchsten Preis errungen, das erschütterte jeden, als gelte es ihm
15 selbst.
Hiermit ging Diederichs Lehrzeit zu Ende, denn Wiebel trat aus, um
sich auf den Referendar[6] vorzubereiten; und fortan hatte Diederich
die von ihm übernommenen Grundsätze selbstständig zu vertreten
und sie den Jüngeren einzupflanzen. Er tat es im Gefühl hoher Ver-
20 antwortlichkeit und mit Strenge. Wehe dem Fuchs, der es verdient
hatte, in die Kanne zu steigen[7]. Keine fünf Minuten vergingen, und
er musste sich an den Wänden hinaustasten. Das Schreckliche geschah, dass einer vor Diederich aus der Tür ging. Seine Buße waren
acht Tage Bierverschiss[8]. Nicht Stolz oder Eigenliebe leiteten Die-
25 derich: einzig sein hoher Begriff von der Ehre der Korporation. Er
selbst war nur ein Mensch, also nichts; jedes Recht, sein ganzes

---

[1] kommentmäßig: hier: den Verhaltensregeln der Studentenverbindung
     gemäß
[2] Kneipen: gemeinschaftliches Singen und Trinken in der Studentenverbin-
     dung
[3] Panier: Parole, angebracht auf einem Wappen oder Feldbanner
[4] umflort: mit einem schwarzen Trauerstoff versehen
[5] Erster Chargierter: der erste Sprecher einer studentischen Verbindung
[6] Referendar: Vorbereitungsdienst in der Beamtenlaufbahn
[7] in die Kanne steigen: Strafe bei Verstoß gegen die Regeln einer Studenten-
     verbindung, bei der eine größere Menge Bier in sehr kurzer Zeit getrunken
     werden musste
[8] Bierverschiss: Bierverbot

Ansehen und Gewicht kamen ihm von ihr. Auch körperlich verdankte er ihr alles: die Breite seines weißen Gesichts, seinen Bauch, der ihn den Füchsen ehrwürdig machte, und das Privileg, bei festlichen Anlässen in hohen Stiefeln, mit Band[1] und Mütze aufzutreten, den Genuss der Uniform! Wohl hatte er noch immer einem Leutnant Platz zu machen, denn die Körperschaft, der der Leutnant angehörte, war offenbar die höhere; aber wenigstens mit einem Trambahnschaffner[2] konnte er furchtlos verkehren, ohne Gefahr, von ihm angeschnauzt zu werden. Seine Männlichkeit stand ihm mit Schmissen[3], die das Kinn spalteten, rissig durch die Wangen fuhren und in den kurz geschorenen Schädel hackten, drohend auf dem Gesicht geschrieben – und welche Genugtuung, sie täglich und nach Belieben einem jeden beweisen zu können! Einmal bot sich eine unerwartet glänzende Gelegenheit. Zu dritt, mit Gottlieb Hornung und dem Dienstmädchen ihrer Wirtin, waren sie beim Tanz in Halensee. Seit einigen Monaten teilten die Freunde sich eine Wohnung, mit der ein ziemlich hübsches Dienstmädchen verbunden war, machten ihr beide kleine Geschenke und gingen des Sonntags gemeinsam mit ihr aus. Ob Hornung es so weit bei ihr gebracht hatte wie er selbst, darüber hatte Diederich seine privaten Vermutungen. Offiziell und von Verbindungs wegen war es ihm unbekannt.

Rosa war nicht übel angezogen, auf dem Ball[4] fand sie Bewerber. Damit Diederich noch eine Polka[5] bekam, war er genötigt, sie daran zu erinnern, dass er ihr die Handschuhe gekauft habe. Schon machte er zur Einleitung des Tanzes seine korrekte Verbeugung, da drängte sich unversehens ein anderer dazwischen und polkte mit Rosa von dannen. Betreten sah Diederich ihnen nach, im dunklen Gefühl, dass er hier werde einschreiten müssen. Bevor er sich aber regte, war ein Mädchen durch die tanzenden Paare gestürzt, hatte

[1] Band: Gemeint ist das „Bierband", das in den Farben der jeweiligen Verbindung quer über die Brust getragen wurde.
[2] Trambahnschaffner: Straßenbahnschaffner
[3] Schmisse: üblicherweise mit Stolz getragene Gesichtsnarben aus einem studentischen Fechtkampf
[4] Ball: Tanzveranstaltung
[5] Polka: beliebter Gesellschaftstanz

Rosa geohrfeigt und sie in unzarter Weise von ihrem Partner getrennt. Dies sehen und auf Rosas Räuber losmarschieren, war für Diederich eins.

„Mein Herr", sagte er und sah ihm fest in die Augen, „Ihr Benehmen
5 ist unqualifizierbar[1]."

Der andere erwiderte: „Wenn schon."

Überrascht von dieser ungewöhnlichen Wendung eines offiziellen Gesprächs, stammelte Diederich: „Knote[2]."

Der andere erwiderte prompt: „Schote[3]" – und lachte dabei. Durch
10 so viel Formlosigkeit vollends aus der Fassung gebracht, wollte Diederich sich schon verbeugen und abtreten; aber der andere stieß ihn plötzlich vor den Bauch – und gleich darauf wälzten sie sich zusammen am Boden. Umringt von Gekreisch und anfeuernden Zurufen, kämpften sie, bis man sie trennte. Gottlieb Hornung, der Diederichs
15 Klemmer[4] suchen half, rief: „Da reißt er aus" – und war schon hinterher. Diederich folgte. Sie sahen den anderen mit einem Begleiter gerade noch in eine Droschke[5] steigen und nahmen die nächste. Hornung behauptete, die Verbindung dürfe das nicht auf sich sitzen lassen. „So was kneift und bekümmert sich nicht mal mehr um die
20 Dame."

Diederich erklärte: „Was Rosa betrifft, die ist für mich erledigt."

„Für mich auch."

Die Fahrt war aufregend. „Ob wir nachkommen? Wir haben einen lahmen Gaul." – „Wenn der Prolet[6] nun nicht satisfaktionsfähig[7]
25 ist?" Man entschied: „Dann hat die Sache offiziell nicht stattgefunden."

Der erste Wagen hielt im Westen vor einem anständigen Haus. Diederich und Hornung trafen ein, wie das Tor zugeschlagen ward. Entschlossen postierten sie sich davor. Es ward kühl, sie marschier-

---

[1]   unqualifizierbar: hier: gesellschaftlich nicht akzeptabel
[2]   Knote: grober Klotz
[3]   Schote: Idiot
[4]   Klemmer: Brille ohne Steg, die ein Klemmer auf der Nase trägt
[5]   Droschke: Taxi-Pferdekutsche
[6]   Prolet: abschätzig für Angehörige der Unterschicht
[7]   satisfaktionsfähig: aufgrund der gesellschaftlichen Position fähig zum Ehrenduell

ten hin und her vor dem Hause, zwanzig Schritte nach links, zwanzig Schritte nach rechts, behielten immer die Tür im Auge und wiederholten immer wieder dieselben ernsten und weittragenden Reden. Nur Pistolen kamen hier infrage! Diesmal war die Ehre der

5 Neuteutonia teuer zu bezahlen! Wenn es nur kein Prolet war!

Endlich kam der Portier[1] zum Vorschein, und sie nahmen ihn ins Verhör. Sie suchten ihm die Herren zu beschreiben, fanden aber, dass die beiden keine besonderen Kennzeichen hatten. Hornung, noch leidenschaftlicher als Diederich, blieb dabei, dass man warten

10 müsse, und noch zwei Stunden lang marschierten sie hin und her, dann bogen aus dem Hause zwei Offiziere. Diederich und Hornung rissen die Augen auf, ungewiss, ob hier nicht ein Irrtum vorlag. Die Offiziere stutzten. Einer schien sogar zu erbleichen. Da entschloss Diederich sich. Er trat vor den Erbleichten hin. „Mein Herr –"

15 Die Stimme versagte ihm. Der Leutnant[2] sagte, verlegen: „Sie irren sich wohl."

Diederich brachte hervor: „Durchaus nicht. Ich muss Genugtuung fordern. Sie haben sich –"

„Ich kenne Sie ja gar nicht", stammelte der Leutnant. Aber sein Ka-

20 merad flüsterte ihm etwas zu. „So geht das nicht" – er ließ sich von dem anderen die Karte geben, legte seine eigene dazu und überreichte sie Diederich. Diederich gab die seine her; dann las er: „Albrecht Graf Tauern-Bärenheim". Da nahm er sich nicht mehr die Zeit, auch die andere zu lesen, sondern begann kleine, eifrige Ver-

25 beugungen zu vollführen. Der zweite Offizier wandte sich inzwischen an Gottlieb Hornung.

„Mein Freund hat den Scherz natürlich ganz harmlos gemeint. Er wäre selbstverständlich zu jeder Genugtuung bereit; ich will nur feststellen, dass eine beleidigende Absicht nicht vorliegt."

30 Der andere, den er dabei ansah, hob die Schultern. Diederich stammelte: „O danke sehr."

„Damit ist die Sache wohl erledigt", sagte der Freund; und die beiden Herren entfernten sich.

---

[1] Portier: Pförtner
[2] Leutnant: Offiziersrang in der Armee

Diederich stand noch da, die Stirne feucht und mit befangenen Sinnen. Plötzlich seufzte er tief auf und lächelte langsam.

Nachher auf der Kneipe war die Rede nur von diesem Vorfall. Diederich rühmte den Kommilitonen das wahrhaft ritterliche Verhal-
5 ten des Grafen.

„Ein wirklicher Edelmann verleugnet sich doch nie."

Er machte den Mund klein wie ein Mausloch und stieß, in langsamer Schwellung, die Worte hervor: „F-Formen sind doch kein leerer Wahn."

10 Immer wieder rief er Gottlieb Hornung als Zeugen seines großen Augenblickes auf.

„So gar nichts Steifes, wie? Oh! Auf einen doch immerhin gewagten Scherz kommt es solchem Herrn nicht an. Eine Haltung dabei: t-hadellos, kann ich euch sagen. Die Erklärungen Seiner Erlaucht[1]
15 waren so durchaus befriedigend, dass ich meinerseits unmöglich – : Ihr begreift, man ist kein Rauhbein."

Alle begriffen es und bestätigten Diederich, dass die Neuteutonia in dieser Sache durchaus anständig abgeschnitten habe. Die Karten der beiden Edelleute wurden bei den Füchsen umhergereicht und
20 zwischen den gekreuzten Schlägern am Kaiserbild befestigt. Kein Neuteutone, der sich heute nicht betrank.

Damit endete das Semester; aber Diederich und Hornung hatten für die Heimreise kein Geld. Das Geld fehlte ihnen schon längst für fast alles. Mit Rücksicht auf die Pflichten des Verbindungslebens war
25 Diederichs Wechsel[2] auf zweihundertfünfzig Mark erhöht worden; und doch übermannten ihn die Schulden. Alle Quellen schienen ausgepumpt, nur dürres Land sah man, verschmachtend, sich dahindehnen – und endlich musste man wohl, so wenig dies Rittern angestanden hätte, über die Zurückforderung dessen beraten, was
30 sie selbst im Lauf der Zeiten an Kommilitonen verliehen hatten. Gewiss war mancher Alte Herr[3] inzwischen zu großen Geldern gelangt. Hornung fand keinen; Diederich verfiel auf Mahlmann.

---

[1] Erlaucht: Anrede für Grafen
[2] Wechsel: eigentlich Wechselbrief, ein schuldrechtliches Wertpapier
[3] Alter Herr: Mitglied einer Studentenverbindung, das sein Studium beendet hat

„Bei dem geht es", erklärte er. „Der war bei gar keiner Verbindung: ein ganz gemeiner Ruppsack[1]. Dem werd ich mal auf die Bude steigen."

Aber als Mahlmann ihn erblickte, brach er ohne Weiteres in sein
5 riesenhaftes Lachen aus, das Diederich fast vergessen hatte und das ihn sofort unwiderstehlich herabstimmte. Mahlmann war taktlos! Er hätte doch fühlen sollen, dass hier in seinem Patentbüro[2] mit Diederich die ganze Neuteutonia moralisch zugegen war, und hätte Diederich um ihretwillen Achtung erweisen sollen. Diederich hatte
10 den Eindruck, als sei er aus der kraftspendenden Gesamtheit jäh herausgerissen und stehe hier als einzelner Mensch vor einem anderen. Eine nicht vorgesehene, unliebsame Lage! Umso unbefangener trug er seine Sache vor. Oh! Er wolle kein Geld zurück, das würde er einem Kameraden niemals zugemutet haben! Mahlmann
15 möge nur so gefällig sein, ihm für einen Wechsel zu bürgen. Mahlmann lehnte sich in seinen Schreibsessel zurück und sagte breit und selbstverständlich: „Nein."

Diederich, betroffen: „Wieso nein?"

„Bürgen ist gegen meine Prinzipien", erklärte Mahlmann.
20 Diederich rötete sich vor Entrüstung. „Aber ich habe doch auch für Sie gebürgt[3], und dann ist der Wechsel an mich gekommen, und ich musste für Sie die hundert Mark blechen. Sie haben sich gehütet!"

„Sehen Sie wohl? Und wenn ich jetzt für Sie bürgen wollte, würden Sie auch nicht bezahlen."
25 Diederich riss nur noch die Augen auf.

„Nein, Freundchen", schloss Mahlmann; „wenn ich Selbstmord begehen will, brauch ich Sie nicht dazu."

Diederich fasste sich, er sagte herausfordernd: „Sie haben wohl keinen Komment[4], mein Herr."
30 „Nein", wiederholte Mahlmann und lachte ungeheuerlich. Mit äußerstem Nachdruck stellte Diederich fest: „Dann scheinen Sie über-

---

[1] Ruppsack: veraltet für: ruppiger Mensch
[2] Patentbüro: Fachbüro für Schutzrechte an Erfindungen
[3] bürgen: einstehen für die Schulden einer anderen Person
[4] Komment: Verhaltensregeln in einer Studentenverbindung

haupt ein Schwindler zu sein. Es soll ja gewisse Patentschwindler
geben."

Mahlmann lachte nicht mehr; die Augen in seinem kleinen Kopf
waren tückisch geworden, und er stand auf. „Nun müssen Sie raus-
gehen", sagte er, ohne Erregung. „Unter uns wäre es wohl Wurst,
aber nebenan sitzen meine Angestellten, die dürfen so was nicht
hören."

Er packte Diederich an den Schultern, drehte ihn herum und schob
ihn vor sich her. Für jeden Versuch, sich loszumachen, bekam Diederich einen mächtigen Knuff.

„Ich fordere Genugtuung", schrie er. „Sie müssen sich mit mir schlagen!"

„Ich bin schon dabei. Merken Sie es nicht? Dann will ich noch einen
rufen." Er öffnete die Tür. „Friedrich!" Und Diederich ward einem
Packer überliefert, der ihn die Treppe hinabbeförderte. Mahlmann
rief ihm nach: „Nichts für ungut, Freundchen. Wenn Sie ein ander-
mal was auf dem Herzen haben, kommen Sie ruhig wieder!"

Diederich brachte sich in Ordnung und verließ das Haus in guter
Haltung. Umso schlimmer für Mahlmann, wenn er sich so aufführ-
te! Diederich hatte sich nichts vorzuwerfen; vor einem Ehrenge-
richt wäre er glänzend dagestanden. Etwas höchst Anstößiges blieb
es, dass ein Einzelner sich so viel erlauben konnte; Diederich war
gekränkt im Namen sämtlicher Korporationen. Andererseits war es
nicht zu leugnen, dass Mahlmann Diederichs alte Hochachtung
wieder beträchtlich aufgefrischt hatte. ‚Ein ganz gemeiner Hund',
dachte Diederich. ‚Aber so muss man sein ...'

Zu Hause lag ein eingeschriebener Brief.

„Nun können wir fortmachen", sagte Hornung.

„Wieso wir? Ich brauch mein Geld selbst."

„Du machst wohl Spaß. Ich kann hier doch nicht allein sitzen bleiben."

„Dann such dir Gesellschaft!"

Diederich schlug ein solches Gelächter auf, dass Hornung ihn für
verrückt hielt. Darauf reiste er wirklich.

Unterwegs sah er erst, dass der Brief von seiner Mutter adressiert
war. Das war ungewöhnlich ... Seit ihrer letzten Karte, sagte sie, sei

es mit seinem Vater noch viel schlimmer geworden. Warum Diederich nicht gekommen sei.

„Wir müssen uns auf das Entsetzlichste gefasst machen. Wenn du
unsern innigst geliebten Papa noch einmal sehen willst, o dann säu-
me nicht länger, mein Sohn."

Bei dieser Ausdrucksweise ward es Diederich ungemütlich. Er entschloss sich, seiner Mutter einfach nicht zu glauben. ‚Weibern glaub
ich überhaupt nichts, und mit Mama ist es nun mal nicht richtig.'

Trotzdem tat Herr Heßling bei Diederichs Ankunft gerade die letzten Atemzüge.

Von dem Anblick überwältigt, brach Diederich gleich auf der
Schwelle in ein ganz formloses Geheul aus. Er stolperte zum Bett,
sein Gesicht war im Augenblick nass wie beim Waschen; und mit den
Armen tat er lauter kurze Flügelschläge und ließ sie, machtlos, gegen die Hüften klappen. Plötzlich erkannte er auf der Decke des
Vaters rechte Hand, kniete hin und küsste sie. Frau Heßling, ganz
still und klein selbst noch bei den letzten Atemzügen ihres Herrn,
tat drüben dasselbe mit der linken. Diederich dachte daran, wie
dieser verkümmerte schwarze Fingernagel auf seine Wange zuge-
flogen war, wenn der Vater ihn ohrfeigte; und er weinte laut. Die
Prügel gar, als er von den Lumpen die Knöpfe gestohlen hatte! Diese Hand war schrecklich gewesen; Diederichs Herz krampfte sich,
nun er sie verlieren sollte. Er fühlte, dass seine Mutter das Gleiche
im Sinn hatte, und sie ahnte seine Gedanken. Auf einmal sanken sie
einander, über das Bett hinweg, in die Arme.

Bei den Kondolenzbesuchen[1] hatte Diederich sich zurück. Er vertrat vor ganz Netzig, stramm und formensicher, die Neuteutonia,
sah sich angestaunt und vergaß darüber fast, dass er trauerte. Dem
alten Herrn Buck ging er bis zur äußeren Tür entgegen. Die Beleibt-
heit des großen Mannes von Netzig ward majestätisch in seinem
glänzenden Gehrock. Würdevoll trug er den umgewendeten Zylinderhut vor sich her; und die andere, vom schwarzen Handschuh
entblößte Hand, die er Diederich reichte, fühlte sich überraschend
zartfleischig an. Seine blauen Augen drangen warm in Diederich

---

[1] Kondolenzbesuch: Besuch bei Hinterbliebenen zur Beileidsbekundung

ein, und er sagte: „Ihr Vater war ein guter Bürger. Junger Mann,
werden Sie auch einer! Haben Sie immer Achtung vor den Rechten
Ihrer Mitmenschen! Das gebietet Ihnen Ihre eigene Menschenwürde. Ich hoffe, wir werden hier in unserer Stadt noch zusammen für
5 das Gemeinwohl arbeiten. Sie werden jetzt wohl fertig studieren?"
Diederich konnte kaum das Ja herausbringen, so sehr verstörte ihn
die Ehrfurcht. Der alte Herr Buck fragte in leichterem Ton: „Hat
mein Jüngster Sie in Berlin schon aufgesucht? Nein? Oh, das soll er
tun. Er studiert jetzt auch dort. Wird aber wohl bald sein Jahr abdie-
10 nen. Haben Sie das schon hinter sich?"
„Nein" – und Diederich ward sehr rot. Er stammelte Entschuldigungen. Es sei ihm bisher ganz unmöglich gewesen, das Studium zu
unterbrechen. Aber der alte Buck zuckte die Achseln, als sei der
Gegenstand unerheblich.
15 Durch das Testament[1] des Vaters war Diederich neben dem alten
Buchhalter Sötbier zum Vormund seiner beiden Schwestern bestimmt. Sötbier belehrte ihn, dass ein Kapital von siebzigtausend
Mark da sei, das als Mitgift der Mädchen dienen solle. Nicht einmal
die Zinsen durften angegriffen werden. Der Reingewinn aus der
20 Fabrik hatte in den letzten Jahren durchschnittlich neuntausend
Mark betragen. „Mehr nicht?", fragte Diederich. Sötbier sah ihn an,
zuerst entsetzt, dann vorwurfsvoll. Wenn der junge Herr sich vor-
stellen könnte, wie sein seliger Vater und Sötbier das Geschäft he-
raufgearbeitet hätten! Gewiss war es ja noch ausdehnungsfähig …
25 „Na, is jut", sagte Diederich. Er sah, dass hier vieles geändert werden müsse. Von einem Viertel von neuntausend Mark sollte er leben? Diese Zumutung des Verstorbenen empörte ihn. Als seine
Mutter behauptete, der Selige habe auf dem Sterbebette die Zuversicht geäußert, in seinem Sohn Diederich werde er fortleben und
30 Diederich werde sich niemals verheiraten, um immer für die Seinen
zu sorgen, da brach Diederich aus: „Vater war nicht so krankhaft
sentimental[2] wie du", schrie er, „und er log auch nicht." Frau Heßling glaubte den Seligen zu hören und duckte sich. Dies benutzte

---

[1] Testament: Regelung für den Erbfall
[2] sentimental: hier: gefühlsduselig

Diederich, um seinen Monatswechsel um fünfzig Mark erhöhen zu lassen.

„Zunächst", sagte er rau, „hab ich mein Jahr abzudienen[1]. Das kostet, was es kostet. Mit euren kleinlichen Geldgeschichten könnt ihr mir später kommen."

Er bestand sogar darauf, in Berlin einzutreten. Der Tod des Vaters hatte ihm wilde Freiheitsgefühle gegeben. Nachts freilich träumte er, der alte Herr trete aus dem Kontor, mit dem ergrauten Gesicht, das er als Leiche gehabt hatte – und schwitzend erwachte Diederich.

Er reiste, versehen mit dem Segen der Mutter. Gottlieb Hornung und ihre gemeinsame Rosa konnte er fortan nicht brauchen und zog um. Den Neuteutonen zeigte er in angemessener Form seine veränderten Lebensumstände an. Die Burschenherrlichkeit[2] war vorüber. Der Abschiedskommers[3]! Trauersalamander wurden gerieben[4], die für Diederichs alten Herrn bestimmt waren, aber die auch ihm und seiner schönsten Blütezeit gelten konnten. Vor lauter Hingabe gelangte er unter den Tisch, wie am Abend seiner Aufnahme als Konkneipant; und war nun Alter Herr.

Arg verkatert stand er tags darauf, inmitten anderer junger Leute, die alle, wie er selbst, ganz nackt ausgezogen waren, vor dem Stabsarzt[5]. Dieser Herr sah angewidert über all das männliche Fleisch hin, das ihm unterbreitet war; an Diederichs Bauch aber ward sein Blick höhnisch. Sofort grinsten alle ringsum, und Diederich blieb nichts übrig, als auch seinerseits die Augen auf seinen Bauch zu senken, der errötet war ... Der Stabsarzt hatte seinen vollen Ernst zurück. Einem, der nicht so scharf hörte, wie es Vorschrift war, erging es schlecht, denn man kannte die Simulanten! Ein anderer, der

---

[1] sein Jahr abdienen: Abiturienten konnten sich statt des zwei- bis dreijährigen Militärdienstes für den einjährigen Dienst in einer Truppengattung ihrer Wahl melden (sog. „Einjährig-Freiwillige").

[2] Burschenherrlichkeit: Verklärung der Zeit als Bursche, also als Student in einer Verbindung

[3] Abschiedskommers: Abschiedstrinkabend

[4] Salamander reiben: zutrinken

[5] Stabsarzt: Arzt im Militärdienst

noch dazu Levysohn[1] hieß, bekam die Lehre: „Wenn Sie mich wieder mal hier belästigen, dann waschen Sie sich wenigstens!" Bei Diederich hieß es: „Ihnen wollen wir das Fett schon wegkurieren[2]. Vier Wochen Dienst, und ich garantiere Ihnen, dass Sie aussehen
5   wie ein Christenmensch."

Damit war er genommen. Die Ausgemusterten[3] fuhren so schnell in ihre Kleider, als brennte die Kaserne. Die für tauglich Befundenen sahen einander prüfend von der Seite an und entfernten sich zaudernd, als erwarteten sie, dass eine schwere Hand sich ihnen auf die
10 Schulter lege. Einer, ein Schauspieler mit einem Gesicht, als sei ihm alles eins, kehrte um, stellte sich nochmals vor den Stabsarzt hin und sagte laut, mit sorgfältiger Aussprache: „Ich möchte noch hinzufügen, dass ich homosexuell bin."

Der Stabsarzt wich zurück, er war ganz rot. Stimmlos sagte er: „Solche
15 Schweine können wir allerdings nicht brauchen."

Diederich drückte den künftigen Kameraden seine Entrüstung aus über ein so schamloses Verfahren. Dann sprach er noch den Unteroffizier an, der vorher an der Wand seine Körperlänge gemessen hatte, und beteuerte ihm, dass er froh sei. Trotzdem schrieb er nach
20 Netzig an den praktischen Arzt Doktor Heuteufel, der ihn als Jungen im Hals gepinselt hatte: ob der Doktor ihm nicht bescheinigen wolle, dass er skrofulos[4] und rachitisch[5] sei. Er könne sich doch nicht ruinieren lassen mit der Schinderei. Aber die Antwort lautete, er solle nur nicht kneifen, das Dienen werde ihm trefflich bekom-
25 men. So gab Diederich denn sein Zimmer wieder auf und fuhr mit seinem Handkoffer in die Kaserne. Wenn man schon vierzehn Tage dort wohnen musste, konnte man so lange die Miete sparen.

---

[1]   Levysohn: Der Nachname („Sohn des Levi") deutet auf eine jüdische Abstammung hin. Antisemitismus war in der Gesellschaft des Kaiserreichs weit verbreitet.

[2]   wegkurieren: durch ärztliche Maßnahmen heilen

[3]   Ausgemusterte: Wehrpflichtige, die für den Dienst als untauglich angesehen wurden

[4]   skrofulos, Skrofulose: heute nicht mehr verwendeter Begriff für eine Halsdrüsengeschwulst

[5]   rachitisch, Rachitis: Vitamin D-Mangel, der oft zur Verformung der Knochen führt

Sofort ging es mit Reckturnen, Springen und anderen atemrauben-
den Dingen an. Kompanieweise[1] ward man in den Korridoren, die
„Rayons" hießen, „abgerichtet". Leutnant von Kullerow trug eine
unbeteiligte Hochnäsigkeit zur Schau, die Einjährigen betrachtete
5 er nie anders als mit einem zugekniffenen Auge. Plötzlich schrie er:
„Abrichter!", und gab den Unteroffizieren eine Instruktion[2], worauf
er sich verachtungsvoll abwandte. Beim Exerzieren[3] im Kasernenhof, beim Gliederbilden, Sichzerstreuen und Platzwechseln ward
weiter nichts beabsichtigt, als die „Kerls" umherzuhetzen. Ja, Die-
10 derich fühlte wohl, dass alles hier, die Behandlung, die geläufigen
Ausdrücke, die ganze militärische Tätigkeit vor allem darauf hin-
zielte, die persönliche Würde auf ein Mindestmaß herabzusetzen.
Und das imponierte ihm; es gab ihm, so elend er sich befand, und
gerade dann, eine tiefe Achtung ein und etwas wie selbstmörderi-
15 sche Begeisterung. Prinzip und Ideal war ersichtlich das Gleiche
wie bei den Neuteutonen, nur ward es grausamer durchgeführt. Die
Pausen der Gemütlichkeit, in denen man sich seines Menschen-
tums erinnern durfte, fielen fort. Jäh und unabänderlich sank man
zur Laus herab, zum Bestandteil, zum Rohstoff, an dem ein uner-
20 messlicher Wille knetete. Wahnsinn und Verderben wäre es gewesen, auch nur im geheimsten Herzen sich aufzulehnen. Höchstens
konnte man, gegen die eigene Überzeugung, sich manchmal drücken. Diederich war beim Laufen gefallen, der Fuß tat ihm weh.
Nicht, dass er gerade hätte hinken müssen, aber er hinkte und durf-
25 te, wie die Kompanie „ins Gelände" marschierte, zurückbleiben. Um
dies zu erreichen, war er zunächst an den Hauptmann selbst heran-
getreten. „Herr Hauptmann, bitte –" Welche Katastrophe! Er hatte,
in seiner Ahnungslosigkeit, vorwitzig das Wort an eine Macht gerichtet, von der man stumm auf den Knien des Geistes Befehle ent-
30 gegenzunehmen hatte! Der man sich nur „vorführen" lassen konnte! Der Hauptmann donnerte, dass die Unteroffiziere zusammenlie-
fen, mit Mienen, in denen das Entsetzen vor einer Lästerung stand.

---

[1] Kompanie: Truppeneinheit
[2] Instruktion: Anweisung
[3] exerzieren: militärische Übungen vollziehen

Die Folge war, dass Diederich stärker hinkte und einen Tag länger vom Dienst befreit werden musste.

Unteroffizier Vanselow, der für die Untat seines Einjährigen verantwortlich war, sagte zu Diederich nur: „Das will ein gebildeter Mensch sein!" Er war es gewohnt, dass alles Unheil von den Einjährigen kam. Vanselow schlief in ihrem Mannschaftszimmer hinter einem Verschlag. Nach dem Lichtlöschen zoteten[1] sie, bis der Unteroffizier empört dazwischenschrie: „Das wollen gebildete Leute sein!" Trotz seiner langen Erfahrung erwartete er immer noch von den Einjährigen mehr Geist und gute Haltung als von den andern Leuten und war immer neu enttäuscht. In Diederich sah er keineswegs den Schlimmsten. Das Bier, das einer zahlte, entschied nicht allein über Vanselows Meinung. Noch mehr sah Vanselow auf den soldatischen Geist freudiger Unterwerfung, und den hatte Diederich. In der Instruktionsstunde[2] konnte man ihn den andern als Muster vorhalten. Diederich zeigte sich ganz erfüllt von den militärischen Idealen der Tapferkeit und der Ehrliebe. Was die Abzeichen und die Rangordnung betraf, so schien der Sinn dafür ihm angeboren. Vanselow sagte: „Jetzt bin ich der Herr Kommandierende General[3]", und auf der Stelle benahm Diederich sich, als glaubte er es. Wenn es aber hieß: „Jetzt bin ich ein Mitglied der Königlichen Familie", dann war Diederichs Verhalten so, dass es dem Unteroffizier ein Lächeln des Größenwahns abnötigte.

Im Privatgespräch in der Kantine[4] eröffnete Diederich seinem Vorgesetzten, dass er vom Soldatenleben begeistert sei. „Das Aufgehen im großen Ganzen!", sagte er. Er wünsche sich nichts auf der Welt, als ganz dabeizubleiben. Und er war aufrichtig – was aber nicht hinderte, dass er am Nachmittag, bei den Übungen „im Gelände", keinen anderen Wunsch mehr kannte, als sich in den Graben zu legen und nicht mehr vorhanden zu sein. Die Uniform, die ohnedies, aus Rücksichten der Strammheit, zu eng geschnitten war,

---

[1]   zoten: obszöne Witze machen
[2]   Instruktionsstunde: militärische Unterrichtsstunde
[3]   General: oberster Dienstgrad beim Militär
[4]   Kantine: Verpflegungseinrichtung in der Kaserne

ward nach dem Essen zum Marterwerkzeug[1]. Was half es, dass der
Hauptmann, bei seinen Kommandos, sich unsäglich kühn und krie-
gerisch auf dem Pferd herumsetzte, wenn man selbst, rennend und
schnaufend, die Suppe unverdaut im Magen schlenkern fühlte. Die
5 sachliche Begeisterung, zu der Diederich völlig bereit war, musste
zurücktreten hinter der persönlichen Not. Der Fuß schmerzte wieder; und Diederich lauschte auf den Schmerz, in der angstvollen,
mit Selbstverachtung verbundenen Hoffnung, es möchte schlimmer werden, so schlimm, dass er nicht wieder „ins Gelände" hi-
10 nausmusste, dass er vielleicht nicht einmal mehr im Kasernenhof
üben konnte und dass man genötigt war, ihn zu entlassen!
Es kam dahin, dass er am Sonntag den alten Herrn eines Korpsbru-
ders aufsuchte, der Geheimer Sanitätsrat[2] war. Er müsse ihn um
seinen Beistand bitten, sagte Diederich, rot vor Scham. Er sei be-
15 geistert für die Armee, für das große Ganze, und wäre am liebsten
ganz dabeigeblieben. Man sei da in einem großartigen Betrieb, ein
Teil der Macht sozusagen, und wisse immer, was man zu tun habe:
Das sei ein herrliches Gefühl. Aber der Fuß tue nun einmal weh.
„Man darf es doch nicht so weit kommen lassen, dass er unbrauch-
20 bar wird. Schließlich habe ich Mutter und Geschwister zu ernähren." Der Geheimrat untersuchte ihn. „Neuteutonia sei's Panier",
sagte er. „Ich kenne zufällig Ihren Oberstabsarzt[3]." Hiervon war
Diederich durch seinen Korpsbruder unterrichtet. Er empfahl sich,
voll banger Hoffnung.
25 Die Hoffnung bewirkte, dass er am nächsten Morgen kaum noch
auftreten konnte. Er meldete sich krank. „Wer sind Sie, was belästigen Sie mich" – und der Stabsarzt maß ihn. „Sie sehen aus wie das
Leben, Ihr Bauch ist auch schon kleiner." Aber Diederich stand
stramm und blieb krank; der Vorgesetzte musste sich zu einer Un-
30 tersuchung herbeilassen. Als er den Fuß zu Gesicht bekam, erklärte
er, wenn er sich nicht eine Zigarre anzünde, werde ihm unwohl werden. Trotzdem war nichts zu finden an dem Fuß. Der Stabsarzt stieß
ihn entrüstet vom Stuhl. „Macht Dienst, Schluss, abtreten" – und

---

[1] Marterwerkzeug: Folterinstrument
[2] Geheimer Sanitätsrat: Ehrentitel für Ärzte mit sehr langer Berufserfahrung
[3] Oberstabsarzt: Militärarzt im Range eines Vorgesetzten

Diederich war erledigt. Mitten im Exerzieren aber schrie er plötzlich „Au" und fiel um. Er ward ins „Revier" gebracht, den Aufenthalt der Leichterkrankten, wo es nach Volk roch und nichts zu essen gab. Denn die Selbstbeköstigung, die dem Einjährigen zustand, war hier nur schwer zu bewerkstelligen, und von den Rationen[1] der anderen bekam er nichts. Vor Hunger meldete er sich gesund. Abgeschnitten von menschlichem Schutz, von allen sittlichen Rechten der bürgerlichen Welt, trug er sein düsteres Geschick – eines Morgens aber, als alle Hoffnung schon dahin war, holte man ihn vom Exerzieren weg auf das Zimmer des Oberstabsarztes. Dieser hohe Vorgesetzte wünschte ihn zu untersuchen. Er hatte einen verlegen menschlichen Ton und schlug dann wieder in militärische Schroffheit um, die gleichfalls nicht unbefangen wirkte. Auch er schien nichts Rechtes zu finden, das Ergebnis seines Eingreifens aber klang trotzdem anders. Diederich sollte nur „vorläufig" weiter Dienst machen, das Weitere werde sich schon ergeben. „Bei *dem* Fuß ..."

Einige Tage später trat ein „Revier"-Gehilfe an Diederich heran und fertigte auf geschwärztem Papier einen Abdruck des verhängnisvollen Fußes. Diederich ward genötigt, im Revierzimmer zu warten. Der Stabsarzt ging eben umher und nahm Gelegenheit, ihm seine volle Verachtung auszudrücken. „Nicht mal Plattfuß[2]! Stinkt vor Faulheit!" Da aber ward die Tür aufgestoßen, und der Oberstabsarzt, die Mütze auf dem Kopf, hielt seinen Einzug. Sein Schritt war fester und zielbewusster als sonst, er sah nicht rechts noch links, wortlos stellte er sich vor seinem Untergebenen auf, den Blick finster und streng auf dessen Mütze. Der Stabsarzt stutzte, er musste sich in eine Lage finden, die ersichtlich die gewohnte Kollegialität[3] nicht mehr zuließ. Nun hatte er sie erfasst, nahm die Mütze herunter und stand stramm. Darauf zeigte der Vorgesetzte ihm das Papier mit dem Fuß, sprach leise und mit einer Betonung, die ihm befahl, etwas zu sehen, was nicht da war. Der Stabsarzt blinzelte abwechselnd den Vorgesetzten, Diederich und das Papier an. Dann zog er die Absätze zusammen: Er hatte das Befohlene gesehen.

---

[1] Rationen: Lebensmittelportionen
[2] Plattfuß: Fußfehlstellung
[3] Kollegialität: gutes Einvernehmen unter Berufskollegen

Als der Oberstabsarzt fort war, näherte der Stabsarzt sich Diederich. Höflich, mit einem leisen Lächeln des Einverständnisses, sagte er: „Der Fall war natürlich von Anfang an klar. Man musste nur der Leute wegen – Sie verstehen, die Disziplin –"

5 Diederich bekundete durch Strammstehen, dass er alles verstehe.

„Aber", wiederholte der Stabsarzt, „ich habe natürlich gewusst, wie Ihr Fall lag."

Diederich dachte: ‚Wenn du es nicht gewusst hast, jetzt weißt du es.' Laut sagte er: „Gestatte mir gehorsamst zu fragen, Herr Stabsarzt:

10 Ich werde doch weiterdienen dürfen?"

„Dafür kann ich Ihnen nicht garantieren", sagte der Stabsarzt und machte kehrt.

Vom schweren Dienst war Diederich fortan befreit, das „Gelände" sah ihn nicht mehr. Umso williger und freudiger war sein Verhalten

15 in der Kaserne. Wenn des Abends beim Appell[1] der Hauptmann, die Zigarre im Mund und leicht angetrunken, aus dem Casino[2] kam, um für Stiefel, die nicht geschmiert, sondern gewichst waren, Mittelarrest[3] zu verhängen: An Diederich fand er nichts auszusetzen. Umso unerbittlicher übte er seine gerechte Strenge an einem Einjährigen,

20 der nun schon im dritten Monat strafweise im Mannschaftszimmer schlafen musste, weil er einst, während der ersten vierzehn Tage, nicht dort, sondern zu Hause geschlafen hatte. Er hatte damals vierzig Grad Fieber gehabt und wäre, wenn er seine Pflicht getan hätte, vielleicht gestorben. Dann wäre er eben gestorben! Der Hauptmann

25 hatte, sooft er diesen Einjährigen ansah, ein Gesicht voll stolzer Genugtuung. Diederich dahinten, klein und unversehrt, dachte: ‚Siehst du wohl? Die Neuteutonia und ein Geheimer Sanitätsrat sind mehr wert als vierzig Grad Fieber …' Was Diederich betraf, so waren die amtlichen Formalitäten eines Tages glücklich erfüllt, und der Unter-

30 offizier Vanselow verkündete ihm seine Entlassung. Diederich hatte sofort die Augen voller Tränen; er drückte Vanselow warm die Hand.

---

[1] Appell: abendlicher Versammlungsruf an die Soldaten
[2] Casino: Speiseraum der Offiziere
[3] Mittelarrest: Haft in einem Arrestraum der Kaserne

„Grade muss mir das passieren, und ich hatte doch" – er schluchzte
– „so viel Freudigkeit."
Und dann war er „draußen".

Vier Wochen lang blieb er zu Hause und büffelte. Wenn er zum Es-
5 sen ging, sah er sich um, ob ein Bekannter ihn bemerkte. Endlich
musste er sich den Neuteutonen wohl zeigen. Er trat herausfordernd auf.
„Wer von euch noch nicht dabei war, hat keine Ahnung. Ich sage
euch, da sieht man die Welt von einem andern Standpunkt. Ich
10 wäre überhaupt dabeigeblieben, meine Vorgesetzten rieten es mir,
ich sei hervorragend qualifiziert. Na und da –"
Er starrte schmerzlich vor sich hin.
„Das Unglück mit dem Gaul. Das kommt davon, wenn man ein zu
guter Soldat ist. Der Hauptmann lässt einen in seinem Dogcart[1]
15 fahren, damit der Gaul mal bewegt wird, und da ist das Unglück
passiert. Natürlich habe ich den Fuß nicht geschont und zu früh
wieder Dienst gemacht. Die Sache verschlimmerte sich erheblich,
der Stabsarzt gab mir anheim, für jede Eventualität meine Angehö-
rigen zu benachrichtigen."
20 Dies sagte er knapp und männlich.
„Da hättet ihr nun den Hauptmann sehen sollen. Täglich kam er
selbst, nach den größten Märschen, mit bestaubter Uniform, wie er
war. So was gibt es auch nur beim Militär. Wir sind in den bösen
Tagen wahre Kameraden geworden. Hier die Zigarre ist noch von
25 ihm. Und als er mir dann eingestehen musste, der Stabsarzt wolle
mich fortschicken, ich kann euch versichern, das war einer der Augenblicke im Leben, die man nicht vergisst. Der Hauptmann und
ich, wir kriegten beide gleichzeitig feuchte Augen."
Alle waren erschüttert. Diederich sah tapfer um sich.
30 „Na, jetzt soll man sich also wieder in das bürgerliche Leben hinein-
finden. Prost."
Er büffelte weiter; und am Sonnabend kneipte er mit den Neuteutonen. Auch Wiebel erschien wieder. Er war Assessor[2], auf dem Wege

---

[1] Dogcart: „Hundewagen", leichte einachsige Kutsche
[2] Assessor: Anwärter für die höhere Beamtenlaufbahn

zum Staatsanwalt und sprach nur noch von „subversiven[1] Tendenzen", „Vaterlandsfeinde" und auch vom „christlich-sozialen[2] Gedanken". Er erklärte den Füchsen, es sei an der Zeit, sich mit Politik zu beschäftigen. Er wisse wohl, dass es nicht für vornehm gelte,
5 aber die Gegner zwängen einen dazu. Hochfeudale Herren, wie sein Freund, der Assessor von Barnim, seien in der Bewegung. Herr von Barnim werde demnächst den Neuteutonen die Ehre geben.
Er kam, und er gewann alle Herzen, denn er benahm sich wie Gleich zu Gleich. Er hatte dunkles, glatt gescheiteltes Haar, das We
10 sen eines pflichteifrigen Beamten, sprach sachlich – aber am Schluss seines Vortrages bekam er Schwärmeraugen und verabschiedete sich rasch, mit warmen Händedrücken. Die Neuteutonen stimmten nach seinem Besuch alle darin überein, dass der jüdische Liberalismus[3] die Vorfrucht der Sozialdemokratie sei und dass die
15 christlichen Deutschen sich um den Hofprediger Stöcker[4] zu scharen hätten. Diederich verband, wie die anderen, mit dem Wort „Vorfrucht" keinen deutlichen Sinn und verstand unter „Sozialdemokratie" nur eine allgemeine Teilerei. Das genügte ihm auch. Aber Herr von Barnim hatte jeden, der nähere Aufklärung wünschte, zu sich
20 eingeladen, und Diederich würde es sich nicht verziehen haben, wenn er eine so schmeichelhafte Gelegenheit versäumt hätte.
In seiner kalten, altmodischen Junggesellenwohnung hielt Herr von Barnim ihm ein Privatissimum[5]. Sein politisches Ziel war eine ständische Volksvertretung, wie im glücklichen Mittelalter: Ritter,

---

[1] subversiv: umstürzlerisch
[2] christlich-sozial: Die christlich-soziale Bewegung im Kaiserreich verfolgte das Ziel, den Zulauf der Arbeiterschichten zur Sozialdemokratischen Partei einzudämmen. Dabei nahm die Bewegung antisozialistische und antisemitische Positionen ein.
[3] jüdischer Liberalismus: In der Propaganda gegen den „jüdischen Liberalismus" bedienten die Konservativen zwei Feindbilder zugleich: die liberale Demokratie- und Freiheitsbewegung ebenso wie das Judentum, dem staatszersetzende Bestrebungen unterstellt wurden.
[4] Adolf Stoecker (1835 – 1909): Pfarrer der evangelischen preußischen Landeskirche und von 1874 – 1890 Hofprediger des Deutschen Kaisers, begründete unter anderem die christlich-soziale Bewegung (siehe Fußnote 2)
[5] Privatissimum: akademische Lehrveranstaltung für einen sehr kleinen und ausgewählten Hörerkreis

Geistliche, Gewerbetreibende, Handwerker. Das Handwerk musste,
der Kaiser hatte es mit Recht gefordert, wieder auf die Höhe kommen wie vor dem Dreißigjährigen Krieg. Die Innungen[1] hatten
Gottesfurcht und Sittlichkeit zu pflegen. Diederich äußerte sein
5 wärmstes Einverständnis. Es entsprach seinen Trieben, als einge-
tragenes Mitglied eines Standes, einer Berufsklasse, nicht persönlich, sondern korporativ im Leben Fuß zu fassen. Er sah sich schon
als Abgeordneten der Papierbranche. Die jüdischen Mitbürger freilich schloss Herr von Barnim von seiner Ordnung der Dinge aus;
10 waren sie doch das Prinzip der Unordnung und Auflösung, des
Durcheinanderwerfens, der Respektlosigkeit: das Prinzip des Bösen selbst. Sein frommes Gesicht zog sich zusammen vom Hass,
und Diederich fühlte ihn mit.

„Schließlich", meinte er, „haben wir doch die Gewalt und können
15 sie hinauswerfen. Das deutsche Heer –"

„Das ist es eben", stieß Herr von Barnim aus, der durch das Zimmer
lief. „Haben wir darum den ruhmreichen Krieg[2] geführt, dass mein
väterliches Gut an einen Herrn Frankfurter verkauft wird?"

Während Diederich noch erschüttert schwieg, klingelte es, und
20 Herr von Barnim sagte: „Es ist mein Barbier[3], den will ich mir auch
mal vornehmen."

Er bemerkte Diederichs Enttäuschung und setzte hinzu: „Natürlich
rede ich mit solch einem Mann anders. Aber jeder von uns muss an
seinem Teil der Sozialdemokratie Abbruch tun und die kleinen Leu-
25 te in das Lager unseres christlichen Kaisers hinüberziehen. Tun
auch Sie das Ihre!"

Damit war Diederich entlassen. Er hörte den Barbier noch sagen:
„Schon wieder ein alter Kunde, Herr Assessor, der zu Liebling hinü-
bergeht, bloß weil Liebling jetzt Marmor[4] hat."

30 Wiebel sagte, als Diederich ihm berichtete: „Das ist alles schön und
gut, und ich habe eine ganz bedeutende Verehrung für die ideale

---

[1] Innung: Interessenverband eines Handwerks
[2] ruhmreicher Krieg: Gemeint ist der Sieg im Deutsch-Französischen Krieg
   1870/71, dem die Gründung des Deutschen Kaiserreichs folgte.
[3] Barbier: Friseur für Männer
[4] Marmor: Fußböden und Fliesen aus Marmorstein dienten der hochwertigen
   Innenausstattung.

Gesinnung meines Freundes von Barnim, aber auf die Dauer kommen wir damit nicht mehr weiter. Sehen Sie mal, auch Stöcker hat im Eispalast[1] seine verdammten Erfahrungen gemacht mit der Demokratie, ob sie sich nun christlich nennt oder unchristlich. Die
5 Dinge sind zu weit gediehen. Heute heißt es bloß noch: losschlagen, solange wir die Macht haben."

Und Diederich stimmte erleichtert bei. Herumgehen und Christen werben war ihm gleich ein wenig peinlich erschienen.

„Die Sozialdemokratie nehme ich auf mich, hat der Kaiser gesagt."
10 Wiebels Augen drohten katerhaft. „Nun, was wollen Sie mehr? Das Militär ist darüber instruiert, es könne vorkommen, dass es auf die lieben Verwandten schießen muss. Also? Ich kann Ihnen mitteilen, mein Lieber, wir stehen am Vorabend großer Ereignisse." Da Diederich erregte Neugier zeigte: „Was ich durch meinen Vetter von
15 Klappke –"

Wiebel machte eine Pause. Diederich zog die Absätze zusammen.

„– in Erfahrung gebracht habe, ist noch nicht für die Öffentlichkeit reif. Ich will nur bemerken, dass der gestrige Ausspruch Seiner Majestät, die Nörgler möchten gefälligst den deutschen Staub von ihren Pantoffeln schütteln, eine verteufelt ernst zu nehmende War-
20 nung war."

„Tatsächlich? Sie glauben?", sagte Diederich. „Dann ist mein Pech wirklich skandalös, dass ich gerade jetzt aus dem Dienst Seiner Majestät scheiden musste. Ich darf sagen, dass ich gegen den inneren
25 Feind meine volle Pflicht getan haben würde. Auf die Armee, so viel weiß ich, kann der Kaiser sich verlassen."

Er war in diesen nasskalten Februartagen des Jahres 1892 viel auf der Straße, in der Erwartung großer Ereignisse. Unter den Linden hatte sich etwas verändert, man sah noch nicht, was. Berittene
30 Schutzleute hielten an den Mündungen der Straßen und warteten auch. Die Passanten[2] zeigten einander das Aufgebot der Macht. „Die Arbeitslosen!" Man blieb stehen, um sie ankommen zu sehen.

---

[1] Eispalast: Halle für Eissport und andere öffentliche Veranstaltungen in Berlin. Konkret wird Bezug genommen auf eine Rede des antisozialistischen Predigers Adolf Stoecker vor Berliner Arbeitern und auf deren negative Reaktionen.
[2] Passanten: Spaziergänger

Sie kamen vom Norden her, in kleinen Abteilungen und im langsamen Marschschritt. Unter den Linden zögerten sie, wie verirrt, berieten sich mit den Blicken und lenkten nach dem Schloss ein. Dort standen sie, stumm, die Hände in den Taschen, ließen sich von den
5 Rädern der Wagen mit Schlamm bespritzen und zogen die Schultern hoch unter dem Regen, der auf ihre entfärbten Überzieher fiel. Manche von ihnen wandten die Köpfe nach vorübergehenden Offizieren, nach den Damen in ihren Wagen, nach den langen Pelzen der Herren, die von der Burgstraße herschlenderten; und ihre Mie-
10 nen waren ohne Ausdruck, nicht drohend und nicht einmal neugierig, nicht als wollten sie sehen, sondern als zeigten sie sich. Andere aber ließen kein Auge von den Fenstern des Schlosses. Das Wasser lief über ihre hinaufgewendeten Gesichter. Ein Pferd mit einem schreienden Schutzmann trieb sie weiter, hinüber oder bis zur
15 nächsten Ecke – aber schon standen sie wieder, und die Welt schien versunken zwischen diesen breiten, hohlen Gesichtern, die fahler Abend beschien, und der starren Mauer dort hinten, auf der es dunkelte.

„Ich begreife nicht", sagte Diederich, „dass die Polizei nicht energi-
20 scher vorgeht. Das ist doch eine unbotmäßige Bande."

„Lassen Sie's gut sein", erwiderte Wiebel. „Die Schutzleute sind genau instruiert. Die Herren da oben haben ihre wohlüberlegten Absichten, das können Sie mir glauben. Es ist nämlich gar nicht immer zu wünschen, dass derartige Fäulniserscheinungen am Staatskör-
25 per gleich anfangs unterdrückt werden. Man lässt sie ausreifen, dann macht man ganze Arbeit!"

Die Reife, die Wiebel meinte, kam täglich näher, am Sechsundzwanzigsten schien sie da. Die Demonstrationen der Arbeitslosen sahen zielbewusster aus. In eine der nördlichen Straßen zurückge-
30 trieben, quollen sie aus der nächsten, bevor man ihnen den Weg abschneiden konnte, verstärkt wieder hervor. Unter den Linden vereinigten sich ihre Züge, rannen, sooft sie getrennt wurden, wieder zusammen, erreichten das Schloss, wichen zurück und erreichten es noch einmal, stumm und unaufhaltsam wie übergetretenes
35 Wasser. Der Wagenverkehr stockte, die Fußgänger stauten sich, mit hineingezogen in die langsame Überschwemmung, worin der Platz ertrank, in dies trübe und missfarbene Meer der Armen, das zäh

dahinrollte, dumpfe Laute heraufwälzte und wie Maste unterge-
gangener Schiffe die Stangen mit den Bannern hinaufreckte: „Brot!
Arbeit!" Ein deutlicheres Grollen, ausbrechend aus der Tiefe, jetzt
drüben, jetzt hier: „Brot! Arbeit!" Anschwellend, über die Menge
5 hinrollend, wie aus einer Gewitterwolke: „Brot! Arbeit!" Eine Atta-
cke der Berittenen, ein Aufschäumen, Zurückfließen, und Weiber-
stimmen im Lärm, schrill, gleich Signalen: „Brot! Arbeit!"
Man wird überrannt, vom Friedrichdenkmal[1] fegt es die Neugierigen herunter. Auch sie haben aufgerissene Münder; aus kleinen
10 Beamten, denen der Weg ins Amt versperrt ist, fliegt Staub auf, als
würden sie geklopft. Ein verzerrtes Gesicht, das Diederich nicht
erkennt, schreit ihm zu: „Es kommt anders! Jetzt geht es gegen die
Juden!" – und ist untergegangen, bevor ihm einfällt, es war Herr
von Barnim. Er will ihm nach, wird in einem großen Schub weit
15 hinübergeworfen, bis vor das Fenster eines Cafés, hört das Klirren
der eingedrückten Scheibe, einen Arbeiter, der schreit: „Da haben
se mich neulich rausgesetzt for meine dreißig Fennje[2], weil ich keinen Zylinderhut hatte" – und dringt mit ein durch das Fenster, zwischen die umgeworfenen Tische, auf den Boden, wo man über
20 Scherben fällt, einander die Bäuche einstößt und laut zetert. „Niemand mehr rein! Wir kriegen keine Luft!" Aber immer mehr steigen ein. „Die Polizei drängelt!" Und die Mitte der Straße sieht man
frei liegen, gesäubert, wie für einen Triumphzug. Da sagt jemand:
„Das ist doch Wilhelm!"
25 Und Diederich war wieder draußen. Niemand wusste, wie es kam,
dass man auf einmal marschieren konnte, in gedrängter Masse, auf
der ganzen Breite der Straße und zu beiden Seiten bis an die Flan-
ken des Pferdes, worauf der Kaiser saß: er selbst. Man sah ihn an
und ging mit. Knäuel von Schreienden wurden aufgelöst und mit-
30 gerissen. Alle sahen ihn an. Dunkles Geschiebe, ohne Form, plan-
los, grenzenlos, und hell darüber der junge Herr im Helm, der Kaiser. Sie sahen: Sie hatten ihn heruntergeholt aus dem Schloss. Sie
hatten „Brot! Arbeit!" geschrien, bis er gekommen war. Nichts hatte

---

[1] Friedrichdenkmal: Reiterstandbild Friedrichs des Großen (1712 – 1786) in
Berlin Mitte
[2] Fennje: berlinerisch für: Pfennige; hundert Pfennige ergaben eine Mark.

sich geändert, als dass er da war – und schon marschierten sie, als gehe es auf das Tempelhofer Feld[1].

Seitwärts, wo die Reihen dünner waren, sagten bürgerlich Gekleidete zueinander: „Na Gott sei Dank, er weiß, was er will!"

5 „Was will er denn?"

„Der Bande zeigen, wer die Macht hat! Im Guten hat er es mit ihnen versucht. Er ist sogar zu weit gegangen in den Erlassen vor zwei Jahren[2]. Sie sind frech geworden!"

„Angst kennt er nicht, das muss man sagen. Kinder, dies ist ein 10 historischer Moment!"

Diederich hörte es und erschauderte. Der alte Herr, der gesprochen hatte, wandte sich auch an ihn. Er hatte weiße Bartkotelettes[3] und das Eiserne Kreuz[4].

„Junger Mann", sagte er, „was unser herrlicher junger Kaiser da 15 macht, das werden die Kinder mal aus den Schulbüchern lernen. Passen Sie auf!"

Viele hatten gehobene Brüste und feierliche Mienen. Die Herren, die dem Kaiser folgten, blickten mit äußerster Entschlossenheit darein, ihre Pferde aber lenkten sie durch das Volk, als seien alle die Leute 20 zum Statieren[5] bei einer Allerhöchsten Aufführung befohlen; und manchmal schielten sie seitwärts, nach dem Eindruck im Publikum. Er selbst, der Kaiser, sah nur sich und seine Leistung. Tiefer Ernst versteinte seine Züge, sein Auge blitzte hin über die Tausende der von ihm Gebannten. Er maß sich mit ihnen, der von Gott gesetzte 25 Herr mit den empörerischen Knechten! Allein und ungeschützt hatte er sich mitten unter sie gewagt, stark nur durch seine Sendung. Sie konnten sich an ihm vergreifen, wenn es im Plan des Höchsten lag; er brachte seiner heiligen Sache sich selbst zum Opfer. War Gott

---

[1] Tempelhofer Feld: Das Tempelhofer Feld wurde zur Kaiserzeit für Aufmärsche und Paraden genutzt.

[2] Erlasse vor zwei Jahren: Gemeint sind mehrere kaiserliche Erlasse aus dem Jahr 1890 zur Verbesserung der Lage der Arbeiter, mit denen der Kaiser versuchte, die erstarkende Sozialdemokratie als Partei der Arbeiterbewegung überflüssig zu machen.

[3] Bartkotelettes, Koteletten: Seitenbart auf Ohrenhöhe

[4] Eisernes Kreuz: Militärorden für besondere Kriegsverdienste

[5] Statieren: als Statist, also als Hintergrundfigur, auftreten

mit ihm, dann sollten sie es sehen! Dann bewahrten sie für immer
das Gepräge seiner Tat und die Erinnerung an ihre Ohnmacht!

Ein junger Mensch mit einem Künstlerhut ging neben Diederich, er
sagte: „Kennen wir. Napoleon in Moskau[1], sich solo unter die Bevölkerung mischend."

„Das ist doch großartig!", behauptete Diederich, und die Stimme
versagte ihm. Der andere zuckte die Achseln.

„Theater, und nicht mal gut."

Diederich sah ihn an, er versuchte zu blitzen wie der Kaiser.

„Sie sind wohl auch so einer."

Er hätte nicht sagen können, was für einer. Er fühlte nur, dass er
hier, zum ersten Mal im Leben, die gute Sache zu vertreten habe
gegen feindliche Bemängelungen. Trotz seiner Aufregung sah er
sich noch die Schultern des Menschen an: Sie waren nicht breit.
Auch äußerte sich die Umgebung missbilligend. Da ging Diederich
vor. Mit seinem Bauch drängte er den Feind gegen die Mauer und
schlug auf den Künstlerhut ein. Andere knufften mit. Der Hut lag
schon am Boden und bald auch der Mensch. Im Weitergehen bemerkte Diederich zu seinen Mitkämpfern: „Der hat sicher nicht
gedient! Schmisse hat er auch keine!"

Der alte Herr mit Bartkoteletts und Eisernem Kreuz war auch wieder da, er drückte Diederich die Hand.

„Brav, junger Mann, brav!"

„Soll man da nicht wütend werden?", erklärte Diederich, noch keuchend. „Wenn der Mensch uns den historischen Moment verekeln
will?"

„Sie haben gedient?", fragte der alte Herr.

„Ich wäre am liebsten ganz dabeigeblieben", sagte Diederich.

„Na ja, Sedan[2] ist nicht alle Tage" – der alte Herr betupfte sein Eisernes Kreuz. „Das waren *wir!*"

---

[1] Napoleon in Moskau: Der französische Kaiser Napoleon (1769–1821) hatte
   1812 Russland angegriffen und dabei vorübergehend auch die Hauptstadt
   Moskau erobert, bevor sein Heer von der russischen Armee besiegt wurde.

[2] Sedan: In der Schlacht bei Sedan (2. September 1870) war es den preußischen Truppen gelungen, die französischen Truppen zu schlagen und Kaiser
   Napoleon III. (1808–1873) gefangen zu nehmen.

Diederich reckte sich, er zeigte auf das bezwungene Volk und den Kaiser.

„Das ist doch geradeso gut wie Sedan!"

„Na ja", sagte der alte Herr.

5 „Gestatten Sie mal, sehr geehrter Herr", rief jemand und schwenkte sein Notizbuch. „Wir müssen das bringen. Stimmungsbild, verstehnse? Sie haben wohl einen Genossen[1] verwalkt[2]?"

„Kleinigkeit" – Diederich keuchte noch immer. „Meinetwegen könnt es jetzt gleich losgehen gegen den inneren Feind[3]. Unsern 10 Kaiser haben wir mit."

„Fein", sagte der Reporter und schrieb mit: „In der wildbewegten Menge hört man Leute aller Stände der treuesten Anhänglichkeit und dem unerschütterlichen Vertrauen zu der Allerhöchsten Person Ausdruck geben."

15 „Hurra!", schrie Diederich, denn alle schrien es; und inmitten eines mächtigen Stoßes von Menschen, der schrie, gelangte er jäh bis unter das Brandenburger Tor. Zwei Schritte von ihm ritt der Kaiser hindurch. Diederich konnte ihm ins Gesicht sehen, in den steinernen Ernst und das Blitzen; aber ihm verschwamm es vor den Au-20 gen, so sehr schrie er. Ein Rausch, höher und herrlicher als der, den das Bier vermittelt, hob ihn auf die Fußspitzen, trug ihn durch die Luft. Er schwenkte den Hut hoch über allen Köpfen, in einer Sphäre der begeisterten Raserei, durch einen Himmel, wo unsere äußersten Gefühle kreisen. Auf dem Pferd dort, unter dem Tor der siegrei-25 chen Einmärsche und mit Zügen, steinern und blitzend, ritt die Macht! Die Macht, die über uns hingeht und deren Hufe wir küssen! Die über Hunger, Trotz und Hohn hingeht! Gegen die wir nichts können, weil wir alle sie lieben! Die wir im Blut haben, weil wir die Unterwerfung darin haben! Ein Atom sind wir von ihr, ein 30 verschwindendes Molekül von etwas, das sie ausgespuckt hat! Jeder Einzelne ein Nichts, steigen wir in gegliederten Massen, als

---

[1]   Genosse: Anrede unter Parteifreunden in linksgerichteten Parteien und Bewegungen, z. B. der Sozialdemokratie

[2]   verwalken: hier: verdreschen

[3]   innerer Feind: Herrschende Kreise im Kaiserreich beschuldigten Gruppierungen mit abweichender Haltung, vor allem Sozialdemokraten, Nichtdeutsche, Katholiken und Juden, dass sie die Einheit des Reichs gefährden würden.

Neuteutonen, als Militär, Beamtentum, Kirche und Wissenschaft, als Wirtschaftsorganisationen und Machtverbände kegelförmig hinan, bis dort oben, wo sie selbst steht, steinern und blitzend! Leben in ihr, haben teil an ihr, unerbittlich gegen die, die ihr ferner sind,
5 und triumphierend, noch wenn sie uns zerschmettert: denn so rechtfertigt sie unsere Liebe! ... Einer der Schutzleute, deren Kette das Tor absperrte, stieß Diederich vor die Brust, dass ihm der Atem ausblieb; er aber hatte die Augen so voll Siegestaumel, als reite er selbst über alle diese Elenden hinweg, die gebändigt ihren Hunger
10 verschluckten. Ihm nach! Dem Kaiser nach! Alle fühlten wie Diederich. Eine Schutzmannskette war zu schwach gegen so viel Gefühl; man durchbrach sie. Drüben stand eine zweite. Man musste abbiegen, auf Umwegen den Tiergarten erreichen, einen Durchschlupf finden. Wenige fanden ihn; Diederich war allein, als er auf den Reit-
15 weg hinausstürzte, dem Kaiser entgegen, der auch allein war. Ein Mensch im gefährlichsten Zustand des Fanatismus[1], beschmutzt, zerrissen, mit Augen wie ein Wilder: Der Kaiser, vom Pferd herunter, blitzte ihn an, er durchbohrte ihn. Diederich riss den Hut ab, sein Mund stand weit offen, aber der Schrei kam nicht. Da er zu
20 plötzlich anhielt, glitt er aus und setzte sich mit Wucht in einen Tümpel, die Beine in der Luft, umspritzt von Schmutzwasser. Da lachte der Kaiser. Der Mensch war ein Monarchist, ein treuer Untertan! Der Kaiser wandte sich nach seinen Begleitern um, schlug sich auf den Schenkel und lachte. Diederich aus seinem Tümpel sah
25 ihm nach, den Mund noch offen.

---

[1] Fanatismus: vehementes und unduldsames Eintreten für eine Idee

II

Er reinigte sich notdürftig und kehrte um. Auf einer Bank saß eine
Dame; Diederich ging ungern vorüber. Noch dazu starrte sie ihm
entgegen. ‚Gans', dachte er zornig. Da sah er, dass sie ein tief er-
schrockenes Gesicht hatte, und dann erkannte er Agnes Göppel.

5 „Eben bin ich dem Kaiser begegnet", sagte er sofort.

„Dem Kaiser?", fragte sie, wie aus einer anderen Welt. Er begann
unter großen, ungewohnten Gesten herauszujagen, was ihn erstickte. Unser herrlicher junger Kaiser, ganz allein unter rasenden
Aufrührern! Ein Café hatten sie demoliert[1]. Diederich selbst war

10 drin gewesen! Unter den Linden hatte er blutige Kämpfe bestanden
für seinen Kaiser! Kanonen sollte man auffahren!

„Die Leute hungern wohl", sagte Agnes schüchtern. „Es sind ja auch
Menschen."

„Menschen?" Diederich rollte die Augen. „Der innere Feind sind

15 sie!"

Da er Agnes wieder erschrecken sah, beruhigte er sich etwas.

„Wenn es Ihnen Vergnügen macht, dass wegen des Packs alle Straßen abgesperrt werden müssen."

Nein, das kam Agnes sehr ungelegen. Sie hatte in der Stadt Besor-

20 gungen gehabt, und wie sie zurück nach der Blücherstraße wollte,
ging kein Omnibus mehr, und nirgends kam man durch. Sie war
zurückgedrängt worden bis hierher. Es war kalt und nass, ihr Vater
würde sich ängstigen; was sollte sie tun. Diederich verhieß ihr, er
werde es schon machen. Sie gingen zusammen weiter. Er wusste

25 auf einmal nichts mehr zu sagen und wendete den Kopf umher, als
suchte er den Weg. Sie waren allein zwischen kahlen Bäumen und
nassem alten Laub. Wo waren die männlichen Hochgefühle von
vorhin? Diederich empfand Beklommenheit, wie auf seinem letzten Spaziergang mit Agnes, als er, von Mahlmann gewarnt, auf ei-

30 nen Omnibus sprang, ausriss und verschwand. Grade sagte Agnes:
„Sie haben sich aber sehr, sehr lange nicht bei uns sehen lassen.
Papa hat Ihnen doch geschrieben?"

---

[1] demolieren: etwas gewaltsam beschädigen

Sein eigener Vater sei gestorben, sagte Diederich, betreten. Jetzt musste Agnes zuerst ihr Beileid ausdrücken, dann fragte sie weiter: warum er damals plötzlich fortgeblieben sei, vor drei Jahren.

„Nicht wahr? Es sind schon fast drei Jahre."

5 Diederich bekam Festigkeit. Das Verbindungsleben habe ihn völlig in Anspruch genommen. Dort herrsche nämlich eine verdammt strenge Zucht. „Und dann habe ich meiner Wehrpflicht genügt."

„Oh!" – Agnes sah ihn an, „was aus Ihnen alles geworden ist! Und jetzt sind Sie wohl schon Doktor?"

10 „Das soll jetzt kommen."

„Sie haben sich fast gar nicht verändert."

Er sah unzufrieden geradeaus. Seine Schmisse, seine stattliche Breite, alle seine wohlerworbene Männlichkeit: für sie war das nichts? Sie bemerkte es gar nicht?

15 „Aber Sie", sagte er plump. In ihr blasses, so schmales Gesicht stieg eine ganz dünne Röte, bis auf den Sattel der kleinen eingedrückten Nase, mit den Sommersprossen.

„Ja. Mir geht es manchmal nicht gut, aber es wird schon wieder besser werden."

20 Diederich bereute.

„Ich meinte doch natürlich, dass Sie noch hübscher geworden sind" – und er betrachtete ihr rotes Haar, das unter dem Hut hervorquoll, noch dicker als früher, weil ihr Gesicht so klein geworden war. Dabei erinnerte er sich seiner Demütigungen von damals und wie anders die Dinge jetzt lagen. Herausfordernd sagte er: „Wie geht es

25 denn Herrn Mahlmann?"

Agnes bekam eine wegwerfende Miene.

„Denken Sie an den noch? Wenn ich den mal wiedersähe, wär's mir gleich."

„So? Aber er hat ein Patentbüro und könnte ganz gut heiraten."

30 „Wenn schon."

„Früher interessierten Sie sich doch für ihn."

„Woraus schließen Sie das?"

„Er schenkte Ihnen immer etwas."

35 „Ich hätte es lieber nicht angenommen; aber dann –", sie sah auf den Weg, auf das nasse Laub vom Vorjahr, „dann hätte ich auch Ihre Geschenke nicht annehmen dürfen."

Darauf schwieg sie erschrocken. Diederich fühlte, dass etwas Schweres geschehen war, und schwieg auch.

„Das war doch nicht der Rede wert", stieß er endlich hervor, „ein paar Blumen." Und mit wiedergekehrter Entrüstung: „Mahlmann hat Ihnen sogar ein Armband geschenkt."

„Ich trage es niemals", sagte Agnes. Er hatte auf einmal Herzklopfen, er brachte hervor: „Und wenn es von mir gewesen wäre?"

Stille; er hielt den Atem an. Ganz leise kam es von ihr her: „Dann ja."

Darauf gingen sie plötzlich rascher und ohne mehr zu sprechen. Sie kamen vor das Brandenburger Tor, sahen die Linden bedrohlich von Polizei erfüllt, eilten vorbei und bogen in die Dorotheenstraße. Hier war es wenig belebt, Diederich verlangsamte den Schritt, er fing an zu lachen.

„Das ist eigentlich hochkomisch. Was Mahlmann nämlich Ihnen schenkte, war mit meinem Geld bezahlt. Er nahm mir ja alles ab, ich war noch ein ganz grüner Junge[1]."

Sie blieben stehen. „Oh!" – und sie sah ihn an, ihre goldbraunen Augen zitterten. „Das ist schrecklich. Können Sie mir das verzeihen?"

Er lächelte überlegen. Das seien alte Geschichten, Jugendtorheiten[2].

„Nein, nein", sagte sie verstört.

Die Hauptsache, meinte er, sei jetzt, wie sie nach Hause komme. Hier ging es schon wieder nicht weiter. Omnibusse waren auch nicht zu sehen. „Es tut mir leid, aber Sie werden sich meine Gesellschaft noch länger gefallen lassen müssen. Übrigens wohne ich gleich hier. Sie könnten mit hinaufkommen, da wären Sie wenigstens im Trockenen. Aber natürlich, eine junge Dame darf das nicht."

Sie hatte noch immer diesen flehenden Blick.

„Sie sind so gut", sagte sie, stärker atmend. „Sie sind so edel." Und da sie schon das Haus betraten: „Zu Ihnen kann ich doch Vertrauen haben?"

---

[1] grüner Junge: hier: unerfahrener junger Mann
[2] Jugendtorheit: jugendliche Dummheit

„Ich weiß, was ich der Ehre meiner Korporation schulde", erklärte Diederich.

Sie mussten an der Küche vorbei, aber es war niemand darin. „Legen Sie doch solange ab", sagte Diederich gnädig. Er stand da, ohne
5 Agnes anzusehen, und trat, während sie den Hut abnahm, von einem Fuß auf den andern.

„Ich muss die Wirtin suchen, damit sie Tee macht." Er wandte sich schon nach der Tür, zuckte aber zurück: Agnes hatte seine Hand ergriffen und küsste sie! „Aber Fräulein Agnes", murmelte er,
10 furchtbar erschrocken, und legte ihr, wie tröstend, den Arm um die Schulter; da sank sie gegen die seine. Er drückte seinen Mund in ihr Haar, ziemlich tief, weil er sich dazu verpflichtet fühlte. Unter seinem Druck bebte und flog ihr Körper, als würde er geschlagen. Er fühlte sich in der dünnen Bluse lau und feucht an. Diederich ward
15 es heiß, er küsste Agnes auf den Hals. Und plötzlich kam ihr Gesicht auf ihn zu: mit offenem Mund, halb geschlossenen Augen und mit einem Ausdruck, den er nie gesehen hatte und der ihm schwindlig machte. „Agnes! Agnes, ich liebe dich", sagte er wie aus tiefer Not. Sie antwortete nicht, aus ihrem offenen Mund kamen kleine
20 warme Atemstöße, und er fühlte sie fallen, er trug sie, die zu zerfließen schien.

Dann saß sie auf dem Diwan[1] und weinte. „Sei mir nicht bös, Agnes", bat Diederich. Sie sah ihn an, mit ihren nassen Augen.

„Ich weine doch vor Glück", sagte sie. „Ich hab so lange auf dich
25 gewartet."

„Warum?", fragte sie, da er ihre Bluse schließen wollte. „Warum deckst du es schon zu? Findest du es schon nicht mehr schön?"

Er verwahrte sich. „Ich bin mir der übernommenen Verantwortung vollkommen bewusst."

30 „Verantwortung?", sagte Agnes. „Wer hat die? Ich habe dich drei Jahre lang geliebt. Du wusstest es ja nicht. Es war wohl das Schicksal!"

Diederich, die Hände in den Taschen, bedachte, dass dies das Schicksal der leichtsinnigen Mädchen sei. Andrerseits empfand er

---

[1] Diwan: Sofa

das Bedürfnis, sich ihre Versicherungen wiederholen zu lassen. „Also wirklich mich, nur mich hast du geliebt?"

„Ich sah, dass du mir nicht glaubtest. Es war schrecklich, als ich merkte, du kamst nicht mehr, und es war aus. Es war ganz schreck-
5 lich. Ich wollte dir schreiben, ich wollte zu dir gehen. Jedes Mal verlor ich den Mut, weil du mich doch nicht mehr mochtest. Ich kam so herunter, dass Papa eine Reise mit mir machen musste."

„Wohin denn?", fragte Diederich. Aber Agnes antwortete nicht, sie zog ihn wieder an sich.
10 „Sei lieb mit mir! Ich hab nur dich!"

Diederich dachte verlegen: ‚Dann hast du nicht viel.' Agnes schien ihm verkleinert und sehr im Wert gesunken, seit er den Beweis hatte, dass sie ihn liebte. Auch sagte er sich, einem Mädchen, das so etwas tat, dürfe man nicht alles glauben.
15 „Und Mahlmann?", fragte er höhnisch. „Ein bisschen war doch wohl los mit ihm. – Na lass nur", sagte er, da sie sich mit starrem Entsetzen aufrichtete. Er suchte gutzumachen. Er sei doch auch noch ganz benommen von seinem Glück.

Sehr langsam zog sie sich an. „Dein Vater wird aber gar nicht wis-
20 sen, was los ist", meinte Diederich. Sie hob nur die Schultern. Als sie fertig war und er schon die Tür geöffnet hatte, blieb sie noch stehen und sah in das Zimmer zurück, mit einem langen, angstvollen Blick.

„Vielleicht", sagte sie, wie zu sich selbst, „komme ich nie wieder. Mir
25 ist, als sollte ich heute Nacht sterben."

„Wieso denn", sagte Diederich, peinlich berührt. Statt einer Antwort ließ sie sich noch einmal an ihn hinsinken, den Mund auf seinem, die Brust auf seiner und von den Hüften zu den Füßen wie mit ihm verwachsen. Diederich wartete geduldig. Dann löste sie sich,
30 öffnete die Augen und sagte: „Du musst nicht denken, dass ich etwas von dir verlange. Ich hab dich geliebt, nun ist alles gleich."

Er bot ihr einen Wagen an, aber sie wollte gehen. Unterwegs fragte er nach ihrer Familie und nach anderen Bekannten. Erst am Belle-Alliance-Platz ward er unruhig, und etwas heiser brachte er hervor:
35 „Natürlich denke ich nicht daran, mich meinen Verpflichtungen dir gegenüber zu entziehen. Nur vorläufig: du verstehst, ich verdiene

noch nichts, ich muss erst fertig sein und zu Hause mich in den
Betrieb einleben ...“

Agnes erwiderte dankbar und ruhig, als habe man ihr ein Kompli-
ment gemacht: „Es wäre schön, wenn ich später einmal deine Frau
werden könnte.“

Da sie in die Blücherstraße einbogen, blieb er stehen. Unsicher
meinte er, es sei jetzt wohl besser, wenn er umkehre. Sie sagte: „Weil
uns jemand sehen könnte? Das würde gar nichts machen, denn ich
muss zu Hause doch erzählen, dass ich dir begegnet bin und dass
wir im Café zusammen gewartet haben, bis die Straßen wieder frei
waren.“

‚Na, die kann lügen‘, dachte Diederich. Sie setzte hinzu: „Für Sonntag bist du zu Mittag geladen, du musst bestimmt kommen.“

Diesmal war es ihm zu viel, er fuhr auf: „Ich soll – ? Bei euch soll ich
– ?“

Sie lächelte sanft und schlau. „Es geht doch nicht anders. Wenn
man uns einmal sähe – : willst du denn nicht, dass ich wiederkomme?“

O ja, das wollte er. Trotzdem musste sie ihm zureden, bis er sein
Erscheinen versprach. Vor ihrem Hause verabschiedete er sich mit
einer formvollen Verbeugung, kehrte rasch um und dachte: ‚So ein
Weib ist scheußlich raffiniert. Lange tu ich da nicht mit.‘ Indes bemerkte er mit Unlust, dass es Zeit sei, auf die Kneipe zu gehen. Es
verlangte ihn nach Hause, er wusste nicht, warum. Als er dann die
Tür seines Zimmers hinter sich zugezogen hatte, blieb er davor stehen und starrte in die Dunkelheit. Plötzlich reckte er die Arme in
die Höhe, wandte das Gesicht nach oben und sagte in einem langen
Aufatmen: „Agnes!“

Er fühlte sich verwandelt, leicht, wie vom Boden gehoben. ‚Ich bin
ganz furchtbar glücklich‘, dachte er, und: ‚So schön kommt es im
ganzen Leben nicht wieder!‘ Er hatte die Gewissheit, dass er bis
jetzt, bis zu dieser Minute, alle Dinge falsch angesehen, falsch be-
wertet hatte. Dort hinten kneipten sie nun und machten sich wichtig. Juden oder Arbeitslose, was gingen einen die an, warum sollte
man sie hassen? Diederich fühlte sich bereit, sie zu lieben! Hatte er
denn wirklich, er selbst, den Tag in einem Gewühl von Menschen
verbracht, die er für Feinde gehalten hatte? Sie waren Menschen:

Agnes hatte recht! War er selbst es, der jemand um einiger Worte willen geschlagen hatte, geprahlt, gelogen, sich töricht abgearbeitet und endlich, zerrissen und sinnlos, sich in den Schmutz geworfen hatte vor einem Herrn zu Pferd, dem Kaiser, der ihn auslachte? Er
5 erkannte, dass er, bis Agnes kam, ein hilfloses, bedeutungsloses und armes Leben geführt habe. Bestrebungen wie die eines Fremden, Gefühle, die ihn beschämten, und niemand, den er liebte – bis Agnes kam! ‚Agnes! Süße Agnes, du weißt ja gar nicht, wie ich dich lieb habe!' Aber sie sollte es wissen. Er fühlte, dass er es nie wieder
10 so werde sagen können wie in dieser Stunde, und er schrieb einen Brief. Er schrieb, dass auch er diese drei Jahre immer auf sie gewartet habe und dass er keine Hoffnung gehabt habe, weil sie zu schön für ihn sei, zu fein und zu gut; dass er sich das mit Mahlmann nur eingeredet habe aus Feigheit und aus Trotz; dass sie eine Heilige sei,
15 und nun sie zu ihm herabgestiegen, liege er zu ihren Füßen. „Hebe mich auf, Agnes, ich kann stark sein, ich fühle es, und ich will dir mein ganzes Leben weihen!" – Er weinte, drückte das Gesicht in das Diwankissen, worin er ihren Duft noch spürte, und unter Schluchzen, wie als Kind, schlief er ein.
20 Am Morgen freilich war er erstaunt und befremdet, sich nicht im Bett zu finden. Sein großes Erlebnis fiel ihm ein, ein süßer Stoß ging durch sein Blut, bis zum Herzen. Aber auch der Verdacht kam ihm, dass er sich peinliche Übertreibungen habe zuschulden kommen lassen. Er las den Brief wieder durch: Das war alles recht
25 schön, und es konnte einen auch wirklich aus der Fassung bringen, wenn man auf einmal mit so einem großartigen Mädel ein Verhältnis hatte. Wäre sie jetzt nur da gewesen, er hätte zärtlich sein wollen! Aber den Brief schickte man doch besser nicht ab. Es war unvorsichtig in jeder Beziehung. Am Ende fing Vater Göppel ihn ab …
30 Diederich verschloss den Brief im Schreibtisch. ‚An das Essen hab ich gestern überhaupt nicht gedacht!' Er ließ sich ein ausgiebiges Frühstück bringen. ‚Und rauchen wollte ich nicht, damit ihr Geruch nicht verginge. Das ist doch Blödsinn. So darf man nicht sein.' Er zündete eine Zigarre an und ging ins Laboratorium[1]. Was er auf

---

[1] Laboratorium: Arbeitsort für naturwissenschaftliche Forschungen und Experimente

dem Herzen hatte, beschloss er statt in Worte – denn so hohe Worte waren unmännlich und unbequem – lieber in Musik auszuströmen. Er mietete ein Klavier und versuchte sich, plötzlich mit viel mehr Glück als in der Klavierstunde, an Schubert[1] und Beethoven[2].

5 Am Sonntag, wie er bei Göppels klingelte, machte Agnes selbst ihm auf. „Das Mädchen kann nicht vom Herd fort", sagte sie; aber den wahren Grund sagte ihr Blick. Aus Ratlosigkeit senkte Diederich die Augen auf das silberne Armband, womit sie klapperte, als sollte er hinsehen.

10 „Kennst du es nicht?", flüsterte Agnes. Er ward rot.

„Das von Mahlmann?"

„Das von dir! Ich trage es zum ersten Mal."

Rasch und heiß drückte sie ihm die Hand, dann ging die Tür zum Berliner Zimmer[3] auf. Herr Göppel wandte sich um. „Na, da ist 15 wohl unser Ausreißer?" Aber kaum erblickte er Diederich, änderte sich seine Miene, er bereute seine Vertraulichkeit.

„Ich hätte Sie weiß Gott nicht wiedererkannt, Herr Heßling!"

Diederich sah zu Agnes hinüber, wie um ihr zu sagen: Siehst du? Der merkt es, dass ich kein dummer Junge mehr bin.

20 „Bei Ihnen ist ja alles unverändert", stellte Diederich fest und begrüßte Herrn Göppels Schwestern und Schwager. In Wahrheit aber fand er alle beträchtlich gealtert, besonders Herrn Göppel, der sich weniger munter benahm und dem ein kummervolles Fett von den Wangen hing. Die Kinder waren nun größer, und irgendwo im Zim-25 mer schien eine Person zu fehlen.

„Ja, ja", so schloss Herr Göppel die einleitende Unterhaltung, „die Zeit vergeht, aber gute Freunde finden sich immer wieder."

‚Wenn du wüsstest, wie‘, dachte Diederich verlegen und mit Geringschätzung, indes man zu Tisch ging. Beim Kalbsbraten fiel ihm 30 endlich ein, wer damals ihm gegenüber gesessen hatte. Es war die

---

[1] Franz Schubert (1797–1828): österreichischer Komponist
[2] Ludwig van Beethoven (1770–1827): deutscher Komponist
[3] Berliner Zimmer: Typisch für Berliner Mietshäuser. Es verband Hauptgebäu-
    de und anliegendes Hinterhaus. Durch die Lage übers Eck entstand ein
    großer, aber auch eher dunkler Raum, da nur ein Fenster zum Hof zur
    Verfügung stand.

Tante, die ihn so hochtrabend gefragt hatte, was er denn studiere, und die nicht gewusst hatte, dass Chemie etwas anderes war als Physik. Agnes, die er zu seiner Rechten hatte, erklärte ihm, dass diese Tante schon seit zwei Jahren tot sei. Diederich murmelte sein Beileid, im Stillen aber sagte er sich: ‚Die quatscht also auch nicht mehr.' Ihm kam es vor, als ob hier alle bestraft und niedergedrückt seien, ihn selbst nur hatte das Schicksal, seinem Wert entsprechend, erhöht. Und er streifte Agnes, von oben herab, mit dem Blick des Besitzers.

Die süße Speise ließ auf sich warten, gerade wie damals. Agnes wandte unruhig den Kopf nach der Tür, Diederich sah ihre schönen blonden Augen verdunkelt, als sei etwas Ernstes geschehen. Er hatte plötzlich tiefes Mitgefühl mit ihr, eine große Zärtlichkeit. Er stand auf und rief aus der Tür: „Marie! Der Krehm!"

Wie er zurückkam, trank Herr Göppel ihm zu. „Das haben Sie früher auch schon gemacht. Sie sind doch hier wie's Kind im Hause. Nicht, Agnes?" Agnes dankte Diederich mit einem Blick, der sein ganzes Herz aufrührte. Er musste sich zusammennehmen, um nicht feuchte Augen zu bekommen. Wie wohlwollend die Verwandten ihm zulächelten! Der Schwager stieß mit ihm an. Was für gute Menschen! Und Agnes, die süße Agnes, liebte ihn! Er verdiente so viel nicht! Das Gewissen schlug ihm laut, er nahm sich dunkel vor, nachher mit Herrn Göppel zu sprechen.

Leider fing Herr Göppel nach dem Essen wieder von den Krawallen an. Wenn wir endlich den Druck der Bismarck'schen Kürassierstiefel los waren, brauchte man die Arbeiter nun nicht mit Dicktun in Reden zu reizen. Der junge Mann (so nannte Herr Göppel den Kaiser!) redet uns noch die Revolution an den Hals ... Diederich sah sich veranlasst, im Namen der Jugend, die fest und treu zu ihrem herrlichen jungen Kaiser stehe, solche Nörgeleien auf das Schärfste zurückzuweisen. Seine Majestät hatten es selbst gesagt: „Diejenigen, welche mir behilflich sein wollen, herzlich willkommen. Die sich mir entgegenstellen, zerschmettere ich." Dabei versuchte Diederich zu blitzen. Herr Göppel erklärte, er warte es ab.

„In dieser harten Zeit", fügte Diederich hinzu, „muss jeder seinen Mann stehen." Und er setzte sich in Positur vor Agnes, die ihn bewunderte.

„Wieso, harte Zeit?", sagte Herr Göppel. „Sie ist doch nur hart, wenn wir uns gegenseitig das Leben schwer machen. Ich hab mich mit meinen Arbeitern noch immer vertragen."

Diederich zeigte sich entschlossen, daheim in seinem Betrieb eine
5 ganz andere Zucht einzuführen. Sozialdemokraten wurden nicht mehr geduldet, und sonntags gingen die Leute zur Kirche! – „Das auch noch?", meinte Herr Göppel. Das könne er von seinen Leuten nicht verlangen, wenn er selbst doch bloß am Karfreitag gehe. „Soll ich sie beschwindeln? Christentum ist gut; aber was der Pastor[1] al-
10 les redet, glaubt doch kein Mensch mehr." Da sah man Diederichs Miene hochüberlegen werden.

„Mein lieber Herr Göppel, ich kann Ihnen nur sagen: Was die Herren da oben und besonders mein verehrter Freund, der Assessor von Barnim, zu glauben für richtig halten, das glaub ich auch – un-
15 besehen. Das kann ich Ihnen nur sagen."

Der Schwager, der Beamter war, schlug sich plötzlich auf Diederichs Seite. Herr Göppel hatte schon einen roten Kopf, Agnes trat mit dem Kaffee dazwischen. „Na, schmecken Ihnen meine Zigarren?" Herr Göppel klopfte Diederich aufs Knie. „Sehen Sie wohl, im
20 Menschlichen sind wir einig."

Diederich dachte: ‚Da ich sozusagen zur Familie gehöre.'

Er ließ von seiner strammen Haltung einiges nach, es ward noch sehr gemütlich. Herr Göppel wollte wissen, wann Diederich „fertig" werde und Doktor sei, er begriff nicht, dass eine chemische
25 Arbeit zwei Jahre und länger brauche. Diederich verbreitete sich, in Ausdrücken, die niemand verstand, über die Schwierigkeiten, zu einer Lösung zu gelangen. Er hatte die Empfindung, Herr Göppel warte zu einem bestimmten Zweck auf seine Promovierung[2]. Auch Agnes schien es zu fühlen, denn sie griff ein und lenkte das Ge-
30 spräch ab. Als Diederich sich verabschiedet hatte, ging sie mit hinaus und flüsterte ihm zu: „Morgen um drei bei dir."

Vor jäher Freude griff er nach ihr und küsste sie, zwischen den Türen, während gleich daneben das Mädchen mit dem Geschirr rasselte. Sie fragte traurig: „Denkst du denn gar nicht daran, was

---

[1] Pastor: lat. für „Hirte", Berufsbezeichnung eines evangelischen Pfarrers
[2] Promovierung: Verleihung des Doktortitels

mir passiert, wenn jetzt jemand kommt?" Er war betroffen und verlangte als Zeichen ihrer Verzeihung noch einen Kuss. Sie gab ihn.
Um drei Uhr pflegte Diederich aus dem Café ins Laboratorium zurückzukehren. Stattdessen war er schon um zwei Uhr wieder in
5 seinem Zimmer. Richtig kam sie noch vor drei. „Wir haben es beide
nicht erwarten können! Wie wir uns lieb haben!" Es war schöner
als das erste Mal, viel schöner. Keine Träne mehr, keine Furcht; und
die Sonne schien herein. Diederich breitete Agnes' Haar in der Sonne aus und badete sein Gesicht darin.
10 Sie blieb, bis es fast schon zu spät war, die Einkäufe zu machen, die
sie zu Hause vorgeschützt hatte. Sie musste laufen. Diederich, der
mitlief, war sehr besorgt, dass es ihr schaden könne. Aber sie lachte,
sah rosig aus und nannte ihn ihren Bären. Immer endeten nun so
die Tage, an denen sie kam. Immer waren sie glücklich. Herr Göp-
15 pel stellte fest, dass es Agnes besser gehe als je, und das verjüngte
ihn selbst. Daher wurden auch die Sonntage jedes Mal heiterer. Es
dauerte bis abends, dann ward Punsch gemacht. Diederich musste
Schubert spielen, oder er und der Schwager sangen Burschenlieder,
und Agnes begleitete sie. Manchmal sahen sie sich nacheinander
20 um, beiden war zumut, als werde ihr Glück gefeiert.
Es kam vor, dass im Laboratorium der Diener zu Diederich eintrat
und ihm meldete, draußen sei eine Dame. Er stand sofort auf, stolz
errötend unter den verständnisvollen Blicken der Kollegen. Und
dann bummelten sie, gingen ins Café, ins Panoptikum[1]; und da Ag-
25 nes gern Bilder sah, erfuhr Diederich auch, dass es Kunstausstel-
lungen gab. Agnes liebte es, vor einem Bild, das ihr gefiel, einer
sanften, festtägigen Landschaft aus schöneren Ländern, lange stehen zu bleiben, mit halbgeschlossenen Augen, und Träume auszutauschen mit Diederich.
30 „Sieh nur recht hin, dann merkst du, das ist kein Rahmen, es ist ein
Tor mit goldenen Stufen, die gehen wir hinunter und über den Weg
und biegen die Weißdornbüsche weg und steigen in den Kahn.
Fühlst du wohl, wie er schaukelt? Das kommt, weil wir die Hand
durch das Wasser schleifen, es ist so warm. Drüben am Berg, der

---

[1] Panoptikum: Gemeint ist ein berühmtes Wachsfigurenkabinett in Berlin.

weiße Punkt, du weißt schon, es ist unser Haus, dahin fahren wir.
Siehst du, siehst du?"

„Ja, ja", sagte Diederich voll Eifer. Er kniff die Lider ein und sah alles, was Agnes wollte. Er geriet so sehr in Feuer, dass er ihre Hand
5 nahm, um sie zu trocknen. Dann setzten sie sich in einen Winkel
und sprachen von den Reisen, die sie machen wollten, dem sorgen-
losen Glück in sonniger Ferne, von Liebe ohne Ende. Diederich
glaubte, was er sagte. Im Grunde wusste er wohl, dass er bestimmt
sei, zu arbeiten und ein praktisches Leben zu führen, ohne viel Mu-
10 ße für Überschwänglichkeiten. Aber was er hier sagte, war von einer höheren Wahrheit als alles, was er wusste. Der eigentliche Diederich, der, der er hätte sein sollen, sprach wahr. – Aber Agnes: wie
sie nun aufstanden und gingen, war sie blass und schien müde. Ihre
schönen blonden Augen hatten einen Glanz, der Diederich beklom-
15 men machte, und sie fragte leise und zitternd: „Wenn unser Kahn
nun umgeschlagen wäre?"

„Dann hätte ich dich gerettet!", sagte Diederich, entschlossen.

„Aber es ist weit vom Ufer, und das Wasser ist schrecklich tief." Da
er ratlos war: „Wir hätten ertrinken müssen. Sag, wärst du gern mit
20 mir gestorben?"

Diederich sah sie an; dann schloss er die Augen.

„Ja", sagte er mit einem Seufzer.

Nachher aber bereute er ein solches Gespräch. Er hatte wohl gemerkt, warum Agnes plötzlich in eine Droschke steigen und heim-
25 fahren musste. Sie hatte krampfhafte Röte bis in die Stirn gehabt,
und er sollte nicht sehen, wie sie hustete. Den ganzen Nachmittag
bereute Diederich nun. Solche Sachen waren ungesund, führten zu
nichts und machten Ungelegenheiten. Sein Professor hatte schon
von den Besuchen der Dame erfahren. Es ging nicht länger, dass sie
30 ihn wegen jeder Laune von seiner Arbeit weghole. Er setzte es ihr
schonend auseinander. „Du hast wohl recht", sagte sie darauf. „Or-
dentliche Menschen brauchen feste Stunden. Aber wenn ich nun
um halb sechs zu dir kommen soll, und am meisten geliebt hab ich
dich schon um vier?"

35 Er fühlte Spott heraus, vielleicht sogar Geringschätzung, und ward
grob. Eine Geliebte, die ihn an seiner Karriere hindern wolle, könne
er überhaupt nicht brauchen. So habe er sich die Sache nicht vorge-

stellt. Da bat Agnes um Verzeihung. Sie wollte ganz bescheiden
werden und in seinem Zimmer auf ihn warten. Wenn er noch zu
tun hatte, oh! er brauchte keine Rücksicht zu nehmen. Das be-
schämte Diederich, er ward bleich und überließ sich, zusammen
5 mit Agnes, den Klagen über eine Welt, in der es nicht nur Liebe gab.
„Muss es denn sein?", fragte Agnes. „Du hast ein wenig Geld, ich
auch. Warum Karriere machen und dich abhetzen? Wir könnten es
so gut haben." Diederich sah es ein – nachträglich aber nahm er es
ihr übel. Nun ließ er sie warten, halb mit Absicht. Sogar den Besuch
10 politischer Versammlungen erklärte er für eine Pflicht, die der Zusammenkunft mit Agnes vorangehe. Eines Abends im Mai, wie er
verspätet heimkam, traf er vor der Tür einen jungen Mann in Ein-
jährigenuniform, der ihn zögernd ansah. „Herr Diederich Heßling?" – „Ach ja", stammelte Diederich, „Sie – du – Sie sind wohl
15 Herr Wolfgang Buck?"
Der jüngste Sohn des großen Mannes von Netzig hatte sich endlich
entschlossen, dem Befehl seines Vaters zu folgen und Diederich auf-
zusuchen. Diederich nahm ihn mit hinauf, er fand so schnell keinen
Vorwand, um ihn zu entfernen, und drinnen saß Agnes! Im Flur
20 sprach er laut, damit sie es höre und sich verstecke. Mit Bangen
öffnete er. Im Zimmer war niemand; auch ihr Hut lag nicht auf dem
Bett; aber Diederich wusste wohl: Sie war noch soeben da gewesen.
Er sah es dem Stuhl an, der nicht ganz am Fleck stand, er fühlte es
in der Luft, die noch leise zu schwingen schien vom Hindurchstrei-
25 fen ihres Kleides. Sie musste in dem fensterlosen kleinen Gelass[1]
sein, wo sein Waschtisch stand. Er schob einen Sessel davor und
murrte, unwirsch vor Verlegenheit, über die Wirtin, die nicht auf-
räume. Wolfgang Buck meinte, er komme wohl ungelegen. „O
nein!", versicherte Diederich. Er lud den Gast zum Sitzen ein und
30 brachte Kognak. Buck entschuldigte sich wegen der ungewöhnlichen Stunde; der Dienst lasse ihm keine Wahl. „Das kennen wir",
sagte Diederich; und um Fragen zuvorzukommen, berichtete er sofort, dass sein Jahr schon hinter ihm liege. Er sei begeistert vom
Militär, es sei das Wahre. Wer ganz dabeibleiben könnte! Leider
35 riefen ihn Familienpflichten. Buck lächelte, ein weiches, skepti-

---

[1] Gelass: enger Nebenraum

sches Lächeln, das Diederich missfiel. „Nun ja, die Offiziere: man ist wenigstens unter Leuten mit guten Manieren."

„Sie verkehren mit ihnen?", fragte Diederich, und er meinte es höhnisch. Aber Buck erklärte einfach, dass er zuweilen in die Offiziers-
5 messe geladen werde. Er zuckte die Achseln. „Ich gehe hin, weil ich es für nützlich halte, mich in allen Lagern umzusehen. Andererseits verkehre ich viel mit Sozialisten." Er lächelte wieder. „Manchmal möchte ich nämlich General werden und manchmal Arbeiterführer. Auf welche Seite ich schließlich fallen werde, darauf bin ich selbst
10 neugierig." Und er trank das zweite Glas Kognak aus. ‚Ein ekelhafter Mensch‘, dachte Diederich. ‚Und Agnes in der Dunkelkammer!‘ Er sagte: „Mit Ihren Mitteln steht es Ihnen ja frei, sich in den Reichstag wählen zu lassen oder was Ihnen sonst Spaß macht. Ich bin auf praktische Arbeit angewiesen. Die Sozialdemokratie be-
15 trachte ich übrigens als meinen Feind, denn sie ist der Feind des Kaisers."

„Wissen Sie das so genau?", fragte darauf Buck. „Ich traue eher dem Kaiser eine heimliche Liebe für die Sozialdemokratie zu. Er wäre gern selbst der erste Arbeiterführer geworden. Sie haben nur nicht
20 gewollt."

Diederich empörte sich. Das sei beleidigend für Seine Majestät. Aber Buck ließ sich nicht stören. „Erinnern Sie sich nicht, wie er Bismarck gegenüber gedroht hat, er wolle den reichen Leuten seinen militärischen Schutz entziehen? Er hat, wenigstens anfangs,
25 gradesolche Ranküne[1] gegen die Reichen gehabt wie die Arbeiter – wenn auch natürlich aus abweichenden Gründen, weil er sich nämlich schwer damit abfindet, dass auch andere Macht haben."

Den Ausrufen, die in Diederichs Mienen standen, kam Buck zuvor. „Glauben Sie bitte nicht", sagte er lebhafter, „dass Antipathie[2] aus
30 mir spricht. Es ist im Gegenteil Zärtlichkeit: eine Art feindlicher Zärtlichkeit, wenn Sie wollen."

„Verstehe ich nicht", sagte Diederich.

„Nun ja: wie man sie für jemand hat, bei dem man seine eigenen Fehler wiederfindet, oder nennen Sie es Tugenden. Jedenfalls sind

---

[1] Ranküne: heimlicher Groll
[2] Antipathie: Abneigung

wir jungen Leute jetzt alle so wie unser Kaiser, dass wir nämlich unsere Persönlichkeit ausleben möchten und doch ganz gut fühlen, Zukunft hat nur die Masse. Einen Bismarck wird es nicht mehr geben und auch keinen Lassalle[1] mehr. Vielleicht sind es die Begabteren
5 unter uns, die sich das heute noch ableugnen möchten. Er jedenfalls möchte es sich ableugnen. Und wenn einem solche Unmenge Macht in den Schoß gefallen ist, wäre es auch wirklich Selbstmord, sich nicht zu überschätzen. Aber in tiefster Seele hat er sicher seine Zweifel an der Rolle, die er sich zumutet."

10 „Rolle?", fragte Diederich. Buck merkte es gar nicht.

„Denn die kann ihn weit führen, da sie in der Welt, wie sie heute nun einmal ist, verdammt paradox wirken muss. Diese Welt erwartet von keinem Einzelnen irgend mehr als von seinem Nachbarn. Auf Niveau[2] kommt es an, nicht auf Auszeichnung, und am aller-
15 wenigsten auf große Männer."

„Erlauben Sie!" Diederich warf sich in die Brust. „Und das Deutsche Reich, hätten wir das ohne große Männer? Hohenzollern[3] sind immer große Männer." – Buck verzog schon wieder den Mund, wehmütig und skeptisch. „Dann müssen sie sich in Acht nehmen. Und
20 wir andern auch. Der Kaiser steht, auf seine Verhältnisse übertragen, vor derselben Frage wie ich. Soll ich General werden und mein ganzes Leben auf einen Krieg einrichten, der voraussichtlich nie mehr geführt werden wird? Oder ein womöglich genialer Volksführer, während das Volk doch schon so weit ist, dass es auf die Genies
25 verzichten kann? Beides wäre Romantik[4], und Romantik führt bekanntlich zum Bankerott.[5]" Buck trank zwei Kognaks nacheinander.

„Was soll ich also werden?"

‚Ein Alkoholiker', dachte Diederich. Er fragte sich, ob es nicht seine
30 Pflicht sei, Buck einen Krach zu machen. Aber Buck trug Uniform!

---

[1] Ferdinand Lasalle (1825 – 1864): deutscher Sozialist, führende Figur in der Arbeiterbewegung
[2] Niveau: hier: geistige Reife, Stil
[3] Hohenzollern: bedeutendes deutsches Adelsgeschlecht, im deutschen Kaiserreich die Kaiser stellend
[4] Romantik: hier: Schwärmerei
[5] Bankerott, Bankrott: finanzieller Ruin

Auch würde der Lärm vielleicht Agnes hervorgescheucht haben, und was konnte dann alles entstehen. Immerhin beschloss er, sich Bucks Äußerungen genau zu merken. Dachte der Mensch mit solchen Gesinnungen Karriere zu machen? Diederich erinnerte sich,
5 dass auf der Schule Bucks deutsche Aufsätze, die zu geistreich waren, ihm ein unerklärtes, aber tiefes Misstrauen eingegeben hatten. ‚Stimmt‘, dachte er, ‚so ist er geblieben. Ein Schöngeist. Die ganze Familie ist so.‘ Die Frau des alten Buck war eine Jüdin gewesen, die Theater gespielt hatte. Und Diederich fühlte sich nachträglich ge-
10 demütigt durch das herablassende Wohlwollen des alten Buck, beim Begräbnis seines Vaters. Auch der junge demütigte ihn, fortwährend und mit allem: mit seinen überlegenen Redensarten, seinen Manieren, seinem Verkehr bei den Offizieren. War er ein Herr von Barnim? Er war auch nur aus Netzig. ‚Ich hasse die ganze Fami-
15 lie!‘ Und Diederich betrachtete aus gekniffenen Lidern dies fleischige Gesicht mit der weich gebogenen Nase und den feucht glänzenden Augen, die sannen. Buck stand auf. „Nun, wir sehen uns zu Hause wieder. Nächstes oder übernächstes Semester mache ich mein Examen, und was bleibt dann weiter übrig, als Rechtsanwalt
20 spielen in Netzig … Und Sie?“, fragte er. Diederich erklärte streng, dass er seine Zeit nicht zu verlieren und noch im Sommer seine Doktorarbeit abzuschließen denke. Damit führte er Buck hinaus. ‚Ein dummer Kerl bist du doch nur‘, dachte er. ‚Merkst gar nicht, dass ich ein Mädchen bei mir habe.‘ Er kehrte zurück, froh seiner
25 Überlegenheit über Buck und auch über Agnes, die im Dunkeln gewartet und nicht gemuckt hatte.
Wie er aber die Tür öffnete, hing sie über einem Stuhl, ihre Brust ging heftig, und mit dem Taschentuch unterdrückte sie das Keuchen. Sie sah ihm entgegen, aus geröteten Augen. Er sah: Sie war da
30 drinnen fast erstickt, und sie hatte geweint – indes er hier draußen getrunken und unnützes Zeug geredet hatte. Seine erste Regung war maßlose Reue. Sie liebte ihn! Da saß sie und liebte ihn so sehr, dass sie alles ertrug! Er war im Begriff, die Arme zu erheben, vor sie hinzustürzen und sie weinend um Verzeihung zu bitten. Rechtzeitig
35 hielt er sich zurück, aus Furcht vor der Szene und der sentimentalen Stimmung nachher, die ihn wieder mehrere Arbeitstage kostete und ihr die Oberhand gab. Er tat ihr nicht den Willen! Denn natürlich

übertrieb sie absichtlich. So küsste er sie flüchtig auf die Stirn und sagte: „Du bist schon da? Ich hab dich gar nicht kommen gesehen." Sie zuckte auf, wie um etwas zu erwidern, aber sie schwieg. Darauf erklärte er, es sei gerade jemand fortgegangen. „So ein Judenbengel,
5 der sich aufspielt! Einfach ekelhaft!" Diederich lief im Zimmer umher. Um Agnes nicht ansehen zu müssen, lief er immer schneller und redete immer heftiger. „Das sind unsere schlimmsten Feinde! Die mit ihrer sogenannten feinen Bildung, die alles antasten, was uns Deutschen heilig ist! Solch ein Judenbengel kann froh sein, dass wir
10 ihn dulden. Soll er seine Pandekten[1] büffeln und die Schnauze halten. Auf seine schöngeistigen Schmöker[2] huste ich!", schrie er noch lauter, mit der Absicht, auch Agnes zu kränken. Da sie nicht antwortete, nahm er einen neuen Anlauf. „Das kommt aber alles, weil jeder mich jetzt zu Hause findet. Immer muss ich deinetwegen auf
15 der Bude hocken!"
Agnes sagte schüchtern: „Wir haben uns schon sechs Tage nicht gesehen. Sonntag bist du wieder nicht gekommen. Ich fürchte, du hast mich nicht mehr lieb." Er blieb vor ihr stehen. Von oben herab: „Mein liebes Kind, dass ich dich liebhabe, brauch ich dir wohl wirk-
20 lich nicht mehr zu versichern. Aber eine andere Frage ist es, ob ich darum auch Lust habe, jeden Sonntag deinen Tanten beim Häkeln zuzusehen und mit deinem Vater über Politik zu reden, wovon er nichts versteht." Agnes senkte den Kopf. „Früher war es so schön. Du standest dich schon so gut mit Papa." Diederich drehte ihr den
25 Rücken zu und sah aus dem Fenster. Das war es eben: Er fürchtete zu gut zu stehen mit Herrn Göppel. Durch seinen Buchhalter, den alten Sötbier, wusste er, dass Göppels Geschäft bergab ging. Seine Zellulose taugte nichts mehr, Sötbier bezog sie nicht mehr von ihm. Da wäre ein Schwiegersohn wie Diederich ihm freilich gelegen ge-
30 kommen. Diederich fühlte sich umgarnt von diesen Leuten. Auch von Agnes! Er hatte sie im Verdacht, mit dem Alten zusammenzustecken. Entrüstet wandte er sich ihr wieder zu. „Und dann, liebes Kind, ehrlich gestanden: was wir beide tun, nicht wahr, das ist un-

---

[1] Pandekten: Sammlung von römischen Rechtstexten, die im Jura-Studium zu lernen waren
[2] Schmöker: dickes Buch

sere Sache, aber deinen Vater lassen wir lieber aus dem Spiel. Beziehungen wie die unseren soll man mit Familienfreundschaft nicht verquicken. Mein sittliches[1] Gefühl verlangt da reinliche Scheidung."

5 Ein Augenblick verging, dann stand Agnes auf, als habe sie jetzt begriffen. Sie war tief errötet. Sie ging zur Tür. Diederich holte sie ein. „Aber Agnes, so hab ich es doch nicht gemeint. Es war doch nur, weil ich dich viel zu sehr achte – Und ich kann ja auch wiederkommen Sonntag." Sie ließ ihn reden, mit unbewegter Miene. „Nun

10 sei doch wieder gemütlich", bat er. „Du hast noch nicht mal deinen Hut abgenommen." Sie tat es. Er verlangte, sie solle sich auf den Diwan setzen, und sie setzte sich. Sie küsste ihn auch, wie er es wollte. Aber indes ihre Lippen lächelten und küssten, blieben ihre Augen starr und unbeteiligt. Plötzlich riss sie ihn in ihre Arme: Er

15 erschrak, er wusste nicht, ob es Hass war. Aber dann fühlte er sich heißer geliebt als je.

„Heute war es aber wirklich schön. Was, meine kleine süße Agnes?", sagte Diederich, zufrieden und gutmütig.

„Adieu", sagte sie, hastend nach Schirm und Beutel, während er

20 sich erst ankleidete.

„Du hast es aber eilig." – „Weiter kann ich wohl nichts für dich tun." Sie war schon bei der Tür – plötzlich fiel sie mit der Schulter gegen den Pfosten und rührte sich nicht mehr. „Was ist denn los?" Wie Diederich näher kam, sah er sie schluchzen. Er berührte sie. „Ja,

25 was hast du denn?" Da ward ihr Weinen laut und krampfhaft. Es hörte nicht auf. „Aber Agnes", sagte Diederich von Zeit zu Zeit, „was ist auf einmal geschehen, wir waren doch so vergnügt." Und ganz ratlos: „Hab ich dir was getan?" Zwischen den Krisen und halb erstickt, brachte sie hervor: „Ich kann nicht. Entschuldige." Er trug

30 sie auf den Diwan. Als es endlich vorbei war, schämte Agnes sich. „Verzeih! Ich kann nicht dafür." – „Kann denn ich dafür?" – „Nein, nein. Es sind die Nerven. Verzeih!"

Mitleidig und geduldig brachte er sie bis zu einem Wagen. Nachträglich aber erschien ihm auch der Anfall als halbe Komödie und

35 als eins der Mittel, die ihn endgültig einfangen sollten. Das Gefühl

---

[1] sittlich: hier: moralisch

verließ ihn nicht mehr, dass Ränke[1] gesponnen wurden gegen seine
Freiheit und seine Zukunft. Er wehrte sich dagegen vermittelst
schroffen Auftretens, Betonung seiner männlichen Selbstständig-
keit und durch Kälte, sobald die Stimmung weich ward. Sonntags
bei Göppels war er auf seiner Hut, wie in Feindesland: korrekt und
unzugänglich. Wann seine Arbeit denn nun fertig werde, fragten
sie. Er könnte die Lösung morgen finden oder erst in zwei Jahren,
das wisse er selbst nicht. Er betonte, dass er auch künftig finanziell
abhängig von seiner Mutter bleibe. Er werde noch lange für nichts
Zeit haben als einzig für das Geschäft. Und da Herr Göppel die
idealen Werte des Lebens zu bedenken gab, lehnte Diederich barsch
ab. „Noch gestern hab ich meinen Schiller[2] verkauft. Denn ich habe
keinen Sparren[3] und lass mir nichts vormachen." Wenn er nach solchen Worten Agnes' stummen und betrübten Blick auf sich fühlte,
hatte er wohl einen Augenblick die Empfindung, als habe nicht er
selbst gesprochen, als gehe er im Nebel, rede falsch und handle
wider Willen. Aber das verging.
Agnes kam, sooft er sie bestellte, und ging fort, wenn es Zeit für ihn
war, zu arbeiten oder zu kneipen. Sie verführte ihn nicht mehr zu
Träumereien vor Bildern, seit er einmal an einem Wurstgeschäft
angehalten und ihr erklärt hatte, das sei für ihn der schönste Kunst-
genuss. Ihm selbst fiel es endlich auf das Herz, wie selten sie sich
nur noch sahen. Er warf ihr vor, dass sie nicht darauf dringe, öfter
zu kommen. „Früher warst du ganz anders." – „Ich muss warten",
sagte sie. – „Worauf?" – „Dass auch du wieder so wirst. Oh! Ich
weiß ganz sicher, es wird kommen."
Er schwieg, aus Furcht vor Auseinandersetzungen. Dennoch kam
es, wie sie gesagt hatte. Seine Arbeit war endlich beendet und gut-
geheißen, er hatte nur noch eine belanglose mündliche Prüfung zu
bestehen und war in der gehobenen Stimmung einer Lebenswende.
Wie Agnes ihm ihren Glückwunsch brachte und Rosen dazu, brach
er in Tränen aus und sagte, dass er sie immer, immer liebhaben
werde. Sie berichtete, dass Herr Göppel soeben eine mehrtägige

---

[1]   Ränke: Machenschaften
[2]   Friedrich Schiller (1759 – 1805): bedeutender Autor des deutschen Idealismus
[3]   Sparre: hier: kleine Verrücktheit

Geschäftsreise antrete. „Und nun ist das Wetter so wunderschön ..."
Diederich fiel sofort ein: „Das müssen wir benutzen! Solche Gelegenheit haben wir noch nie gehabt!" Sie beschlossen, aufs Land hi-
nauszufahren. Agnes wusste von einem Ort namens Mittenwalde;
5 es musste einsam dort sein und romantisch wie der Name. „Den
ganzen Tag werden wir beisammen sein!" – „Und die Nacht auch",
setzte Diederich hinzu.

Schon der Bahnhof, von dem man abfuhr, war entlegen und der Zug
ganz klein und altmodisch. Sie blieben allein in ihrem Wagen; es
10 dunkelte langsam, der Schaffner zündete ihnen eine trübe Lampe
an, und sie sahen, eng umschlungen, stumm und mit großen Augen
hinaus in das flache, eintönige Ackerland. Da hinausgehen, zu Fuß,
weit fort, und sich verlieren in der guten Dunkelheit! Bei einem
Dorf mit einer Handvoll Häuser wären sie fast ausgestiegen. Der
15 Schaffner holte sie jovial[1] zurück; ob sie denn auf Stroh übernach-
ten wollten. Und dann langten sie an. Das Wirtshaus hatte einen
großen Hof, ein weites Gastzimmer mit Petroleumlampen unter der
Balkendecke und einen biederen Wirt, der Agnes „gnädige Frau"
nannte und schlaue slawische Augen[2] dazu machte. Sie waren voll
20 heimlichen Einverständnisses und befangen. Nach dem Essen wären sie gern gleich hinaufgegangen, wagten es aber nicht und blät-
terten gehorsam in den Zeitschriften, die der Wirt ihnen hinlegte.
Wie er den Rücken wandte, warfen sie einander einen Blick zu,
und, husch, waren sie auf der Treppe. Noch war kein Licht im Zim-
25 mer, die Tür stand noch offen, und schon lagen sie einander in den
Armen.

Ganz früh am Morgen schien die Sonne herein. Im Hof drunten
pickten Hühner und flatterten auf den Tisch vor der Laube[3]. „Dort
wollen wir frühstücken!" Sie gingen hinab. Wie herrlich warm! Aus
30 der Scheuer[4] duftete es köstlich nach Heu. Kaffee und Brot schmeckten ihnen frischer als sonst. So frei war einem um das Herz, das

---

[1] jovial: wohlwollend, von oben herab
[2] slawische Augen: Die Slawen bilden eine große Völkergruppe in Osteuropa;
„slawische Augen" steht hier herabsetzend für einen verschlagenen Blick.
[3] Laube: Gartenhäuschen
[4] Scheuer: Scheune

ganze Leben stand offen. Stundenweit gehen wollten sie; der Wirt musste die Straßen und Dörfer nennen. Sie lobten freudig sein Haus und seine Betten. Sie seien wohl auf der Hochzeitsreise? „Stimmt" – und sie lachten herzhaft.

5 Die Pflastersteine der Hauptstraße streckten ihre Spitzen nach oben, und die Julisonne färbte sie bunt. Die Häuser waren höckrig, schief und so klein, dass die Straße zwischen ihnen sich ausnahm wie ein Feld mit Steinen. Die Glocke des Krämers klapperte lange hinter den Fremden her. Wenige Leute, halb städtisch gekleidet,

10 schlichen durch den Schatten und wandten sich um nach Agnes und Diederich, die stolze Gesichter machten, denn sie waren die Elegantesten hier. Agnes entdeckte das Modengeschäft mit den Hüten der feinen Damen. „Nicht zu glauben! Das hat man in Berlin vor drei Jahren getragen!" Dann traten sie durch ein Tor, das wacklig

15 aussah, in das Land hinaus. Die Felder wurden gemäht. Der Himmel war blau und schwer, die Schwalben schwammen darin wie in trägem Wasser. Die Bauernhäuser dort drüben waren eingetaucht in heißes Flimmern, und ein Wald stand schwarz, mit blauen Wegen. Agnes und Diederich fassten sich bei den Händen, und ohne

20 Verabredung fingen sie zu singen an: ein Lied für wandernde Kinder, das sie noch aus der Schule kannten. Diederich machte seine Stimme tief, damit Agnes ihn bewundere. Als sie nicht weiter wussten, wandten sie einander die Gesichter zu und küssten sich, im Gehen.

25 „Jetzt seh ich erst recht, wie hübsch du bist", sagte Diederich und sah zärtlich in ihr rosiges Gesicht mit den blonden Wimpern um diese blonden, goldgestirnten Augen. „Der Sommer steht mir gut" – und Agnes atmete frei auf, dass ihre Hemdbluse geschwellt ward. Schlank ging sie dahin, mit schmalen Hüften und dem blauen

30 Schleier, der ihr nachwehte. Diederich hatte es zu warm, er zog den Rock aus, dann auch die Weste, und endlich gestand er, dass er sich Schatten wünsche. Sie fanden welchen, am Rand eines Feldes, worauf noch das Korn stand, und unter einem Akazienbusch, der noch duftete. Agnes setzte sich und legte Diederichs Kopf in ihren Schoß.

35 Sie spielten noch miteinander und scherzten: Plötzlich merkte sie, dass er einschlief.

Er wachte auf, sah um sich, und als er Agnes' Gesicht fand, erglänzte er selig. „Lieber", sagte sie, „was du für ein gutes, dummes Gesicht machst." – „Erlaube mal! Ich habe doch höchstens fünf Minuten – nein, wahrhaftig, eine Stunde hab ich geschlafen. Hast du
5 dich gelangweilt?" Aber sie war erstaunter als er, dass so viel Zeit vergangen war. Seinen Kopf zog er unter der Hand hervor, die sie ihm auf das Haar gelegt hatte, als er einschlief.

Zwischen den Feldern gingen sie zurück. In einem lag eine dunkle Masse; und als sie durch die Halme spähten, war es ein alter Mann
10 mit einer Pelzkappe, rostroter Jacke und Samthosen, die auch schon rötlich waren. Seinen Bart hatte er sich, zusammengekrümmt, um die Knie gewickelt. Sie bückten sich tiefer, um ihn zu erkennen. Da merkten sie, dass er sie schon längst aus schwarzen Funkelaugen ansah. Unwillkürlich schritten sie schneller aus, und in den Bli-
15 cken, die sie einander zuwandten, stand Märchengrauen. Sie blickten umher: Sie waren in einem weiten, fremden Land, die kleine Stadt dort hinten schlief fremdartig in der Sonne, und selbst der Himmel sah ihnen aus, als seien sie Tag und Nacht gereist.

Wie abenteuerlich das Mittagessen in der Laube des Wirtshauses,
20 mit der Sonne, den Hühnern, dem offenen Küchenfenster, aus dem Agnes sich die Teller reichen ließ. Wo war die bürgerliche Ordnung der Blücherstraße, wo Diederichs angestammter Kneiptisch? „Ich gehe nicht wieder fort von hier", erklärte Diederich. „Dich lass ich auch nicht fort." Und Agnes: „Warum denn auch? Ich schreibe mei-
25 nem Papa und lass es ihm durch meine Freundin schicken, die in Küstrin verheiratet ist. Dann glaubt er, ich bin dort."

Später gingen sie nochmals aus, nach einer anderen Seite, wo Wasser floss und der Horizont von den Flügeln dreier Windmühlen umsegelt ward. Im Kanal lag ein Boot; sie mieteten es und schwammen
30 dahin. Ein Schwan kam ihnen entgegen. Der Schwan und ihr Boot glitten lautlos aneinander vorbei. Unter herniederhängenden Büschen legte es von selbst an – und Agnes fragte unvermittelt nach Diederichs Mutter und seinen Schwestern. Er sagte, dass sie immer gut zu ihm gewesen seien und dass er sie liebhabe. Er wollte sich die
35 Bilder der Schwestern schicken lassen, sie waren hübsch geworden; oder vielleicht nicht hübsch, aber so anständig und sanft. Die eine, Emmi, las Gedichte, wie Agnes. Diederich wollte für beide sorgen

und sie verheiraten. Seine Mutter aber, die behielt er bei sich, denn ihr hatte er alles Gute im Leben verdankt, bis Agnes gekommen war. Und er erzählte von den Dämmerstunden, den Märchen unter den Weihnachtsbäumen seiner Kinderzeit und sogar von dem Ge-
bet „aus dem Herzen". Agnes hörte zu, ganz versunken. Endlich seufzte sie auf. „Deine Mutter möchte ich kennenlernen. Meine hab ich nicht gekannt." Er küsste sie, mitleidig, achtungsvoll und mit einer dunklen Empfindung von schlechtem Gewissen. Er fühlte: Jetzt hatte er ein Wort zu sprechen, das sie ganz und für immer
trösten musste. Aber er schob es hinaus, er konnte nicht. Agnes sah ihn tief an. „Ich weiß", sagte sie langsam, „dass du im Herzen ein guter Mensch bist. Du musst nur manchmal anders tun." Darüber erschrak er. Dann sagte sie, als entschuldigte sie sich: „Heute habe ich gar keine Furcht vor dir."
„Hast du denn sonst Furcht?", fragte er reumütig. Sie sagte: „Ich habe mich immer gefürchtet, wenn die Leute recht hochgemut und lustig waren. Bei meinen Freundinnen früher war es mir oft, als könnte ich mit ihnen nicht Schritt halten, und sie müssten es merken und mich verachten. Sie merkten es aber nicht. Schon als Kind:
ich hatte eine Puppe mit großen blauen Glasaugen, und als meine Mutter gestorben war, musste ich nebenan bei der Puppe sitzen. Sie sah mich immer starr an mit ihren aufgerissenen harten Augen, die sagten mir: Deine Mutter ist tot, jetzt werden dich alle so ansehen wie ich. Gerne hätte ich sie auf den Rücken gelegt, damit sie die
Augen schloss. Aber ich wagte es nicht. Hätte ich denn auch die Menschen auf den Rücken legen können? Alle haben solche Augen, und manchmal –", sie verbarg ihr Gesicht an seiner Schulter, „manchmal sogar du."
Der Hals war ihm zugeschnürt, er tastete über ihren Nacken, und
seine Stimme schwankte. „Agnes! Süße Agnes, du weißt gar nicht, wie ich dich liebhabe ... Ich hab Furcht vor dir gehabt, ja, ich! Drei Jahre lang hab ich mich nach dir gesehnt, aber du warst zu schön für mich, zu fein, zu gut ..." Sein ganzes Herz schmolz; er sagte alles, was er ihr nach ihrem ersten Besuch geschrieben hatte, in dem
Brief, der noch in seinem Schreibtisch lag. Sie hatte sich aufgerichtet und hörte ihm zu, entzückt, die Lippen geöffnet. Sie jubelte leise: „Ich wusste es, so bist du, du bist wie ich!"

„Wir gehören zusammen!", sagte Diederich und presste sie an sich;
aber er war erschrocken über seinen Ausruf. ‚Jetzt wartet sie', dachte er, ‚jetzt soll ich sprechen.' Er wollte es, aber er fühlte sich ge-
lähmt. Der Druck seiner Arme auf ihrem Rücken ward immer
5 kraftloser … Sie bewegte sich: Er wusste, nun wartete sie nicht
mehr. Und sie lösten sich voneinander, ohne sich anzusehen. Diederich schlug plötzlich die Hände vor das Gesicht und schluchzte. Sie
fragte nicht, weshalb; sie strich ihm tröstend über das Haar. Das
währte lange.
10 Über ihn hinweg, ins Leere, sagte Agnes: „Hab ich denn geglaubt,
dass es dauern würde? Es musste schlimm enden, weil es so schön
war."
Er fuhr auf, verzweifelt. „Es ist doch nicht aus!" Sie fragte: „Glaubst
du an das Glück?"
15 „Wenn ich dich verlieren soll, nicht mehr!"
Sie murmelte: „Du wirst fortgehen, hinaus in das Leben, und mich
vergessen."
„Lieber sterben!" – und er zog sie an sich. Sie flüsterte an seiner
Wange: „Sieh, wie breit hier das Wasser ist, ein See. Unser Boot hat
20 sich von selbst losgemacht und uns hinausgeführt. Weißt du noch,
jenes Bild? Und der See, auf dem wir schon einmal im Traum fuhren? Wohin wohl?" Und noch leiser: „Wohin mit uns?"
Er antwortete nicht mehr. Ganz umschlungen und die Lippen aufeinander, senkten sie sich rückwärts immer tiefer über das Wasser.
25 Drängte sie ihn? Zog er sie? Niemals waren sie so sehr eins gewesen. Diederich fühlte: Nun war es gut. Er war, mit Agnes zu leben,
nicht edel genug gewesen, nicht gläubig, nicht tapfer genug. Jetzt
hatte er sie eingeholt, nun war es gut.
Plötzlich, ein Stoß: sie schnellten in die Höhe. Diederich hatte so
30 viel Kraft gebraucht, dass Agnes von ihm fort und zu Boden fiel. Er
strich sich über die Stirn. „Was haben wir denn da –" Noch kalt vom
Schrecken und als sei er beleidigt, sah er weg von ihr. „So unvorsichtig darf man nicht sein beim Bootfahren." Er ließ sie allein aufstehen, griff sogleich nach den Rudern und arbeitete sich rasch zu-
35 rück. Agnes hielt das Gesicht nach dem Ufer gewendet. Einmal
wollte sie zu ihm hinsehen; aber sein Blick traf sie so misstrauisch
und hart, dass sie zusammenfuhr.

In der sinkenden Dämmerung gingen sie, immer schneller, die Landstraße zurück. Zuletzt liefen sie fast. Und erst als es dunkel genug war, dass sie ihre Gesichter nicht mehr deutlich erkannten, sprachen sie. Morgen früh kam Herr Göppel vielleicht heim. Agnes
5 musste heim ... Wie sie beim Wirtshaus ankamen, pfiff in der Ferne schon der Zug. „Nicht mal mehr essen kann man!", sagte Diederich mit künstlicher Unzufriedenheit. Hals über Kopf die Sachen holen, zahlen und fort. Der Zug fuhr ab, kaum dass sie drin waren. Ein Glück, dass sie Atem zu schöpfen und die eiligen Geschäfte der
10 letzten Viertelstunde zu besprechen hatten. Das letzte Wort darüber war gefallen, und nun saß jeder da, allein bei trüber Lampe und betäubt wie nach einem großen Misserfolg. Das dunkle Land da draußen, hatte es einmal gelockt und Gutes versprochen? Das sollte erst gestern gewesen sein? Man fand nicht zurück. Kamen nicht
15 endlich die Lichter der Stadt und befreiten einen?
Bei der Ankunft waren sie darüber einig, dass es sich nicht verlohne, in denselben Wagen zu steigen. Diederich nahm die Trambahn. Hände und Augen streiften sich nur.

„Uff!", machte Diederich, als er allein war. „Das wäre erledigt." Er
20 sagte sich: ‚Es hätte ebenso gut schiefgehen können.' Und mit Empörung: ‚So eine hysterische[1] Person!' Sich selbst würde sie sicher am Boot festgehalten haben. Er hätte das Bad allein nehmen müssen. Auf den ganzen Trick war sie doch nur verfallen, weil sie durchaus geheiratet werden wollte! ‚Die Weiber sind zu gerissen,
25 und sie haben keine Hemmungen, da kommt unsereiner nun mal nicht mit. Diesmal hat sie mich, weiß Gott, noch ärger an der Nase herumgeführt als damals mit Mahlmann. Na, mir soll es eine Lehre für das Leben sein. Nun aber Schluss!' Und festen Schrittes ging er zu den Neuteutonen. Fortan verbrachte er jeden Abend dort, und
30 am Tage büffelte er für das mündliche Examen, aber zur Vorsicht nicht zu Hause, sondern im Laboratorium. Wenn er dann heimkam, ward ihm das Steigen der Stockwerke schwer, er musste sich gestehen, dass er Herzklopfen habe. Zögernd öffnete er die Zimmertür:

---

[1] hysterisch: Übernervös, überreizt. In der Psychiatrie wurden nervöse Symptome bei Frauen oft pauschal als Hysterie abgetan.

– nichts; und nachdem ihm anfangs leichter geworden war, kam es schließlich doch jedes Mal dazu, dass er die Wirtin fragte, ob jemand da gewesen sei. Niemand war da gewesen.

Nach vierzehn Tagen aber kam ein Brief. Er hatte ihn geöffnet, bevor er es bedachte. Dann wollte er ihn ungelesen in den Schreibtisch werfen – zog ihn aber wieder hervor und hielt ihn weit fort vom Gesicht. Hastig, mit misstrauischen Augen, griff er hie und da eine Zeile heraus. „Ich bin so unglücklich ...“ – „Kennen wir!“, antwortete Diederich. „Ich wage mich nicht zu dir ...“ – „Dein Glück!“ – „Es ist schrecklich, dass wir uns fremd geworden sind ...“ – „Wenigstens siehst du es ein.“ – „Verzeih mir, was geschehen ist, oder ist nichts geschehen? ...“ – „Grade genug!“ – „Ich kann nicht weiterleben ...“ – „Fängst du schon wieder an?“ Und er schleuderte das Blatt endgültig in die Lade, zu jenem anderen, das er in einer zuchtlosen Nacht mit Überschwänglichkeiten bedeckt und zum Glück nicht abgeschickt hatte.

Eine Woche später aber, wie er in der Nacht heimkam, hörte er hinter sich Schritte, die besonders klangen. Er fuhr herum: Eine Gestalt blieb stehen, die Hände ein wenig erhoben und leer vor sich hingehalten. Noch während er das Haustor aufschloss und eintrat, sah er sie im Halbdunkel dastehen. Im Zimmer machte er kein Licht. Er schämte sich, indes sie aus dem Dunkel hinaufspähte, das Zimmer zu beleuchten, das ihr gehört hatte. Es regnete. Wie viele Stunden hatte sie gewartet? Gewiss stand sie noch immer dort, mit ihrer letzten Hoffnung. Das war nicht auszuhalten! Er wollte das Fenster aufreißen – und wich zurück. Einmal fand er sich plötzlich auf der Treppe, mit dem Hausschlüssel in der Hand. Grade gelang es ihm noch, umzukehren. Darauf schloss er ab und zog sich aus. ‚Mehr Haltung, mein Lieber!‘ Denn diesmal wäre man aus der Sache nicht mehr leicht herausgekommen. Das Mädel war zweifellos zu bedauern, aber schließlich hatte sie es gewollt. ‚Vor allem habe ich Pflichten gegen mich selbst.‘ – Am Morgen, schlecht ausgeschlafen, nahm er es ihr sogar sehr übel, dass sie noch einmal versucht hatte, ihn aus seiner Bahn zu reißen. Jetzt, da sie wusste, dass die Prüfung bevorstand! Solche Gewissenlosigkeit sah ihr ähnlich. Und durch die nächtliche Szene, diese Bettlerrolle im Regen, hatte ihre Gestalt nachträglich etwas Verdächtiges und Unheimliches bekommen. Er

betrachtete sie als endgültig gesunken. ‚Auf keinen Fall mehr das
Geringste!‘, beteuerte er sich, und er beschloss, noch für den kurzen
Rest seines Aufenthaltes die Wohnung zu wechseln: ‚Selbst wenn es
mit einem Geldopfer verbunden sein sollte.‘ Glücklicherweise suchte ein Kollege grade ein Zimmer; Diederich verlor nichts und zog
sofort um, weit hinauf nach dem Norden. Kurz darauf bestand er
sein Examen. Die Neuteutonia feierte ihn mit einem Frühschoppen,
der bis gegen Abend dauerte. Zu Hause ward ihm gesagt, dass in
seinem Zimmer ein Herr auf ihn warte. ‚Es wird Wiebel sein‘, dachte Diederich, ‚er muss mir doch Glück wünschen.‘ Und von Hoffnung geschwellt: ‚Vielleicht ist es der Assessor von Barnim?‘ Er
öffnete, und er prallte zurück. Denn da stand Herr Göppel.

Auch er fand nicht gleich Worte. „Nanu, im Frack[1]?“, sagte er dann,
und zögernd: „Waren Sie vielleicht bei mir?“

„Nein“, sagte Diederich und erschrak aufs Neue. „Ich habe nur meine Doktorprüfung gemacht.“

Göppel erwiderte: „Ach so, ich gratuliere.“ Dann brachte Diederich
hervor: „Wie haben Sie denn meine neue Adresse gefunden?“ Und
Göppel antwortete: „Ihrer früheren Wirtin haben Sie sie allerdings
nicht gesagt. Aber es gibt ja auch sonst noch Mittel.“ Darauf sahen
sie einander an. Göppels Stimme war ruhig gewesen, aber Diederich fühlte schreckliche Drohungen darin. Er hatte den Gedanken
an die Katastrophe immer hinausgeschoben, und jetzt war sie da. Er
musste sich setzen.

„Nämlich“, begann Göppel, „ich komme, weil es Agnes gar nicht
gut geht.“

„Oh!“, machte Diederich mit verzweifelter Heuchelei. „Was fehlt ihr
denn?“ Herr Göppel wiegte bekümmert den Kopf. „Das Herz will
nicht; aber es sind natürlich nur die Nerven … Natürlich“, wiederholte er, nachdem er vergeblich gewartet hatte, dass Diederich es
wiederhole. „Und nun wird sie mir melancholisch vor Langeweile,
und ich möchte sie aufheitern. Ausgehen darf sie nicht. Aber kommen Sie doch mal wieder zu uns, morgen ist Sonntag.“

---

[1] Frack: vornehmer Herrenanzug für festliche Anlässe

‚Gerettet!', fühlte Diederich. ‚Er weiß nichts.' Vor Freude ward er zum Diplomaten[1], er kratzte sich den Kopf. „Ich hatte es mir schon fest vorgenommen. Aber jetzt muss ich dringend nach Haus, unser alter Geschäftsführer ist krank. Nicht mal meinen Professoren kann
5 ich Abschiedsbesuche machen, morgen früh reise ich gleich ab."
Göppel legte ihm die Hand auf das Knie. „Sie sollten es sich überlegen, Herr Heßling. Seinen Freunden schuldet man manchmal auch was." Er sprach langsam und hatte einen so eindringlichen Blick, dass Diederich wegsehen musste. „Wenn ich nur könnte", stammelte er.
10 Göppel sagte: „Sie können. Überhaupt können Sie alles, was hier in Frage kommt."
„Wieso?" Diederich erstarrte im Innern. „Sie wissen wohl, wieso", sagte der Vater; und nachdem er seinen Stuhl ein Stück zurückgeschoben hatte: „Sie denken doch hoffentlich nicht, dass Agnes mich
15 hergeschickt hat? Im Gegenteil, ich hab ihr versprechen müssen, dass ich gar nichts tue und Sie ganz in Ruhe lasse. Aber dann hab ich mir überlegt, dass es doch eigentlich zu dumm wäre, wenn wir beide noch lange umeinander herumgehen wollten, so wie wir uns kennen und wie ich Ihren seligen Vater gekannt habe, und bei un-
20 serer Geschäftsverbindung und so weiter."
Diederich dachte: ‚Die Geschäftsverbindung ist gelöst, mein Bester.' Er wappnete sich.
„Ich gehe gar nicht um Sie herum, Herr Göppel."
„Na also. Dann ist ja alles in Ordnung. Ich verstehe wohl: Der
25 Sprung in die Ehe, den tut kein junger Mann, besonders heute, ohne erst mal zu scheuen. Aber wenn die Geschichte so glattliegt wie hier, nicht wahr? Unsere Branchen[2] greifen ineinander, und wenn Sie Ihr väterliches Geschäft ausdehnen wollen, kommt Ihnen Agnes' Mitgift sehr gelegen." Und in einem Atem weiter, indes seine
30 Augen abirrten: „Momentan kann ich zwar nur zwölftausend Mark flüssig machen, aber Zellulose kriegen Sie, so viel Sie wollen."
‚Siehst du wohl?', dachte Diederich. ‚Und die zwölftausend müsstest du dir auch pumpen – wenn du sie noch kriegst.' – „Sie haben

---

[1] Diplomat: hier: ein Mensch, der geschickt und rücksichtsvoll verhandelt, um
ein bestimmtes Ziel zu erreichen
[2] Branchen: Wirtschaftszweige

mich missverstanden, Herr Göppel", erklärte er. „Ich denke nicht ans Heiraten. Dazu wären zu große Geldmittel nötig."

Herr Göppel sagte mit angstvollen Augen und lachte dabei: „Ich kann noch ein Übriges tun ..."

5 „Lassen Sie nur", sagte Diederich, vornehm abwehrend.

Göppel ward immer ratloser.

„Ja, was wollen Sie dann überhaupt?"

„Ich? Gar nichts. Ich dachte, Sie wollten was, weil Sie mich besuchen."

10 Göppel gab sich einen Ruck. „Das geht nicht, lieber Heßling. Nach dem, was nun mal vorgefallen ist. Und besonders, da es schon so lange dauert."

Diederich maß den Vater, er zog die Mundwinkel herab. „Sie wussten es also?"

15 „Nicht sicher", murmelte Göppel. Und Diederich, von oben: „Das hätte ich auch merkwürdig gefunden."

„Ich habe eben Vertrauen gehabt zu meiner Tochter."

„So irrt man sich", sagte Diederich, zu allem entschlossen, womit er sich wehren konnte. Göppels Stirn fing an, sich zu röten. „Zu Ihnen

20 hab ich nämlich auch Vertrauen gehabt."

„Das heißt: Sie hielten mich für naiv." Diederich schob die Hände in die Hosentaschen und lehnte sich zurück.

„Nein!" Göppel sprang auf. „Aber ich hielt Sie nicht für den Schubiack[1], der Sie sind!"

25 Diederich erhob sich mit formvoller Ruhe. „Geben Sie Satisfaktion?[2]", fragte er. Göppel schrie: „Das möchten Sie wohl! Die Tochter verführen und den Vater abschießen! Dann ist Ihre Ehre komplett!"

„Davon verstehen Sie nichts!" Auch Diederich fing an, sich aufzuregen. „Ich habe Ihre Tochter nicht verführt. Ich habe getan, was sie

30 wollte, und dann war sie nicht mehr loszuwerden. Das hat sie von Ihnen." Mit Entrüstung: „Wer sagt mir, dass Sie sich nicht von Anfang an mit ihr verabredet haben. Dies ist eine Falle!"

Göppel hatte ein Gesicht, als wollte er noch lauter schreien. Plötzlich erschrak er, und mit seiner gewöhnlichen Stimme, nur dass sie

---

[1] Schubiack: Lump

[2] Geben Sie Satisfikation?: Stellen Sie sich einem Ehrenduell?

zitterte, sagte er: „Wir geraten zu sehr in Feuer, dafür ist die Sache
zu wichtig. Ich habe Agnes versprochen, dass ich ruhig bleiben
will."

Diederich lachte höhnisch auf. „Sehen Sie, dass Sie schwindeln? Vor-
5 hin sagten Sie, Agnes weiß gar nicht, dass Sie hier sind."

Der Vater lächelte entschuldigend. „Im Guten einigt man sich
schließlich immer. Nicht wahr, mein lieber Heßling?"

Aber Diederich fand es gefährlich, wieder gut zu werden.

„Der Teufel ist Ihr lieber Heßling!", schrie er. „Für Sie heiß ich Herr
10 Doktor!"

„Ach so", machte Göppel, ganz starr. „Es ist wohl das erste Mal, dass
jemand Herr Doktor zu Ihnen sagen muss? Na, auf die Gelegenheit
können Sie stolz sein."

„Wollen Sie vielleicht auch noch meine Standesehre antasten?"
15 Göppel wehrte ab.

„Gar nichts will ich antasten. Ich frage mich nur, was wir Ihnen
getan haben, meine Tochter und ich. Müssen Sie denn wirklich so
viel Geld mithaben?"

Diederich fühlte sich erröten. Umso entschlossener ging er vor.

20 „Wenn Sie es durchaus hören wollen: Mein moralisches Empfinden
verbietet mir, ein Mädchen zu heiraten, das mir ihre Reinheit nicht
mit in die Ehe bringt."

Sichtlich wollte Göppel sich nochmals empören; aber er konnte
nicht mehr, er konnte nur noch das Schluchzen unterdrücken.

25 „Wenn Sie heute Nachmittag den Jammer gesehen hätten! Sie hat es
mir gestanden, weil sie es nicht mehr aushielt. Ich glaube, nicht mal
mich liebt sie mehr: nur Sie. Was wollen Sie denn, Sie sind doch der
Erste."

„Weiß ich das? Vor mir verkehrte bei Ihnen ein Herr namens Mahl-
30 mann." Und da Göppel zurückwich, als sei er vor die Brust gesto-
ßen: „Nun ja, kann man das wissen? Wer einmal lügt, dem glaubt
man nicht."

Er sagte noch: „Kein Mensch kann von mir verlangen, dass ich so eine
zur Mutter meiner Kinder mache. Dafür hab ich zu viel soziales
35 Gewissen." Damit drehte er sich um. Er hockte nieder und legte
Sachen in den Koffer, der geöffnet dastand.

Hinter sich hörte er den Vater nun wirklich schluchzen – und Diederich konnte nicht hindern, dass er selbst gerührt ward: durch die edel männliche Gesinnung, die er ausgesprochen hatte, durch Agnes' und ihres Vaters Unglück, das zu heilen ihm die Pflicht verbot, durch die schmerzliche Erinnerung an seine Liebe und all diese Tragik des Schicksals … Er hörte, gespannten Herzens, wie Herr Göppel die Tür öffnete und schloss, hörte ihn über den Korridor schleichen und das Geräusch der Flurtür. Nun war es aus – und da ließ Diederich sich vornüberfallen und weinte heftig in seinen halbgepackten Koffer hinein. Am Abend spielte er Schubert.

Damit war dem Gemüt Genüge getan, man musste stark sein. Diederich hielt sich vor, ob etwa Wiebel jemals so sentimental geworden wäre. Sogar ein Knote ohne Komment, wie Mahlmann, hatte Diederich eine Lektion in rücksichtsloser Energie erteilt. Dass auch die anderen in ihrem Innern vielleicht doch weiche Stellen haben könnten, erschien ihm im höchsten Grade unwahrscheinlich. Nur er war, von seiner Mutter her, damit behaftet; und ein Mädel wie Agnes, die gerade so verrückt war wie seine Mutter, würde ihn ganz untauglich gemacht haben für diese harte Zeit. Diese harte Zeit: bei dem Wort sah Diederich immer die Linden, mit dem Gewimmel von Arbeitslosen, Frauen, Kindern, von Not, Angst, Aufruhr – und das alles gebändigt, bis zum Hurraschreien gebändigt, durch die Macht, die allumfassende, unmenschliche Macht, die mitten darin ihre Hufe wie auf Köpfe setzte, steinern und blitzend.

‚Nichts zu machen', sagte er sich, in begeisterter Unterwerfung. ‚So muss man sein!' Umso schlimmer für die, die nicht so waren: Sie kamen eben unter die Hufe. Hatten Göppels, Vater und Tochter, irgendeine Forderung an ihn? Agnes war großjährig, und ein Kind hatte er ihr nicht gemacht. Also? ‚Ich wäre ein Narr, wenn ich zu meinem Schaden etwas täte, wozu ich nicht gezwungen werden kann. Mir schenkt auch keiner was.' Diederich empfand stolze Freude, wie gut er nun schon erzogen war. Die Korporation, der Waffendienst und die Luft des Imperialismus[1] hatten ihn erzogen und tauglich gemacht. Er versprach sich, zu Haus in Netzig seine wohlerworbenen Grundsätze zur Geltung zu bringen und ein

---

[1] Imperialismus: Großmachtstreben

Bahnbrecher zu sein für den Geist der Zeit. Um diesen Vorsatz auch äußerlich an seiner Person kenntlich zu machen, begab er sich am Morgen darauf in die Mittelstraße zum Hoffriseur Haby und nahm eine Veränderung mit sich vor, die er an Offizieren und Herren von Rang jetzt immer häufiger beobachtete: Sie war ihm bislang nur zu vornehm erschienen, um nachgeahmt zu werden. Er ließ vermittelst einer Bartbinde seinen Schnurrbart in zwei rechten Winkeln hinaufführen. Als es geschehen war, kannte er sich im Spiegel kaum wieder. Der von Haaren entblößte Mund hatte, besonders wenn man die Lippen herabzog, etwas katerhaft Drohendes, und die Spitzen des Bartes starrten bis in die Augen, die Diederich selbst Furcht erregten, als blitzten sie aus dem Gesicht der Macht.

III

Um weiteren Belästigungen durch die Familie Göppel aus dem Wege
zu gehen, reiste er sogleich ab. Die Hitze machte das Coupé[1] zu einem
peinlichen Aufenthalt. Diederich, der allein war, zog nacheinander
den Rock, die Weste und die Schuhe aus. Einige Stationen vor Netzig
5 stieg noch jemand ein: zwei fremd aussehende Damen, die durch den
Anblick von Diederichs Flanellhemd beleidigt schienen. Er seinerseits
fand sie widerwärtig elegant. Sie unternahmen es, in einer unver-
ständlichen Sprache eine Beschwerde an ihn zu richten, worauf er die
Achseln zuckte und die Füße in den Socken auf die Bank legte. Sie
10 hielten sich die Nase zu und stießen Hilferufe aus. Der Schaffner erschien, der Zugführer selbst, aber Diederich hielt ihnen sein Billett
zweiter Klasse hin und verteidigte sein Recht. Er gab dem Beamten
sogar zu verstehen, er möge sich nur nicht die Zunge verbrennen, man
könne nie wissen, mit wem man es zu tun habe. Als er dann den Sieg
15 erstritten hatte und die Damen abgezogen waren, kam statt ihrer eine
andere. Diederich sah ihr entschlossen entgegen, aber sie zog einfach
aus ihrem Beutel eine Wurst und aß sie aus der Hand, wobei sie ihm
zulächelte. Da rüstete er ab, erwiderte, breit glänzend, ihre Sympathie
und sprach sie an. Es stellte sich heraus, dass sie aus Netzig war. Er
20 nannte seinen Namen, worauf sie frohlockte, sie seien alte Bekannte!
„Nun?" Diederich betrachtete sie forschend: das dicke, rosige Gesicht
mit dem fleischigen Mund und der kleinen, frech eingedrückten Nase;
das weißliche Haar, nett glatt und ordentlich, den Hals, der jung und
fett war, und in den Halbhandschuhen die Finger, die die Wurst hiel-
25 ten und selbst rosigen Würstchen glichen. „Nein", entschied er, „kennen tu ich Sie nicht, aber kolossal appetitlich sind Sie. Wie ein frisch-
gewaschenes Schweinchen." Und er griff ihr um die Taille. Im selben
Augenblick hatte er eine Ohrfeige. „Die sitzt", sagte er und rieb sich.
„Haben Sie mehr solche zu vergeben?" – „Es langt für alle Frechmöp-
30 se." Sie lachte aus der Kehle und zwinkerte ihn mit ihren kleinen Augen unzüchtig an. „Ein Stück Wurst können Sie haben, aber sonst
nichts." Ohne zu wollen, verglich er ihre Art, sich zu wehren, mit Ag-

---

[1] Coupé: hier: Eisenbahnabteil

nes' Hilflosigkeit, und er sagte sich: ‚So eine könnte man getrost heiraten.' Schließlich nannte sie selbst ihren Vornamen, und als er noch
immer nicht weiterfand, fragte sie nach seinen Schwestern. Plötzlich
rief er: „Guste Daimchen!" Und beide schüttelten sich vor Freude. „Sie
5 haben mir doch immer Knöpfe geschenkt, von den Lumpen in Ihrer
Papierfabrik. Das vergess ich Ihnen nie, Herr Doktor! Wissen Sie, was
ich mit den Knöpfen gemacht hab? Die hab ich gesammelt, und wenn
meine Mutter mir mal Geld für Knöpfe gab, hab ich mir Bonbons gekauft."
10 „Praktisch sind Sie auch!" Diederich war entzückt. „Und dann sind
Sie immer zu uns über die Gartenmauer geklettert, Sie kleine Göre.
Hosen hatten Sie meistenteils keine an, und wenn der Rock rauf-
rutschte, kriegte man hinten was zu sehen."
Sie kreischte; ein feiner Mann habe für so was kein Gedächtnis.
15 „Jetzt muss es aber noch schöner geworden sein", setzte Diederich
noch hinzu. Sie ward plötzlich ernst.
„Jetzt bin ich verlobt."
Mit dem Wolfgang Buck war sie verlobt! Diederich verstummte,
mit enttäuschter Miene. Dann erklärte er zurückhaltend, er kenne
20 Buck. Sie sagte vorsichtig: „Sie meinen wohl, er ist ein bisschen
überspannt? Aber die Bucks sind auch eine sehr feine Familie. Na
ja, in anderen Familien ist wieder mehr Geld", setzte sie hinzu.
Hierdurch betroffen, sah Diederich sie an. Sie zwinkerte. Er wollte
ein Frage stellen; aber er hatte den Mut verloren.
25 Kurz vor Netzig fragte Fräulein Daimchen: „Und Ihr Herz, Herr
Doktor, ist noch frei?"
„Um die Verlobung bin ich noch herumgekommen." Er nickte gewichtig. „Ach! Das müssen Sie mir erzählen", rief sie. Aber sie fuhren schon ein. „Wir sehen uns hoffentlich bald wieder", schloss Die-
30 derich. „Ich kann Ihnen nur sagen, ein junger Mann kommt manchmal in verdammt brenzliche Sachen hinein. Für ein Ja oder Nein ist
das Leben verpfuscht."
Seine beiden Schwestern standen am Bahnhof. Wie sie Guste Daimchen erblickten, verzogen sie zuerst das Gesicht, dann aber stürzten
35 sie herbei und halfen das Gepäck tragen. Sie erklärten ihren Eifer,
kaum dass sie mit Diederich allein waren. Guste hatte nämlich ge-

erbt, sie war Millionärin! Darum also! Er war erschrocken vor Hochachtung.

Die Schwestern erzählten das Nähere. Ein alter Verwandter in Magdeburg hatte Guste all das Geld vermacht, dafür, dass sie ihn ge-
5 pflegt hatte. „Und sie hat es sich verdient", bemerkte Emmi, „er soll zuletzt furchtbar unappetitlich gewesen sein." Magda setzte hinzu: „Und sonst kann man sich natürlich auch noch allerlei denken, denn Guste war doch ein ganzes Jahr mit ihm allein."

Sofort bekam Diederich einen roten Kopf. „So was sagt ein junges
10 Mädchen nicht!", schrie er entrüstet; und als Magda beteuerte, das sagten auch Inge Tietz, Meta Harnisch und überhaupt alle: „Dann fordere ich euch energisch auf, dem Gerede entgegenzutreten." Es entstand eine Pause; darauf sagte Emmi: „Guste ist nämlich schon verlobt." – „Das weiß ich", knurrte Diederich.

15 Bekannte kamen ihnen entgegen. Diederich hörte sich „Herr Doktor" nennen, erglänzte stolz dabei und ging weiter zwischen Emmi und Magda, die von der Seite seine neue Barttracht bewunderten.

Zu Hause empfing Frau Heßling den Sohn mit ausgebreiteten Armen und einem Aufschrei, wie von einer Verschmachtenden, die
20 grade noch gerettet wird. Und was Diederich nicht vorausgesehen hatte: auch er weinte. Auf einmal empfand er die feierliche Schicksalsstunde, in der er das erste Mal als wirkliches Haupt der Familie ins Zimmer trat, „fertig", mit dem Doktortitel ausgezeichnet und bestimmt, Fabrik und Familie nach seiner überlegenen Einsicht zu
25 lenken. Er gab Mutter und Schwestern die Hände, allen zugleich, und sagte mit ernster Stimme: „Ich werde mir immer bewusst bleiben, dass ich meinem Gott für euch Rechenschaft schulde."

Aber Frau Heßling war in Unruhe. „Bist du bereit, mein Sohn?", fragte sie. „Unsere Leute erwarten dich." Diederich trank sein Bier
30 aus und ging, an der Spitze der Seinen, hinunter. Der Hof war sauber gescheuert, den Eingang der Fabrik umrahmten Kränze und beschrieben eine Schleife um die Inschrift „Willkommen!" Davor stand der alte Buchhalter Sötbier und sagte: „Na guten Tag, Herr Doktor. Ich bin nicht raufgekommen, weil ich noch was zu tun hat-
35 te."

„Heute hätten Sie das auch lassen können", erwiderte Diederich und ging an Sötbier vorbei. Drinnen im Lumpensaal fand er die

Leute. Alle standen sie in einem Haufen zusammen: die zwölf Arbeiter, die die Papiermaschine, den Holländer und die Schneidemaschine bedienten, und die drei Kontoristen[1], samt den Frauen, deren Tätigkeit das Sortieren der Lumpen war. Die Männer räusperten
5 sich, man fühlte eine Pause, bis mehrere Frauen ein kleines Mädchen hinausschoben, das einen Blumenstrauß vor sich hinhielt und mit einer Klarinettenstimme dem Herrn Doktor Glück und Willkommen wünschte. Diederich nahm mit gnädiger Miene den Strauß; nun war es an ihm, sich zu räuspern. Er wandte sich nach
10 den Seinen um, dann sah er den Leuten scharf in die Augen, allen nacheinander, auch dem schwarzbärtigen Maschinenmeister, obwohl der Blick des Mannes ihm peinlich war – und begann:
„Leute! Da ihr meine Untergebenen seid, will ich euch nur sagen, dass hier künftig forsch gearbeitet wird. Ich bin gewillt, mal Zug in
15 den Betrieb zu bringen. In der letzten Zeit, wo hier der Herr gefehlt hat, da hat mancher von euch sich vielleicht gedacht, er kann sich auf die Bärenhaut legen[2]. Das ist aber ein gewaltiger Irrtum, ich sage das besonders für die alten Leute, die noch von meinem seligen Vater her dabei sind."
20 Mit erhobener Stimme, noch schneidiger und abgehackter, und dabei sah er den alten Sötbier an: „Jetzt habe ich das Steuer selbst in die Hand genommen. Mein Kurs ist der richtige, ich führe euch herrlichen Tagen entgegen. Diejenigen, welche mir dabei behilflich sein wollen, sind mir von Herzen willkommen; diejenigen jedoch,
25 welche sich mir bei dieser Arbeit entgegenstellen, zerschmettere ich."
Er versuchte, seine Augen blitzen zu lassen, sein Schnurrbart sträubte sich noch höher.
„Einer ist hier der Herr, und das bin ich. Gott und meinem Gewis-
30 sen allein schulde ich Rechenschaft. Ich werde euch stets mein väterliches Wohlwollen entgegenbringen, Umsturzgelüste aber scheitern an meinem unbeugsamen Willen. Sollte sich ein Zusammenhang irgendeines von euch –"

---

[1] Kontoristen: Verwaltungsangestellte
[2] auf die Bärenhaut legen: faul sein

Er fasste den schwarzbärtigen Maschinenmeister ins Auge, der ein verdächtiges Gesicht machte.

„– mit sozialdemokratischen Kreisen herausstellen, so zerschneide ich zwischen ihm und mir das Tischtuch. Denn für mich ist jeder
5 Sozialdemokrat gleichbedeutend mit Feind meines Betriebes und Vaterlandsfeind ... So, nun geht wieder an eure Arbeit und überlegt euch, was ich euch gesagt habe."

Er machte schroff kehrt und ging schnaufend davon. In dem Schwindelgefühl, das seine starken Worte ihm erregt hatten, er-
10 kannte er kein einziges Gesicht mehr. Die Seinen folgten ihm, bestürzt und ehrfurchtsvoll, indes die Arbeiter einander noch lange stumm ansahen, bevor sie nach den Bierflaschen griffen, die zur Feier des Tages bereitstanden.

Droben legte Diederich vor Mutter und Schwestern seine Pläne dar.
15 Die Fabrik war zu vergrößern, das hintere Nachbarhaus anzukaufen. Man musste konkurrenzfähig werden. Der Platz an der Sonne! Der alte Klüsing, draußen in der Papierfabrik Gausenfeld, bildete sich wohl ein, er werde ewig das ganze Geschäft machen? ... Endlich tat Magda die Frage, woher er denn das Geld nehmen wolle;
20 aber Frau Heßling schnitt ihr das vorlaute Wort ab. „Dein Bruder weiß das besser als wir." Vorsichtig setzte sie hinzu: „Manches Mädchen wäre glücklich, wenn sie sein Herz gewinnen könnte" – und sie hielt, seines Zornes gewärtig, die Hand vor den Mund. Aber Diederich errötete nur. Da wagte sie, ihn zu umarmen. „Es wäre mir ja
25 ein so entsetzlicher Schmerz", schluchzte sie, „wenn mein Sohn, mein lieber Sohn, aus dem Hause ginge. Für eine Witwe ist es doppelt schwer. Die Frau Oberinspektor[1] Daimchen kriegt es nun auch zu fühlen, denn ihre Guste heiratet ja den Wolfgang Buck."

„Oder auch nicht", sagte Emmi, die Ältere. „Denn der Wolfgang soll
30 doch was mit einer Schauspielerin haben." Frau Heßling vergaß ganz, die Tochter zu berufen. „Aber wo doch so viel Geld da ist! Eine Million, sagen die Leute!"

Diederich stieß verachtungsvoll hervor, den Buck kenne er, der sei nicht normal. „Es liegt wohl in der Familie. Der Alte hat doch auch
35 schon eine Schauspielerin geheiratet."

---

[1] Frau Oberinspektor: Ehefrau eines Beamten in der Inspektorenlaufbahn

„Man sieht die Folgen", sagte Emmi. „Denn von seiner Tochter, der Frau Lauer, hat man sich allerlei erzählt."

„Kinder!", bat Frau Heßling ängstlich. Aber Diederich beruhigte sie.

„Lass nur, Mutter, es wird Zeit, dass man der Katze die Schelle um-
5 hängt. Ich stehe auf dem Standpunkt, dass die Bucks ihre Stellung hier in der Stadt schon längst nicht mehr verdienen. Sie sind eine verrottete Familie."

„Die Frau von Moritz, dem Ältesten", sagte Magda, „ist einfach eine Bäuerin. Neulich waren sie mal in der Stadt, er ist auch schon ganz
10 verbauert." Emmi empörte sich.

„Na, und der Bruder des alten Herrn Buck? Immer elegant, und die fünf unverheirateten Töchter! Sie lassen sich Suppe aus der Volks-küche[1] holen, ich weiß es positiv."

„Die Volksküche hat ja der Herr Buck gegründet", erklärte Diede-
15 rich. „Und die Fürsorge für die entlassenen Sträflinge auch, und was sonst noch. Ich möchte wissen, wann er eigentlich Zeit hat, an seine eigenen Geschäfte zu denken."

„Es würde mich nicht wundern", sagte Frau Heßling, „wenn nicht mehr viel da wäre. Obwohl ich vor dem Herrn Buck natürlich die
20 größte Hochachtung habe, er ist doch so angesehen."

Diederich lachte bitter. „Warum eigentlich? In der Verehrung des alten Buck sind wir aufgezogen worden. Der große Mann von Net-zig! Im Jahre achtundvierzig[2] zum Tode verurteilt!"

„Das ist aber auch ein historisches Verdienst, sagte dein Vater immer."
25 „Verdienst?", schrie Diederich. „Wenn ich nur weiß, einer ist gegen die Regierung, ist er für mich schon erledigt. Und Hochverrat soll ein Verdienst sein?"

Und er stürzte sich, vor den erstaunten Frauen, in die Politik. Diese alten Demokraten[3], die noch immer das Regiment führten, waren
30 nachgerade die Schmach von Netzig! Schlapp, unpatriotisch[4], mit der Regierung zerfallen! Ein Hohn für den Zeitgeist! Weil im Reichstag

---

[1] Volksküche: Armenspeisung
[2] achtundvierzig: Anspielung auf das Revolutionsjahr 1848. Siehe auch
     Fußnote 3, S. 12.
[3] Demokraten: Gemeint ist die liberale Partei.
[4] unpatriotisch: hier: ohne vaterländische Gesinnung

der alte Landgerichtsrat Kühlemann saß, ein Freund des berüchtig-
ten Eugen Richter, darum stockte hier das Geschäft, und niemand
kriegte Geld. Natürlich, für so ein freisinniges Nest gab es weder
Bahnanschlüsse noch Militär. Kein Zuzug, kein Betrieb! Die Herren
5   im Magistrat[1], immer dieselben paar Familien, das kannte man, die
schoben sich untereinander die Aufträge zu, und für andere Leute
war nichts da. Die Papierfabrik Gausenfeld hatte sämtliche Lieferungen an die Stadt, denn auch ihr Besitzer Klüsing gehörte zu der
Bande des alten Buck!
10 Magda wusste noch etwas. „Neulich ist die Liebhabervorstellung
im Bürgerkränzchen abgesagt worden, weil dem Herrn Buck seine
Tochter, Frau Lauer, krank war. Das ist doch Popismus."
„Nepotismus[2] heißt es", sagte Diederich streng. Er rollte die Augen.
„Und dabei ist der Herr Lauer ein Sozialist. Aber der Herr Buck mag
15 sich hüten! Wir werden ihm auf die Finger sehen!"
Frau Heßling hob flehend die Hände. „Mein lieber Sohn, wenn du
jetzt in der Stadt deine Besuche machst, versprich mir, dass du auch
zum Herrn Buck gehst. Er ist nun mal so einflussreich."
Aber Diederich versprach nichts. „Andere wollen auch ran!", rief er.
20 Trotzdem schlief er in dieser Nacht unruhig. Schon um sieben ging
er in die Fabrik hinunter und schlug sofort Lärm, weil noch die
Bierflaschen von gestern umherlagen. „Hier wird nicht gesoffen,
hier ist keine Kneipe. Herr Sötbier, das steht doch wohl im Reglement[3]." – „Reglement?", sagte der alte Buchhalter. „Wir haben gar
25 keins." Diederich war sprachlos; er schloss sich mit Sötbier ins Kontor ein. „Kein Reglement? Dann wundert mich allerdings gar nichts
mehr. Was sind das für lächerliche Bestellungen, mit denen Sie sich
da abgeben" – und er warf die Briefe auf dem Pult umher. „Es
scheint höchste Zeit gewesen zu sein, dass ich eingreife. Das Ge-
30 schäft versumpft in Ihren Händen."
„Versumpfen, junger Herr?"
„Ich bin für Sie der Herr Doktor!" Und er verlangte, dass man einfach alle anderen Fabriken unterbieten solle.

---

[1] Magistrat: Stadtverwaltung
[2] Nepotismus: Vetternwirtschaft
[3] Reglement: Vorschriftensammlung

„Das halten wir nicht aus", sagte Sötbier. „Überhaupt wären wir gar nicht imstande, so große Aufträge auszuführen wie Gausenfeld."

„Und Sie wollen ein Geschäftsmann sein? Dann stellen wir eben mehr Maschinen ein."

5 „Das kostet Geld", sagte Sötbier.

„Dann nehmen wir welches auf! Ich werde hier Schneid[1] hineinbringen. Sie sollen sich wundern. Wenn Sie mich nicht unterstützen wollen, mache ich es allein."

Sötbier wiegte den Kopf. „Mit Ihrem Vater, junger Herr, war ich
10 immer einig. Wir haben zusammen das Geschäft in die Höhe gebracht."

„Jetzt ist eine andere Zeit, merken Sie sich das. Ich bin mein eigener Geschäftsführer."

Sötbier seufzte: „Das ist die stürmische Jugend" – indes Diederich
15 schon die Tür zuwarf. Er durchmaß den Raum, worin die mechanische Trommel, laut schlagend, die Lumpen in Chlor wusch, und wollte das Zimmer des großen Kochholländers betreten. Im Eingang kam ihm unvermutet der schwarzbärtige Maschinenmeister entgegen. Diederich zuckte zusammen, fast hätte er dem Arbeiter
20 Platz gemacht. Dafür rannte er ihn mit der Schulter beiseite, bevor der Mann ausweichen konnte. Schnaufend sah er der Arbeit des Holländers zu, dem Drehen der Walze, dem Schneiden der Messer, das den Stoff in Fasern zerteilte. Grinsten ihn die Leute, die die Maschine bedienten, nicht etwa von der Seite an, weil er vor dem
25 schwarzen Kerl erschrocken war? ‚Der Kerl ist ein frecher Hund! Er muss raus!' Ein animalischer[2] Hass stieg in Diederich herauf, der Hass seines blonden Fleisches gegen den mageren Schwarzen, den Menschen von einer anderen Rasse, die er gern für niedriger gehalten hätte und die ihm unheimlich schien. Diederich fuhr auf.

30 „Die Walze ist falsch gestellt, die Messer arbeiten schlecht!" Da die Leute ihn nur ansahen, schrie er: „Maschinenmeister!" Und als der Schwarzbärtige eintrat: „Sehen Sie sich die Schweinerei mal an! Die Walze ist viel zu tief auf die Messer gesenkt, sie zerschneiden mir das ganze Zeug. Ich mache Sie verantwortlich für den Schaden!"

---

[1] Schneid: Kühnheit, Mut
[2] animalisch: tierisch

Der Mann beugte sich über die Maschine, „Schaden ist keiner da",
sagte er ruhig, aber Diederich wusste schon wieder nicht, ob er
unter seinem schwarzen Bart nicht feixte[1]. Der Blick des Maschinenmeisters hatte etwas düster Höhnisches, Diederich ertrug ihn
5 nicht, er gab es auf zu blitzen und warf nur die Arme. „Ich mache
Sie verantwortlich!"

„Was ist denn los?", fragte Sötbier, der den Lärm gehört hatte. Dann
erklärte er dem Herrn, dass der Stoff durchaus nicht zu kleinfaserig
geschnitten werde und dass es immer so gemacht worden sei. Die
10 Arbeiter nickten mit den Köpfen, der Maschinenmeister stand gelassen dabei. Diederich fühlte sich einem Kompetenzstreit[2] nicht gewachsen, er schrie noch: „Dann wird es künftig gefälligst anders
gemacht!", und kehrte plötzlich um.

Er gelangte in den Lumpensaal, und er gab sich Haltung, indem er
15 sachkundig die Frauen überwachte, die auf den Siebplatten der langen Tische die Lumpen sortierten. Als eine kleine Dunkeläugige es
unternahm, ihn aus ihrem bunten Kopftuch heraus ein wenig anzu-
lächeln, prallte sie gegen eine so harte Miene, dass sie erschrak und
sich duckte. Farbige Fetzen quollen aus den Säcken, das Getuschel
20 der Frauen verstummte unter dem Blick des Herrn, und in der warmen, dumpfigen Luft war nichts mehr zu vernehmen als das leise
Rattern der Sensen, die, in die Tische gerammt, die Knöpfe ab-
schnitten. Aber Diederich, der die Heizungsrohre untersuchte, hörte etwas Verdächtiges. Er beugte sich hinter einen Haufen Säcke –
25 und fuhr zurück, errötet und mit zitterndem Schnurrbart. „Nun
hört alles auf!", schrie er. „Rauskommen!" Ein junger Arbeiter
kroch hervor. „Das Frauenzimmer auch!", schrie Diederich. „Wird's
bald?" Und als endlich das Mädchen sich zeigte, stemmte er die
Fäuste in die Hüften. Hier ging es ja heiter zu! Seine Fabrik war
30 nicht nur eine Kneipe, sondern noch ganz was anderes! Er zeterte[3],
dass alles zusammenlief. „Na, Herr Sötbier, dies ist wohl auch immer so gemacht worden? Ich gratuliere Ihnen zu Ihren Erfolgen.
Also die Leute sind gewohnt, die Arbeitszeit zu benutzen, um sich

---

[1] feixen: schadenfroh grinsen
[2] Kompetenzstreit: Konflikt über Zuständigkeiten
[3] zetern: zornig herumschimpfen

hinter den Säcken zu amüsieren. Wie kommt der Mann hier herein?" Es sei seine Braut, sagte der junge Mensch. „Braut? Hier gibt es keine Braut, hier gibt es nur Arbeiter. Ihr beide stehlt mir die Arbeitszeit, die ich euch bezahle. Ihr seid Schweine und außerdem
5 Diebe. Ich schmeiß euch raus, und ich zeig euch an, wegen öffentlicher Unzucht[1]!"

Er sah herausfordernd umher.

„Deutsche Zucht und Sitte verlang ich hier. Verstanden?" Da traf er den Maschinenmeister. „Und ich werde sie durchführen, auch wenn
10 Sie da ein Gesicht schneiden!", schrie er.

„Ich habe kein Gesicht geschnitten", sagte der Mann ruhig. Aber Diederich war nicht länger zu halten. Endlich konnte er ihm etwas nachweisen!

„Ihr Benehmen ist mir schon längst verdächtig! Sie tun Ihren
15 Dienst nicht, sonst hätte ich die beiden Leute nicht abgefasst."

„Ich bin kein Aufpasser", warf der Mann dazwischen.

„Sie sind ein widersetzlicher Bursche, der die ihm unterstellten Leute an Zuchtlosigkeit gewöhnt. Sie arbeiten für den Umsturz! Wie heißen Sie überhaupt?"
20 „Napoleon[2] Fischer", sagte der Mann. Diederich stockte.

„Nap – Auch das noch! Sie sind Sozialdemokrat?"

„Jawohl."

„Dachte ich mir. Sie sind entlassen."

Er wandte sich nach den Leuten um: „Merkt euch das!" – und ver-
25 ließ schroff den Raum. Auf dem Hof lief Sötbier ihm nach. „Junger Herr!" Er war in großer Aufregung und wollte nichts sagen, bevor sie nicht die Tür des Privatkontors hinter sich geschlossen hatten. „Junger Herr", sagte der Buchhalter, „das geht nicht, der Mann ist ein Organisierter.[3]" – „Deswegen soll er raus", erwiderte Diederich.
30 Sötbier setzte auseinander, dass das nicht gehe, weil dann alle die

---

[1] Unzucht: gegen gesellschaftliche Normen verstoßendes sexuelles Verhalten
[2] Napoleon: Heßling fühlt sich von diesem Vornamen provoziert, weil ihn dieser an verschiedene französische Kaiser erinnert, besonders wohl an Napoleon III. (1808 – 1873), der seine Herrschaft vor allem auf die Zustimmung des Volkes gründete und während des Deutsch-Französischen Kriegs 1870/71 regierte.
[3] Organisierter: Mitglied in einer Gewerkschaft

Arbeit niederlegen würden. Diederich wollte es nicht begreifen. Waren denn alle organisiert? Nein. Nun also. Aber, erklärte Sötbier, sie hatten Furcht vor den Roten, sogar auf die alten Leute war kein Verlass mehr.

5 „Ich schmeiß sie raus!", rief Diederich. „Samt und sonders, mit Kind und Kegel!"

„Wenn wir dann nur andere kriegten", sagte Sötbier und sah unter seinem grünen Augenschirm mit einem dünnen Lächeln dem jungen Herrn zu, der vor Zorn gegen die Möbel anrannte. Er schrie: 10 „Bin ich in meiner Fabrik der Herr oder nicht? Dann will ich doch sehen –"

Sötbier ließ ihn austoben, dann sagte er: „Herr Doktor brauchen dem Fischer gar nichts zu sagen, er geht uns nicht fort, er weiß ja, dass wir davon zu viele Schererereien hätten."

15 Diederich bäumte sich nochmals auf.

„So. Ich brauch ihn also nicht zu bitten, dass er die Gnade hat und bleibt? Der Herr Napoleon! Ich brauch ihn nicht für Sonntag zum Mittagessen einzuladen? Es wäre auch zu viel Ehre für mich!"

Der Kopf war ihm rot angeschwollen, er fand das Zimmer zu eng 20 und riss die Tür auf. Der Maschinenmeister ging eben vorbei. Diederich sah ihm nach, der Hass gab ihm deutlichere Sinneseindrücke als sonst, er bemerkte gleichzeitig die krummen, mageren Beine des Menschen, seine knochigen Schultern mit den Armen, die vornüberhingen – und nun der Maschinenmeister zu den Leuten sprach, 25 sah er seine starken Kiefer arbeiten unter dem dünnen schwarzen Bart. Wie Diederich dies Mundwerk hasste, und diese knotigen Hände! Der schwarze Kerl war längst vorüber, und seine Ausdünstung roch Diederich noch immer.

„Sehn Sie mal, Sötbier, die Vorderflossen hängen ihm bis an den 30 Boden. Gleich wird er auf allen vieren laufen und Nüsse fressen. Dem Affen werden wir ein Bein stellen, verlassen Sie sich darauf! Napoleon! So ein Name ist allein schon eine Provokation. Aber er soll sich zusammennehmen, denn so viel weiß ich, dass einer von uns beiden –", Diederich rollte die Augen, „– auf dem Platz bleiben 35 wird."

Erhobenen Hauptes verließ er die Fabrik. Im schwarzen Rock machte er sich auf, um den wichtigsten Herren der Stadt die Aufmerksamkeit seines Besuches zu erweisen. Von der Meisestraße konnte er, um zum Bürgermeister Doktor Scheffelweis in die
5 Schweinichenstraße zu gelangen, einfach der Wuchererstraße folgen, die jetzt Kaiser-Wilhelm-Straße hieß. Er wollte es auch; im entscheidenden Augenblick aber, wie auf eine Verabredung, die er vor sich selbst geheim gehalten hätte, bog er dennoch in die Fleischhauergrube ein. Die zwei Stufen vor dem Hause des alten Herrn
10 Buck waren abgewetzt von den Füßen der ganzen Stadt und von den Vorgängern dieser Füße. Der Klingelzug an der gelben Glastür bewirkte drinnen ein langes Rasseln im Leeren. Dann ging dort hinten eine Tür auf, und die alte Magd schlich über die Diele. Aber sie war noch längst nicht angelangt, da trat vorn der Hausherr aus
15 seinem Büro und öffnete selbst. Er zog Diederich, der sich eifrig verbeugte, bei der Hand herein. „Mein lieber Heßling! Ich habe Sie erwartet, man hatte mir Ihre Ankunft berichtet. Willkommen denn in Netzig, mein Herr Doktor."
Sofort hatte Diederich Tränen in den Augen und stammelte: „Sie
20 sind zu gütig, Herr Buck. Natürlich habe ich zuerst und vor allem Ihnen, Herr Buck, meine Aufwartung machen wollen und Ihnen versichern, dass ich immer ganz – dass ich immer ganz – zu Ihren Diensten stehe", schloss er, freudig wie ein guter Schüler. Der alte Herr Buck hielt ihn noch fest, mit seiner Hand, die warm und dennoch
25 noch leicht und weich war.
„Dienste –", er schob Diederich selbst den Sessel zurecht, „die wollen Sie doch natürlich nicht mir leisten, sondern Ihren Mitbürgern – die es Ihnen danken werden. Zum Stadtverordneten werden Ihre Mitbürger Sie in Kurzem wählen, das glaube ich Ihnen versprechen
30 zu können, denn damit belohnen sie eine verdiente Familie. Und dann" – der alte Buck beschrieb eine Gebärde feierlicher Freigebigkeit – „verlasse ich mich auf Sie, dass Sie es uns recht bald ermöglichen werden, Sie im Magistrat zu begrüßen."
Diederich verbeugte sich, beglückt lächelnd, als werde er schon be-
35 grüßt. „Die Gesinnung unserer Stadt", fuhr Herr Buck fort, „ich sage nicht, dass sie in allen Teilen gut ist –" Er versenkte seinen weißen Knebelbart in die seidene Halsbinde. „Aber noch ist Raum" – der

Bart tauchte wieder auf –, „und will's Gott, noch lange, für wahrhaft liberale Männer."

Diederich beteuerte: „Ich bin selbstverständlich durchaus liberal."

Darauf strich der alte Buck über die Papiere auf seinem Schreibtisch. „Ihr seliger Vater hat mir hier oft gegenübergesessen, und besonders häufig damals, als er die Papiermühle errichtete. Dabei konnte ich ihm zu meiner großen Freude förderlich sein. Es handelte sich um den Bach, der jetzt durch Ihren Hof fließt."

Diederich sagte mit tiefer Stimme: „Wie oft, Herr Buck, hat mein Vater mir erzählt, dass er den Bach, ohne den wir gar nicht existieren könnten, nur Ihnen verdankt."

„Nur mir, dürfen Sie nicht sagen, sondern den gerechten Zuständen unseres Gemeinwesens, an denen aber –", der alte Buck erhob seinen weißen Zeigefinger, er sah Diederich tief an, „gewisse Leute und eine gewisse Partei manches ändern würden, sobald sie könnten." Stärker und mit Pathos[1]: „Der Feind steht vor dem Tore, es heißt zusammenhalten."

Er ließ eine Pause verstreichen und sagte in leichterem Ton, sogar mit einem kleinen Schmunzeln: „Sind Sie nicht, mein werter Herr Doktor, in einer ähnlichen Lage wie damals Ihr Vater? Sie wollen sich vergrößern? Sie haben Pläne?"

„Allerdings." Und Diederich setzte eifrig auseinander, was alles geschehen müsse. Der Alte hörte ihm aufmerksam zu, er nickte, nahm eine Prise[2] ... Endlich sagte er: „Ich sehe so viel, dass der Umbau Ihnen nicht nur große Kosten, sondern unter Umständen auch Schwierigkeiten mit der städtischen Baupolizei[3] verursachen wird – mit der ich übrigens im Magistrat zu tun habe. Nun überzeugen Sie sich, mein lieber Heßling, was hier auf meinem Schreibtisch liegt."

Da erkannte Diederich einen genauen Aufriss seines Grundstückes, samt dem dahinter gelegenen. Sein verblüfftes Gesicht bewirkte bei dem alten Buck ein Lächeln der Genugtuung. „Ich kann wohl dafür sorgen", sagte er, „dass keine erschwerenden Umstände eintreten."

Und auf Diederichs Danksagungen: „Wir dienen dem großen Gan-

---

[1] Pathos: Leidenschaft
[2] Prise: Gemeint ist eine geringe Menge Schnupftabak.
[3] Baupolizei: Bauaufsicht

zen, wenn wir jedem unserer Freunde vorwärtshelfen. Denn die
Freunde einer Volkspartei sind alle, außer den Tyrannen[1]."

Nach diesen Worten lehnte der alte Buck sich tiefer in den Sessel
und faltete die Hände. Seine Miene hatte sich entspannt, er wiegte
5 den Kopf wie ein Großvater. „Als Kind hatten Sie so schöne blonde
Locken", sagte er.

Diederich begriff, dass der offizielle Teil des Gespräches beendet
sei. „Ich weiß noch", erlaubte er sich zu sagen, „wie ich als kleiner
Junge hier ins Haus kam, wenn ich mit Ihrem Herrn Sohn Wolfgang
10 Soldaten spielte."

„Ja, ja. Und jetzt spielt er wieder Soldat."

„Oh! Er ist sehr beliebt bei den Offizieren. Er hat es mir selbst gesagt."

„Ich wünschte, mein lieber Heßling, er hätte mehr von Ihrer prak-
15 tischen Veranlagung ... Nun, er wird ruhiger werden, wenn ich ihn
erst verheiratet habe."

„Ich glaube", sagte Diederich, „dass Ihr Herr Sohn etwas Geniales
hat. Daher ist er mit nichts zufrieden, er weiß nicht, ob er General
werden soll oder sonst ein großer Mann."

20 „Inzwischen macht er leider dumme Streiche." Der Alte sah aus dem
Fenster. Diederich wagte seine Neugier nicht zu zeigen.

„Dumme Streiche? Das kann ich gar nicht glauben, denn mir hat er
immer imponiert, grade durch seine Intelligenz. Schon früher, seine
Aufsätze. Und was er mir neulich über unsern Kaiser gesagt hat,
25 dass er eigentlich gern der erste Arbeiterführer wäre ..."

„Davor behüte Gott die Arbeiter."

„Wieso?" Diederich war tief erstaunt.

„Weil es ihnen schlecht bekommen würde. Uns anderen ist es auch
nicht gut bekommen."

30 „Aber wir haben doch, dank den Hohenzollern, das einige Deutsche
Reich."

„Wir haben es nicht", sagte der alte Buck und stand ungewöhnlich
rasch vom Stuhl auf. „Denn wir müssten, um unsere Einigkeit zu beweisen, einem eigenen Willen folgen können; und können wir's?
35 Ihr wähnt euch einig, weil die Pest der Knechtschaft sich verallge-

---

[1] Tyrannen: hier: Willkürherrscher

meinert! Das hat Herwegh[1], ein Überlebender wie ich, im Frühjahr einundsiebzig[2] den Siegestrunkenen zugerufen. Was würde er heute sagen!"

Diederich konnte, vor dieser Stimme aus dem Jenseits, nur stammeln: „Ach ja, Sie sind ein Achtundvierziger!"

„Mein lieber junger Freund, Sie wollen sagen, ein Narr und ein Besiegter. Ja! Wir sind besiegt worden, weil wir närrisch genug waren, an dieses Volk zu glauben. Wir glaubten, es würde alles das selbst vollbringen, was es jetzt für den Preis der Unfreiheit von seinen Herren entgegennimmt. Wir dachten es mächtig, reich, voll Einsicht in seine eigenen Angelegenheiten und der Zukunft ergeben. Wir sahen nicht, dass es, ohne politische Bildung, deren es weniger hat als alle anderen, bestimmt sei, nach seinem Aufschwung den Mächten der Vergangenheit anheimzufallen. Schon zu unserer Zeit gab es allzu viele, die, unbekümmert um das Ganze, ihren Privatinteressen nachjagten und zufrieden waren, wenn sie, in irgendeiner Gnadensonne sich wärmend, den unedlen Bedürfnissen eines anspruchsvollen Genusslebens genügen konnten. Seitdem sind sie Legion[3] geworden, denn die Sorge um das öffentliche Wohl ist ihnen abgenommen. Zur Großmacht haben eure Herren euch schon gemacht, und indes ihr Geld verdient, wie ihr könnt, und es ausgebt, wie ihr mögt, werden sie euch – oder vielmehr sich – auch noch die Flotte bauen, die wir damals uns selbst gebaut haben würden. Unser Dichter[4] damals wusste, was ihr erst jetzt lernen sollt: Und in den Furchen, die Columb[5] gezogen, geht Deutschlands Zukunft auf."

„Bismarck hat eben wirklich etwas getan", sagte Diederich, leise triumphierend.

---

[1] Georg Friedrich Herwegh (1817 – 1875): deutscher Dichter, der der Arbeiterbewegung nahe stand

[2] Frühjahr einundsiebzig: Der Sieg Deutschlands gegen Frankreich im Krieg 1870/71 endete am 10. Mai 1871 mit dem Friedensvertrag von Frankfurt.

[3] Legion: hier: große Menge

[4] Dichter: Gemeint ist Herwegh, siehe Fußnote 1.

[5] Columban (540 – 615): Gemeint ist der Heilige Columban von Luxeuil, ein irischer Wandermönch, der als christlicher Missionar in Mitteleuropa wirkte.

„Das ist es gerade, dass er es hat tun dürfen! Und dabei hat er alles nur faktisch getan, formell aber im Namen seines Herrn. Da waren wir Bürger von achtundvierzig ehrlicher, das darf ich sagen, denn ich habe damals selbst bezahlt, was ich gewagt hatte."

5 „Ich weiß wohl, Sie sind zum Tode verurteilt worden", sagte Diederich, wieder eingeschüchtert.

„Ich bin verurteilt worden, weil ich die Souveränität der Nationalversammlung gegen eine Partikularmacht[1] verteidigte und das Volk, das sich in Notwehr befand, zum Aufstand führte. So war in 10 unsern Herzen die deutsche Einheit: Sie war eine Gewissenspflicht, die eigene Schuld jedes Einzelnen, für die er einstand. Nein! Wir huldigten keinem sogenannten Schöpfer der deutschen Einheit. Als ich damals, besiegt und verraten, hier oben im Hause mit meinen letzten Freunden die Soldaten des Königs erwartete, da war ich, 15 groß oder gering, ein Mensch, der selbst am Ideal schuf: einer aus vielen, aber ein Mensch. Wo sind sie heute?"

Der Alte hielt an und machte ein Gesicht, als lauschte er. Diederich war es schwül. Er fühlte, dass er zu dem allen nicht länger schweigen dürfe. Er sagte: „Das deutsche Volk ist eben, Gott sei Dank, 20 nicht mehr das Volk der Denker und Dichter, es strebt modernen und praktischen Zielen zu." Der Alte kehrte aus seinen Gedanken zurück, er deutete nach der Zimmerecke. „Damals war die ganze Stadt bei mir zu Hause. Jetzt ist es so einsam wie nie, zuletzt ging noch Wolfgang fort. Ich würde alles dahingeben, aber, junger Mann, 25 wir sollen Respekt haben vor unserer Vergangenheit – auch wenn wir besiegt worden sind."

„Zweifellos", sagte Diederich. „Und dann sind Sie immer noch der mächtigste Mann in der Stadt. Die Stadt, sagt man immer, gehört dem Herrn Buck."

30 „Das will ich aber gar nicht, ich will, dass sie sich selbst gehört." Er atmete tief auf. „Das ist eine weitläufige Sache, Sie werden sie allmählich kennenlernen, wenn Sie Einblick in unsere Verwaltung bekommen. Wir werden nämlich jeden Tag heftiger bedrängt von

---

[1] Partikularmacht: Teilmacht. Gemeint ist hier Preußen, das sich gegen die auf die nationale Einigung Deutschlands gerichteten Bestrebungen der Revolution 1948/49 stellte.

der Regierung und ihren junkerlichen[1] Auftraggebern. Heute will man uns zwingen, den Gutsbesitzern, die uns keine Steuern zahlen, unser Licht zu geben, morgen werden wir ihnen Straßen bauen müssen. Zuletzt geht es um unsere Selbstverwaltung. Sie werden

5 sehen, wir leben in einer belagerten Stadt."

Diederich lächelte überlegen. „So schlimm kann es wohl nicht sein, denn unser Kaiser ist doch eine so moderne Persönlichkeit."

„Nun ja", sagte der alte Buck. Er erhob sich, wiegte den Kopf – und dann zog er es vor, zu schweigen. Er reichte Diederich die Hand.

10 „Mein lieber Doktor, Ihre Freundschaft wird mir geradeso wertvoll sein, als die Ihres Vaters mir war. Nach unserer Unterredung habe ich die Hoffnung, dass wir in allem einig gehen werden."

Unter dem warmen blauen Blick des Alten schlug Diederich sich auf die Brust. „Ich bin ein durchaus liberaler Mann!"

15 „Vor allem warne ich Sie vor dem Regierungspräsidenten von Wulckow. Er ist der Feind, der uns hier in die Stadt gesetzt worden ist. Der Magistrat unterhält nur die unumgänglichen Beziehungen zum Präsidenten. Ich selbst habe die Ehre, von dem Herrn nicht gegrüßt zu werden."

20 „Oh!", machte Diederich, ehrlich erschüttert.

Der alte Buck öffnete ihm schon die Tür, schien aber noch etwas zu überlegen. „Warten Sie!" Er trat eilig zu seiner Bibliothek, bückte sich und tauchte aus einer staubigen Tiefe mit einem kleinen, fast quadratischen Buch auf. Er steckte es Diederich rasch zu, verstoh-

25 lenen Glanz in seinem Gesicht, das errötet war. „Da, nehmen Sie! Es sind meine ‚Sturmglocken[2]'! Man war auch Dichter – damals." Und er schob Diederich sanft hinaus.

Die Fleischhauergrube stieg beträchtlich an, aber Diederich schnaufte nicht nur deshalb. Nachdem er zuerst nur eine gewisse

30 Betäubung empfunden hatte, stellte sich allmählich das Gefühl heraus, dass er sich habe verblüffen lassen. ‚So ein alter Schwätzer ist doch bloß noch eine Vogelscheuche, und mir imponiert er!' Unbestimmt gedachte er der Kinderzeit, als ihm der alte Herr Buck, der

---

[1] junkerlich, Junker: hier: adelige und bürgerliche Großgrundbesitzer in Preußen

[2] Sturmglocken: Teil eines fiktiven, von Buck verfassten Gedichtbandes

zum Tode verurteilt worden war, ebenso viel Hochachtung und ein
ähnliches Grausen einflößte wie der Polizist an der Ecke oder das
Burggespenst. ‚Werd ich denn ewig so weich bleiben? Ein anderer
hätte sich nicht so behandeln lassen!‘ Auch konnte es peinliche
5 Folgen haben, dass er zu so vielen kompromittierenden[1] Reden geschwiegen oder nur matt widersprochen hatte. Er legte sich energi-
sche Antworten zurecht, für das nächste Mal. ‚Das Ganze war eine
Falle! Er hat mich einfangen und unschädlich machen wollen ...
Aber er soll sehen!‘ Diederich ballte die Faust in der Tasche, indes
10 er stramm durch die Kaiser-Wilhelm-Straße ging. ‚Vorläufig muss
man sich noch mit ihm verhalten, aber wehe, wenn ich der Stärkere
bin!‘
Das Haus des Bürgermeisters war mit Ölfarbe neu gestrichen, und
die Spiegelscheiben glänzten wie je. Ein nettes Stubenmädchen
15 empfing ihn. Über eine Treppe mit einem freundlichen Knaben aus
Biskuit[2], der eine Lampe trug, und durch ein Vorzimmer, worin fast
vor jedem Möbel ein kleiner Teppich lag, ward Diederich in das
Esszimmer geführt. Es war aus hellem Holz mit appetitlichen Bildern, zwischen denen der Bürgermeister und noch ein Herr beim
20 zweiten Frühstück saßen. Doktor Scheffelweis reichte Diederich
seine weißliche Hand hin und musterte ihn dabei über den Klemmer weg. Trotzdem wusste man nie genau, ob er einen ansah, so
unbestimmt war der Blick seiner Augen, die farblos schienen wie
das Gesicht und die seitwärts fliehenden, dünnen Bartkotelettes.
25 Der Bürgermeister setzte mehrmals zum Sprechen an, bis er endlich etwas fand, das man auf alle Fälle sagen konnte: „Schöne
Schmisse", sagte er; und zu dem andern Herrn: „Finden Sie nicht?"
Der andere Herr legte Diederich zunächst große Zurückhaltung
auf, denn er sah stark jüdisch aus. Aber der Bürgermeister stellte
30 vor: „Herr Assessor Jadassohn, von der Staatsanwaltschaft" – was
dann allerdings eine vollwertige Begrüßung nötig machte.
„Setzen Sie sich nur gleich", sagte der Bürgermeister, „wir fangen gerade an." Er schenkte Diederich Porter[3] ein und legte ihm Lachsschin-

---

[1] kompromittierend: das Ansehen belastend
[2] Biskuit: unglasiertes Porzellan
[3] Porter: dunkles Bier

ken vor. „Meine Frau und meine Schwiegermutter sind ausgegangen, die Kinder in der Schule, dies ist die Stunde des Junggesellen,
prost!"
Der jüdische Herr von der Staatsanwaltschaft hatte vorläufig nur
5 für das Stubenmädchen Augen. Während sie neben ihm am Tisch
zu tun hatte, war seine Hand verschwunden. Dann ging sie, und er
wollte von öffentlichen Angelegenheiten beginnen, aber der Bürgermeister ließ sich nicht unterbrechen. „Die beiden Damen kommen vor dem Mittagessen nicht zurück, denn meine Schwieger-
10 mutter ist beim Zahnarzt. Ich kenne das, es kostet Mühe mit ihr,
und inzwischen gehört uns das Haus." Er holte einen Likör aus dem
Büfett, rühmte ihn, ließ sich seine Güte von den Gästen bestätigen
und fuhr fort, eintönig und vom Kauen unterbrochen, das Idyll[1]
seiner Vormittage zu preisen. Allmählich ward, in allem Glück, sei-
15 ne Miene immer besorgter, er fühlte wohl, das Gespräch könne so
nicht weitergehen; und nachdem eine Minute lang alle geschwiegen hatten, entschloss er sich.
„Ich darf annehmen, Herr Doktor Heßling –: mein Haus liegt ja
nicht in nächster Nachbarschaft des Ihren, und so würde ich es
20 durchaus begreiflich finden, wenn Sie vor mir einige andere Herren
aufgesucht hätten."
Diederich errötete schon für die Lüge, die er noch nicht ausgesprochen hatte. ‚Es würde herauskommen', dachte er noch rechtzeitig,
und er sagte: „Tatsächlich habe ich mir erlaubt – Das heißt, natür-
25 lich war mein erster Weg zu Ihnen, Herr Bürgermeister. Nur im
Andenken an meinen Vater, der eine so große Verehrung für den
alten Herrn Buck hatte –"
„Begreiflich, durchaus begreiflich." Der Bürgermeister nickte mit
Nachdruck. „Herr Buck ist der älteste unter unsern verdienten Bür-
30 gern und übt daher einen zweifellos legitimen[2] Einfluss aus."
„Vorläufig noch!", sagte mit unerwartet scharfer Stimme der jüdische Herr von der Staatsanwaltschaft und sah Diederich herausfordernd an. Der Bürgermeister hatte sich über seinen Käse gebeugt,
Diederich fand sich schutzlos, er blinzelte. Da der Blick des Herrn

---

[1] Idyll: friedlicher Zustand
[2] legitim: rechtmäßig, allgemein anerkannt

durchaus ein Bekenntnis verlangte, brachte er etwas hervor von
„eingefleischtem Respekt" und führte sogar Kindheitserinnerungen
an, die es entschuldigen sollten, dass er zuerst bei Herrn Buck gewesen war. Dabei betrachtete er schreckerfüllt die ungeheuren, roten und weit abstehenden Ohren des Herrn von der Staatsanwaltschaft. Dieser ließ Diederich fertig stammeln, wie einen Angeklagten, der sich verfing; endlich versetzte er schneidend: „Der Respekt
ist in gewissen Fällen dazu da, dass man sich ihn abgewöhnt."
Diederich stutzte; dann entschloss er sich zu einem verständnisvollen Gelächter. Der Bürgermeister sagte mit blassem Lächeln und
einer versöhnlichen Geste: „Herr Assessor Doktor Jadassohn ist
nun einmal gern geistreich – was ich persönlich ganz besonders an
ihm schätze. In meiner Stellung freilich bin ich genötigt, die Dinge
objektiv und voraussetzungslos zu betrachten. Und da muss ich
denn sagen: einerseits –"
„Kommen wir gleich zum Andererseits!", verlangte Assessor Jadassohn. „Für mich als Vertreter einer staatlichen Behörde wie als
überzeugten Anhänger der bestehenden Ordnung sind dieser Herr
Buck und sein Genosse, der Reichstagsabgeordnete Kühlemann,
nach ihrer Vergangenheit und Gesinnung einfach Umstürzler, und
damit fertig. Ich mache aus meinem Herzen keine Mördergrube, ich
halte das nicht für deutsch. Volksküchen gründen, meinetwegen;
aber das beste Futter für das Volk ist eine gute Gesinnung. Eine
Idiotenanstalt mag auch ganz nützlich sein."
„Aber nur eine kaisertreue", ergänzte Diederich. Der Bürgermeister
machte beschwichtigende Zeichen. „Meine Herren!", flehte er. „Meine
Herren! Wenn wir uns denn aussprechen sollen, so ist es gewiss richtig, dass bei aller bürgerlichen Hochschätzung der genannten Herren
andererseits doch –"
„Andererseits!", wiederholte Jadassohn streng.
„– das tiefste Bedauern zurückbleibt über unsere leider so ungüns-
tigen Beziehungen zu den Vertretern der Staatsregierung – wenn
ich auch zu bedenken bitte, dass die ungewöhnliche Schärfe des
Herrn Regierungspräsidenten von Wulckow gegenüber den städtischen Behörden –"

„Gegenüber schlechtgesinnten Körperschaften[1]!", warf Jadassohn ein. Diederich erlaubte sich: „Ich bin ein durchaus liberaler Mann, aber das muss ich sagen –"

„Eine Stadt", erklärte der Assessor, „die sich den berechtigten Wünschen der Regierung verschließt, darf allerdings nicht darüber erstaunen, dass ihr die kalte Schulter gezeigt wird."

„Von Berlin nach Netzig", versicherte Diederich, „könnte man in der halben Zeit fahren, wenn wir besser mit den Herren oben ständen." Der Bürgermeister ließ sie ihr Duett[2] beenden, er war bleich und hielt hinter dem Klemmer die Lider gesenkt. Plötzlich sah er sie an mit einem dünnen Lächeln.

„Meine Herren, bemühen Sie sich nicht, ich weiß, dass es eine zeitgemäßere Gesinnung gibt als die von den städtischen Behörden bekundete. Glauben Sie, bitte, dass es nicht mein Verschulden war, wenn an Seine Majestät gelegentlich ihrer letzten Anwesenheit in der Provinz, während der vorjährigen Manöver, kein Huldigungstelegramm geschickt worden ist …"

„Die Weigerung des Magistrats war durchaus undeutsch", stellte Jadassohn fest.

„Das nationale Banner muss hochgehalten werden", verlangte Diederich. Der Bürgermeister erhob die Arme.

„Meine Herren, das weiß ich. Aber ich bin nur der Vorsitzende des Magistrats und muss leider seine Beschlüsse ausführen. Ändern Sie die Verhältnisse! Herr Doktor Jadassohn erinnert sich noch an unsern Streit mit der Regierung wegen des sozialdemokratischen Lehrers Rettich. Ich konnte den Mann nicht maßregeln. Herrn von Wulckow ist bekannt" – der Bürgermeister kniff ein Auge zu –, „dass ich es sonst getan haben würde."

Man schwieg eine Weile und betrachtete einander. Jadassohn blies durch die Nase, als genügte ihm das Gehörte. Aber Diederich konnte nicht länger an sich halten. „Die Vorfrucht der Sozialdemokratie ist der Liberalismus!", rief er. „Solche Leute wie Buck, Kühlemann und Eugen Richter machen unsere Arbeiter frech. Mein Betrieb legt

---

mir die schwersten Opfer an Arbeit und Verantwortung auf, und dann hab ich noch Konflikte mit meinen Leuten. Und warum? Weil wir nicht einig sind gegen die rote Gefahr und es gewisse Arbeitgeber gibt, die im sozialistischen Fahrwasser schwimmen, wie zum
5 Beispiel der Schwiegersohn des Herrn Buck. Was seine Fabrik einbringt, daran beteiligt der Herr Lauer seine Arbeiter. Das ist unmoralisch!" Hier blitzte Diederich. „Denn es untergräbt die Ordnung, und ich stehe auf dem Standpunkt, in dieser harten Zeit haben wir Ordnung nötiger als je, und darum brauchen wir ein festes Regi-
10 ment, wie unser herrlicher junger Kaiser es führt. Ich erkläre, dass ich in allem fest zu Seiner Majestät stehe ..." Hier machten die beiden anderen Herren eine Verbeugung, die Diederich entgegennahm, indes er weiterblitzte. Im Gegensatz zu dem demokratischen Mischmasch, an den die absterbende Generation noch glaube, sei
15 der Kaiser, der Vertreter der Jugend, die persönlichste Persönlichkeit, von erfreulicher Impulsivität und ein höchst origineller Denker. „Einer soll Herr sein! Auf allen Gebieten!" Diederich legte das vollständige Bekenntnis einer scharfen und schneidigen Gesinnung ab und erklärte, dass mit dem alten freisinnigen Schlendrian[1]
20 auch in Netzig von Grund aus aufgeräumt werden müsse.
„Jetzt kommt eine neue Zeit!"
Jadassohn und der Bürgermeister hörten still zu, bis er alles herausgesagt hatte; Jadassohns Ohren wurden dabei noch größer. Dann krähte er: „Auch in Netzig gibt es kaisertreue Deutsche!" Und Die-
25 derich noch lauter: „Die aber, die es nicht sind, werden wir uns einmal näher ansehen. Es wird sich zeigen, ob gewissen Familien die Stellung, die sie einnehmen, noch zukommt. Vom alten Buck zu schweigen: wer sind denn seine Leute? Die Söhne verbauert oder verbummelt, ein Schwiegersohn, der Sozialist ist, und die Tochter
30 soll ja –"
Man sah einander an. Der Bürgermeister kicherte und rötete sich blass. Vor Vergnügen platzte er aus: „Und die Herren wissen noch gar nicht, dass der Bruder des Herrn Buck pleite ist!"
Man äußerte lärmende Genugtuung. Der mit den fünf eleganten
35 Töchtern! Der Vorsitzende der „Harmonie"! Aber zu essen, das

---

[1] Schlendrian: nachlässiges Verhalten

wusste Diederich, bekamen sie aus der Volksküche. Daraufhin
schenkte der Bürgermeister nochmals Schnäpse ein und reichte Zigarren. Er zweifelte plötzlich nicht mehr, dass ein Umschwung be-
vorstehe. „In anderthalb Jahren sind die Neuwahlen zum Reichstag.
5 Bis dahin werden die Herren arbeiten müssen."

Diederich schlug vor: „Betrachten wir drei uns schon jetzt als das
engere Wahlkomitee[1]!"

Jadassohn erklärte es für die erste Notwendigkeit, Fühlung zu nehmen mit dem Herrn Regierungspräsidenten von Wulckow. „Streng
10 vertraulich", setzte der Bürgermeister hinzu und zwinkerte. Diederich bedauerte, dass die „Netziger Zeitung", das größte Organ der
Stadt, sich im freisinnigen Fahrwasser bewege. „So ein Judenblatt!",
sagte Jadassohn. Wohingegen das regierungstreue Kreisblatt in der
Stadt fast ohne Einfluss sei. Aber der alte Klüsing in Gausenfeld
15 lieferte das Papier für beide Blätter. Es schien Diederich nicht unmöglich, durch ihn, der in der „Netziger Zeitung" Geld hatte, ihre
Haltung zu beeinflussen. Er musste Angst bekommen, sonst das
Kreisblatt zu verlieren. „Denn es gibt ja noch eine Papierfabrik in
Netzig", sagte der Bürgermeister und schmunzelte. Da trat das Zim-
20 mermädchen ein und verkündete, sie müsse nun den Tisch zum
Mittagessen decken; die gnädige Frau werde gleich zurück sein –
„und auch die Frau Hauptmann", setzte sie hinzu. Bei der Nennung
dieses Titels erhob der Bürgermeister sich sofort. Wie er seine Gäste hinausgeleitete, hielt er den Kopf gesenkt und war, trotz der ge-
25 nossenen Schnäpse, ganz milchfarben. Auf der Treppe zog er Diederich am Ärmel. Jadassohn war zurückgeblieben, und man hörte
das Mädchen leise kreischen. An der Haustür läutete es schon.

„Mein lieber Herr Doktor", wisperte der Bürgermeister, „Sie haben
mich doch nicht missverstanden. Bei alledem habe ich natürlich
30 einzig das Interesse der Stadt im Auge. Mir liegt es selbstverständlich ganz fern, irgendetwas zu unternehmen, worin ich mich nicht
einig weiß mit den Körperschaften, an deren Spitze zu stehen ich
die Ehre habe."

---

[1] Wahlkomitee: hier: Personengruppe, die im Vorfeld einer Wahl für eine
bestimmte Partei arbeitet

Er blinzelte eindringlich. Bevor Diederich sich besonnen hatte, betraten die Damen das Haus, und der Bürgermeister ließ Diederichs Ärmel los, um ihnen entgegenzueilen. Seine Frau, verhutzelt und mit Sorgenfalten, hatte kaum Zeit, die Herren zu begrüßen; sie musste die Kinder trennen, die einander prügelten. Ihre Mutter aber, einen Kopf höher und noch jugendlich, musterte streng die geröteten Gesichter der Frühstücksgäste. Dann schritt sie junonisch[1] auf den Bürgermeister zu, den man kleiner werden sah ... Assessor Doktor Jadassohn hatte sich schon von dannen gemacht, Diederich vollführte formvolle Verbeugungen, die unerwidert blieben, und eilte hinterdrein. Ihm war aber beklommen, er sah unruhig auf der Straße umher, hörte nicht, was Jadassohn sagte, und plötzlich kehrte er um. Er musste mehrmals und heftig läuten, denn drinnen war großer Lärm. Die Herrschaften standen noch am Fuße der Treppe, auf der die Kinder sich schreiend umherstießen, und sie debattierten. Die Frau Bürgermeister wünschte, dass ihr Gatte beim Schuldirektor etwas gegen einen Oberlehrer unternehme, der ihren Sohn schlecht behandelte. Dagegen forderte die Frau Hauptmann von ihrem Schwiegersohn, er solle den Oberlehrer zum Professor ernennen, denn seine Frau habe den größten Einfluss im Vorstand der Bethlehemstiftung für gefährdete Mädchen. Der Bürgermeister beschwor sie abwechselnd mit den Händen. Endlich konnte er ein Wort anbringen.

„Einerseits –", sagte er.

Aber da hatte Diederich ihn am Ärmel ergriffen. Nach vielen Entschuldigungen in der Richtung der Damen zog er ihn beiseite, und er flüsterte bebend: „Verehrter Herr Bürgermeister, es liegt mir daran, Missverständnissen vorzubeugen. Ich darf daher wiederholen, dass ich ein durchaus liberaler Mann bin."

Doktor Scheffelweis versicherte flüchtig, dass er hiervon gradeso überzeugt sei wie von seiner eigenen, gut liberalen Gesinnung. Schon ward er abgerufen, und Diederich verließ, ein wenig erleichtert, das Haus. Jadassohn erwartete ihn grinsend.

„Sie haben wohl Angst gehabt? Lassen Sie nur! Mit unserem Stadtoberhaupt kompromittiert sich niemand, er ist immer, wie der liebe

---

[1] junonisch: stattlich, wie die römische Göttin Juno

Gott, mit den stärksten Bataillonen[1]. Heute wollte ich nur feststellen, wie weit er sich schon mit Herrn von Wulckow eingelassen hat. Es steht nicht übel, wir können uns ein Stück vorwagen."

„Vergessen Sie, bitte, nicht", sagte Diederich, mit Zurückhaltung,
5 „dass ich in der Netziger Bürgerschaft zu Hause und natürlich auch liberal bin."

Jadassohn sah ihn von der Seite an. „Neuteutonia?", fragte er. Und als Diederich sich erstaunt umwandte: „Wie geht es denn meinem alten Freund Wiebel?"

10 „Sie kennen ihn? Er war mein Leibbursch!"

„Kennen! Ich habe mit ihm gehangen[2]."

Diederich ergriff die Hand, die Jadassohn hinhielt, sie schüttelten einander kraftvoll. „Na dann!" – „Na also!" Und Arm in Arm gingen sie in den Ratskeller, mittagessen.

15 Dort war es einsam und dämmerig, hinten ward für sie das Gas angezündet, und bis die Suppe kam, machten sie alte Kommilitonen ausfindig. Der dicke Delitzsch! Diederich berichtete mit der Genauigkeit eines Augenzeugen über seinen tragischen Tod. Das erste Glas Rauenthaler[3] weihten sie still seinem Andenken. Es zeigte
20 sich, dass auch Jadassohn die Februarkrawalle[4] mitgemacht und damals die Macht verehren gelernt hatte, wie Diederich. „Seine Majestät hat einen Mut bewiesen", sagte der Assessor, „dass einem schwindlig werden konnte. Mehrmals habe ich, weiß Gott, geglaubt –" Er stockte, sie sahen schaudernd einander in die Augen. Um über
25 die entsetzliche Vorstellung hinwegzukommen, erhoben sie die Gläser. „Gestatte mir", sagte Jadassohn. „Ziehe gleich mit", erwiderte Diederich. Und Jadassohn: „Werte Lieben mit eingeschlossen." Und Diederich: „Werde zu Hause davon zu rühmen wissen."

Dann ließ sich Jadassohn, obwohl sein Essen kalt ward, auf eine
30 ausführliche Würdigung des kaiserlichen Charakters ein. Die Phi-

---

[1] Bataillon: militärische Truppenabteilung
[2] gehangen: hier: ein Trinkspiel durchgeführt
[3] Rauenthal: Weinbauort im Rheingau
[4] Februarkrawalle: Berliner Arbeiterunruhen vom 25. Februar 1892, im Roman thematisiert auf den S. 51–57.

lister[1], Nörgler und Juden mochten an ihm aussetzen, was sie wollten, alles in allem war unser herrlicher junger Kaiser die persönlichste Persönlichkeit, von erfreulicher Impulsivität und ein höchst origineller Denker. Diederich glaubte dies auch schon festgestellt
5 zu haben und nickte befriedigt. Er sagte sich, dass das Äußere eines Menschen zuweilen trüge, und dass die deutsche Gesinnung nicht notwendig von der Größe der Ohren abhänge. Sie leerten ihre Gläser auf den glücklichen Ausgang des Kampfes für Thron und Altar, gegen den Umsturz in jeder Form und Verkleidung.
10 So gelangten sie wieder zu den Zuständen in Netzig. Sie waren sich einig darin, dass der neue nationale Geist, für den es die Stadt zu erobern galt, kein anderes Programm brauche als den Namen Seiner Majestät. Die politischen Parteien waren alter Trödel, wie Seine Majestät selbst gesagt hatte. „Ich kenne nur zwei Parteien, die für
15 mich und die wider mich", hatte er gesagt, und so war es. In Netzig überwog leider noch die Partei, die gegen ihn war, aber das sollte sich ändern, und zwar – dies war Diederich klar – vermittelst des Kriegervereins[2]. Jadassohn, der ihm nicht angehörte, übernahm es gleichwohl, Diederich mit den leitenden Persönlichkeiten bekannt
20 zu machen. Da war vor allem Pastor Zillich, ein Korpsbruder von Jadassohn, ein echt deutscher Mann! Gleich nachher wollten sie ihn besuchen. Sie tranken auf sein Wohl. Auch auf seinen Hauptmann trank Diederich, den Hauptmann, der aus einem strengen Vorgesetzten sein bester Freund geworden war. „Das Dienstjahr ist
25 doch das Jahr, das ich aus meinem Leben am wenigsten missen möchte." Unvermittelt und schon ziemlich gerötet, rief er aus: „Und solche erhebenden Erinnerungen möchten diese Demokraten uns verekeln!"
Der alte Buck! Diederich konnte sich plötzlich nicht fassen vor Wut,
30 er stammelte: „Am Dienen will solch ein Mensch uns hindern, er sagt, wir sind Knechte! Weil er mal Revolution gemacht hat –"
„Das ist ja schon nicht mehr wahr", sagte Jadassohn.

---

[1] Philister: Eigentlich ein biblisches Volk, das in Palästina beheimatet war. Hier steht „Philister" für Spießbürger.
[2] Kriegerverein: Zusammenschluss ehemaliger Soldaten zur Traditionspflege

„Darum sollen wir uns wohl alle zum Tode verurteilen lassen? Hätten sie ihn wenigstens geköpft! ... Die Hohenzollern sollen uns schlecht bekommen sein!"

„Ihm sicher", sagte Jadassohn und tat einen großen Zug.

5 „Aber ich stelle fest" – Diederich rollte die Augen –, „dass ich all seinen lästerlichen Unfug nur angehört habe, um mich darüber zu unterrichten, wes Geistes Kind er ist. Ich nehme Sie zum Zeugen, Herr Assessor! Wenn der alte Intrigant[1] jemals behaupten sollte, dass ich sein Freund bin und seine infamen Majestätsbeleidigungen

10 gebilligt habe, dann nehme ich Sie zum Zeugen, dass ich gleich heute protestiert habe!"

Der Schweiß brach ihm aus, denn er dachte an die Sache mit der Baukommission und an den Schutz, den er bei ihr genießen sollte ...

Unvermittelt warf er ein Buch auf den Tisch, ein kleines, fast qua-

15 dratisches Buch, und stieß ein Hohngelächter dabei aus.

„Dichten tut er auch!"

Jadassohn blätterte. „Turnerlieder[2]. Aus der Gefangenschaft. Ein Hoch der Republik! und Am Weiher lag ein Jüngling, trübselig anzuschauen ... Stimmt, so waren die. Sträflinge versorgen und an den

20 Grundlagen rütteln. Sentimentaler Umsturz, Gesinnung verdächtig und Haltung schlapp. Da stehen wir, Gott sei Dank, anders da."

„Das wollen wir hoffen", sagte Diederich. „In der Verbindung haben wir Mannhaftigkeit und Idealismus gelernt, das genügt, da erübrigt sich das Dichten."

25 „Fort mit euren Altarkerzen!", deklamierte Jadassohn. „Das ist etwas für meinen Freund Zillich. Jetzt hat er sein Schläfchen hinter sich, wir können losgehen."

Sie fanden den Pastor beim Kaffee. Er wollte Frau und Tochter sogleich hinausschicken. Jadassohn hielt die Hausfrau galant zurück

30 und versuchte auch dem Fräulein die Hand zu küssen, aber sie wandte ihm den Rücken. Diederich, sehr aufgeheitert, bat die Da-

---

[1] Intrigant: Der Intrigant betreibt heimtückische Machenschaften zum Schaden anderer.

[2] Turnerlieder: Das vom „Turnvater" Friedrich Ludwig Jahn (1778–1852) etablierte Turnen sollte zur militärischen Ertüchtigung der jungen Menschen und zur Schaffung eines deutschen Nationalbewusstseins beitragen. Turnerlieder dienten dem Ausdruck dieser Weltanschauung.

men dringend, zu bleiben, und ihm gelang es. Er erklärte ihnen, dass Netzig nach Berlin beträchtlich still wirke. „Die Damenwelt ist auch noch zurück. Mein Ehrenwort, gnädiges Fräulein, Sie sind hier die Erste, die ruhig Unter den Linden spazieren gehen könnte,
5 und kein Mensch würde merken, dass Sie aus Netzig sind." Darauf erfuhr er, dass sie wirklich einmal in Berlin gewesen war, und sogar bei Ronacher. Diederich zog hieraus Vorteil, er erinnerte sie an ein dort gehörtes Couplet[1], das er ihr aber nur ins Ohr sagen könne: „Unsre lieben süßen Dam'n zeigen alles, was sie ham'n ..." Da sie
10 einen dreisten Seitenblick warf, streifte er mit dem Bart ihren Hals. Sie sah ihn flehend an, worauf er ihr erst recht versicherte, dass sie ein „reizender Käfer" sei. Sie flüchtete mit geschlossenen Augen zu ihrer Mutter, die alles überwacht hatte. Der Pastor war mit Jadassohn in ernstem Gespräch. Er klagte, dass der Kirchenbesuch in
15 Netzig unerhört vernachlässigt werde.

„Am Sonntag Jubilate[2]: verstehen Sie wohl, am Sonntag Jubilate habe ich vor dem Küster[3] und drei alten Damen aus dem Jungfrauenstift predigen müssen. Die anderen hatten Influenza[4]."

Jadassohn sagte: „Bei der lauen, um nicht zu sagen feindseligen
20 Haltung, die die herrschende Partei den kirchlichen und religiösen Dingen gegenüber einnimmt, muss man sich über die drei alten Damen wundern. Warum besuchen sie nicht lieber die freigeistigen Vorträge des Doktors Heuteufel?"

Da schnellte der Pastor vom Stuhl. Sein Bart schien aufzuschäu-
25 men, so sehr schnob er, und sein Gehrock warf wilde Falten. „Herr Assessor!", brachte er hervor. „Dieser Mensch ist mein Schwager, und Die Rache ist mein! spricht der Herr. Aber obwohl dieser Mensch mein Schwager und meiner leiblichen Schwester Mann ist, kann ich den Herrn nur anflehen, ja, mit gerungenen Händen an-
30 flehen, dass er von seinem Rachestrahl Gebrauch mache. Denn sonst würde er eines Tages genötigt sein, Pech und Schwefel auf

---

[1] Couplet: mehrstrophiges Lied mit Refrain, das humorvoll bzw. satirisch auf aktuelle Themen Bezug nimmt
[2] Jubilate: heute dritter, früher vierter Sonntag nach dem Osterfest
[3] Küster: Kirchendiener, in Süddeutschland als Mesner bezeichnet
[4] Influenza: Grippe

ganz Netzig regnen zu lassen. Kaffee, verstehen Sie, Kaffee gibt Heuteufel den Leuten umsonst, damit sie kommen und ihre Seele von ihm fangen lassen. Und dann erzählt er ihnen, die Ehe sei kein Sakrament[1], sondern ein Vertrag – als ob ich mir einen Anzug be-
5 stelle." – Der Pastor lachte vor Erbitterung.

„Pfui", sagte Diederich mit tiefer Stimme. Und indes Jadassohn den Pastor seines positiven Christentums[2] versicherte, begann Diederich schon wieder, im Schutz eines Sessels, sich Käthchen handgreiflich zu nähern. „Fräulein Käthchen", sagte er dabei, „ich kann Ihnen auf das
10 Bestimmteste erklären, dass für mich die Ehe tatsächlich ein Sakrament ist." Käthchen erwiderte: „Schämen Sie sich, Herr Doktor."
Ihm ward heiß. „Machen Sie nicht solche Augen!"
Käthchen seufzte. „Sie sind schrecklich raffiniert. Wahrscheinlich sind Sie auch nicht besser als der Herr Assessor Jadassohn. Ihre
15 Schwestern haben mir schon erzählt, was Sie in Berlin alles angestellt haben. Es sind doch meine besten Freundinnen."
Dann werde man sich doch bald wiedersehen? – Ja, in der „Harmonie". „Aber Sie brauchen nicht zu denken, dass ich Ihnen irgendwas glaube. Sie sind ja mit Guste Daimchen zusammen am Bahnhof
20 angekommen."
Was das beweise, fragte Diederich. Er protestierte gegen alle Folgerungen, die man aus dieser rein zufälligen Tatsache etwa ziehen wolle. Fräulein Daimchen sei übrigens verlobt. „Ach die!", machte Käthchen. „Die geniert[3] das nicht, sie ist so grässlich kokett."
25 Auch die Frau Pastor bestätigte es. Noch heute habe sie Guste in Lackschuhen und lila Strümpfen gesehen. Das verspreche nichts Gutes. Käthchen verzog den Mund.

---

[1] Sakrament: Die christlichen Kirchen pflegen Sakramente als sichtbare Zeichen des Wirkens Gottes in der Welt. Die Eheschließung ist sowohl bei evangelischen als auch bei katholischen Christinnen und Christen als Sakrament anerkannt.

[2] positives Christentum: hier: Eine auf eine göttliche Offenbarung (Bibel) gestützte Religion, im Gegensatz zur Religion der Naturvölker oder einer nur aus der Vernunft begründeten religiösen Haltung. In späteren Zeiten nutzte der Nationalsozialismus den Begriff für die Christinnen und Christen, die mit der NS-Ideologie konform gingen.

[3] geniert: beschämt

„Na, und die Erbschaft –"

Dieser Zweifel machte, dass Diederich bestürzt verstummte. Der Pastor hatte dem Assessor soeben die Notwendigkeit zugegeben, die Lage der christlichen Kirche in Netzig einmal näher mit den
5 Herren zu erörtern, und verlangte von seiner Frau den Mantel und den Hut. Auf der Treppe war es schon dunkel. Da die beiden anderen vorangingen, konnte Diederich noch einmal Käthchens Hals überfallen. Sie sagte ersterbend: „So mit dem Bart kitzeln tut keiner in Netzig" – was ihm zuerst schmeichelte, gleich darauf aber gab es
10 ihm peinliche Vermutungen ein. So ließ er Käthchen einfach los und verschwand. Jadassohn erwartete ihn unten, er sagte leise: „Nur Mut! Der Alte hat nichts gemerkt, und die Mutter tut so." Er zwinkerte aufdringlich.

An der Marienkirche vorüber wollten die drei Herren den Markt
15 erreichen, der Pastor blieb aber stehen, mit einer Kopfbewegung deutete er hinter sich. „Die Herren wissen wohl, wie die Gasse heißt, links von der Kirche unter dem Bogen? Dies schwarze Loch von einer Gasse oder vielmehr das gewisse Haus darin."

„Klein-Berlin", sagte Jadassohn, denn der Pastor ging nicht weiter.

20 „Klein-Berlin", wiederholte er, schmerzlich lächelnd, und noch einmal, mit der Gebärde heiligen Zornes, sodass mehrere Leute sich umsahen: „Klein-Berlin … Im Schatten meiner Kirche! Solch ein Haus! Und der Magistrat will mich nicht hören, er spottet meiner. Aber er spottet noch eines anderen" – damit setzte sich der Pastor
25 wieder in Bewegung –, „und der lässet seiner nicht spotten."

Auch Jadassohn war der Meinung, dass er seiner nicht spotten lasse. Diederich aber sah, indes seine Begleiter sich ereiferten, vom Rathaus her Guste Daimchen nahen. Er neigte formvoll den Hut vor ihr, und sie lächelte schnippisch. Ihm fiel auf, dass Käthchen Zillich
30 geradeso weißblond war und auch diese kleine, frech eingedrückte Nase hatte. Eigentlich war es gleich, ob die oder die. Guste freilich zeichnete sich durch eine handliche Breite aus. ‚Und die lässt sich nichts gefallen. Gleich hat man eine Ohrfeige.' Er wandte sich um nach Guste: Von hinten war sie außerordentlich rund und wackelte.
35 In diesem Augenblick war es für Diederich entschieden: die oder keine!

Die beiden anderen hatten sie nachträglich auch bemerkt.

„War das nicht das Töchterlein der Frau Oberinspektor Daimchen?", fragte der Pastor; und er setzte hinzu: „Unsere Bethlehemsstiftung für gefährdete Jungfrauen wartet noch immer auf die Zuwendungen der Guten. Ob Fräulein Daimchen zu den Guten ge-
5 hört? Die Leute sagen, sie habe eine Million geerbt."
Jadassohn beeilte sich, dies für weit übertrieben zu erklären. Diederich widersprach; er kenne die Verhältnisse, der verstorbene Onkel habe mit Zichorie[1] noch viel mehr verdient, als man glaube. Er behauptete es so lange, bis der Assessor ihm verhieß, er werde durch
10 das Gericht in Magdeburg die Wahrheit in Erfahrung bringen. Darauf schwieg Diederich, zufriedengestellt.
„Übrigens", sagte Jadassohn, „fällt das Geld doch nur an die Bucks, will sagen an den Umsturz." Aber Diederich wollte auch hierüber besser unterrichtet sein. „Fräulein Daimchen und ich sind nämlich
15 zusammen hier angekommen", sagte er versuchsweise. – „Ach so", machte Jadassohn. „Darf man etwa gratulieren?" Diederich hob die Achseln, wie bei einer Taktlosigkeit. Jadassohn entschuldigte sich; er habe nur geglaubt, der junge Buck –
„Wolfgang?", fragte Diederich. „Mit dem war ich in Berlin täglich
20 zusammen. Er lebt dort mit einer Schauspielerin."
Der Pastor räusperte sich missbilligend. Da man eben auf den Theaterplatz gelangte, sah er streng hinüber. Er versetzte: „Klein-Berlin liegt wohl bei meiner Kirche, aber doch wenigstens in einem dunklen Winkel. Dieser Tempel der Sittenlosigkeit brüstet sich auf offe-
25 nem Platz, und unsere Söhne und Töchter" – er zeigte nach dem Bühneneingang, wo einige Mitglieder des Theaters standen – „streifen mit dem Ärmel an Buhldirnen[2]!"
Diederich erklärte dies, mit bekümmerter Miene, für tief bedauerlich – während Jadassohn sich über die „Netziger Zeitung" entrüs-
30 tete, die frohlockt hatte, weil in den Stücken der letzten Saison vier uneheliche Kinder vorgekommen seien, und die das für einen Fortschritt hielt!

---

[1] Zichorie: Ersatzkaffee, gewonnen aus der Wurzel der gemeinen Wegwarte
[2] Buhldirnen: Prostituierte

Inzwischen bogen sie in die Kaiser-Wilhelm-Straße und hatten verschiedene Herren zu grüßen, die eben das Haus der Loge[1] betraten. Als sie die tief gezogenen Hüte wieder aufgesetzt hatten und vorüber waren, sagte Jadassohn: „Man wird sich die Herrschaften merken müssen, die den freimaurerischen[2] Unfug noch mitmachen. Seine Majestät missbilligt ihn entschieden."

„Von meinem Schwager Heuteufel wundert mich selbst das gefährlichste Sektenwesen[3] nicht", erklärte der Pastor.

„Nun, und der Herr Lauer?", meinte Diederich. „Ein Mensch, der sich nicht entblödet, seine Arbeiter am Gewinn zu beteiligen? Dem ist alles zuzutrauen!"

„Das Unerhörteste", behauptete Jadassohn, „ist doch, dass Herr Landgerichtsrat Fritzsche sich in dieser Judengesellschaft zeigt: ein Königlicher Landgerichtsrat Arm in Arm mit dem Wucherer Cohn. Wie haißt Cohn", machte Jadassohn und steckte den Daumen unter die Achsel.

Diederich sagte: „Da er ja mit der Frau Lauer –" Er brach ab und erklärte, dann begreife er allerdings, dass diese Leute vor Gericht immer Recht bekämen. „Sie halten zusammen und schmieden Ränke." Pastor Zillich murmelte sogar etwas von Orgien[4], die sie in dem Haus dort feiern sollten und bei denen schon unaussprechliche Dinge vorgekommen waren. Aber Jadassohn lächelte bedeutsam: „Nun, glücklicherweise sieht ihnen Herr von Wulckow gerade in die Fenster hinein." Und Diederich nickte beifällig zu dem Gebäude der Regierung hinüber. Gleich daneben, vor dem Bezirkskommando, ging ein Wachtposten auf und ab. „Da lacht einem doch das Herz, wenn man das Gewehr so eines braven Burschen blinken sieht!", rief Diederich aus. „Damit halten wir die Bande in Schach." Das Gewehr blinkte freilich nicht, denn es ward dunkel. Schon schoben sich Abteilungen heimkehrender Arbeiter durch das

---

[1] Loge: Versammlungsort der Freimaurer
[2] Freimaurer: ein auf Symbolen und Ritualen basierender Geheimbund, dessen Mitglieder die Selbsterkenntnis anstreben und das Gute in der Welt befördern wollen
[3] Sekte: abgesonderte religiöse Gemeinschaft
[4] Orgien: ausschweifende Feste

abendliche Gedränge. Jadassohn schlug einen Dämmerschoppen[1]
bei Klappsch vor, gleich um die Ecke. Dort war es gemütlich, zu
dieser Stunde kam niemand hin. Auch war Klappsch ein Gutge-
sinnter, der dem Pastor, indes seine Tochter das Bier brachte, seinen
5 heißen Dank aussprach für die segensreiche Arbeit, die er in der
Bibelstunde an seinen Jungen vollbringe. Der Älteste hatte zwar
doch wieder Zucker gestohlen, dafür aber hatte er nachts nicht
schlafen können, sondern seine Sünde Gott so laut gebeichtet, dass
Klappsch es hörte und ihn durchprügeln konnte. Von da kam das
10 Gespräch auf die Beamten der Regierung, die Klappsch mit Frühstück versorgte und von denen er berichten konnte, wie sie am
Sonntag die Kirchzeit verbrachten. Jadassohn machte sich Notizen,
und gleichzeitig verschwand seine Hand hinter Fräulein Klappsch.
Diederich besprach mit Pastor Zillich die Gründung eines christli-
15 chen Arbeitervereins. Er verhieß: „Wer von meinen Leuten nicht
rein will, fliegt!" Diese Aussichten heiterten den Pastor auf; nachdem Fräulein Klappsch mehrmals Bier und Kognak gebracht hatte,
befand er sich in demselben Zustand hoffnungsvoller Entschlossenheit, den seine beiden Gefährten im Laufe des Tages erreicht
20 hatten.

„Mein Schwager Heuteufel", rief er und schlug auf den Tisch, „soll
so viel von der Affenverwandtschaft predigen[2], wie er will, ich
krieg meine Kirche doch wieder voll!"

„Nicht nur Ihre", beteuerte Diederich.

25 „Na, es gibt nun mal zu viele Kirchen in Netzig", gestand der Pastor.
Da sagte Jadassohn schneidend: „Zu wenige, Mann Gottes, zu wenige!" Und er nahm Diederich zum Zeugen, wie in Berlin die Dinge
sich entwickelt hatten. Auch dort standen die Kirchen leer, bis Seine Majestät selbst eingegriffen hatte. „Sorgen Sie dafür", hatte er
30 einer Abordnung der städtischen Behörden gesagt, „dass in Berlin
Kirchen gebaut werden." Nun wurden sie gebaut, die Religion war

---

[1] Dämmerschoppen: geselliger Trunk zum Feierabend
[2] von der Affenverwandtschaft predigen: Die Kirche lehnte die von Charles
     Darwin (1809 – 1882) entwickelte Evolutionstheorie, der zufolge der Mensch
     vom Affen abstamme, ab, weil man sie in Widerspruch zur Sonderstellung
     des Menschen in der göttlichen Schöpfung sah.

wieder aktuell, es kam Betrieb hinein. Und alle, der Pastor, der Kneipwirt, Jadassohn und Diederich begeisterten sich für die tiefe Frömmigkeit des Monarchen. Da fiel ein Schuss.

„Es hat geknallt!" Jadassohn sprang zuerst auf, alle sahen erbleicht einander an. Vor Diederichs innerem Auge erschien blitzschnell das knochige Gesicht Napoleon Fischers, seines Maschinenmeisters, mit dem schwarzen Bart, durch den man die graue Haut sah, und er stammelte: „Der Umsturz! Es geht los!" Draußen war Getrappel von Laufenden: Auf einmal griffen alle nach ihren Hüten und rannten hinaus.

Die Leute, die sich schon angesammelt hatten, hielten in einem scheuen Bogen von der Ecke des Bezirkskommandos bis an die Treppe der Freimaurerloge. Drüben, wo der Kreis offen stand, lag jemand, das Gesicht nach unten, mitten auf der Straße. Und der Soldat, der vorhin so munter auf und ab gegangen war, stand jetzt unbeweglich vor seinem Schilderhaus[1]. Der Helm hatte sich ihm verschoben, man sah, dass er bleich war, den Mund offen hatte und auf den Gefallenen hinstierte – indes er sein Gewehr beim Lauf hielt und es am Boden schleppen ließ. Im Publikum, zumeist Arbeitern und Frauen aus dem Volk, ward dumpf gemurrt. Plötzlich sagte eine Männerstimme sehr laut: „Oho!" – und darauf trat tiefe Stille ein. Diederich und Jadassohn verständigten sich durch einen blassen Blick über das Kritische des Augenblicks.

Die Straße herunter lief ein Schutzmann und ihm voraus ein Mädchen, dessen Rock wehte und das schon von Weitem rief: „Da liegt er! Der Soldat hat geschossen!"

Sie war angelangt, sie warf sich auf die Knie, sie rüttelte den Mann. „Auf! Steh doch auf!"

Sie wartete. In seinen Füßen schien es zu zucken; aber er blieb liegen, Arme und Beine über das Pflaster gestreckt. Da schrie sie los: „Karl!" Es gellte, dass alle auffuhren. Frauen schrien mit, mehrere Männer stürzten vor, die Fäuste geballt. Die Ansammlung war dichter geworden; zwischen den Wagen, die halten mussten, quoll Nachschub hervor; und in dem drohenden Gedränge arbeitete das Mädchen sich ab, unter ihren aufgelösten Haaren, die flatterten,

---

[1] Schilderhaus: Wachhäuschen

und mit verzerrtem, nassem Gesicht, woraus wohl Geschrei kam, aber man hörte es nicht, der Lärm verschlang es.

Der einzige Schutzmann drängte mit ausgebreiteten Armen die Menge zurück, sie trat sonst auf den Liegenden. Er schrie vergebens
5 gegen sie an, tanzte ihr auf den Füßen und sah sich, den Kopf verlierend, in der Luft nach Hilfe um.

Und sie kam. Im Regierungsgebäude ging ein Fenster auf, ein großer Bart erschien, und eine Stimme drang heraus, eine furchtbare Bassstimme, die jeder, auch wenn er sie noch nicht verstand, durch
10 allen Aufruhr dröhnen hörte wie fernen Kanonendonner.

„Wulckow", sagte Jadassohn. „Na endlich."

„Ich verbitte mir das!", tönte es herunter. „Wer erlaubt sich hier vor meinem Hause Lärm zu machen!" Und da es schon ruhiger ward: „Wo ist der Posten?"

15 Jetzt sahen die meisten erst, dass der Soldat sich in sein Schilderhaus zurückgezogen hatte: so tief wie möglich, und nur der Gewehrlauf stand hervor.

„Komm raus, mein Sohn!", befahl der Bass von oben. „Du hast deine Pflicht getan. Er hat dich gereizt. Für deine Tapferkeit wird Seine
20 Majestät dich belohnen. Verstanden?"

Alle hatten ihn verstanden und waren verstummt, sogar das Mädchen. Um so ungeheurer dröhnte er: „Zerstreut euch sofort, sonst lass ich schießen!"

Eine Minute, und einige liefen schon. Gruppen von Arbeitern lös-
25 ten sich auf, zögerten – und gingen wieder ein Stück weiter, mit gesenkten Köpfen. Der Regierungspräsident rief noch hinunter: „Paschke, holen Sie mal 'n Doktor!"

Dann klappte er das Fenster wieder zu. Im Eingang der Regierung aber ward es lebendig. Plötzlich waren Herren da, die kommandier-
30 ten, eine Menge Schutzleute liefen von allen Seiten zusammen, knufften auf das Publikum ein, das noch übrig war, und schrien ganz allein. Diederich und seine Begleiter, die sich hinter ihre Ecke zurückgezogen hatten, sahen drüben auf der Treppe der Loge einige Herren stehen. Jetzt machte Doktor Heuteufel sich zwischen
35 ihnen Platz. „Ich bin Arzt", sagte er laut, ging rasch über die Straße und beugte sich zu dem Verwundeten. Er wendete ihn um, öffnete ihm die Weste und legte das Ohr an seine Brust. In diesem Augen-

blick waren alle still, sogar die Schutzleute schrien nicht mehr; das Mädchen aber stand da, vorwärtsgeneigt, die Schultern hinaufgezogen wie unter einem drohenden Schlag und die Faust am Herzen geballt, als sei es dies Herz, das nun stillstehen sollte.

5 Doktor Heuteufel erhob sich. „Der Mann ist tot", sagte er. Gleichzeitig bemerkte er das Mädchen, das schwankte. Er griff nach ihr. Aber sie stand schon wieder, sie sah auf das Gesicht des Toten nieder und sagte nur: „Karl." Noch leiser: „Karl." Doktor Heuteufel sah umher und fragte: „Was soll mit dem Mädchen geschehen?"

10 Da trat Jadassohn vor. „Assessor Jadassohn von der Staatsanwaltschaft", sagte er. „Das Mädchen ist abzuführen. Da ihr Geliebter den Posten gereizt hat, liegt Verdacht vor, dass sie sich an der strafbaren Handlung beteiligt hat. Wir werden die Untersuchung einleiten."

Zwei Schutzleute, denen er winkte, fassten das Mädchen schon an.

15 Doktor Heuteufel erhob die Stimme: „Herr Assessor, ich erkläre als Arzt, dass der Zustand des Mädchens seine Verhaftung nicht zulässt." Jemand sagte: „Führen Sie doch auch den Toten ab!" Aber Jadassohn krähte: „Herr Fabrikbesitzer Lauer, ich verbitte mir jede Kritik meiner amtlichen Maßnahmen!"

20 Diederich inzwischen hatte Zeichen hoher Erregung von sich gegeben. „Oh! ... Ah! ... Aber das ist –" Er war ganz bleich; er setzte sich: „Meine Herren ... Meine Herren, ich bin in der Lage – Ich kenne diese Leute: jawohl, den Mann und das Mädchen. Doktor Heßling mein Name. Beide waren bis heute in meiner Fabrik beschäftigt. Ich

25 musste sie entlassen, wegen öffentlich begangener unsittlicher Handlungen."

„Aha!", machte Jadassohn. Pastor Zillich rührte sich. „Das ist fürwahr der Finger Gottes", sagte er. Der Fabrikant Lauer hatte sich in seinem grauen Spitzbart heftig gerötet, seine gedrungene Gestalt

30 ward geschüttelt vom Zorn.

„Über den Finger Gottes lässt sich streiten. Sicher scheint nur, Herr Doktor Heßling, dass der Mann sich zu Ausschreitungen hat hinreißen lassen, weil die Entlassung ihm zu Herzen gegangen ist. Er hatte eine Frau, vielleicht auch Kinder."

35 „Sie waren gar nicht verheiratet", sagte Diederich, seinerseits entrüstet. „Ich weiß es von ihm selbst."

„Was ändert das?", fragte Lauer. Da erhob der Pastor die Arme.
„Sind wir denn schon so weit", rief er, „dass es nichts ändert, ob das
sittliche Gesetz Gottes befolgt wird oder nicht?"

Lauer erklärte es für unangebracht, auf der Straße und im Augenblick, wo jemand mit behördlicher Billigung totgeschossen worden
sei, über sittliche Gesetze zu debattieren; und er wandte sich an das
Mädchen, um ihm Arbeit in seiner Werkstatt anzubieten. Inzwischen war ein Sanitätswagen angelangt; der Tote ward vom Boden
aufgenommen. Wie man ihn aber hineinschob, fuhr das Mädchen
aus seiner Starrheit empor, stürzte sich über die Bahre, entriss sie,
ehe man es sich versah, den Männern, dass sie niederfiel – und zusammen mit dem Toten, in ihn verkrampft und unter gellendem
Geschrei, rollte sie auf das Pflaster. Mit großer Mühe ward sie von
dem Leichnam gelöst und in eine Droschke gehoben. Der Assis-
tenzarzt, der den Krankenwagen begleitet hatte, fuhr mit ihr fort.

Auf den Fabrikanten Lauer, der mit Heuteufel und den anderen Logenbrüdern weitergehen wollte, trat Jadassohn zu, in drohender
Haltung. „Einen Augenblick, bitte. Sie äußerten da vorhin, dass hier
mit behördlicher Billigung – ich nehme die Herren zu Zeugen, dass
dies Ihr Ausdruck war –, also mit behördlicher Billigung jemand
totgeschossen sei. Ich möchte fragen, ob das von Ihrer Seite vielleicht
eine Missbilligung der Behörde bedeuten sollte?"

„Ach so", machte Lauer und sah ihn an. „Mich möchten Sie wohl
auch abführen lassen?"

„Zugleich", fuhr Jadassohn mit hoher, schneidiger Stimme fort,
„mache ich Sie darauf aufmerksam, dass das Verhalten eines Postens, der ein ihn belästigendes Individuum niederschießt, vor wenigen Monaten, nämlich im Fall Lück[1], von maßgebender Stelle als
korrekt und tapfer bezeichnet und durch Auszeichnungen und
Gnadenbeweise belohnt worden ist. Hüten Sie sich vor einer Kritik
der Allerhöchsten Handlungen!"

„Ich habe keine ausgesprochen", sagte Lauer. „Ausgesprochen habe
ich bis jetzt nur meine Missbilligung des Herrn dort, mit dem gefährlichen Schnurrbart."

---

[1] Fall Lück: 1892 erschoss der preußische Soldat Lück einen Arbeiter, der ihn
     provoziert hatte. Lück wurde daraufhin vom Kaiser zum Gefreiten befördert.

„Wie?", fragte Diederich, der noch immer die Pflastersteine ansah,
wo der Erschossene gefallen war und wo ein wenig Blut lag. Er
begriff endlich, dass er herausgefordert war.

„Der Schnurrbart wird von Seiner Majestät getragen!", sagte er fest.
5 „Es ist die deutsche Barttracht. Im Übrigen lehne ich jede Diskussion mit einem Arbeitgeber ab, der den Umsturz fördert."

Lauer öffnete schon wütend den Mund, obwohl der Bruder des alten Buck, Heuteufel, Cohn und Landgerichtsrat Fritzsche ihn fort-
ziehen wollten; und neben Diederich reckten sich kampfbereit Ja-
10 dassohn und Pastor Zillich: – da erschien im Eilschritt eine Abtei-
lung Infanterie[1], sperrte die Straße ab, die ganz geleert war, und der
Leutnant, der die Führung hatte, forderte die Herren zum Weitergehen auf. Alle gehorchten schleunigst; sie sahen noch, wie der Leutnant vor den Wachtposten hintrat und ihm die Hand schüttelte.

15 „Bravo!", sagte Jadassohn. Und Doktor Heuteufel: „Morgen kommen nun Hauptmann, Major und Oberst dran, müssen belobigen
und dem Kerl Geldgeschenke machen."

„Sehr richtig!", sagte Jadassohn.

„Aber –" Heuteufel blieb stehen. „Meine Herren, verständigen wir
20 uns doch. Hat denn das alles einen Sinn? Nur weil dieser Bauern-
tölpel keinen Spaß verstanden hat? Ein Witz, ein gutmütiges Lachen nur, und er entwaffnet den Arbeiter, der ihn herausfordern
möchte, seinen Kameraden, einen armen Teufel wie er selbst. Stattdessen befiehlt man ihm zu schießen. Und nachher kommen die
25 großen Worte."

Landgerichtsrat Fritzsche stimmte bei und riet zur Mäßigung. Da
sagte Diederich, noch bleich und mit einer Stimme, die erschauerte:
„Das Volk muss die Macht fühlen! Das Gefühl der kaiserlichen
Macht ist mit einem Menschenleben nicht zu teuer bezahlt!"
30 „Wenn es nur nicht Ihres ist", sagte Heuteufel. Und Diederich, die
Hand auf der Brust: „Wenn es auch meins wäre!"

Heuteufel zuckte die Achseln. Während man weiterging, versuchte
Diederich dem Pastor Zillich, mit dem er ein Stück zurückblieb,
seine Empfindungen zu erklären. „Für mich", sagte er, schnaufend

---

[1] Infanterie: auf Nahkampf spezialisierte Truppeneinheit

vor innerer Bewegung, „hat der Vorgang etwas direkt Großartiges, sozusagen Majestätisches. Dass da einer, der frech wird, einfach abgeschossen werden kann, ohne Urteil, auf offener Straße! Bedenken Sie: Mitten in unserm bürgerlichen Stumpfsinn kommt so was
5 – Heroisches[1] vor! Da sieht man doch, was Macht heißt!"
„Wenn sie von Gottes Gnaden ist", ergänzte der Pastor.
„Natürlich. Das ist es eben. Drum hab ich geradezu eine religiöse Erhebung von der Sache. Man merkt doch manchmal, dass es höhere Dinge gibt. Gewalten, denen wir alle unterworfen sind. Denn
10 zum Beispiel bei dem Berliner Krawall, vorigen Februar, als Seine Majestät sich mit so phänomenaler Kaltblütigkeit in den tobenden Aufruhr hinauswagten: na, ich sage nur –" Da die Übrigen vor dem Ratskeller stehen geblieben waren, erhob Diederich die Stimme: „Wenn damals der Kaiser die ganzen Linden hätte vom Militär ab-
15 sperren und in uns alle hätte reinschießen lassen, immer feste rein, sag ich ..."
„Sie hätten hurra geschrien", schloss Doktor Heuteufel.
„Sie vielleicht nicht?", fragte Diederich und versuchte zu blitzen. „Ich hoffe doch, wir empfinden alle national!"
20 Der Fabrikant Lauer wollte schon wieder unvorsichtig entgegnen, ward aber zurückgehalten. Statt seiner sagte Cohn: „Nun, national bin ich auch. Aber bezahlen wir unsere Armee für solche Witze?" Diederich maß ihn.
„Ihre Armee, sagen Sie? Herr Warenhausbesitzer Cohn hat eine
25 Armee! Haben die Herren gehört?" Er lachte erhaben. „Ich kannte bisher nur die Armee Seiner Majestät des Kaisers!"
Doktor Heuteufel brachte etwas von Volksrechten vor, aber Diederich betonte mit abgehackter Kommandostimme, dass er keinen Schattenkaiser wünsche. Ein Volk, das die straffe Zucht verliere, sei
30 der Verlotterung geweiht ... Inzwischen war man im Keller angelangt, Lauer und seine Freunde saßen schon. „Na, setzen Sie sich nicht zu uns?", ward Diederich von Doktor Heuteufel gefragt. „Schließlich sind wir wohl alle liberale Männer." Da stellte Diederich fest: „Liberal selbstverständlich. Aber ich gehe in den großen
35 nationalen Fragen aufs Ganze. Für mich gibt es da nur zwei Partei-

---

[1] heroisch: heldenhaft

en, die Seine Majestät selbst gekennzeichnet haben: die für ihn und die gegen ihn. Und da scheint es mir allerdings, dass an dem Tisch der Herren für mich kein Platz ist."

Er vollführte eine korrekte Verbeugung und ging hinüber zu dem leeren Tisch. Jadassohn und Pastor Zillich folgten ihm. Gäste, die in der Nähe saßen, sahen sich um; eine allgemeine Stille entstand. Mit dem Rausch des Erlebten stieg in Diederich der Plan empor, Sekt zu bestellen. Drüben ward geflüstert, dann rückte jemand seinen Stuhl, es war Landgerichtsrat Fritzsche. Er verabschiedete sich, kam an Diederichs Tisch, um ihm, Jadassohn und Zillich die Hände zu schütteln, und ging hinaus.

„Das wollte ich ihm auch geraten haben", bemerkte Jadassohn. „Er hat die Unhaltbarkeit seiner Lage noch rechtzeitig erkannt." Diederich sagte: „Eine reinliche Scheidung war vorzuziehen. Wer in nationaler Beziehung ein gutes Gewissen hat, braucht diese Leute wahrhaftig nicht zu fürchten." Aber Pastor Zillich schien betreten. „Der Gerechte muss viel leiden", sagte er. „Sie wissen noch nicht, wie Heuteufel intrigant ist. Morgen erzählt er Gott weiß welche Gräuel über uns." Da zuckte Diederich zusammen. Doktor Heuteufel war eingeweiht in jenen immerhin dunklen Punkt seines Lebens, als er vom Militär loszukommen wünschte! Er hatte ihm, in einem höhnischen Brief, das Krankheitsattest verweigert! Er hielt ihn in der Hand, er konnte ihn vernichten! In seinem jähen Schrecken befürchtete Diederich sogar Enthüllungen aus seiner Schulzeit, als Doktor Heuteufel ihn im Hals gepinselt und ihm dabei Feigheit vorgeworfen hatte. Der Schweiß brach ihm aus. Umso lauter bestellte er Hummer und Sekt.

Drüben bei den Logenbrüdern hatte man sich aufs Neue über den gewaltsamen Tod des jungen Arbeiters erregt. Was das Militär und die Junker, die es befehligten, sich denn einbildeten! Sie benahmen sich ja wie in einem eroberten Land! Und als die Köpfe rot genug waren, verstiegen sich die Herren dazu, für das Bürgertum, das tatsächlich alle Leistungen liefere, auch die Führung im Staat zu verlangen. Herr Lauer wünschte zu wissen, was die herrschende Kaste vor anderen Leuten eigentlich noch voraushabe. „Nicht einmal die Rasse", behauptete er. „Denn sie sind ja alle verjudet, die Fürstenhäuser einbegriffen." Und er setzte hinzu: „Womit ich meinen Freund Cohn nicht kränken will."

Es war Zeit, einzuschreiten: Diederich fühlte es. Schnell stürzte er noch ein Glas hinunter, dann stand er auf, trat wuchtig bis in die
5 Mitte unter den gotischen[1] Kronleuchter und sagte scharf: „Herr Fabrikbesitzer Lauer, ich gestatte mir die Frage, ob Sie unter den Fürstenhäusern, die nach Ihrer persönlichen Meinung verjudet sind, auch deutsche Fürstenhäuser verstehen."

Lauer erwiderte ruhig, beinahe freundlich: „Gewiss doch."

10 „So", machte Diederich, und er schöpfte tief Atem, um zu seinem großen Schlag auszuholen. Unter der Aufmerksamkeit des ganzen Lokals fragte er: „Und den verjudeten deutschen Fürstenhäusern rechnen Sie auch das eine zu, das ich nicht erst zu nennen brauche?" Triumphierend sagte Diederich dies, vollkommen sicher, dass nun
15 sein Gegner sich verwirren, stammeln und unter den Tisch kriechen werde. Aber er stieß auf einen nicht vorauszusehenden Zynismus[2]. „Na ja doch", sagte Lauer.

Jetzt war es an Diederich, die Haltung zu verlieren vor Entsetzen. Er sah umher: ob er denn recht gehört habe. Die Gesichter bestätig-
20 ten es ihm. Da brachte er hervor, es werde sich zeigen, welche Folgen diese Äußerung für den Herrn Fabrikbesitzer haben werde, und zog sich in leidlicher Ordnung in das befreundete Lager zurück. Gleichzeitig tauchte Jadassohn wieder auf, der verschwunden gewesen war, man wusste nicht, wohin.

25 „Ich habe dem soeben Vorgefallenen nicht beigewohnt", sagte er sofort. „Ich stelle dies ausdrücklich fest, da es für die weitere Entwicklung von Bedeutung sein könnte." Und dann ließ er sich genau berichten. Diederich tat es mit Feuer; er nahm es als sein Verdienst in Anspruch, dem Feind den Weg abgeschnitten zu haben. „Jetzt
30 haben wir ihn in der Hand!"

„Allerdings", bestätigte Jadassohn, der sich Notizen gemacht hatte. Vom Eingang her nahte auf steifen Beinen ein älterer Herr mit

---

[1] gotisch: Gemeint ist der neugotische Kunststil des 19. Jahrunderts, in dem das Mittelalter idealisiert und in Architektur und Inneneinrichtung nachgeahmt wurde.
[2] Zynismus: hämischer Spott

grimmiger Miene. Er grüßte nach beiden Seiten und schickte sich
an, zu den Vertretern des Umsturzes zu stoßen. Aber Jadassohn
holte ihn noch ein. „Herr Major Kunze! Nur ein Wort!" Er redete
halblaut auf ihn ein und deutete dabei mit den Augen nach links
5 und rechts. Der Major schien im Zweifel. „Sie geben mir Ihr Ehrenwort, Herr Assessor", sagte er, „dass das tatsächlich behauptet wurde?" Während Jadassohn es ihm gab, trat der Bruder des Herrn
Buck herbei, lang und elegant, lächelte unbedeutend und bot dem
Herrn Major für alles eine befriedigende Erklärung an. Aber der
10 Major bedauerte; für eine solche Äußerung gebe es einfach keine
Erklärung; und seine Miene ward von erschreckender Düsterkeit.
Trotzdem sah er noch mit Bedauern nach seinem alten Stammtisch
hinüber. Da, im entscheidenden Moment, hob Diederich die Sekt-
flasche aus dem Kübel. Der Major bemerkte es und folgte seinem
15 Pflichtgefühl. Jadassohn stellte vor: „Herr Fabrikbesitzer Doktor
Heßling."
Diederichs Rechte und die des Majors drückten einander mit Auf-
bietung aller Kraft. Fest und bieder blickten die Herren sich ins
Auge. „Herr Doktor", sagte der Major, „Sie haben sich als deutscher
20 Mann bewährt." Man scharrte mit den Füßen, rückte die Stühle zurecht, präsentierte voreinander die Gläser, und dann durfte man
trinken. Diederich bestellte sofort eine neue Flasche. Der Major
leerte sein Glas, sooft es ihm vollgeschenkt wurde, und zwischen
den Zügen versicherte er, auch er stehe, was deutsche Treue betref-
25 fe, seinen Mann. „Wenn mein König mich nun auch schon aus seinem aktiven Dienst entlassen hat –"
„Der Herr Major", erklärte Jadassohn, „war zuletzt beim hiesigen
Bezirkskommando."
„– ich habe noch das alte Soldatenherz" – er klopfte mit den Fin-
30 gern darauf –, „und unpatriotische Tendenzen werde ich stets bekämpfen. Mit Feuer und Schwert!", schrie er und ließ die Faust auf
den Tisch fallen. Im selben Augenblick zog hinter seinem Rücken
der Warenhausbesitzer Cohn tief den Hut und entfernte sich eilig.
Der Bruder des Herrn Buck suchte zuerst noch die Toilette auf,
35 damit sein Verschwinden einen weniger fluchtartigen Charakter
trage. „Aha!", sagte Jadassohn umso lauter. „Herr Major, der Feind
ist aufgerieben." Pastor Zillich war noch immer beunruhigt.

„Heuteufel ist dageblieben. Ich traue ihm nicht."
Aber Diederich, der die dritte Flasche bestellte, sah sich höhnisch
nach Lauer und Doktor Heuteufel um, die vereinsamt dasaßen und
beschämt ihre Biergläser anstarrten.

5 „Wir haben die Macht", sagte er, „und die Herren dort drüben sind
sich dessen bewusst. Sie revoltieren schon gar nicht mehr, weil der
Posten geschossen hat. Sie machen Gesichter, als hätten sie Angst,
dass sie nun selbst bald drankommen. Und sie kommen auch dran!"
Diederich erklärte, dass er wegen der vorhin gefallenen Äußerun-

10 gen eine Anzeige gegen den Herrn Lauer bei der Staatsanwaltschaft
erstatten werde. „Und ich werde dafür sorgen", versicherte Jadassohn, „dass Anklage erhoben wird. Ich persönlich werde sie in der
Hauptverhandlung vertreten. Die Herren wissen, dass ich als Zeuge
nicht in Betracht komme, da ich den Vorgängen selbst nicht beige-

15 wohnt habe."
„Wir werden hier den Sumpf mal trockenlegen", sagte Diederich,
und er fing von dem Kriegerverein an, auf den die treudeutsch und
kaiserlich gesinnten Männer sich vor allem stützen müssten. Der
Major nahm eine Amtsmiene an. Jawohl, er war im Vorstand des

20 Kriegervereins. Man diente seinem König immer noch, so gut man
konnte. Er war auch bereit, Diederich zur Aufnahme vorzuschlagen, damit die nationalen Elemente eine Kräftigung erführen. Denn
bis jetzt, das durfte man sich nicht verhehlen, überwogen auch dort
die leidigen Demokraten. Man nahm, nach der Meinung des Ma-

25 jors, behördlicherseits zu viel Rücksicht auf die in Netzig gegebenen Verhältnisse. Er selbst würde, wenn er zum Bezirkskomman-
danten ernannt worden wäre, den Herren Reserveoffizieren bei den
Wahlen auf die Finger gesehen haben, dafür garantierte er. „Aber da
mein König mir die Möglichkeit leider genommen hat –" Diederich

30 schenkte, um ihn zu trösten, frisch ein. Während der Major trank,
beugte Jadassohn sich zu Diederich und raunte: „Glauben Sie ihm
kein Wort! Er ist ein schlapper Hund und kriecht vor dem alten
Buck. Wir müssen ihm imponieren."
Diederich tat dies sofort. „Ich habe nämlich mit dem Herrn Regie-

35 rungspräsidenten von Wulckow bereits formelle Verabredungen
getroffen." Und da der Major die Augen aufriss: „Nächstes Jahr,

Herr Major, sind die Reichstagswahlen. Da werden wir Gutgesinnten schwere Arbeit haben. Der Kampf beginnt schon."

„Los!", sagte der Major ingrimmig. „Prost!"

„Prost!", sagte Diederich. „Aber, meine Herren, mögen die subversi-
5 ven Tendenzen im Lande noch so stark sein, wir sind stärker, denn
wir haben einen Agitator[1], den die Gegner nicht haben, und das ist
Seine Majestät."

„Bravo!"

„Seine Majestät hat für alle Teile seines Staates, also auch für Net-
10 zig, die Forderung aufgestellt, dass die Bürger endlich aus dem
Schlummer erwachen mögen! Und das wollen wir auch!"

Jadassohn, der Major und Pastor Zillich bekundeten ihre Wachheit,
indem sie auf den Tisch schlugen, Beifall riefen und einander zutranken. Der Major schrie: „Zu uns Offizieren hat Seine Majestät
15 gesagt: Dies sind die Herren, auf die ich mich verlassen kann!"

„Und zu uns", schrie Pastor Zillich, „hat er gesagt: Wenn die Kirche
der Fürsten bedürfen wird –"

Man durfte allen Zwang ablegen, denn der Keller hatte sich längst
geleert, Lauer und Heuteufel waren ungesehen entkommen, und in
20 den hinteren Bogengewölben brannte schon kein Gas mehr.

„Er hat auch gesagt –", Diederich blies die Backen feuerrot auf, der
Schnurrbart stieß ihm in die Augen, aber dennoch blitzte er fürch-
terlich, „wir stehen im Zeichen des Verkehrs! Und so ist es auch!
Unter seiner erhabenen Führung sind wir fest entschlossen, Ge-
25 schäfte zu machen!"

„Und Karriere!", krähte Jadassohn. „Seine Majestät hat gesagt, jeder, der ihm behilflich sein will, ist ihm willkommen. Will das jemand vielleicht auf mich nicht mit beziehen?", fragte Jadassohn
herausfordernd, mit blutig leuchtenden Ohren. Der Major brüllte
30 wieder: „Und mein König kann sich todsicher auf mich verlassen.
Er hat mich zu früh weggeschickt, als ehrlicher deutscher Mann
sage ich es ihm laut ins Gesicht. Er wird mich noch mal bitter nötig
haben, wenn es losgeht. Ich denke nicht daran, den Rest meines
Lebens bloß noch mit Knallbonbons zu schießen auf Vereinsbällen.
35 Ich war bei Sedan!"

---

[1] Agitator: hier: kämpferischer Redner, Wahlkämpfer

„Herrjemersch, und ich doch ooch!", ertönte es von dünner Schreistimme aus unsichtbaren Tiefen, und den Schatten der Gewölbe
entstieg ein kleiner Greis mit flatternden weißen Haaren. Er
schwankte herbei, seine Brillengläser funkelten, seine Backen
glühten, und er schrie: „Der Herr Major Kunze! Nu da! Alter Kriegs-
kamerad, bei Ihnen geht's ja zu wie dunnemals in Frankreich. Ich
sag es aber immer: Gut gelebt und lieber ä paar Jahre länger!" Der
Major stellte ihn vor: „Herr Gymnasialprofessor[1] Kühnchen." Wie
es kam, dass er dort hinten im Dunkeln vergessen worden sei, darüber äußerte der kleine Greis die lebhaftesten Vermutungen. Früher hatte er sich in einer Gesellschaft befunden. „Nu muss ich wohl
ä bisschen eingeschlummert sein, und da sein die verdammten Lu-
michs mir ausgerückt." Der Schlaf hatte ihm vom Feuer der genos-
senen Getränke noch nichts genommen, er erinnerte, prahlerisch
kreischend, den Major an ihre gemeinsamen Taten im Eisernen
Jahr. „Die Franktiröhrs[2]!", schrie er, und aus seinem faltigen, zahnlosen Munde rann Feuchtigkeit. „Das war Sie eene Bande! Wie die
Herren mich da sähn, hab ich doch noch immer een steifen Finger,
da hat mich ä Franktiröhr draufgebissen. Bloß weil ich ihm mit
meim Säbel ä kleenes bisschen die Kehle abschneiden wollte. So
eene Gemeinheit von dem Kerl!" Er zeigte den Finger am Tisch
umher und erregte Ausrufe der Bewunderung. Diederichs begeisterte Gefühle freilich mischten sich mit Schrecken, er musste sich in
die Lage des Franktireurs denken: Der kleine leidenschaftliche
Greis kniete auf seiner Brust und setzte ihm die Klinge an den Hals.
Er war genötigt, einen Augenblick hinauszugehen.
Wie er zurückkehrte, gaben der Major und Professor Kühnchen,
einander überschreiend, den Bericht eines wilden Kampfes. Man
verstand keinen. Aber Kühnchen schrillte immer schärfer durch
das Gebrüll des anderen, bis er es zum Schweigen gebracht hatte
und ungestört aufschneiden konnte. „Nee, alter Freund, Sie sein ä
anschlägscher Kopf. Wenn Sie die Treppe runterfallen, verfehlen

---

[1] Gymnasialprofessor: veraltete Anrede für einen Lehrer am Gymnasium
[2] Franktiröhrs: Verbalhornung für Franktireurs. Die Franktireurs waren
französische Partisanenkämpfer, die außerhalb der regulären Armee
Frankreichs 1870/71 gegen Preußen kämpften.

Sie keene Stufe. Aber das Feuer damals an dem Haus, wo die Franktiröhrs drinne saßen, das hat Kühnchen angelegt, da gibt's nischt.
Ich hab doch eene Kriegslist gebraucht und hab mich tot gestellt, da
ham die dummen Luder nischt gemerkt. Und wie's erscht gebrannt
5 hat, nu, versteht sich, da hamse an der Verteidchung des Vaterlandes keen Geschmack mehr gefunden, und bloß noch raus, bloß
noch Soofgipöh[1]! Da hatten Se nu aber uns Deutsche sehen sollen.
Von der Mauer hammer sie weggeschossen, wie sie runterkrabbeln
wollten! Luftsprünge hamse gemacht wie die Garniggel!"
10 Kühnchen musste seine Erfindung unterbrechen, er kicherte durchdringend, indes die Tafelrunde dröhnend lachte.
Kühnchen erholte sich. „Die falschen Luder hatten uns aber auch
tückisch gemacht! Und die Weiber! Nee, meine Herren, so was
Beesartches[2] wie die franzeeschen Weiber, das gibt's Sie nu über-
15 haupt nicht mehr. Heeßes Wasser hatten se uns auf die Köppe ge-
schiddet. Nu frag ich Sie, tut das eene Dame? Wie's brannte, warfen
sie die Kinder ausm Fenster und wollten ooch noch von uns, dass
wir se auffangen sollten. Hibsch nich, aber dumm! Mit unseren Bajonetten[3] hammer die kleenen Luder uffgefangen. Und dann die
20 Damen!" Kühnchen hielt die gichtischen Finger gekrümmt wie um
einen Gewehrkolben und sah dabei nach oben, als gäbe es noch jemand aufzuspießen. Seine Brillengläser funkelten, er log weiter.
„Zuletzt kam eene ganz Dicke ran, die konnte von vorn nicht durchs
Fenster, drum versuchte se mal, ob's nicht von hinten ginge. Da
25 haste nun aber nicht mit Kühnchen gerechnet, mei Schibbchen[4]. Ich
nich faul, steiche uf die Schultern von zwei Kameraden drauf un
kitzle sie mit meim Bachonedde in ihren dicken franzeeschen –"
Mehr hörte man nicht, der Beifall war zu laut. Der Professor sagte
noch: „Jeden Sedang erzähl ich die Geschichte in ädlen Worten
30 meiner Klasse. Die Jungen solln wissen, was sie für Heldenväter
gehabt haben."

---

[1] Soofgipöh: Verbalhornung der französischen Parole „Sauve qui peut!"
    – „Rette sich, wer kann!"
[2] Beesartches: dialektal für: Bösartiges
[3] Bajonett: auf den Gewehrlauf aufgestecktes Messer
[4] Schibbchen: hier: eine missmutig schauende Frau

Man war sich einig, dass dies die nationale Gesinnung des jungen
Geschlechts nur befördern könne, und man stieß an mit Kühnchen.
Vor lauter Begeisterung hatte noch keiner bemerkt, dass ein neuer
Gast an den Tisch getreten war. Jadassohn sah plötzlich den be-
5 scheiden grauen Mann im Hohenzollernmantel und winkte ihm
gönnerhaft. „Na, man immer ran, Herr Nothgroschen!" Diederich
herrschte ihn an, aus seinen Hochgefühlen heraus: „Wer sind Sie?"
Der Fremde dienerte.
„Nothgroschen, Redakteur der ‚Netziger Zeitung'."
10 „Also Hungerkandidat", sagte Diederich und blitzte. „Verkommene
Gymnasiasten, Abiturientenproletariat, Gefahr für uns!"
Alle lachten; der Redakteur lächelte demütig mit.
„Seine Majestät hat Sie gekennzeichnet", sagte Diederich. „Na, setzen Sie sich!"
15 Er schenkte ihm sogar Sekt ein, und Nothgroschen trank in dank-
barer Haltung. Nüchtern und befangen sah er in der Gesellschaft
umher, deren Selbstbewusstsein durch die vielen leer am Boden stehenden Flaschen so sehr gesteigert worden war. Man vergaß ihn
sogleich wieder. Er wartete geduldig, bis jemand ihn fragte, wieso
20 er denn mitten in der Nacht noch hier hereinschneie. „Ich musste
das Blatt doch fertigmachen", erklärte er darauf, wichtig wie ein
kleiner Beamter. „Die Herren wollen morgen früh in der Zeitung
lesen, wie das war, mit dem erschossenen Arbeiter!"
„Das wissen wir besser als Sie", schrie Diederich. „Sie saugen sich
25 das ja doch nur aus Ihren Hungerpfoten!"
Der Redakteur lächelte entschuldigend, und er hörte ergeben zu,
wie alle durcheinander ihm die Vorgänge darstellten. Als der Lärm
sich legte, setzte er an. „Da der Herr dort –"
„Doktor Heßling", sagte Diederich scharf.
30 „Nothgroschen", murmelte der Redakteur. „Da Sie vorhin den Namen des Kaisers erwähnten, wird es die Herren interessieren, dass
wieder eine Kundgebung vorliegt."
„Ich verbitte mir jede Nörgelei!", heischte Diederich. Der Redakteur
duckte sich und legte die Hand auf die Brust. „Es handelt sich um
35 einen Brief des Kaisers."
„Der ist Ihnen wohl wieder mal durch einen infamen Vertrauens-
bruch auf den Schreibtisch geflogen?", fragte Diederich. Nothgro-

schen stellte beteuernd die Hand vor sich hin. „Er ist vom Kaiser
selbst zur Veröffentlichung bestimmt. Morgen früh werden Sie ihn
in der Zeitung lesen. Hier ist die Druckfahne[1]!"

„Legen Sie los, Doktor", befahl der Major. Diederich rief: „Wieso, Doktor! Sind Sie Doktor!" Aber man interessierte sich nur noch für den
Brief, man entriss dem Redakteur den Zettel. „Bravo!", rief Jadassohn,
der noch ziemlich mühelos las. „Seine Majestät bekennt sich zum positiven Christentum." Pastor Zillich frohlockte so heftig, dass sich
Schluckauf einstellte. „Das ist was für Heuteufel! Endlich kriegt so ein
frecher Wissenschaftler[2], huck, was ihm gehört. An die Offenbarungs-
frage machen sie sich heran. Die versteh ja ich kaum, huck, und ich
hab Theologie studiert!" Professor Kühnchen schwenkte die Blätter
hoch in der Luft. „Meine Härn! Wenn 'ch den Brief nicht in der Klasse
lesen lasse und als Aufsatzthema gebe, will 'ch nicht mehr Kühnchen
heeßen!"

Diederich war tiefernst. „Jawohl war Hammurabi[3] ein Werkzeug
Gottes! Ich möchte mal sehen, wer das leugnet!" Und er blitzte umher. Nothgroschen krümmte die Schultern. „Na, und Kaiser Wilhelm der Große!", fuhr Diederich fort. „Von dem bitte ich es mir
ganz energisch aus! Wenn der kein Werkzeug Gottes war, dann
weiß Gott überhaupt nicht, was 'n Werkzeug ist!"

„Ganz meine Meinung", versicherte der Major. Glücklicherweise widersprach auch sonst niemand, denn Diederich war zum Äußersten
entschlossen. An den Tisch geklammert, stemmte er sich von seinem Stuhl empor. „Aber unser herrlicher junger Kaiser?", fragte er
drohend. Von allen Seiten antwortete es: „Persönlichkeit … Impulsiv
… Vielseitig … Origineller Denker." Diederich war nicht befriedigt.

---

[1] Druckfahne: Korrekturfassung eines zur Veröffentlichung bestimmten Texts
[2] frecher Wissenschaftler: Angespielt wird auf den Orientwissenschaftler
Friedrich Delitzsch (1850 – 1922). Delitzsch hatte in einem Vortrag aus dem
Jahr 1902 Parallelen zwischen orientalischen Texten und dem Alten
Testament aufgezeigt. Dies stieß zunächst auf das Interesse des Kaisers, der
sich aber wenig später gezwungen sah, Delitzsch öffentlich abzumahnen, da
dieser immer direkter die Legitimität des Alten Testaments infrage stellte.
[3] Hammurabi (1792 – 1750 v. Chr.): babylonischer Gesetzgeber, dessen theolo-
gische Positionen unter anderem als Wegbereitung des jüdisch-christlichen
Glaubens an einen Gott (Monotheismus) interpretiert wurden

„Ich beantrage, dass er auch ein Werkzeug ist!"

Es ward angenommen.

„Und ich beantrage ferner, dass wir Seine Majestät von unserm Beschluss telegrafisch[1] in Kenntnis setzen."

5 „Ich befürworte den Antrag!", brüllte der Major. Diederich stellte
fest: „Einmütige begeisterte Annahme!" und fiel auf seinen Sitz zurück. Kühnchen und Jadassohn machten sich gemeinsam an die
Abfassung der Depesche[2]. Sie lasen vor, sobald sie etwas gefunden
hatten.

10 „Eine im Ratskeller zu Netzig versammelte Gesellschaft –"

„Tagende Versammlung", forderte Diederich. Sie fuhren fort: „Versammlung national gesinnter Männer –"

„National, huck und christlich", ergänzte Pastor Zillich.

„Aber wollen die Herren denn wirklich?", fragte Nothgroschen, lei-
15 se flehend. „Ich dachte, es sei ein Scherz."

Da ward Diederich zornig.

„Wir scherzen nicht mit den heiligsten Gütern! Ich soll Ihnen das
wohl handgreiflich klarmachen, Sie verkrachter Abiturient?"

Da Nothgroschens Hände den vollkommensten Verzicht beteuer-
20 ten, war Diederich sofort wieder ruhig und sagte: „Prost!" Dagegen
schrie der Major, als sollte er platzen: „Wir sind die Herren, auf die
Seine Majestät sich verlassen kann!" Jadassohn bat um Ruhe, und
er las:

„Die im Ratskeller zu Netzig tagende Versammlung national und
25 christlich gesinnter Männer entbietet Eurer Majestät ihre einmütige begeisterte Huldigung angesichts von Eurer Majestät erheben-
dem Bekenntnis einer geoffenbarten Religion. Wir beteuern unsern
tiefsten Abscheu vor dem Umsturz in jeder Gestalt und sehen in der
heute bei uns in Netzig erfolgten mutigen Tat eines Postens die er-
30 freuliche Bestätigung, dass Eure Majestät nicht weniger als Hammurabi und Kaiser Wilhelm der Große das Werkzeug Gottes ist."

Man klatschte, und Jadassohn lächelte geschmeichelt.

---

[1]   telegrafisch: über Fernschreiber vermittelt
[2]   Depesche: Telegramm; eine mittels Fernschreiber versendete Kurznachricht

„Unterschreiben!", rief der Major. „Oder hat einer der Herren noch
etwas zu bemerken?" Nothgroschen räusperte sich. „Nur ein einziges Wort, mit aller gebührenden Bescheidenheit."

„Das möchte ich mir ausbitten", sagte Diederich. Der Redakteur
hatte sich Mut getrunken, er schwankte auf seinem Sitz und kicherte ohne Grund.

„Ich will ja gar nichts gegen den Posten sagen, meine Herren. Ich
hab mir sogar schon immer gedacht, Soldaten sind zum Schießen
da."

„Na also."

„Ja, aber wissen wir, ob auch der Kaiser so denkt?"

„Selbstverständlich! Fall Lück!"

„Präzedenzfälle – hihi – sind ganz schön, aber wir wissen doch alle,
dass der Kaiser ein origineller Denker und – hihi – impulsiv ist. Er
lässt sich nicht gern vorgreifen. Wenn ich in der Zeitung schreiben
wollte, dass Sie, Herr Doktor Heßling, Minister werden sollen, dann
– hihi – werden Sie es gerade nicht."

„Jüdische Verdrehungen!", rief Jadassohn. Der Redakteur entrüstete sich. „Ich schreibe anderthalb Spalten Stimmung an jedem hohen
Kirchenfest. Der Posten aber, der kann auch wegen Mord angeklagt
werden. Dann sind wir reingefallen."

Eine Stille folgte. Der Major legte nachdenklich den Bleistift aus der
Hand. Diederich ergriff ihn. „Sind wir nationale Männer?" Und er
unterschrieb wuchtig. Da brach Begeisterung aus. Nothgroschen
wollte gleich als Zweiter drankommen.

„Aufs Telegrafenamt[1]!"

Diederich gab Auftrag, dass die Rechnung ihm morgen zugestellt
werde, und man brach auf. Nothgroschen war auf einmal voll aus-
schweifender Hoffnungen. „Wenn ich die kaiserliche Antwort bringen kann, komme ich zu Scherl!"

Der Major brüllte: „Wir wollen doch mal sehen, ob ich noch lange
Wohltätigkeitsfeste arrangiere!"

Pastor Zillich sah die Leute sich in seiner Kirche erdrücken und
Heuteufel von der Menge gesteinigt. Kühnchen schwärmte von Blut-
bädern in den Straßen von Netzig. Jadassohn krähte: „Erlaubt sich

---

[1] Telegrafenamt: Amt, in dem Telegramme übermittelt werden konnten

vielleicht jemand einen Zweifel an meiner Kaisertreue?" Und Diederich: „Der alte Buck soll sich hüten! Klüsing in Gausenfeld auch! Wir erwachen aus dem Schlummer!"

Die Herren hielten sich alle sehr gerade, und manchmal schoss einer unvermutet ein Stück vorwärts. Mit ihren Stöcken strichen sie tosend über die herabgelassenen Rollläden, und im Takt voneinander unabhängig sangen sie die Wacht am Rhein[1]. An der Ecke des Landgerichts stand ein Schutzmann, aber zu seinem Glück rührte er sich nicht. „Wollen Sie vielleicht etwas, Männeken?", rief Nothgroschen, der aus Rand und Band war. „Wir telegrafieren an den Kaiser!" Vor dem Postgebäude ward Pastor Zillich, der den schwächsten Magen hatte, von einem Unglück betroffen. Indes die andern ihm seine Lage zu erleichtern suchten, klingelte Diederich den Beamten heraus und gab das Telegramm auf. Als der Beamte es gelesen hatte, betrachtete er Diederich zögernd – aber Diederich blitzte ihn so furchtbar an, dass er zurückschrak und seine Pflicht tat. Diederich inzwischen fuhr ohne Zweck fort, zu blitzen und steinern dazustehen: in der Haltung des Kaisers, wenn nun ein Flügeladjutant[2] ihm die Heldentat des Postens meldete und der Chef des Zivilkabinetts[3] ihm die Huldigungsdepesche überbrachte. Diederich fühlte den Helm auf seinem Kopf, er schlug gegen den Säbel an seiner Seite und sagte: „Ich bin sehr stark!" Der Telegrafist hielt es für eine Reklamation und zählte ihm das kleine Geld nochmals vor. Diederich nahm es, trat an einen Tisch und warf einige Zeilen auf ein Papier. Dann steckte er es zu sich und kehrte zu den Herren zurück.

Sie hatten für den Pastor eine Droschke beschafft, er fuhr soeben fort und winkte weinend aus dem Fenster, als sei es für ewig. Jadassohn bog beim Theater um eine Ecke, obwohl der Major ihm nachbrüllte, seine Wohnung sei doch ganz woanders. Plötzlich war dann auch der Major fort, und Diederich gelangte mit Nothgroschen al-

---

[1] Wacht am Rhein: patriotisches Lied, wegen seines Bezugs zur Landesgrenze gegen Frankreich gerade im Kaiserreich sehr beliebt
[2] Flügeladjutant: Offizier, der in der Schlacht die Befehle des Oberkommandos an die Truppenteile überbringt
[3] Zivilkabinett: Regierungsbüro des preußischen Königs

lein in die Lutherstraße. Vor dem Walhalla-Theater war der Redakteur nicht mehr weiterzubringen, mitten in der Nacht wollte er das „elektrische Wunder" sehen, eine Dame, die dort Feuer sprühen sollte. Diederich musste ihm ernstlich vorhalten, dass dies nicht die

5 Stunde für solche Frivolitäten[1] sei. Übrigens vergaß Nothgroschen das „elektrische Wunder", sobald er das Haus der „Netziger Zeitung" erblickte. „Aufhalten!", schrie er. „Die Maschine aufhalten! Das Telegramm der nationalen Männer muss noch hinein! ... Sie wollen es doch morgen früh in der Zeitung lesen", sagte er zu einem vorüber-

10 gehenden Nachtwächter. Da packte Diederich ihn fest am Arm.

„Nicht nur dieses Telegramm", sagte er, kurz und leise. „Ich habe noch ein anderes." Er zog ein Papier aus der Tasche. „Der Nachttelegrafist ist ein alter Bekannter von mir, er hat es mir anvertraut. Über diese Herkunft werden Sie mir strenge Diskretion verspre-

15 chen, der Mann wäre sonst in seiner Stellung bedroht."

Da Nothgroschen sofort alles versprach, sagte Diederich, ohne das Papier dabei anzusehen: „Es ist an das Regimentskommando gerichtet und vom Obersten selbst dem Posten mitzuteilen, der heute den Arbeiter erschossen hat. Es lautet: ‚Für Deinen auf dem Felde

20 der Ehre vor dem inneren Feind bewiesenen Mut spreche Ich Dir Meine kaiserliche Anerkennung aus und ernenne Dich zum Gefreiten' ... Überzeugen Sie sich" – und Diederich reichte dem Redakteur das Papier hin. Aber Nothgroschen sah es nicht an, er starrte nur, wie entgeistert, auf Diederich, auf seine steinerne Haltung, den

25 Schnurrbart, der ihm in die Augen stach, und die Augen, die blitzten.

„Jetzt glaubte ich fast –", stammelte Nothgroschen. „Sie haben so viel Ähnlichkeit mit – mit –"

---

[1] Frivolitäten: Mehrdeutigkeiten im sexuellen Bereich

IV

Diederich würde, wie in der besten Neuteutonenzeit, das Mittagessen verschlafen haben, aber die Rechnung vom Ratskeller kam, und sie war bedeutend genug, dass er aufstehen und ins Kontor gehen musste. Ihm war sehr schlecht, und man machte ihm auch noch
5 Unannehmlichkeiten, sogar die Familie. Die Schwestern verlangten ihr monatliches Toilettegeld[1], und als er erklärte, dass er es jetzt nicht habe, hielten sie ihm den alten Sötbier vor, der es immer gehabt habe. Diesem Versuch einer Auflehnung begegnete Diederich energisch. Mit rauer Katerstimme setzte er den Mädchen auseinan
10 der, sie würden sich noch an ganz andere Dinge gewöhnen müssen. Sötbier freilich, der habe immer nur hergegeben und die Fabrik heruntergewirtschaftet. „Wenn ich euch heute euren Anteil auszahlen sollte, würdet ihr euch verflucht wundern, wie wenig es wäre." Während er dies sagte, empfand er es als durchaus unberechtigt, dass
15 er irgendeinmal sollte gezwungen werden können, die beiden am Geschäft zu beteiligen. ‚Man müsste das verhindern können', dachte er. Sie dagegen wurden auch noch herausfordernd. „Also wir können die Modistin[2] nicht bezahlen, aber der Herr Doktor trinkt Sekt für hundertfünfzig Mark." Da ward Diederich furchtbar anzu
20 sehen. Seine Briefe erbrach man! Er wurde ausspioniert! Er war nicht der Herr im Hause, sondern ein Kommis, ein Neger[3], der für die Damen schuftete, damit sie den ganzen Tag faulenzen konnten! Er schrie und stampfte, dass die Gläser klirrten. Frau Heßling flehte wimmernd, die Schwestern widersprachen nur noch aus Angst,
25 aber Diederich war im Zuge. „Was erlaubt ihr euch? Gänse wie ihr? Was wisst ihr, ob die hundertfünfzig Mark nicht eine glänzende Kapitalsanlage sind. Jawohl, Kapitalsanlage! Meint ihr, ich saufe mit den Idioten Sekt, wenn ich nichts von ihnen will? Davon wisst ihr hier in Netzig noch nichts, das ist der neue Kurs, es ist –" Er hatte
30 das Wort. „Großzügig ist es! Großzügig!"

---

[1]   Toilettegeld: Taschengeld für den persönlichen Pflege- und Modebedarf
[2]   Modistin: Hutmacherin
[3]   Neger: abwertend für einen Sklaven mit dunkler Hautfarbe

Und er warf die Tür hinter sich zu. Frau Heßling ging ihm vorsichtig nach, und als er im Wohnzimmer ins Sofa gesunken war, nahm sie seine Hand und sagte: „Mein lieber Sohn, ich bin mit dir." Dabei sah sie ihn an, als wollte sie „aus dem Herzen beten". Diederich
5 verlangte einen sauren Hering; und dann beklagte er sich zornig, wie schwer es sei, in Netzig den neuen Geist einzuführen. Wenigtens hier im Hause sollte man seine Kraft nicht untergraben! „Ich habe Großes mit euch vor, aber das überlasst gefälligst meiner besseren Einsicht. Einer muss Herr sein. Unternehmungsgeist und
10 Großzügigkeit gehören freilich dazu. Sötbier ist dabei nicht zu gebrauchen. Eine Weile lasse ich den Alten noch verschnaufen, dann wird er ausgeschifft."
Frau Heßling versicherte sanft, ihr lieber Sohn werde schon um seiner Mutter willen immer genau wissen, was er tun müsse – und
15 dann begab Diederich sich ins Kontor und schrieb einen Brief an die Maschinenfabrik Büschli & Cie. in Eschweiler, um bei ihr einen neuen Patent-Doppel-Holländer System Maier zu bestellen. Er ließ den Brief offen daliegen und ging hinaus. Wie er zurückkam, stand Sötbier vor seinem Pult, und es war kein Zweifel, unter seinem
20 grünen Augenschirm weinte er: Es tropfte auf den Brief. „Sie müssen ihn noch mal abschreiben lassen", sagte Diederich kühl. Da begann Sötbier: „Junger Herr, unser alter Holländer ist kein Patent-Holländer, aber er stammt noch aus der ersten Zeit des alten Herrn; mit ihm hat er angefangen, und mit ihm ist er groß geworden …"
25 „Na und ich hege meinerseits den Wunsch, mit meinem eigenen Holländer groß zu werden", sagte Diederich schneidend. Sötbier jammerte.
„Unser alter hat uns noch immer genügt."
„Mir nicht."
30 Sötbier schwur, er sei so leistungsfähig wie die allerneuesten, die nur durch schwindelhafte Reklame emporgetragen würden. Als Diederich hart blieb, öffnete der Alte die Tür und rief hinaus: „Fischer! Kommen Sie mal her!" Diederich ward unruhig. „Was wollen Sie von dem Menschen. Ich verbitte mir, dass er sich einmischt!"
35 Aber Sötbier berief sich auf das Zeugnis des Maschinenmeisters, der in den größten Betrieben gearbeitet habe. „Nun, Fischer, sagen Sie mal dem Herrn Doktor, wie leistungsfähig unser Holländer ist!"

Diederich wollte nicht hören, er lief hin und her, überzeugt, der
Mensch werde die Gelegenheit ergreifen, ihn zu ärgern. Stattdessen
begann Napoleon Fischer mit einer uneingeschränkten Anerkennung von Diederichs Sachverständigkeit, und dann sagte er über
5 den alten Holländer alles Ungünstige, das sich irgend über ihn denken ließ. Wenn man Napoleon Fischer hörte, war er schon nahe
daran gewesen, zu kündigen, nur weil ihm der alte Holländer nicht
gefiel. Diederich schnaubte: Er habe wahrhaftig Glück, dass ihm die
wertvolle Kraft des Herrn Fischer nun doch erhalten bleibe; aber
10 der Maschinenmeister erklärte ihm, ohne sich auf seine Ironie ein-
zulassen, nach der Abbildung im Prospekt alle Vorzüge des neuen
Patent-Holländers, vor allem seine höchst bequeme Bedienung.
„Wenn ich Ihnen nur Arbeit erspare!", schnaubte Diederich. „Sonst
wünsch ich mir nichts. Danke, Sie können gehen."
15 Als der Maschinenmeister hinaus war, beschäftigten Sötbier und
Diederich sich eine lange Weile jeder für sich. Plötzlich fragte Sötbier: „Und womit sollen wir ihn bezahlen?" Diederich war sofort
feuerrot; auch er hatte die ganze Zeit an nichts weiter gedacht.
„Ach was!", schrie er. „Bezahlen! Erstens mache ich eine lange Lie-
20 ferungsfrist aus, und dann: Wenn ich mir einen so teuren Holländer
bestelle, meinen Sie vielleicht, ich weiß nicht wozu? Nein, mein
Lieber, dann muss ich wohl bestimmte Aussichten auf baldige Ausdehnung des Geschäftes haben – über die ich mich heute noch
nicht äußern will."
25 Damit verließ er das Kontor, in strammer Haltung, trotz inneren
Zweifeln. Dieser Napoleon Fischer hatte sich beim Hinausgehen
nochmals umgesehen, mit einem gewissen Blick, als habe er den
Chef gehörig hineingelegt. ‚Umdroht von Feinden', dachte Diederich und reckte sich noch straffer, ‚da sind wir erst recht stark. Ich
30 werde sie schon zerschmettern.' Sie sollten erfahren, mit wem sie es
zu tun hatten; daher führte er einen Gedanken aus, der ihm schon
beim Erwachen gekommen war: Er ging zum Doktor Heuteufel.
Dieser hielt eben seine Sprechstunde ab und ließ ihn warten. Dann
empfing er ihn in seinem Operationszimmer, wo alles, Geruch und
35 Gegenstände, Diederich an frühere, peinliche Besuche erinnerte.
Doktor Heuteufel nahm die Zeitung vom Tisch, lachte kurz und
sagte: „Nun, Sie kommen wohl her, um zu triumphieren. Gleich

zwei Erfolge! Ihre Sekthuldigung ist drin – na und die Depesche des Kaisers an den Posten lässt von Ihrem Standpunkt aus wohl nichts zu wünschen."

„Welche Depesche?", fragte Diederich. Doktor Heuteufel zeigte sie
5 ihm; Diederich las: ‚Für Deinen auf dem Felde der Ehre vor dem inneren Feind bewiesenen Mut spreche Ich Dir Meine kaiserliche Anerkennung aus und ernenne Dich zum Gefreiten.‘ Wie es hier gedruckt stand, machte es ihm den Eindruck vollkommener Echtheit. Er war sofort ergriffen; mit männlicher Zurückhaltung sagte
10 er: „Das ist jedem national Gesinnten aus dem Herzen gesprochen." Da Heuteufel nur die Achseln zuckte, holte Diederich Atem. „Nicht deswegen bin ich hergekommen, sondern um unsere beiderseitigen Beziehungen festzulegen." Die seien wohl schon festgelegt, erwiderte Heuteufel. „Nein, durchaus noch nicht." Diederich versicherte, dass
15 er einen ehrenvollen Frieden wünsche. Er sei bereit, im Sinne eines wohlverstandenen Liberalismus zu wirken, falls man dagegen seine streng nationale und kaisertreue Überzeugung achte. Doktor Heuteufel erklärte dies einfach für Phrasen: Da verlor Diederich die Fassung. Dieser Mensch hielt ihn in der Hand; er konnte ihn, mit-
20 hilfe eines Dokumentes, als Feigling hinstellen! Das höhnische Lächeln in seinem gelben Chinesengesicht, diese überlegene Haltung waren eine fortwährende Anspielung. Aber er sprach nicht, er ließ das Schwert weiterschweben über Diederichs Haupt. Der Zustand musste aufhören! „Ich fordere Sie auf", sagte Diederich, heiser vor
25 Erregung, „mir meinen Brief zurückzugeben." Heuteufel tat erstaunt. „Welchen Brief? – „Den ich Ihnen wegen des Militärs geschrieben habe, als ich dienen sollte." Darauf dachte der Arzt nach. „Ach so: weil Sie sich drücken wollten!"

„Ich dachte mir schon, Sie würden meine unvorsichtigen Äußerun-
30 gen in einem für mich beleidigenden Sinne auslegen. Ich fordere Sie nochmals zur Rückgabe des Briefes auf." Und Diederich trat drohend vor. Heuteufel wich nicht.

„Lassen Sie mich in Ruh. Ihren Brief hab ich nicht mehr."

„Ich verlange Ihr Ehrenwort."

35 „Das gebe ich nicht auf Befehl."

„Dann mache ich Sie auf die Folgen Ihrer illoyalen[1] Handlungswei-
se aufmerksam. Sollten Sie mir mit dem Brief bei irgendeiner Gelegenheit Unannehmlichkeiten verursachen wollen, so liegt Bruch
des Amtsgeheimnisses vor. Dann denunziere[2] ich Sie der Ärztekam-
5 mer, stelle Strafantrag gegen Sie und biete allen meinen Einfluss
auf, um Sie unmöglich zu machen!" In höchster Erregung, fast
stimmlos: „Sie sehen mich zum Äußersten entschlossen! Zwischen
uns gibt es nur noch einen Kampf bis aufs Messer!"
Doktor Heuteufel sah ihn neugierig an, er schüttelte den Kopf, sein
10 Chinesenschnurrbart schaukelte, und er sagte: „Sie sind heiser."
Diederich fuhr zurück, er stammelte: „Was geht Sie das an."
„Gar nichts", sagte Heuteufel. „Es interessiert mich nur von früher
her, weil ich Ihnen so was ja immer vorausgesagt habe."
„Was denn. Wollen Sie sich gefälligst äußern." Aber das lehnte Heu-
15 teufel ab. Diederich blitzte ihn an. „Ich muss Sie energisch auffor-
dern, Ihre ärztliche Pflicht zu tun!"
Er sei nicht sein Arzt, erwiderte Heuteufel. Darauf sank Diederichs
herrische Miene zusammen, und er forschte klagend. „Manchmal
hab ich ja Schmerzen im Hals. Glauben Sie denn, dass es schlimmer
20 wird? Hab ich was zu befürchten?"
„Ich rate Ihnen, einen Spezialisten zu konsultieren[3]."
„Sie sind hier doch der Einzige! Um Gottes willen, Herr Doktor, Sie
versündigen sich, ich habe eine Familie zu erhalten."
„Dann sollten Sie weniger rauchen, auch weniger trinken. Gestern
25 Abend war es zu viel."
„Ach so." Diederich richtete sich auf. „Sie gönnen mir den Sekt
nicht. Und dann wegen der Huldigungsadresse."
„Wenn Sie unlautere Motive bei mir vermuten, brauchen Sie mich
nicht zu fragen."
30 Aber Diederich flehte schon wieder. „Sagen Sie mir wenigstens, ob
ich Krebs kriegen kann."

---

[1] illoyal: abtrünnig, treulos
[2] denunzieren: anzeigen
[3] konsultieren: zurate ziehen

Heuteufel blieb streng. „Nun, Sie waren schon immer skrofulos und rachitisch. Sie hätten dienen sollen, dann wären Sie nicht so aufgeschwemmt."

Schließlich ließ er sich zu einer Untersuchung herbei und nahm
5 eine Pinselung des Kehlkopfes vor. Diederich erstickte, rollte angstvoll die Augen und umklammerte den Arm des Arztes. Heuteufel zog den Pinsel heraus. „So komm ich natürlich nicht hin." Er feixte durch die Nase. „Sie sind noch wie früher."

Sobald Diederich wieder zu Luft gekommen war, machte er sich
10 fort aus dieser Schreckenskammer. Vor dem Hause, noch mit Tränen in den Augen, stieß er auf den Assessor Jadassohn. „Nanu?", sagte Jadassohn. „Ist Ihnen die Kneiperei nicht bekommen? Und ausgerechnet zu Heuteufel gehen Sie?"

Diederich versicherte, sein Befinden sei glänzend. „Aber aufgeregt
15 hab ich mich über den Menschen! Ich gehe hin, weil ich es als meine Pflicht betrachte, eine befriedigende Erklärung zu verlangen für die gestrigen Äußerungen dieses Herrn Lauer. Mit Lauer selbst zu verhandeln, hat für einen Mann von meiner korrekten Gesinnung natürlich nichts Verlockendes."

20 Jadassohn schlug vor, in Klappschs Bierstube einzutreten.

„Ich gehe also hin", fuhr Diederich drinnen fort, „in der Absicht, die ganze Geschichte mit der Besoffenheit des betreffenden Herrn zu entschuldigen, schlimmstenfalls mit seiner zeitweiligen Geistesumnachtung. Was meinen Sie stattdessen? Frech wird der Heuteufel.
25 Markiert Überlegenheit. Übt zynische Kritik an unserer Huldigungsadresse und, Sie werden es nicht glauben, sogar an dem Telegramm Seiner Majestät!"

„Nun, und?", fragte Jadassohn, dessen Hand sich mit Fräulein Klappsch beschäftigte.

30 „Für mich gibt es kein Und mehr! Ich bin mit dem Herrn fertig fürs Leben!", rief Diederich, trotz dem schmerzlichen Bewusstsein, dass er am Mittwoch wieder zum Pinseln musste. Jadassohn versetzte schneidend: „Aber ich nicht." Und da Diederich ihn ansah: „Es gibt nämlich eine Behörde, die sich die Königliche Staatsanwaltschaft
35 nennt, und die für Leute wie diese Herren Lauer und Heuteufel ein nicht zu unterschätzendes Interesse hegt." Damit ließ er Fräulein Klappsch los und bedeutete ihr, sie möge verschwinden.

„Wie meinen Sie das?", fragte Diederich, unheimlich berührt.

„Ich denke Anklage wegen Majestätsbeleidigung zu erheben."

„Sie?"

„Jawohl, ich. Staatsanwalt Feifer hat Krankheitsurlaub, ich bin dran.
5 Und, wie ich unmittelbar nach dem gestrigen Vorfall vor Zeugen
festgestellt habe, war ich bei der Verübung des Delikts nicht anwe-
send, bin also keineswegs verhindert, in dem Prozess die Anklagebehörde zu vertreten."

„Aber wenn niemand die Sache anzeigt!"

10 Jadassohn lächelte grausam. „Das haben wir, Gott sei Dank, nicht nötig ... Übrigens erinnere ich Sie daran, dass Sie selbst gestern Abend
sich uns als Zeugen anboten."

„Davon weiß ich nichts", sagte Diederich schnell.

Jadassohn klopfte ihm auf die Schulter. „Sie werden sich an alles
15 wieder erinnern, hoffe ich, wenn Sie unter Ihrem Eid stehen." Da
entrüstete Diederich sich. Er ward so laut, dass Klappsch diskret in
das Zimmer spähte.

„Herr Assessor, ich muss mich sehr wundern, dass Sie private Äußerungen meinerseits – Sie haben offenbar die Absicht, mithilfe
20 eines politischen Prozesses schneller Staatsanwalt zu werden. Aber
ich möchte wissen, was mich Ihre Karriere angeht."

„Na, und mich die Ihre?", fragte Jadassohn.

„So. Dann sind wir Gegner?"

„Ich hoffe, es wird sich vermeiden lassen." Und Jadassohn setzte
25 ihm auseinander, dass er keinen Grund habe, den Prozess zu fürchten. Sämtliche Zeugen der Vorgänge im Ratskeller würden dasselbe
aussagen müssen wie er selbst: auch Lauers Freunde. Diederich
werde sich keineswegs zu weit vorwagen ... Das habe er leider
schon getan, erwiderte Diederich, denn schließlich sei er es, der mit
30 Lauer den Krach gehabt habe. Aber Jadassohn beruhigte ihn. „Wer
fragt danach. Es handelt sich darum, ob die inkriminierten[1] Worte
vonseiten des Herrn Lauer gefallen sind. Sie machen, wie die anderen Herren, einfach Ihre Aussage, wenn Sie wollen, mit Vorsicht."

„Mit großer Vorsicht!", versicherte Diederich. Und angesichts von
35 Jadassohns teuflischer Miene: „Wie komme ich dazu, einen anstän-

---

[1] inkriminiert: beanstandet

digen Menschen wie Lauer ins Gefängnis zu bringen? Jawohl, einen anständigen Menschen! Denn eine politische Gesinnung ist in meinen Augen keine Schande!"

„Besonders nicht bei dem Schwiegersohn des alten Buck, den Sie vorläufig noch brauchen", schloss Jadassohn – und Diederich ließ den Kopf sinken. Dieser jüdische Streber beutete ihn schamlos aus, und er konnte nichts machen! Da sollte man noch an Freundschaft glauben. Er sagte sich wieder einmal, dass alle gerissener und brutaler im Leben vorgingen als er selbst. Die große Aufgabe war: Wie ward man energisch. Er setzte sich stramm hin und blitzte. Mehr unternahm er lieber nicht; bei einem Herrn von der Staatsanwaltschaft konnte man nie wissen … Übrigens lenkte Jadassohn zu etwas anderem über.

„Wissen Sie schon, dass in der Regierung und bei uns im Gericht ganz sonderbare Gerüchte umgehen – über das Telegramm Seiner Majestät an den Regimentskommandeur? Der Oberst soll nämlich behaupten, er habe gar kein Telegramm bekommen."

Diederich behielt, trotz innerem Erbeben, eine feste Stimme. „Aber es hat doch in der Zeitung gestanden!" Jadassohn grinste zweideutig. „Da steht gar zu viel." Er ließ sich von Klappsch, der seine Glatze wieder in die Tür schob, die „Netziger Zeitung" bringen. „Sehen Sie, in der Nummer hier steht überhaupt nichts, was nicht auf Seine Majestät Bezug hat. Der Leitartikel beschäftigt sich mit dem Allerhöchsten Bekenntnis zum geoffenbarten Glauben. Dann kommt das Telegramm an den Obersten, dann das Lokale, mit der Heldentat des Postens, und das Vermischte, mit drei Anekdoten[1] über die kaiserliche Familie."

„Es sind recht rührende Geschichten", bemerkte Klappsch und verdrehte die Augen.

„Zweifellos!", beteuerte Jadassohn, und Diederich: „Sogar so ein freisinniges Hetzblatt muss die Bedeutung Seiner Majestät anerkennen!"

„Aber bei dem löblichen Eifer wäre es schließlich möglich, dass die Redaktion die Allerhöchste Depesche eine Nummer zu früh gebracht hat – noch vor ihrer Absendung." – „Ausgeschlossen!", ent-

---

[1] Anekdoten: kurze, meist heitere Geschichten

schied Diederich. „Der Stil Seiner Majestät ist unverkennbar." Auch
Klappsch wollte ihn erkennen. Jadassohn gab zu: „Nun ja ... Weil man
nie wissen kann, darum dementieren wir auch nicht. Wenn der Oberst
nichts bekommen hat, die ‚Netziger Zeitung' könnte es ja direkt aus
5 Berlin haben. Wulckow hat sich den Redakteur Nothgroschen kommen lassen, aber der Kerl verweigert die Aussage. Der Präsident hat
gespuckt, er ist selbst zu uns gekommen wegen des Zeugniszwangs-
verfahrens gegen Nothgroschen. Schließlich haben wir davon abgesehen und warten lieber das Dementi[1] aus Berlin ab – weil man eben
10 nicht wissen kann."
Da Klappsch in die Küche gerufen ward, setzte Jadassohn noch hinzu: „Komisch, wie? Allen kommt die Geschichte verdächtig vor,
aber niemand will vorgehen, weil in diesem Fall – in diesem ganz
besonderen Fall –", sagte Jadassohn mit perfider[2] Betonung, und
15 seine ganze Miene, sogar die Ohren sahen perfid aus, „grade das
Unwahrscheinliche am meisten Aussicht hat, Ereignis zu werden."
Diederich war starr: Nie hätte ihm so schwarzer Verrat geträumt.
Jadassohn bemerkte sein Entsetzen und verwirrte sich, er fing an zu
zappeln. „Nu, der Mann hat seine Schwächen – Ihnen gesagt."
20 Diederich versetzte, fremd und drohend: „Gestern Abend schienen
Sie davon noch nichts zu wissen." Jadassohn entschuldigte sich: Der
Sekt mache natürlich unkritisch. Ob Herr Doktor Heßling denn die
Begeisterung der übrigen Herren so ernst genommen habe. Einen
größeren Nörgler als den Major Kunze gebe es überhaupt nicht ...
25 Diederich zog sich mit seinem Stuhl zurück, ihm ward kalt, als finde er sich plötzlich in einer Verbrecherhöhle. Mit äußerster Energie
sagte er: „Auf die nationale Gesinnung der übrigen Herren hoffe
ich mich ebenso verlassen zu können wie auf meine eigene, an der
zu zweifeln ich mir auf das Allerbestimmteste verbitten müsste."
30 Jadassohn hatte seine schneidige Stimme zurück. „Soll das etwa
einen Zweifel in Bezug auf meine Person involvieren[3], so weise ich
ihn mit gebührender Entrüstung zurück." Krähend, sodass Klappsch

---

[1] Dementi: offizielle Klarstellung zu einer Behauptung
[2] perfide: niederträchtig
[3] involvieren: beinhalten

in die Tür spähte: „Ich bin der Königliche Assessor Doktor Jadassohn und stehe auf Wunsch zur Verfügung."

Darauf musste Diederich wohl murmeln, dass er es so nicht gemeint habe. Dann aber zahlte er. Die Verabschiedung war kühl.

5 Auf dem Heimwege schnaufte Diederich. Hätte er sich nicht entgegenkommender verhalten sollen mit Jadassohn? Für den Fall, dass Nothgroschen redete? Jadassohn hatte ihn freilich nötig, in dem Prozess gegen Lauer! Auf alle Fälle war es gut, dass Diederich jetzt Bescheid wusste über den wahren Charakter dieses Herrn! ‚Seine 10 Ohren sind mir gleich verdächtig vorgekommen! Wirklich national empfinden kann man eben doch nicht mit solchen Ohren.'

Zu Hause nahm er sogleich den „Berliner Lokal-Anzeiger" vor. Da waren schon die Kaiseranekdoten für die „Netziger Zeitung" von morgen. Vielleicht kamen sie auch erst übermorgen, für alle war 15 dort nicht Platz. Aber er suchte weiter; seine Hände zitterten … Da! Er musste sich setzen. „Ist dir was, mein Sohn?", fragte Frau Heßling. Diederich starrte die Buchstaben an, wie ein Märchen, das Wahrheit ward. Da stand es, unter anderen unbezweifelten Dingen, in dem einzigen Blatt, das Seine Majestät selbst las? Innerlich, in so 20 tiefer Seele, dass er es selbst kaum hörte, murmelte Diederich: „Mein Telegramm." Das bange Glück sprengte ihn fast. Konnte es sein? Hatte er richtig vorausempfunden, was der Kaiser sagen würde? Sein Ohr reichte in diese Ferne? Sein Gehirn arbeitete gemeinsam mit – ? Die unerhörtesten mystischen[1] Beziehungen überwältigten 25 ihn … Aber das Dementi konnte noch kommen, er konnte zurückgeschleudert werden in sein Nichts! Diederich verbrachte eine angstvolle Nacht, und am Morgen stürzte er sich auf den „Lokal-Anzeiger". Die Anekdoten. Die Denkmalsenthüllung. Die Rede. „Aus Netzig". Da stand von den Ehrungen, die dem Gefreiten Emil Pacholke 30 zuteil geworden waren für seinen vor dem inneren Feind bewiesenen Mut. Alle Offiziere, der Oberst an der Spitze, hatten ihm die Hand gedrückt. Er hatte Geldgeschenke bekommen. „Bekanntlich hat der Kaiser den braven Soldaten schon gestern telegrafisch zum Gefreiten befördert." Da stand es! Kein Dementi: eine Bestätigung! 35 Er machte Diederichs Worte zu den seinen, und er führte die Hand-

---

[1] mystisch: unerklärlich, geheimnisvoll

lung aus, die Diederich ihm untergelegt hatte! ... Diederich breitete das Zeitungsblatt weit aus; er sah sich darin wie in einem Spiegel, und um seine Schultern lag Hermelin[1].

Diesen Sieg und Diederichs schwindelnde Erhöhung, leider durfte
5 kein Wort sie verraten, aber sein Wesen genügte, die Straffheit in Haltung und Sprache, das Herrscherauge. Familie und Werkstatt verstummten um ihn her. Sötbier selbst musste zugeben, dass ein forscherer Zug in den Betrieb gekommen sei. Und Napoleon Fischer schlich, je aufrechter und heller Diederich dastand, desto af-
10 fenähnlicher vorbei, die Arme nach vorn hängend, mit schiefem Blick und den fletschenden Zähnen in seinem dünnen schwarzen Bart: als der Geist des gebändigten Umsturzes ... Dies war der Moment, gegen Guste Daimchen vorzugehen. Diederich machte Besuch.
15 Frau Oberinspektor Daimchen empfing ihn zuerst allein, auf ihrem alten Plüschsofa, aber in einem braunen Seidenkleid mit lauter Schleifen, und die Hände breitete sie, rot und gequollen wie die einer Waschfrau, vor sich hin auf ihren Bauch, sodass der Gast die neuen Ringe immer vor Augen hatte. Aus Verlegenheit gestand er seine Be-
20 wunderung, worauf Frau Daimchen sich bereitwillig darüber ausließ, dass sie und ihre Guste es nun Gott sei Dank zu allem hätten. Sie wüssten nur noch nicht, ob sie sich altdeutsch oder Louis käs[2] einrichten sollten. Diederich riet lebhaft zu altdeutsch[3]; er habe es in Berlin in den feinsten Häusern gesehen. Aber Frau Daimchen war misstrau-
25 isch. „Wer weiß, ob Sie so feine Leute wie uns schon besucht haben. Lassen Sie man, ich kenne das, wenn man so tun muss, als ob man was hat, und hat nichts." Hierauf schwieg Diederich ratlos, und Frau Daimchen trommelte sich mit Genugtuung auf den Bauch. Zum Glück trat Guste ein, heftig rauschend. Diederich schwang sich elas-
30 tisch aus seinem Fauteuil, sagte schnarrend: „Gnädigstes Fräulein!"

---

[1] Hermelin: Das weiße Fell des Hermelin, einer großen Wieselart, steht als Bekleidung seit dem Mittelalter für politische Macht.

[2] Louis käs: Verbalhornung von franz. „Louis quinze", dem nach dem französischen König Ludwig XV. (1710 – 1774) benannten Rokokostil

[3] altdeutsch, altdeutscher Stil: ein im 19. Jahrhundert populärer Mix verschiedener historischer Stilrichtungen in der Innenausstattung

und unternahm einen Handkuss. Guste lachte. „Reißen Sie sich nur
kein Bein aus!" Aber sie tröstete ihn gleich wieder. „Man sieht sofort, was ein feiner Mann ist. Der Herr Leutnant von Brietzen
macht es auch so."

5 „Ja, ja", sagte Frau Daimchen, „bei uns verkehren alle Herren Offiziere. Gestern sag ich noch zu Guste: Guste, sag ich, auf jede Sitzge-
legenheit können wir eine Freiherrnkrone[1] sticken lassen, denn
überall hat sich schon einer draufgesetzt."

Guste verzog den Mund. „Aber was die Familien betrifft und sonst
10 überhaupt, ist Netzig doch reichlich spießig. Ich glaube, wir ziehen
nach Berlin." Damit war Frau Daimchen nicht einverstanden. „Man
soll den Leuten den Gefallen nicht tun", meinte sie. „Die alte Harnisch ist erst heute, wo sie mein Seidenkleid gesehen hat, fast zer-
platzt."

15 „So ist Mutter nun mal", sagte Guste. „Wenn sie renommieren kann,
ist alles gut. Aber ich denke doch auch an meinen Verlobten. Wissen Sie, dass Wolfgang sein Staatsexamen gemacht hat? Was soll er
hier in Netzig. In Berlin kann er mit unserem vielen Geld was werden." Diederich bestätigte: „Er wollte ja schon immer Minister oder
20 so was werden." Leis höhnisch setzte er hinzu: „Das soll ja ganz
leicht sein."

Guste nahm sofort eine feindliche Haltung ein. „Der Sohn vom alten Herrn Buck ist eben nicht jeder", sagte sie spitz. Aber Diederich
setzte, weltmännisch überlegen, auseinander, dass es heute auf
25 Dinge ankomme, die der Einfluss des alten Buck nicht verleihen
könne: Persönlichkeit, großzügigen Unternehmungsgeist und vor
allem eine stramm nationale Gesinnung. Das junge Mädchen unterbrach ihn nicht mehr, sie sah sogar mit Respekt auf seine kühnen
Schnurrbartspitzen. Aber das Bewusstsein, Eindruck zu machen,
30 riss ihn zu weit fort. „Von alledem habe ich bei Herrn Wolfgang
Buck noch nichts bemerkt", sagte er. „Der philosophiert und nör-
gelt, und im Übrigen soll er sich ziemlich viel amüsieren ... Na",
schloss er, „seine Mutter war ja auch eine Schauspielerin." Und er
sah fort, obwohl er fühlte, dass Gustes drohender Blick ihn suchte.

35 „Was wollen Sie damit sagen?", fragte sie.

---

[1] Freiherrnkrone: Krone, die adligen Freiherrn vorbehalten war

Er tat überrascht. „Ich, gar nichts. Ich meinte, wie reiche junge Leute in Berlin nun mal leben. Bucks sind doch eine vornehme Familie.“
„Das wollen wir hoffen“, sagte Guste schroff. Frau Daimchen, die
gegähnt hatte, erinnerte an die Schneiderin, Guste sah Diederich
5 erwartungsvoll an, ihm blieb nichts übrig, als aufzustehen und eine
Verbeugung zu machen. Den Handkuss unternahm er nicht mehr,
mit Rücksicht auf die gespannte Stimmung. Aber im Vorzimmer
holte Guste ihn ein. „Wollen Sie es mir jetzt vielleicht sagen“, fragte
sie, „was Sie gemeint haben mit der Schauspielerin?“
10 Er öffnete den Mund, schnappte und schloss ihn wieder, stark errötet. Um ein Haar hätte er verraten, was seine Schwestern ihm über
Wolfgang Buck erzählt hatten. Er sagte mit mitleidiger Stimme:
„Fräulein Guste, weil wir doch so alte Bekannte sind – Ich wollte
nur sagen, der Buck ist nichts für Sie. Er ist sozusagen erblich belas-
15 tet von seiner Mutter her. Der Alte war doch auch zum Tode verurteilt. Und was ist denn sonst an den Bucks noch dran? Glauben Sie
mir, man soll in keine Familie heiraten, mit der es bergab geht. Das
ist Sünde gegen sich selbst“, setzte er noch hinzu. Aber Guste hatte
die Hände in die Hüften gestemmt.
20 „Bergab? Und mit Ihnen geht es wohl bergauf? Weil Sie sich im
Ratskeller betrinken und dann mit Leuten Krach machen? Die ganze Stadt spricht von Ihnen, und Sie möchten einer hochfeinen Familie was anhängen. Bergab! Wer mein Geld kriegt, mit dem geht
es überhaupt nicht bergab. Sie sind bloß neidisch, meinen Sie, ich
25 weiß das nicht?“ – und sie sah ihn an, die Augen voll Tränen der Wut.
Ihm war sehr beklommen; er hätte Lust gehabt, sich auf die Knie zu
werfen, ihr die dicken kleinen Finger zu küssen und dann die Tränen
aus den Augen – aber ging denn das? Inzwischen zog sie alle rosigen
Fettpolster ihres Gesichtes herunter zu einem Ausdruck der Verach-
30 tung, machte kehrt und schlug die Tür zu. Diederich stand mit angst-
klopfendem Herzen noch eine Weile da, dann trollte er sich, im Gefühl
seiner Kleinheit.
Er bedachte, dass für ihn hier nichts zu machen gewesen sei; die
Sache gehe ihn nichts an, Guste sei mit all ihrem Geld doch immer
35 nur eine fette Gans – und das beruhigte ihn. Wie dann eines Abends
Jadassohn ihm mitteilte, was er in Magdeburg beim Gericht erfahren habe, da triumphierte Diederich. Fünfzigtausend Mark, das war

alles! Und deswegen ein Auftreten wie die Gräfinnen? Ein Mädchen von dermaßen schwindelhaftem Gebaren passte freilich besser zu den verkommenen Bucks als zu einem kernigen und treugesinnten Mann wie Diederich! Da war Käthchen Zillich vorzuzie-
5 hen. Äußerlich Guste ähnlich und mit fast ebenso starken Reizen
geschmückt, empfahl sie sich außerdem durch Gemüt und ein ent-
gegenkommendes Wesen. Er kam öfter zum Kaffee und machte ihr
eifrig den Hof. Sie warnte ihn vor Jadassohn, was Diederich als nur
zu berechtigt anerkennen musste. Auch sprach sie mit äußerster
10 Missbilligung von Frau Lauer, die mit Landgerichtsrat Fritzsche –
Was Lauers Prozess betraf, war Käthchen Zillich die Einzige, die
ganz auf Diederichs Seite stand.
Denn diese Sache nahm für Diederich ein drohendes Gesicht an.
Jadassohn hatte erreicht, dass die Staatsanwaltschaft durch einen
15 Ermittelungsrichter die Zeugen jenes nächtlichen Vorfalls vernehmen ließ; und so zurückhaltend Diederich sich vor dem Richter
geäußert hatte, die andern machten ihn verantwortlich für ihre
Verlegenheiten. Die Herren Cohn und Fritzsche wichen ihm aus;
der Bruder des Herrn Buck, ein so höflicher Mann, vermied seinen
20 Gruß; Heuteufel pinselte ihn grausam, lehnte aber jedes Privatgespräch ab. An dem Tage, da es bekannt ward, dass das Gericht dem
Fabrikbesitzer Lauer die Anklageschrift zugestellt habe, fand Diederich seinen Tisch im Ratskeller leer. Professor Kühnchen zog sich
eben den Mantel an, Diederich konnte ihn noch am Kragen packen.
25 Aber Kühnchen hatte es eilig, er musste im freisinnigen Wählerver-
ein gegen die neue Militärvorlage reden. Er entwischte; und Diederich dachte enttäuscht jener sieghaften Nacht, als draußen das Blut
des inneren Feindes, hier aber Sekt geflossen war und als unter den
Nationalgesinnten Kühnchen der Kriegslustigste gewesen war. Jetzt
30 sprach er gegen die Vermehrung unseres ruhmreichen Heeres! …
Diederich sah, einsam und verlassen, in seinen Dämmerschoppen;
da erschien Major Kunze.
„Nanu, Herr Major“, sagte Diederich mit erzwungener Munterkeit,
„von Ihnen hört man gar nichts mehr.“
35 „Von Ihnen umso mehr.“ Der Major knurrte, blieb in Hut und Mantel stehen und sah sich um, wie in einer Schneewüste. „Kein Mensch
da!“

„Wenn ich Sie zu einem Glas Wein einladen darf –", wagte Diederich zu sagen, aber er kam übel an. „Danke, Ihr Sekt liegt mir noch
im Magen." Der Major bestellte Bier und saß da, stumm und mit
einem Gesicht zum Fürchten. Um nur das schreckliche Schweigen
5 zu beenden, sagte Diederich drauflos: „Nun, und der Kriegerverein,
Herr Major? Ich habe immer geglaubt, ich würde einmal etwas hören über meine Aufnahme."
Der Major sah ihn lange nur an, als wollte er ihn fressen. „Ach so.
Sie haben geglaubt. Sie haben wohl auch geglaubt, es würde mir
10 eine Ehre sein, wenn Sie mich in Ihre Skandalaffäre hineinziehen?"
„Meine?", stotterte Diederich. Der Major donnerte. „Jawohl, Herr!
Ihre! Dem Herrn Fabrikbesitzer Lauer ist mal ein Wort zu viel aus-
gerutscht, das kann vorkommen, sogar bei alten Soldaten, die sich
für ihren König haben zu Krüppeln schießen lassen. Sie aber haben
15 den Herrn Lauer raffinierterweise zu seinen unbedachten Äußerungen verleitet. Das bin ich bereit, vor dem Untersuchungsrichter
zu bekunden. Den Lauer kenne ich: Der war in Frankreich mit und
ist in unserm Kriegerverein. Sie, Herr, wer sind Sie? Weiß ich, ob Sie
überhaupt gedient haben? Her mit Ihren Papieren!"
20 Diederich griff in die Brusttasche. Er würde strammgestanden haben, wenn der Major es befohlen hätte. Der Major hielt sich den
Militärpass weit von den Augen fort. Plötzlich warf er ihn hin, er
feixte grimmig. „Na also. Landsturm mit der Waffe. Hab ich es nicht
gesagt? Plattfüße wahrscheinlich." Diederich war bleich, bebte bei
25 jedem Wort des Majors und hielt beschwörend die Hand vor sich
hin. „Herr Major, ich gebe Ihnen mein Ehrenwort, dass ich gedient
habe. Infolge eines Unglücksfalles, der mir nur zur Ehre gereicht,
musste ich nach drei Monaten austreten ..."
„Solche Unglücksfälle kennen wir ... Zahlen!"
30 „Sonst wäre ich ganz dabeigeblieben", sagte Diederich noch, mit
fliegender Stimme. „Ich war mit Leib und Seele Soldat, fragen Sie
meine Vorgesetzten."
„Nabend." Der Major hatte schon den Mantel an. „Ich will Ihnen
bloß noch sagen, Herr: Wer nicht gedient hat, den gehen die Majes-
35 tätsbeleidigungen andrer Leute den Teufel an. Majestät legt keinen
Wert auf nicht gediente Herrschaften ... Grützmacher", sagte er
zum Wirt, „Sie sollten sich Ihr Publikum genauer ansehen. Wegen

eines Gastes, der mal zu viel da ist, ist nun der Herr Lauer beinahe
verhaftet worden, und ich muss mit meinem steifen Bein zu Gericht
als Belastungszeuge und es mit allen Leuten verderben. Der Harmonieball ist schon abgesagt, ich bin beschäftigungslos, und wenn
5 ich hier zu Ihnen komme" – er warf wieder einen Blick wie über
Schneewüsten –, „ist kein Mensch da. Außer, natürlich, der Denunziant[1]!", schrie er noch auf der Treppe.

„Mein Ehrenwort, Herr Major –", Diederich lief hinterher, „ich habe
keine Anzeige erstattet, das Ganze ist ein Missverständnis." Der
10 Major war schon draußen. Diederich rief ihm nach: „Wenigstens
bitte ich um Ihre Diskretion[2]!"

Er trocknete die Stirn. „Herr Grützmacher, Sie müssen doch einsehen
–", sagte er, mit Tränen in der Stimme. Da er Wein bestellte, sah der
Wirt alles ein.

15 Diederich trank und schüttelte wehmütig den Kopf. Diese Fehl-
schläge begriff er nicht. Seine Absichten waren rein gewesen, nur
die Tücke seiner Feinde verdunkelte sie ... Da erschien der Landgerichtsrat Doktor Fritzsche, sah sich zögernd um – und als er Diederich wirklich ganz allein fand, kam er zu ihm. „Herr Doktor Heß-
20 ling", sagte er und gab ihm die Hand, „Sie sehen ja aus, als ob Ihnen
die Ernte verhagelt ist." In einem großen Betrieb, murmelte Diederich, gebe es freilich immer Ärger. Aber da er die mitfühlende Miene des andern sah, erweichte er sich vollends. „Ihnen kann ich es
sagen, Herr Landgerichtsrat, die Sache mit dem Herrn Lauer ist mir
25 verdammt unangenehm."

„Ihm noch mehr", sagte Fritzsche, nicht ohne Strenge. „Wenn bei
ihm nicht jeder Fluchtverdacht ausgeschlossen wäre, hätten wir
ihn gleich heute verhaften lassen müssen." Er sah Diederich erbleichen und fügte hinzu: „Was sogar uns Richtern peinlich gewesen
30 wäre. Schließlich ist man Mensch und lebt unter Menschen. Aber
natürlich –" Er befestigte seinen Klemmer und machte sein trocke-
nes Gesicht. „Das Gesetz muss befolgt werden. Wenn Lauer an dem
betreffenden Abend – ich selbst hatte das Lokal ja schon verlassen
– tatsächlich die unerhörten Majestätsbeleidigungen geäußert hat,

---

[1] Denunziant: hier: Verräter
[2] Diskretion: Verschwiegenheit

die von der Anklage behauptet werden und für die Sie als Haupt-
zeuge aufgestellt sind –"

„Ich?" Diederich fuhr verzweifelt auf. „Ich habe nichts gehört! Kein
Wort!"

5 „Dagegen spricht Ihre Aussage vor dem Ermittelungsrichter."
Diederich verwirrte sich. „Im ersten Moment weiß man doch nicht,
was man sagen soll. Aber wenn ich mir den fraglichen Vorgang
jetzt rekonstruiere, dann scheint es mir doch, dass wir alle ziemlich
stark angeheitert waren. Ich besonders."

10 „Sie besonders", wiederholte Fritzsche.

„Ja, und da habe ich wohl anzügliche Fragen an Herrn Lauer gestellt. Was er mir darauf geantwortet hat, das könnte ich jetzt nicht
mehr beschwören. Das Ganze war doch überhaupt nur ein Scherz."

„Ach so: ein Scherz." Fritzsche atmete auf. „Ja, aber was hindert Sie
15 denn, das einfach dem Richter zu sagen?" Er erhob den Finger. „Ohne dass ich natürlich im Geringsten Ihre Aussage beeinflussen
möchte."

Diederich erhob die Stimme. „Dem Jadassohn vergess ich den
Streich nicht!" Und er berichtete die Machenschaften dieses Herrn,
20 der sich während der Szene vorsätzlich entfernt habe, um nicht als
Zeuge in Betracht zu kommen; der dann sofort Material für die Anklage gesammelt, den halb unzurechnungsfähigen Zustand der Anwesenden missbraucht und sie von vornherein festgelegt habe mit
ihren Aussagen. „Herr Lauer und ich, wir halten einander für Eh-
25 renmänner. Wie untersteht sich so ein Jude, uns zu verhetzen!"
Fritzsche erklärte ernst, dass hier nicht Jadassohns Persönlichkeit in
Betracht komme, sondern nur das Vorgehen der Staatsanwaltschaft. Freilich war zuzugeben, dass Jadassohn vielleicht zum Über-
eifer neigte. Mit gedämpfter Stimme setzte er hinzu: „Sehen Sie, das
30 ist eben der Grund, weshalb wir mit den jüdischen Herren nicht
gern zusammenarbeiten. Solch ein Herr legt sich nicht die Frage
vor, welchen Eindruck es auf das Volk machen muss, wenn ein gebildeter Mann, ein Arbeitgeber, wegen Majestätsbeleidigung verurteilt wird. Sachliche Bedenken verschmäht sein Radikalismus[1]."

35 „Sein jüdischer Radikalismus", ergänzte Diederich.

---

[1] Radikalismus: extreme politische Haltung

„Er stellt unbedenklich sich selbst in den Vordergrund – womit ich keineswegs leugnen will, dass er auch ein amtliches und nationales Interesse wahrzunehmen glaubt."

„Wieso denn?", rief Diederich. „Ein gemeiner Streber, der mit un-
⁵ sern heiligsten Gütern spekuliert[1]!"

„Wenn man sich scharf ausdrücken will –" Fritzsche lächelte befriedigt. Er rückte näher. „Nehmen wir einmal an, ich wäre Untersuchungsrichter: Es gibt Fälle, in denen man gewissermaßen Grund hätte, sein Amt niederzulegen."

¹⁰ „Sie sind mit dem Lauer'schen Hause eng befreundet", sagte Diederich und nickte bedeutsam. Fritzsche machte sein weltmännisches Gesicht. „Aber Sie begreifen, damit würde ich gewisse Gerüchte ausdrücklich bestätigen."

„Das geht nicht", sagte Diederich. „Es wäre gegen den Komment."

¹⁵ „Mir bleibt nichts übrig, als meine Pflicht zu tun, ruhig und sachlich."

„Sachlich sein heißt deutsch sein", sagte Diederich.

„Besonders, da ich annehmen darf, dass die Herren Zeugen mir meine Aufgabe nicht unnötig erschweren werden."

²⁰ Diederich legte die Hand auf die Brust. „Herr Landgerichtsrat, man kann sich hinreißen lassen, wo es um eine große Sache geht. Ich bin eine impulsive Natur. Aber ich bleibe mir bewusst, dass ich für alles meinem Gott Rechenschaft schulde." Er schlug die Augen nieder. Mit männlicher Stimme: „Auch ich bin der Reue zugänglich." Dies
²⁵ schien Fritzsche zu genügen, denn er zahlte. Die Herren schüttelten einander ernst und verständnisvoll die Hände.

Schon am Tage darauf ward Diederich vor den Untersuchungsrichter geladen und stand vor Fritzsche. ,Gott sei Dank', dachte er und machte mit treuherziger Sachlichkeit seine Aussagen. Auch Fritz-
³⁰ sches einzige Sorge schien die Wahrheit zu sein. Die öffentliche Meinung freilich blieb bei ihrer Parteilichkeit für den Angeklagten. Von der sozialdemokratischen „Volksstimme" nicht zu reden; sie verstieg sich bis zu höhnischen Auslassungen über Diederichs Privatleben, hinter denen wohl sicher Napoleon Fischer zu suchen

---

[1] spekulieren: Versuch der wirtschaftlichen Gewinnerzielung in Erwartung einer bestimmten Preis- oder Zinsentwicklung

war. Aber auch die sonst so ruhige „Netziger Zeitung" gab gerade
jetzt eine Ansprache des Herrn Lauer an seine Arbeiter wieder, worin der Fabrikbesitzer darlegte, dass er den Gewinn seines Unternehmens redlich mit allen denen teile, die daran mitgearbeitet hat-
5 ten, ein Viertel den Beamten, ein Viertel den Arbeitern. In acht
Jahren hatten sie außer ihren Löhnen und Gehältern die Summe
von hundertdreißigtausend Mark unter sich zu verteilen gehabt.
Dies machte auf weite Kreise den günstigsten Eindruck. Diederich
begegnete missbilligenden Gesichtern. Sogar der Redakteur Noth-
10 groschen, den er zur Rede stellte, erlaubte sich ein anzügliches Lächeln und sagte etwas von sozialen Fortschritten, die man mit nationalen Phrasen nicht aufhalte. Besonders peinlich waren die geschäftlichen Folgen. Bestellungen, auf die Diederich rechnen durfte,
blieben aus. Der Warenhausbesitzer Cohn teilte ihm ausdrücklich
15 mit, dass er für seine Weihnachtskataloge die Papierfabrik Gausenfeld bevorzuge, weil er mit Rücksicht auf seine Kunden sich politische Zurückhaltung auferlegen müsse. Diederich erschien jetzt
ganz früh im Büro, um solche Briefe abzufangen, aber Sötbier war
immer noch früher da, und das vorwurfsvolle Schweigen des alten
20 Prokuristen[1] erhöhte seine Wut. „Ich schmeiß den ganzen Krempel
hin!", schrie er. „Sie und die Leute sollen dann sehen, wo sie bleiben.
Ich mit meinem Doktor hab morgen einen Direktorposten von vier-
zigtausend Mark! – Ich opfere mich für euch!", schrie er die Arbeiter an, wenn sie gegen das Reglement Bier tranken. „Ich zahle drauf,
25 nur um keinen zu entlassen."
Gegen Weihnacht musste er dennoch einem Drittel der Leute auf-
sagen; Sötbier rechnete ihm vor, dass die Zahlungsfristen zu Beginn
des Jahres sonst nicht eingehalten werden könnten, „da wir nun
mal zweitausend Mark als Anzahlung für den neuen Holländer auf-
30 nehmen mussten"; und er blieb dabei, obwohl Diederich nach dem
Tintenfass griff. In den Mienen der Übriggebliebenen las er Misstrauen und Geringschätzung. Sooft mehrere zusammenstanden,
glaubte er das Wort „Denunziant" zu hören. Napoleon Fischers
knotige, schwarz behaarte Hände hingen weniger tief über dem
35 Boden, und es sah aus, als bekäme er sogar Farbe.

---

[1] Prokurist: Buchhalter in einer Firma mit geschäftlicher Vertretungsvollmacht

Am letzten Adventsonntag – das Landgericht hatte soeben die Eröffnung des Hauptverfahrens beschlossen – predigte in der Marienkirche Pastor Zillich über den Text: „Liebet eure Feinde". Diederich erschrak beim ersten Wort. Bald fühlte er, wie auch die Ge-
5 meinde unruhig ward. „Die Rache ist mein, spricht der Herr"; Pastor Zillich rief es sichtlich nach dem Heßling'schen Stuhl hinüber. Emmi und Magda versanken ganz darin, Frau Heßling schluchzte. Diederich beantwortete drohend die Blicke, die ihn suchten. „Wer aber spricht Rache, der ist des Gerichts!" Da wandte sich alles
10 um, und Diederich knickte zusammen.
Zu Hause machten die Schwestern ihm eine Szene[1]. Man behandelte sie schlecht in den Gesellschaften. Nie mehr ward der junge Oberlehrer Helferich neben Emmi gesetzt, er kümmerte sich nur noch um Meta Harnisch, und sie wusste wohl, warum. „Weil du ihm zu alt
15 bist", sagte Diederich. „Nein, sondern weil du uns unbeliebt machst!" – „Die fünf Töchter vom Bruder des Herrn Buck grüßen uns schon nicht mehr!", rief Magda. Und Diederich: „Ich werd ihnen fünf Ohrfeigen herunterhauen!" – „Das lass gefälligst! An dem einen Prozess haben wir genug." Da verlor er die Geduld. „Ihr? Was
20 gehn euch meine politischen Kämpfe an?"
„Alte Jungfern[2] werden wir noch, wegen deiner politischen Kämpfe!" „Das braucht ihr nicht erst zu werden. Ihr liegt mir hier unnütz im Hause umher, ich rackere mich ab für euch, und ihr wollt auch noch nörgeln und mir meine heiligsten Aufgaben verekeln? Dann schüt-
25 telt gefälligst den Staub von euren Pantoffeln! Meinetwegen könnt ihr Kindermädchen werden!" Und er schlug die Tür zu, trotz Frau Heßlings gerungenen Händen.
So kamen denn traurige Weihnachten heran. Die Geschwister sprachen nicht miteinander; Frau Heßling verließ das verschlossene
30 Zimmer, wo sie den Baum schmückte, nie anders als mit verweinten Augen. Und am Heiligen Abend, wie sie ihre Kinder hineinführte, sang sie ganz allein mit zitternder Stimme „Stille Nacht". „Dies schenkt Diedel seinen lieben Schwestern!", sagte sie und machte ein bittendes Gesicht, damit er sie nicht Lügen strafe. Emmi und Magda

---

[1] eine Szene machen: heftige Vorwürfe machen
[2] Jungfer: unverheiratete Frau, hier: abwertend gebraucht

dankten ihm verlegen, er besah ebenso verlegen die Gaben, die angeblich von ihnen kamen. Es tat ihm leid, dass er die gewohnte Christbaumfeier der Arbeiter, trotz Sötbiers dringendem Rat, abgelehnt hatte, um die unbotmäßige Gesellschaft zu strafen. Sonst hät-
5 te er jetzt mit den Leuten zusammensitzen können. Hier in der Familie war es eine künstliche Sache, eine Aufwärmung alter, verbrauchter Stimmung. Echt wäre sie erst geworden durch eine, die nicht dabei war: Guste ... Der Kriegerverein war ihm verschlossen, und im Ratskeller würde er niemand gefunden haben, wenigstens
10 keinen Freund. Diederich erschien sich vernachlässigt, unverstanden und verfolgt. Wie fern lagen die harmlosen Zeiten der Neuteutonia, als man in langen, von Wohlwollen beseelten Reihen sang und Bier trank. Heute, im rauen Leben, brachten keine wackeren Kommilitonen mehr einander ehrliche Schmisse bei, sondern lauter
15 verräterische Konkurrenten wollten sich gegenseitig an den Hals. ,Ich passe nicht in diese harte Zeit‘, dachte Diederich, aß Marzipan von seinem Teller und träumte in die Lichter des Weihnachtsbaumes. ,Ich bin doch gewiss ein guter Mensch. Warum ziehen sie mich in so hässliche Dinge hinein wie dieser Prozess, und schaden mir
20 dadurch auch geschäftlich, sodass ich, ach lieber Gott!, den Holländer, den ich bestellt habe, nicht werde bezahlen können.‘ Dabei schnitt es ihm kalt durch den Leib, Tränen traten ihm in die Augen, und damit die Mutter, die immer ängstlich nach seiner sorgenvollen Miene schielte, sie nicht sähe, stahl er sich in das dunkle Nebenzim-
25 mer. Er stützte die Arme auf das Klavier und schluchzte in die Hände. Draußen stritten Emmi und Magda um ein Paar Handschuhe, und die Mutter wagte nicht zu entscheiden, wem sie beschert worden waren. Diederich schluchzte. Alles war fehlgeschlagen, in Politik, Geschäft und Liebe. ,Was hab ich denn noch?‘ Er öffnete das
30 Klavier. Ihn fröstelte, er war so unheimlich allein, dass er Angst hatte, ein Geräusch zu machen. Die Töne kamen von selbst, seine Hände wussten es kaum. Aus Volksliedern, Beethoven und dem Kommersbuch klang es durcheinander in der Dämmerung, die sich traulich davon erwärmte, sodass einem wohlig dumpf im Kopf
35 ward. Einmal meinte er, dass eine Hand ihm über den Scheitel streifte. War es nur ein Traum? Nein, denn auf dem Klavier stand plötzlich ein volles Bierglas. Die gute Mutter! Schubert, weiche Bie-

derkeit, Gemüt der Heimat ... Es ward still, und er wusste es nicht
– bis die Wanduhr schlug: Eine Stunde war vergangen! „Das war
meine Weihnacht", sagte Diederich und ging hinaus zu den andern.
Er fühlte sich getröstet und gekräftigt. Da die Schwestern noch im-
5 mer wegen der Handschuhe maulten, erklärte er sie für gemütlos
und steckte die Handschuhe ein, um sie für sich umzutauschen.

Die ganze Festzeit ward verdüstert durch die Sorge wegen des Holländers. Sechstausend Mark für einen neuen Patent-Doppel-Holländer System Maier! Das Geld war nicht da und, wie die Dinge la-
10 gen, nicht zu beschaffen. Es war ein unbegreifliches Verhängnis,
ein schäbiger Widerstand von Menschen und Dingen, der Diederich erbitterte. Wenn sein alter Buchhalter Sötbier nicht dabei war,
schlug er mit dem Pultdeckel und schleuderte Briefordner in die
Ecken. Für den neuen Herrn, der die Zügel des Betriebes in seine
15 feste Hand genommen hatte, mussten doch ohne Weiteres neue Unternehmungen eintreten, die Erfolge warteten auf ihn, die Ereignisse hatten sich seiner Persönlichkeit anzupassen! ... Nach dem Zorn
kam der Kleinmut, Diederich traf Vorkehrungen für den Fall einer
Katastrophe. Er war sanft mit Sötbier: Vielleicht konnte der Alte
20 noch einmal helfen. Auch demütigte er sich vor Pastor Zillich und
bat ihn, den Leuten zu sagen, dass er mit der Predigt, von der alle
sprachen, nicht auf ihn gezielt habe. Der Pastor versprach es auch,
mit sichtlicher Reue, unter dem strafenden Blick seiner Gattin, die
sein Versprechen bekräftigte. Dann ließen die Eltern Käthchen mit
25 Diederich allein, und er war ihnen in seiner Niedergeschlagenheit
so dankbar, dass er sich fast erklärt hätte. Käthchens Jawort, das auf
ihren lieben, dicken Lippen wartete, wäre doch ein Erfolg gewesen,
es hätte ihm Bundesgenossen gebracht gegen die feindliche Welt.
Aber der unbezahlbare Holländer! Er würde ein Viertel der Mitgift
30 verschlungen haben ... Diederich seufzte, er müsse nun wieder ins
Geschäft; und Käthchen kniff die Lippen zusammen, ohne dass das
Jawort zur Verwendung gelangt war.
Ein Entschluss musste gefasst werden, denn die Ankunft des Holländers stand bevor. Diederich sagte zu Sötbier: „Ich rate den Leu-
35 ten nur, ihn auf Tag und Stunde zu liefern, sonst geb ich ihn ohne
Gnade zurück." Aber Sötbier erinnerte an das Gewohnheitsrecht,

das den Fabriken einige Tage Spielraum lasse. Trotz Diederichs
Heftigkeit blieb er dabei. Übrigens traf die Maschine pünktlich ein.
Sie war noch nicht ausgepackt, und schon wetterte Diederich. „Er
ist zu groß! Die Leute haben mir garantiert, dass er kleiner sein soll
5 als das alte System. Wozu kaufe ich ihn denn, wenn ich nicht mal
Raum sparen soll!" Und er ging, sobald der Holländer aufgestellt
war, mit dem Metermaß um ihn herum. „Er ist zu groß! Ich lass
mich nicht beschwindeln! Bezeugen Sie mir, Sötbier, dass er zu groß
ist!" Aber Sötbier klärte mit unbeirrbarer Rechtlichkeit den Fehler
10 in Diederichs Messungen auf. Schnaufend zog Diederich sich zurück, um einen neuen Angriffsplan zu ersinnen. Er rief Napoleon
Fischer herbei. „Wo ist denn der Monteur? Haben uns die Leute
keinen Monteur mitgeschickt?" Und dann entrüstete er sich. „Ich
habe ihn doch bestellt!", log er. „Die Leute scheinen ihr Geschäft zu
15 verstehen. Ich werde mich nicht wundern, wenn ich für den Kerl
täglich zwölf Mark bezahlen muss, und er glänzt durch Abwesenheit. Wer stellt mir das Unglücksding da nun auf?"
Der Maschinenmeister behauptete, er verstehe sich darauf. Diederich bewies ihm plötzlich großes Wohlwollen. „Sie können sich
20 denken: Ihnen zahl ich lieber die Überstunden, als dass ich mein
Geld für den fremden Menschen hinauswerfe. Schließlich sind Sie
ein alter Mitarbeiter." Napoleon Fischer zog die Brauen hinauf, sagte aber nichts. Diederich berührte seine Schulter. „Sehen Sie mal,
lieber Freund", sagte er halblaut, „ich bin von dem Holländer näm-
25 lich enttäuscht. Auf den Bildern im Prospekt sah er anders aus. Die
Messerwalze sollte doch viel breiter sein, wo bleibt da die größere
Leistungsfähigkeit, die die Leute uns versprochen haben. Was meinen Sie? Halten Sie den Zug für gut? Ich fürchte, der Stoff bleibt
liegen." Napoleon Fischer sah Diederich an, prüfend, aber schon mit
30 Verständnis. Man müsse es ausprobieren, meinte er zögernd. Diederich vermied seinen Blick, er tat, als untersuchte er die Maschine.
Dabei sagte er aufmunternd: „Also schön. Sie stellen das Ding auf,
ich zahle Ihnen die Überstunden mit fünfundzwanzig Prozent Auf-
schlag, und dann tragen Sie in Gottes Namen gleich Stoff ein. Wir
35 werden die Bescherung ja sehen."
„Es wird wohl 'ne nette Bescherung sein", sagte der Maschinenmeister mit sichtlichem Entgegenkommen. Diederich griff, ehe er

selbst wusste, nach seinem Arm, Napoleon Fischer war ein Freund, ein Retter! „Kommen Sie mal mit, mein Lieber" – seine Stimme war bewegt. Er führte Napoleon Fischer in das Wohnhaus, Frau Heßling musste ihm ein Glas Wein einschenken, und Diederich drückte ihm, ohne hinzusehen, fünfzig Mark in die Hand. „Ich verlass mich auf Sie, Fischer", sagte er. „Wenn ich Sie nicht hätte, würde die Fabrik mich womöglich hineinlegen. Zweitausend Mark hab ich den Leuten schon in den Rachen geworfen."

„Die müssen sie wieder hergeben", sagte der Maschinenmeister gefällig. Diederich fragte dringend: „Das meinen Sie doch auch?"

Und schon tags darauf, nach der Mittagspause, die er zu Versuchen mit dem Holländer benutzt hatte, teilte Napoleon Fischer seinem Arbeitgeber mit, dass die neue Erwerbung nichts tauge. Der Stoff blieb liegen, man musste mit dem Rührscheit nachhelfen, wie bei jedem Holländer ältester Konstruktion. „Also der offenbare Schwindel!", rief Diederich. Auch brauchte der Holländer mehr als zwanzig Pferdestärken. „Das ist vertragswidrig! Müssen wir uns das gefallen lassen, Fischer?"

„Das müssen wir uns nicht gefallen lassen", entschied der Maschinenmeister und strich mit seiner knotigen Hand über sein schwarzbehaartes Kinn. Diederich sah ihn zum ersten Mal fest an.

„Dann können Sie mir also bezeugen, dass der Holländer die bei Bestellung vereinbarten Bedingungen nicht erfüllt?"

In Napoleon Fischers schütterem Bart erschien ein dünnes Lächeln. „Kann ich", sagte er. Diederich sah das Lächeln. Umso strammer machte er kehrt. „Na, dann sollen die Leute mich kennenlernen!" Sogleich schrieb er einen energisch gehaltenen Brief an Büschli & Cie. in Eschweiler. Die Antwort kam umgehend. Man begreife seine Beanstandungen nicht, der neue Patent-Holländer System Maier sei schon von mehreren Papierfabriken, deren Verzeichnis beiliege, aufgestellt und erprobt worden. Von einer Zurücknahme und gar von einer Rückerstattung der angezahlten zweitausend Mark könne daher nicht die Rede sein, vielmehr sei der Rest der vertragsmäßigen Kaufsumme sofort zu erlegen. Diederich schrieb darauf noch entschiedener als das erste Mal und drohte mit einer Klage. Büschli & Cie. versuchte nun, ihn zu beschwichtigen, sie empfahlen eine nochmalige Probe. „Sie haben Angst", sagte Napoleon Fischer, dem

Diederich das Schreiben zeigte, und er fletschte die Zähne. „Eine Klage können sie nicht brauchen, denn ihr Holländer ist noch nicht genügend eingeführt."

„Stimmt", sagte Diederich. „Wir haben die Kerls in der Hand!" Und
5 mit erbitterter Siegesgewissheit lehnte er jeden Vergleich und die angebotene Preisermäßigung schroff ab. Als dann mehrere Tage lang nichts weiter erfolgte, ward er freilich unruhig. Vielleicht warteten sie nun doch seine Klage ab? Vielleicht strengten sie selbst eine an! Unsicher suchte sein Blick, oftmals am Tage, Napoleon Fi-
10 scher, der ihn von unten erwiderte. Sie sprachen nicht mehr miteinander. Wie aber Diederich eines Vormittags um elf Uhr beim zweiten Frühstück saß, brachte das Mädchen eine Karte: „Friedrich Kienast, Prokurist der Firma Büschli & Cie., Eschweiler"; und indes Diederich sie noch hin und her wendete, trat der Besucher schon
15 ein. An der Tür blieb er stehen. „Pardon", sagte er, „es muss ein Irrtum sein. Man hat mich hier ins Haus gewiesen, aber ich komme nämlich geschäftlich."

Diederich hatte sich besonnen. „Ich kann es mir denken, aber das macht nichts, bitte, treten Sie doch näher. Doktor Heßling mein
20 Name. Hier ist meine Mutter und meine Schwestern Emmi und Magda."

Der Herr trat näher und verbeugte sich vor den Damen. „Friedrich Kienast", murmelte er. Er war groß, blondbärtig und trug einen braunen wolligen Jackettanzug. Alle drei Damen lächelten hinge-
25 bend. „Darf ich für den Herrn ein Gedeck auflegen?", fragte Frau Heßling. Und Diederich: „Natürlich. Herr Kienast frühstückt doch mit uns?"

„Ich sage nicht nein", erklärte der Vertreter von Büschli & Cie., und er rieb sich die Hände. Magda legte ihm Bücklinge vor, die er schon
30 lobte, während er den ersten Bissen noch auf der Gabel hatte.

Diederich fragte ihn harmlos lachend: „Nüchtern machen Sie wohl auch nicht gern Geschäfte?" Herr Kienast lachte auch. „Bei den Geschäften bin ich immer nüchtern." Diederich schmunzelte. „Na, dann werden wir uns wohl einigen." – „Kommt darauf an, wie" –
35 und Kienasts schelmisch herausfordernde Worte begleitete ein Blick an Magda. Sie errötete.

Diederich schenkte dem Gast Bier ein. „Sie haben wohl sonst noch
was vor in Netzig?" Worauf Kienast zurückhaltend: „Man kann nie
wissen."

Versuchsweise sagte Diederich: „Bei Klüsing in Gausenfeld werden
5 Sie nichts machen, er hat 'ne flaue Zeit." Und da der andere schwieg,
dachte Diederich: ‚Sie haben ihn bloß wegen des Holländers hergeschickt, sie können keinen Prozess brauchen!' Da bemerkte er, dass
Magda und der Vertreter von Büschli & Cie. gleichzeitig tranken
und über die Gläser hinweg einander in die Augen sahen. Emmi
10 und Frau Heßling saßen starr dabei. Diederich beugte sich schnaufend über seinen Teller – plötzlich aber fing er an, das Familienleben zu preisen. „Sie haben Glück, mein lieber Herr Kienast, denn
das zweite Frühstück ist ausgerechnet unsere schönste Stunde am
Tage. Wenn man so mitten aus der Arbeit hier heraufkommt, dann
15 merkt man doch wieder mal, dass man sozusagen auch Mensch ist.
Na, und das braucht man."

Kienast bestätigte, dass man es brauche. Frau Heßlings Frage, ob er
schon verheiratet sei, verneinte er und sah dabei auf Magdas Scheitel, denn sie hatte den Kopf gesenkt.

20 Diederich stand auf und schlug die Hacken zusammen. „Herr
Kienast", sagte er schnarrend, „ich stehe zu Ihrer Verfügung."

„Eine Zigarre nimmt Herr Kienast noch", bat Magda. Kienast ließ
sie sich von ihr anzünden und hoffte, die Damen nochmals begrüßen zu können – wobei er Magda verheißungsvoll anlächelte. Aber
25 im Hof änderte auch er vollständig den Ton. „Na ja, das sind auch
noch alte, enge Lokalitäten", bemerkte er kalt und wegwerfend. „Sie
sollten mal unsere Anlagen sehen."

„In einem Nest wie Eschweiler", erwiderte Diederich genauso verächtlich, „da ist es kein Kunststück. Reißen Sie mal hier den Häu-
30 serblock nieder!" Und dann rief er im schärfsten Befehlston nach
dem Maschinenmeister, damit er den neuen Holländer in Betrieb
setze. Da Napoleon Fischer nicht sofort kam, stürmte Diederich
hin. „Sie sitzen wohl auf Ihren Ohren, Herr?" Aber sobald er ihm
gegenüberstand, verstummte sein Geschrei; mit leiser, fliegender
35 Stimme, die Augen angestrengt aufgerissen, sagte er: „Fischer, ich
hab es mir überlegt, ich bin mit Ihnen zufrieden, vom Ersten ab er-
höhe ich Ihr Gehalt auf hundertachtzig Mark." Darauf nickte Napo-

leon Fischer kurz und verständnisvoll, und sie trennten sich. Sogleich begann Diederich wieder zu schreien. Die Leute hatten gerauscht. Sie behaupteten, es sei nur seine eigene Zigarre, die er rieche. Zu dem Vertreter von Büschli & Cie. sagte er: „Übrigens bin ich versichert, aber Zucht muss sein. Tadelloser Betrieb, wie?"

„Veraltetes Aggregat[1]", entgegnete Herr Kienast, mit einem lieblosen Blick auf die Maschinen. Diederich versetzte höhnisch: „Weiß ich, mein Bester. Aber so gut wie Ihr Holländer allemal." Trotz Kienasts Protest fuhr er fort, die Leistungsfähigkeit der einheimischen Industrie herabzusetzen. Mit seiner neuen Einrichtung warte er bis zu seiner Reise nach England. Er gehe großzügig vor. Seit er selbst an der Spitze des Betriebes stehe, sei das Geschäft mächtig im Aufschwung. „Und es ist immer noch ausdehnungsfähig." Er erfand. „Jetzt hab ich Verträge mit zwanzig Kreisblättern. Die Berliner Warenhäuser machen mich überhaupt wahnsinnig ..." Kienast unterbrach schneidend: „Dann haben Sie wohl grade alles abgeliefert, denn ich sehe nirgends fertige Ware."

Diederich empörte sich. „Herr! Soll ich Ihnen was sagen? Erst gestern hab ich an sämtliche kleinen Kunden ein Rundschreiben geschickt: Bis zur Vollendung meines Neubaus könne ich nichts mehr liefern."

Der Maschinenmeister holte die Herren. Der neue Patent-Holländer war halb gefüllt, aber die Stoffbewegung blieb noch sehr schwach, der Arbeiter half mit dem Rührscheit nach. Diederich hielt die Uhr in der Hand. „Na also. Sie behaupten, in Ihrem Holländer braucht der Stoff für einen Umgang zwanzig bis dreißig Sekunden: Ich zähle schon fünfzig ... Maschinenmeister, den Stoff ablassen ... Was ist denn los, das dauert ja ewig!"

Kienast hatte sich über die Schale gebeugt. Er richtete sich auf, er lächelte gewitzigt. „Ja, wenn die Ventile verstopft sind ..." Und mit einem scharfen Blick in die Augen Diederichs, die nicht standhielten: „Was sonst noch mit dem Holländer angestellt ist, kann ich in der Eile nicht sehen." Diederich fuhr empor, plötzlich sehr rot. „Wollen Sie mir vielleicht insinuieren[2], dass ich mit meinem Maschinenmeister – ?"

---

[1] Aggregat: aus mehreren Apparaten bestehende technische Einrichtung
[2] insinuieren: unterstellen

„Ich habe nichts gesagt", stellte Kienast fest.

„Das müsste ich mir auch energisch verbitten." Diederich blitzte. Auf Kienast schien es keinen Eindruck zu machen, er behielt seine kalten Augen und das abgefeimte[1] Grinsen in seinem am Kinn aus-
einandergebürsteten Bart. Wenn er sich rasiert und den Schnurrbart bis zu den Augenwinkeln hinaufgebunden haben würde, er hätte Ähnlichkeit mit Diederich bekommen! Er war eine Macht! Umso drohender trat Diederich auf. „Mein Maschinenmeister ist Sozialdemokrat: Dass er mir einen Gefallen tun soll, ist lachhaft.
Übrigens mache ich, als Reserveoffizier, Sie auf die Folgen Ihrer Äußerung aufmerksam!"

Kienast trat in den Hof hinaus. „Lassen Sie das nur, Herr Doktor", sagte er kühl. „In Geschäften bin ich nüchtern, das hab ich Ihnen schon beim Frühstück gesagt. Jetzt brauch ich Ihnen nur noch zu
wiederholen, dass wir den Holländer in tadellosem Zustand geliefert haben und an Rücknahme nicht denken." – Das werde man sehen, erklärte Diederich. Einen Prozess hielten Büschli & Cie. wohl für besonders wirksam, zur Einführung ihres neuen Artikels? „Ich werde Ihnen in den Fachblättern noch eine besondere Empfehlung mit-
geben!" Darauf Kienast: Auf Erpressungsversuche gehe er nicht ein. Und Diederich: Einen satisfaktionsunfähigen Knoten werfe man einfach hinaus. – Da erschien drüben im Haustor Magda.

Sie hatte ihr Pelzjackett von Weihnacht an, und sie lächelte rosig. „Die Herren sind noch immer nicht fertig?", fragte sie schalkhaft[2].
„Das Wetter ist doch so schön, man muss ein bisschen hinaus vor dem Mittagessen. Apropos[3]", sagte sie geläufig, „Mama lässt fragen, ob Herr Kienast zum Abendessen kommt." Da Kienast erklärte, er müsse leider danken, lächelte sie dringlicher. „Und mir würden Sie es auch abschlagen?" Kienast lachte bitter. „Ich würde nicht nein
sagen, Fräulein. Aber weiß ich denn, ob Ihr Herr Bruder – ?" Diederich schnaufte, Magda sah ihn flehend an. „Herr Kienast", brachte er hervor. „Es wird mich freuen. Vielleicht, dass wir uns auch noch verständigen." Er hoffe es, sagte Kienast, worauf er sich weltmän-

---

[1] abgefeimt: durchtrieben
[2] schalkhaft: schelmisch, spaßig
[3] Apropos, à propos (franz.): zu dem eben Vorgebrachten

nisch erbot, das Fräulein ein Stück zu begleiten. „Wenn mein Bruder nichts dagegen hat", sagte sie züchtig und ironisch. Diederich erlaubte auch dies noch – und dann sah er ihr erstaunt nach, wie sie mit dem Prokuristen von Büschli & Cie. abzog. Was die auf einmal alles konnte!

Wie er zum Mittagessen kam, hörte er drinnen im Wohnzimmer die Schwestern mit scharfen Stimmen sprechen. Emmi warf Magda vor, sie benehme sich schamlos. „So macht man es denn doch nicht." – „Nein!", rief Magda. „Ich werde dich um Erlaubnis bitten." – „Das würde gar nichts schaden. Überhaupt bin ich an der Reihe!" – „Hast du sonst noch Sorgen?" – Und Magda schlug ein Hohngelächter an. Da Diederich eintrat, verstummte sie sofort. Diederich rollte unzufrieden die Augen; aber Frau Heßling hätte nicht nötig gehabt, hinter ihren Töchtern die Hände zu ringen: In den Weiberstreit einzugreifen war unter seiner Würde.

Beim Essen ward von dem Gast gesprochen. Frau Heßling rühmte den soliden Eindruck, den er mache. Emmi erklärte: wenn so ein Kommis nicht einmal solide sein sollte. Mit einer Dame reden könne er überhaupt nicht. Magda behauptete entrüstet das Gegenteil. Und da alle auf Diederichs Entscheidung warteten, entschloss er sich. Komment scheine der Herr freilich nicht viel zu haben. Akademische Bildung sei eben nicht zu ersetzen. „Aber als tüchtigen Geschäftsmann hab ich ihn kennengelernt." Emmi hielt sich nicht mehr.

„Wenn Magda den Menschen heiraten will, ich erkläre, dass ich nicht mit euch verkehre. Das Kompott hat er mit dem Messer gegessen!"

„Sie lügt!" Magda brach in Schluchzen aus. Diederich empfand Mitleid; er herrschte Emmi an: „Heirate du bitte einen regierenden Herzog, und dann lass uns in Ruh."

Da legte Emmi Messer und Gabel hin und ging hinaus. Am Abend vor Geschäftsschluss erschien Herr Kienast im Büro. Er trug einen Gehrock, und sein Wesen war eher gesellschaftlich als geschäftlich. Beide hielten, in stillem Einverständnis, das Gespräch hin, bis der alte Sötbier seine Sachen zusammenpackte. Als er sich, mit einem misstrauischen Blick, zurückgezogen hatte, sagte Diederich: „Den

Alten habe ich auf den Aussterbeetat gesetzt. Die wichtigeren Sachen mache ich allein.“

„Na, und haben Sie sich die unsere überlegt?“, fragte Kienast.

„Und Sie?“, erwiderte Diederich. Kienast zwinkerte vertraulich.

5 „Meine Vollmacht reicht eigentlich nicht so weit, aber ich nehme es auf meine Kappe. Geben Sie den Holländer in Gottes Namen zurück. Ein Defekt wird sich doch wohl finden.“

Diederich begriff. Er versprach: „Sie werden ihn finden.“

Kienast sagte sachlich: „Für unser Entgegenkommen verpflichten

10 Sie sich, alle Ihre Maschinen vorkommendenfalls nur bei uns zu bestellen. Einen Moment!“, bat er, da Diederich auffuhr. „Und außerdem ersetzen Sie unsere Unkosten und meine Reise mit fünfhundert Mark, die wir von Ihrer Anzahlung abziehen.“

„Aber hören Sie mal, das ist Wucher!“ Diederichs Gerechtigkeits-

15 sinn empörte sich laut. Auch Kienast erhob schon wieder die Stimme: „Herr Doktor! ...“ Diederich fasste sich gewaltsam, er legte dem Prokuristen die Hand auf die Schulter. „Gehen wir jetzt nur hinauf, die Damen warten.“ – „Wir haben uns soweit ganz gut verstanden“, meinte Kienast besänftigt. „Die kleine Differenz wird sich auch

20 noch aufklären“, verhieß Diederich.

Droben roch es festlich. Frau Heßling glänzte mit ihrem schwarzen Atlaskleid[1]. Durch Magdas Spitzenbluse schimmerte mehr hindurch, als sie sonst im Familienkreis zum Besten gab. Nur Emmis Anzug und Miene waren grau und alltäglich. Magda wies dem Gast

25 seinen Platz an und ließ sich zu seiner Rechten nieder; und als man eben erst saß und sich noch räusperte, sagte sie schon, mit fieberhaft belebten Augen: „Jetzt sind die Herren aber mit den dummen Geschäften fertig.“ Diederich bestätigte, sie seien glänzend miteinander fertig geworden. Büschli & Cie. seien kulante[2] Leute.

30 „Bei unserem Riesenbetrieb“, erklärte der Prokurist. „Zwölfhundert Arbeiter und Beamte, eine ganze Stadt mit einem eigenen Hotel für die Kunden.“ Er lud Diederich ein. „Kommen Sie nur, bei uns leben Sie vornehm und umsonst.“ Und da Magda neben ihm an seinen Lippen hing, rühmte er seine Stellung, seine Machtbefugnisse, die

---

[1] Atlaskleid: festliches Kleid aus Satin
[2] kulant: entgegenkommend

Villa, die er zur Hälfte bewohnte. „Wenn ich mich verheirate, kriege ich auch die andere Hälfte."

Diederich lachte dröhnend. „Dann wäre es wohl das Einfachste, Sie heiraten. Na prost!"

5 Magda schlug die Augen nieder, und Herr Kienast ging zu etwas anderem über. Ob Diederich auch wisse, warum er ihm so leicht entgegengekommen sei? „Ihnen, Herr Doktor, hab ich nämlich gleich angesehen, dass mit Ihnen später noch große Sachen zu machen sein werden – wenn es hier jetzt auch noch etwas kleine Ver-
10 hältnisse sind", setzte er nachsichtig hinzu. Diederich wollte seine Großzügigkeit und die Ausdehnungsfähigkeit seines Unternehmens beteuern, aber Kienast ließ sich seinen Gedankengang nicht abschneiden. Menschenkenntnis sei nämlich seine Spezialität. Einen Geschäftsfreund müsse man vor allem auch in seinem Heim aufsu-
15 chen. „Wenn da alles so wohl bestellt ist wie hier –"

Grade ward die duftende Gans aufgetragen, nach der Frau Heßling schon mehrmals heimlich ausgeblickt hatte. Schnell gab sie sich eine Miene, als sei die Gans eine höchst gewöhnliche Erscheinung. Herr Kienast machte trotzdem eine anerkennende Pause. Frau Heß-
20 ling fragte sich, ob sein Blick wirklich auf der Gans oder, hinter ihrem süßen Qualm, auf Magdas durchbrochener Bluse ruhe. Jetzt riss er sich los und ergriff sein Glas. „Und darum: Auf die Familie Heßling, auf die verehrte mütterliche Hausfrau und ihre blühenden Töchter!" Magda wölbte die Brust, um das Blühen anschaulicher zu
25 machen, und umso flacher sah Emmi aus. Auch stieß Herr Kienast zuerst mit Magda an.

Diederich erwiderte seinen Toast. „Wir sind eine deutsche Familie. Wen wir in unser Haus aufgenommen haben, den nehmen wir auch in unsere Herzen auf." Er hatte Tränen in den Augen, indes Magda
30 wieder einmal errötete. „Und wenn es auch nur ein bescheidenes Haus ist, die Herzen sind treu." Er ließ den Gast hochleben, der seinerseits versicherte, er sei immer für Bescheidenheit gewesen, „besonders in Familien, wo junge Mädchen sind".

Frau Heßling griff ein. „Nicht wahr? Woher soll denn sonst ein
35 junger Mann den Mut nehmen –? Meine Töchter schneidern alles selbst." Dies war für Herrn Kienast das Stichwort, sich über Magdas Bluse zu beugen behufs eingehender Würdigung.

Zum Nachtisch schälte sie ihm eine Apfelsine und nippte ihm zu
Ehren vom Tokaier[1]. Wie man dann ins Wohnzimmer ging, blieb
Diederich, die Arme um seine beiden Schwestern geschlungen, in
der Tür stehen. „Ja, ja, Herr Kienast", sagte er mit tiefer Stimme.
5 „Das ist der Familienfriede, den sehen Sie sich nur an, Herr Kienast!"
Magda schmiegte sich, ganz Hingebung, an seine Schulter. Da Emmi von ihm fortstrebte, bekam sie rückwärts einen Stoß. „So geht es
immer bei uns zu", fuhr Diederich fort. „Ich arbeite den ganzen Tag
für die Meinen, und der Abend vereint uns dann hier beim Lampen-
10 schimmer. Um die Leute da draußen und den Klüngel unserer sogenannten Gesellschaft kümmern wir uns so wenig wie möglich, wir
haben an uns selbst genug."
Hier gelang es Emmi, sich loszumachen; man hörte sie draußen eine Tür zuschlagen. Ein umso zärtlicheres Bild boten Diederich und
15 Magda, wie sie sich am mild beglänzten Tisch niederließen. Herr
Kienast sah nachdenklich den Punsch kommen, den Frau Heßling
in mächtiger Bowle still lächelnd hereintrug. Indes Magda dem
Gast das Glas füllte, setzte Diederich auseinander, dass er dank dieser Beschränkung auf die stille Häuslichkeit imstande sein werde,
20 seine Schwestern einmal gut zu verheiraten. „Denn der Aufschwung des Geschäftes kommt den Mädchen zugut, die Fabrik
gehört ihnen mit, ganz abgesehen von der baren Mitgift; na, und
wenn dann einer meiner künftigen Schwäger auch noch sein Kapital in den Betrieb stecken will –"
25 Aber Magda, die Herrn Kienasts Miene besorgt werden sah, lenkte
ab. Sie fragte ihn nach seiner eigenen Familie und ob er denn ganz
allein sei. Da bekam er gerührte Augen und rückte näher. Diederich
saß dabei, trank und drehte die Daumen. Mehrmals versuchte er
noch teilzunehmen an dem Gespräch der beiden, die sich ganz al-
30 lein zu fühlen schienen. „Na, dann haben Sie also glücklich Ihren
Einjährigen gemacht", sagte er gönnerhaft und wunderte sich dabei
über die Zeichen, die Frau Heßling hinter dem Rücken der andern
ihm gab. Erst als sie sich aus der Tür schlich, begriff er, nahm sein
Punschglas und ging in das dunkle Nebenzimmer zum Klavier. Er
35 tastete ein wenig darauf umher, geriet unversehens in die Bur-

---

[1] Tokaier: edler Süßwein, benannt nach der ungarischen Stadt Tokaj

schenlieder und sang dröhnend mit: „Sie wissen den Teufel, was
Freiheit heißt." Als er fertig war, horchte er hinüber; es war drinnen
aber so still, als sei man eingeschlafen; und obwohl er sich gern
wieder etwas aus der Bowle geschöpft hätte, stimmte er doch aus
5 Pflichtgefühl von Neuem an: „Im tiefen Keller sitz ich hier."
Da, mitten im Vers, fiel ein Stuhl um, und ein lauter Schall folgte,
dessen Herkunft nicht zu verkennen war. Mit einem Sprung war
Diederich im Wohnzimmer. „Nanu", sagte er, kräftig und bieder,
„Sie scheinen ja ernste Absichten zu haben." Das Paar löste sich
10 voneinander. „Ich sage nicht nein", erklärte Herr Kienast. Diederich
war plötzlich heftig bewegt. Aug in Auge schüttelte er Kienast die
Hand, und mit der andern zog er Magda herbei. „Das ist aber eine
Überraschung! Herr Kienast, machen Sie mein Schwesterchen
glücklich. An mir sollt ihr allzeit einen guten Bruder haben, so wie
15 ich es bisher gewesen bin, das darf ich wohl sagen."
Und die Augen wischend, rief er hinaus: „Mutter! Es ist was passiert." Frau Heßling stand gleich hinter der Tür, nur konnte sie, vor
übergroßer Bewegung, nicht sofort ihre Beine gebrauchen. Auf
Diederich gestützt, wankte sie herein, fiel Herrn Kienast um den
20 Hals und löste sich dort in Tränen auf. Diederich klopfte inzwischen an Emmis Zimmer, das verschlossen war. „Emmi, komm heraus, es ist was los!" Sie riss endlich die Tür auf, zornrot im Gesicht.
„Wozu störst du mich im Schlaf. Ich kann mir schon denken, was los
ist. Macht eure Unanständigkeiten allein!" Und sie würde wieder
25 zugeschlagen haben, hätte nicht Diederich den Fuß in den Spalt
gesetzt. Streng bedeutete er ihr, für ihr gemütloses Verhalten verdiene sie, dass sie selbst nie mehr einen Mann bekomme. Er erlaubte ihr nicht einmal, sich anzuziehen, sondern zerrte sie mit, wie sie
war, in ihrer Matinee[1], mit aufgelösten Haaren. Im Flur entwand sie
30 sich ihm. „Du machst uns lächerlich", zischte sie – und noch vor
ihm erschien sie bei den Verlobten, den Kopf sehr hoch, mit spöttisch musterndem Blick. „Musste das so spät in der Nacht sein?",
fragte sie. „Nun, dem Glücklichen schlägt keine Stunde." Kienast
sah sie an: Sie war größer als Magda, ihr Gesicht, das jetzt Farbe
35 hatte, sah voller aus in dem offenen Haar, das lang und stark war.

---

[1] Matinee: hier: Damenjacke

Kienast behielt ihre Hand länger als nötig; sie entzog sie ihm, da wandte er sich von ihr zu Magda, mit sichtlichem Zweifel. Emmi ließ auf ihre Schwester ein Lächeln des Triumphes fallen, machte kehrt und verschwand, hoch aufgerichtet – indes Magda angstvoll nach Kienasts Arm griff. Aber Diederich kam, in der Hand ein gefülltes Punschglas, und verlangte, mit seinem neuen Schwager Bruderschaft zu trinken.

Am Morgen holte er ihn aus dem Hotel zum Frühschoppen ab. „Bis Mittag bezähme gefälligst deine Sehnsucht nach dem Weiblichen. Jetzt müssen wir mal ein Wort unter Männern reden." In Klappschs Bierstube setzte er ihm die Lage auseinander: Fünfunddreißigtausend bar am Tage der Hochzeit – die Belege waren jeden Augenblick zu sehen – und, gemeinsam mit Emmi, ein Viertel der Fabrik. – „Also nur ein Achtel", stellte Kienast fest; worauf Diederich: „Soll ich mich vielleicht umsonst für euch abrackern?" Ein unzufriedenes Schweigen entstand.

Diederich stellte die Stimmung wieder her. „Prost Friedrich!" – „Prost Diederich", sagte Kienast. Dann schien Diederich etwas einzufallen. „Du hast es ja in der Hand, deinen Anteil am Geschäft zu erhöhen, wenn du Geld einlegst. Wie sieht es denn mit deinen Ersparnissen aus? Bei deinem großartigen Gehalt!" Kienast erklärte, im Prinzip sage er nicht nein. Aber noch laufe sein Vertrag mit Büschli & Cie. Auch habe er in diesem Jahr eine beträchtliche Gehaltserhöhung zu erwarten, da wäre es ein Verbrechen gegen sich selbst, jetzt zu kündigen. „Und wenn ich euch mein Geld gebe, muss ich selbst ins Geschäft eintreten. Bei allem Vertrauen, das ich dir entgegenbringe, lieber Diederich –"

Diederich sah es ein. Kienast schlug seinerseits etwas vor. „Wenn du einfach die Mitgift auf fünfzigtausend festsetztest! Magda würde dann auf ihren Anteil am Geschäft verzichten." Dies stieß wieder auf Diederichs unbedingten Widerspruch. „Es wäre gegen den letzten Willen meines seligen Vaters, der ist mir heilig. Und so großzügig, wie ich arbeite, kann in einigen Jahren Magdas Anteil das Zehnfache betragen von dem, was du jetzt verlangst. Nie werde ich mich dazu hergeben, meine arme Schwester zu schädigen." Hierauf feixte der Schwager ein wenig. Diederichs Familiensinn ehre ihn,

aber mit Großzügigkeit allein sei es nicht getan. Und Diederich, merklich gereizt: er sei gottlob für seine Geschäftsführung außer Gott nur sich selbst verantwortlich. „Fünfunddreißigtausend bar und ein Achtel des Reingewinnes, mehr ist nicht zu holen." Kienast
5 trommelte auf den Tisch. „Ich weiß noch nicht, ob ich deine Schwester dafür übernehmen kann", erklärte er. „Mein letztes Wort behalte ich mir noch vor." Diederich zuckte die Achseln, und sie tranken ihr Bier aus. Kienast kam mit zum Essen; Diederich hatte schon gefürchtet, er werde sich drücken. Glücklicherweise war Magda noch
10 verführerischer hergerichtet als gestern –, ,wie wenn sie gewusst hätte, es geht ums Ganze', dachte Diederich, der sie bewunderte. Bei der Mehlspeise hatte sie Kienast wieder so sehr erwärmt, dass er die Hochzeit in vier Wochen wünschte. „Dein letztes Wort?", fragte Diederich neckisch. Als Antwort zog Kienast die Ringe aus
15 der Tasche.
Nach Tisch ging Frau Heßling auf den Fußspitzen aus dem Zimmer, wo die Verlobten saßen, und auch Diederich wollte sich zurückziehen, aber sie holten ihn zum Spazierengehen. „Wohin geht es denn, und wo sind Mutter und Emmi?" Emmi hatte sich geweigert, mitzu-
20 kommen, und darum blieb auch Frau Heßling zu Hause. „Weil es sonst schlecht aussehen würde, weißt du", sagte Magda. Diederich stimmte ihrer Einsicht zu. Er wischte ihr sogar den Staub fort, der beim Eintritt in die Fabrik an ihrem Pelzjackett hängengeblieben war. Er behandelte Magda mit Achtung, denn sie hatte Erfolg ge-
25 habt.
Man ging gegen das Rathaus zu. Es schadete nichts, nicht wahr, wenn die Leute einen sahen. Der Erste freilich, dem man gleich in der Meisestraße begegnete, war nur Napoleon Fischer. Er fletschte die Zähne vor dem Brautpaar und nickte Diederich zu, mit einem
30 Blick, der sagte, er wisse Bescheid. Diederich war dunkelrot; er würde den Menschen angehalten und ihm auf offener Straße einen Krach gemacht haben; aber konnte er? ‚Es war ein schwerer Fehler, dass ich mich mit dem hinterhältigen Proleten auf Vertraulichkeiten eingelassen habe! Es wäre auch ohne ihn gegangen! Jetzt
35 schleicht er um das Haus, damit ich daran denke, dass er mich in der Hand hat. Ich werde noch Erpressungen erleben.' Aber zwischen ihm und dem Maschinenmeister war gottlob alles unter vier

Augen vor sich gegangen. Was Napoleon Fischer über ihn behaupten konnte, war Verleumdung. Diederich ließ ihn dann einfach einsperren. Dennoch hasste er ihn für seine Mitwisserschaft, dass ihm bei zwanzig Grad Kälte heiß und feucht ward. Er sah sich um. Fiel
5 denn kein Ziegelstein auf Napoleon Fischer?

In der Gerichtsstraße fand Magda, dass der Gang sich lohne, denn bei Landgerichtsrat Harnisch standen hinter einer Scheibe Meta Harnisch und Inge Tietz, und Magda wusste bestimmt, dass sie bei Kienasts Anblick sehr beunruhigte Gesichter gemacht hatten. Auf
10 der Kaiser-Wilhelm-Straße war heute leider wenig los; höchstens, dass Major Kunze und Doktor Heuteufel, die in die „Harmonie" gingen, von ferne neugierige Gesichter machten. An der Ecke der Schweinichenstraße aber trat etwas ein, das Diederich nicht vorausgesehen hatte: Gleich vor ihnen ging Frau Daimchen mit Gus-
15 te. Magda beschleunigte sofort den Schritt und plauderte lebhafter. Richtig drehte Guste sich um, und Magda konnte sagen: „Frau Oberinspektor, hier stelle ich Ihnen meinen Bräutigam, Herrn Kienast, vor." Der Bräutigam ward gemustert und schien zu entsprechen, denn Guste, mit der Diederich zwei Schritte zurückblieb, frag-
20 te nicht ohne Achtung: „Wo haben Sie ihn denn hergenommen?" Diederich scherzte: „Ja, so nah wie Sie findet nicht jede den ihren. Aber dafür solider." – „Fangen Sie schon wieder an?", rief Guste, aber ohne Feindlichkeit. Sie streifte sogar Diederichs Blick und seufzte dabei leicht. „Meiner ist ja immer Gott weiß wo. Man kommt sich
25 vor wie die reine Witwe." Gedankenvoll sah sie Magda nach, die an Kienasts Arm hin. Diederich gab zu bedenken: „Wer tot ist, kann es auch bleiben. Es gibt noch genug Lebendige." Dabei drängte er Guste bis an die Häuserwand und sah ihr werbend ins Gesicht; und wirklich, ihr liebes, dickes Gesicht ward einen Augenblick lang ge-
30 während.

Leider war Schweinichenstraße 77 schon erreicht, und man nahm Abschied. Da hinter dem Sachsentor alles aus war, kehrten die Geschwister mit Herrn Kienast wieder um. Magda, die auf dem Arm ihres Verlobten ruhte, sagte ermunternd zu Diederich: „Nun, was
35 meinst du?" – worauf er rot ward und schnaufte. „Was ist da zu meinen", brachte er hervor, und Magda lachte.

In der leeren, stark dämmernden Straße kam ihnen jemand entgegen.

„Ist das nicht – ?", fragte Diederich, ohne Überzeugung. Aber die Figur näherte sich: dick, offenbar noch jung, mit einem großen, weichen Hut, sonst elegant, und die Füße setzte er einwärts. „Wahrhaftig, Wolfgang Buck!" Er dachte enttäuscht: ‚Und Guste stellt
5 sich, als wäre er am Ende der Welt. Das Lügen muss ich ihr austreiben!'

„Da sind Sie ja" – der junge Buck schüttelte Diederich die Hand. „Das freut mich." – „Mich auch", erwiderte Diederich, trotz der Enttäuschung mit Guste, und er machte seinen Schwager mit seinem
10 Schulfreund bekannt. Buck stattete seine Glückwünsche ab, dann trat er mit Diederich hinter die beiden andern. „Sie wollen gewiss zu Ihrer Braut?", bemerkte Diederich. „Sie ist zu Hause, wir haben sie hinbegleitet." – „So?", machte Buck und zuckte die Achseln. „Nun, ich finde sie immer noch", sagte er phlegmatisch. „Vorläufig
15 bin ich froh, dass ich Ihnen mal wieder begegnet bin. Unser Gespräch in Berlin, unser einziges, nicht wahr – es war so anregend." Auch Diederich fand dies jetzt – obwohl es ihn damals nur geärgert hatte. Er war ganz belebt durch das Wiedersehen. „Ja, meinen Gegenbesuch bin ich Ihnen schuldig geblieben. Sie wissen wohl, wie
20 viel einem in Berlin immer dazwischenkommt. Hier freilich hat man Zeit. Öde, wie? Zu denken, dass man hier sein Leben verbringen soll" – und Diederich zeigte die kahle Häuserreihe hinauf. Wolfgang Buck schnupperte mit seiner weich gebogenen Nase in die Luft, auf seinen fleischigen Lippen schien er sie zu kosten, und er
25 machte tiefsinnende Augen. „Ein Leben in Netzig", sagte er ganz langsam. „Nun ja, es kommt darauf hinaus. Unsereiner ist nicht in der Lage, bloß für seine Sensationen zu leben. Übrigens gibt es auch hier welche." Er lächelte verdächtig. „Der Wachtposten hat bis sehr hoch hinauf Sensation gemacht."
30 „Ach so –" Diederich streckte den Bauch vor. „Sie wollen schon wieder nörgeln. Ich stelle fest, dass ich in der Sache durchaus aufseiten Seiner Majestät stehe."

Buck winkte ab. „Lassen Sie nur. Ich kenne ihn."

„Ich noch besser", behauptete Diederich. „Wer ihm, wie ich, ganz
35 allein und Aug in Auge gegenübergestanden hat, im Tiergarten vorigen Februar, nach dem großen Krawall, und dies Auge blitzen ge-

sehen hat, dies Fritzenauge, sag ich Ihnen: der vertraut auf unsere Zukunft."

„Auf unsere Zukunft – weil ein Auge geblitzt hat." Bucks Mund und Wangen sanken schwer melancholisch herab. Diederich stieß Luft durch die Nase. „Ich weiß schon, Sie glauben in unserer Zeit an keine Persönlichkeit. Sonst wären Sie ja Lassalle oder Bismarck geworden."

„Schließlich könnte ich es mir leisten. Gewiss. Geradeso gut wie – er. Wenn auch weniger begünstigt von den äußeren Umständen."

Sein Ton ward lebhafter und überzeugter. „Worauf es für jeden persönlich ankommt, ist nicht, dass wir in der Welt wirklich viel verändern, sondern dass wir uns ein Lebensgefühl schaffen, als täten wir es. Dazu ist nur Talent nötig, und das hat er."

Diederich war beunruhigt, er sah sich um. „Wir sind hier zwar unter uns, die Herrschaften dort vor uns haben Wichtigeres zu besprechen, aber ich weiß doch nicht – "

„Dass Sie immer glauben, ich habe was gegen ihn. Er ist mir wahrhaftig nicht unsympathischer, als ich mir selbst bin. Ich hätte an seiner Stelle den Gefreiten Lück und unseren Netziger Wachtposten genauso ernst genommen. Wäre das noch eine Macht, die nicht bedroht wäre? Erst wenn es einen Umsturz gibt, fühlt man sich. Was würde aus ihm, wenn er sich sagen müsste, dass die Sozialdemokratie gar nicht ihn meint, sondern höchstens eine etwas praktischere Verteilung dessen, was verdient wird."

„Oho!", machte Diederich.

„Nicht wahr? Das würde Sie empören. Und ihn auch. Neben den Ereignissen hergehen, die Entwicklung nicht beherrschen, sondern in ihr mit einbegriffen sein: ist das zu ertragen? … Im Innern unbeschränkt! – und dabei außerstande, auch nur Hass zu erregen anders als durch Worte und Gesten. Denn woran halten sich die Nörgler? Was ist Ernstliches geschehen? Auch der Fall Lück ist nur wieder eine Geste. Sinkt die Hand, ist alles wie zuvor: Aber Darsteller und Publikum haben eine Sensation gehabt. Und nur darauf, mein lieber Heßling, kommt es uns allen heute an. Er selbst, den wir meinen, wäre am erstauntesten, glauben Sie es mir, wenn der Krieg, den er immerfort an die Wand malt, oder die Revolution, die er sich hundertmal vorgespielt hat, einmal wirklich ausbräche."

„Darauf werden Sie nicht lange zu warten brauchen!", rief Diederich. „Und dann sollen Sie sehen, dass alle national Gesinnten treu und fest zu ihrem Kaiser stehen!"

„Gewiss." Buck zuckte immer häufiger die Achseln. „Das ist die übliche Wendung, wie er selbst sie vorgeschrieben hat. Worte lasst ihr euch von ihm vorschreiben, und die Gesinnung war nie so gut geregelt, wie sie es jetzt wird. Aber Taten? Unsere Zeit, bester Zeitgenosse, ist nicht tatbereit. Um seine Erlebensfähigkeit zu üben, muss man vor allem leben, und die Tat ist so lebensgefährlich."

Diederich richtete sich auf. „Wollen Sie den Vorwurf der Feigheit vielleicht in Verbindung bringen mit – ?"

„Ich habe kein moralisches Urteil ausgesprochen. Ich habe eine Tatsache der inneren Zeitgeschichte[1] erwähnt, die uns alle angeht. Übrigens sind wir zu entschuldigen. Für den auf der Bühne Agierenden ist alle Aktion erledigt, denn er hat sie durchgefühlt. Was will die Wirklichkeit noch von ihm? Sie wissen wohl nicht, wen die Geschichte als den repräsentativen Typus dieser Zeit nennen wird?"

„Den Kaiser!", sagte Diederich.

„Nein", sagte Buck. „Den Schauspieler."

Da schlug Diederich ein Gelächter an, dass dort vorn das Brautpaar auseinanderfuhr und sich umwandte. Aber man war auf dem Theaterplatz, es wehte eisig hinüber; sie gingen weiter.

„Na ja", brachte Diederich hervor, „ich hätte mir gleich sagen können, wie Sie auf das verrückte Zeug gekommen sind. Sie haben doch mit dem Theater zu tun." Er klopfte Buck auf die Schulter. „Sind Sie am Ende schon selbst dabei?"

Buck bekam unruhige Augen; der Hand, die ihn klopfte, entzog er sich mit einer Wendung, die Diederich unkameradschaftlich fand.

„Ich? Ach nein", sagte Buck; und nachdem beide bis zur Gerichtsstraße unzufrieden geschwiegen hatten: „Ach so. Sie wissen noch nicht, warum ich in Netzig bin."

„Wahrscheinlich Ihrer Braut wegen."

---

[1] innere Zeitgeschichte: hier: aktuelle innerdeutsche Ereignisse und Entwicklungen

„Das wohl auch. Vor allem aber habe ich die Verteidigung meines Schwagers Lauer übernommen."

„Sie sind – ? Im Prozess Lauer – ?" Es nahm Diederich den Atem, er blieb stehen.

5 „Nun ja", sagte Buck und zuckte die Achseln. „Wundert Sie das? Seit Kurzem bin ich beim Landgericht Netzig als Rechtsanwalt zugelassen. Hat mein Vater Ihnen nicht davon gesprochen?"

„Ich sehe Ihren Vater nur selten … Ich gehe wenig aus. Meine Berufspflichten … Diese Verlobung …" Diederich verlor sich in Ge-

10 stammel. „Dann müssen Sie ja schon oft – Wohnen Sie vielleicht schon ganz hier?"

„Nur vorläufig – glaube ich."

Diederich raffte sich zusammen. „Ich muss sagen: Ich habe Sie schon öfter nicht ganz verstanden – aber so wenig doch noch nie

15 wie jetzt, wo Sie mit mir durch halb Netzig gehen."

Buck blinzelte ihn an. „Obwohl ich in der Verhandlung morgen Verteidiger bin und Sie der Hauptbelastungszeuge? Das ist doch nur Zufall. Die Rollen könnten auch umgekehrt verteilt sein."

„Bitte sehr!" Diederich entrüstete sich. „Jeder steht auf seinem

20 Platz. Wenn Sie vor Ihrem Beruf keine Achtung haben –"

„Achtung? Was heißt das? Ich freue mich auf die Verteidigung, das leugne ich nicht. Ich werde loslegen, man soll etwas erleben. Ihnen, Herr Doktor, werde ich unangenehme Dinge zu sagen haben; Sie werden mir hoffentlich nichts übel nehmen, es gehört zu meiner

25 Wirkung."

Diederich bekam Furcht. „Erlauben Sie, Herr Rechtsanwalt, kennen Sie denn meine Aussage? Sie ist für Lauer durchaus nicht ungünstig."

„Das lassen Sie meine Sorge sein." Bucks Miene ward beängstigend

30 ironisch.

Und damit war man in der Meisestraße. ‚Der Prozess!', dachte Diederich schnaufend. In den Aufregungen der letzten Tage hatte er ihn vergessen, jetzt war es, als sollte man sich von heute auf morgen beide Beine abschneiden lassen. Guste, die falsche Kanaille[1],

35 hatte ihm also absichtlich nichts gesagt von ihrem Verlobten; im

---

[1] Kanaille: verächtlich für: Übeltäterin

letzten Augenblick sollte er den Schrecken bekommen! ... Diederich
verabschiedete sich von Buck, bevor sie beim Haus waren. Dass nur
Kienast nichts merkte! Buck schlug vor, noch irgendwohin zu gehen. „Es zieht Sie wohl nicht besonders zu Ihrer Braut?", fragte
Diederich. – „Augenblicklich hab ich mehr Lust auf einen Kognak."
– Diederich lachte höhnisch. „Darauf scheinen Sie immer Lust zu
haben." Damit nur Kienast nichts erfahre, kehrte er nochmals mit
Buck um. „Sehen Sie", begann Buck unvermutet, „meine Braut: die
gehört auch zu meinen Fragen an das Schicksal." Und da Diederich
„Wieso?" fragte: „Wenn ich nämlich wirklich ein Netziger Rechts-
anwalt bin, dann ist Guste Daimchen bei mir vollkommen an ihrem
Platz. Aber weiß ich das? Für andere Fälle, die in meiner Existenz
eintreten könnten, habe ich nun drüben in Berlin noch eine zweite
Verbindung ..."

„Ich habe gehört: eine Schauspielerin." Diederich errötete für Buck,
der das so zynisch eingestand. „Das heißt", stammelte er, „ich will
nichts gesagt haben."

„Also Sie wissen", schloss Buck. „Jetzt ist die Sache die, dass ich
vorläufig dort hänge und mich um Guste nicht so viel bekümmern
kann, wie ich müsste. Möchten Sie sich da nicht des guten Mädchens ein wenig annehmen?", fragte er harmlos und gelassen.

„Ich soll –"

„Sozusagen den Kochtopf hier und da ein bisschen umrühren, worin ich Wurst und Kohl am Feuer zu stehen habe – indes ich selbst
noch draußen beschäftigt bin. Wir haben doch Sympathie fürei-
nander."

„Danke", sagte Diederich kühl. „So weit reicht meine Sympathie
allerdings nicht. Beauftragen Sie sonst jemand. Ich denke denn
doch etwas ernster über das Leben." Und er ließ Buck stehen.

Außer der Unmoral des Menschen empörte ihn seine würdelose
Vertraulichkeit, nachdem sie noch soeben in Anschauung und Praxis
sich wieder einmal als Gegner erwiesen hatten. Unleidlich, so einer,
aus dem man nicht klug ward! ‚Was hat er morgen gegen mich vor?'
Daheim machte er sich Luft. „Ein Mensch wie eine Qualle! Und von
einem geistigen Dünkel! Gott behüte unser Haus vor solcher alles
zerfressenden Überzeugungslosigkeit; sie ist in einer Familie das
sichere Zeichen des Niedergangs!" Er vergewisserte sich, dass

Kienast wirklich noch am Abend reisen musste. „Etwas Aufregendes wird Magda dir nicht zu schreiben haben", sagte er unvermittelt und lachte. „Meinetwegen mag in der Stadt Mord und Brand sein, ich bleibe in meinem Kontor und bei meiner Familie."

5 Kaum aber war Kienast fort, stellte er sich vor Frau Heßling hin. „Nun? Wo ist die Vorladung, die für mich gekommen ist auf morgen zu Gericht?" Sie musste zugeben, dass sie den bedrohlichen Brief unterschlagen habe. „Er sollte dir die Feststimmung nicht verderben, mein lieber Sohn." Aber Diederich ließ keine Beschönigung
10 gelten. „Ach was: lieber Sohn. Aus Liebe zu mir wird wohl das Essen immer schlechter, außer wenn fremde Leute da sind; und das Haushaltungsgeld geht für euren Firlefanz[1] drauf. Meint ihr, ich fall euch auf den Schwindel rein, dass Magda ihre Spitzenbluse selbst gemacht haben soll? Das könnt ihr dem Esel erzählen!" Magda er-
15 hob Einspruch gegen die Beleidigung ihres Verlobten, aber es half ihr nicht. „Schweig lieber still! Dein Pelzjackett ist auch halb gestohlen. Ihr steckt mit dem Dienstmädchen zusammen. Wenn ich sie nach Rotwein schicke, bringt sie billigeren, und den Rest behaltet ihr ..."
20 Die drei Frauen entsetzten sich, worauf Diederich immer lauter schrie. Emmi behauptete, er sei bloß darum so wild, weil er sich morgen vor der ganzen Stadt blamieren solle. Da konnte Diederich nur noch einen Teller auf den Boden schleudern. Magda stand auf, ging zur Tür und rief zurück: „Ich brauche dich gottlob nicht mehr!"
25 Sofort war Diederich hinterdrein. „Gib bitte Acht, was du redest! Wenn du endlich einen Mann kriegst, verdankst du es allein mir und den Opfern, die ich bringe. Dein Bräutigam hat um deine Mitgift geschachert[2], dass es schon nicht mehr schön war. Du bist überhaupt bloß Zugabe!"
30 Hier fühlte er eine heftige Ohrfeige, und bevor er zu Atem kam, war Magda in ihrem Zimmer und hatte abgesperrt. Diederich rieb sich, jäh verstummt, die Wange. Dann entrüstete er sich wohl noch; aber eine Art von Genugtuung überwog. Die Krisis[3] war vorüber.

---

[1] Firlefanz: wertloses Zeug
[2] schachern: feilschen
[3] Krisis: Krise

In der Nacht hatte er sich fest vorgenommen, mit einiger Verspätung bei Gericht einzutreffen und durch sein ganzes Auftreten zu
zeigen, wie wenig die Geschichte ihn angehe. Aber es hielt ihn
nicht; als er das Verhandlungszimmer, das ihm bezeichnet war, betrat, war man dort noch bei einer ganz andern Sache. Jadassohn,
der in seiner schwarzen Robe[1] einen ungemein drohenden Anblick
bot, war eben damit beschäftigt, für einen kaum erwachsenen
Menschen aus dem Volk zwei Jahre Arbeitshaus[2] zu verlangen. Das
Gericht gewährte ihm freilich nur eins, aber der jugendliche Verurteilte brach in ein solches Geheul aus, dass es Diederich, angstvoll,
wie er selbst gestimmt war, vor Mitleid übel ward. Er begab sich
hinaus und betrat eine Toilette, obwohl an der Tür stand: „Nur für
den Herrn Vorsitzenden!" Gleich nach ihm erschien auch Jadassohn. Wie er Diederich sah, wollte er sich wieder zurückziehen,
aber Diederich fragte sofort, was das denn sei, ein Arbeitshaus, und
was so ein Zuhälter[3] dort tue. Jadassohn erklärte: „Wenn wir uns
darum auch noch kümmern müssten!" und war schon draußen.
Diederichs Inneres zog sich noch mehr zusammen unter dem Gefühl eines schaudererregenden Abgrundes, wie er sich auftat zwischen Jadassohn, der hier die Macht vertrat, und ihm selbst, der
sich zu nahe ihrem Räderwerk gewagt hatte. Es war aus frommer
Absicht geschehen, in übergroßer Verehrung der Macht: gleichviel,
jetzt hieß es sich besonnen verhalten, damit sie einen nicht ergriff
und zermalmte; sich ducken und ganz klein machen, bis man ihr
vielleicht doch noch entrann. Wer erst wieder dem Privatleben gehörte! Diederich versprach sich, fortan ganz seinem geringen, aber
wohlverstandenen Vorteil zu leben.
Draußen im Korridor standen jetzt Leute: ein minder gutes Publikum und auch das beste. Die fünf Töchter Buck, herausgeputzt, als
sei der Prozess ihres Schwagers Lauer die größte Ehre für die Familie, schnatterten in einer Gruppe mit Käthchen Zillich, ihrer Mutter
und der Frau Bürgermeister Scheffelweis. Die Schwiegermutter dagegen ließ den Bürgermeister nicht los, und aus den Blicken, die sie

---

[1] Robe: Amtskleidung vor Gericht
[2] Arbeitshaus: Gefängnis mit Arbeitszwang
[3] Zuhälter: Person, die Frauen als Prostituierte ausbeutet

nach dem Bruder des Herrn Buck und seinen Freunden Cohn und
Heuteufel schleuderte, war zu ersehen, dass sie ihn gegen die Sache
der Bucks einnahm. Der Major Kunze, in Uniform, stand mit finste-
rer Miene dabei und enthielt sich jeder Äußerung. Gerade erschien
5 auch Pastor Zillich mit Professor Kühnchen; aber beim Anblick der
zahlreichen Gesellschaft blieben sie hinter einem Pfeiler. Der Redakteur Nothgroschen seinerseits ging grau und unbeachtet von
den einen zu den andern. Vergebens suchte Diederich jemand, an
den er sich hätte halten können. Jetzt bereute er, dass er es den
10 Seinen verboten hatte, herzukommen. Er blieb im Dunkeln, hinter
der Biegung des Korridors, und streckte nun vorsichtig den Kopf
heraus. Plötzlich zog er ihn zurück: Guste Daimchen mit ihrer Mutter! Sie ward sofort von den Töchtern Buck umringt, als eine kost-
bare Verstärkung ihrer Partei. Gleichzeitig ging dahinten eine Tür,
15 und Wolfgang Buck trat auf, in Barett[1] und Robe, und darunter
Lackschuhe, die er sehr einwärts setzte. Er lächelte festlich, wie bei
einem Empfang, gab allen die Hand, und seiner Braut küsste er sie.
Es werde sehr schön werden, verhieß er; der Staatsanwalt sei gut
disponiert[2], er selbst auch. Dann begab er sich zu den von ihm gela-
20 denen Zeugen, um mit ihnen zu flüstern. In diesem Augenblick verstummte man, denn in der Mündung der Treppe erschien der
Angeklagte, Herr Lauer, und neben ihm seine Frau. Die Bürgermeisterin fiel ihr um den Hals: Wie sie tapfer sei! „Was ist dabei?",
erwiderte sie, mit tiefer, klangreicher Stimme. „Wir haben uns
25 nichts vorzuwerfen, wie, Karl?" Lauer sagte: „Gewiss nicht, Judith."
Gerade jetzt aber ging der Landgerichtsrat Fritzsche vorbei. Ein
Schweigen entstand; wie er und die Tochter des alten Buck sich
begrüßten, blinzelte man einander zu, und die Schwiegermutter des
Bürgermeisters machte eine Bemerkung, halblaut, aber sie war ihr
30 von den Augen zu lesen.
Diederich auf seinem schattigen Posten war von Wolfgang Buck
entdeckt worden. Buck zog ihn hervor und führte ihn zu seiner
Schwester. „Liebe Judith, ich weiß nicht, ob du schon unseren wer-
ten Feind kennst, den Herrn Doktor Heßling. Heute wird er uns

---

[1] Barett: amtliche Kopfbedeckung vor Gericht
[2] gut disponiert: in guter Verfassung

vernichten." Aber Frau Lauer lachte nicht, sie erwiderte auch Diederichs Gruß nicht, sie sah ihn nur an mit rücksichtsloser Neugier.
Es war schwer, diesen dunklen Blick auszuhalten, und ward noch
schwerer, weil sie so schön war. Diederich fühlte, wie das Blut ihm
5 ins Gesicht trat, seine Augen irrten ab, er stammelte: „Der Herr
Rechtsanwalt scherzt wohl. In der Sache muss ein Irrtum vorlie-
gen ..." Da zogen in dem weißen Gesicht die Brauen sich zusammen, die Mundwinkel sanken ausdrucksvoll herab, und Judith Lauer wandte Diederich den Rücken.
10 Ein Gerichtsdiener zeigte sich; Wolfgang Buck ging, seinen Schwager Lauer zur Seite, in das Verhandlungszimmer; und da die Tür
nicht eben freigebig geöffnet ward, stießen alle einander in Hast
hindurch, das minder gute Publikum ward von dem besten überwältigt. Die Unterröcke der fünf Schwestern Buck rauschten heftig
15 bei dem Kampf. Diederich gelangte als Letzter hinein und musste
sich auf der Zeugenbank neben den Major Kunze setzen, der sofort
ein Stück wegrückte. Landgerichtsdirektor Sprezius, anzusehen wie
ein alter wurmiger Geier, erklärte von dort oben die Sitzung für
eröffnet und rief die Zeugen auf, um ihnen den Ernst des Eides in
20 Erinnerung zu bringen – wobei Diederich sofort ein Gesicht bekam
wie ehemals in der Religionsstunde. Landgerichtsrat Harnisch ordnete Akten und sah sich im Publikum nach seiner Tochter um.
Mehr beachtet ward der alte Landgerichtsrat Kühlemann, der das
Krankenzimmer verlassen und seinen Platz zur Linken des Vorsit-
25 zenden eingenommen hatte. Man fand ihn schlecht aussehen, die
Schwiegermutter des Bürgermeisters wollte wissen, er werde sein
Reichstagsmandat niederlegen – und wohin ging das viele Geld,
wenn er starb? Bei den Zeugen drückte Pastor Zillich die Hoffnung
aus, der Alte werde seine Millionen für einen Kirchenbau bestim-
30 men; aber Professor Kühnchen bezweifelte es, mit durchdringender
Flüsterstimme. „Der gibt auch nach 'm Tode nischt her, der hat immer gedacht, man muss das Seine zusammennähm und womöglich
den andern ihrs auch ..." Da entließ der Vorsitzende die Zeugen aus
dem Sitzungssaal.
35 Sie fanden sich, da kein Zeugenzimmer vorhanden war, im Korridor
wieder zusammen. Die Herren Heuteufel, Cohn und Buck junior
nahmen eine Fensternische ein; Diederich, unter dem wütenden

Blick des Majors, dachte peinvoll: ‚Jetzt wird der Angeklagte vernommen. Wüsste ich, was er sagt. Ich möchte ihn ebenso gern entlasten wie ihr!' Vergebens versuchte er gegenüber Pastor Zillich seine milde Gesinnung zu beteuern: er habe immer gesagt, die Sache sei aufgebauscht worden. Zillich wandte sich verlegen weg, und Kühnchen pfiff, davonlaufend, durch die Zähne: „Na warte nur, mein Schibbchen, dir we'n mer das Handwerk legen." Stumm lastete die allgemeine Missbilligung auf Diederich. Endlich erschien der Gerichtsdiener. „Herr Doktor Heßling!"

Diederich riss sich zusammen, um nur in kommentmäßiger Haltung an den Zuschauern vorbeizukommen. Er sah krampfhaft geradeaus; der Blick der Frau Lauer lag jetzt auf ihm! Er schnaufte, und er schwankte ein wenig. Links neben dem Beisitzer, der seine Nägel betrachtete, stand drohend aufgerichtet Jadassohn. Das Licht des Fensters hinter ihm schien durch seine abstehenden Ohren, die blutig leuchteten, und seine Miene heischte von Diederich eine so leichenhafte Gefügigkeit, dass Diederichs Blick die Flucht ergriff. Rechts, vor dem Angeklagten und etwas tiefer, fand er Wolfgang Buck sitzen, nachlässig, mit den Fäusten auf den fetten Schenkeln, von denen die Robe zurückfiel, und so gescheit und aufmunternd anzusehen, als vertrete er den Geist des Lichts. Landgerichtsdirektor Sprezius sprach Diederich die Eidesformel vor, immer nur zwei Worte zur Zeit und mit Herablassung. Diederich schwor folgsam; dann sollte er den Hergang der Dinge an jenem Abend im Ratskeller berichten. Er begann: „Wir waren eine angeregte Gesellschaft, drüben am Tisch saßen auch Herren ..."

Da er schon steckenblieb, ward im Publikum gelacht. Sprezius fuhr auf, er hackte mit dem Geierschnabel zu und drohte, er werde den Saal räumen lassen. „Sonst wissen Sie nichts?", fragte er unwirsch.

Diederich gab zu bedenken, infolge geschäftlicher und anderer Aufregungen hätten sich ihm die Vorgänge inzwischen etwas verwirrt. „Dann werde ich Ihnen zur Auffrischung des Gedächtnisses Ihre Aussage vor dem Untersuchungsrichter vorlesen" – und der Vorsitzende ließ sich das Protokoll reichen. Daraus erfuhr Diederich zu seiner peinlichen Verwunderung, er habe vor dem Untersuchungsrichter Landgerichtsrat Fritzsche die bestimmte Angabe gemacht, dass vonseiten des Angeklagten eine schwere Beleidigung Seiner

Majestät des Kaisers gefallen sei. Was er darüber zu äußern habe. „Es kann wohl sein", stammelte er; „aber es waren viele Herren da. Ob es nun gerade der Angeklagte war, der das gesagt hat …" Sprezius beugte sich über den Richtertisch. „Denken Sie nach, Sie stehen
5 hier unter Ihrem Eid. Andere Zeugen werden bekunden, dass Sie ganz allein auf den Angeklagten zugetreten sind und das betreffende Gespräch mit ihm geführt haben." – „War ich das?", fragte Diederich, rot übergossen. Da lachte unaufhaltsam der ganze Saal; Jadassohn sogar verzog das Gesicht zu einem verachtungsvollen Fei-
10 xen. Sprezius hatte schon den Mund geöffnet, um loszufahren: Aber Wolfgang Buck stand auf. Sein weiches Gesicht ward mit einem sichtbaren Ruck energisch, und er fragte Diederich: „Sie waren an dem Abend wohl stark angetrunken?" Sofort fielen Staatsanwalt und Vorsitzender über ihn her. „Ich beantrage, die Frage nicht zuzu-
15 lassen!", rief Jadassohn schrill. „Herr Verteidiger", krächzte Sprezius, „Sie haben nur mir die Frage vorzulegen; ob ich sie dann an den Zeugen richte, ist meine Sache!" Aber die beiden, Diederich sah es staunend, hatten einen entschlossenen Gegner gefunden. Wolfgang Buck stand da, mit klangvoller Rednerstimme beanstandete er das
20 Verhalten des Vorsitzenden, das die Rechte der Verteidigung verletze, und beantragte Gerichtsbeschluss darüber, ob ihm gemäß der Strafprozessordnung das direkte Fragerecht an den Zeugen zustehe. Sprezius hackte vergeblich zu, es blieb ihm nichts übrig, als mit den vier Richtern rückwärts im Beratungszimmer zu verschwin-
25 den. Buck sah sich triumphierend um; seine Cousinen bewegten die Hände wie zum Applaus; aber auch sein Vater war inzwischen eingetreten, und man sah, wie der alte Buck seinem Sohn ein Zeichen der Missbilligung gab. Der Angeklagte seinerseits, zornige Erregung im apoplektischen[1] Gesicht, schüttelte seinem Verteidiger die
30 Hand. Diederich, der allen Blicken ausgesetzt war, gab sich Haltung und hielt Umschau. Aber ach, Guste Daimchen wich ihm aus! Nur der alte Buck winkte wohlwollend: Diederichs Aussage hatte ihm gefallen. Er bemühte sich sogar aus der engen Tribüne heraus, um Diederich seine weiche, weiße Hand zu geben. „Ich danke Ihnen,

---

[1] apoplektisch, Apoplektiker/Apoplektikerin: Person mit Gefährdung für Schlaganfälle

lieber Freund", sagte er. „Sie haben die Sache so behandelt, wie sie
es verdient." Und Diederich in seiner Verlassenheit bekam feuchte
Augen angesichts der Güte des großen Mannes. Erst nachdem Herr
Buck sich wieder auf seinen Platz begeben hatte, fiel es Diederich
5 ein, dass er ihm hier ja die Geschäfte besorgte! Und auch sein Sohn
Wolfgang war durchaus nicht so schlapp, wie Diederich gedacht
hatte. Die politischen Gespräche hatte er augenscheinlich nur geführt, um sie hier gegen ihn auszunutzen. Treue, wahre deutsche
Treue, die gab es in der Welt nicht, auf niemand konnte man sich
10 verlassen. ‚Soll ich mich hier noch lange von allen Seiten anöden
lassen?‘
Zum Glück kehrte der Gerichtshof zurück. Der alte Kühlemann
wechselte mit dem alten Buck einen bedauernden Blick, und Sprezius verlas, mit merklicher Selbstbeherrschung, den Beschluss. Ob
15 der Verteidiger das Recht der direkten Fragestellung habe, blieb unentschieden, denn die Frage selbst: War der Zeuge damals betrunken gewesen? ward als nicht zur Sache gehörig abgelehnt. Darauf
fragte der Vorsitzende, ob der Herr Staatsanwalt noch eine Frage an
den Zeugen zu richten habe. „Vorläufig nicht", sagte Jadassohn, mit
20 Geringschätzung, „aber ich beantrage, den Zeugen noch nicht zu
entlassen." Und Diederich durfte sich setzen. Jadassohn erhob die
Stimme. „Außerdem beantrage ich die sofortige Vorladung des Un-
tersuchungsrichters Doktor Fritzsche, der darüber aussagen soll,
wie die Gesinnung des Zeugen Heßling gegen den Angeklagten
25 früher war." Diederich erschrak – im Zuschauerraum aber wandte
man sich nach Judith Lauer um: Sogar die beiden Assessoren am
Richtertisch sahen hin … Jadassohn bekam bewilligt, was er wollte.
Dann wurde Pastor Zillich herbeigeholt, vereidigt und sollte seinerseits über die kritische Nacht berichten. Er erklärte, die Eindrücke
30 hätten sich damals überstürzt und sein christliches Gewissen
schwer bedrängt, denn just an jenem Abend sei in den Straßen von
Netzig Blut geflossen, wenn auch zu einem patriotischen Zweck.
„Das gehört nicht hierher!", entschied Sprezius – und eben jetzt
betrat den Saal der Regierungspräsident Herr von Wulckow, im
35 Jagdanzug, mit großen, kotigen Stiefeln. Alles sah sich um, der Vorsitzende machte auf seinem Sitz eine Verbeugung, und Pastor Zillich zitterte. Vorsitzender und Staatsanwalt drangen abwechselnd

auf ihn ein. Jadassohn sagte sogar, mit einem Ausdruck von entsetzlicher Hinterhältigkeit: „Herr Pastor, Sie als Geistlichen brauche ich auf die Heiligkeit des Eides, den Sie geleistet haben, nicht
besonders aufmerksam zu machen." Da knickte Zillich ein und gab
5 zu, dass er die dem Angeklagten vorgeworfene Äußerung allerdings
gehört habe. Der Angeklagte sprang auf und schlug mit der Faust
auf die Bank. „Ich habe den Namen des Kaisers gar nicht genannt!
Ich habe mich gehütet!" Sein Verteidiger beruhigte ihn mit einem
Wink und sagte: „Wir werden den Beweis erbringen, dass nur die
10 provokatorische Absicht des Zeugen Doktor Heßling den Angeklagten zu seinen hier falsch wiedergegebenen Äußerungen veranlasst hat." Vorläufig bitte er den Herrn Vorsitzenden, den Zeugen
Zillich darüber zu befragen, ob er nicht eine Predigt gehalten habe,
die ausdrücklich gegen die Hetzereien des Zeugen Heßling gerich-
15 tet gewesen sei. Pastor Zillich stammelte, er habe nur im Allgemeinen zum Frieden geraten und damit seiner Pflicht als Vertreter der
Religion genügt. Jetzt wollte Buck etwas anderes wissen. „Hat nicht
der Zeuge Zillich neuerdings ein Interesse daran, sich mit dem
Hauptbelastungszeugen Doktor Heßling gut zu stellen, weil näm-
20 lich seine Tochter –" Schon fuhr Jadassohn dazwischen: Er protes-
tiere gegen die Stellung der Frage. Sprezius rügte sie als unzulässig,
und auf der Tribüne entstand ein missbilligendes Gemurmel weiblicher Stimmen. Der Regierungspräsident beugte sich über die Bank
zum alten Buck und sagte deutlich: „Ihr Sohn macht ja nette Zi-
25 cken!"
Inzwischen war der Zeuge Kühnchen aufgerufen. Der kleine Greis
stürmte in den Saal, seine Brillengläser funkelten; schon von der
Tür schrie er seine Personalien herüber, und die Eidesformel sagte
er geläufig her, ohne sie sich vorsprechen zu lassen. Dann aber war
30 er zu keiner anderen Aussage zu bewegen, als dass an jenem Abend
die Wogen der nationalen Begeisterung hochgegangen seien. Zuerst die glorreiche Tat des Postens! Dann der herrliche Brief Seiner
Majestät, mit dem Bekenntnis zum positiven Christentum! „Wie
der Krach war mit dem Angeklagten? Ja, meine Herren Richter,
35 davon weeß 'ch Sie nischt. Da hab 'ch grade ä bisschen geschlum-
mert." – „Aber nachher ist doch von der Sache geredet worden!",
verlangte der Vorsitzende. „Ich nicht!", rief Kühnchen. „Ich hab ee-

gal von unsern glorreichen Taten im Jahre siebzig geredt. Die Franktiröhrs! hab 'ch gesagt, das war Sie eene Bande! Mein steifer Finger, da hat mich ä Franktiröhr draufgebissen, bloß weil ich ihm mit meim Säbel ä kleenes bisschen die Kehle abschneiden wollte!
5 So eene Gemeinheit von dem Kerl!" Und Kühnchen wollte den Finger am Richtertisch umherzeigen. „Abtreten!", krächzte Sprezius; und er drohte wieder einmal mit der Räumung des Saals.
Major Kunze trat auf: steif, wie auf Rädern, und den Eid leistete er in einem Ton, als stieße er gegen Sprezius schwere Beleidigungen
10 aus. Darauf erklärte er kurzweg, dass er mit dem ganzen Geserres[1] nichts zu tun habe; er sei erst später in den Ratskeller gekommen. „Ich kann nur sagen, das Verhalten des Herrn Doktor Heßling riecht mir nach Denunziantentum."
Aber seit einer Weile roch es im Saal nach etwas anderem. Niemand
15 wusste, woher es kam, auf der Tribüne misstraute man einander und rückte, das Taschentuch am Munde, diskret vom Nachbar ab. Der Vorsitzende schnupperte in die Luft, und der alte Kühlemann, dessen Kinn schon längst auf seiner Brust lag, rührte sich im Schlaf. Wie Sprezius ihm vorhielt, die Herren, die ihm damals die Vorgänge
20 berichtet hätten, seien doch nationale Männer gewesen, erwiderte der Major nur, das sei ihm gleich, den Herrn Doktor Heßling habe er gar nicht gekannt. Da aber trat Jadassohn vor; seine Ohren funkelten; mit einer Stimme wie ein Messer sagte er: „Herr Zeuge, ich richte an Sie die Frage, ob Sie den Angeklagten nicht vielleicht um-
25 so besser kennen. Wollen Sie sich darüber äußern, ob er Ihnen nicht noch vor acht Tagen hundert Mark geliehen hat." Vor Schrecken ward es ganz still im Saal, und alles starrte auf den Major in Uniform, der dastand und an seiner Antwort stammelte. Jadassohns Kühnheit machte Eindruck. Unverweilt nutzte er seinen Erfolg aus
30 und erreichte von Kunze, dass er zugab, die Entrüstung der Nationalgesinnten über Lauers Äußerungen sei echt gewesen, auch seine eigene. Zweifellos habe der Angeklagte Seine Majestät gemeint. – Hier hielt Wolfgang Buck sich nicht mehr. „Da der Herr Vorsitzende unnötig findet, es zu rügen, wenn der Herr Staatsanwalt seine eige-
35 nen Zeugen beleidigt, kann es auch uns gleich sein." Sofort hackte

---

[1] Geserres: überflüssiges Gerede

Sprezius nach ihm. „Herr Verteidiger! Das ist meine Sache, was ich rüge und was nicht!" – „Eben das stelle ich fest", fuhr Buck unbeirrt fort. „Zur Sache selbst behaupten wir nach wie vor und werden durch Zeugen beweisen, dass der Angeklagte den Kaiser gar nicht
5 gemeint hat." – „Ich habe mich gehütet!", rief der Angeklagte dazwischen. Buck fuhr fort: „Sollte dies dennoch als wahr unterstellt werden, so beantrage ich, den Herausgeber des Gothaischen Almanachs[1] darüber als Sachverständigen zu vernehmen, welche deutschen Fürsten jüdisches Blut haben." Damit setzte er sich wieder,
10 befriedigt von dem Rauschen der Sensation, das durch den Saal ging. Ein dröhnender Bass sagte: „Unerhört!" Sprezius wollte schon loshacken, sah aber noch rechtzeitig, wer es gewesen war: Wulckow! Sogar Kühlemann war davon erwacht. Der Gerichtshof steckte die Köpfe zusammen, dann verkündete der Vorsitzende, der Antrag des
15 Verteidigers werde abgelehnt, da ein Wahrheitsbeweis nicht zulässig sei. Kundgebung der Missachtung genüge zum Tatbestand des Delikts. Buck war geschlagen; seine feisten Wangen senkten sich, in kindlicher Traurigkeit. Es ward gekichert, die Schwiegermutter des Bürgermeisters lachte ungeniert. Diederich auf seiner Zeugenbank
20 war ihr dankbar. Er fühlte, angstvoll lauschend, wie die öffentliche Meinung einlenkte und ganz leise denen näherkam, die geschickter waren und die Macht hatten. Er tauschte einen Blick mit Jadassohn. Der Redakteur Nothgroschen war dran. Grau und unauffällig war er plötzlich da und funktionierte glatt, wie ein Aussagebeamter. Jeder,
25 der ihn kannte, wunderte sich: So sicher hatte er ihn nie gesehen. Er wusste alles, belastete den Angeklagten auf das Schwerste und redete fließend, als sage er einen Leitartikel her; höchstens, dass zwischen den Absätzen der Vorsitzende ihm das Stichwort gab, mit Anerkennung, wie einem Musterschüler. Buck, der sich erholt hatte,
30 hielt ihm die Stellungnahme der „Netziger Zeitung" für Lauer vor. Darauf erwiderte der Redakteur: „Wir sind ein liberales, also unparteiisches Blatt. Wir geben die Stimmung wieder. Da aber jetzt und hier die Stimmung dem Angeklagten ungünstig ist –" Er musste sich draußen im Korridor darüber informiert haben! Buck nahm eine

---

[1] Gothaischer Almanach: Handbuch zu den Abstammungslinien der deutschen Adelshäuser

ironische Stimme an. „Ich stelle fest, dass der Zeuge eine etwas sonderbare Auffassung seiner Eidespflicht bekundet." Aber Nothgroschen war nicht einzuschüchtern. „Ich bin Journalist", erklärte er,
und er setzte hinzu: „Ich bitte den Herrn Vorsitzenden, mich vor
5 Beleidigungen des Verteidigers zu schützen." Sprezius ließ sich
nicht bitten; und er entließ den Redakteur in Gnaden.
Es schlug zwölf; Jadassohn machte den Vorsitzenden aufmerksam,
dass der Untersuchungsrichter Doktor Fritzsche sich zur Verfügung des Gerichts halte. Er ward aufgerufen – und kaum dass er
10 sich in der Tür zeigte, gingen alle Augen hin und her zwischen ihm
und Judith Lauer. Sie war noch bleicher geworden, der schwarze
Blick, der ihn zum Richtertisch begleitete, vergrößerte sich noch, er
bekam etwas stumm Eindringliches; aber Fritzsche vermied ihn.
Auch ihn fand man schlecht aussehen, sein Schritt dagegen bekun
15 dete Entschlossenheit. Diederich stellte fest, dass er von seinen
zwei Gesichtern für diese Gelegenheit das trockene gewählt hatte.
Welche Eindrücke er während der Voruntersuchung von dem Zeugen Heßling gewonnen habe? Der Zeuge hatte seine Aussage
durchaus freiwillig und selbstständig gemacht, in Form einer durch
20 das frische Erlebnis noch bewegten Auseinandersetzung. Die Zuverlässigkeit des Zeugen, die Fritzsche an der Hand seiner ferneren
Ermitelungen hatte nachprüfen können, stand außer allem Zweifel. Dass der Zeuge heute kein deutliches Erinnerungsbild mehr
hatte, war nur durch die Erregung des Augenblicks zu erklären ...
25 Und der Angeklagte? – Hier hörte man den Saal aufhorchen. Fritzsche schluckte hinunter. Auch der Angeklagte hatte persönlich einen eher günstigen Eindruck auf ihn gemacht, trotz der vielen belastenden Momente.
„Halten Sie, bei widerstreitenden Zeugenaussagen, den Angeklag
30 ten des ihm zur Last gelegten Delikts fähig?", fragte Sprezius.
Fritzsche erwiderte: „Der Angeklagte ist ein gebildeter Mann; ausdrücklich beleidigende Worte zu gebrauchen, wird er sich gehütet
haben."
„Das sagt der Angeklagte selbst", bemerkte der Vorsitzende streng.
35 Fritzsche sprach schneller. Der Angeklagte war durch seine bürgerliche Wirksamkeit gewöhnt, Autorität mit fortschrittlichen Neigungen zu verbinden. Er hielt sich offenbar für einsichtsvoller und zur

Kritik berechtigter als die meisten andern Menschen. Es war also
denkbar, dass er in gereiztem Zustand – und durch die Erschießung
des Arbeiters vonseiten des Wachtpostens hatte er sich gereizt gefühlt – seinen politischen Anschauungen einen Ausdruck gab, der, ob
5 äußerlich vielleicht auch einwandfrei, die beleidigende Absicht
hindurchschimmern ließ.

Hier sah man den Vorsitzenden und den Staatsanwalt aufatmen.
Die Landgerichtsräte Harnisch und Kühlemann warfen Blicke auf
das Publikum, durch das eine lebhafte Bewegung ging. Der Asses-
10 sor links besah auch jetzt noch seine Nägel; der rechts aber, ein
junger Mann mit nachdenklichem Gesicht, beobachtete den Angeklagten, den er gleich vor sich hatte. Die Hände des Angeklagten
waren krampfig um die Brüstung seiner Bank gespannt, und die
Augen, hervortretende braune Augen, richtete er auf seine Frau. Sie
15 aber sah unverwandt auf Fritzsche, halbgeöffneten Mundes, wie
abwesend, mit einem Ausdruck von Leiden, Scham und Schwäche.
Die Schwiegermutter des Bürgermeisters äußerte deutlich: „Und
zwei Kinder hat sie zu Hause." Plötzlich schien Lauer das Geflüster
um ihn her zu bemerken, alle diese Blicke, die wegsahen, wenn er
20 sie streifte. Er sank zusammen, sein stark gerötetes Gesicht entleer-
te sich so jäh vom Blut, dass der junge Assessor erschreckt auf seinem Stuhl rückte.

Diederich, dem es immer wohler ward, war wahrscheinlich der
Einzige, der dem Dialog zwischen dem Vorsitzenden und dem Un-
25 tersuchungsrichter noch folgte. Dieser Fritzsche! Niemandem, auch
Diederich selbst nicht, war die Sache aus guten Gründen anfangs
peinlicher gewesen. Hatte er nicht auf Diederich als Zeugen eine
nahezu pflichtwidrige Einwirkung geübt? Und das protokollierte
Ergebnis von Diederichs Aussage war nun dennoch schwer belas-
30 tend, und Fritzsches eigenes Zeugnis erst recht. Er war nicht weniger rücksichtslos vorgegangen als Jadassohn. Seine engen und besonderen Beziehungen zum Hause Lauer hatten keineswegs ver-
mocht, ihn der Aufgabe zu entfremden, die ihm oblag, dem Schutze
der Macht. Nichts Menschliches hielt stand vor der Macht. Welche
35 Lehre für Diederich! Auch Wolfgang Buck empfing sie, auf seine
Art. Von unten betrachtete er Fritzsche, mit einer Miene, als müsste
er sich erbrechen.

Wie der Untersuchungsrichter mit Drehungen des Körpers, die nicht unbefangen wirkten, auf den Ausgang zusteuerte, ward lauter geflüstert. Die Schwiegermutter des Bürgermeisters sagte, mit dem Lorgnon[1] nach der Frau des Angeklagten zielend: „Eine nette Ge-
5 sellschaft!" Man widersprach ihr nicht; man hatte angefangen, die Lauers ihrem Schicksal zu überlassen. Guste Daimchen biss sich auf die Lippe, Käthchen Zillich schickte einen raschen Senkblick zu Diederich. Doktor Scheffelweis beugte sich hinüber zu dem Haupt der Familie Buck, drückte ihm die Hand und sagte süß: „Ich hoffe,
10 lieber Freund und Gönner, alles wird noch gut."
Der Vorsitzende befahl dem Gerichtsdiener: „Lassen Sie mal den Zeugen Cohn rein!" Die Reihe war an den Entlastungszeugen! Der Vorsitzende schnupperte in die Luft. „Hier riecht es aber schlecht", bemerkte er. „Krecke, machen Sie hinten ein Fenster auf!" Und er
15 suchte mit den Augen unter dem minder guten Publikum, das dort oben enggedrängt saß. Dagegen war auf den unteren Bänken freier Raum, und der freieste um den Regierungspräsidenten von Wulckow in seiner verschwitzten Jagdjoppe ... Das geöffnete Fenster, durch das es eisig hereinblies, bewirkte Murren unter den aus-
20 wärtigen Journalisten, die dort hinten verstaut saßen. Aber Sprezius richtete nur den Schnabel gegen sie: Da duckten sie sich in ihre Rockkragen.
Jadassohn sah siegesgewiss dem Zeugen entgegen. Sprezius ließ ihn eine Weile reden, dann räusperte Jadassohn sich; er hielt einen
25 Akt in der Hand. „Zeuge Cohn", begann er, „Sie sind Inhaber des unter Ihrem Namen bestehenden Warenhauses seit 1889?" Und unvermittelt: „Geben Sie zu, dass gleich damals einer Ihrer Lieferanten, ein gewisser Lehmann, sich in Ihren Lokalitäten durch Erschießen das Leben genommen hat?" Und mit dämonischer Befriedi-
30 gung blickte er auf Cohn, denn die Wirkung seiner Worte war außerordentlich. Cohn begann zu zappeln und nach Luft zu schnappen. „Die alte Verleumdung!", kreischte er. „Er hat es doch gar nicht meinetwegen getan! Er war unglücklich verheiratet! Mit der Geschichte haben die Leute mich schon einmal kaputtgemacht, und
35 nun fängt der Mann wieder an!" Auch der Verteidiger protestierte.

---

[1] Lorgnon: Brille, die mithilfe eines Stils vor die Augen gehalten wird

Sprezius hackte auf Cohn zu. Der Herr Staatsanwalt sei kein Mann! Und wegen des Ausdrucks Verleumdung nehme das Gericht den Zeugen in eine Ordnungsstrafe von fünfzig Mark. Damit war Cohn erledigt. Der Bruder des Herrn Buck ward vernommen. Ihn fragte
5 Jadassohn geradeheraus: „Zeuge Buck, Sie haben ein notorisch schlechtgehendes Geschäft, wovon leben Sie?" Hier entstand ein solches Gemurmel, dass Sprezius schnell eingriff: „Herr Staatsanwalt, gehört das wirklich zur Sache?" Aber Jadassohn war allem gewachsen. „Herr Vorsitzender, die Anklagebehörde hat ein Inte-
10 resse, den Nachweis zu erbringen, dass der Zeuge sich in wirtschaftlicher Abhängigkeit von seinen Verwandten, besonders aber von seinem Schwager, dem Angeklagten, befindet. Die Glaubwürdigkeit des Zeugen ist danach zu bemessen." Der lange, elegante Herr Buck stand mit gesenktem Kopf da. „Das genügt", erklärte Jadassohn;
15 und Sprezius entließ diesen Zeugen. Seine fünf Töchter rückten unter den Blicken der Menge auf ihren Bänken zusammen wie eine Lämmerherde im Unwetter. Das minder gute Publikum der oberen Reihen lachte feindselig. Sprezius bat wohlwollend um Ruhe und ließ sich den Zeugen Heuteufel kommen.
20 Wie nun Heuteufel die Hand zum Schwur hob, schleuderte Jadassohn ihm die seine mit einem dramatischen Wurf entgegen.
„Ich möchte zunächst an den Zeugen die Frage richten, ob er zugibt, die das Delikt der Majestätsbeleidigung darstellenden Äußerungen des Angeklagten durch seine Zustimmung begünstigt und
25 noch verschärft zu haben." Heuteufel erwiderte: „Ich gebe gar nichts zu" – worauf Jadassohn ihm seine Aussage im Vorverhör entgegenhielt. Mit erhobener Stimme: „Ich beantrage Gerichtsbeschluss darüber, dass die Beeidigung dieses Zeugen unterbleiben soll, weil er der Teilnahme am Delikt verdächtig ist." Noch schneidender: „Die
30 Gesinnung des Zeugen darf als gerichtsnotorisch[1] gelten. Der Zeuge gehört zu den von Seiner Majestät dem Kaiser mit Recht so genannten vaterlandslosen Gesellen. Überdies befleißigt er sich in regelmäßigen Versammlungen, die er als Sonntagsfeiern für freie Menschen bezeichnet, der Verbreitung des krassesten Atheismus,
35 wodurch seine Tendenzen gegenüber einem christlichen Monar-

---

[1] gerichtsnotorisch: hier: dem Gericht hinlänglich bekannt

chen ohne Weiteres charakterisiert sind." Und Jadassohns Ohren
strahlten Feuer aus, wie ein ganzes Glaubensbekenntnis. Wolfgang
Buck stand auf, lächelte skeptisch und meinte, die religiösen Überzeugungen des Herrn Staatsanwalts seien offenbar von mönchi-
scher Strenge, es könne ihm nicht zugemutet werden, dass er einen
Nichtchristen für glaubwürdig halte. Das Gericht aber werde wohl
anderer Meinung sein und den Antrag des Staatsanwalts ablehnen.
Da wuchs Jadassohn furchtbar empor. Wegen der Verhöhnung seiner Person beantragte er gegen den Verteidiger eine Ordnungsstrafe von hundert Mark! Der Gerichtshof zog sich zur Beratung zurück. Sofort brach im Saal ein aufgeregtes Durcheinander von Meinungen aus. Doktor Heuteufel schob die Hände in die Taschen und
maß mit langen Blicken Jadassohn, der, dem Schutze des Gerichts
entzogen, von Panik ergriffen ward und gegen die Wand wich. Diederich war es, der ihm zu Hilfe kam, denn er hatte dem Herrn
Staatsanwalt leise eine wichtige Mitteilung zu machen ... Schon
kehrten die Richter zurück. Die Beeidigung des Zeugen Heuteufel
ward vorerst ausgesetzt. Der Verteidiger war wegen Verhöhnung
des Herrn Staatsanwalts in eine Ordnungsstrafe von achtzig Mark
genommen.
In das weitere Verhör Heuteufels griff der Verteidiger ein, der vom
Zeugen wissen wollte, wie er, als intimer Bekannter des Angeklagten, sein Familienleben beurteile. Heuteufel machte eine Bewegung, durch den Saal rauschte es: Man hatte verstanden. Aber ob
Sprezius die Frage zuließ? Er hatte schon den Mund geöffnet, um
sie abzulehnen, begriff aber noch rechtzeitig, dass man einer Sensation nicht ausweichen dürfe – worauf Heuteufel den mustergülti-
gen Zuständen im Hause Lauer hohes Lob spendete. Jadassohn
trank die Worte des Zeugen, bebend vor Ungeduld. Endlich konnte
er, mit namenlosem Triumph in der Stimme, seine Frage stellen.
„Will der Zeuge sich auch darüber äußern, welcher Art die Weiber
sind, aus deren Bekanntschaft er persönlich die Kenntnis des Fami-
lienlebens schöpft, und ob er nicht in einem gewissen Hause verkehrt, das im Volksmund Klein-Berlin heißt?" Und noch im Sprechen vergewisserte er sich, dass die Damen im Publikum, und
gleich ihnen die Richter, tief verletzte Gesichter bekamen. Der
Hauptentlastungszeuge war vernichtet! Heuteufel versuchte noch

zu antworten: „Der Herr Staatsanwalt wird es wissen. Wir sind uns
dort wohl begegnet." Aber das diente nur dazu, dass Sprezius ihm
eine Ordnungsstrafe von fünfzig Mark auferlegen konnte. „Der
Zeuge hat im Saal zu bleiben", entschied der Vorsitzende schließlich. „Das Gericht braucht ihn noch zur weiteren Aufklärung des Tat-
bestandes." Heuteufel äußerte: „Ich meinerseits bin aufgeklärt über
den Betrieb hier und würde es vorziehen, das Lokal zu verlassen."
Sofort wurden aus den fünfzig Mark hundert.

Wolfgang Buck sah sich unruhig um. Seine Lippen schienen die
Stimmung im Saal zu schmecken, sie verzogen sich, als äußerte sich
die Stimmung in diesem merkwürdigen Geruch, der, seit das Fenster geschlossen war, sich wieder gelagert hatte. Buck sah die Sympathien, die ihn hereinbegleitet hatten, zersprengt und abgestumpft, seine Kampfmittel unnütz verbraucht; und das Gähnen
der vom Hunger in die Länge gezogenen Gesichter, die Ungeduld
der Richter, die nach der Uhr schielten, verhieß ihm nichts Gutes.
Er sprang auf; retten, was zu retten war! Und er machte seine Stimme energisch, um die Vorladung weiterer Zeugen für die Nachmit-
tagssitzung zu beantragen. „Da der Herr Staatsanwalt es zum System erhebt, die Glaubwürdigkeit unserer Zeugen zu bezweifeln,
sind wir bereit, den guten Leumund des Angeklagten zu beweisen
durch die Aussagen der ersten Männer von Netzig. Kein Geringerer
als Herr Bürgermeister Doktor Scheffelweis wird dem Gericht die
bürgerlichen Verdienste des Angeklagten bezeugen. Der Herr Regierungspräsident von Wulckow wird nicht umhinkönnen, ihm
seine staatsfreundliche und kaisertreue Gesinnung zu bestätigen."
„Nanu", sagte da hinten aus dem freien Raum der dröhnende Bass.
Buck strengte seine Stimme an.
„Für die sozialen Tugenden des Angeklagten aber werden seine
sämtlichen Arbeiter eintreten."

Und Buck setzte sich, hörbar keuchend. Jadassohn bemerkte kalt:
„Der Herr Verteidiger beantragt eine Volksabstimmung." Die Richter berieten flüsternd; und Sprezius verkündete: Das Gericht gebe
nur dem Antrage des Verteidigers statt, der sich auf die Vernehmung
des Bürgermeisters Doktor Scheffelweis beziehe. Da der Bürgermeister im Saal war, wurde er sogleich aufgerufen.

Er arbeitete sich aus seiner Bank heraus. Frau und Schwiegermutter hielten ihn von beiden Seiten fest und gaben ihm hastig Forderungen mit, die einander widersprechen mussten, denn der Bürgermeister langte sichtlich verstört am Richtertisch an. Welche Gesinnung der Angeklagte in der bürgerlichen Öffentlichkeit betätigte? Doktor Scheffelweis wusste Gutes darüber zu bekunden. So hatte der Angeklagte sich in den städtischen Kollegien eingesetzt für die Wiederherstellung des altberühmten Pfaffenhauses[1], wo die Haare aufbewahrt wurden, die bekanntlich Doktor Martin Luther dem Teufel aus dem Schwanz gerissen hatte. Freilich, auch den Saalbau der Freien Gemeinde[2] hatte er unterstützt und dadurch unleugbar viel Anstoß erregt. Im Geschäftsleben sodann genoss der Angeklagte die allgemeine Achtung; die sozialen Reformen, die er in seiner Fabrik eingeführt hatte, wurden vielfach bewundert – wenn freilich auch dagegen eingewendet ward, dass sie die Ansprüche der Arbeiter ins Ungemessene steigerten und so den Umsturz vielleicht doch zu befördern geeignet waren. „Würde der Herr Zeuge", fragte der Verteidiger, „den Angeklagten des ihm zur Last gelegten Delikts für fähig halten?" – „Einerseits", erwiderte Scheffelweis, „gewiss nicht." – „Aber andererseits?", fragte der Staatsanwalt. Der Zeuge erwiderte: „Andererseits gewiss."

Nach dieser Antwort durfte der Bürgermeister sich zurückziehen; seine zwei Damen empfingen ihn, eine so unzufrieden wie die andere; und der Vorsitzende schickte sich an, die Sitzung aufzuheben, da räusperte Jadassohn sich. Er beantragte, nochmals den Zeugen Doktor Heßling zu vernehmen, der seine Aussage zu ergänzen wünsche. Sprezius klappte missgelaunt mit den Lidern, das Publikum, das soeben aus den Bänken herausrutschte, murrte laut – aber Diederich war schon vorgetreten, festen Schrittes, und hatte schon mit klarer Stimme zu sprechen begonnen. Nach reiflicher Überlegung sei er zu der Einsicht gelangt, dass er seine im Vorverhör gemachte Aussage vollinhaltlich aufrechterhalten könne; und er wie-

---

[1] Pfaffenhaus: abschätzig für Pfarrhaus oder allgemein für eine kirchliche Einrichtung
[2] Freie Gemeinde: „freie", also nicht mit der Landeskirche verbundene evangelische Gemeinschaft, auch „Freikirche" genannt

derholte sie, aber verschärft und erweitert. Er fing mit der Erschießung des Arbeiters an und gab die kritischen Bemerkungen der
Herren Lauer und Heuteufel wieder. Die Zuhörer, die das Fortgehen
vergessen hatten, verfolgten die Schlacht der Gesinnungen über die
5 blutbetropfte Kaiser-Wilhelm-Straße bis in den Ratskeller, sahen
die feindlichen Reihen sich bis zum Entscheidungskampf ordnen,
Diederich wie mit geschwungenem Degen unter den gotischen
Kronleuchter vorrücken und den Angeklagten herausfordern auf
Leben und Tod.

10 „Denn, meine Herren Richter, ich leugne es nicht länger, ich habe
ihn herausgefordert! Wird er das Wort sprechen, an dem ich ihn
packen kann? Er sprach es, und, meine Herren Richter, ich habe ihn
gepackt und habe damit nur meine Pflicht erfüllt und würde sie
auch heute wieder erfüllen, mögen mir daraus in gesellschaftlicher
15 und geschäftlicher Beziehung selbst noch mehr Nachteile erwach-
sen, als ich in der letzten Zeit zu ertragen gehabt habe! Der unei-
gennützige Idealismus, meine Herren Richter, ist ein Vorrecht des
Deutschen, er wird ihn unentwegt betätigen, mag ihm angesichts
der Menge der Feinde gelegentlich auch der Mut sinken. Als ich
20 vorhin mit meiner Aussage noch zögerte, war es nicht nur, wie der
Herr Untersuchungsrichter mir gütigst zubilligte, eine Verwirrung
des Gedächtnisses: Es war, ich gestehe es, ein vielleicht begreifli-
ches Zurückweichen vor der Schwere des Kampfes, den ich auf
mich nehmen sollte. Aber ich nehme ihn auf mich, denn kein Ge-
25 ringerer als Seine Majestät unser erhabener Kaiser verlangt es von
mir …" Diederich sprach fließend weiter, mit einem Schwung in den
Sätzen, der einem den Atem nahm. Jadassohn fand, dass der Zeuge
anfange, die Wirkungen seines Plädoyers vorwegzunehmen, und
blickte unruhig auf den Vorsitzenden. Sprezius aber dachte offenbar
30 nicht daran, Diederich zu unterbrechen. Mit unbewegtem Geierschnabel und ohne die Lider zu klappen, sah er auf Diederichs eiserne Miene, worin es drohend blitzte. Der alte Kühlemann sogar ließ
die Lippe hängen und hörte zu. Wolfgang Buck aber: vorgebeugt auf
seinem Stuhl, spähte er zu Diederich hinauf, gespannt, sachkundig
35 und die Augen voll eines feindlichen Entzückens. Das war eine
Volksrede! Ein Auftritt von bombensicherer Wirkung! Ein Schlager!
„Mögen unsere Bürger", rief Diederich, „endlich aus dem Schlum-

mer erwachen, in dem sie sich so lange gewiegt haben, und nicht
bloß dem Staat und seinen Organen die Bekämpfung der umwälzenden Elemente überlassen, sondern selbst mit Hand anlegen! Das
ist Befehl Seiner Majestät, und meine Herren Richter, da sollte ich
5 zögern? Der Umsturz erhebt das Haupt, eine Rotte[1] von Menschen,
nicht wert, den Namen Deutsche zu tragen, wagt es, die geheiligte
Person des Monarchen in den Staub zu ziehen ...‟
Im minder guten Publikum lachte jemand. Sprezius hackte zu und
drohte, den Lacher in Strafe zu nehmen. Jadassohn seufzte. Jetzt
10 war es Sprezius freilich nicht mehr möglich, den Zeugen zu unterbrechen.
In Netzig hatte der kaiserliche Kampfruf bisher leider nur zu wenig
Widerhall gefunden! Hier verschloss man Augen und Ohren vor
der Gefahr, man verharrte in den veralteten Anschauungen einer
15 spießbürgerlichen Demokratie und Humanität, die den vaterlandslosen Feinden der göttlichen Weltordnung den Weg ebneten. Eine
forsche nationale Gesinnung, einen großzügigen Imperialismus
begriff man hier noch nicht. „Die Aufgabe der modern gesinnten
Männer ist es, auch Netzig dem neuen Geist zu erobern, im Sinne
20 unseres herrlichen jungen Kaisers, der jeden Treugesinnten, er sei
edel oder unfrei, zum Handlanger seines erhabenen Wollens bestellt hat!‟ Und Diederich schloss: „Daher, meine Herren Richter,
war ich berechtigt, dem Angeklagten, als er nörgeln wollte, mit aller Entschiedenheit entgegenzutreten. Ich habe ohne persönlichen
25 Groll gehandelt, um der Sache willen. Sachlich sein heißt deutsch
sein! Und ich meinerseits‟ – er blitzte zu Lauer hinüber – „bekenne
mich zu meinen Handlungen, denn sie sind der Ausfluss eines tadellosen Lebenswandels, der auch im eigenen Hause auf Ehre hält
und weder Lüge noch Sittenlosigkeit kennt!‟
30 Große Bewegung im Saal. Diederich, hingerissen von der edlen Gesinnung, die er ausdrückte, berauscht durch seine Wirkung, fuhr
fort, den Angeklagten anzublitzen. Da aber wich er zurück: Der
Angeklagte, zitternd und wankend, stemmte sich am Geländer seiner Bank empor; er hatte rollende, blutunterlaufene Augen, und

---

[1] Rotte: Gruppe von Wildschweinen, hier: abwertend für eine Gruppe von
Menschen

sein Kiefer bewegte sich, als habe ihn der Schlag gerührt. „Oh!",
machten weibliche Stimmen voll erwartungsvollen Schauderns.
Aber der Angeklagte hatte nur Zeit, einige raue Laute gegen Diederich auszustoßen: Sein Verteidiger hatte ihn am Arm erfasst und
5 redete auf ihn ein. Inzwischen verkündete der Vorsitzende, dass der
Herr Staatsanwalt sein Plädoyer um vier Uhr beginnen werde, und
verschwand, samt den Beisitzern. Diederich, halb betäubt, sah sich
auf einmal bestürmt von Kühnchen, Zillich, Nothgroschen, die ihn
beglückwünschten. Fremde Leute schüttelten ihm die Hand: Die
10 Verurteilung sei todsicher, der Lauer dürfe einpacken. Der Major
erinnerte den erfolgreichen Diederich daran, dass zwischen ihnen
niemals eine Meinungsverschiedenheit entstanden sei. Auf dem
Korridor kam ganz nahe an Diederich, den gerade eine Menge Damen umgaben, der alte Buck vorüber. Er zog sich seine schwarzen
15 Handschuhe an und sah dabei dem jungen Mann ins Gesicht: ohne
die Verbeugung zu erwidern, die Diederich wider Willen machte,
ihm immer ins Gesicht, mit einem Blick, prüfend und traurig, so
traurig, dass auch Diederich, mitten aus seinem Triumph heraus,
ihm traurig nachsah.
20 Plötzlich merkte er, dass die fünf Töchter Buck sich nicht entblöde-
ten, ihm Komplimente zu machen. Sie flatterten, rauschten und
fragten, warum er denn zu der spannenden Verhandlung nicht
auch seine Schwestern mitgebracht habe. Da maß er diese fünf he-
rausgeputzten Gänse, eine nach der andern, von oben bis unten
25 und erklärte ihnen, streng und abweisend, es gebe Dinge, die denn
doch ernster seien als eine Theatervorstellung. Erstaunt ließen sie
ihn stehen. Der Korridor leerte sich; zuletzt erschien noch Guste
Daimchen. Sie machte eine Bewegung auf Diederich zu. Aber Wolfgang Buck holte sie ein, lächelnd, als sei nichts geschehen; und mit
30 ihm waren der Angeklagte und seine Frau. Schnell sandte Guste zu
Diederich einen Blick hin, der sein Zartgefühl anrief. Er drückte
sich hinter einen Pfeiler und ließ, indes ihm das Herz klopfte, die
Geschlagenen vorüber.
Wie er gehen wollte, trat aus dem Amtszimmer der Regierungsprä-
35 sident, Herr von Wulckow. Diederich stellte sich, den Hut in der Hand,
am Wege auf, schlug im richtigen Augenblick die Hacken zusammen, und wirklich, Wulckow blieb stehen. „Na also!", sagte er aus

der Tiefe seines Bartes und klopfte Diederich auf die Schulter. „Sie haben das Rennen gemacht. Sehr brauchbare Gesinnung. Wir sprechen uns noch." Und er ging weiter auf seinen kotigen Stiefeln, schwenkte den Bauch in der verschwitzten Jagdhose und hinterließ, durchdringend wie je, diesen Geruch gewalttätiger Männlichkeit, der bei allem, was geschah, im Gerichtssaal gelagert hatte.

Beim Ausgang drunten hielt sich noch immer der Bürgermeister auf, mit Frau und Schwiegermutter, die von beiden Seiten auf ihn eindrangen und deren Forderungen er, bleich und hoffnungslos, in Einklang zu bringen suchte.

Zu Hause wussten sie schon alles. Sie hatten, alle drei, im Vestibül[1] auf das Ende der Verhandlung gewartet und sich von Meta Harnisch erzählen lassen, was vorging. Frau Heßling umarmte ihren Sohn unter stummen Tränen. Die Schwestern standen etwas betreten dabei, denn noch gestern hatten sie nur Geringschätzung gehabt für Diederichs Rolle im Prozess, die sich nun als so glänzend erwies. Aber Diederich, in der schönen Vergesslichkeit des Siegers, ließ Wein zum Essen auftragen, und er erklärte ihnen, der heutige Tag sichere für alle Zeit ihre gesellschaftliche Stellung in Netzig. „Die fünf Damen Buck werden sich hüten, auf der Straße wegzusehen. Sie können froh sein, wenn ihr sie zurückgrüßt!" Die Verurteilung des Lauer war, so versicherte Diederich, nur mehr eine Formalität. Sie war entschieden, und mit ihr auch Diederichs unaufhaltsamer Aufstieg! „Freilich" – und er nickte in sein Glas –, „trotz voller Pflichterfüllung hätte es schiefgehen können, und dann, meine Lieben, das wollen wir uns nur gestehen, dann wäre ich wahrscheinlich aufgeflogen und Magdas Heirat mit!" Da Magda erbleichte, klopfte er ihr den Arm. „Jetzt sind wir fein heraus." Und das Glas erhoben, mit männlicher Festigkeit: „Welch eine Wendung durch Gottes Fügung!" Er ordnete an, dass beide sich schön machten und mitkamen. Frau Heßling bat um Nachsicht, sie fürchtete zu sehr die Aufregung. Diesmal konnte Diederich warten, die Schwestern durften sich anziehen, so lange sie mochten. Als sie eintrafen, waren schon alle im Saal, aber es waren nicht dieselben. Sämtliche Bucks fehlten,

---

[1] Vestibül: Eingangshalle

und mit ihnen Guste Daimchen, Heuteufel, Cohn, die ganze Loge,
der freisinnige Wahlverein. Sie gaben sich besiegt! Die Stadt wusste
es, man drängte sich herbei, ihre Niederlage zu erleben; das minder
gute Publikum war vorgerückt bis in die vorderen Bänke. Wer von
5 dem einstigen Klüngel sich noch hier fand, Kühnchen und Kunze
trugen Sorge, dass jeder auf ihren Gesichtern die gute Gesinnung
lese. Auch einige verdächtige Gestalten freilich saßen dazwischen:
junge Leute mit müden, aber ausdrucksvollen Mienen, samt mehreren auffallenden Mädchen, die unheimlich schöne Farben im Ge-
10 sicht hatten; und alle tauschten Grüße mit Wolfgang Buck. Das
Stadttheater! Buck hatte sich nicht entblödet, sie zu seinem Plädoyer einzuladen!
Der Angeklagte wandte hastig den Kopf, sooft jemand eintrat. Er
wartete auf seine Frau! ‚Wenn er meint, dass sie noch kommt!‘,
15 dachte Diederich. Aber da kam sie: Noch bleicher als heute früh, begrüßte ihren Gatten mit einem Blick, der flehend war; setzte sich
still an das Ende einer Bank und richtete die Augen gradaus nach
dem Richtertisch, stumm und stolz, wie ins Schicksal … Der Gerichtshof hatte den Saal betreten. Der Vorsitzende eröffnete die Sit-
20 zung und erteilte das Wort dem Herrn Staatsanwalt.
Jadassohn begann sofort mit äußerster Heftigkeit; nach einigen Sätzen fand er schon keine Steigerung mehr und wirkte matt; die Mitglieder des Stadttheaters lächelten einander geringschätzig zu. Jadassohn bemerkte es, er fing an, die Arme zu schwenken, dass die
25 Robe flog; seine Stimme überschlug sich, und die Ohren loderten.
Die geschminkten Mädchen fielen auf die Brüstung ihrer Bank, so
ausgelassen kicherten sie. „Merkt denn Sprezius nichts?“, fragte die
Schwiegermutter des Bürgermeisters. Aber das Gericht schlief.
Diederich in seinem Herzen frohlockte; er hatte seine Rache an Ja-
30 dassohn! Jadassohn konnte nichts vorbringen, als womit er selbst
schon das Rennen gemacht hatte! Es war gemacht, das wusste
Wulckow, und auch Sprezius wusste es, darum schlief er, mit offenen Augen. Jadassohn selbst fühlte es am besten; er nahm sich immer unsicherer aus, je geräuschvoller er ward. Als er schließlich
35 zwei Jahre Gefängnis beantragte, gaben alle, die er gelangweilt hatte, ihm unrecht: wie es schien, auch die Richter. Der alte Kühlemann schrak auf, mit einem Schnarcher. Sprezius klappte mehr-

mals die Lider, um sich zu ermuntern, und dann sagte er: „Der Herr Verteidiger hat das Wort."

Wolfgang Buck erhob sich langsam. Seine sonderbaren Freunde auf der Tribüne murmelten beifällig, was Buck, trotz Sprezius' geschärf-
5 tem Schnabel, in Ruhe abwartete. Dann erklärte er leichthin, als werde er mit allem in zwei Minuten fertig werden, dass die Beweisaufnahme ein dem Angeklagten durchaus günstiges Bild ergeben habe. Der Herr Staatsanwalt vertrete mit Unrecht die Anschauung, dass die Aussage von Zeugen, die erst infolge drohender Eingriffe
10 in ihre eigene Existenz schlecht ausgesagt hätten, irgendeinen Wert habe. Vielmehr, sie habe den Wert, dass sie auf geradezu glänzende Weise die Unschuld des Angeklagten belege, da so viele als wahrheitsliebend bekannte Männer nur durch eine Erpressung – Weiter kam er natürlich nicht. Als der Vorsitzende sich beruhigt hatte, fuhr
15 Buck gelassen fort. Wolle man aber als erwiesen annehmen, dass der Angeklagte die ihm zur Last gelegte Äußerung wirklich getan habe, so entfalle hier doch der Begriff der Strafbarkeit; denn der Zeuge Doktor Heßling habe offen eingestanden, dass er den Angeklagten mit Absicht und Vorbedacht provoziert habe. Es frage sich
20 vielmehr, ob nicht eben der Zeuge Heßling, durch seine provokatorische Absicht, der eigentliche geistige Urheber einer strafbaren Handlung sei, die er mit der unwillkürlichen Hilfe eines andern und unter bewusster Ausnutzung seiner Erregung vollführt habe. Der Verteidiger empfahl dem Herrn Staatsanwalt die nähere Be
25 schäftigung mit dem Zeugen Heßling. Hier wandten viele sich nach Diederich um, und ihm ward schwül. Aber die wegwerfende Miene des Vorsitzenden ermutigte ihn wieder.

Buck machte sein Organ milde und warm. Nein, er wolle nicht das Unglück des Zeugen Heßling, den er als das Opfer eines weit Höheren
30 betrachte. „Warum häufen sich in diesen Zeiten die Anklagen wegen Majestätsbeleidigung? Man wird sagen: infolge solcher Vorgänge wie die Erschießung des Arbeiters. Ich erwidere: nein; sondern dank den Reden, die diese Vorgänge begleiten." Sprezius rückte den Kopf, wetzte schon den Schnabel, zog sich aber noch zurück. Buck ließ sich nicht
35 stören; er machte sein Organ männlich und stark.

„Drohungen und überspannte Ansprüche auf der einen Seite zeitigen Zurückweisungen auf der andern. Der Grundsatz: Wer nicht für mich ist, ist wider mich, zieht eine grelle Grenze zwischen Byzantinern[1] und Majestätsbeleidigern."

Da hackte Sprezius zu. „Herr Verteidiger, ich kann nicht dulden, dass Sie an Worten des Kaisers hier Kritik üben. Wenn Sie damit
5 fortfahren, wird das Gericht Sie in Ordnungsstrafe nehmen."

„Ich füge mich der Anordnung des Herrn Vorsitzenden", sagte Buck, und die Worte wurden in seinem Munde immer runder und gewichtiger. „Ich werde also nicht vom Fürsten sprechen, sondern vom Untertan, den er sich formt; nicht von Wilhelm II., sondern vom
10 Zeugen Heßling. Sie haben ihn gesehen! Ein Durchschnittsmensch mit gewöhnlichem Verstand, abhängig von Umgebung und Gelegenheit, mutlos, solange hier die Dinge schlecht für ihn standen, und von großem Selbstbewusstsein, sobald sie sich gewendet hatten."

Diederich auf seinem Platz schnaufte. Warum schützte Sprezius ihn
15 nicht? Es wäre seine Pflicht gewesen! Einen national gesinnten Mann ließ er in öffentlicher Sitzung verächtlich machen – von wem? Vom Verteidiger, dem berufsmäßigen Vertreter der subversiven Tendenzen! Da war etwas faul im Staat! ... Es begann in ihm zu kochen, wenn er Buck ansah. Das war der Feind, der Antipode[2]; da
20 gab es nur eins: zerschmettern! Diese beleidigende Menschlichkeit in Bucks dickem Profil! Man fühlte seine herablassende Liebe zu den Worten, die er bildete, um Diederich zu kennzeichnen!

„Wie er", sagte Buck, „waren zu jeder Zeit viele Tausende, die ihr Geschäft versahen und eine politische Meinung hatten. Was hinzu-
25 kommt und ihn zu einem neuen Typus macht, ist einzig die Geste: das Prahlerische des Auftretens, die Kampfstimmung einer vorgeblichen Persönlichkeit, das Wirkenwollen um jeden Preis, wäre er auch von anderen zu bezahlen. Die Andersdenkenden sollen Feinde der Nation heißen, und wären sie zwei Drittel der Nation. Klassen-
30 interessen, mag sein, aber umgelogen durch Romantik. Eine romantische Prostration vor einem Herrn, der seinem Untertan von seiner Macht das Nötige leihen soll, um die noch Kleineren niederzuhal-

---

[1] Byzantinismus: schmeichelnd-unterwürfiges Verhalten in Anspielung auf ein übertrieben unterwürfiges Verhalten von Menschen am Hof des Kaisers im mittelalterlichen Byzanz
[2] Antipode: hier: Gegenspieler

ten. Und da es in Wirklichkeit und im Gesetz weder den Herrn noch den Untertan gibt, erhält das öffentliche Leben einen Anstrich schlechten Komödiantentums. Die Gesinnung trägt Kostüm, Reden fallen, wie von Kreuzrittern[1], indes man Blech erzeugt oder Papier;
5 und das Pappschwert wird gezogen für einen Begriff wie den der Majestät, den doch kein Mensch mehr, außer in Märchenbüchern, ernsthaft erlebt. Majestät ...", wiederholte Buck, das Wort durchschmeckend, und einige Hörer schmeckten es mit. Die Leute vom Theater, denen es offenbar mehr auf die Worte als auf den Sinn
10 ankam, legten die Hand an die Ohren und murmelten beifällig. Den andern sprach Buck zu gewählt, und dass er an keinen Dialekt anklang, befremdete. Aber Sprezius war im Sessel emporgestiegen, er kreischte beutegierig: „Herr Verteidiger, zum letzten Male fordere ich Sie auf, die Person des Monarchen nicht in die Debatte zu zie-
15 hen." Durch das Publikum lief eine Bewegung. Wie Buck den Mund wieder öffnete, versuchte jemand zu klatschen, Sprezius hackte noch rechtzeitig zu. Es war eins der auffallenden Mädchen gewesen.

„Erst der Herr Vorsitzende", sagte Buck, „hat die Person des Monar-
20 chen genannt. Aber, da sie nun genannt ist, darf ich, ohne Verlegenheit für das Gericht, feststellen, dass diese Person durch die Vollständigkeit, mit der sie im heute gegebenen Moment die Tendenzen des Landes ausdrückt und darstellt, etwas fast Verehrungswürdiges bekommt. Ich will den Kaiser – und der Herr Vorsitzende wird es
25 nicht auf sich nehmen, mich zu unterbrechen – einen großen Künstler nennen. Kann ich mehr tun? Wir alle kennen nichts Höheres ... Ebendarum sollte es nicht erlaubt sein, dass jeder mittelmäßige Zeitgenosse ihm nachäfft. Im Glanz des Thrones mag einer seine zweifellos einzige Persönlichkeit spielen lassen, mag reden,
30 ohne dass wir mehr von ihm erwarten als Reden, mag blitzen, blenden, den Hass imaginärer Rebellen herausfordern und den Beifall

---

[1] Kreuzritter: hier: eifernde Glaubenskämpfer in Anspielung auf die mittelalterlichen Kreuzritter

eines Parterres[1], das seine bürgerliche Wirklichkeit darüber nicht vergisst ..."

Diederich erbebte; und alle hatten die Münder offen und gespannte Augen, als bewegte Buck sich auf einem Seil zwischen zwei Tür-
5 men. Ob er stürzte? Sprezius hielt den Schnabel gezückt. Aber kein Zug von Ironie zeichnete die Miene des Verteidigers: Es schwang sich etwas darin auf, wie eine erbitterte Begeisterung. Plötzlich ließ er die Mundwinkel fallen, grau schien es um ihn her zu werden. „Aber ein Netziger Papierfabrikant?", fragte er. Er war nicht ge-
10 stürzt, er hatte wieder Boden unter den Füßen! Nun sah alles sich nach Diederich um, und man lächelte sogar. Auch Emmi und Mag-da lächelten. Buck hatte seine Wirkung, und Diederich musste sich leider sagen, dass ihr gestriges Gespräch auf der Straße hierfür die Generalprobe gewesen sei. Er duckte sich unter dem offenen Hohn
15 des Redners.

„Die Papierfabrikanten neigen heute dazu, sich eine Rolle anzuma-ßen, für die sie nicht fabriziert sind. Zischen wir sie aus! Sie haben kein Talent! Das ästhetische[2] Niveau unseres öffentlichen Lebens, das vom Auftreten Wilhelms II. eine so ruhmreiche Erhöhung er-
20 fahren hat, kann durch Kräfte wie den Zeugen Heßling nur verlie-ren ... Und mit dem Ästhetischen, meine Herren Richter, sinkt oder steigt das Moralische. Erlogene Ideale ziehen unlautere Sitten nach sich, dem politischen Schwindel folgt der bürgerliche."

Buck hatte sein Organ streng gemacht. Zum ersten Male erhob er es
25 nun bis zum Pathos.

„Denn, meine Herren Richter, ich beschränke mich nicht auf die mechanistische Doktrin, die der Partei des sogenannten Umsturzes so teuer ist. Mehr Veränderung als alle Wirtschaftsgesetze erzeugt in der Welt das Beispiel eines großen Mannes. Und wehe, wenn es
30 ein falsch verstandenes Beispiel war! Dann kann es geschehen, dass über das Land sich ein neuer Typus[3] verbreitet, der in Härte und Unterdrückung nicht den traurigen Durchgang zu menschli-

---

[1]   Parterre (franz.): Erdgeschoss. Gemeint ist das gesellschaftlich unter dem Adel stehende Bürgertum.
[2]   ästhetisch: künstlerisch, formschön
[3]   Typus: Urbild, Grundgestalt

cheren Zuständen sieht, sondern den Sinn des Lebens selbst.
Schwach und friedfertig von Natur, übt er sich, eisern zu scheinen,
weil in seiner Vorstellung Bismarck es war. Und mit unberechtigter
Berufung auf einen noch Höheren wird er lärmend und unsolide.
5 Kein Zweifel: die Siege seiner Eitelkeit werden geschäftlichen Zwe-
cken dienen. Zuerst bringt die Komödie seiner Gesinnung einen
Majestätsbeleidiger ins Gefängnis. Später findet sich, was daran zu
verdienen ist. Meine Herren Richter!"

Buck breitete die Arme aus, als solle seine Toga[1] die Welt umfassen,
10 er trug die gesammelte Miene eines Führers. Und er legte los, mit
allem, was er hatte.

„Sie sind souverän; und Ihre Souveränität ist die erste und stärkste. In
Ihrer Hand ist das Schicksal des Einzelnen. Sie können ihn in das Leben schicken oder ihn sittlich töten – was kein Fürst kann. Die Norm
15 aber der Individuen, die Sie gutheißen oder verwerfen, bildet ein Geschlecht. Und so haben Sie Macht über unsere Zukunft. Bei Ihnen
liegt die unermessliche Verantwortung, ob künftig Männer wie der
Angeklagte die Gefängnisse füllen und Wesen wie der Zeuge Heßling
der herrschende Teil der Nation sein sollen. Entscheiden Sie sich zwi-
20 schen den beiden! Entscheiden Sie sich zwischen Streberei und muti-
ger Arbeit, zwischen Komödie und Wahrheit! Zwischen einem, der,
um selbst emporzukommen, Opfer verlangt, und dem andern, der
Opfer darbringt, damit Menschen es besser haben! Der Angeklagte
hat getan, was erst wenige vermochten: Er hat sich seines Herren-
25 tums begeben, hat denen, die unter ihm standen, gleiches Recht zugebilligt, Behagen und Hoffnungsfreude. Und jemand, der in seinem
Nächsten so sehr sich selbst achtet, sollte fähig sein, von der Person
des Kaisers mit Nichtachtung zu sprechen?"

Die Hörer atmeten. Mit neuen Gefühlen blickte man auf den Ange-
30 klagten, der die Stirn in die Hand stützte, auf seine Frau, die starr vor
sich hinsah. Mehrere schluchzten. Der Vorsitzende sogar hatte eine
betretene Miene. Seine Lider klappten nicht mehr; mit runden Augen
saß er da, als hätte Buck ihn eingefangen. Der alte Kühlemann nickte
achtungsvoll, und an Jadassohn zeigten sich unwillkürliche Zuckun-
35 gen.

---

[1] Toga: eigentlich Obergewand der alten Römer; die Robe vor Gericht

Aber Buck missbrauchte seinen Erfolg, er ließ sich berauschen. „Das Erwachen des Bürgers!", rief er aus. „Die wahrhaft nationale Gesinnung! Die stille Tat eines Lauer tut mehr dafür als hundert hallende Monologe selbst eines gekrönten Künstlers!"

5 Sofort klappte Sprezius wieder; und man sah ihm an, er hatte sich besonnen, wie die Dinge eigentlich lagen, und versprach sich, nicht zum zweiten Male auf den Leim zu gehen. Jadassohn feixte; und im Saal fühlten die meisten, der Verteidiger habe verspielt. Unter allgemeiner Unruhe ließ der Vorsitzende ihn das Lob des Angeklagten
10 beenden.

Als Buck sich dann setzte, wollten die Schauspieler klatschen; aber Sprezius hackte nicht einmal mehr zu, er warf nur einen gelangweilten Blick hin und fragte, ob der Herr Staatsanwalt zu replizieren[1] wünsche. Jadassohn verneinte geringschätzig, und der Ge-
15 richtshof zog sich rasch zurück. „Das Urteil wird bald gefunden sein", sagte Diederich mit Achselzucken – obwohl ihm von Bucks Rede noch arg beklommen war. „Gott sei Dank!", sagte die Schwiegermutter des Bürgermeisters. „Man sollte nicht glauben, dass vor fünf Minuten die Leute noch obenauf waren." Sie wies auf Lauer,
20 der sich das Gesicht trocknete, und auf Buck, den wahrhaftig die Schauspieler beglückwünschten.

Schon kehrten die Richter zurück, und Sprezius verkündete das Urteil: sechs Monate Gefängnis – was allen die natürlichste Lösung schien. Dazu war noch auf Verlust der vom Angeklagten bekleide-
25 ten öffentlichen Ämter erkannt worden.

Der Vorsitzende begründete das Urteil damit, dass eine beleidigende Absicht zum Tatbestande des Delikts nicht erforderlich sei. Daher tue auch die Frage, ob eine Provokation stattgefunden habe, nichts zur Sache. Im Gegenteil: dass der Angeklagte es gewagt habe, vor
30 national gesinnten Zeugen so zu sprechen, falle erschwerend ins Gewicht. Die Behauptung des Angeklagten, dass er nicht den Kaiser gemeint habe, sei vom Gericht für hinfällig befunden. „Den Hörern der Rede musste sich – namentlich bei ihrer Parteistellung und der ihnen bekannten antimonarchischen Richtung des Angeklagten –
35 die Ansicht aufdrängen, dass seine Äußerung sich gegen den Kaiser

---

[1] replizieren: gehoben für: entgegnen

richte. Wenn der Angeklagte vorgibt, dass er sich wohl gehütet habe, eine Majestätsbeleidigung zu begehen, so hat er eben nicht die Beleidigung selbst, sondern nur ihre strafrechtlichen Folgen vermeiden wollen."

5 Dies leuchtete allen ein, man fand es von Lauer begreiflich, aber hinterlistig. Der Verurteilte ward sofort verhaftet; als man auch dies noch miterlebt hatte, zerstreute man sich, unter Bemerkungen, die ihm nicht günstig waren. Nun war es wohl aus mit Lauer, denn was sollte in dem halben Jahr, das er absitzen musste, aus seinem Ge-
10 schäft werden! Infolge des Urteils war er auch nicht mehr Stadtverordneter. Er konnte künftig weder nützen noch schaden! Dem Buck'schen Klüngel, der so dicktat, war der Denkzettel zu gönnen. Man sah sich nach der Frau des Sträflings um; aber sie war verschwunden. „Nicht einmal die Hand hat sie ihm gegeben! Nette
15 Verhältnisse!"

Aber in den Tagen, die folgten, geschahen Dinge, die zu noch herberen Urteilen nötigten. Judith Lauer hatte sofort ihre Koffer gepackt und war nach dem Süden gereist. Nach dem Süden! – indes ihr leiblicher Mann dort oben in der Vogtei[1] saß, mit einer Wache
20 unter seinem Gitterfenster. Und – ein auffallendes Zusammentreffen! – Landgerichtsrat Fritzsche nahm plötzlich Urlaub. Eine Karte von ihm aus Genua gelangte an Doktor Heuteufel, der sie umherzeigte: wahrscheinlich, um sein eigenes Benehmen in Vergessenheit zu bringen. Es wäre kaum noch nötig gewesen, die Lauer'schen
25 Dienstboten und die armen verlassenen Kinder auszuforschen: Man wusste Bescheid! Der Skandal war so groß, dass die „Netziger Zeitung" eingriff, mit einer an die oberen Zehntausend gerichteten Warnung, nicht den umstürzlerischen Tendenzen durch Zügellosigkeit entgegenzukommen. In einem zweiten Artikel legte Noth-
30 groschen dar, dass man unrecht tue, Reformen, wie die in Lauers Betrieb eingeführten, besonders zu rühmen. Denn was hatten die Arbeiter von der Beteiligung? Im Durchschnitt, nach Lauers eigenen Aufstellungen, noch nicht achtzig Mark im Jahr. Das konnte man ihnen auch in Form eines Weihnachtsgeschenkes zuwenden!

---

[1] Vogtei: vormals Amtssitz eines Vogts, also eines mittelalterlichen Beamten, im Zusammenhang gebraucht als Verwaltungsgebäude mit Gefängniszelle

Aber freilich, dann war es keine Demonstration mehr gegen die bestehende Gesellschaftsordnung. Dann hatte auch die vom Gericht festgestellte antimonarchische Gesinnung des Fabrikherrn nichts dabei zu gewinnen! Und wenn Herr Lauer auf den Dank der
5 Arbeiter gezählt hatte, konnte er sich jetzt eines Besseren belehren: vorausgesetzt, so fügte Nothgroschen hinzu, dass er im Gefängnis das sozialdemokratische Blatt zu lesen bekam. Denn das warf ihm vor, dass er durch seine leichtsinnige Majestätsbeleidigung mehrere hundert Arbeiterfamilien in ihrer Existenz gefährdet habe.
10 Die „Netziger Zeitung" trug der veränderten Lage noch in anderer, sehr bezeichnender Weise Rechnung. Ihr Direktor Tietz wandte sich an das Heßling'sche Werk, wegen eines Teils der Papierlieferung. Die Auflage sei gestiegen und Gausenfeld zur Zeit überlastet. Diederich sagte sich sofort, dass dahinter der alte Klüsing selbst
15 stecke. Er war beteiligt an der Zeitung, ohne ihn geschah dort nichts. Wenn er etwas aus der Hand ließ, fürchtete er offenbar, sonst noch mehr zu verlieren. Die Kreisblätter! Die Lieferungen für die Regierung! Angst vor Wulckow, das war es. Dass Diederich durch seine Zeugenaussage den Präsidenten auf sich aufmerksam
20 gemacht hatte, musste der Alte wohl erfahren haben – obwohl er kaum mehr in die Stadt kam. Die alte Papierspinne dort hinten in ihrem Netz, das über die Provinz und noch weiter gespannt war, witterte Gefahr und ward unruhig. „Er möchte mich abspeisen mit der ‚Netziger Zeitung'! Aber so billig tun wir's nicht. In dieser har-
25 ten Zeit! Hat er 'ne Ahnung von meiner Großzügigkeit. Wenn ich erst Wulckow hinter mir habe: – ich beerbe ihn einfach!", sagte Diederich laut, mit einem Schlag auf das Schreibpult, sodass Sötbier emporschrak. „Hüten Sie sich vor Aufregungen!", höhnte Diederich. „In Ihren Jahren, Sötbier! Ich gebe zu, früher haben Sie man-
30 ches geleistet für die Firma. Aber die Geschichte mit dem Holländer war schlimm; da haben Sie mich entmutigt, und jetzt hätte ich ihn nötig für die ‚Netziger Zeitung'. Sie sollten sich ausruhen, es gelingt nichts mehr."
Zu den Folgen, die der Prozess für Diederich hatte, gehörte auch ein
35 Brief des Majors Kunze. Dieser wünschte ein bedauerliches Missverständnis aufzuklären und teilte mit, dass der Aufnahme des hochverdienten Herrn Doktors in den Kriegerverein nichts mehr

im Wege stehe. Diederich, gerührt durch seinen Triumph, hätte am liebsten gleich die beiden Hände des alten Soldaten ergriffen. Glücklicherweise erkundigte er sich und erfuhr, dass der Brief auf Herrn von Wulckow selbst zurückzuführen war! Der Regierungs-
5 präsident hatte den Kriegerverein mit seinem Besuch beehrt und sich gewundert, den Doktor Heßling nicht dort zu finden. Da ward Diederich es inne, was für eine Macht er war. Er handelte demgemäß. Er antwortete auf die private Eröffnung des Majors durch ein offizielles Schreiben an den Verein und forderte den persönlichen
10 Besuch von zwei Mitgliedern des Vorstandes, der Herren Major Kunze und Professor Kühnchen. Sie kamen auch; Diederich empfing sie, zwischen Geschäftsbesuchen, die er absichtlich auf diese Stunde gelegt hatte, in seinem Büro und diktierte ihnen die Adresse, von deren Überreichung er die Annahme ihres ehrenvollen An-
15 trags abhängig machte. Darin ließ er sich bestätigen, dass er, mit glänzender Unerschrockenheit allen Verleumdungen trotzend, seine treudeutsche und kaisertreue Gesinnung bewährt habe. Durch sein Eingreifen sei es gelungen, den vaterlandslosen Elementen Netzigs eine empfindliche Schlappe beizubringen. Aus einem unter den
20 größten persönlichen Opfern geführten Kampf sei Diederich als lauterer, echt deutscher Charakter hervorgegangen.
Bei der Feier seiner Aufnahme verlas Kunze die Adresse, und Diederich, Tränen in der Stimme, bekannte sich unwürdig, so viel Lob entgegenzunehmen. Wenn in Netzig die nationale Sache Fortschrit-
25 te mache, so sei dies, nächst Gott, einem Höheren zu danken, dessen erhabene Weisungen er seinerseits in freudigem Gehorsam ausführe ... Alle, auch Kunze und Kühnchen, waren bewegt. Es war ein großer Abend. Diederich stiftete einen Pokal – und er hielt eine Rede, worin er die Schwierigkeiten berührte, denen die neue Mili-
30 tärvorlage[1] im Reichstage begegnete. „Einzig unser scharfes Schwert", rief Diederich aus, „sichert unsere Stellung in der Welt, und es scharf zu erhalten ist der Beruf Seiner Majestät des Kaisers! Wenn der Kaiser ruft, wird es herausfliegen aus der Scheide! Die Gesellschaft im Reichstag, die da was dreinreden will, mag sich
35 hüten, dass es sie nicht zuerst trifft. Mit Seiner Majestät ist nicht zu

---

[1] Militärvorlage: Gesetzesvorlage zum Militärhaushalt

spaßen, meine Herren, das kann ich Ihnen nur sagen." Diederich blitzte, und er nickte schwerwiegend, als wüsste er manches. Im selben Augenblick kam ihm wirklich ein Einfall. „Neulich auf dem Brandenburgischen Provinziallandtag[1] hat der Kaiser dem Reichs-
5 tag den Standpunkt klargemacht. Er hat gesagt: Wenn die Kerls mir meine Soldaten nicht bewilligen, räum ich die ganze Bude aus!" – Das Wort erregte Begeisterung; und als Diederich allen, die ihm zutranken, nachgekommen war, hätte er nicht mehr sagen können, ob es von ihm selbst war oder nicht doch vom Kaiser. Schauer der
10 Macht strömten aus dem Wort auf ihn ein, als wäre es echt gewesen … Tags darauf stand es in der „Netziger Zeitung" und schon am Abend im „Lokal-Anzeiger". Schlecht gesinnte Blätter verlangten ein Dementi, aber es blieb aus.

---

[1] Brandenburgischer Provinziallandtag: Parlament der preußischen Provinz Brandenburg

V

Noch schwellten solche Hochgefühle Diederichs Brust, da bekamen Emmi und Magda eine Einladung von Frau von Wulckow, nachmittags zum Tee. Es konnte nur wegen des Stückes sein, das die Regierungspräsidentin beim nächsten Fest der „Harmonie" aufführen
5 ließ, Emmi und Magda sollten Rollen bekommen. Freudegerötet kehrten sie heim: Frau von Wulckow war überaus gnädig gewesen; eigenhändig hatte sie ihnen immer wieder Kuchen auf den Teller gelegt. Inge Tietz mochte platzen. Offiziere spielten mit! Man brauchte besondere Toiletten[1]; wenn Diederich vielleicht glaubte,
10 dass sie mit ihren fünfzig Mark – Aber Diederich eröffnete ihnen einen unbegrenzten Kredit. Nichts von dem, was sie kauften, fand er schön genug. Das Wohnzimmer lag voll von Bändern und künstlichen Blumen, die Mädchen verloren den Kopf, weil Diederich ihnen dreinredete; da kam Besuch, Guste Daimchen.
15 „Ich habe doch der glücklichen Braut noch gar nicht richtig gratuliert", sagte sie und versuchte gönnerhaft zu lächeln; aber ihre Augen gingen besorgt über die Bänder und Blumen. „Das ist wohl auch für das dumme Stück?", fragte sie. „Wolfgang hat davon gehört, er sagt, es ist unerhört dumm." Magda erwiderte: „Dir muss er es doch
20 sagen, weil du nicht mitspielst." Und Diederich erklärte: „Damit entschuldigt er sich dafür, dass Sie seinetwegen bei Wulckows nicht eingeladen werden." Guste lachte geringschätzig. „Auf Wulckows verzichten wir, aber zum Harmonieball gehen wir gerade." Diederich fragte: „Wollen Sie den ersten Eindruck des Prozesses nicht
25 lieber vorübergehen lassen?" Er sah sie teilnehmend an. „Liebes Fräulein Guste, wir sind so alte Bekannte, ich darf Sie wohl darauf hinweisen, dass Ihre Verbindung mit den Bucks Ihnen jetzt in der Gesellschaft nicht gerade nützt." – Guste zuckte mit den Augen, man sah, sie hatte sich das schon selbst gedacht. Magda bemerkte:
30 „Gott sei Dank, mit meinem Kienast ist es nicht so." Worauf Emmi: „Aber Herr Buck ist interessanter. Neulich bei seiner Rede hab ich geweint, wie im Theater." – „Und überhaupt!", rief Guste, ermutigt.

---

[1] Toiletten: hier: festliche Damenkleider

„Erst gestern hat er mir diese Tasche geschenkt." Sie hielt den ver-
goldeten Sack empor, nach dem Emmi und Magda schon lange
schielten. Magda sagte spitz: „Er hat wohl viel verdient mit der Verteidigung. Kienast und ich, wir sind für Sparsamkeit." Aber Guste
5 hatte ihre Genugtuung gehabt. „Dann will ich euch nicht länger
stören", sagte sie.

Diederich begleitete sie hinunter. „Ich bringe Sie nach Haus, wenn
Sie artig sind", sagte er, „aber vorher muss ich noch einen Blick in
die Fabrik tun. Gleich wird Schicht gemacht[1]." – „Ich kann ja mitge-
10 hen", meinte Guste. Um ihr zu imponieren, führte er sie gerades-
wegs zu der großen Papiermaschine. „So was haben Sie wohl noch
nicht gesehen?" Und mit Wichtigkeit erläuterte er ihr das System
von Bassins, Walzen und Zylindern, worüber hin, durch die ganze
Länge des Saales, die Masse floss: zuerst wässerig, dann immer tro-
15 ckener – und am Ende der Maschine lief auf großen Rollen das
fertige Papier. Guste schüttelte den Kopf. „Nein so was! Und der
Krach, den sie macht! Und die Hitze hier!" Diederich, mit seiner
Wirkung noch nicht zufrieden, fand einen Grund, um die Arbeiter
anzudonnern; und wie Napoleon Fischer dazukam, war nur er
20 schuld! Beide schrien gegen den Lärm der Maschine an, Guste verstand nichts; aber Diederichs geheime Angst sah in dem dünnen
Bart des Maschinenmeisters immer das gewisse Grinsen, das an
seine Mitwisserschaft in der Angelegenheit des Holländers erinnerte und die offene Verleugnung jeder Autorität war. Je heftiger
25 Diederich sich gebärdete, desto ruhiger ward der andere. Diese Ruhe war Aufruhr! Schnaufend und bebend öffnete Diederich die Tür
zum Packraum und ließ Guste eintreten. „Der Mann ist Sozialdemokrat!", erklärte er. „So ein Kerl wäre imstande, hier Feuer zu legen. Aber ich entlass ihn nicht: nun gerade nicht! Wollen sehen,
30 wer der Stärkere ist. Die Sozialdemokraten nehme ich auf mich!"
Und da Guste ihn bewundernd ansah: „Das hätten Sie wohl nicht
gedacht, auf was für einem gefahrvollen Posten unsereiner steht.
Furchtlos und treu, ist mein Wahlspruch. Sehen Sie, ich verteidige
hier unsere heiligsten nationalen Güter geradeso gut wie unser Kai-

---

[1] Schicht machen: hier: den Arbeitstag beenden

ser. Dazu gehört mehr Mut, als wenn einer vor Gericht schöne Reden hält."

Guste sah es ein, sie hatte eine andächtige Miene. „Hier ist es kühler", bemerkte sie, „wenn man aus der Hölle nebenan kommt. Die Frauen hier können froh sein." – „Die?", erwiderte Diederich. „Die haben es wie im Paradies!" Er führte Guste zu dem Tisch: Eine der Frauen sortierte die Bogen, eine zweite prüfte nach, und die dritte zählte immerfort bis fünfhundert. Alles ging mit unerklärlicher Schnelligkeit; die Bogen flogen ununterbrochen einander nach, wie von selbst und ohne Widerstand gegen die arbeitenden Hände, die im endlos über sie hingehenden Papier sich aufzulösen schienen: Hände und Arme, die Frau selbst, ihre Augen, ihr Gehirn, ihr Herz. Das alles war da und lebte, damit die Bogen flogen ... Guste gähnte indes Diederich erklärte, dass diese Weiber, die im Akkord arbeiteten[1], sich schändliche Nachlässigkeiten zuschulden kommen ließen. Er wollte schon dazwischenfahren, weil ein Bogen mitflog, woran eine Ecke fehlte. Aber Guste sagte plötzlich mit einer Art von Trotz: „Sie brauchen sich übrigens nicht einzubilden, dass Käthchen Zillich sich für Sie besonders interessiert ... Wenigstens nicht mehr als für gewisse andere Leute", setzte sie hinzu; und auf seine verwirrte Frage, was sie denn meine, lächelte sie bloß anzüglich. „Ich muss Sie doch bitten", wiederholte er. Darauf nahm Guste ihre gönnerhafte Miene an. „Ich sage es nur zu Ihrem Besten. Denn Sie scheinen nichts zu merken? Mit Assessor Jadassohn zum Beispiel? Aber Käthchen ist überhaupt so eine." Jetzt lachte Guste laut, so begossen sah Diederich aus. Sie ging weiter, und er folgte. „Mit Jadassohn?", forschte er angstvoll. Da hörte der Lärm der Maschine auf, die Glocke ging, die den Schluss der Arbeit anzeigte, und über den Hof entfernten sich schon Arbeiter. Diederich zuckte die Achseln. „Was Fräulein Zillich macht, lässt mich kalt", erklärte er. „Höchstens um den alten Pastor tut es mir leid, wenn sie wirklich so eine ist. Wissen Sie das denn genauer?" Guste sah weg. „Überzeugen Sie sich doch selbst!" Worauf Diederich geschmeichelt lachte.

---

[1] im Akkord arbeiten: nach Stückzahl bezahlt werden

„Lassen Sie das Gas brennen!", rief er dem Maschinenmeister zu, der vorbeiging. „Ich drehe selbst ab." Gerade ward der Lumpensaal weit geöffnet, für die Fortgehenden. „Oh!", rief Guste, „dort drinnen ist es aber romantisch!" Denn sie erblickte dahinten in der Dämme-
5 rung lauter bunte Flecken auf grauen Hügeln und darüber einen Wald von Ästen. „Ach", sagte sie, im Nähertreten. „Ich dachte, weil es hier schon so dunkel ist ... Das sind ja bloß Lumpensäcke und Heizungsrohre." Und sie verzog das Gesicht. Diederich jagte die Arbeiterinnen empor, die trotz der Betriebsordnung sich auf den Sä-
10 cken ausruhten. Mehrere, kaum dass die Arbeit fortgelegt war, strickten schon, andere aßen. „Das könnte euch passen", schnaubte er. „Wärme schinden auf meine Kosten! Raus!" Sie standen langsam auf, ohne ein Wort, ohne Widerstand in der Miene; und vorbei an der fremden Dame, nach der alle dumpf neugierig den Kopf wand-
15 ten, trabten sie in ihren Männerschuhen hinaus, schwerfällig wie eine Herde und umgeben von dem Dunst, worin sie lebten. Diederich behielt jede scharf im Auge, bis sie draußen war. „Fischer!", schrie er plötzlich. „Was hat die Dicke da unterm Tuch?" Der Maschinenmeister erklärte mit seinem zweideutigen Grinsen: „Das ist
20 nur, weil sie was erwartet" – worauf Diederich unzufrieden den Rücken wandte. Er belehrte Guste. „Ich glaubte, ich hätte eine erwischt. Sie stehlen nämlich Lumpen. Jawohl. Sie machen Kinderkleider draus." Und da Guste die Nase rümpfte: „Das ist doch zu gut für die Proletenkinder!"
25 Mit den Spitzen ihrer Handschuhe hob Guste einen der Fetzen vom Boden. Plötzlich hatte Diederich ihr Handgelenk gefangen und küsste es gierig, im Spalt des Handschuhs. Erschreckt sah sie sich um. „Ach so, alle Leute sind schon fort." Sie lachte selbstsicher. „Ich hab mir doch gleich gedacht, was Sie jetzt noch in der Fabrik zu tun
30 haben." Diederich machte ein herausforderndes Gesicht. „Na und Sie? Warum sind Sie überhaupt gekommen heute? Sie haben wohl gemerkt, dass ich doch nicht so ohne bin? Freilich, Ihr Wolfgang – Jeder kann sich nicht so blamieren wie er, neulich vor Gericht." Darauf sagte Guste entrüstet: „Seien Sie nur ganz still, Sie werden
35 doch nie so ein feiner Mann wie er." Aber ihre Augen sagten etwas anderes. Diederich sah es; erregt lachte er auf. „Wie der es eilig hat mit Ihnen! Wissen Sie auch, wofür er Sie ansieht? Für einen Kochtopf mit

Wurst und Kohl, und ich soll ihn umrühren!" – „Jetzt lügen Sie", sagte
Guste vernichtend; aber Diederich war im Zuge. „Ihm ist nämlich
nicht genug Wurst und Kohl drin. – Anfangs hat er natürlich auch
gedacht, Sie hätten eine Million geerbt. Aber für fünfzigtausend Mark
5 ist solch ein feiner Mann nicht zu haben." Da kochte Guste auf. Diederich fuhr zurück, so gefährlich sah es aus. „Fünfzigtausend! Ihnen ist
gewiss nicht wohl? Wie komme ich dazu, dass ich mir das muss sagen
lassen! Wo ich bare dreihundertfünfzigtausend auf der Bank zu liegen
hab, in richtiggehenden Papieren[1]! Fünfzigtausend! Wer so etwas Eh-
10 renrühriges von mir herumerzählt, den kann ich überhaupt belan-
gen!" Sie hatte Tränen in den Augen; Diederich stammelte Entschuldigungen. „Lassen Sie nur" – und Guste benutzte ihr Taschentuch.
„Wolfgang weiß genau, woran er bei mir ist. Aber Sie selbst, Sie haben
den Schwindel geglaubt. Darum waren Sie auch so frech!", rief sie.
15 Ihre rosigen Fettpolster zitterten vor Zorn, und die kleine eingedrückte Nase war ganz weiß geworden. Er sammelte sich. „Daran sehen Sie
doch, dass Sie mir auch ohne Geld gefallen", gab er zu bedenken. Sie
biss sich auf die Lippen. „Wer weiß", sagte sie mit einem Blick von
unten, schmollend und unsicher. „Für Leute wie Sie sind fünfzigtau-
20 send auch schon Geld."
Er hielt es für angezeigt, eine Pause zu machen. Sie zog aus ihrem
goldenen Beutel den Puderquast[2], und sie setzte sich. „Ich bin wirklich ganz echauffiert[3] von Ihrem Betragen!" Aber sie lachte wieder.
„Haben Sie mir vielleicht sonst noch etwas zu zeigen in Ihrer soge-
25 nannten Fabrik?" Er nickte bedeutsam. „Wissen Sie wohl, wo Sie
jetzt sitzen?" – „Na, auf einem Lumpensack." – „Aber auf was für
einem! In dieser Ecke, hinter den Säcken hier hab ich mal einen
Arbeiter und ein Mädchen ertappt, wie sie gerade: Sie verstehen.
Natürlich sind beide geflogen; und am Abend, jawohl, am selben
30 Abend" – er hob den Zeigefinger, in seinen Augen entstand ein
Schauder höherer Dinge – „haben sie den Kerl totgeschossen, und das
Mädchen ist verrückt geworden." Guste sprang auf. „War das –?
Ach Gott, das war der Arbeiter, der den Wachtposten gereizt hat …?

---

[1] Papiere: Wertpapiere
[2] Puderquast: Pinsel o. Ä. zum Auftragen von Puder im Gesicht
[3] echauffiert: aufgeregt

Also hinter den Säcken haben sie –?" Ihre Augen gingen über die Säcke, als suchte sie Blut darauf. Sie hatte sich nahe zu Diederich geflüchtet. Plötzlich sahen sie einander in die Augen; darin bewegten sich die gleichen abgründigen Schauder, des Lasters oder des Übersinnlichen. Sie atmeten hörbar einander an. Guste schloss, eine Sekunde lang, die Lider: Da plumpsten sie auch schon beide auf die Säcke, rollten, ineinander verwickelt, hinab und durch den dunklen Raum dahinter, schlugen um sich, keuchten und prusteten, als seien sie dort unten am Ertrinken.

Guste zuerst erreichte wieder das Licht. Den Fuß, an dem er sie festhalten wollte, stieß sie ihm ins Gesicht und sprang heraus, dass es krachte. Als Diederich sich glücklich ihr nachgearbeitet hatte, standen sie da und schnauften. Gustes Busen, Diederichs Bauch gingen beide im Sturm. Sie erlangte vor ihm die Sprache zurück. „Das müssen Sie mit 'ner andern versuchen! Wie komm ich überhaupt dazu!" Immer erbitterter: „Ich hab Ihnen doch gesagt, dass es dreihundertfünfzigtausend sind!" Diederich bewegte die Hand, um auszudrücken, dass er seinen Missgriff zugebe. Aber Guste schrie auf: „Und wie ich aussehe! Soll ich so vielleicht durch die Stadt gehen?" Er erschrak aufs Neue und lachte ratlos. Sie stampfte auf. „Haben Sie denn keine Bürste?" Gehorsam machte er sich auf den Weg; Guste rief ihm nach: „Dass gefälligst Ihre Schwestern nichts merken! Sonst reden morgen die Leute von mir!" Er ging nur bis in das Kontor. Wie er zurückkehrte, saß Guste wieder auf dem Sack, das Gesicht in den Händen, und durch ihre lieben, dicken Finger rannen Tränen. Diederich blieb stehen, hörte ihrem Wimmern zu, und auf einmal begann auch er zu weinen. Mit tröstender Hand bürstete er sie ab. „Es ist doch nichts geschehen", wiederholte er. Guste stand auf. „Das wäre auch noch schöner" – und sie musterte ihn mit Ironie. Da fasste auch Diederich Mut. „Ihr Herr Bräutigam braucht es ja nicht zu wissen", bemerkte er. Und Guste: „Wenn schon!" – wobei sie sich auf die Lippen biss.

Betroffen durch dies Wort, bürstete er schweigend weiter, zuerst sie, dann sich, indes Guste ihre Kleider glättete. „Nun los!", sagte sie. „Eine Papierfabrik seh ich mir so bald nicht wieder an." Er spähte ihr unter den Hut. „Wer weiß", sagte er. „Denn dass Sie Ihren Buck lieben, das glaub ich Ihnen seit fünf Minuten nicht mehr."

Schnell rief Guste: „O doch!" Und ohne Pause fragte sie: „Was bedeutet denn das Zeug hier?"
Er erklärte: „Das ist der Sandfang, durch die Rinne schwemmen wir die Lumpen; Knöpfe und so weiter bleiben zurück, wie Sie sehen.
5 Die Leute haben natürlich wieder nicht aufgeräumt." Mit der Schirmspitze stocherte sie in dem Haufen; er setzte hinzu: „Im Jahr behalten wir mehrere Säcke Überbleibsel!" – „Und was ist das da?", fragte Guste und griff rasch hin, nach etwas, das glänzte. Diederich riss die Augen auf. „Ein Brillantknopf!" Sie ließ ihn funkeln. „Echt
10 sogar! Wenn Sie öfter so was finden, ist Ihr Geschäft nicht so übel!"
Diederich sagte zweifelnd: „Den muss ich natürlich abliefern!" Sie lachte. „An wen denn? Die Abfälle gehören doch Ihnen!" Er lachte auch. „Na, nicht gerade die Brillanten. Wir werden schon noch ausfindig machen, wer uns das geliefert hat." Guste sah ihn von unten
15 an. „Sie sind schön dumm", sagte sie. Er erwiderte mit Überzeugung: „Nein! Sondern ich bin ein Ehrenmann!" Darauf hob sie nur die Schultern. Langsam zog sie den linken Handschuh aus und legte sich den Brillanten auf den kleinen Finger. „Er muss als Ring gefasst werden!", rief sie aus, wie erleuchtet, betrachtete versunken
20 ihre Hand und seufzte. „Na, sollen ihn andere Leute finden!" – und unvermutet warf sie den Knopf zurück in die Lumpen. „Sind Sie verrückt?" Diederich bückte sich, sah ihn nicht gleich und ließ sich schnaufend auf die Knie. In der Hast warf er alles durcheinander. „Gott sei Dank!" Er hielt ihr den Brillanten hin; aber Guste nahm
25 ihn nicht. „Ich gönne ihn dem Arbeiter, der ihn morgen zuerst sieht. Der steckt ihn ein, darauf können Sie sich verlassen, der ist nicht so dumm." – „Ich auch nicht", erklärte Diederich. „Denn wahrscheinlich wäre der Stein doch weggeworfen worden. Unter solchen Umständen brauche ich es nicht für inkorrekt zu halten –" Er legte den
30 Brillanten wieder auf ihren Finger. „Und wenn es auch inkorrekt wäre, er steht Ihnen so gut." Guste sagte überrascht: „Wieso? Wollen Sie ihn mir denn schenken?" Er stammelte: „Sie haben ihn ja gefunden, da muss ich wohl." Da jubelte Guste. „Das wird mein schönster Ring!" – „Warum?", fragte Diederich, voll banger Hoffnung. Guste
35 sagte ausweichend: „Überhaupt ..." Und mit einem plötzlichen Blick: „Weil er nichts kostet, wissen Sie." Hierüber errötete Diederich, und sie sahen einander blinzelnd in die Augen.

„Ach Herr Gott!", rief Guste plötzlich. „Es muss schrecklich spät
sein. Schon sieben? Was sag ich nur meiner Mutter …? Ich weiß,
ich sag ihr, ich hab bei einem Trödler den Brillanten entdeckt, und
er hat gedacht, er ist unecht, und hat bloß fünfzig Pfennig ver-
5 langt!" Sie öffnete ihren goldenen Sack und ließ den Knopf hinein-
fallen. „Also adieu … Aber Sie sehen aus! Wenigstens müssen Sie
sich die Krawatte binden." Im Sprechen tat sie es schon selbst. Er
fühlte ihre warmen Hände unter seinem Kinn; ihre feuchten, dicken Lippen bewegten sich ganz nahe. Ihm ward heiß, er hielt den
10 Atem zurück. „So", machte Guste und brach ernstlich auf. „Ich drehe nur das Gas ab", rief er ihr nach. „Warten Sie doch!" – „Ich warte
schon", antwortete sie von draußen; – aber wie er auf den Hof trat,
war sie fort. Verdutzt sperrte er die Fabrik zu und redete laut dabei
vor sich hin: „Nun sag mir einer, ist das Instinkt oder Berechnung?"
15 Er schüttelte sorgenvoll den Kopf über das ewige Rätsel der Weib-
lichkeit, das in Guste verkörpert war.

Vielleicht, so sagte sich Diederich, ging es vorwärts mit Guste, freilich ging es langsam. Die Ereignisse, die sich um den Prozess grup-
pierten, hatten ihr Eindruck gemacht, aber noch nicht genug. Auch
20 hörte er nichts mehr von Wulckow. Nach dem so vielversprechen-
den Schritt des Regierungspräsidenten beim Kriegerverein wartete
Diederich unbestimmt auf Weiteres: eine Heranziehung, eine ver-
trauliche Verwendung, er wusste nicht, wie und was. Der Harmonieball konnte es bringen, warum hatten sonst die Schwestern Rol-
25 len bekommen im Stück der Präsidentin. Nur dauerte alles zu lange
für Diederichs Tatenlust. Es war eine Zeit voll Unruhe und Drang.
Man quoll über von Hoffnungen, Aussichten, Plänen; in jeden Tag,
der anfing, hätte man das alles auf einmal ergießen wollen, und
wenn es aus war, war er leer geblieben. Ein Trieb nach Bewegung
30 erfasste Diederich. Mehrmals versäumte er den Stammtisch und
ging spazieren, ohne Ziel und ins Freie, was sonst nicht vorkam. Er
kehrte dem Mittelpunkt der Stadt den Rücken, stapfte mit dem
Schritt eines von Tatkraft schweren Mannes die abendlich leere
Meisestraße zu Ende, durchmaß die lange Gäbbelchenstraße, mit den
35 vorstädtischen Gasthäusern, bei denen Fuhrleute ein- oder aus-
spannten, und kam auch unter der Vogtei vorbei. Dort oben saß,

bewacht von einem Gitterfenster und einem Soldaten, der Herr Lauer, der sich dies nicht hatte träumen lassen. ‚Hochmut kommt vor dem Fall', dachte Diederich. ‚Wie man sich bettet, so liegt man.' Und obwohl er den Ereignissen, die den Fabrikbesitzer in die Vogtei
5 geführt hatten, nicht ganz fremd war, schien Lauer ihm jetzt ein Wesen mit einem Kainsmal[1], ein unheimlicher Gesell. Einmal glaubte er, im Hof des Gefängnisses eine Gestalt zu bemerken. Es war schon zu dunkel, aber vielleicht – ? Ein Gruseln überlief Diederich, und er enteilte.
10 Hinter dem Burgtor führte die Landstraße zu dem Hügel mit der Schweinichenburg, wo einst der kleine Diederich gemeinsam mit Frau Heßling das Grausen vor dem Burggespenst genossen hatte. Solche Kindereien lagen ihm jetzt fern – vielmehr bog er jedes Mal, bald hinter dem Tor, in die Gausenfelder Straße ein. Er hatte es sich
15 nicht vorgenommen und tat es nur zögernd, denn es wäre ihm nicht lieb gewesen, wenn jemand ihn auf diesem Wege überrascht hätte. Aber es ließ ihn nicht: Die große Papierfabrik zog ihn an wie ein verbotenes Paradies, er musste ihr auf einige Schritte nahekommen, sie umkreisen, über ihre Mauer schnüffeln … Eines Abends
20 ward Diederich aus dieser Tätigkeit aufgeschreckt durch Stimmen, die im Dunkeln schon ganz nahe waren. Kaum dass er noch die Zeit behielt, sich in den Graben zu kauern. Und während die Leute, wahrscheinlich Angestellte der Fabrik, die sich verspätet hatten, an seinem Versteck vorüberkamen, drückte Diederich die Augen zu,
25 aus Furcht und auch weil er fühlte, ihr begehrliches Funkeln hätte ihn verraten können.
Als er schon wieder beim Burgtor war, hatte er noch immer Herzklopfen und sah sich nach einem Glas Bier um. Gleich im Winkel des Tores stand der Grüne Engel, eins der niedersten Gasthäuser,
30 krumm vor Alter, schmutzig und übel beleumdet. Soeben verschwand in dem gewölbten Gang eine Frauensperson. Diederich, von jäher Abenteuerlust gepackt, drang hinterdrein. Wie sie das

---

[1] Kainsmal: Im Alten Testament versieht Gott den Brudermörder Kain mit einem Zeichen, um ihn vor der Bestrafung als Brudermörder zu schützen (Ges 4,8–15). Der Sprachgebrauch betont jedoch nicht die Schutzabsicht, sondern die Brandmarkung als Verbrecher.

rötliche Licht einer Stalllaterne durchschreiten musste, wollte die
Person ihr Gesicht, das verschleiert war, auch noch mit dem Muff
bedecken; aber Diederich hatte sie schon erkannt. „Guten Abend,
Fräulein Zillich!" – „Guten Abend, Herr Doktor!" Und da standen
5 sie beide mit offenem Munde. Käthchen Zillich war die Erste, die
etwas hervorbrachte, von Kindern, die hier im Hause wohnten und
die sie in die Sonntagsschule[1] ihres Vaters bringen sollte. Diederich
setzte zum Sprechen an, aber sie redete weiter, immer hastiger.
Nein, die Kinder wohnten eigentlich nicht hier, aber ihre Eltern
10 verkehrten in der Schenke, und die Eltern durften nichts wissen
von der Sonntagsschule, denn sie waren Sozialdemokraten ... Sie
faselte; und Diederich, der zuerst nur an sein eigenes schlechtes
Gewissen gedacht hatte, ward darauf hingewiesen, dass Käthchen
in einer noch viel verdächtigeren Lage sei. Er ersparte es sich also,
15 seine Anwesenheit im Grünen Engel zu erklären, und schlug einfach vor, dann könne man in der Gaststube auf die Kinder warten.
Käthchen weigerte sich angstvoll, irgendetwas zu verzehren, aber
Diederich bestellte aus eigener Machtvollkommenheit auch für sie
Bier. „Prost!", sagte er, und in seiner Miene lag die ironische Erinne-
20 rung daran, dass sie bei ihrer letzten Zusammenkunft, im trauli-
chen Wohnzimmer des Pfarrhauses, sich beinahe verlobt hätten.
Käthchen ward unter ihrem Schleier rot und blass und verschüttete
ihr Bier. Immerfort flatterte sie kraftlos vom Stuhl auf und wollte
fort; aber Diederich hatte sie hinter den Tisch in die Ecke gescho-
25 ben und saß breit davor. „Nun müssen die Kinder aber gleich kommen!", sagte er gutmütig. Statt ihrer kam Jadassohn: Plötzlich stand
er da und sah versteinert aus. Auch die beiden anderen regten sich
nicht. ‚Also doch!', dachte Diederich. Jadassohn schien etwas Ähnliches zu denken; keiner der Herren fand Worte. Käthchen begann
30 wieder von Kindern und Sonntagsschulen. Sie sprach flehend und
weinte fast. Jadassohn hörte ihr mit Missbilligung zu, er ließ sogar
die Bemerkung fallen, gewisse Geschichten seien ihm zu verwickelt – und er blickte inquisitorisch[2] auf Diederich.

---

[1]   Sonntagsschule: früher vor allem in protestantischen Gemeinden verbreitete
     Form des Religionsunterrichts für Kinder am Sonntag
[2]   inquisitorisch: wie ein strenger Untersuchungsbeamter

„Im Grunde", versetzte Diederich, „ist es doch einfach. Fräulein Zillich sucht hier nach Kindern, und wir beide helfen ihr."

„Ob sie eins kriegt, kann man nicht wissen", ergänzte Jadassohn schneidend; da sagte Käthchen: „Und von wem, auch nicht."

5 Die Herren setzten die Gläser hin. Käthchen hatte es aufgegeben zu weinen, sie schob sogar den Schleier hinauf und sah mit merkwürdig hellen Augen von einem zum andern. Ihre Stimme hatte etwas Offenes, Unverblümtes bekommen. „Na ja, wenn Sie nun doch mal beide da sind", setzte sie hinzu, indes sie aus Jadassohns Dose eine

10 Zigarette nahm; und dann leerte sie auf einen Zug den Kognak, der vor Diederich stand. Jetzt war es an Diederich, nach Fassung zu ringen. Jadassohn schien nicht unbekannt mit Käthchens anderem Gesicht. Die beiden fuhren fort, Doppelsinnigkeiten auszutauschen, bis Diederich sich gegen Käthchen entrüstete. „Heute lernt

15 man Sie aber gründlich kennen!", rief er und schlug auf den Tisch. Sofort hatte Käthchen ihr Damengesicht zurück. „Was meinen Sie eigentlich, Herr Doktor?" Jadassohn ergänzte: „Ich nehme an, dass Sie der Ehre der Dame nicht zu nahe treten wollen!" – „Ich meine nur", stammelte Diederich, „so gefällt Fräulein Zillich mir viel bes-

20 ser." Er rollte die Augen vor Ratlosigkeit. „Neulich, wie wir uns beinahe verlobt hätten, hat sie mir nicht halb so gefallen." Da lachte Käthchen los: ein Gelächter, ganz frei aus dem Herzen, wie Diederich es auch noch nicht kannte. Ihm ward warm dabei, er lachte mit, Jadassohn auch, alle drei wälzten sich lachend auf ihren Stüh-

25 len umher und riefen nach mehr Kognak.

„Nun muss ich aber gehen", sagte Käthchen, „sonst kommt Papa vor mir nach Haus. Er hat Krankenbesuche gemacht; dabei verteilt er immer solche Bilder." Sie zog zwei bunte Bildchen aus ihrer ledernen Tasche. „Da haben Sie auch welche." Jadassohn bekam die Sün-

30 derin Magdalena[1], Diederich das Lamm mit dem Hirten[2]; er war

---

[1] Sünderin Magdalena: In den Evangelien des Neuen Testaments wird Maria Magdalena als Begleiterin Jesu (Lk 8,3) und als erste Zeugin der Auferstehung Christi (Joh 20,11–18) beschrieben. Außerdem wird sie in der christlichen Tradition oft mit der Sünderin Magdalena gleichgesetzt, der Jesus die Füße wusch (Lk 7,36–50).

[2] Lamm mit dem Hirten: Gemeint ist Jesus Christus als der gute Hirte für die Menschen (Joh 10,11–21).

nicht zufrieden. „Ich will auch eine Sünderin." Käthchen suchte, fand aber keine mehr. „Also bleibt es bei dem Schaf", entschied sie, und man zog ab, Käthchen in der Mitte eingehängt. Ruckweise und in weitem Bogen schwenkten alle drei sich durch die schlecht beleuchtete Gäbbelchenstraße dahin, wobei sie ein Kirchenlied sangen, das Käthchen angestimmt hatte. An einer Ecke erklärte sie, eilen zu müssen, und verschwand in der Seitengasse. „Adieu Schaf!", rief sie Diederich zu, der ihr vergeblich nachstrebte. Jadassohn hielt ihn fest, und plötzlich nahm er seine staatserhaltende Stimme an, um Diederich zu überzeugen, dass dies alles nur ein zufälliger Scherz sei. „Es liegt durchaus nichts Missverständliches vor, das möchte ich feststellen."

„Ich denke nicht daran, hier etwas misszuverstehen", sagte Diederich.

„Und wenn ich", fuhr Jadassohn fort, „den Vorzug hatte, von der Familie Zillich für eine nähere Verbindung in Aussicht genommen zu sein, dieser Vorfall würde mich keineswegs abhalten. Ich folge nur einer Ehrenpflicht, wenn ich dies ausspreche."

Diederich erwiderte: „Ich weiß Ihr korrektes Verhalten voll und ganz zu würdigen." Darauf schlugen die Herren die Absätze zusammen, schüttelten einander die Hände und trennten sich.

Käthchen und Jadassohn hatten beim Abschied ein Zeichen ausgetauscht; Diederich war überzeugt, sie würden sich gleich jetzt wieder im Grünen Engel zusammenfinden. Er öffnete den Winterrock, ein Hochgefühl schwellte ihn, weil er eine bösartige Falle aufgedeckt und sich streng kommentmäßig aus der Sache gezogen hatte. Er empfand eine gewisse Achtung und Sympathie für Jadassohn. Auch er selbst würde so gehandelt haben! Unter Männern verständigte man sich. Aber so ein Weib! Käthchens anderes Gesicht. Die Pfarrerstochter, der unvermutet das entfesselte Weib ins Gesicht gestiegen war, dies tückische Doppelwesen, so fremd der Biederkeit, die Diederich am Grunde seines eigenen Herzens wusste: Es erschütterte ihn wie ein Blick ins Bodenlose. Er knöpfte den Rock wieder zu. Es gab also noch andere Welten außerhalb der bürgerlichen, als nur die, worin jetzt der Herr Lauer lebte.

Schnaufend setzte er sich zum Abendessen. Seine Stimmung schien so bedrohlich, dass die drei Frauen Schweigen bewahrten. Frau

Heßling nahm ihren Mut zusammen. „Schmeckt es dir nicht, mein lieber Sohn?" Anstatt einer Antwort herrschte Diederich die Schwestern an. „Mit Käthchen Zillich verkehrt ihr nicht mehr!" Da sie ihn ansahen, errötete er und stieß drohend aus: „Sie ist eine
5 Verworfene!" Aber sie verzogen nur den Mund; und auch die furchtbaren Andeutungen, in denen er sich polternd erging, schienen sie nicht weiter aufzuregen. „Du sprichst wohl von Jadassohn?", fragte Magda endlich, ganz gelassen. Diederich fuhr zurück. Sie waren also eingeweiht und mitverschworen: alle Weiber wahr-
10 scheinlich. Auch Guste Daimchen! Die hatte schon einmal davon angefangen. Er musste sich die Stirn trocknen. Magda sagte: „Wenn du vielleicht ernste Absichten gehabt hast bei Käthchen, uns hast du ja nicht gefragt"; worauf Diederich, um sein Ansehen zu verteidigen, dem Tisch einen Stoß gab, dass alle aufkreischten. Er verbit-
15 te sich derartige Zumutungen, schrie er. Es gebe hoffentlich noch anständige Mädchen. Frau Heßling bat zitternd: „Du brauchst ja nur deine Schwestern anzusehen, mein lieber Sohn." Und Diederich sah sie wirklich an; er blinzelte, und er überlegte zum ersten Mal, nicht ohne Bangen, was diese beiden weiblichen Wesen, die seine
20 Schwestern waren, bisher wohl mit ihrem Leben angefangen hatten ... „Ach was", entschied er und richtete sich stramm auf, „euch zieht man einfach die Kandare[1] fester. Wenn ich eine Frau habe, die soll sich wundern!" Da die Mädchen einander zulächelten, erschrak er, denn er hatte an Guste Daimchen gedacht, und vielleicht dachten
25 auch sie mit ihrem Lächeln an Guste? Zu trauen war keiner. Er sah Guste vor sich, weißblond, mit dem dicken, rosigen Gesicht. Ihre fleischigen Lippen öffneten sich, sie streckte ihm die Zunge heraus. Das hatte vorhin Käthchen Zillich getan, als sie ihm „Adieu, Schaf!" zurief, und Guste, die ihr im Typus so ähnlich war, würde mit aus-
30 gestreckter Zunge und in halb betrunkenem Zustand genauso ausgesehen haben!
Magda sagte eben: „Käthchen ist schön dumm; aber begreiflich ist es ja, wenn man so lange warten muss und keiner kommt."

---

[1] Kandare: Zaumzeug zur Steuerung von Pferden und Ochsen

Sofort griff Emmi ein. „Wen meinst du, bitte? Wenn Käthchen sich mit irgendeinem Kienast begnügt hätte, würde sie wohl auch nicht mehr warten."

Magda, im Bewusstsein, die Tatsachen für sich zu haben, blähte
5 einfach ihre Bluse auf und schwieg.

„Überhaupt", Emmi warf die Serviette hin und erhob sich, „wie kannst du das gleich glauben, was die Männer von Käthchen reden. Das ist abscheulich, sollen wir denn alle wehrlos sein gegen ihren Klatsch?" Empört ließ sie sich in der Ecke nieder und begann zu
10 lesen. Magda hob nur die Schultern – indes Diederich angstvoll und vergeblich nach einem Übergang suchte, um zu fragen, ob vielleicht auch Guste Daimchen –? Bei einer so langen Verlobung–? „Es gibt Situationen", äußerte er, „wo es nicht mehr Klatsch ist." Da schleuderte Emmi auch das Buch hin.
15 „Und wenn schon! Käthchen tut, was sie will! Wir Mädchen haben ebenso gut wie ihr das Recht, unsere Individualität auszuleben! Die Männer sollen froh sein, wenn sie uns dann nachher noch kriegen!" Diederich stand auf. „Das will ich in meinem Hause nicht hören", sagte er ernst, und er blitzte Magda so lange an, bis sie nicht mehr
20 lachte.

Frau Heßling brachte ihm die Zigarre. „Von meinem Diedel weiß ich ganz genau, dass er so eine niemals heiraten wird" – sie streichelte ihn tröstend. Er versetzte mit Nachdruck: „Ich kann mir nicht denken, Mutter, dass ein echter deutscher Mann das jemals getan hat."
25 Sie schmeichelte. „Oh, alle sind nicht so ideal wie mein lieber Sohn. Manche denken materieller und nehmen mit dem Geld auch mal was in den Kauf, worüber die Leute reden." Unter seinem gebieterischen Blick schwatzte sie angstvoll weiter. „Zum Beispiel Daimchen. Gott, nun ist er tot, und es kann ihm gleich sein, aber seiner-
30 zeit hat man doch viel geredet." Jetzt sahen alle drei Kinder sie fordernd an. „Na ja", erklärte sie schüchtern. „Das mit Frau Daimchen und dem Herrn Buck. Guste kam doch zu früh."

Nach diesem Ausspruch musste Frau Heßling sich hinter den Ofenschirm[1] zurückziehen, denn alle drei drangen gleichzeitig auf sie ein.

---

[1]   Ofenschirm: frei bewegliche Metalltafel, die vor dem Ofen oder offenen
Kamin postiert wurde, um die Hitze im Raum zu verteilen

„Das ist das Neueste!", riefen Emmi und Magda. „Also wie war die
Geschichte!" Wogegen Diederich donnernd dem Weiberklatsch
Einhalt gebot. „Wenn wir deinen Männerklatsch angehört haben!",
riefen die Schwestern und suchten ihn fortzudrängen von dem
5 Ofenschirm. Die Mutter sah händeringend in das Handgemenge.
„Ich habe doch nichts gesagt, Kinder! Nur damals sagten es alle,
und der Herr Buck hat der Frau Daimchen doch auch die Mitgift
geschenkt."
„Also daher!", rief Magda. „So sehen in der Familie Daimchen die
10 Erbonkel aus! Daher die goldenen Taschen!"
Diederich verteidigte Gustes Erbschaft. „Sie kommt aus Magdeburg!"
„Und der Bräutigam?", fragte Emmi. „Kommt der auch aus Magdeburg?"
15 Plötzlich verstummten alle und sahen einander an, wie betäubt.
Dann kehrte Emmi ganz still auf das Sofa zurück, sie nahm sogar
das Buch wieder auf. Magda fing an, den Tisch abzuräumen. Auf
den Ofenschirm, hinter dem Frau Heßling sich duckte, schritt Diederich zu. „Siehst du nun, Mutter, wohin es führt, wenn man seine
20 Zunge nicht hütet? Du willst doch wohl nicht behaupten, dass
Wolfgang Buck seine eigene Schwester heiratet." Wimmernd kam
es aus der Tiefe: „Ich kann doch nichts dafür, mein lieber Sohn. Ich
dachte schon längst nicht mehr an die alte Geschichte, und es ist ja
auch nicht sicher. Kein lebender Mensch weiß mehr etwas." Aus
25 ihrem Buch heraus warf Emmi dazwischen: „Der alte Herr Buck
wird wohl wissen, wo er jetzt das Geld für seinen Sohn holt." Und
in das Tischtuch hinein, das sie faltete, sagte Magda: „Es soll manches vorkommen." Da hob Diederich die Arme, als habe er die Absicht, den Himmel anzurufen. Rechtzeitig unterdrückte er aber das
30 Entsetzen, das ihn übermannen wollte. „Bin ich denn hier unter
Räuber und Mörder gefallen?", fragte er sachlich und ging in strammer Haltung zur Tür. Dort wandte er sich um. „Ich kann euch natürlich nicht hindern, eure feine Wissenschaft in die Stadt hinaus-
zuposaunen. Was mich betrifft, ich werde erklären, dass ich mit
35 euch nichts mehr zu tun habe. In die Zeitung werde ich es setzen!"
Und er ging ab.

Er vermied den Ratskeller und bedachte einsam bei Klappsch eine Welt, in der solche Gräuel umgingen. Dagegen war mit kommentmäßigem Verhalten freilich nicht aufzukommen. Wer den Bucks ihren schändlichen Raub abjagen wollte, durfte auch vor starken Mitteln nicht zurückschrecken. „Mit gepanzerter Faust", sagte er ernst in sein Bier hinein; und das Deckelklappen, womit er das vierte Glas herbeirief, klang wie Schwertgeklirr ... Nach einer Weile verlor seine Haltung an Härte; Bedenken kamen. Sein Eingreifen würde immerhin bewirken, dass die ganze Stadt mit den Fingern auf Guste Daimchen zeigte. Kein Mann, der halbwegs Komment hatte, heiratete solch ein Mädchen noch. Diederichs eigenstes Empfinden sagte es ihm, seine eingewurzelte Erziehung zur Mannhaftigkeit und zum Idealismus. Schade! Schade um Gustes dreihundertfünfzigtausend Mark, die nun herrenlos und ohne Bestimmung waren. Die Gelegenheit wäre günstig gewesen, ihnen eine zu geben ... Diederich schüttelte den Gedanken mit Entrüstung ab. Er erfüllte nur seine Pflicht! Ein Verbrechen galt es zu verhindern. Das Weib mochte dann sehen, wo es blieb im Kampf der Männer. Was lag an einem dieser Geschöpfe, die ihrerseits, Diederich hatte es erfahren, jedes Verrates fähig waren. Nur noch des fünften Glases bedurfte es, und ein Entschluss stand fest.

Beim Morgenkaffee bekundete er ein großes Interesse für die Toiletten der Schwestern zum Harmonieball. Zwei Tage nur mehr, und noch nichts fertig! Die Hausschneiderin war so selten zu haben gewesen, sie nähte jetzt bei Bucks, Tietz', Harnischs und überall. Die große Inanspruchnahme dieses Mädchens schien Diederich geradezu mit Bewunderung zu erfüllen. Er erbot sich, selbst hinzugehen und sie, koste es, was es wolle, zur Stelle zu schaffen. Nicht ohne Mühe gelang es ihm. Zum zweiten Frühstück begab er sich alsdann so geräuschlos, dass nebenan im Wohnzimmer das Gespräch nicht gestört ward. Gerade erging sich die Hausschneiderin in Anspielungen auf einen Skandal, der bestimmt sei, alles Dagewesene in den Schatten zu stellen. Die Schwestern schienen ganz ahnungslos, und als endlich Namen fielen, zeigten sie sich entsetzt und ungläubig. Frau Heßling beklagte es am lautesten, dass Fräulein Gehritz so etwas auch nur denken könne. Die Schneiderin beteuerte dagegen, in der ganzen Stadt wisse man es schon. Soeben

komme sie von der Bürgermeisterin Scheffelweis, deren Mutter geradezu verlangt habe, dass ihr Schwiegersohn einschreite! Dennoch machte es ihr Mühe, die Damen zu überzeugen. Diederich hatte den Vorgang eher umgekehrt erwartet. Er war zufrieden mit
5 den Seinen. Aber hatten denn die Wände tatsächlich Ohren gehabt? Man war zu glauben versucht, dass ein Gerücht, in einem verschlossenen Zimmer ausgebrochen, mit dem Rauch des Ofens hinaus und über die ganze Stadt zog.
Beruhigt war er trotzdem noch nicht. Er sagte sich, dass das gesun-
10 de Empfinden des arbeitenden Volkes unter Umständen ein Faktor sei, den man billigen und sogar benutzen könne. Bis zum Mittagessen ging er um Napoleon Fischer herum: Da, es läutete schon, entstand bei der Satiniermaschine ein gellendes Geschrei, und Diederich und der Maschinenmeister, die gleichzeitig hinstürzten, zogen
15 gemeinsam den Arm einer jungen Arbeiterin heraus, der von einer Stahlwalze ergriffen worden war. Er troff von schwarzem Blut, Diederich ließ sofort nach dem städtischen Krankenhaus telefonieren. Inzwischen, so übel der Anblick des Armes ihm machte, blieb er selbst dabei, während der Person ein Notverband angelegt ward.
20 Sie sah zu, leise wimmernd und mit Augen, weich im Entsetzen, wie ein junges Tier, das getroffen ist. Diederichs menschenfreundliche Fragen nach ihren häuslichen Verhältnissen verstand sie nicht. Napoleon Fischer antwortete für sie. Ihr Vater war durchgegangen, die Mutter bettlägerig; das Mädchen ernährte sich und ihre
25 zwei kleinen Geschwister. Sie war erst vierzehn Jahre alt. – Das sehe man ihr nicht an, meinte Diederich. Übrigens seien die Arbeiterinnen oft genug vor der Maschine gewarnt worden. „Sie hat sich das Unglück selbst zuzuschreiben, ich bin zu nichts verpflichtet. Na", sagte er milder, „nun kommen Sie mal mit, Fischer!"
30 Im Kontor schenkte er zwei Kognaks ein. „Das kann man brauchen auf den Schrecken ... Sagen Sie ehrlich, Fischer, glauben Sie, dass ich zahlen muss? Die Schutzvorrichtungen an der Maschine halten Sie doch wohl für genügend?" Und da der Maschinenmeister die Achseln zuckte: „Sie wollen sagen, ich kann es auf einen Prozess
35 ankommen lassen? Das tue ich aber nicht, ich zahle gleich."
Napoleon Fischer zeigte verständnislos sein großes gelbes Gebiss, und Diederich fuhr fort: „Ja, so bin ich. Sie dachten wohl, das könn-

te bloß der Herr Lauer? Was den betrifft, so sind Sie ja jetzt durch Ihr eigenes Parteiblatt über seine Arbeiterfreundlichkeit aufgeklärt. Ich lasse mich freilich nicht wegen Majestätsbeleidigung einsperren und mache dadurch meine Arbeiter brotlos; ich suche mir prak-
5 tischere Mittel aus, um meine soziale Gesinnung zu bekunden." Er machte eine feierliche Pause. „Und darum habe ich mich entschlossen, dem Mädchen die ganze Zeit, die es im Krankenhaus liegt, seinen Lohn weiterzuzahlen. Wie viel ist es denn?", fragte er rasch. „Eine Mark fünfzig", sagte Napoleon Fischer.
10 „Na ja ... Soll sie acht Wochen liegen. Soll sie zwölf Wochen liegen ... Ewig natürlich geht es nicht."
„Sie ist erst vierzehn", sagte Napoleon Fischer, von unten. „Sie kann Schadenersatz verlangen." Diederich erschrak, er schnaufte.
Napoleon Fischer hatte schon wieder sein unbestimmbares Grinsen
15 aufgesetzt und sah seinem Arbeitgeber auf die Faust, die angstvoll in der Tasche geballt war. Diederich zog sie hervor. „Nun setzen Sie die Leute von meinem hochherzigen Entschluss in Kenntnis! Das passt Ihnen wohl nicht in den Kram? Die Gemeinheiten der Kapitalisten erzählt ihr euch natürlich lieber. In euren Versammlungen
20 schwingt ihr jetzt wahrscheinlich große Reden über Herrn Buck."
Napoleon Fischer sah verständnislos aus, was Diederich nicht beachtete. „Ich finde es wohl auch nicht eben schön", fuhr er fort, „wenn jemand seinen Sohn ausgerechnet das Mädchen heiraten lässt, mit dessen Mutter er selbst was gehabt hat, und zwar vor der
25 Geburt der Tochter ... Aber –"
In Napoleon Fischers Gesicht begann es zu arbeiten.
„Aber!", wiederholte Diederich stark. „Ich wäre durchaus nicht einverstanden, wenn meine Leute sich deswegen den Mund verrenken und wenn Sie, Fischer, nun vielleicht die Arbeiter gegen die städti-
30 schen Behörden aufhetzen, weil ein Magistratsrat etwas getan hat, was ihm keiner beweisen kann." Seine Faust schlug entrüstet durch die Luft. „Mir hat man schon nachgesagt, dass ich den Prozess gegen Lauer angezettelt habe. Ich will an nichts schuld sein, meine Leute sollen sich ruhig halten."
35 Seine Stimme ward vertraulicher, er neigte sich näher zu dem andern hin. „Na, und weil ich Ihren Einfluss kenne, Fischer ..."

Plötzlich war seine Hand offen, und auf ihrer Fläche lagen drei große Goldstücke.

Napoleon Fischer sah sie und verzerrte das Gesicht, als erblickte er
den Teufel. „Nein!", rief er, „und abermals nein! Meine Überzeugung kann ich nicht verraten! Für allen Mammon[1] der Welt nicht!"
Er hatte rote Augen und kreischte. Diederich wich zurück; so nahe
hatte er dem Umsturz noch nie ins Gesicht gesehen. „Die Wahrheit
muss ans Licht!", kreischte Napoleon Fischer. „Dafür werden wir Proletarier sorgen: Das können Sie nicht verhindern, Herr Doktor! Die
Schandtaten der besitzenden Klasse ..."

Diederich hielt ihm schnell noch einen Kognak hin. „Fischer", sagte
er eindringlich, „das Geld biete ich Ihnen dafür, dass mein Name in
der Sache nicht genannt wird." Aber Napoleon Fischer wehrte ab;
ein hoher Stolz erschien in seiner Miene.

„Zeugniszwang, Herr Doktor, üben wir nicht. Wir nicht. Wer uns
mit Agitationsstoff versorgt, hat nichts zu fürchten."

„Dann ist alles in Ordnung", sagte Diederich erleichtert. „Ich wusste schon, Fischer, dass Sie ein großer Politiker sind. Und darum,
wegen des Mädchens, ich meine die verunglückte Arbeiterin – Ich
habe Ihnen soeben mit meiner Mitteilung über die Buck'schen
Schweinereien einen Gefallen getan ..."

Napoleon Fischer grinste geschmeichelt. „Weil Herr Doktor sagen,
dass ich ein großer Politiker bin ... Ich will von dem Schadenersatz
weiter nicht reden. Intimitäten aus den ersten Kreisen sind für uns
doch wichtiger als –"

„– als so ein Mädchen", ergänzte Diederich. „Sie denken immer als
Politiker."

„Immer", bestätigte Napoleon Fischer. „Mahlzeit, Herr Doktor." Er
zog sich zurück – indes Diederich feststellte, dass die proletarische
Politik ihre Vorzüge habe. Er schob seine drei Goldstücke wieder in
die Tasche.

Am Abend des nächsten Tages waren alle Spiegel des Hauses im
Wohnzimmer zusammengetragen. Emmi, Magda und Inge Tietz
drehten sich dazwischen umher, bis ihnen die Hälse schmerzten;

---

[1] Mammon: verächtlich für Geld

dann ließen sie sich nervös auf den Rand eines Stuhles nieder.
„Mein Gott, es ist doch Zeit!" Aber Diederich war fest entschlossen,
nicht wieder zu früh zu kommen, wie beim Prozess Lauer. Die ganze Wirkung der Persönlichkeit ging zum Teufel, wenn man zu früh
da war. Als sie endlich gingen, entschuldigte Inge Tietz sich nochmals bei Frau Heßling, dass sie ihr den Platz im Wagen wegnehme.
Nochmals sagte Frau Heßling: „Ach Gott, es ist gern geschehen. Ich
alte Frau bin zu schwach für so was Großes. Genießt ihr es nur,
Kinder!" Und sie umarmte unter Tränen ihre Töchter, die kühl ab-
wehrten. Denn sie wussten, dass die Mutter bloß Angst hatte, weil
jetzt überall von nichts weiter gesprochen wurde als von der furchtbaren Klatschgeschichte, an der sie selbst schuld war.
Im Wagen fing Inge gleich wieder davon an. „Na, Bucks und Daim-
chens! Gespannt bin ich bloß, ob sie heute die edle Dreistigkeit
haben und da sind!" Magda sagte ruhig: „Das müssen sie wohl.
Sonst geben sie ja zu, dass es wahr ist." – „Wenn schon", erklärte
Emmi. „Ich finde, dass das ihre Sache ist. Ich rege mich darüber
nicht auf." – „Ich auch nicht", setzte Diederich hinzu. „Ich habe es
eigentlich erst heute Abend von Ihnen gehört, Fräulein Tietz."
Hierüber geriet Inge Tietz außer sich. So leicht dürfe man den
Skandal denn doch nicht nehmen. Ob er glaube, dass sie sich das
Ganze ausgedacht habe. „Die Bucks haben schon längst Butter auf
dem Kopf wegen der Sache: Das wissen ihre eigenen Dienstboten."
– „Also Dienstbotenklatsch", sagte Diederich, während er einen
kleinen Stoß erwiderte, den Magda ihm mit dem Knie gab. Dann
musste man schon aussteigen und die Stufen hinuntergehen, die
den neuen Teil der Kaiser-Wilhelm-Straße mit der tief gelegenen
alten Riekestraße verbanden. Diederich fluchte; denn es begann zu
regnen, die Ballschuhe wurden nass; auch standen vor dem Festlokal
Proleten, die feindselig gafften. Hätte man nicht, als der ganze
Stadtteil höher gelegt wurde, auch dieses Gerümpel niederreißen
können? Das historische Harmoniehaus hatte erhalten werden sollen – als ob die Stadt nicht die Mittel gehabt hätte, in zentraler Lage
ein modernes, erstklassiges Gesellschaftsgebäude zu bauen. In dem
alten Kasten roch es ja nach Moder! Und gleich beim Eingang kicherten immer die Damen, weil eine Statue der Freundschaft dastand, die zwar eine hohe Perücke, aber sonst nichts anhatte. „Vor-

sicht", sagte Diederich auf der Treppe, „sonst brechen wir ein."
Denn die beiden dünnen Bogen der Treppe griffen durch die Luft,
wie zwei vom Alter abgemagerte Arme. Das braune Rosa ihres Hol-
zes war blass geworden. Droben aber, wo sie sich vereinigten, lä-
5 chelte auf dem Geländer aus einem blanken Marmorgesicht noch
immer der bezopfte Bürgermeister, der dies alles der Stadt hinter-
lassen hatte und der ein Buck gewesen war. Diederich sah ungnädig
an ihm vorbei.

In der tiefen Spiegelgalerie war es ganz still; eine einzelne Dame
10 nur hielt sich dahinten auf, sie schien durch einen Türspalt in den
Festsaal zu spähen – und plötzlich wurden die Mädchen von Entsetzen ergriffen: Die Vorstellung hatte begonnen! Magda stürzte
durch die Galerie und brach in Weinen aus. Da drehte die Dame
sich um, mit dem Finger an den Lippen. Es war Frau von Wulckow,
15 die Dichterin. Sie lächelte erregt und flüsterte: „Es geht gut, mein
Stück gefällt. Sie kommen gerade rechtzeitig, Fräulein Heßling, gehen Sie nur und kleiden sich um." Ach ja! Emmi und Magda hatten
erst im zweiten Akt zu tun. Auch Diederich hatte den Kopf verloren. Indes die Schwestern mit Inge Tietz, die ihnen helfen sollte,
20 durch die Nebenräume nach der Garderobe eilten, stellte er sich der
Präsidentin vor und blieb ratlos stehen. „Jetzt dürfen Sie nicht hinein, es würde stören", sagte sie. Diederich stammelte Entschuldigungen, und dann rollte er die Augen, wobei er zwischen den gemalten Ranken der halb erblindeten Wandspiegel seinem geheim-
25 nisvoll blassen Abbild begegnete. Der zartgelbe Lack der Wände
zeigte launische Sprünge, und auf den Panneaus[1] starben die Farben der Blumen und Gesichter … Frau von Wulckow schloss eine
kleine Tür, durch die jemand einzutreten schien, eine Schäferin mit
ihrem bebänderten Stab. Sie schloss die Tür ganz vorsichtig, damit
30 nur die Vorstellung nicht gestört werde, aber es flog doch ein wenig
Staub auf, als sei es Puder aus dem Haar der gemalten Schäferin.

„Dies Haus ist so romantisch", flüsterte Frau von Wulckow. „Finden
Sie nicht auch, Herr Doktor? Wenn man sich hier im Spiegel sieht,
glaubt man einen Reifrock anzuhaben" – worauf Diederich, immer
35 ratloser, ihr Hängekleid ansah. Die entblößten Schultern waren

---

[1] Panneau (franz.): bemalbare Holzplatte

hohl und nach vorn gebogen, die Haare von slawischem Weißblond, und Frau von Wulckow trug einen Zwicker.[1]

„Sie passen hier glänzend herein, Frau Präsidentin ... Frau Gräfin", verbesserte er und sah sich mit einem Lächeln belohnt für seine
5 kühne Schmeichelei. Nicht jeder würde Frau von Wulckow so treffsicher daran erinnert haben, dass sie eine geborene Gräfin Züsewitz war!

„Tatsächlich", bemerkte sie, „sollte man kaum glauben, dass dies Haus seinerzeit nicht für eine wirklich vornehme Gesellschaft ge-
10 baut worden ist, sondern nur für die guten Netziger Bürger." Sie lächelte nachsichtig.

„Ja, das ist komisch", bestätigte Diederich, mit einem Kratzfuß[2]. „Aber heute können sich zweifellos nur Frau Gräfin hier ganz zu Hause fühlen."

15 „Sie haben gewiss Sinn für das Schöne", vermutete Frau von Wulckow; und da Diederich es bestätigte, erklärte sie, dann dürfe er den ersten Akt doch nicht ganz versäumen, sondern müsse durch den Türspalt sehen. Sie selbst trat schon längst von einem Fuß auf den andern. Sie wies mit dem Fächer nach der Bühne. „Herr Major
20 Kunze wird gleich abgehen. Er ist ja nicht besonders gut, aber was wollen Sie, er sitzt im Vorstand der ‚Harmonie' und hat den Leuten die künstlerische Bedeutung meines Werkes erst zum Verständnis gebracht." Indes Diederich den Major unschwer wiedererkannte, denn er hatte sich gar nicht verändert, erläuterte die Dichterin ihm
25 mit fliegender Geläufigkeit die Vorgänge. Das junge Bauernmädchen, mit dem Kunze sich unterhielt, war seine natürliche Tochter, also eine Grafentochter, weshalb das Stück denn auch „Die heimliche Gräfin" hieß. Gerade klärte Kunze sie, bärbeißig[3] wie immer, über diesen Umstand auf. Auch eröffnete er ihr, er werde sie mit
30 einem armen Vetter verheiraten und ihr die Hälfte seiner Besitztümer vererben. Hierüber herrschte, als er abgegangen war, laute Freude bei dem Mädchen und ihrer Pflegemutter, der braven Pächtersfrau.

---

[1] Zwicker: bügellose Brille
[2] Kratzfuß: Verbeugung, bei der man einen Fuß hinter den anderen zieht
[3] bärbeißig: mürrisch

„Wer ist denn die schreckliche Person?", fragte Diederich, bevor er es bedacht hatte. Frau von Wulckow war erstaunt.

„Es ist doch die komische Alte vom Stadttheater. Wir hatten sonst niemand für die Rolle; aber meine Nichte spielt ganz gern mit ihr."

5 Und Diederich erschrak; mit der schrecklichen Person hatte er die Nichte gemeint. „Das Fräulein Nichte ist ganz reizend", beteuerte er schnell und blinzelte entzückt nach dem dicken roten Gesicht, das gleich auf den Schultern saß – und es waren Wulckows Schultern! „Talent hat sie aber auch", setzte er der Sicherheit wegen hinzu. Frau

10 von Wulckow wisperte: „Passen Sie nur auf" – und da kam aus der Kulisse Assessor Jadassohn. Welch eine Überraschung! Er hatte ganz neue Bügelfalten und trug in seinem imposant geschweiften Cutaway[1] eine riesenhafte Plastronkrawatte[2] mit einem roten Funkelstein von entsprechendem Umfang. Aber so sehr der Stein auch funkelte,

15 Jadassohns Ohren überstrahlten ihn. Da sein Kopf frisch geschoren und sehr platt war, standen die Ohren frei heraus und beleuchteten wie zwei Lampen seine festliche Pracht. Er spreizte die gelb behandschuhten Hände, als plädierte er für viele Jahre Zuchthaus; und tatsächlich sagte er der Nichte, die geradezu konsterniert[3] schien, und

20 der heulenden komischen Alten die peinlichsten Dinge ... Frau von Wulckow wisperte: „Er ist ein schlechter Charakter."

„Und ob", sagte Diederich mit Überzeugung.

„Kennen Sie denn mein Stück?"

„Ach so. Nein. Aber ich sehe schon, was er will."

25 Nämlich Jadassohn, der der Sohn und Erbe des alten Grafen Kunze war, hatte gelauscht und war durchaus nicht gesonnen, die Hälfte seiner ihm von Gott verliehenen Besitztümer an die Nichte abzutreten. Er verlangte gebieterisch, dass sie augenblicklich das Feld räume; widrigenfalls er sie als Erbschleicherin verhaften und Kunze

30 entmündigen lassen werde.

„Das ist eine Gemeinheit", bemerkte Diederich. „Sie ist doch seine Schwester." Die Dichterin erklärte ihm: „Nun ja. Aber andererseits

---

[1] Cutaway: festlicher Herrenanzug
[2] Plastronkrawatte: breite, weiße Krawatte
[3] konsterniert: fassungslos

hat er recht, wenn er ein Fideikommiss[1] aus den Gütern machen will. Er arbeitet eben für das ganze Geschlecht, mag auch der Einzelne zu kurz kommen. Für die heimliche Gräfin ist das natürlich tragisch."

„Wenn man es recht bedenkt –", Diederich war hocherfreut. Dieser aristokratische Gesichtspunkt kam auch ihm selbst zustatten, wenn er keine Neigung fühlte, Magda bei ihrer Verheiratung am Geschäft zu beteiligen.

„Frau Gräfin, Ihr Stück ist erstklassig", sagte er, durchdrungen. Aber da zog Frau von Wulckow ihn angstvoll am Arm: Im Publikum entstanden Geräusche, es scharrte, schnupfte sich aus und kicherte. „Er übertreibt", stöhnte die Dichterin. „Ich habe es ihm immer gesagt." Denn Jadassohn führte sich wirklich unerhört auf. Die Nichte samt der komischen Alten klemmte er hinter den Tisch ein und füllte mit den tobenden Bekundungen seiner gräflichen Persönlichkeit die ganze Bühne. Je mehr das Haus ihn missbilligte, desto herausfordernder lebte er dort oben sich aus. Jetzt zischte man sogar; ja, mehrere wandten sich nach der Tür um, hinter der Frau von Wulckow bebte, und zischten. Vielleicht geschah es nur, weil die Tür kreischte – aber die Dichterin fuhr zurück, sie verlor den Zwicker und tastete in hilflosem Entsetzen durch die Luft, bis Diederich ihn ihr zurückbrachte. Er versuchte, sie zu trösten. „Es hat nichts zu sagen, Jadassohn geht doch hoffentlich bald ab?" Sie horchte durch die geschlossene Tür. „Ja, Gott sei Dank", plapperte sie, und die Zähne schlugen ihr aufeinander. „Jetzt ist er fertig, jetzt flieht meine Nichte mit der komischen Alten, und dann kommt Kunze wieder mit dem Leutnant, wissen Sie."

„Ein Leutnant spielt auch mit?", fragte Diederich achtungsvoll.

„Ja, das heißt, er ist noch auf dem Gymnasium, er ist ein Sohn des Herrn Landgerichtsdirektors Sprezius: der arme Verwandte, wissen Sie, den der alte Graf seiner Tochter zum Mann geben will. Er verspricht dem Alten, dass er die heimliche Gräfin in der ganzen Welt suchen wird."

„Sehr begreiflich", sagte Diederich. „Es liegt in seinem eigenen Interesse."

„Sie werden sehen, er ist ein edler Mensch."

„Aber Jadassohn, wenn ich mir die Bemerkung erlauben darf, Frau

---

[1]   Fideikommiss: Erbschaft, die als Ganze zu erhalten und damit unteilbar ist

Gräfin, den hätten Sie nicht mitspielen lassen sollen", sagte Diederich vorwurfsvoll und mit heimlicher Genugtuung. „Schon wegen
der Ohren."

Frau von Wulckow sagte niedergeschlagen: „Ich dachte nicht, dass
5 sie auf der Bühne so wirken würden. Glauben Sie nun, dass es ein
Misserfolg wird?"

„Frau Gräfin!" Diederich legte die Hand auf das Herz. „Ein Stück
wie die ‚Heimliche Gräfin' ist nicht so leicht umzubringen!"

„Nicht wahr? Es kommt beim Theater doch wohl auf die künstleri-
10 sche Bedeutung an."

„Gewiss. Freilich, so ein Paar Ohren haben auch viel Einfluss" – und
Diederich machte ein bedenkliches Gesicht.

Frau von Wulckow rief flehend aus: „Wo doch der zweite Akt noch
viel besser ist! Er spielt in einer protzigen Fabrikantenfamilie, und
15 die heimliche Gräfin dient dort als Stubenmädchen. Dann ist da ein
Klavierlehrer, kein feiner Mensch, eine der Töchter hat er sogar
geküsst, und nun macht er der Gräfin einen Heiratsantrag, den sie
natürlich weit von sich weist. Ein Klavierlehrer! Wie könnte sie!"

Diederich bestätigte, es sei ausgeschlossen.

20 „Aber nun sehen Sie, wie tragisch: die Tochter, die sich von dem
Klavierlehrer hat küssen lassen, verlobt sich auf einem Ball mit einem Leutnant, und wie der Leutnant ins Haus kommt, da ist es
derselbe Leutnant, der –"

„O Gott, Frau Gräfin!" Diederich streckte schützend die Hände vor,
25 ganz erregt durch so viele Verwicklungen. „Wie kommen Sie nur
auf all die Geschichten?"

Die Dichterin lächelte leidenschaftlich.

„Ja, nämlich das ist das Interessanteste: Nachher weiß man es nicht
mehr. Es geht so geheimnisvoll zu im Gemüt! Manchmal denke ich
30 mir, ich muss es geerbt haben."

„Haben Sie denn so viele Dichter in Ihrer werten Familie?"

„Das nicht. Aber wenn nicht mein großer Vorfahre die Schlacht bei
Kröchenwerda[1] gewonnen hätte, wer weiß, ob ich die ‚Heimliche

---

[1] Kröchenwerda: Gemeint ist die zum Dreißigjährigen Krieg (1618–1648)
zählende Schlacht bei Kötzenbroda 1645, die mit einem Waffenstillstand
Brandburgs und Sachsens mit den Schweden endete.

Gräfin' geschrieben haben würde. Es kommt schließlich immer auf das Blut an!"

Bei dem Namen der Schlacht machte Diederich einen Kratzfuß, und er wagte nichts mehr zu fragen.

5 „Jetzt muss gleich der Vorhang fallen", sagte Frau von Wulckow. „Hören Sie etwas?"

Er hörte nichts; nur für die Dichterin gab es nicht Tür noch Wände. „Jetzt schwört der Leutnant der fernen Gräfin die ewige Treue", flüsterte sie. „So"; und alles Blut wich ihr aus dem Gesicht. Gleich

10 darauf schoss es heftig zurück; man klatschte: nicht stürmisch, aber man klatschte. Die Tür ward von drinnen geöffnet. Dort hinten rollte nochmals der Vorhang hinauf, und da der junge Sprezius und die Wulckow'sche Nichte hervorkamen, ward der Beifall lebhafter. Plötzlich schnellte aus der Kulisse Jadassohn, pflanzte sich vor die

15 beiden und machte Miene, den Erfolg einzuheimsen – worauf gezischt wurde. Frau von Wulckow wandte sich entrüstet ab. Der Schwiegermutter des Bürgermeisters Scheffelweis und der Landgerichtsrätin Harnisch, die ihr Glück wünschten, erklärte sie: „Herr Assessor Jadassohn ist als Staatsanwalt unmöglich. Ich werde es

20 meinem Mann sagen."

Die Damen gaben den Ausspruch sofort weiter und hatten viel Erfolg damit. Plötzlich war die Spiegelgalerie voll von Gruppen, die über Jadassohns Ohren herfielen. „Die Präsidentin hat recht wacker gedichtet; nur Jadassohns Ohren –" Als man hörte, dass Jadas-

25 sohn im zweiten Akt nicht mehr wiederkomme, war man doch enttäuscht. Wolfgang Buck ging mit Guste Daimchen auf Diederich zu. „Haben Sie gehört?", fragte er. „Jadassohn soll eine Amtshandlung vornehmen und seine Ohren konfiszieren." Diederich sagte missbilligend: „Ich mache keine Witze, wenn es jemandem schlecht geht."

30 Und dabei überwachte er eifrig die Blicke, die Buck und seine Begleiterin trafen. Alle Mienen lebten auf, wenn sie die beiden erblickten; Jadassohn war vergessen. Vom Ausgang trug die dünne Schreistimme des Professors Kühnchen etwas durch den Wirrwarr, das klang wie „Affenschande". Da die Pastorin Zillich ihm beschwichtigend

35 die Hand auf den Arm legte, wandte er sich her, und jetzt verstand man es deutlich: „Eine ausgewachsene Affenschande ist es!"

Guste sah sich um; sie bekam Schlitzaugen. „Dort sprechen sie auch davon", sagte sie geheimnisvoll.

„Wovon?", stammelte Diederich.

„Wir wissen schon. Und wer es aufgebracht hat, weiß ich auch."

5 Hier brach Diederich der Schweiß aus. „Was haben Sie denn?", fragte Guste. Buck, der durch die Seitentür nach dem Büfett[1] schielte, sagte phlegmatisch[2]: „Heßling ist ein vorsichtiger Politiker, er hört nicht gern mit an, dass der Bürgermeister zwar einerseits ein guter Ehemann ist, aber andererseits auch seiner Schwiegermutter nichts
10 abschlagen kann."

Sofort ward Diederich dunkelrot.

„Das ist eine Gemeinheit! Wie kann jemand sich solch eine Gemeinheit ausdenken!"

Guste kicherte heftig. Buck blieb unbewegt. „Erstens scheint es Tatsa-
15 che zu sein, denn die Frau Bürgermeister hat die beiden überrascht und sich einer Freundin anvertraut. Dann aber lag es ja auf der Hand."

Guste brachte hervor: „Na Sie, Herr Doktor, wären natürlich nie darauf gekommen." Dabei blinzelte sie verliebt ihrem Verlobten zu.
20 Diederich blitzte. „Aha!", sagte er stramm. „Jetzt weiß ich freilich genug!" Und er drehte ihnen den Rücken. Sie erfanden also selbst Gemeinheiten, noch dazu über den Bürgermeister! Diederich durfte den Kopf hoch tragen. Er stieß zu der Gruppe Kühnchens, die sich nach dem Büfett hin bewegte und ein Kielwasser[3] von sittli-
25 cher Entrüstung hinterließ. Die Schwiegermutter des Bürgermeisters schwur mit rotem Gesicht, „diese Gesellschaft" werde ihr Haus künftig nur noch von außen sehen, und mehrere Damen schlossen sich ihrem Vorsatz an, trotz Abraten des Warenhausbesitzers Herrn Cohn, der bis auf Weiteres alles in Zweifel zog, weil eine derartige
30 sittliche Entgleisung bei einem bewährten alten Liberalen wie dem Herrn Buck ganz ausgeschlossen erscheine. Professor Kühnchen war vielmehr der Meinung, dass ein zu weit gehender Radikalismus auch die Moral gefährde. Selbst Doktor Heuteufel, der doch die

---

[1] Büfett: angerichtete Speisentafel zur Selbstbedienung
[2] phlegmatisch: schwerfällig
[3] Kielwasser: Wasserfahrspur hinter einem fahrenden Schiff

Sonntagsfeiern für freie Menschen veranstaltete, machte die Bemerkung, an Familiensinn, man könne auch sagen Nepotismus, habe es dem alten Buck niemals gefehlt. „Beispiele dafür liegen Ihnen
allen auf der Zunge. Und dass er jetzt, um das Geld in der Familie zu
erhalten, sich anschickt, seine unehelichen Kinder mit seinen ehelichen zu verheiraten, das, meine Herrschaften, würde ich ärztlich
als greisenhafte Ausschreitung einer früher noch beherrschten Na-
turanlage diagnostizieren[1]." Hierbei bekamen die Damen erschreck-
te Gesichter, und die Pastorin Zillich schickte ihr Käthchen in die
Garderobe nach ihrem Schnupftuch.

Auf ihrem Wege kam Käthchen an Guste Daimchen vorbei, aber sie
begrüßte sie nicht, sondern schlug die Augen nieder; da machte
Guste ein betretenes Gesicht. Am Büfett bemerkte man es und äußerte Missbilligung, vermischt mit Mitleid. Guste musste nun eben
erfahren, was es hieß, sich über die öffentliche Moral hinwegzuset-
zen. Mochte ihr zugebilligt werden, dass sie vielleicht getäuscht
und schlecht beeinflusst sei: Frau Oberinspektor Daimchen aber, die
wusste doch wohl Bescheid, und sie war gewarnt! Die Schwiegermutter des Bürgermeisters berichtete von ihrem Besuch bei Gustes
Mutter und von ihren vergeblichen Anstrengungen, durch Anklop-
fen ein Geständnis hervorzulocken aus der verhärteten alten Frau,
der eine legitime Verbindung mit dem Hause Buck wohl einen Ju-
gendtraum erfüllte! ...

„Na, und der Herr Rechtsanwalt Buck!", kreischte Kühnchen. Tatsächlich, wen wollte dieser Herr glauben machen, dass er über die
neue Schande, die seine Familie traf, nicht genau unterrichtet sei?
Waren ihm die Verbrechen im Hause Lauer etwa unbekannt gewesen? Und doch sah man ihn nicht zögern, die schmutzige Wäsche
seiner Schwester und seines Schwagers öffentlich vor Gericht aus-
zubreiten, nur um von sich reden zu machen! Doktor Heuteufel,
den es noch immer drängte, seine eigene Haltung im Prozess nachträglich zu verbessern, erklärte: „Das ist kein Verteidiger, das ist ein
Komödiant!" Und als Diederich zu bedenken gab, Buck habe nun
einmal gewisse, wenn auch anfechtbare Überzeugungen in Politik
und Moral, da ward ihm erwidert: „Herr Doktor, Sie sind sein

---

[1] diagnostizieren: einen medizinischen Befund erstellen

Freund. Dass Sie für ihn eintreten, spricht zu Ihren Gunsten, aber
Sie machen uns nichts weis" – worauf Diederich sich zurückzog,
mit bekümmerter Miene, aber nicht ohne einen Blick auf den Redakteur Nothgroschen, der bescheiden an einer Schinkensemmel
5 kaute und alles hörte.

Plötzlich entstand eine Stille, denn drinnen, nahe der Bühne, erblickte man den alten Herrn Buck in einem Kreis junger Mädchen.
Es schien, er erklärte ihnen die Malereien an den Wänden, das Leben von ehemals, das verblichen und heiter den ganzen Saal umgab,
10 mit dem Umkreis der Stadt, wie sie gewesen war, mit verschwunde-
nen Wiesen und Gärten und den Menschen allen, lärmend einst als
Herren hier in diesem Festhaus, nun aber in hingetäuschte Tiefen
gebannt vor dem Geschlecht, das eben jetzt lärmte ... Jetzt sah es
gar aus, als ahmten sie, die Mädchen und der Alte, den Figuren
15 nach. Gerade über ihnen war das Burgtor abgebildet, und ein Herr
in Perücke und Amtskette[1] trat heraus, derselbe, der aus Marmor zu
Häupten der Treppe stand. In dem lieblichen Gehölz voller Blumen
aber, das damals wohl dort, statt der Papierfabrik Gausenfeld, ge-
blüht hatte, tanzten ihm helle Kinder entgegen, warfen einen Kranz
20 über ihn und wollten ihn damit umherdrehen. Der Widerschein
von rosigen kleinen Wolken fiel auf sein glückliches Gesicht. So
glücklich lächelte in diesem Augenblick auch der alte Buck, ließ
sich von den Mädchen hin und her ziehen und war von ihnen gefangen, wie in einem lebenden Kranz. Seine Sorglosigkeit war un-
25 begreiflich, sie war aufreizend. Hatte er schon sein Gewissen bis zu
dem Grade abgestumpft, dass er seine natürliche Tochter – „Unsere
Töchter sind eben doch keine natürlichen Kinder", sagte Frau Warenhausbesitzer Cohn. „Meine Sidonie mit Guste Daimchen Arm in
Arm!" ... Buck und seine jungen Freundinnen merkten gar nicht,
30 dass sie sich am Ende eines leeren Raumes befanden. Vorn bildete
feindliches Publikum eine Mauer; die Augen fingen zu funkeln an,
und der Mut wuchs. „Die Familie ist die längste Zeit obenauf gewesen! Einen haben sie schon in der Vogtei, gleich kommt Nummer
zwei!" – „Das ist ja der reinste Rattenfänger!", murrte es; und drü-

---

[1] Amtskette: schwere, verzierte Kette als Zeichen für das Amt des Bürgermeis-
ters/der Bürgermeisterin

ben: „Ich sehe es nicht noch länger mit an!" Jäh entrangen sich zwei
Damen dem allgemeinen Druck, nahmen einen Anlauf und durch-
kreuzten den leeren Raum. Frau Rat Harnisch, die in ihrer roten
Samtschleppe dahinkugelte, traf am Ziel pünktlich auf die gelbe
5 Frau Cohn, mit demselben Griff bemächtigte die eine sich ihrer Sidonie, die andere ihrer Meta, und welch eine Genugtuung, als sie
wieder anlangten! „Ich war einer Ohnmacht nahe", sagte die Pastorin Zillich, da nun gottlob auch Käthchen sich einfand.
Die gute Laune kehrte zurück, man scherzte über den alten Sünder
10 und verglich ihn mit dem Grafen im Stück der Präsidentin. Freilich,
Guste war keine heimliche Gräfin; in einer Dichtung konnte man,
der Präsidentin zu Gefallen, mit solchen Zuständen sympathisie-
ren. Übrigens waren sie dort noch erträglich, denn die Gräfin sollte
nur ihren Vetter heiraten, während Guste – !
15 Der alte Buck, der niemand mehr um sich sah als seine künftige
Schwiegertochter und eine seiner Nichten, bekam eine fragende
Miene; ja, unter den Blicken, die ihn in seiner Verlassenheit muster-
ten, ward er sichtlich verlegen. Man machte einander darauf aufmerksam – und Diederich sogar fragte sich, ob Frau Heßlings alte
20 Skandalgeschichte denn etwa wahr sei? Da er das Phantom[1], das er
selbst in die Welt geschickt hatte, hier einen Körper annehmen und
immer drohender um sich greifen sah, war ihm sehr bange geworden. Diesmal galt es nicht irgendeinem Lauer, es galt dem alten
Herrn Buck, der ehrwürdigsten Figur aus Diederichs Kindertagen,
25 dem großen Mann der Stadt, der Verkörperung ihres Bürgersinnes,
dem zum Tode Verurteilten von achtundvierzig! Im eigenen Herzen
fühlte Diederich ein Sträuben gegen sein Unterfangen. Auch schien
es Wahnwitz; ein Streich wie dieser zerschmetterte den Alten noch
längst nicht. Kam es aber heraus, wer der Urheber war, dann muss-
30 te Diederich darauf gefasst sein, dass alle sich gegen ihn wendeten
… Gleichwohl blieb es ein Streich, und er hatte getroffen. Jetzt war
es nicht mehr bloß die Familie, die bröckelte und an dem Alten als
Last hing: der Bruder vor dem Bankerott, der Schwiegersohn im
Gefängnis, die Tochter auf Reisen mit einem Liebhaber und von
35 den Söhnen einer verbauert, der andere verdächtig durch Gesin-

---

[1] Phantom: Trugbild

nung und Lebensführung – jetzt schwankte er, zum ersten Male, selbst. Herunter mit ihm, damit Diederich hinaufkam! Trotzdem war es Diederich bange bis in den Leib hinein, er machte sich auf, um die Nebenräume zu besuchen.

5 Er lief, denn es klingelte schon zum zweiten Akt: Da stieß er mit der Schwiegermutter des Bürgermeisters zusammen, die es aus einem anderen Grund ebenso eilig hatte. Sie kam gerade noch rechtzeitig, um zu verhindern, dass ihr Schwiegersohn, gelenkt von seiner Frau, sich auf den alten Buck zubewege und ihn mit seiner Autori-
10 tät decke. „Mit deiner Autorität als Bürgermeister, einen solchen Skandal!" Sie war heiser vor Aufregung. Die Frau aber mit ihrer grellen kleinen Stimme blieb dabei, die Bucks seien nun einmal die feinsten Leute hier, und noch gestern habe Milli Buck ihr ein fabelhaftes Schnittmuster gegeben. Mit versteckten Püffen trieb jede ihn
15 nach ihrer Seite; er gab ihnen abwechselnd recht, seine blassen Bartkoteletts flohen nach links und nach rechts, und er hatte Augen wie ein Hase. Die Vorübergehenden stießen einander an und wiederholten flüsternd als einen Witz, was Diederich durch Wolfgang Buck wusste. Angesichts so wichtiger Vorgänge vergaß er sei-
20 ne Leibschmerzen, blieb stehen und beschrieb einen herausfordernden Gruß. Der Bürgermeister gab sich Haltung, verließ seine Damen, er streckte Diederich die Hand hin. „Mein lieber Doktor Heßling, es freut mich, das ist einmal ein gelungenes Fest, wie?"
Aber Diederich zeigte sich gar nicht geneigt, auf die nichtssagende
25 Herzlichkeit einzugehen, die Doktor Scheffelweis so sehr liebte. Er richtete sich auf wie das Verhängnis und blitzte.
„Herr Bürgermeister, ich fühle mich nicht berechtigt, Sie im Unklaren zu lassen über gewisse Dinge, die –"
„Die?", fragte Doktor Scheffelweis, erbleicht.
30 „Die vorgehn", sagte Diederich nicht ohne Härte. Der Bürgermeister bat um Erbarmen. „Ich weiß doch schon. Es ist die fatale Geschichte mit unserem allverehrten – ich wollte sagen, die Schweinerei des alten Buck", flüsterte er vertraulich. Diederich blieb kalt.
„Es ist mehr. Sie dürfen sich nicht länger täuschen, Herr Bürger-
35 meister: Es betrifft Sie selbst."
„Junger Mann, ich muss doch bitten ..."
„Ich stehe Ihnen zur Verfügung, Herr Bürgermeister!"

Doktor Scheffelweis irrte, wenn er hoffte, dieser Kelch sei durch Aufbegehren besser abzuwenden als durch Flehen! Er war in Diederichs Hand; die Spiegelgalerie hatte sich geleert, auch die beiden Damen verschwanden dahinten im Gedränge.

5 „Buck und Genossen führen einen Gegenschlag", sagte Diederich sachlich. „Sie sind entlarvt und rächen sich."

„An mir?" Der Bürgermeister hüpfte auf.

„Verleumdungen, ich wiederhole: infame Verleumdungen werden gegen Sie gerichtet. Kein Mensch würde sie glauben, aber in diesen 10 Zeiten der politischen Kämpfe –"

Er beendete nicht, sondern hob die Schultern. Doktor Scheffelweis war sichtlich kleiner geworden. Er wollte Diederich ansehen, irrte aber ab. Da bekam Diederich die Stimme des Gerichts.

„Herr Bürgermeister! Sie erinnern sich an unsere erste Unterre-15 dung in Ihrem Hause, mit Herrn Assessor Jadassohn. Ich habe Sie schon damals darauf vorbereitet, dass ein neuer Geist in die Stadt einziehen werde. Die schlappe demokratische Gesinnung hat abgewirtschaftet! Stramm national muss man heut sein! Sie waren gewarnt!"

20 Doktor Scheffelweis stand Rede.

„Ich war innerlich schon immer auf Ihrer Seite, lieber Freund: umso mehr, als ich ein besonderer Verehrer Seiner Majestät bin. Unser herrlicher junger Kaiser ist ein so origineller Denker ... impulsiv ... und ..."

25 „Die persönlichste Persönlichkeit", ergänzte Diederich streng.

Der Bürgermeister sprach nach: „Persönlichkeit ... Aber ich in meiner Stellung, die nach beiden Seiten blickt, kann Ihnen auch heute nur wiederholen: Schaffen Sie neue Tatsachen!"

„Und mein Prozess? Ich habe die Feinde Seiner Majestät glatt zer-30 schmettert!"

„Ich habe Ihnen nichts in den Weg gelegt. Ich habe Sie sogar beglückwünscht."

„Mir nicht bekannt."

„Wenigstens im Stillen."

35 „Heute muss man sich offen entscheiden, Herr Bürgermeister. Seine Majestät haben es selbst gesagt: Wer nicht für mich ist, ist wider mich! Unsere Bürger sollen endlich aus dem Schlummer erwachen

und bei der Bekämpfung der umwälzenden Elemente selbst mit Hand anlegen!"

Hier schlug Doktor Scheffelweis die Augen nieder. Umso gebieterischer reckte sich Diederich.

₅ „Wo aber bleibt der Bürgermeister?", fragte er, und seine Frage klang in einer drohenden Stille so lange nach, bis Doktor Scheffelweis sich entschloss, ihn anzublinzeln. Zum Sprechen brachte er es nicht; Diederichs Erscheinung, blitzend, gesträubt und blond gedunsen, verschlug ihm die Rede. In fliegender Verwirrung dachte

₁₀ er: ‚Einerseits – andererseits' – und blinzelte immerfort das Bild der neuen Jugend an, die wusste, was sie wollte, den Vertreter der harten Zeit, die nun kam!

Diederich, mit herabgezogenen Mundwinkeln, nahm die Huldigung entgegen. Er genoss einen der Augenblicke, in denen er mehr

₁₅ bedeutete als sich selbst und im Geiste eines Höheren handelte. Der Bürgermeister war länger als er, aber Diederich sah auf ihn hinunter, als hätte er gethront. „Nächstens haben wir Stadtverordnetenwahlen: Da kommt es nun ganz auf Sie an", äußerte er gnädig und knapp. „Der Prozess Lauer hat einen Umschwung der öffentlichen

₂₀ Meinung bewirkt. Die Leute haben Angst vor mir. Wer mir behilflich sein will, ist mir willkommen; wer sich mir entgegenstellt –"

Den Nachsatz wartete Doktor Scheffelweis nicht ab. „Ich bin ganz Ihrer Meinung", flüsterte er beflissen, „Freunde des Herrn Buck dürfen nicht mehr gewählt werden."

₂₅ „Das liegt in Ihrem eigensten Interesse. Bei den Schlechtgesinnten untergräbt man Ihren guten Ruf, Herr Bürgermeister! Könnten Sie es heute überleben, dass die Gutgesinnten den abscheulichen Verleumdungen nicht mehr widersprechen?" Eine Pause, in der Doktor Scheffelweis zitterte; dann wiederholte Diederich, ermutigend: „Es

₃₀ kommt nur auf Sie an." – Der Bürgermeister murmelte: „Ihre Energie und anständige Gesinnung in Ehren –"

„Meine hochanständige Gesinnung!"

„Freilich ... Aber Sie sind ein politischer Heißsporn[1], mein junger Freund. Die Stadt ist noch nicht reif für Sie. Wie wollen Sie mit ihr

₃₅ fertig werden?"

---

[1] Heißsporn: hitzige Person

Statt einer Antwort trat Diederich plötzlich zurück und machte einen Kratzfuß. Im Eingang stand Wulckow.

Er kam herbei unter elastischem Schwenken des Bauches, legte seine schwarze Tatze dem Doktor Scheffelweis auf die Schulter und
5 sagte dröhnend: „Na, Bürgermeisterchen, so solo hier? Ihre Stadtverordneten haben Sie wohl hinausgeworfen?" – worauf Doktor Scheffelweis bleich mitlachte. Aber Diederich sah sich heftig besorgt nach der Saaltür um, die noch offen stand. Er trat vor Wulckow hin, sodass der Präsident von drinnen nicht zu sehen war,
10 und flüsterte ihm einige Worte zu, infolge deren der Präsident sich abwandte und seine Kleider ordnete. Dann sagte er zu Diederich: „Sie sind wirklich sehr brauchbar, Doktorchen."

Diederich lächelte geschmeichelt. „Ihre Anerkennung, Herr Präsident, macht mich glücklich."

15 Wulckow äußerte gnädig: „Sie können gewiss auch sonst noch allerlei. Wir müssen mal drüber reden." Er streckte den Kopf vor, braunfleckig, mit slawischen Backenknochen, und glotzte Diederich an, aus den Mongolenfalten[1] seiner Augen, die voll einer warmblütigen, schalkhaften Gewaltsamkeit waren: – glotzte, bis Diederich
20 schnaufte. Dieser Erfolg schien Wulckow zu befriedigen. Er bürstete vor dem Spiegel seinen Bart, zerdrückte ihn aber sogleich wieder auf dem Frackhemd, weil er den Kopf wie ein Stier trug, und sagte: „Nu los! Der Klimbim[2] ist wohl schon im Gange?" Und in der Mitte zwischen Diederich und dem Bürgermeister schickte er sich an, mit
25 Wucht die Vorstellung zu stören: Da kam vom Büfett her eine dünne Stimme: „Ach Gott, Ottochen!"

„Na, da ist sie", brummte Wulckow, und er ging seiner Frau entgegen. „Dachte mir schon, wenn es zum Klappen[3] kommt, scheut sie. Mehr Reitergeist, meine beste Frieda!"

30 „Ach Gott, Ottochen, ich habe nun mal solche grauenhafte Angst!" Zu den beiden anderen Herren gewandt, plauderte sie geläufig,

---

[1] Mongolenfalte: schräg verlaufende Hautfalte am Oberlid, typisch für viele Menschen in Ostasien, z. B. aus der Mongolei
[2] Klimbim: unnötiges Herumgetue
[3] klappen: klatschen

wenn auch bebend: „Ich weiß wohl, man sollte freudigeren Herzens in die Schlacht gehen."

„Besonders", sagte Diederich schlagfertig, „wenn sie im Voraus gewonnen ist." Und er verneigte sich ritterlich. Frau von Wulckow
5 berührte ihn mit dem Fächer.

„Herr Doktor Heßling hat mir nämlich schon während des ersten Aktes hier draußen Gesellschaft geleistet. Er hat Sinn für das Schöne, er gibt einem sogar nützliche Winke."

„Hab ich gemerkt", sagte Wulckow; und indes Diederich abwech-
10 selnd ihm und seiner Frau dankerfüllte Kratzfüße machte, setzte der Präsident hinzu: „Bleiben wir lieber gleich beim Büfett."

„Das war auch mein Schlachtplan", plauderte Frau von Wulckow. „Umso mehr, als ich jetzt festgestellt habe, dass man hier eine kleine Tür nach dem Saal öffnen kann. So erfreut man sich der von den Ereig-
15 nissen unberührten Isoliertheit, die ich nun einmal brauche, und bleibt dennoch au fait.[1]"

„Bürgermeisterchen", sagte Wulckow und schnalzte, „den Hummersalat sollten Sie sich auch kaufen." Er zog Doktor Scheffelweis am Ohr und setzte hinzu: „In der Sache mit dem städtischen Arbeits-
20 nachweis hat der Magistrat mal wieder eine jammervolle Rolle gespielt."

Der Bürgermeister aß gehorsam und hörte gehorsam zu – indes Diederich neben Frau von Wulckow nach der Bühne ausspähte. Dort hatte Magda Heßling Klavierstunde, und der Lehrer, ein dunkel-
25 lockiger Virtuose, küsste sie feurig, was sie nicht übel zu vermerken schien. ‚Kienast dürfte das nicht sehen', dachte Diederich, aber auch im eigenen Namen fühlte er sich gekränkt. Er äußerte: „Finden Frau Gräfin nicht doch, dass der Klavierlehrer zu naturalistisch spielt?"

30 Die Dichterin erwiderte befremdet: „Ganz so lag es in meiner Intention."

„Ich meinte auch nur", sagte Diederich unsicher – und dann erschrak er, denn in der Tür erschien Frau Heßling oder eine Dame, die ihr ähnlich sah. Emmi kam auch, und das Paar war ertappt, man
35 schrie und weinte. Umso lauter sprach Wulckow: „Nee, Bürger-

---

[1] au fait (franz.): hier: auf dem Laufenden

meister. Auf den alten Buck können Sie sich diesmal nicht rausre-
den. Wenn er damals den städtischen Arbeitsnachweis durchgedrückt hat: die Anwendung tut es, die ist Ihre Sache."
Doktor Scheffelweis wollte etwas vorbringen, aber Magda schrie,
5 sie denke nicht daran, den Menschen zu heiraten, dafür sei das
Dienstmädchen gut genug. Die Dichterin bemerkte: „Das muss sie
noch ordinärer bringen. Es sind doch Parvenüs[1]."
Und Diederich lächelte zustimmend, obwohl er arg betreten war
durch diese Zustände in einem Heim, das dem seinen glich. Immer-
10 hin gab er Emmi recht, die erklärte, der Skandal müsse sogleich aus
der Welt geschafft werden, und die das Dienstmädchen hereinrief.
Aber wie das Mädchen sich zeigte, verdammt, da war es die heimliche Gräfin! In die Stille, die ihr Auftreten bewirkte, tönte Wulckows
Bassstimme: „Bleiben Sie mir mal weg mit dem Schwindel von Ih-
15 ren sozialen Pflichten. Die Landwirtschaft ruinieren soll sozial sein?"
Im Publikum wandten mehrere sich um; die Dichterin wisperte
angstvoll: „Ottochen, um Gottes willen!"
„Was ist denn los?" Er trat in die Tür. „Nun sollen sie mal zischen!"
Niemand zischte. Er wandte sich wieder dem Bürgermeister zu:
20 „Mit Ihrem Arbeitsnachweis ziehen Sie unsereinem, der im Osten
begütert[2] ist, die Arbeiter fort, das ist mal sicher. Und ferner: Sie
haben sogar Vertreter der Arbeiter in Ihrem miserablen Arbeitsnachweis – und dabei vermitteln Sie auch für die Landwirtschaft.
Wohin steuern Sie also? Nach der Koalition der Landarbeiter. Sehen
25 Sie wohl, Bürgermeisterchen?" Seine Tatze fiel auf Doktor Scheffelweis' nachgiebige Schulter. „Wir kommen Ihnen hinter die Schliche.
Wird nicht geduldet!"
Auf der Bühne sprach die Wulckow'sche Nichte ins Publikum, denn
die Fabrikantenfamilie durfte nichts hören: „Wie? Ich, ein Grafen-
30 kind, einen Klavierlehrer heiraten? Das sei ferne von mir. Wenn die
Leute mir auch eine Ausstattung versprechen, für Geld mögen andere sich erniedrigen. Ich aber weiß, was ich meiner edlen Geburt
schuldig bin!"

---

[1] Parvenüs: Emporkömmlinge
[2] im Osten begütert: über Landgüter in den östlichen Provinzen Preußens
   verfügend

Hier ward applaudiert. Frau Harnisch und Frau Tietz sah man Tränen fortwischen, die der Edelsinn der Gräfin ihnen hatte entquellen
lassen. Aber die fortgewischten Tränen kamen wieder, als die Nichte sagte: „Doch ach! Wo finde ich als Dienstmädchen einen ebenso
5 Hochgeborenen."
Der Bürgermeister musste eine Erwiderung gewagt haben, denn
Wulckow grollte: „Dafür, dass es weniger Arbeitslose gibt, will ich
nicht bluten. Mein Geld ist mein Geld." Da konnte Diederich sich
nicht länger enthalten, ihm mit einem Kratzfuß zu danken. Aber
10 auch die Dichterin bezog mit Recht seinen Kratzfuß auf sich.
„Ich weiß", sagte sie, selbst gerührt, „die Stelle ist mir gelungen."
„Das ist Kunst, die zum Herzen spricht", stellte Diederich fest. Da
Magda und Emmi das Klavier und die Türen zuschlugen, ergänzte
er: „Und hochdramatisch." Hierauf nach der andern Seite: „Nächste
15 Woche werden zwei Stadtverordnete gewählt, für Lauer und Buck
junior. Gut, dass der von selbst geht." Wulckow sagte: „Dann sorgen
Sie nur dafür, dass anständige Leute reinkommen. Sie sollen ja mit
der ‚Netziger Zeitung' gutstehen."
Diederich dämpfte vertraulich die Stimme. „Ich halte mich vorläufig
20 noch zurück, Herr Präsident. Für die nationale Sache ist es besser."
„Sieh mal an", sagte Wulckow; und wirklich sah er Diederich durchdringend an. „Sie möchten sich wohl selbst wählen lassen?", fragte
er.
„Ich würde das Opfer bringen. Unsere städtischen Körperschaften
25 haben zu wenig Mitglieder, die in nationaler Beziehung zuverlässig
sind."
„Und was wollen Sie machen, wenn Sie drin sind?"
„Dafür sorgen, dass der Arbeitsnachweis aufhört."
„Na ja", sagte Wulckow, „als nationaler Mann."
30 „Ich als Offizier", sagte auf der Bühne der Leutnant, „kann nicht dulden,
liebe Magda, dass dieses Mädchen, wenn es auch nur eine arme
Dienstmagd ist, irgendwie misshandelt wird."
Der Leutnant aus dem ersten Akt, der arme Vetter, der die heimliche Gräfin hätte heiraten sollen, er war Magdas Verlobter! Man
35 fühlte die Zuschauer vor Spannung beben. Die Dichterin bemerkte
es selbst. „Die Erfindung ist aber auch meine starke Seite", sagte sie
zu Diederich, der tatsächlich verblüfft war. Doktor Scheffelweis

hatte keine Zeit, sich den Emotionen der dramatischen Dichtung zu überlassen; er sah sich gefährdet.

„Niemand", beteuerte er, „würde freudiger einen Geist –" Wulckow unterbrach ihn.

5 „Kennen wir, Bürgermeisterchen. Freudig begrüßen können Sie, wenn's nichts kostet."

Diederich setzte hinzu: „Aber einen glatten Strich ziehen zwischen Kaisertreuen und Umsturz!"

Der Bürgermeister hob flehend die Arme. „Meine Herren! Verken-
10 nen Sie mich nicht, ich bin zu allem bereit. Aber mit dem Strich ist nicht geholfen, denn bei uns hier bedeutet er bloß, dass fast alle, die nicht freisinnig wählen, sozialdemokratisch wählen."

Wulckow stieß ein wütendes Grunzen aus, worauf er sich eine Wurst vom Büfett langte. Diederich war es, der eiserne Zuversicht
15 bekundete.

„Wenn die guten Wahlen nicht von selbst kommen, müssen sie eben gemacht werden!"

„Aber womit?", sagte Wulckow.

Die Wulckow'sche Nichte ihrerseits rief ins Publikum: „Er muss
20 doch sehen, dass ich eine Gräfin bin, er, der demselben edlen Stamme entsprossen ist!"

„Oh! Frau Gräfin!", sagte Diederich. „Jetzt bin ich wirklich neugierig, ob er es sieht."

„Selbstverständlich", erwiderte die Dichterin. „Sie erkennen einan-
25 der doch schon an den besseren Manieren."

In der Tat warfen der Leutnant und die Nichte sich Blicke zu, weil Emmi und Magda samt Frau Heßling einen Käse mit dem Messer aßen. Diederich behielt den Mund offen. Im Publikum bewirkte das ungebildete Betragen der Fabrikantenfamilie die freudigste Stim-
30 mung. Die Töchter Buck, Frau Cohn und Guste Daimchen, alle jubelten. Auch Wulckow ward aufmerksam; er sog sich das Fett von den Fingern und sagte: „Frieda, du bist fein raus, sie lachen."

Wirklich blühte die Dichterin erstaunlich auf. Ihre Augen hinter dem Zwicker glänzten wirr, sie seufzte, ihr Busen wallte, es hielt sie
35 nicht länger auf ihrem Stuhl. Sie wagte sich halb heraus aus dem Büfettzimmer; sofort wandten viele sich nach ihr um, mit neugierigen Gesichtern, und die Schwiegermutter des Bürgermeisters gab

ihr Zeichen. Frau von Wulckow rief fieberhaft über die Schulter: „Meine Herren, die Schlacht ist gewonnen!"

„Wenn es bei uns auch so schnell ginge", sagte ihr Gatte. „Na also, Doktor, wie wollen Sie den Netzigern die Kandare anlegen?"

5 „Herr Präsident!" Diederich drückte die Hand aufs Herz. „Netzig wird kaisertreu, dafür bürge ich Ihnen mit allem, was ich bin und habe!"

„Schön", sagte Wulckow.

„Denn", fuhr Diederich fort, „wir haben einen Agitator, den ich als
10 erstklassig bezeichnen möchte: jawohl, erstklassig", wiederholte er und umfasste mit dem Wort alles Große; „und das ist Seine Majestät selbst!"

Doktor Scheffelweis sammelte sich eilig. „Die persönlichste Persönlichkeit", brachte er hervor. „Originell. Impulsiv."

15 „Na ja", sagte Wulckow. Er stemmte die Fäuste auf die Knie und glotzte dazwischen auf den Boden, in der Haltung eines sorgenvollen Menschenfressers. Auf einmal merkten die beiden anderen, dass er sie von unten schief ansah.

„Meine Herren" – er stockte wieder –, „na, ich will Ihnen mal was
20 sagen. Ich glaube, der Reichstag wird aufgelöst."

Diederich und Doktor Scheffelweis streckten die Köpfe vor, sie wisperten: „Herr Präsident wissen?"

„Der Kriegsminister war neulich mit mir auf der Jagd, bei meinem Vetter, Herrn von Quitzin."

25 Diederich machte einen Kratzfuß. Er stammelte, er wusste selbst nicht, was. Er hatte es vorausgesagt! Schon bei seiner Aufnahme in den Kriegerverein hatte er eine Rede Seiner Majestät wiedergegeben – und hatte er sie nur wiedergegeben? Darin kam ausdrücklich vor: „Ich räume die ganze Bude aus!" Und nun sollte es geschehen,
30 ganz so, als handelte er selbst. Es überlief ihn mystisch ... Wulckow sagte inzwischen: „Die Herren Eugen Richter und Konsorten passen uns nicht mehr. Wenn sie die Militärvorlage nicht schlucken, ist Schluss" – und Wulckow strich sich mit der Faust über den Mund, als beginne das Fressen.

35 Diederich fasste sich. „Das ist – das ist großzügig! Das ist ganz sicher die persönliche Initiative Seiner Majestät!" Doktor Scheffelweis war erbleicht. „Dann sind schon wieder Reichstagswahlen?

Und ich war so froh, dass wir unsern bewährten Abgeordneten hatten ..." Er erschrak noch mehr. „Das heißt, natürlich, Kühlemann ist auch ein Freund des Herrn Richter ..."

„Ein Nörgler!", schnaubte Diederich. „Ein vaterlandsloser Geselle!"
5 Er rollte die Augen. „Herr Präsident! Diesmal ist es aus in Netzig mit den Leuten. Lassen Sie mich nur erst Stadtverordneter sein, Herr Bürgermeister!"

„Was dann?", fragte Wulckow. Diederich wusste es nicht. Glücklicherweise entstand im Saal ein Zwischenfall; Stühle wurden ge-
10 rückt, und jemand ließ sich die große Tür öffnen: Kühlemann selbst war es. Der Greis schleppte seine schwere kranke Masse eilig durch die Spiegelgalerie. Am Büfett fand man, seit dem Prozess sei er noch mehr verfallen.

„Er hätte Lauer lieber freigesprochen, die anderen Richter haben
15 ihn überstimmt", sagte Diederich. Doktor Scheffelweis meinte: „Nierensteine führen wohl schließlich zur Auflösung." Worauf Wulckow humoristisch: „Na, und im Reichstag sind wir seine Nierensteine."
Der Bürgermeister lachte gefällig. Aber Diederich riss die Augen auf. Er näherte sich dem Ohr des Präsidenten und raunte: „Sein
20 Testament!"

„Was ist damit?"

„Er hat die Stadt zum Erben eingesetzt", erklärte Doktor Scheffelweis wichtig. „Wahrscheinlich bauen wir von dem Geld ein Säuglingsheim."

25 „Bauen Sie?" Diederich feixte verachtungsvoll. „Einen nationaleren Zweck können Sie sich wohl nicht denken?"

„Ach so." Wulckow nickte Diederich anerkennend zu. „Wie viel Pinke[1] hat er denn?"

„Eine halbe Million wenigstens", sagte der Bürgermeister, und er
30 beteuerte: „Ich wäre glücklich, wenn es zu machen wäre, dass –"

„Es ist glatt zu machen", behauptete Diederich.
Da hörte man draußen im Saal ein Lachen, das ganz verschieden klang von dem vorigen. Es kam aus ungehemmter Brust und drückte sicherlich Schadenfreude aus. Auch zog die Dichterin sich flucht-

---

[1] Pinke: umgangssprachlich für Geld

artig bis hinter das Büfett zurück; ja, sie schien bereit, hineinzukrie-
chen. „Grundgütiger Gott!", wimmerte sie. „Alles ist verloren."
„Nanu?", machte ihr Gatte und stellte sich drohend in die Tür. Aber
selbst dieses konnte die Heiterkeit nicht mehr aufhalten. Magda
5 hatte zu der Gräfin gesagt: „Spute dich, du dumme Landpomeranze[1], dass der Herr Leutnant den Kaffee kriegt." Eine andere Stimme
verbesserte „Tee", Magda wiederholte „Kaffee", die andere blieb bei
ihrer Meinung und Magda auch. Das Publikum hatte erfasst, dass
ein Missverständnis zwischen ihr und der Souffleuse[2] vorlag. Übri-
10 gens griff der Leutnant mit Glück ein, er schlug die Sporen aneinander und sagte: „Ich bitte um beides" – worauf das Lachen einen
nachsichtigeren Charakter annahm. Aber die Dichterin war empört. „Das Publikum! Es ist und bleibt eine Bestie!", knirschte sie.
„Schiefgehen kann es immer", sagte Wulckow – und blinzelte Die-
15 derich an.
Diederich erwiderte ebenso bedeutsam: „Wenn man einander versteht, Herr Präsident, dann nicht."
Hierauf hielt er es für besser, sich ganz der Dichterin und ihrem
Werk zu widmen. Mochte der Bürgermeister inzwischen seine
20 Freunde verraten und sich für die Wahlen auf alle Wünsche
Wulckows verpflichten!
„Meine Schwester ist eine Gans", erklärte Diederich. „Ich werde ihr
nachher die Meinung sagen!"
Frau von Wulckow lächelte wegwerfend. „Das arme Ding, sie tut,
25 was sie kann. Vonseiten der Leute aber ist es wahrhaftig eine uner-
trägliche Arroganz und Undankbarkeit. Noch soeben hat man sie
erhoben und für das Ideale begeistert!"
Diederich sagte durchdrungen: „Frau Gräfin, diese bittere Erfahrung machen nicht Sie allein. So ist es überall im öffentlichen Le-
30 ben." Denn er dachte an die allgemeinen Hochgefühle damals nach
seinem Zusammenstoß mit dem Majestätsbeleidiger und an die
Prüfungen, die dann gefolgt waren. „Schließlich triumphiert doch
die gute Sache!", stellte er fest.

---

[1] Landpomeranze: abschätzig für Personen, die sich aufgrund ihrer ländlichen
    Herkunft ungeschliffen bzw. ungeschickt verhält
[2] Souffleuse: Texteinsagerin beim Theater

„Nicht wahr?", sagte sie mit einem Lächeln, das wie aus Wolken brach. „Das Gute, Wahre, Schöne."

Sie reichte ihm die schmale Rechte. „Ich glaube, mein Freund, wir verstehen uns" – und Diederich, des Augenblicks bewusst, drückte
5 kühn die Lippen darauf, mit einem Kratzfuß. Er legte die Hand an das Herz und brachte gepresst aus der Tiefe: „Glauben Sie mir, Frau Gräfin –"

Die Nichte und der junge Sprezius waren jetzt allein geblieben, hatten sich als erniedrigte Gräfin und armer Vetter erkannt, wussten nun,
10 dass sie einander bestimmt waren, und schwärmten gemeinsam von künftigem Glanz, wenn sie unter goldener Decke mit anderen Ausgezeichneten, demütig stolz, von der Sonne der Majestät beschienen sein würden ... Da hörte Diederich die Dichterin aufseufzen.

„Ihnen kann ich es sagen", seufzte sie. „Ich entbehre hier doch sehr
15 den Hof. Wenn man, wie ich, von Geburt dem Hofadel angehört – Und nun –"

Hinter ihrem Zwicker sah Diederich zwei Tränen perlen. Dieser Blick in die Tragik der Großen erschütterte ihn so sehr, dass er strammstand. „Frau Gräfin!", sagte er, verhalten und stoßweise. „Die
20 heimliche Gräfin sind also –" Er erschrak und schwieg.

Die bleiche Stimme des Bürgermeisters war eben dabei, dem Präsidenten zu verraten, dass Kühlemann nicht wieder kandidieren werde und dass die Freisinnigen den Doktor Heuteufel aufstellen wollten. Er war mit Wulckow darin einig, dass man Gegenmaßregeln
25 treffen müsse, solange noch niemand die Auflösung des Reichstages erwartete ...

Diederich wagte endlich wieder, leise und schonend: „Frau Gräfin, aber, nicht wahr, es wird alles gut? Sie kriegen sich doch?"

Frau von Wulckow, mit Takt und Selbstbeherrschung, schränkte
30 die Vertraulichkeit des Gefühls schon wieder ein. In leichtem Plauderton erklärte sie: „Mein Gott, lieber Doktor, was wollen Sie, die leidige Geldfrage! Es ist wohl unmöglich, dass die jungen Leute zusammen glücklich werden."

„Sie können doch prozessieren[1]!", rief Diederich, in seinem Rechts-
35 gefühl gekränkt. Aber Frau von Wulckow verzog die Nase. „Fi

---

[1] prozessieren: einen Gerichtsprozess führen

donc[1]! Das würde zur Folge haben, dass der junge Graf, also Jadassohn, seinen Vater entmündigen ließe. Im dritten Akt, den Sie noch
sehen werden, droht er dem Leutnant damit in einer Szene, die mir,
glaube ich, gelungen ist. Soll der Leutnant das auf sich nehmen?
5 Und die Zerstückelung des Familienbesitzes? In Ihren Kreisen ginge es vielleicht. Aber bei uns ist eben manches nicht möglich."
Diederich verneigte sich. „Dort oben herrschen natürlich Begriffe,
die sich unserm Urteil entziehen. Und dem der Gerichte wohl
auch", setzte er hinzu. Die Dichterin lächelte milde.
10 „Sehen Sie, und so verzichtet der Leutnant ganz korrekterweise auf
die heimliche Gräfin und heiratet die Fabrikantentochter."
„Magda?"
„Jawohl. Und die heimliche Gräfin den Klavierlehrer. So wollen es
die höheren Mächte, lieber Herr Doktor, denen wir" – ihre Stimme
15 verdunkelte sich ein wenig – „uns nun einmal zu beugen haben."
Diederich hatte noch einen Zweifel, äußerte ihn aber nicht. Der Leutnant hätte die heimliche Gräfin auch ohne Geld heiraten sollen, es
würde Diederich tief befriedigt haben in seinem weichen und idyl-
lischen Herzen. Aber ach!, diese harte Zeit dachte anders.
20 Der Vorhang fiel, das Publikum entrang sich langsam seiner Ergriffen-
heit, dann spendete es umso wärmeren Beifall dem Dienstmädchen und dem Leutnant, die, es ließ sich leider voraussehen, das
schwere Geschick, nicht hoffähig zu sein, wohl noch länger würden tragen müssen.
25 „Es ist wirklich ein Elend!", seufzten Frau Harnisch und Frau Cohn.
Beim Büfett sagte Wulckow, am Ende seiner Beratungen mit dem
Bürgermeister: „Wir bringen der Bande noch Gesinnung bei!"
Dann ließ er seine Tatze schwer auf Diederichs Schulter fallen. „Na,
Doktorchen, hat meine Frau Sie schon zum Tee geladen?"
30 „Selbstverständlich, und kommen Sie recht bald!" Die Präsidentin
hielt ihm die Hand zum Kuss hin, und Diederich entfernte sich beglückt. Wulckow selbst wollte ihn wiedersehen! Mit Diederich zusammen wollte er Netzig erobern!

---

[1] Fi donc (franz.): Also pfui

Indes die Präsidentin in der Spiegelgalerie Cercle[1] hielt und Glückwünsche entgegennahm, bearbeitete Diederich die Stimmung.
Heuteufel, Cohn, Harnisch und noch einige andere Herren erschwerten es ihm, denn sie gaben, wenn auch vorsichtig, zu verstehen, dass sie das Ganze für Quatsch hielten. Diederich war genötigt, ihnen Andeutungen über den durchaus großzügigen dritten
Akt zu machen, damit sie verstummten. Dem Redakteur Nothgroschen diktierte er ausführlich, was er von der Dichterin wusste,
denn Nothgroschen musste fort, die Zeitung sollte in Druck gehen.
„Wenn Sie aber Blödsinn schreiben, Sie Zeilenschinder[2], schlag ich
Ihnen Ihren Wisch um die Ohren!" – worauf Nothgroschen dankte
und sich empfahl. Professor Kühnchen seinerseits, der gehorcht
hatte, ergriff Diederich bei einem Knopf und kreischte: „Sie, mein
Bester! Eens hätten Se nu aber unserm Klatschdirektor ooch noch
erzählen können!" Der Redakteur, der sich nennen hörte, kehrte
zurück, und Kühnchen fuhr fort: „Nämlich, dass die herrliche
Schöpfung unserer allverehrten Präsidentin schon mal ist voraus-
geahnt worden, und zwar von keinem Geringeren als von unserm
Altmeister Goethe in seiner ‚Natürlichen Tochter[3]‘. Nun, und das
ist denn doch wohl das Höchste, was sich zum Ruhm der Dichterin
sagen lässt!"
Diederich hatte Bedenken über die Zweckmäßigkeit von Kühnchens Entdeckung, fand es aber unnötig, sie ihm mitzuteilen. Der
kleine Greis strebte schon, mit flatternden Haaren, durch das Gedränge; schon sah man, wie er vor Frau von Wulckow den Boden
scharrte und ihr das Ergebnis seiner vergleichenden Forschung
vortrug. Freilich, ein Fiasko[4], wie er es erlitt, hatte auch Diederich
nicht vorausgesehen. Die Dichterin sagte eiskalt: „Was Sie da bemerken, Herr Professor, kann nur auf Verwechselung beruhen. Ist
die ‚Natürliche Tochter‘ überhaupt von Goethe?", fragte sie und

---

[1] Crecle (franz.): hier: Empfang in vornehmer Gesellschaft
[2] Zeilenschinder: Journalist, der möglichst ausführlich schreibt, weil er nach
Zeilen bezahlt wird
[3] „Die natürliche Tochter": Drama von Johann Wolfgang von Goethe (1749 –
1832), in dem er den Lebensweg der unehelichen Tochter eines Herzogs und
einer Fürstin thematisiert
[4] Fiasko: Reinfall

rümpfte misstrauisch die Nase. Kühnchen beteuerte es, aber es half ihm nichts.

„Jedenfalls haben Sie in der Zeitschrift ‚Das traute Heim' einen Roman von mir gelesen, und den habe ich nun dramatisiert. Meine Schöpfungen sind sämtlich Originalarbeiten. Die Herren" – sie musterte den Kreis – „wollen böswilligen Gerüchten entgegentreten."

Damit war Kühnchen entlassen, trat ab und schnappte nach Luft. Diederich erinnerte ihn, im Ton eines geringschätzigen Erbarmens, an Nothgroschen, der mit seiner gefährlichen Information schon von dannen war; und Kühnchen stürzte hinterdrein, um das Schlimmste zu verhüten.

Wie Diederich den Kopf wandte, hatte im Saal das Bild sich verändert: Nicht nur die Präsidentin, auch der alte Buck hielt Cercle. Es war erstaunlich, aber man lernte die Menschen kennen. Sie ertrugen es nicht, dass sie vorhin ihren Instinkten freien Lauf gelassen hatten; mit beteuerndem Gesicht machte einer nach dem andern sich an den Alten heran und wollte es nicht gewesen sein. So groß war, noch nach schweren Erschütterungen, die Macht des Bestehenden, von alters her Anerkannten! Diederich selbst fand es angezeigt, nicht in auffälliger Weise hinter der Mehrheit zurückzubleiben. Nachdem er sich vergewissert hatte, dass Wulckow schon fort war, machte er seine Aufwartung. Der Alte saß eben allein in dem Polstersessel, der für ihn ganz vorn bei der Bühne stand; er ließ seine weiße Hand merkwürdig zart über die Lehne hängen und blickte zu Diederich hinauf.

„Da sind Sie, mein lieber Heßling. Ich habe es oft bedauert, dass Sie nicht kamen" – ganz schlicht und nachsichtig. Diederich fühlte sofort wieder Tränen heraufsteigen. Er gab ihm die Hand hin, freute sich, dass der Herr Buck sie ein wenig länger in der seinen behielt, und stammelte etwas von Geschäften, Sorgen und „um ehrlich zu sein" – denn ein jähes Bedürfnis nach Ehrlichkeit erfasste ihn – von Bedenken und Hemmungen.

„Es ist schön von Ihnen", sagte darauf der Alte, „dass Sie mich das nicht nur erraten lassen, sondern es mir eingestehen. Sie sind jung und handeln wohl unter den Antrieben, denen die Geister heute gehorchen. In die Unduldsamkeit des Alters will ich nicht verfallen."

Da schlug Diederich die Augen nieder. Er hatte verstanden: Dies war die Verzeihung für den Prozess, der den Schwiegersohn des Alten die bürgerliche Ehre gekostet hatte; und ihm ward schwül unter so viel Milde – und so viel Nichtachtung. Der Alte freilich sagte: „Ich achte den Kampf und kenne ihn zu gut, um jemand zu hassen, der gegen die Meinen kämpft." Worauf Diederich, von Furcht ergriffen, dies möchte zu weit führen, sich aufs Leugnen verlegte. Er wisse selbst nicht – Man komme in Sachen hinein – Der Alte erleichterte es ihm. „Ich weiß: Sie suchen und haben sich selbst noch nicht gefunden."

Er tauchte seinen weißen Knebelbart in die seidene Halsbinde. Als er ihn wieder hervorholte, begriff Diederich, dass etwas Neues kam.

„Sie haben das Haus hinter dem Ihren nun doch nicht gekauft", sagte der Herr Buck. „Ihre Pläne haben sich wohl geändert?" Diederich dachte: ‚Er weiß alles', und sah schon seine heimlichsten Berechnungen enthüllt.

Der Alte lächelte schlau und gütig. „Sollten Sie etwa Ihre Fabrik zunächst verlegen und erst dann erweitern wollen? Ich könnte mir denken, dass Sie Ihr Grundstück zu verkaufen wünschen und nur auf eine gewisse Gelegenheit warten – die auch ich in Betracht ziehe", setzte er hinzu, und mit einem Blick: „Die Stadt hat vor, ein Säuglingsheim zu errichten!"

‚Alter Hund!', dachte Diederich. ‚Er spekuliert auf den Tod seines besten Freundes!' Gleichzeitig aber kam ihm die Erleuchtung, was er Wulckow vorzuschlagen habe, um Netzig zu erobern! ... Er schnaufte.

„Durchaus nicht, Herr Buck. Mein väterliches Erbstück geb ich nicht her!"

Da nahm der Alte nochmals seine Hand. „Ich bin kein Versucher", sagte er. „Ihre Pietät[1] ehrt Sie."

‚Esel', dachte Diederich.

---

[1] Pietät: respektvolle Rücksichtnahme auf religiöse Gefühle anderer

„So werden wir uns eben ein anderes Terrain[1] suchen. Ja, vielleicht werden Sie dabei mitwirken. Uneigennützigen Gemeinsinn, lieber Heßling, lassen wir uns nicht entgehen – auch nicht, wenn er einen Augenblick in falscher Richtung zu wirken scheint." Er stand auf.

5 „Wollen Sie Stadtverordneter werden, so haben Sie meine Unterstützung."

Diederich starrte, ohne zu begreifen. Die Augen des Alten waren blau und tief, und er bot Diederich eben das Ehrenamt an, um das Diederich seinen Schwiegersohn gebracht hatte. Sollte man nun

10 ausspucken oder sich verkriechen? Diederich zog es vor, die Absätze zusammenzuschlagen und korrekt seinen Dank abzustatten.

„Sie sehen", erwiderte der Alte, „der Gemeinsinn schlägt Brücken von Jung zu Alt und sogar bis zu denen, die nicht mehr da sind."

Er führte die Hand im Halbkreis über die Wände und über das Ge-

15 schlecht von einst, das verblichen und heiter aus ihrer gemalten Tiefe trat. Er lächelte den jungen Mädchen in Reifröcken zu und zugleich auch einer seiner Nichten und Meta Harnisch, die vorübergingen. Wie er das Gesicht dem alten Bürgermeister zuwendete, der zwischen Blumen und Kindern aus dem Stadttor schritt, be-

20 merkte Diederich die große Ähnlichkeit der beiden. Der alte Buck wies auf den und jenen aus der gemalten Versammlung.

„Von dem da hab ich viel gehört. Diese Dame kannte ich noch. Sieht der Geistliche nicht aus wie Pastor Zillich? Nein, unter uns kann es keine ernstliche Entfremdung geben, wir sind einander seit Langem

25 verpflichtet zum guten Willen und gemeinsamen Fortschritt, schon durch jene da, die uns die ‚Harmonie' hinterließen."

‚Nette Harmonie', dachte Diederich und sah umher, wie er fortgelange. Der Alte hatte sich, nach seiner Gewohnheit, einen Übergang gemacht von den Geschäften zum sentimentalen Schwatz. ‚Immer

30 kommt der Literat heraus', dachte Diederich.

Gerade gingen Guste Daimchen und Inge Tietz vorbei. Guste hatte sich eingehängt, und Inge prahlte mit dem, was sie hinter den Kulissen erlebt hatte. „Unsere Angst, als sie immer sagten: Tee, Kaffee, Kaffee, Tee." Guste behauptete: „Das nächste Mal schreibt Wolfgang

35 ein viel schöneres Stück, und ich spiele mit." Da machte Inge sich

---

[1] Terrain: Grundstück

los, sie bekam eine scheu ablehnende Miene. „So?", sagte sie; und Gustes dickes Gesicht verlor plötzlich seinen harmlosen Eifer. „Warum etwa nicht?", fragte sie, weinerlich empört. „Was hast du nun wieder?"

5 Diederich, der es ihr hätte sagen können, wandte sich schleunig zum alten Buck zurück. Der schwatzte weiter.

„Dieselben Freunde, damals wie jetzt; und auch die Feinde sind da. Schon recht verwischt, der eiserne Ritter, der Kinderschreck dort in seiner Nische am Tor. Don Antonio Manrique, grausamer Reitergene-
10 ral, der du im Dreißigjährigen Krieg unser armes Netzig gebrandschatzt hast: Wenn nun nicht die Riekestraße nach dir hieße, wohin wäre dann selbst der letzte Klang von dir verweht? ... Auch einer, dem unser Freisinn nicht gefiel und der uns zu vertilgen dachte."

15 Plötzlich schüttelte den Alten ein stilles Kichern. Er nahm Diederich bei der Hand. „Hat er nicht Ähnlichkeit mit unserem Herrn von Wulckow?"

Diederichs Miene ward hierauf noch korrekter, aber der Alte bemerkte es nicht, er war nun einmal aufgeräumt, ihm fiel noch etwas
20 ein. Er winkte Diederich hinter eine Pflanzengruppe und zeigte ihm an der Wand zwei Figuren, einen jungen Schäfer, der sehnsüchtig die Arme öffnete, und jenseits eines Baches eine Schäferin, die sich anschickte, hinüberzuspringen. Der Alte wisperte: „Was meinen Sie, werden die beiden zueinanderkommen? Das wissen
25 nicht viele mehr. Ich weiß es noch." Er sah sich um, ob niemand ihn beachte, und plötzlich öffnete er eine kleine Tür, die man nie gefunden haben würde. Die Schäferin auf der Tür bewegte sich dem Liebenden entgegen. Noch ein wenig, und hinter der Tür im Dunkeln musste sie ihm wohl in den Armen liegen ... Der Alte wies in das
30 Zimmer, das er aufgedeckt hatte. „Es heißt das Liebeskabinett." Laternenschein von irgendeinem Hof fiel durch das Fenster ohne Vorhang; er beglänzte den Spiegel und das dünnbeinige Kanapee[1]. Der Alte zog die dumpfe Luft ein, die nach wer weiß wie langer Zeit herausströmte, er lächelte verloren. Und dann schloss er die kleine
35 Tür.

---

[1] Kanapee: Sofa

Aber Diederich, den dies nur mäßig interessierte, sah etwas kommen, das weit mehr Anregung versprach. Es war der Landgerichtsrat Fritzsche: denn er war da. Sein Urlaub war wohl zu Ende, er war zurück aus dem Süden, und er hatte sich eingefunden, wenn auch
5 etwas verspätet und wenn auch ohne Judith Lauer, deren Urlaub ja noch dauerte, solange ihr Gatte in der Vogtei saß. Wo er mit Drehungen des Körpers, die nicht unbefangen wirkten, hindurchkam, ward geflüstert, und jeder, den er begrüßte, lugte verstohlen nach dem alten Herrn Buck. Fritzsche sah wohl, dass er in der Sache et-
10 was tun müsse; er gab sich einen Ruck und ging los. Der Alte, noch eben ahnungslos, fand ihn plötzlich vor sich. Er ward vollkommen weiß; Diederich erschrak und streckte schon die Arme aus. Aber es geschah nichts, der Alte hatte sich zurück. Er stand da, so steif, dass sein Rücken sich aushöhlte, und blickte kühl und unverwandt auf
15 den Mann, der seine Tochter entführt hatte.
„Schon zurück, Herr Landgerichtsrat?", sagte er laut.
Fritzsche versuchte jovial zu lachen. „Schöneres Wetter war dort unten, Herr Stadtrat. Na und die Kunst!"
„Davon haben wir hier nur einen Widerschein" – und der Alte wies,
20 ohne den andern aus den Augen zu lassen, über die Wände. Seine Haltung machte Eindruck auf die meisten, die von dort hinten seine Schwäche belauerten. Er hielt stand und repräsentierte, in einer Lage, die einige Hemmungslosigkeit immerhin erklärt haben würde. Er repräsentierte das alte Ansehen, er allein für die zerfallende Fa-
25 milie, für das Gefolge, das schon ausblieb. In diesem Augenblick gewann er, statt so vieles Verlorenen, manche Sympathien … Diederich hörte ihn noch sagen, förmlich und klar: „Ich habe es durchgesetzt, dass unser moderner Straßenzug eine andere Richtung bekam, bloß um dies Haus zu erhalten und diese Malereien. Sie haben
30 nur den Wert von Schilderungen, mag sein. Aber ein Gebilde, das seiner Zeit und ihren Sitten Dauer verleihen möchte, kann hoffen, selbst zu dauern." Dann drückte Diederich sich, er schämte sich für Fritzsche.

Die Schwiegermutter des Bürgermeisters fragte ihn, was der Alte
35 über die „Heimliche Gräfin" geäußert habe. Diederich dachte nach

und musste gestehen, er habe das Stück gar nicht erwähnt. Beide waren enttäuscht.

Indes bemerkte er, dass Käthchen Zillich spöttisch hersah, und gerade sie hatte sich nichts zu erlauben. „Nun, Fräulein Käthchen",
5 sagte er recht laut. „Was denken Sie über den Grünen Engel?" Sie erwiderte noch lauter: „Der grüne Engel? Sind Sie das?" Und sie lachte ihm ins Gesicht. „Sie sollten wirklich vorsichtiger sein", meinte er stirnrunzelnd. „Ich fühle mich geradezu verpflichtet, Ihren Herrn Vater aufmerksam zu machen."
10 „Papa!", rief Käthchen sofort. Diederich erschrak. Glücklicherweise hörte Pastor Zillich nicht.

„Natürlich hab ich meinem Papa gleich neulich von unserm kleinen Ausflug erzählt. Was macht es denn, es waren doch nur Sie."

Sie ging zu weit. Diederich schnaufte. „Na, und für Liebhaber schö-
15 ner Ohren war auch noch Jadassohn da." Da er sah, dass es sie traf, setzte er hinzu: „Das nächste Mal im Grünen Engel streichen wir sie ihm grün an, das macht Stimmung."

„Wenn Sie meinen, dass es auf die Ohren ankommt." Dabei drückte Käthchens Blick eine so schrankenlose Verachtung aus, dass Diede-
20 rich den Entschluss fasste, mit allen Mitteln einzuschreiten. Sie befanden sich bei der Pflanzengruppe. „Was glauben Sie?", fragte er. „Wird die Schäferin über den Bach springen und den Schäfer glücklich machen?"

„Schaf", sagte sie. Diederich überhörte es, ging hin und tastete an
25 der Wand umher. Nun hatte er die Tür. „Sehen Sie? Sie springt."
Käthchen kam näher, neugierig streckte sie ihren Hals in das geheime Zimmer. Da hatte sie einen Stoß und war ganz drinnen. Diederich warf die Tür zu, er fiel stumm über Käthchen her, mit wildem Schnaufen.
30 „Lassen Sie mich hinaus, ich kratze!", rief sie und wollte kreischen. Aber sie musste lachen, was sie wehrlos machte und dem Sofa immer näher brachte. Der Kampf mit ihren entblößten Armen und Schultern versetzte ihn vollends außer sich. „Jawohl", keuchte er, „jetzt kommt was." Bei jedem Strich Boden, den er gewann, wieder-
35 holte er: „Jetzt kommt was. Bin ich noch ein Schaf? Aha, wenn man denkt, ein Mädchen ist anständig, und man hat ehrliche Absichten, ist man ein Schaf. Jetzt kommt was." Mit einem letzten Ruck schleu-

derte er sie hin. „Au", sagte sie; und vor Lachen erstickend: „Was kommt denn jetzt?"

Plötzlich ward ihre Verteidigung ernst. Sie rang sich hervor; der Streifen Gaslicht, den das kahle Fenster hereinließ, beschien ihre Unordnung; und ihr Gesicht, von der Anstrengung wie geschwollen, war nach der Tür gerichtet. Er wandte den Kopf: Da stand Guste Daimchen. Sie starrte entgeistert her, Käthchen quollen die Augen heraus, und Diederich, auf dem Sofa kniend, verrenkte sich den Hals ... Endlich zog Guste die Tür an, sie ging entschlossen auf Käthchen zu.

„Du gemeines Luder!", sagte sie, aus tiefem Innern.

„Selber eins!", sagte Käthchen, schnell gefasst. Da schnappte Guste nur noch nach Luft. Von Käthchen sah sie zu Diederich, ratlos und so empört, dass ihr Blick sich mit feuchtem Glanz füllte. Er versicherte: „Fräulein Guste, es handelt sich um einen Scherz"; aber er kam schlecht an, Guste brach los: „Sie kenn ich, von Ihnen kann ich es mir denken."

„So, du kennst ihn", bemerkte Käthchen höhnisch. Sie stand auf, indes Guste ihr noch näher rückte. Diederich seinerseits ergriff die Gelegenheit, gab seiner Haltung Würde und trat zurück, um die Damen unter sich die Sache erledigen zu lassen.

„Dass ich so was muss mit ansehen!", rief Guste; und Käthchen: „Du hast gar nichts gesehen! Wozu siehst du es dir überhaupt an?"

Diederich begann gleichfalls, dies auffallend zu finden, zumal da Guste schwieg. Käthchen gewann sichtlich die Oberhand. Sie warf den Kopf zurück und sagte: „Von dir finde ich es überhaupt sonderbar. Wer so viel Butter auf dem Kopf hat wie du!"

Sofort zeigte Guste sich tief beunruhigt. „Ich?", fragte sie gedehnt.

„Was tu ich denn?" Käthchen zierte sich plötzlich – indes Diederich vom Schrecken gepackt ward.

„Das wirst du wohl selbst wissen. Mir ist es zu peinlich."

„Ich weiß gar nichts", sagte Guste klagend.

„So was hätte man gedacht, dass es gar nicht gibt", sagte Käthchen und rümpfte die Nase. Guste verlor die Geduld. „Nun bitte ich es mir aber aus! Was habt ihr alle?"

Diederich schlug vor: „Es ist doch wohl besser, wenn wir jetzt das Lokal verlassen." Aber Guste stampfte auf.

„Keinen Schritt tu ich, bis ich es weiß. Den ganzen Abend merke ich schon, dass sie mich anglotzen, als ob ich einen toten Fisch verschluckt habe."

Käthchen wandte sich weg. „Na, da siehst du es. Sei froh, dass sie dich nicht hinauswerfen mitsamt deinem Halbbruder Wolfgang."

„Mit wem? ... Mein Halbbruder ... Wieso Halbbruder?"

In einer tiefen Stille keuchte Guste leise und irrte mit den Augen umher. Auf einmal hatte sie begriffen. „So eine Gemeinheit!", rief sie entsetzt. Über Käthchens Mienen breitete sich ein Lächeln des Genusses aus. Diederich seinerseits wehrte beteuernd ab. Guste streckte den Finger aus gegen Käthchen. „Das habt ihr Mädchen euch ausgedacht! Ihr seid mir neidisch wegen meinem Geld!"

„Pöh", machte Käthchen. „Dein Geld wollen wir überhaupt nicht, wenn so was dabei ist."

„Es ist doch nicht wahr!" Guste kreischte auf. Plötzlich fiel sie vornüber auf das Sofa und wimmerte. „Ach Gott, ach Gott, was haben wir da angerichtet."

„Siehst du wohl", sagte Käthchen, frei von Mitleid.

Guste schluchzte immer lauter; Diederich berührte ihre Schulter. „Fräulein Guste, Sie wollen doch nicht, dass die Leute kommen." Er suchte nach einem Trost. „So was kann man nie wissen. Ähnlich sehen Sie sich nicht."

Aber der Trost wirkte anstachelnd auf Guste. Sie sprang auf und ging zum Angriff über. „Du – du bist überhaupt eine feine Nummer", zischte sie Käthchen zu. „Von dir sag ich, was ich gesehen habe!"

„Das werden sie dir glauben! So einer glaubt keiner mehr was. Von mir weiß jeder, dass ich anständig bin."

„Anständig! Streich dir wenigstens das Kleid glatt!"

„So gemein wie du –"

„Bist bloß noch du!"

Hierüber erschraken beide, brachen ab und verharrten einander gegenüber, Hass und Angst in ihren dicken Gesichtern, die sich so sehr glichen; und die Büsten nach vorn, die Schultern hinauf, die Arme in die Hüften gestemmt, sahen sie aus, als sollten ihnen die duftigen Ballkleider vom Leibe platzen. Guste unternahm noch einen Vorstoß: „Ich sag es doch!"

Da sprengte Käthchen die letzte Fessel. „Dann mach aber schnell, sonst komm ich früher und erzähl allen, dass nicht du, sondern ich hier die Tür hab aufgemacht und hab euch beide ertappt."

Da hierauf Guste nur noch mit den Lidern klappte, setzte Käthchen, plötzlich selbst ernüchtert, hinzu: „Nun ja, das bin ich mir doch schuldig. Bei dir kommt es nicht mehr darauf an."

Aber Diederichs Blick war Gustes begegnet, verständigte sich mit ihr und glitt hinunter, bis er auf ihrem kleinen Finger den Brillanten traf, den sie gemeinsam aus den Lumpen gezogen hatten. Da lächelte Diederich ritterlich, und Guste, tief errötet, trat so nahe zu ihm, als lehnte sie sich an. Käthchen schlich zur Tür. Über Gustes Schulter geneigt, sagte Diederich leise: „Ihr Verlobter lässt Sie aber lange allein." – „Ach der", erwiderte sie. Er senkte das Gesicht noch ein wenig und drückte es auf ihre Schulter. Sie hielt ganz still. „Schade", sagte er und zog sich so unerwartet zurück, dass Guste ausglitt. Sie begriff auf einmal, dass ihre Lage sich wesentlich verändert hatte. Ihr Geld war nicht mehr Trumpf, es war entwertet, ein Mann wie Diederich war mehr wert. Sofort bekam sie einen Blick wie eine Hündin. Diederich sagte gemessen: „An der Stelle Ihres Verlobten würde ich allerdings anders vorgehen."

Käthchen zog mit äußerster Behutsamkeit die Tür wieder an, sie kehrte zurück, den Finger auf den Lippen.

„Wisst ihr was? Das Theater hat wieder angefangen – schon lange, glaube ich."

„O Gott!", sagte Guste; und Diederich: „Na, dann sitzen wir in der Falle."

Er suchte die Wände ab nach einem Ausgang, er rückte sogar das Sofa fort. Da keiner zu finden war, entrüstete er sich.

„Hier ist tatsächlich eine Falle. Und um der alten Baracke[1] willen hat der Herr Buck den ganzen Straßenzug verlegt. Er soll es noch erleben, dass ich sie ihm einreiße! Bloß erst Stadtverordneter sein!"

Käthchen kicherte. „Was schnauben Sie denn so? Hier ist es doch ganz gemütlich. Jetzt können wir machen, was wir wollen." Und sie sprang über das Sofa. Da gab Guste sich einen Ruck und wollte auch hinüber. Sie blieb aber hängen. Diederich fing sie auf. Auch

---

[1] Baracke: Bruchbude

Käthchen hängte sich an ihn. Er zwinkerte beiden zu. „Also was machen wir?" Käthchen sagte: „Das müssen Sie wissen. Wir drei kennen uns ja nun." – „Und zu verlieren haben wir auch nichts mehr", sagte Guste. Dann platzten sie alle aus.

5 Aber Käthchen entsetzte sich. „Kinder! In dem Spiegel seh ich aus wie meine tote Großmutter."

„Er ist ganz schwarz."

„Und ganz bekritzelt."

Sie legten die Gesichter darauf, um im fahlen Gaslicht die Ausrufe
10 und Kosenamen[1] zu lesen, die zusammen mit alten Jahreszahlen in den Umrissen verschlungener Herzen standen, auf eingeritzten Vasen, Amoretten[2] und sogar über Gräbern. „Auf der Urne hier unten, nein so was!", sagte Käthchen. „‚Erst jetzt sollen wir leiden' ... Warum? Weil sie hier drinnen waren? Die waren wohl verrückt."

15 „Wir sind nicht verrückt", behauptete Diederich. „Fräulein Guste, Sie haben doch einen Brillanten." Er zeichnete drei Herzen, versah sie mit einer Inschrift und ließ die Mädchen das Werk enträtseln. Da sie sich kreischend abwandten, sagte er stolz: „Wozu heißt dies das Liebeskabinett."

20 Plötzlich stieß Guste einen Schreckensruf aus. „Hier sieht jemand zu!"

Hinter dem Spiegel hervor streckte sich ein geisterbleicher Kopf! ... Käthchen war schon bei der Tür. „Kommen Sie wieder her", rief Diederich. „Es ist bloß gemalt."

25 Der Spiegel hatte sich auf einer Seite von der Wand gelöst. Man konnte ihn noch weiter umwenden: Da trat die ganze Figur heraus. „Es ist die Schäferin, die draußen über den Bach springt!"

„Jetzt hat sie es hinter sich", sagte Diederich; denn die Schäferin saß da und weinte. Auf der Rückseite des Spiegels aber entfernte sich
30 der Schäfer.

„Und dort kommt man hinaus!" Diederich wies auf einen erleuchteten Spalt, er tastete, die Tapete öffnete sich.

„Dies ist der Ausgang, wenn man es hinter sich hat", bemerkte er

---

[1] Kosename: zärtlicher Spitzname
[2] Amorette: in der Kunst nackte Knabenfigur mit Flügeln, die den römischen Liebesgott Amor begleitet

und ging voraus. Ihm im Rücken sagte Käthchen spöttisch: „Ich habe gar nichts hinter mir."
Und Guste, wehmütig: „Ich auch nicht."

Diederich überhörte dies, er stellte fest, dass man sich in einem der
5 kleinen Salons hinter dem Büfett befand. Eilends erreichte er die Spiegelgalerie und verlor sich unauffällig in der Menge, die soeben aus dem Saal quoll. Man war erfüllt von dem tragischen Schicksal der heimlichen Gräfin, die nun also doch den Klavierlehrer geheiratet hatte. Frau Harnisch, Frau Cohn, die Schwiegermutter des
10 Bürgermeisters, alle hatten verweinte Augen; Jadassohn, der, schon abgeschminkt, Lorbeeren[1] einzusammeln kam, ward von den Damen nicht gut aufgenommen. „Sie sind schuld, Herr Assessor, dass es so gekommen ist! Schließlich war sie doch ihre leibliche Schwester." – „Pardon, meine Damen!" Und Jadassohn verteidigte seinen
15 Standpunkt als legitimer Erbe der gräflichen Besitzungen. Da sagte Meta Harnisch: „Aber so herausfordernd brauchten Sie nicht auszusehen."
Sofort richteten sich alle Blicke auf seine Ohren; man kicherte; und Jadassohn, der vergeblich krähte, was denn los sei, ward von Diede-
20 rich unter den Arm genommen. Diederich, das süße Pochen der Rache im Herzen, führte ihn eben dorthin, wo die Regierungspräsidentin, unter lebhafter Anerkennung seiner Verdienste um ihr Werk, sich vom Major Kunze verabschiedete. Kaum aber, dass sie Jadassohn erblickte, drehte sie einfach den Rücken. Jadassohn blieb
25 am Boden haften. Diederich brachte ihn nicht mehr weiter. „Was ist denn?", fragte er heuchlerisch. „Ach ja, die Präsidentin. Sie haben ihr nicht gefallen. Sie sollen auch nicht Staatsanwalt werden. Man sah Ihre Ohren zu sehr."
Was aber Diederich auch erwartet hatte, diese Spottgeburt einer
30 Grimasse hatte er nicht erwartet! Wo war die hochgemute Schneidigkeit, der Jadassohn sein Leben geweiht hatte? „Ich sage es ja", äußerte er nur, ganz leise; aber man glaubte einen grauenvollen Aufschrei zu hören ... Dann kam er in Bewegung, tanzte am Fleck

---

[1] Lorbeeren: Aus Lorbeeren geflochtene Kränze dienten schon in der Antike als Auszeichnung für besondere Verdienste.

umher und redete. „Sie können lachen, mein Bester! Sie wissen
nicht, was Sie an Ihrem Gesicht haben. Ihr Gesicht, nichts weiter,
und in zehn Jahren bin ich Minister."

„Na, na", sagte Diederich. Er setzte hinzu: „Das ganze Gesicht brauchen Sie nicht einmal: bloß die Ohren."

„Wollen Sie sie mir verkaufen?", fragte Jadassohn und sah ihn an,
dass Diederich erschrak. „Kann man das?", fragte er unsicher. Jadassohn ging schon, unter zynischem Lachen, auf Heuteufel zu.
„Sie sind doch Spezialist für Ohren, Herr Doktor ..."

Heuteufel erklärte ihm, dass tatsächlich, wenn auch bisher nur in
Paris, Operationen ausgeführt würden, durch die man Ohren auf
die Hälfte ihres Umfanges herunterbringe. „Wozu gleich das Ganze
weg?", sagte Heuteufel. „Die Hälfte können Sie ruhig behalten." Jadassohn hatte seine Haltung zurück. „Großartiger Witz! Erzähl ich
bei Gericht. Sie Gauner!" Und er klopfte Heuteufel auf den Bauch.
Diederich inzwischen wandte sich seinen Schwestern zu, die, zum
Ball umgekleidet, aus der Garderobe kamen. Sie wurden allerseits
mit Beifall begrüßt und berichteten von ihren Eindrücken auf der
Bühne. „Tee – Kaffee: Gott, war das aufregend!", sagte Magda. Auch
Diederich als Bruder nahm Glückwünsche entgegen. Er schritt zwischen ihnen, Magda hatte sich in ihn eingehängt, Emmis Arm dagegen musste er gewaltsam festhalten. Sie zischte: „Lass die Komödie"; und er schnob ihr zu, zwischen Lachen und Grüßen: „Du hast
zwar bloß die kleine Rolle gehabt, aber sei froh, wenn du überhaupt
mal was vorstellst. Sieh Magda an!" Denn Magda schmiegte sich
gefällig an ihn, sie schien bereit, das Glück der einigen Familie so
lange spazieren zu führen, als er es irgend wünschte. „Kleine", sagte
er mit zärtlicher Achtung, „du hast Erfolg gehabt. Aber ich kann dir
versichern, ich auch." Er gab ihr sogar Schmeicheleien. „Du siehst
heute süß aus. Für Kienast bist du fast zu schade." Als dann noch die
Regierungspräsidentin, schon im Fortgehen, ihnen gnädig zuwinkte, begegneten die Geschwister auf ihrem Weg nur den ergebensten
Gesichtern. Der Saal war ausgeräumt; hinter der Palmengruppe
ward eine Polonäse[1] angestimmt. Diederich machte seine korrekteste Verbeugung vor Magda und schritt mit ihr zum Tanz, trium-

---

[1] Polonäse: Polonaise (franz.), polnischer Nationaltanz für festliche Anlässe

phierend, gleich nach dem Major Kunze, der führte. So zogen sie an
Guste Daimchen vorüber, die saß. Sie saß neben dem verwachsenen
Fräulein Kühnchen und sah ihnen nach, als habe sie Prügel bekommen. Ihr Anblick berührte Diederich fast so unheimlich wie der des
5 Herrn Lauer in der Vogtei.

„Die arme Guste!", sagte Magda. Diederich runzelte die Brauen. „Ja,
ja, das kommt davon."

„Aber eigentlich" – und Magda blinzelte von unten, „woher kommt
es denn?"

10 „Das ist gleich, mein Kind, jetzt ist es mal so."

„Diedel, du solltest sie nachher doch zum Walzer bitten."

„Das darf ich nicht. Man muss wissen, was man sich selbst schuldet."

Dann verließ er sogleich den Saal. Soeben holte der junge Sprezius,
15 der jetzt nicht mehr Leutnant, sondern wieder Primaner war, das
verwachsene Fräulein Kühnchen von der Wand weg. Er nahm wohl
Rücksicht auf ihren Vater. Guste Daimchen blieb sitzen ... Diederich
machte einen Gang durch die Seitenzimmer, wo ältere Herren Karten spielten, bekam eine lange Nase von Käthchen Zillich, die er
20 hinter einer Tür mit einem Schauspieler überraschte, und gelangte
zum Büfett. Dort saß an einem Tischchen Wolfgang Buck und
zeichnete in sein Notizbuch die Mütter, die um den Saal herum warteten.

„Sehr talentvoll", sagte Diederich. „Haben Sie auch schon Ihr Fräu-
25 lein Braut porträtiert?"

„In der Beziehung interessiert sie mich nicht", erwiderte Buck, so
phlegmatisch, dass Diederich Zweifel kamen, ob seine Erlebnisse
mit Guste im Liebeskabinett ihren Verlobten interessiert haben
würden.

30 „Mit Ihnen weiß man überhaupt nicht", sagte er enttäuscht.

„Mit Ihnen weiß man immer", sagte Buck. „Damals vor Gericht,
während Ihres großen Monologes, hätte ich Sie zeichnen mögen."

„Ihr Plädoyer[1] hat mir genügt; es war ein Versuch, wenn auch
glücklicherweise ein misslungener, meine Person und mein Wirken

---

[1] Plädoyer: Rede des Staatsanwalts/der Staatsanwältin oder des Verteidigers/
der Verteidigerin vor Gericht

vor der breitesten Öffentlichkeit in Misskredit zu bringen und verächtlich zu machen!"

Diederich blitzte, Buck bemerkte es erstaunt. „Mir scheint, Sie sind beleidigt. Und ich habe es doch so gut gesagt." Er bewegte den Kopf und lächelte, grüblerisch und entzückt. „Wollen wir nicht 'ne Flasche Sekt zusammen trinken?", fragte er.

Diederich meinte: „Ob ich nun gerade mit Ihnen –" Aber er gab nach. „Das Gericht hat durch sein Urteil festgestellt, dass Ihre Vorwürfe sich nicht allein gegen mich, sondern gegen alle national gesinnten Männer richteten. Damit sehe ich die Sache als erledigt an."

„Dann also Heidsieck[1]?", fragte Buck. Er nötigte Diederich, mit ihm anzustoßen. „Das werden Sie doch zugeben, bester Heßling, so eingehend wie ich hat sich mit Ihnen überhaupt noch niemand beschäftigt ... Jetzt kann ich es Ihnen sagen: Ihre Rolle vor Gericht hat mich mehr interessiert als meine eigene. Später, zu Hause vor meinem Spiegel, habe ich sie Ihnen nachgespielt."

„Meine Rolle? Sie wollen sagen, meine Überzeugung. Freilich, für Sie ist der repräsentative Typus von heute der Schauspieler."

„Das sagte ich mit Beziehung auf – einen andern. Aber Sie sehen, wie viel näher ich es habe zu der Beobachtung ... Wenn ich morgen nicht die Waschfrau zu verteidigen hätte, die bei Wulckows Unterhosen gestohlen haben soll, vielleicht würde ich den Hamlet[2] spielen. Prost!"

„Prost. Dazu brauchen Sie allerdings keine Überzeugungen!"

„Gott, ich habe auch welche. Aber immer dieselben? ... Sie würden mir also das Theater anraten?", fragte Buck. Diederich hatte schon den Mund geöffnet, um es ihm anzuraten, da trat Guste ein, und Diederich errötete, denn er hatte bei Bucks Frage an sie gedacht. Buck sagte träumerisch: „Inzwischen würde mein Topf mit Wurst und Kohl mir überkochen, und es ist doch ein so gutes Gericht." Aber Guste, auf leisen Sohlen, legte ihm von rückwärts die Hände auf die Augen und fragte: „Wer ist das?" – „Da ist er ja", sagte Buck und gab ihr einen Klaps.

---

[1] Heidsieck: Champagnersorte
[2] Hamlet: Hauptfigur der gleichnamigen Tragödie von William Shakespeare (1564 – 1616)

„Die Herren unterhalten sich wohl gut? Soll ich wieder gehen?",
fragte Guste. Diederich beeilte sich, ihr einen Stuhl zu holen; aber
in Wirklichkeit wäre er lieber mit Buck allein gewesen; der fiebrige
Glanz in Gustes Augen versprach nichts Gutes. Sie redete geläufi-
ger als sonst.

„Ihr passt eigentlich großartig zueinander, bloß dass ihr so förmlich
tut."

Buck sagte: „Das ist die gegenseitige Achtung." Diederich stutzte,
und dann machte er eine Bemerkung, die ihn selbst in Erstaunen
setzte. „Eigentlich – sooft ich mich von Ihrem Herrn Bräutigam
trenne, hab ich Wut auf ihn; beim nächsten Wiedersehen aber freu
ich mich." Er richtete sich auf. „Wenn ich nämlich noch kein national gesinnter Mann wäre, würde er mich dazu machen."

„Und wenn ich es wäre", sagte Buck, weich lächelnd, „würde er es
mir abgewöhnen. Das ist der Reiz."

Aber Guste hatte sichtlich andere Sorgen; sie war erbleicht und
schluckte hinunter.

„Jetzt sag ich dir was, Wolfgang. Wetten, dass du umfällst?"

„Herr Rose, Ihren Hennessy[1]!", rief Buck. Während er Kognak mit
Sekt mischte, umklammerte Diederich Gustes Arm, und da die Ball-
musik gerade sehr laut war, flüsterte er beschwörend: „Sie werden
doch keine Dummheiten machen?" Sie lachte wegwerfend. „Doktor
Heßling hat Angst! Er findet die Geschichte zu gemein, ich finde sie
bloß ulkig." Und laut lachend: „Was sagst du? Dein Vater soll mit
meiner Mutter: du verstehst. Und infolgedessen sollen wir: du verstehst?"

Buck bewegte langsam den Kopf; und dann verzog er den Mund.
„Wenn schon." Da lachte Guste nicht mehr.

„Wieso, wenn schon?"

„Nun, wenn die Netziger an so etwas glauben, muss es bei ihnen
wohl alle Tage vorkommen, tut also nichts."

„Redensarten machen den Kohl nicht fett", entschied Guste. Diederich glaubte sich denn doch verwahren zu müssen.

„Überall können Fehltritte vorkommen. Aber über die Meinung seiner Mitmenschen setzt niemand sich ungestraft hinweg."

---

[1] Hennessy: Kognak der Kognakbrennerei Hennessy

Guste bemerkte: „Er glaubt immer, er ist zu gut für diese Welt." Und Diederich: „Dies ist eine harte Zeit. Wer sich nicht wehrt, muss dran glauben." Da rief Guste voll schmerzlicher Begeisterung: „Doktor Heßling ist nicht wie du! Er hat mich verteidigt! Ich hab
5 den Beweis, dass ich es weiß, von Meta Harnisch, weil sie schließlich hat müssen den Mund auftun. Er war überhaupt der Einzige, der mich hat verteidigt. Er an deiner Stelle täte sich die Leute kaufen, die sich unterstehn und verklatschen mich!"

Diederich bestätigte es durch Nicken. Buck drehte immerfort sein
10 Glas und spiegelte sich darin. Plötzlich ließ er es los.

„Wer sagt euch denn, dass ich mir nicht auch ganz gern einmal einen kaufen würde – einen herausgreifen, ohne besondere Auswahl, weil doch alle so ziemlich gleich dumm und gemein sind?" Dabei kniff er die Augen zu. Guste hob die nackten Schultern.

15 „So was sagt man, aber sie sind gar nicht so dumm, sie wissen, was sie wollen ... Der Dümmere ist der Klügere", schloss sie herausfordernd, und Diederich nickte mit Ironie. Da sah Buck ihn an, aus Augen, die auf einmal wie irrsinnig waren. Die Fäuste bewegte er mit krampfigem Zittern um seinen Hals her. „Wenn ich aber" – er
20 war plötzlich ganz heiser –, „wenn ich den einen am Kragen hätte, von dem ich wüsste, er zettelt alles an, er fasst in seiner Person zusammen, was an allen hässlich und schlecht ist: ihn am Kragen hätte, der das Gesamtbild wäre alles Unmenschlichen, alles Untermenschlichen –" Diederich, weiß wie sein Frackhemd, drückte sich
25 seitwärts vom Stuhl herunter und wich schrittweise zurück. Guste schrie auf, sie stob panikartig nach der Wand. „Es ist der Kognak!", rief Diederich ihr zu ... Aber Bucks Blicke, die zwischen ihnen beiden, voll des grässlichsten Unheils, umherrollten, packten unvermittelt ein. Er zwinkerte, er glänzte heiter.

30 „An die Mischung bin ich leider gewöhnt", erklärte er. „Es ist nur, damit ihr seht, wir können auch das."

Diederich setzte sich polternd wieder hin. „Sie sind doch nur ein Komödiant", sagte er entrüstet.

„Finden Sie?", fragte Buck und glänzte noch heller. Guste rümpfte
35 die Nase. „Na, dann amüsiert euch weiter", äußerte sie und wollte

gehen. Aber der Landgerichtsrat Fritzsche war da, verbeugte sich vor ihr und auch vor Buck. Ob der Herr Rechtsanwalt gestatte, dass er mit dem Fräulein Braut den Kotillon[1] tanze. Er sprach äußerst höflich, beschwichtigend gewissermaßen. Buck antwortete nicht, er
5 faltete die Brauen. Guste indessen hatte schon Fritzsches Arm genommen.

Buck sah ihnen nach, eine Falte zwischen den Brauen, selbstvergessen. ‚Ja, ja‘, dachte Diederich, ‚erfreulich ist es nicht, wenn man einem Herrn begegnet, der mit Ihrer Schwester, mein Bester, eine
10 Vergnügungsreise gemacht hat, und dann holt er einem die Braut vom Tisch weg, und du kannst nichts machen, weil sonst der Skandal noch größer wird, weil nämlich unsere Verlobung selbst schon ein Skandal ist … ‘

Aufschreckend sagte Buck: „Wissen Sie, dass ich erst jetzt rechte
15 Lust bekomme, Fräulein Daimchen zu ehelichen? Ich hielt die Sache für – nicht sehr sensationell; aber die Einwohner von Netzig machen geradezu eine Pikanterie[2] daraus.“

Diederich war starr über diese Wirkung. „Wenn Sie finden“, brachte er hervor.

20 „Warum nicht? Sie und ich, wir beiden Gegenpole, führen doch hier die vorgeschrittenen Tendenzen der moralfreien Epoche ein. Wir machen Betrieb. Der Geist der Zeit geht hier noch in Filzschuhen über die Straße.“

„Wir werden ihm Sporen anlegen“, verhieß Diederich.
25 „Prost!“

„Prost! Aber *meine* Sporen“ – Diederich blitzte. „Ihre Skepsis und Ihre schlappe Gesinnung sind nicht zeitgemäß. Mit“ – er blies durch die Nase –, „mit Geist ist heute nichts zu machen. Die nationale Tat –“, ein Faustschlag auf den Tisch, „hat die Zukunft!“

30 Buck darauf mit verzeihendem Lächeln: „Die Zukunft? Das ist eben die Verwechselung. Die nationale Tat hat abgehaust, im Lauf von hundert Jahren. Was wir erleben und noch erleben sollen, sind ihre Zuckungen und ihr Leichengeruch. Es wird keine gute Luft sein.“

---

[1] Kotillon: Cotillon (franz.), Gesellschaftstanz
[2] Pikanterie: besonderer Reiz

„Von Ihnen habe ich nichts anderes erwartet, als dass Sie das Heiligste in den Schmutz ziehen!"

„Heilig! Unantastbar! Sagen wir gleich: ewig! Nicht wahr? Außerhalb der Ideale eures Nationalismus wird nie, nie wieder gelebt
5 werden. Früher, mag sein, in der dunkeln Periode der Geschichte, die euch noch nicht kannte. Jetzt aber seid ihr da, und die Welt ist angelangt. Dünkel und Hass der Nationen, das ist das Ziel, darüber hinaus geht es nicht."

„Wir leben in einer harten Zeit", bestätigte Diederich ernst.

10 „Weniger hart als verkalkt ... Ich bin nicht überzeugt, dass die Menschen, deren Dasein in den Dreißigjährigen Krieg fiel, an die Unabänderlichkeit ihres auch nicht weichen Zustandes geglaubt haben. Und ich bin überzeugt, dass die Rokokowillkür[1] von denen, die ihr unterlagen, für überwindbar gehalten worden ist, sonst hätten sie
15 nicht die Revolution gemacht. Wo ist, in den Räumen der Geschichte, die wir seelisch noch betreten hönnen, die Zeit, die sich in Permanenz[2] erklärt und aufgetrumpft hätte vor der Ewigkeit mit ihrer traurigen Beschränktheit. Die jeden nicht ganz in ihr Befangenen abergläubisch bemäkelt hätte. Nicht national gesinnt sein erregt bei
20 euch noch mehr Grauen als Hass! Aber die vaterlandslosen Gesellen sind euch auf den Fersen. Dort im Saal, sehen Sie sie?"

Diederich verschüttete seinen Sekt, so schnell fuhr er herum. War denn Napoleon Fischer eingedrungen, mit den Genossen? ... Buck lachte stumm und innig. „Bemühen Sie sich nicht, ich meine nur
25 das stille Volk auf den Wänden. Warum scheinen sie so heiter? Was gibt ihnen das Recht auf Blumenwege, leichten Schritt und Harmonie? Ah! Ihr Freunde!" Über die Tanzenden hinweg schwenkte Buck sein Glas. „Ihr Freunde der Menschheit und jeder guten Zukunft, weitherzig und unbekannt mit der düstern Selbstsucht eines
30 nationalen Vetternbundes: Weltseelen ihr, kehrt wieder! Selbst unter uns noch erwarten euch einige!"

Er trank aus, Diederich bemerkte mit Verachtung, dass er weinte. Übrigens bekam er sogleich eine schlaue Miene. „Ihr aber, Zeitge-

---

[1] Rokokowillkür, Rokoko: Kunstrichtung des 18. Jahrhunderts, gekennzeichnet durch verspielte Verzierungen und eine weltzugewandte Grundhaltung
[2] Permanenz: Dauerhaftigkeit

nossen, wisst wohl nicht, was der alte Bürgermeister, der da hinten zwischen den Amtspersonen und Schäferinnen rosig lächelt, als Schleife über der Brust trägt? Die Farben sind verblichen; ihr denkt wohl, es sind die euren? Es ist aber die französische Trikolore[1]. Sie war neu damals und nicht die eines Landes, sondern der allgemeinen Morgenröte. Sie zu tragen war beste Gesinnung; es war, wie ihr sagen würdet, streng korrekt. Prost!"

Aber Diederich war verstohlen mit seinem Stuhl davongerückt und spähte umher, ob niemand höre. „Sie sind ja besoffen", murmelte er; und um die Situation zu retten, rief er: „Herr Rose! Noch eine Flasche!" Darauf setzte er sich achtunggebietend zurecht. „Sie scheinen nicht daran zu denken, dass seitdem ein Bismarck da war!"

„Nicht nur einer", sagte Buck. „Von allen Seiten ist Europa in diesen nationalen Durchgang getrieben worden. Nehmen wir an, er war nicht zu vermeiden. Nach ihm werden bessere Gefilde kommen ... Aber seid ihr eurem Bismarck etwa gefolgt, solange er im Recht war? Ihr habt euch zerren lassen, ihr habt mit ihm im Konflikt gelebt. Erst jetzt, da ihr über ihn hinaus sein solltet, hängt ihr euch an seinen kraftlosen Schatten! Denn euer nationaler Stoffwechsel ist entmutigend langsam. Bis ihr begriffen habt, dass ein großer Mann da ist, hat er schon aufgehört, groß zu sein."

„Sie werden ihn kennenlernen!", verhieß Diederich. „Blut und Eisen bleibt die wirksamste Kur! Macht geht vor Recht!" Der Kopf schwoll ihm rot an bei diesen Glaubenssätzen. Aber auch Buck regte sich auf.

„Die Macht! Die Macht lässt sich nicht ewig auf Bajonetten davontragen wie eine aufgespießte Wurst. Die einzige reale Macht ist heute der Friede! Spielt euch die Komödie der Gewalt vor! Prahlt gegen eingebildete Feinde draußen und im Innern! Taten, glücklicherweise, sind euch nicht erlaubt!"

„Nicht erlaubt?" Diederich blies, als sollte Feuer kommen. „Seine Majestät hat gesagt: Lieber lassen wir unsere gesamten achtzehn

---

[1] Trikolore: Die blau-weiß-rote, also dreifarbige (= Trikolore) Fahne wurde 1794, also während der Zeit der Französischen Revolution, zur Nationalflagge Frankreichs bestimmt.

Armeekorps und zweiundvierzig Millionen Einwohner auf der Strecke ..."

„Denn wo der deutsche Aar[1] – !", rief Buck, mit jähem Schwung; und noch wilder: „Nicht Parlamentsbeschlüsse! Die einzige Säule ist das Heer!"

Diederich gab ihm nichts nach. „Ihr seid berufen, mich in erster Linie vor dem äußeren und inneren Feind zu schützen!"

„Einer hochverräterischen Schar zu wehren!", schrie Buck. „Eine Rotte von Menschen –"

Diederich fiel ein: „ – nicht wert, den Namen Deutsche zu tragen!" Und beide einstimmig: „Verwandte und Brüder niederschießen!"

Tänzer, die sich am Büfett erfrischten, wurden aufmerksam auf ihr Geschrei, sie holten auch ihre Damen herbei, um ihnen den Anblick eines heldenhaften Rausches zu verschaffen. Sogar die Kartenspieler streckten die Köpfe herein; und alle bestaunten Diederich und seinen Partner, die, auf ihren Stühlen schwankend und an den Tisch geklammert, mit glasigen Augen und entblößten Gebissen einander starke Worte ins Gesicht schleuderten.

„Einen Feind, und der ist mein Feind!"

„Einer nur ist Herr im Reich, keinen andern dulde ich!"

„Ich kann sehr unangenehm sein!"

Die Stimmen überschlugen sich.

„Falsche Humanität!"

„Vaterlandslose Feinde der göttlichen Weltordnung!"

„Müssen ausgerottet werden bis auf den letzten Stumpf!"

Eine Flasche flog gegen die Wand.

„Zerschmettere ich!"

„Deutschen Staub! ... Pantoffeln! ... Herrliche Tage!" Hier glitt durch die Zuschauer ein Wesen mit verbundenen Augen: Guste Daimchen, die sich auf diese Weise einen Herrn suchen sollte. Von rückwärts betastete sie Diederich und wollte ihn zum Aufstehen bewegen. Er machte sich steif und wiederholte drohend: „Herrliche Tage!" Sie riss das Tuch herunter, starrte ihn angstvoll an und holte seine Schwestern. Auch Buck sah ein, dass es angezeigt sei, aufzubrechen. Unauffällig stützte er den Freund beim Abgang, konnte

---

[1] Aar: altes Wort für Adler

aber nicht verhindern, dass Diederich in der Tür sich nochmals
umwandte, der tanzenden, gaffenden Menge zu, gebieterisch aufge-
reckt, wenn auch verglast und ohne Blitzen.

„Zerschmettere ich!"

5 Dann ward er hinunter und in den Wagen befördert.

Als er gegen Mittag mit schweren Kopfschmerzen das Familienzim-
mer betrat, war er sehr erstaunt, dass Emmi es entrüstet verließ. Aber
Magda brauchte ihm nur einige vorsichtige Andeutungen zu machen,
da wusste er schon wieder, um was es sich handelte. „Hab ich das
10 wirklich gemacht? Na ja, ich gebe zu, es waren Damen dabei. Es gibt
verschiedene Arten, sich als deutscher Mann zu zeigen: Bei den Damen ist es wieder eine andere … Natürlich beeilt man sich in solchem
Fall, die Sache in der loyalsten und korrektesten Weise beizulegen."

Obwohl er kaum aus den Augen sehen konnte, war ihm klar, was zu
15 geschehen hatte. Indes ein zweispänniger Paradewagen herbeigeholt
ward, bekleidete er sich mit Gehrock, weißer Krawatte und Zylinder; dann überreichte er dem Kutscher die von Magda aufgesetzte
Liste und fuhr los. Überall verlangte er nach den Damen; manche
schreckte er vom Mittagessen auf – und ohne deutlich zu erkennen,
20 ob er Frau Harnisch, Frau Daimchen oder Frau Tietz vor sich habe,
sagte er mit rauer Katerstimme her: „Ich gebe zu … Als deutscher
Mann, bei Damen … Loyalste und korrekteste Weise …"

Um halb zwei war er zurück und ließ sich aufseufzend zum Essen
nieder. „Die Sache ist beigelegt."

25 Der Nachmittag gehörte einer schwierigeren Aufgabe. Diederich
ließ Napoleon Fischer hinauf in seine Privatwohnung kommen.

„Herr Fischer", sagte er und wies ihm einen Stuhl an, „ich empfange
Sie hier und nicht in meinem Büro, weil den Herrn Sötbier unsere
Angelegenheiten nichts angehen. Es betrifft nämlich die Politik."

30 Napoleon Fischer nickte, als habe er sich dies schon gedacht. Er
schien an solche vertraulichen Unterredungen nunmehr gewöhnt,
auf Diederichs ersten Wink griff er sogleich in die Zigarrenkiste; er
schlug sogar das Bein über. Diederich war weit weniger sicher; er
schnaufte – und dann entschloss er sich ohne Umschweife, mit bru-
35 taler Ehrlichkeit auf sein Ziel loszugehen. Bismarck hatte es auch so
gemacht.

„Ich will nämlich Stadtverordneter werden", erklärte er, „und dazu
brauche ich Sie."
Der Maschinenmeister warf ihm einen Blick von unten zu. „Ich Sie
auch", sagte er. „Denn ich will auch Stadtverordneter werden."

5 „Nanu, na hören Sie mal! Ich war auf manches gefasst ..."
„Sie hatten wohl schon wieder ein paar Doppelkronen[1] in der
Hand?" – und der Proletarier fletschte die gelben Zähne. Er versteckte sein Grinsen gar nicht mehr. Diederich begriff, dass in Wahl-
sachen weniger leicht mit ihm zu reden sein werde als über eine ge-

10 schundene Arbeiterin. „Nämlich, Herr Doktor", begann Napoleon,
„den einen von den beiden Sitzen hat meine Partei bombensicher.
Den anderen kriegen wahrscheinlich die Freisinnigen. Wenn Sie
die rausschmeißen wollen, brauchen Sie uns."
„Soweit seh ich es ein", sagte Diederich. „Ich habe zwar auch den

15 alten Buck für mich. Aber seine Leute sind vielleicht nicht alle so
vertrauensselig, dass sie mich wählen, wenn ich mich als Freisinni-
ger aufstellen lasse. Sicherer ist es, ich vertrage mich auch mit Ihnen."
„Und ich hab auch schon 'ne Ahnung, wieso Sie das machen kön-

20 nen", erklärte Napoleon. „Weil ich nämlich schon längst 'n Auge auf
Herrn Doktor habe, ob er nun nicht bald in die politische Arena
reinsteigt."
Napoleon blies Ringe, so sehr war er auf der Höhe!
„Ihr Prozess, Herr Doktor, und dann das mit dem Kriegerverein und

25 so, das war alles ganz schön, als Reklame. Aber für einen Politiker
heißt es doch immer: wie viele Stimmen krieg ich."
Napoleon teilte aus dem Schatz seiner Erfahrungen mit! Als er vom
„nationalen Rummel" sprach, wollte Diederich protestieren; aber
Napoleon fertigte ihn schnell ab.

30 „Was wollen Sie denn? Wir in unserer Partei haben gewissermaßen
allerhand Achtung vor dem nationalen Rummel. Bessere Geschäfte
sind allemal damit zu machen als mit dem Freisinn. Die bürgerliche
Demokratie fährt bald in einer einzigen Droschke ab."
„Und die vermöbeln wir auch noch!", rief Diederich. Die Bundesge-

35 nossen lachten vor Vergnügen. Diederich holte eine Flasche Bier.

---

[1] Doppelkronen: im Deutschen Reich Bezeichnung für das 20-Mark-Stück

„A – ber", machte der Sozialdemokrat; und er rückte mit seiner Bedingung heraus: ein Gewerkschaftshaus, bei dessen Bau die Partei von der Stadt zu unterstützen war! ... Diederich sprang vom Stuhl. „Und das erdreisten Sie sich, von einem nationalen Mann zu verlangen?"

Der andere blieb gelassen und ironisch. „Wenn wir dem nationalen Mann nicht helfen, dass er gewählt wird, wo bleibt dann der nationale Mann?" – Und Diederich mochte sich empören oder um Gnade flehen, er musste auf ein Blatt Papier schreiben, dass er für das Gewerkschaftshaus nicht nur selbst stimmen, sondern auch die ihm nahestehenden Stadtverordneten bearbeiten werde. Darauf erklärte er barsch die Unterredung für beendet und nahm dem Maschinenmeister die Bierflasche aus der Hand. Aber Napoleon Fischer zwinkerte. Überhaupt dürfe der Herr Doktor froh sein, dass er mit ihm und nicht mit dem Parteibudiker[1] Rille verhandele. Denn Rille, der für seine eigene Wahl agitiere, wäre zu dem Kompromiss nicht zu haben gewesen. Und in der Partei seien die Meinungen geteilt; Diederich habe also allen Grund, in der ihm nahestehenden Presse etwas für die Kandidatur Fischer zu tun. „Wenn fremde Leute, zum Beispiel Rille, sollten die Nasen in Ihre Geschichten stecken, Herr Doktor, dafür werden Sie sich wohl bedanken. Bei uns beiden ist es was anderes. Wir haben schon mehr Dreck zusammen verscharrt."

Damit ging er und überließ Diederich seinen Gefühlen. ‚Schon mehr Dreck zusammen verscharrt!', dachte Diederich, und Angstschauer kreuzten sich in ihm mit Wallungen des Zorns. Das durfte der Hund ihm sagen, sein eigener Kuli[2], den er jeden Augenblick auf die Straße werfen konnte! Vielmehr, leider ging das nicht, denn es war wahr, sie hatten Dreck verscharrt. Der Holländer! Die geschundene Arbeiterin! Eine Vertraulichkeit zog die andere nach sich: Jetzt waren Diederich und sein Prolet nicht nur im Betrieb aufeinander angewiesen, sondern auch politisch. Am liebsten hätte Diederich mit dem Parteibudiker Rille angebunden; aber dann war zu fürchten, dass Napoleon Fischer in seiner Rachsucht auspackte,

---

[1] Parteibudiker: Wirt einer Kneipe, in der Parteitreffen stattfinden
[2] Kuli: Tagelöhner

was er wusste. Diederich sah sich genötigt, ihm auch noch gegen
Rille zu helfen. ‚Aber' – er schüttelte die Faust gegen die Zimmerde-
cke – ‚wir sprechen uns wieder. Und wenn es zehn Jahre dauert, die
Abrechnung kommt!'

5 Hiernach oblag es ihm, dem alten Herrn Buck einen Besuch zu
machen und sein biedermännisches und schöngeistiges Gerede mit
Ergebenheit anzuhören. Dafür ward er Kandidat der freisinnigen
Partei … In der „Netziger Zeitung", die in einem warmen Artikel
Herrn Doktor Heßling als Mensch, Bürger und Politiker den Wäh-
10 lern empfahl, ward gleich darunter, wenn auch in kleinerem Druck,
die Aufstellung des Arbeiters Fischer scharf beanstandet. Die sozialdemokratische Partei verfügte, man musste es leider zugeben,
über genug selbstständige Gewerbetreibende, sie brauchte den bürgerlichen Stadtverordneten nicht den kollegialen Verkehr mit ei-
15 nem gewöhnlichen Arbeiter zuzumuten. Sollte insbesondere Herr
Doktor Heßling im Schoße der städtischen Körperschaft seinem
eigenen Maschinenmeister begegnen?
Dieser Ausfall des bürgerlichen Blattes stellte unter den Sozialdemokraten volle Einmütigkeit her; sogar Rille musste sich für Napo-
20 leon erklären – der mit Glanz durch das Ziel ging. Diederich bekam
von der Partei, die ihn aufstellte, nur die Hälfte der Stimmen, aber
ihn retteten die Genossen. Die beiden Gewählten wurden gemeinsam in die Versammlung eingeführt. Bürgermeister Doktor Scheffelweis beglückwünschte sie, mit dem Hinweis, dass einerseits der
25 tätige Bürger, andererseits der emporstrebende Arbeiter – Und
schon in der nächsten Sitzung griff Diederich in die Verhandlungen
ein.
Zur Debatte stand die Kanalisation der Gäbbelchenstraße. Eine beträchtliche Anzahl jener alten Vorstadthäuser befand sich noch
30 heute, am Ende des neunzehnten Jahrhunderts, im wenig rühmli-
chen Besitz von Abortgruben[1], deren Ausdünstungen zuzeiten die
ganze Gegend überschwemmten. Bei seinem Besuch im Grünen
Engel hatte Diederich die Wahrnehmung gemacht. So wandte er
sich denn mit Nachdruck gegen die finanztechnischen Bedenken
35 des Magistratsvertreters. Eine Forderung der Kulturehre dürfe

---

[1] Abortgrube: Fäkaliengrube von Wohnhäusern ohne Kanalanschluss

kleinlichen Rücksichten nicht weichen. „Deutschtum heißt Kultur!",
rief Diederich aus. „Meine Herren! Das hat kein Geringerer gesagt
als Seine Majestät der Kaiser. Und bei anderer Gelegenheit hat Seine Majestät das Wort gesprochen: Die Schweinerei muss ein Ende
5   nehmen. Wo nur immer großzügig vorgegangen wird, da leuchtet
uns das erhabene Beispiel Seiner Majestät voran, und darum, meine
Herren –"
„Hurra!", rief eine Stimme links, und Diederich begegnete dem
Grinsen Napoleon Fischers. Da reckte er sich auf, er blitzte. „Sehr
10 richtig!", versetzte er schneidend. „Ich kann nicht besser schließen.
Seine Majestät der Kaiser hurra, hurra, hurra!"
Verblüfftes Schweigen – aber da die Sozialdemokraten lachten, riefen rechts einige hurra. Doktor Heuteufel warf die Frage dazwischen, ob der merkwürdige Zusammenhang, in den Herr Doktor
15 Heßling die Person des Kaisers gebracht habe, nicht eigentlich eine
Majestätsbeleidigung darstelle. Aber der Vorsitzende klingelte
schnell. In der Presse jedoch ward weiter debattiert. Die „Volksstimme" behauptete, Herr Heßling trage in die Stadtverordnetenversammlung den Geist des übelsten Byzantinismus, wohingegen die
20 „Netziger Zeitung" seine Rede als die erfrischende Tat eines unbe-
fangenen Patrioten bezeichnete. Dass es sich aber um einen wahrhaft bedeutsamen Vorgang handelte, ward erst klar, als es im „Berliner Lokal-Anzeiger" stand. Das Blatt Seiner Majestät war über das
mutige Auftreten des Netziger Stadtverordneten Doktor Heßling
25 des Lobes voll. Es stellte mit Genugtuung fest, dass der neue, entschlossen nationale Geist, für den der Kaiser eintrete, nunmehr
auch im Lande Fortschritte mache. Die kaiserliche Mahnung werde
befolgt, der Bürger erwache aus dem Schlummer, die Scheidung
zwischen denen für ihn und denen wider ihn vollziehe sich. „Möch-
30 ten viele wackere Vertreter unserer Städte dem Beispiel des Doktor
Heßling folgen!"
Diese Nummer des „Lokal-Anzeigers" trug Diederich schon acht Tage
lang auf dem Herzen, da schlich er sich um die stillste Vormittags-
stunde, unter Vermeidung der Kaiser-Wilhelm-Straße, von rück-
35 wärts in die Bierstube von Klappsch, wo er Gesellschaft fand: Napoleon Fischer und den Parteiwirt Rille. Obwohl das Lokal ganz leer
war, zogen die drei sich in den äußersten Winkel zurück; Fräulein

Klappsch ward, kaum dass sie das Bier gebracht hatte, hinausge-
schickt; und Klappsch selbst, der an der Tür horchte, hörte nur tu-
scheln. Er versuchte die Klappe zu Hilfe zu nehmen, durch die er bei
stärkerem Besuch die Gläser hineinreichte; aber Rille, der damit
5 Bescheid wusste, schlug sie ihm vor der Nase zu. Immerhin hatte
der Wirt bemerkt, dass Doktor Heßling aufgesprungen war und im
Begriff schien, wegzugehen. Dazu werde er als nationaler Mann
niemals die Hand bieten! ... Später aber wollte Fräulein Klappsch,
die zum Zahlen gerufen ward, doch ein Papier gesehen haben, das
10 von allen drei unterschrieben war.

Denselben Tag nachmittags hatten Emmi und Magda eine Einladung zum Tee bei Frau von Wulckow, und Diederich begleitete sie.
Erhobenen Hauptes schritten die Geschwister über die Kaiser-Wilhelm-Straße. Diederich lüftete kühl den Zylinder vor den Herren,
15 die von den Stufen der Freimaurerloge erstaunt zusahen, wie er das
Gebäude der Regierung betrat. Den Wachtposten begrüßte er mit
einer jovialen Handbewegung. Droben in der Garderobe stieß man
auf Offiziere und ihre Damen, denen die beiden Fräulein Heßling
schon bekannt waren. Die Sporen zusammenschlagend, zog der
20 Leutnant von Brietzen Emmi den Mantel aus, und sie dankte ihm
über die Schulter, wie eine Gräfin. Sodann trat sie Diederich auf
den Fuß, damit er merke, auf welchen heißen Boden er versetzt sei.
Und wirklich, als man nun Herrn von Brietzen den Vortritt in den
Salon aufgenötigt, vor der Präsidentin entzückte Kratzfüße ausge-
25 führt hatte und mit allen bekannt geworden war: welche Aufgabe,
so ehrenvoll wie gefährlich, auf einem Stühlchen zwischen Damenkleider eingeengt, die Teetasse im Gleichgewicht zu erhalten, während man Kuchenteller weitergab, und mit den Kuchen ein huldi-
gendes Lächeln zu spenden und beim Essen ein schmelzendes Wort
30 über die so gelungene Aufführung der „Heimlichen Gräfin" zu liefern, ein männlich anerkennendes für die großzügige Verwaltungs-
tätigkeit des Präsidenten, ein gewichtiges über Umsturz und Kaisertreue – und dabei noch den Wulckow'schen Hund zu füttern,
der bettelte! An die anspruchslose Gesellschaft des Ratskellers oder
35 des Kriegervereins durfte man hier nicht denken; es hieß mit auf-
reibendem Lächeln in die wasserhellen Augen des Hauptmanns

von Köckeritz starren, dessen Glatze weiß, dessen Gesicht von der
Mitte der Stirn abwärts feuerrot war und der vom Exerzierplatz
erzählte. Und wenn einem vor Gespanntheit auf die Frage, ob man
gedient habe, schon der Schweiß ausbrach, erlebte man es unverse-
5 hens, dass die Dame neben einem, die ihr weißblondes Haar glatt
über den Kopf hinaufkämmte und eine sonnenverbrannte Nase
hatte, von Pferden zu sprechen anfing ... Diesmal ward Diederich
durch Emmi gerettet, denn Emmi, unterstützt von Herrn von Brietzen, mit dem sie geradezu auf vertrautem Fuß zu stehen schien,
10 griff gewandt in das Pferdegespräch ein, gebrauchte fachmänni-
sche Ausdrücke, ja, schreckte nicht davor zurück, von Ritten ins
Gelände zu fantasieren, die sie auf dem Gut einer Tante unternom-
men haben wollte. Als der Leutnant sich dann erbot, mit ihr auszu-
reiten, schützte sie die arme Frau Heßling vor, die es nicht erlaube.
15 Diederich erkannte Emmi nicht wieder. Ihre unheimlichen Talente
ließen Magda, der es doch gelungen war, sich zu verloben, hier ganz
im Schatten. Nicht ohne Bangen ward Diederich, wie nach seiner
Rückkehr aus dem Grünen Engel, sich der unberechenbaren Wege
bewusst, die ein Mädchen, wenn man es nicht sah – Da bemerkte
20 er, dass er eine Frage der Präsidentin überhört hatte und dass man
schwieg, weil er antworten sollte. Er suchte in der Luft nach Hilfe,
stieß aber nur auf den unerbittlichen Blick eines großen Bildnisses,
bleich und steinern, in roter Husarenuniform[1], eine Hand auf der
Hüfte, der Schnurrbart an den Augenwinkeln und der Blick über
25 die Schulter hinweg kalt blitzend! Diederich erbebte, er verschluckte sich mit Tee, Herr von Brietzen klopfte ihm den Rücken.
Eine Dame, die bisher nur immer gegessen hatte, sollte jetzt singen.
Im Musikzimmer hatte man sich gruppiert. Diederich, an der Tür,
zog verstohlen die Uhr, da hüstelte hinter ihm die Präsidentin. „Ich
30 weiß wohl, lieber Doktor, dass Sie nicht uns und unserer leichten,
ich möchte sagen allzu leichten Konversation Ihre Zeit opfern, die
so ernsten Pflichten gehört. Mein Mann erwartet Sie, kommen Sie
nur." Den Finger an den Lippen, ging sie voran, über einen Gang,
durch ein leeres Vorzimmer ... Ganz leise klopfte sie. Da keine Ant-
35 wort kam, sah sie ängstlich auf Diederich, dem auch nicht wohl

---

[1] Husarenuniform, Husaren: berittene Militäreinheit

war. „Ottochen", versuchte sie, zärtlich an die verschlossene Tür geschmiegt. Nach einer Weile des Lauschens erhob sich drinnen die fürchterliche Bassstimme: „Hier ist kein Ottochen! Sag den Schafsköpfen, sie sollen ihren Tee allein saufen!" – „Er ist so sehr beschäftigt", flüsterte Frau von Wulckow, ein wenig bleicher. „Die Schlechtgesinnten untergraben seine Gesundheit ... Leider muss ich mich jetzt meinen Gästen widmen, der Diener soll Sie anmelden." Und sie entschwebte.

Diederich wartete vergeblich auf den Diener, lange Minuten. Dann aber trat der Wulckow'sche Hund ein, schritt riesenhaft und voll Verachtung an Diederich vorbei und kratzte an der Tür. Sofort ertönte es drinnen: „Schnaps! Komm herein!" – worauf die Dogge die Tür aufklinkte. Da sie vergaß, sie wieder zu schließen, erlaubte Diederich sich, mit hineinzuschlüpfen. Herr von Wulckow saß in einer Rauchwolke am Schreibtisch, er wendete den ungeheuren Rücken her.

„Guten Tag, Herr Präsident", sagte Diederich, mit einem Kratzfuß.

„Nanu, quatschst du auch schon, Schnaps?", fragte Wulckow, ohne sich umzusehen. Er faltete ein Papier, zündete langsam eine neue Zigarre an ... ‚Jetzt kommt es‘, dachte Diederich. Aber dann begann Wulckow etwas anderes zu schreiben. Interesse an Diederich nahm nur der Hund. Offenbar fand er den Gast hier noch weniger am Platz, seine Verachtung ging in Feindseligkeit über; mit gefletschten Zähnen beschnupperte er Diederichs Hose, fast war es kein Schnuppern mehr. Diederich tanzte, so geräuschlos wie möglich, von einem Fuß auf den andern, und die Dogge knurrte drohend, aber leise, wohl wissend, ihr Herr könne es sonst nicht weiterkommen lassen. Endlich gelang es Diederich, zwischen sich und seinen Feind einen Stuhl zu bringen, an den geklammert er sich umherdrehte, bald langsamer, bald schneller, und immer auf der Hut vor Schnaps' Seitensprüngen. Einmal sah er Wulckow den Kopf ein wenig wenden und glaubte ihn schmunzeln zu sehen. Dann hatte der Hund genug von dem Spiel, er ging zum Herrn und ließ sich streicheln; und neben Wulckows Stuhl hingelagert, maß er mit kühnen Jägerblicken Diederich, der sich den Schweiß wischte.

‚Gemeines Vieh!‘, dachte Diederich – und plötzlich wallte es auf in ihm. Empörung und der dicke Qualm verschlugen ihm den Atem, er dachte, mit unterdrücktem Keuchen: ‚Wer bin ich, dass ich mir das muss bieten lassen? Mein letzter Maschinenschmierer lässt sich das von mir nicht bieten. Ich bin Doktor. Ich bin Stadtverordneter! Dieser ungebildete Flegel hat mich nötiger als ich ihn!‘ Alles, was er heute Nachmittag erlebt hatte, nahm den übelsten Sinn an. Man hatte ihn verhöhnt, der Bengel von Leutnant hatte ihm den Rücken geklopft! Diese Kommissknöpfe[1] und adeligen Puten hatten die ganze Zeit von ihren albernen Angelegenheiten geredet und ihn wie dumm dabeisitzen lassen! ‚Und wer bezahlt die frechen Hungerleider? Wir!‘ Gesinnung und Gefühle, alles stürzte in Diederichs Brust auf einmal zusammen, und aus den Trümmern schlug wild die Lohe des Hasses. ‚Menschenskinder! Säbelrassler[2]! Hochnäsiges Pack! ... Wenn wir mal Schluss machen mit der ganzen Bande –!‘ Die Fäuste ballten sich ihm von selbst, in einem Anfall stummer Raserei sah er alles niedergeworfen, zerstoben: die Herren des Staates, Heer, Beamtentum, alle Machtverbände und sie selbst, die Macht! Die Macht, die über uns hingeht und deren Hufe wir küssen! Gegen die wir nichts können, weil wir alle sie lieben! Die wir im Blut haben, weil wir die Unterwerfung darin haben! Ein Atom sind wir von ihr, ein verschwindendes Molekül von etwas, das sie ausgespuckt hat! ... Von der Wand dort, hinter blauen Wolken, sah eisern hernieder ihr bleiches Gesicht, eisern, gesträubt, blitzend: Diederich aber, in wüster Selbstvergessenheit, hob die Faust.

Da knurrte der Wulckow'sche Hund, unter dem Präsidenten hervor aber kam ein donnerndes Geräusch, ein lang hinrollendes Geknatter – und Diederich erschrak tief. Er verstand nicht, was dies für ein Anfall gewesen war. Das Gebäude der Ordnung, wieder aufgerichtet in seiner Brust, zitterte nur noch leise. Der Herr Regierungspräsident hatte wichtige Staatsgeschäfte. Man wartete eben, bis er einen bemerkte; dann bekundete man gute Gesinnung und sorgte für gute Geschäfte ...

„Na, Doktorchen?", sagte Herr von Wulckow und drehte seinen Sessel herum. „Was ist mit Ihnen los? Sie werden ja der reine Staatsmann. Setzen Sie sich mal auf diesen Ehrenplatz."

---

[1] Kommissknöpfe: abschätzig für pedantische und engstirnige Offiziere
[2] Säbelrassler: kraftmeiernde Militärs

„Ich darf mir schmeicheln", stammelte Diederich. „Einiges habe ich schon erreicht für die nationale Sache."

Wulckow blies ihm einen mächtigen Rauchkegel ins Gesicht, dann kam er ihm ganz nahe mit seinen warmblütigen, zynischen Augen und ihrer Mongolenfalte. „Sie haben erstens erreicht, Doktorchen, dass Sie Stadtverordneter geworden sind. Wie, das wollen wir auf sich beruhen lassen. Jedenfalls konnten Sie es brauchen, denn Ihr Geschäft soll ja 'ne ziemlich faule Karre sein." Da Diederich zusammenzuckte, lachte Wulckow dröhnend. „Lassen Sie nur, Sie sind mein Mann. Was meinen Sie, das ich da geschrieben habe?" Das große Blatt Papier verschwand unter der Pranke, die er darauf legte. „Da verlange ich vom Minister einen kleinen Piepmatz[1] für einen gewissen Doktor Heßling, in Anerkennung seiner Verdienste um die gute Gesinnung in Netzig ... Für so nett haben Sie mich wohl gar nicht gehalten?", setzte er hinzu, denn Diederich, mit einer Miene, geblendet und wie mit Blödheit geschlagen, machte von seinem Stuhl herab immerfort Verbeugungen. „Ich weiß tatsächlich nicht", brachte er hervor. „Meine bescheidenen Verdienste –"

„Aller Anfang ist schwer", sagte Wulckow. „Es soll auch nur eine Aufmunterung sein. Ihre Haltung im Prozess Lauer war nicht übel. Na, und Ihr Kaiserhoch in der Kanalisationsdebatte hat die antimonarchische[2] Presse ganz aus dem Häuschen gebracht. Schon an drei Orten im Lande ist deshalb Anklage wegen Majestätsbeleidigung erhoben. Da müssen wir uns Ihnen wohl erkenntlich zeigen."

Diederich rief aus: „Mein schönster Lohn ist es, dass der ‚Lokal-Anzeiger' meinen schlicht bürgerlichen Namen vor die Allerhöchsten Augen selbst gebracht hat!"

„Na, nu nehmen Sie sich mal 'ne Zigarre", schloss Wulckow; und Diederich begriff, dass jetzt die Geschäfte kamen. Schon inmitten der Hochgefühle waren ihm Zweifel aufgestiegen, ob Wulckows Gnade vor allem andern nicht eine ganz besondere Ursache habe. Er sagte versuchsweise: „Für die Bahn nach Ratzenhausen wird die Stadt nun doch wohl den Beitrag bewilligen."

Wulckow streckte den Kopf vor. „Ihr Glück. Wir haben sonst ein

---

[1] Piepmatz: hier: umgangssprachlich für Orden
[2] antimonarchisch: gegen das Königtum gerichtet

billigeres Projekt, darauf wird Netzig überhaupt nicht berührt. Also sorgen Sie dafür, dass die Leute Vernunft annehmen. Unter der Bedingung dürft ihr dann dem Rittergut[1] Quitzin euer Licht liefern."

„Das will der Magistrat auch nicht." Diederich bat mit den Händen um Nachsicht. „Die Stadt hat Schaden dabei, und Herr von Quitzin zahlt uns keine Steuern … Aber jetzt bin ich Stadtverordneter, und als nationaler Mann –"

„Das möchte ich mir ausbitten. Mein Vetter, Herr von Quitzin, baut sich sonst einfach ein Elektrizitätswerk, das hat er billig, was glauben Sie, zwei Minister kommen bei ihm zur Jagd – und dann unterbietet er euch, hier in Netzig selbst."

Diederich richtete sich auf. „Ich bin entschlossen, Herr Präsident, allen Anfeindungen zum Trotz in Netzig das nationale Banner hochzuhalten." Hierauf, mit gedämpfter Stimme: „Einen Feind können wir übrigens loswerden: einen besonders schlimmen, jawohl, den alten Klüsing in Gausenfeld."

„Der?" Wulckow feixte verächtlich. „Der frisst mir aus der Hand. Er liefert Papier für die Kreisblätter."

„Wissen Sie, ob er für schlechte Blätter nicht noch mehr liefert? Darüber, Herr Präsident verzeihen, bin ich doch wohl besser informiert."

„Die ‚Netziger Zeitung' ist jetzt in nationaler Beziehung zuverlässiger geworden."

„Und zwar –", Diederich nickte gewichtig, „seit dem Tage, an dem der alte Klüsing mir, Herr Präsident, einen Teil der Papierlieferung hat anbieten lassen. Gausenfeld sei überlastet. Natürlich hatte er Angst, dass ich mich an einem nationalen Konkurrenzblatt beteilige. Und vielleicht hatte er auch Angst" – eine bedeutsame Pause –, „dass der Herr Präsident das Papier für die Kreisblätter lieber bei einem nationalen Werk bestellt."

„Also – Sie liefern jetzt für die ‚Netziger Zeitung'?"

„Niemals, Herr Präsident, werde ich meine nationale Gesinnung so sehr verleugnen, dass ich an eine Zeitung liefere, solange noch freisinniges Geld drin ist."

---

[1] Rittergut: Landgut, mit dem bestimmte Sonderrechte verbunden waren

„Na schön." Wulckow stemmte die Fäuste auf die Schenkel. „Jetzt brauchen Sie nichts mehr zu sagen. Sie wollen bei der ‚Netziger Zeitung' das Ganze. Die Kreisblätter wollen Sie auch. Wahrscheinlich auch die Papierlieferungen für die Regierung. Sonst noch was?"

5 Und Diederich, sachlich: „Herr Präsident, ich bin nicht wie Klüsing, mit dem Umsturz mach ich keine Geschäfte. Wenn Sie, Herr Präsident, auch als Vorstand der Bibelgesellschaft mein Unternehmen stützen wollten, ich darf sagen, die nationale Sache würde nur gewinnen."

10 „Na schön", wiederholte Wulckow und zwinkerte. Diederich spielte seinen Trumpf aus.

„Herr Präsident! Unter Klüsing ist Gausenfeld eine Brutstätte des Umsturzes. Bei seinen achthundert Arbeitern ist nicht einer dabei, der anders wählt als sozialdemokratisch."

15 „Na und bei Ihnen?"

Diederich schlug sich auf die Brust. „Gott ist mein Zeuge, dass ich lieber noch heute die Bude zumache und mit den Meinen ins Elend hinausziehe, als dass ich einen einzigen Mann bei mir dulde, von dem ich weiß, er ist nicht kaisertreu."

20 „Sehr brauchbare Gesinnung", sagte Wulckow. Diederich sah ihn mit blauen Augen an. „Ich nehme nur gediente Leute, vier haben den Krieg mitgemacht. Jugendliche beschäftige ich gar nicht mehr, seit der Geschichte mit dem Arbeiter, den der Wachtposten auf dem Felde der Ehre, wie Seine Majestät festzustellen geruhten, niederge-

25 streckt hat, nachdem der Kerl mit seiner Braut hinter meinen Lumpen –"

Wulckow winkte ab. „Ihre Sorge, Doktorchen!"

Diederich ließ sich seinen Entwurf nicht verderben. „Unter meinen Lumpen darf kein Umsturz vorkommen. Mit Ihren Lumpen, ich

30 meine in der Politik, ist es anders. Da können wir den Umsturz brauchen, damit aus den freisinnigen Lumpen weißes, kaisertreues Papier wird." Und er machte eine tief bedeutungsvolle Miene. Wulckow schien nicht verblüfft, er schmunzelte furchtbar.

„Doktorchen, ich bin auch nicht von gestern. Legen Sie los, was

35 haben Sie mit Ihrem Maschinenmeister ausgeknobelt." Da er Diederich wanken sah, fuhr Wulckow fort: „Das ist auch einer von den Altgedienten, wie, Herr Stadtverordneter?"

Diederich schluckte, er sah, dass es keinen Umweg mehr gab. „Herr Präsident", sagte er mit einem Entschluss; und dann leise und hastig: „Der Mann will in den Reichstag, und vom nationalen Standpunkt ist er besser als Heuteufel. Denn erstens werden viele Freisinnige vor Schreck national werden, und zweitens kriegen wir, wenn Napoleon Fischer gewählt wird, in Netzig ein Kaiser-Wilhelm-Denkmal. Ich habe es schriftlich."

Er breitete ein Papier hin vor den Präsidenten. Wulckow las, dann stand er auf, warf den Stuhl mit dem Fuß fort und ging, Rauch ausstoßend, durch das Zimmer. „Also Kühlemann kratzt ab, und von seiner halben Million baut die Stadt kein Säuglingsheim, sondern ein Kaiser-Wilhelm-Denkmal." Er blieb stehen. „Merken Sie sich das, mein Lieber, in Ihrem eigensten Interesse! Wenn Netzig nachher einen Sozialdemokraten im Reichstag, aber keinen Wilhelm den Großen hat, dann lernen Sie mich kennen. Ich mache Frikassee[1] aus Ihnen! Ich schlag Sie so klein, dass Sie nicht mal mehr im Säuglingsheim Aufnahme finden!"

Diederich war mitsamt seinem Stuhl zurückgewichen bis an die Wand. „Herr Präsident! Alles, was ich bin, meine ganze Zukunft setze ich ein für diese große nationale Sache. Auch mir kann etwas Menschliches passieren ..."

„Dann gnade Ihnen Gott!"

„Wenn nun Kühlemanns Nierensteine sich doch noch verziehen?"

„Sie haben die Verantwortung! Um meinen Kopf geht es auch!"

Wulckow ließ sich krachend auf seinen Sitz fallen. Er rauchte wütend. Als die Wolken zergingen, hatte er sich aufgeheitert. „Was ich Ihnen auf dem Harmoniefest gesagt habe, dabei bleibt es. Dieser Reichstag macht es nicht mehr lange, arbeiten Sie vor in der Stadt. Helfen Sie mir gegen Buck, ich helfe Ihnen gegen Klüsing."

„Herr Präsident!" Wulckows Lächeln schuf in Diederich einen Überschwang von Hoffnung, er konnte nicht an sich halten. „Wenn Sie es ihn unter der Hand wissen ließen, dass Sie ihm eventuell die Aufträge entziehen! An die große Glocke hängt er es nicht, das brauchen Sie nicht zu fürchten; aber er wird seine Anstalten treffen. Vielleicht verhandelt er –"

---

[1] Frikassee: Fleischragout

„Mit seinem Nachfolger", schloss Wulckow. Da musste Diederich aufspringen und seinerseits durch das Zimmer laufen. „Wenn Sie wüssten, Herr Präsident … Gausenfeld ist sozusagen eine Maschine mit Tausendpferdekraft, und die steht da und verrostet, weil der Strom fehlt, ich will sagen, der moderne, großzügige Geist!"

„Den scheinen Sie zu haben", meinte Wulckow.

„Im Dienst der nationalen Sache", beteuerte Diederich. Er kehrte zurück. „Das Kaiser-Wilhelm-Denkmal-Komitee wird sich glücklich schätzen, wenn es uns gelingen würde, dass Sie so gut sind, Herr Präsident, und bekunden der Sache Ihr geschätztes Interesse durch Annahme des Ehrenvorsitzes."

„Gemacht", sagte Wulckow.

„Die aufopfernde Tätigkeit seines Herrn Ehrenvorsitzenden wird das Komitee entsprechend zu würdigen wissen."

„Erklären Sie sich mal näher!" In Wulckows Stimme grollte es unheilvoll, aber Diederich bei seiner Angeregtheit überhörte es.

„Die Idee hat bereits zu gewissen Erörterungen im Schoße des Komitees geführt. Man wünscht das Denkmal in frequentester[1] Lage zu errichten und mit einem Volkspark zu umgeben, damit nämlich die unlösbare Verbindung von Herrscher und Volk sinnfällig in die Erscheinung tritt. Da haben wir nun im Zentrum der Stadt an ein größeres Grundstück gedacht; auch die Nachbargebäude wären zu haben; es ist in der Meisestraße."

„Soso. Meisestraße." Wulckows Brauen hatten sich gewitterhaft zusammengezogen. Diederich erschrak, aber es gab kein Halten mehr.

„Der Gedanke ist aufgetaucht, dass wir uns, noch bevor die Stadt der Sache nähertritt, die betreffenden Grundstücke sichern und unbefugten Spekulationen zuvorkommen sollen. Unser Herr Ehrenvorsitzender hätte natürlich das erste Anrecht …"

Nach diesem Wort wich Diederich zurück, der Sturm brach los. „Herr! Für wen halten Sie mich? Bin ich Ihr Geschäftsagent? Das ist unerhört, das war noch nicht da! So ein Koofmich[2] mutet dem Königlichen Regierungspräsidenten zu, er soll seine schmutzigen Geschäfte mitmachen!"

---

[1] frequentester: bestbesuchter
[2] Koofmich: abwertend für Händler, Kaufmann

Wulckow dröhnte übermenschlich, er drang mit seiner gewaltigen Körperwärme und mit seinem persönlichen Geruch gegen Diederich vor, der sich rückwärts bewegte. Auch der Hund war aufgestanden und ging kläffend zum Angriff über. Das Zimmer war auf einmal erfüllt von Graus und Getöse.

„Sie machen sich einer schweren Beamtenbeleidigung schuldig, Herr!", schrie Wulckow, und Diederich, der hinter sich nach der Tür tastete, hatte nur Vermutungen darüber, wer ihm früher an der Kehle sitzen werde, der Hund oder der Präsident. Seine angstvoll irrenden Augen trafen das bleiche Gesicht, das von der Wand herab drohte und blitzte. Nun hatte er sie an der Kehle, die Macht! Vermessen hatte er sich, mit der Macht auf vertrautem Fuß zu verkehren. Das war sein Verderben, sie brach über ihn herein mit dem Entsetzen eines Weltuntergangs … Die Tür hinter dem Schreibtisch ging auf, jemand in Polizeiuniform trat ein. Den schlotternden Diederich überraschte er nicht mehr. Wulckow ward durch die Gegenwart der Uniform auf einen neuen furchtbaren Gedanken gebracht.

„Ich kann Sie augenblicklich verhaften lassen, Sie Jammerprinz, wegen versuchter Beamtenbestechung, wegen Bestechungsversuch an einer Behörde, an der obersten Behörde des Regierungsbezirks! Ich bringe Sie ins Zuchthaus, ich ruiniere Sie für Ihr Leben!"

Auf den Herrn von der Polizei schien dieses jüngste Gericht nicht entfernt den Eindruck zu machen wie auf Diederich. Er legte das Papier, das er brachte, auf den Schreibtisch nieder und verschwand. Übrigens drehte auch Wulckow sich plötzlich um; er zündete seine Zigarre wieder an. Diederich war nicht mehr da für ihn. Und auch Schnaps ließ von ihm ab, als sei er Luft. Da wagte Diederich es, die Hände zu falten.

„Herr Präsident", flüsterte er wankend, „Herr Präsident, erlauben Herr Präsident, dass ich feststellen darf, es liegt ein, darf ich feststellen, tief bedauerliches Missverständnis vor. Nie würde ich, bei meiner wohlbekannten nationalen Gesinnung – Wie könnte ich!" Er wartete, aber niemand bekümmerte sich um ihn.

„Wenn ich auf meinen Vorteil sähe", begann er wieder, um etwas vernehmlicher, „anstatt, dass ich immer nur das nationale Interesse im Auge habe, dann wäre ich heute nicht hier, dann wäre ich bei dem Herrn Buck. Denn der Herr Buck, jawohl, der hat mir zugemu-

tet, ich soll mein Grundstück an die Stadt verkaufen, für das freisinnige Säuglingsheim. Aber das Ansinnen hab ich mit Entrüstung zurückgewiesen und habe den graden Weg gefunden zu Ihnen, Herr Präsident. Denn besser, hab ich gesagt, das Denkmal Kaiser
5 Wilhelms des Großen im Herzen als das Säuglingsheim in der Tasche, hab ich gesagt und sag es auch hier, mit lauter Stimme!"

Da Diederich in der Tat die Stimme erhob, wandte Wulckow sich ihm zu. „Sind Sie noch immer da?", fragte er. Und Diederich, aufs Neue ersterbend: „Herr Präsident –"
10 „Was wollen Sie noch? Ich kenne Sie überhaupt nicht. Habe nie mit Ihnen verhandelt."

„Herr Präsident, im nationalen Interesse –"

„Mit Grundstücksspekulanten verhandele ich nicht. Verkaufen Sie Ihr Grundstück, und dalli[1]; nachher können wir reden."
15 Diederich, erblasst, mit dem Gefühl, als werde er an der Wand zerquetscht: „In dem Fall bleibt es bei unseren Bedingungen? Der Orden? Der Wink an Klüsing? Der Ehrenvorsitz?"

Wulckow zog eine Grimasse. „Meinetwegen. Aber sofort verkaufen!"
20 Diederich rang nach Atem. „Ich bringe das Opfer!", erklärte er. „Denn das Höchste, was der kaisertreue Mann hat, meine kaisertreue Gesinnung, muss über jedem Verdacht stehn."

„Na ja", sagte Wulckow, indes Diederich sich zurückzog, stolz auf seinen Abgang, wenn auch beengt durch die Empfindung, dass der
25 Präsident ihn als Bundesgenossen nicht lieber ertrug als er selbst seinen Maschinenmeister.

Im Salon fand er Emmi und Magda ganz allein in einem Prachtwerk blätternd. Die Gäste waren fort, und auch Frau von Wulckow hatte sie verlassen, weil sie sich anziehen musste, zur Soiree[2] bei der Frau
30 Oberst von Haffke. „Meine Unterredung mit dem Präsidenten ist für beide Teile durchaus befriedigend verlaufen", stellte Diederich fest; und draußen auf der Straße: „Da sieht man, was es heißt, wenn zwei loyale Männer verhandeln. In dem heutigen verjudeten Geschäftsbetrieb kennt man das gar nicht mehr."

---

[1] dalli: hopp
[2] Soiree (franz.): Abendempfang

Emmi, gleichfalls sehr angeregt, erklärte, dass sie Reitstunden nehmen werde. „Wenn ich dir das Geld gebe", sagte Diederich, aber nur der Ordnung wegen, denn er war stolz auf Emmi. „Hat Leutnant von Brietzen nicht Schwestern?", bemerkte er. „Du solltest bekannt werden und uns Einladungen verschaffen zur nächsten Soiree der Frau Oberst." Gerade ging drüben der Oberst vorbei. Diederich sah ihm lange nach. „Ich weiß wohl", sagte er, „man soll sich nicht umdrehen; aber das ist nun mal das Höchste, es zieht einen hin!"

Dennoch hatte der Vertrag mit Wulckow nur seine Sorgen vergrößert. Der handgreiflichen Verpflichtung, sein Haus zu verkaufen, stand nichts gegenüber als Hoffnungen und Aussichten: nebelhafte Aussichten, allzu kühne Hoffnungen … Es fror; Diederich ging am Sonntag in den Stadtpark, wo es schon dunkelte, und auf einem einsamen Pfad begegnete er Wolfgang Buck.

„Ich habe mich nun doch entschlossen", erklärte Buck. „Ich gehe zur Bühne."

„Und Ihre bürgerliche Stellung? Und Ihre Heirat?"

„Ich habe es versucht, aber das Theater ist vorzuziehen. Es wird dort weniger Komödie gespielt, wissen Sie, man ist ehrlicher bei der Sache. Auch sind die Weiber schöner."

„Das ist kein Standpunkt", erwiderte Diederich. Aber Buck war es ernst. „Ich muss zugeben, das Gerücht über Guste und mich hat mir Spaß gemacht. Andererseits: so blödsinnig es ist, es ist nun einmal da, das Mädchen leidet darunter, ich kann sie nicht länger kompromittieren."

Diederich widmete ihm einen abschätzigen Seitenblick, denn er hatte den Eindruck, Buck nahm das Gerücht zum Vorwand, um sich zu drücken. „Sie werden wohl wissen", versetzte er streng, „was Sie da anrichten. Ein anderer nimmt sie jetzt natürlich auch nicht mehr leicht. Es gehört schon verdammt viel ritterliche Gesinnung dazu."

Buck bestätigte dies. „Für einen wirklich modernen, großzügigen Mann", sagte er bedeutungsvoll, „müsste es eine besondere Genugtuung sein, ein Mädchen unter solchen Umständen zu sich hinaufzuziehen und für sie einzutreten. Hier, wo auch Geld ist, würde zweifellos der Edelmut zuletzt das Feld behaupten. Denken Sie an das Gottesgericht im ‚Lohengrin[1]‘."

„Wieso ‚Lohengrin‘?"

Hierauf antwortete Buck nicht mehr; da sie das Sachsentor erreicht
5   hatten, ward er unruhig. „Kommen Sie mit hinein?", fragte er. – „Wo denn hinein?" – „Gleich hier, Schweinichenstraße 77. Ich muss es ihr doch sagen, Sie könnten vielleicht –" Da pfiff Diederich durch die Zähne.

„Sie sind wirklich – Sie haben ihr noch nichts gesagt? Vorher er-
10 zählen Sie es in der Stadt umher? Ihre Sache, mein Bester, aber mich lassen Sie aus dem Spiel, den Bräuten anderer Leute pflege ich nicht die Verlobung zu kündigen."

„Machen Sie eine Ausnahme", bat Buck. „Mir werden Szenen im Le-ben so schwer."

15 „Ich habe Grundsätze", sagte Diederich. Buck lenkte ein.

„Sie brauchen nichts zu sagen; Sie sollen mir nur in einer stummen Rolle als moralische Unterstützung dienen."

„Moralisch?", fragte Diederich.

„Als Vertreter sozusagen des verhängnisvollen Gerüchtes."

20 „Was wollen Sie damit sagen?"

„Ich scherze. Da sind wir, kommen Sie."

Und Diederich, betroffen durch Bucks letzte Wendung, ging wort-los mit.

Frau Daimchen war ausgegangen, und Guste ließ auf sich warten.
25 Buck ging nachzusehen, was sie mache. Endlich kam sie, aber allein.

„War nicht auch Wolfgang da?", fragte sie.

Buck war ausgerissen!

„Das begreife ich nicht", sagte Diederich. „Er hatte doch etwas ganz Dringendes bei Ihnen vor."

30 Hierauf errötete Guste. Diederich wandte sich der Tür zu. „Dann empfehle ich mich auch."

„Was wollte er denn?", forschte sie. „Das kommt bei ihm doch nicht oft vor, dass er etwas will. Und wozu bringt er Sie mit?"

---

[1] Lohengrin: Oper von Richard Wagner (1813–1883), in der der sagenhafte König Artus Lohengrin, einen Hüter des Grals, aussendet, um einer Herzogs-tochter im Kampf gegen ihre Feinde beizustehen

„Das sehe ich auch nicht ein. Ich darf sogar sagen, dass ich es entschieden missbillige, wenn er sich bei einer solchen Gelegenheit Zeugen nimmt. Meine Schuld ist es nicht, adieu."

Aber je verlegener er sie ansah, desto dringender ward sie.

5 „Ich muss es ablehnen", verriet er schließlich, „dass ich mir mit den Angelegenheiten Dritter soll den Mund verbrennen, noch dazu, wenn der Dritte durchgeht und entzieht sich seinen nächstliegenden Verpflichtungen."

Gustes aufgerissene Augen sahen die Worte einzeln aus Diederichs
10 Mund hervorkommen. Als das letzte gefallen war, verharrte sie einen Augenblick reglos, und dann warf sie die Hände vor das Gesicht. Sie schluchzte, man sah ihre Wangen aufquellen und die Tränen ihr durch die Finger rinnen. Sie hatte kein Schnupftuch; Diederich lieh es ihr, betreten durch ihren Schmerz. „Schließlich", meinte er, „ist ja
15 so viel nicht an ihm verloren." Da aber empörte sich Guste. „Das sagen Sie! Sie sind derjenige welcher und haben immer gegen ihn gehetzt. Dass er ausgerechnet Sie muss herschicken, das kommt mir mehr wie sonderbar vor."

„Wie meinen Sie das, bitte!", verlangte Diederich seinerseits. „Sie
20 mussten wohl reichlich so genau wissen wie ich, geehrtes Fräulein, was Sie von dem betreffenden Herrn zu erwarten hatten. Denn wo die Gesinnung schlapp ist, ist alles schlapp."

Da sie ihn höhnisch musterte, versetzte er umso strenger: „Ich habe Ihnen alles richtig vorausgesagt."

25 „Weil es Ihnen so passte", erwiderte sie giftig. Und Diederich, mit Ironie: „Er hat mich doch selbst angestellt, dass ich seinen Kochtopf sollte umrühren. Und wenn der Kochtopf nicht in braune Lappen eingewickelt gewesen wäre, hätte er ihn schon längst überkochen lassen."

30 Da rang es sich los aus Guste. „Haben Sie 'ne Ahnung! Das ist es ja, das kann und kann ich ihm nicht verzeihen, dass ihm immer *alles* wurscht war, sogar mein Geld!"

Diederich war erschüttert. „Mit so einem soll man sich nicht einlassen", stellte er fest. „Die haben keinen Halt und laufen einem durch
35 die Finger." Er nickte gewichtig. „Wem das Geld wurscht ist, der versteht das Leben nicht."

Guste lächelte blass. „Dann verstehen Sie es glänzend!"

„Das wollen wir hoffen", sagte er. Sie kam näher zu ihm, durch ihre letzten Tränen blinzelte sie ihn an.

„Recht haben Sie ja nun behalten. Was meinen Sie wohl, das ich mir daraus mache?" Sie verzog den Mund. „Ich hab ihn doch überhaupt

5 nicht geliebt. Bloß auf die Gelegenheit hab ich gewartet, dass ich ihn loswerde. Nun ist er so gemein und geht von selbst ... Dann machen wir es ohne ihn", setzte sie hinzu, mit einem verlockenden Blick. Aber Diederich nahm nur sein Schnupftuch zurück, für alles andere schien er zu danken. Guste begriff, dass er noch ebenso streng dach-

10 te wie damals im Liebeskabinett; umso demütiger verhielt sie sich.

„Sie spielen gewiss auf meine Lage an, wo ich nun drin bin." Er lehnte ab. „Ich habe nichts gesagt." Guste klagte still. „Wenn die Leute Gemeinheiten über mich reden, dafür kann ich doch nicht!"

„Ich auch nicht."

15 Guste senkte den Kopf. „Na ja, ich muss es wohl einsehen. So eine wie ich verdient nicht mehr, dass ein wirklich feiner Mann mit ernsten Ansichten vom Leben sie noch nimmt." Und dabei schielte sie von unten nach der Wirkung.

Diederich schnaufte. „Es kann auch sein –", begann er und machte

20 eine Pause. Guste atmete nicht. „Nehmen wir einmal an", sagte er mit schneidender Betonung, „jemand hat im Gegenteil die allerernstesten Ansichten vom Leben, und er empfindet modern und großzügig, und im vollen Gefühl der Verantwortlichkeit gegen sich selbst sowohl als gegen seine künftigen Kinder wie gegen Kaiser

25 und Vaterland übernimmt er den Schutz des wehrlosen Weibes und zieht es zu sich empor."

Gustes Miene war immer frommer geworden. Sie lehnte die Handflächen aneinander und sah ihn mit schiefem Kopf innig flehend an. Dies schien noch nicht zu genügen, er verlangte offenbar etwas

30 ganz Besonderes: Und so fiel Guste plumps auf die Knie. Da nahte Diederich ihr gnädig. „So soll es sein", sagte er und blitzte.

Hier trat Frau Daimchen ein. „Nanu", bemerkte sie, „was ist denn los?" Und Guste mit Geistesgegenwart: „Ach Gott, Mutter, wir suchen meinen Ring" – worauf auch Frau Daimchen sich am Boden

35 niederließ. Diederich wollte nicht zurückstehen. Nach einer Weile stummen Umherkriechens rief Guste: „Hat ihn schon!" Sie stand entschlossen auf.

„Dass du es nur weißt, Mutter, ich habe mich verändert."
Frau Daimchen, noch außer Atem, begriff nicht sogleich. Guste und
Diederich vereinten ihre Anstrengungen, um sie aufzuklären.
Schließlich gestand sie, dass sie selbst, weil die Leute nun einmal
5 redeten, an so etwas schon gedacht habe. „Wolfgang war sowieso 'n
bisschen zu miesepeterig, außer er hatte was getrunken. Bloß die
Familie, dagegen kommen Heßlings nicht auf."
Das werde sie sehen, behauptete Diederich; und er kündigte an,
dass nichts abgemacht sei, solange das Praktische noch nicht
10 stimmte. Die Ausweise über Gustes Mitgift mussten herbei, dann
verlangte er Gütergemeinschaft – und was er nachher mit dem Gelde anfing, da durfte niemand hineinreden! Bei jedem Widerspruch
hielt er den Türgriff schon in der Hand, und jedes Mal sprach Guste leise und angstvoll zu ihrer Mutter: „Soll denn morgen die ganze
15 Stadt sich den Mund verrenken, weil ich den einen los bin, und der
andere ist auch gleich wieder weg?"
Als alles stimmte, ward Diederich jovial. Er aß zu Abend mit den
Damen und wollte schon, ohne lange zu fragen, das Dienstmädchen
nach dem Verlobungssekt schicken. Dies kränkte Frau Daimchen,
20 denn natürlich hatte sie welchen im Hause, das verlangten die Herren Offiziere, die bei ihr verkehrten. „Überhaupt haben Sie mehr
Glück als Verstand, denn den Herrn Leutnant von Brietzen hätte
Guste auch gekriegt." Darauf lachte Diederich wohlgemut. Alles
ging gut. Für ihn das viele Geld, und der Leutnant von Brietzen für
25 Emmi! … Man ward sehr lustig; bei der zweiten Flasche taumelte
das Brautpaar auf seinen Stühlen immer einer gegen den andern,
ihre Füße waren umeinandergewickelt bis zum Knie, und Diederichs Hand beschäftigte sich unten. Drüben drehte Frau Daimchen
die Daumen. Plötzlich verursachte Diederich ein donnerndes Ge-
30 räusch und erklärte sofort, er übernehme dafür die volle Verantwortung, es sei in aristokratischen Kreisen üblich, er verkehre bei
Wulckows.

Welche Überraschung, als Netzig den Umschwung der Dinge erfuhr! Auf die Erkundigungen der Gratulanten erwiderte Diederich,
35 was er mit den anderthalb Millionen seiner Frau beginnen werde,
sei ganz ungewiss. Vielleicht ziehe er nach Berlin, für großzügige

Unternehmungen sei es das Angezeigte. Seine Fabrik jedenfalls denke er bei Gelegenheit zu verkaufen. „Die Papierindustrie macht überhaupt eine Krise durch; diese mitten in Netzig gelegene Klitsche hat in meinen Verhältnissen keinen Sinn mehr."

5 Daheim gab es eitel Sonnenschein. Die Schwestern erhielten ein erhöhtes Taschengeld, und seiner Mutter gestattete Diederich so viele Rührszenen und Umarmungen, als sie sich irgend wünschen konnte; ja, er nahm willig ihren Segen entgegen. Guste, sooft sie kam, trat in der Rolle einer Fee auf, die Arme voll Blumen, Bonbons,

10 silbernen Beuteln. An ihrer Seite schien Diederich über Blumen zu wandeln. Die Tage entschwebten himmlisch leicht, unter Einkäufen, Sektfrühstücken und den Brautvisiten[1], einen vornehmen Lohndiener auf dem Bock[2], und drinnen im Wagen die Verlobten anregend miteinander beschäftigt.

15 Die schöne Laune, die mit ihrem Dasein spielte, führte sie eines Abends in den „Lohengrin". Die beiden Mütter hatten sich dazu verstehen müssen, zu Hause zu bleiben; es war der feste Wille des Brautpaares, der Schicklichkeit zum Trotz allein in einer Proszeniumsloge[3] zu sitzen. Das breite rote Plüschsofa an der Wand, wo

20 man nicht gesehen werden konnte, war eingedrückt und fleckig, es hatte etwas reizvoll Fragwürdiges. Guste wollte wissen, dass diese Loge eigentlich den Herren Offizieren gehörte und dass sie hier Besuche von Schauspielerinnen empfingen!

„Über die Schauspielerinnen sind wir glücklich hinaus", erklärte

25 Diederich, und er ließ durchblicken, dass er allerdings bis vor Kurzem mit einer gewissen Dame vom Theater, die er natürlich nicht nennen könne – Gustes fieberhafte Fragen wurden rechtzeitig unterbrochen durch das Klopfen des Kapellmeisters. Sie nahmen ihre Plätze ein.

30 „Hähnisch ist noch wabbeliger geworden", bemerkte Guste sogleich, und sie nickte nach dem Dirigenten hinab. Er machte auf Diederich einen hochkünstlerischen, wenn auch ungesunden Ein-

---

[1] Brautvisite: Brautbesuch, mit dem man sich der Verwandtschaft vorstellte

[2] Bock: Kutschbock, Fahrersitz der Kutsche

[3] Proszeniumsloge: Theaterloge, die unmittelbar an den vorderen Teil der Bühne anschließt

druck. Schwarze, verwirrte Haarsträhnen wippten, indes er mit allen seinen Gliedmaßen den Takt schlug, über seinem großen grauen Gesicht, dessen Fettsäcke mitwippten; und in Frack und Hose wogte es rhythmisch. Im Orchester war großer Betrieb, dennoch
5 gab Diederich zu verstehen, dass er auf Ouvertüren[1] keinen Wert lege. Überhaupt, meinte Guste, wenn man den „Lohengrin" in Berlin kannte! Der Vorhang ging auf, und schon kicherte sie verachtungsvoll. „Gott, die Ortrud! Sie hat einen Schlafrock und ein Frontkorsett[2]!" Diederich hielt sich mehr an den König unter der Eiche,
10 der sichtlich die prominenteste Persönlichkeit war. Sein Auftreten wirkte nicht besonders schneidig; der Regierungspräsident Wulckow brachte Bass und Vollbart entschieden besser zur Geltung; aber was er äußerte, war vom nationalen Standpunkt aus zu begrüßen. „Des Reiches Ehr zu wahren, ob Ost, ob West." Bravo!
15 Sooft er das Wort „deutsch" sang, reckte er die Hand hinauf, und die Musik bekräftigte es ihrerseits. Auch sonst unterstrich sie markig, was man hören sollte. Markig, das war das Wort. Diederich wünschte sich, er hätte zu seiner Rede in der Kanalisationsdebatte eine solche Musik gehabt. Der Heerrufer dagegen stimmte ihn wehmü-
20 tig, denn er glich auf ein Haar seinem einstigen Kommilitonen, dem dicken Delitzsch, in all seiner verflossenen Bierehrlichkeit. Infolgedessen sah Diederich die Gesichter der Mannen näher an und fand überall Neuteutonen. Sie hatten größere Bäuche und Bärte bekommen und sich gegen die harte Zeit mit Blech gerüstet. Auch schie-
25 nen nicht alle sich in günstigen Lebensumständen zu befinden; die Edlen sahen aus wie mittlere Beamte des Mittelalters, mit Ledergesichtern und Knickebeinen, die Unedlen noch weniger glänzend; aber der Verkehr mit ihnen wäre unzweifelhaft in tadellosen Formen verlaufen. Überhaupt ward Diederich gewahr, dass man sich in
30 dieser Oper sogleich wie zu Hause fühlte. Schilder und Schwerter, viel rasselndes Blech, kaisertreue Gesinnung, Ha und Heil und hochgehaltene Banner und die deutsche Eiche: Man hätte mitspielen mögen.

---

[1]   Ouvertüre: Eingangsstück zu Opern oder Operetten
[2]   Frontkorsett: Hüfthalter, der die Brustpartie besonders betont

Was den weiblichen Teil der Brabanter Gesellschaft betraf, der ließ
freilich zu wünschen. Guste stellte spöttische Fragen: Welche es
denn nun sei, mit der er – „Vielleicht die Ziege in dem Hängekleid?
Oder die dicke Kuh mit dem Goldreifen zwischen den Hörnern?"
5 Und Diederich war nicht weit davon entfernt, sich für die schwarze
Dame mit dem Frontkorsett zu entscheiden, als er noch rechtzeitig
bemerkte, dass eben sie in der ganzen Angelegenheit nicht einwandfrei dastand. Ihr Gatte Telramund schien zunächst noch leidlich Komment zu haben, aber eine höchst üble Klatschgeschichte
10 spielte offenbar auch hier mit. Leider war die deutsche Treue, selbst
wo sie ein so glänzendes Bild darbot, bedroht von den jüdischen
Machenschaften der dunkelhaarigen Rasse.
Beim Auftreten Elsas war es ohne Weiteres klar, auf welcher Seite
man Klasse voraussetzen durfte. Der biedere König hätte es nicht
15 nötig gehabt, die Sache dermaßen objektiv zu behandeln: Elsas ausgesprochen germanischer Typ, ihr wallendes blondes Haar, ihr gut-
rassiges Benehmen boten von vornherein gewisse Garantien. Diederich fasste sie ins Auge, sie sah herauf, sie lächelte lieblich. Darauf griff er nach dem Opernglas, aber Guste entriss es ihm. „Also
20 die Merée ist es?", zischte sie; und da er vielsagend lächelte: „Einen
feinen Geschmack hast du, ich kann mich geschmeichelt fühlen.
Die ausgemergelte Jüdin!" – „Jüdin?" – „Die Merée, selbstredend,
sie heißt doch Meseritz, und vierzig Jahre ist sie alt." – Betreten
nahm er das Glas, das Guste ihm höhnisch anbot, und überzeugte
25 sich. Na ja, die Welt des Scheins. Enttäuscht lehnte Diederich sich
zurück. Dennoch konnte er nicht hindern, dass Elsas keusche Vor-
ahnung weiblicher Lustempfindungen ihn geradeso sehr rührte
wie den König und die Edlen. Das Gottesgericht schien auch ihm
ein hervorragend praktischer Ausweg, auf die Weise ward niemand
30 kompromittiert. Dass die Edlen sich auf die faule Sache nicht einlassen würden, war freilich vorherzusehen. Man musste schon mit
etwas Außerordentlichem rechnen; die Musik tat das Ihre, sie
machte einen geradezu auf *alles* gefasst. Diederich hatte den Mund
offen und so dummselige Augen, dass Guste heimlich einen Lach-
35 krampf bekam. Jetzt war er so weit, alle waren so weit, jetzt konnte
Lohengrin kommen. Er kam, funkelte, schickte den Zauberschwan
fort, funkelte noch betörender. Mannen, Edle und der König unter-

lagen alle derselben Verblüffung wie Diederich. Nicht umsonst gab
es höhere Mächte ... Ja, die allerhöchste Macht verkörperte sich
hier, zauberhaft blitzend. Ob Schwanen- oder Adlerhelm: Elsa
wusste wohl, warum sie plumps vor ihm auf die Knie fiel. Diederich
5 seinerseits blitzte Guste an, ihr verging das Lachen. Auch sie hatte
erfahren, wie es war, wenn alle einen verklatschten und den Ersten
war man los und konnte sich nirgends mehr sehen lassen und hätte
überhaupt wegziehen müssen: Und da kam der Held und Retter und
machte sich aus der ganzen Geschichte nichts und nahm einen
10 doch! „So soll es sein!", sagte Diederich und nickte auf die kniefällige
Elsa hinab – indes Guste, die Lider gesenkt, in reuevoller Unterwerfung gegen seine Schulter fiel.
Das Weitere konnte man an den Fingern abzählen. Telramund
machte sich einfach unmöglich. Gegen die Macht unternahm man
15 eben nichts. Zu ihrem Repräsentanten Lohengrin verhielt sich sogar der König höchstens wie ein besserer Bundesfürst. Er sang seinem Vorgesetzten die Siegeshymne mit. Der Hort der guten Gesinnung ward schwungvoll gefeiert, die Umstürzler mochten den
deutschen Staub von ihren Pantoffeln schütteln.
20 Der zweite Akt – Guste aß noch immer, sanft hingegeben, Pralinés
– brachte zunächst in erhebender Weise den Gegensatz zur Anschauung zwischen dem glanzvollen, ohne Misston verlaufenden
Fest der Gutgesinnten in den vornehm erleuchteten Räumen des
Palastes und den beiden dunklen Empörern, die stark herunterge-
25 kommen auf dem Pflaster lagen. „Erhebe dich, Genossin meiner
Schmach", meinte Diederich bei passender Gelegenheit selbst
schon angewendet zu haben. Er verband Ortrud mit gewissen persönlichen Erinnerungen: ein ganz gemeines Luder, darüber war
nichts zu sagen; aber irgendwas regte sich in ihm, wenn sie ihren
30 Kerl einwickelte und unter sich hatte. Er träumte ... Vor Elsa, der
dummen Gans, mit der sie machte, was sie wollte, hatte Ortrud das
gewisse Etwas voraus, das die energischen und strengen Damen
haben. Elsa freilich konnte man heiraten. Er schielte nach Guste.
„Es gibt ein Glück, das ohne Reu", bemerkte Elsa; und Diederich zu
35 Guste: „Das wollen wir hoffen."
Den frisch ausgeschlafenen Edlen und Mannen wurde sodann
durch den dicken Delitzsch eröffnet, dass sie dank Gottes Gnade einen

neuen Landesfürsten bekommen hatten. Gestern standen sie noch treu und bieder zu Telramund, heute waren sie biedere, treue Untertanen Lohengrins. Sie erlaubten sich keine Meinung und schluckten jede Vorlage. ‚Den Reichstag bringen wir auch noch so
5 weit‘, gelobte Diederich.

Wie aber Ortrud vor Elsa in das Münster[1] treten wollte, empörte sich Guste. „Das hat sie nun nicht nötig, darüber ärgere ich mich immer. Wo sie doch nichts mehr hat, und überhaupt?" – „Jüdische Frechheit", murmelte Diederich. Übrigens konnte er nicht umhin,
10 Lohengrin, gelinde gesagt, unvorsichtig zu finden, als er es glatt in Elsas Hand legte, ob er seinen Namen verraten und dadurch das ganze Geschäft infrage stellen sollte oder nicht. So viel durfte man Weibern nicht zumuten. Und wozu? Den Mannen brauchte er nicht erst zu beweisen, dass er, trotz dem Nörgler Telramund, reine Hän-
15 de und keinen Fleck auf der Weste habe: Ihre nationale Gesinnung war durchaus unverdächtig.

Guste verhieß ihm, im dritten Akt käme das Allerschönste, aber dafür müsse sie durchaus noch Pralinés haben. Als man sie hatte, stieg der Hochzeitsmarsch, und Diederich sang ihn mit. Die Mannen im
20 Festzuge verloren entschieden ohne Blech und Banner, auch Lohengrin hätte sich besser nicht im Wams gezeigt. Diederich ward bei seinem Anblick wieder einmal von dem Wert der Uniform durchdrungen. Die Damen waren glücklich fort, mit ihren Stimmen wie saure Milch. Aber der König! Er konnte nicht wegfinden von
25 dem Brautpaar, biederte sich an und schien am liebsten als Zuschauer dableiben zu wollen. Diederich, dem der König schon immer zu konziliant[2] gewesen war für diese harte Zeit, nannte ihn jetzt einfach eine Nulpe[3].

Endlich fand er die Tür, Lohengrin und Elsa machten sich auf dem
30 Sofa an die „Wonnen, die nur Gott verleiht". Zuerst umschlangen sie sich nur oben, die unteren Körperteile saßen nach Möglichkeit voneinander entfernt. Je mehr sie aber sangen, umso näher rutschten sie heran – wobei ihre Gesichter sich häufig auf Hähnisch richte-

---

[1] Münster: große Kirche
[2] konziliant: zu Zugeständnissen bereit
[3] Nulpe: Langweiler

ten. Hähnisch und sein Orchester schienen ihnen einzuheizen: Es war begreiflich, denn auch Diederich und Guste in ihrer stillen Loge schnauften leise und sahen einander an mit erhitzten Augen. Die Gefühle gingen den Weg der Zauberklänge, die Hähnisch mit wogenden Gliedern hervorlockte, und die Hände folgten ihnen. Diederich ließ die seine zwischen Gustes Stuhl und ihrem Rücken hinabgleiten, umspannte sie unten und murmelte betört: „Wie ich das zum ersten Mal gesehen habe, gleich hab ich gesagt, die oder keine!"

Aber da wurden sie aus dem Zauberbann gerissen durch einen Zwischenfall, der bestimmt schien, die Kunstfreunde Netzigs noch lange zu beschäftigen. Lohengrin zeigte sein Jägerhemd! Eben stimmte er an: „Atmest du nicht mit mir die süßen Düfte", da kam es hinten aus dem Wams hervor, das aufging. Bis Elsa ihn, sichtlich erregt, zugeknöpft hatte, herrschte im Hause lebhafte Unruhe; dann erlag es wieder dem Zauberbann. Guste freilich, die sich mit einem Praliné verschluckt hatte, stieß auf ein Bedenken. „Wie lange trägt er das Hemd schon? Und überhaupt, er hat doch nichts mit, der Schwan ist mit seinem Gepäck abgeschwommen!" Diederich verwies ihr ernstlich das Nachdenken. „Du bist geradeso eine Gans wie Elsa", stellte er fest. Denn Elsa war im Begriff, sich alles zu verderben, weil sie es nicht lassen konnte, ihren Mann nach seinen politischen Geheimnissen zu fragen. Der Umsturz ward vollends zerschmettert, denn Telramunds feiges Attentat misslang durch Gottes Fügung; aber die Weiber, dies musste Diederich sich sagen, wirkten, wenn man ihnen nicht die Kandare fest anzog, eher noch subversiver.

Nach der Verwandlung ward dies vollends klar. Eiche, Banner, alles nationale Zubehör war wieder da; und „für deutsches Land das deutsche Schwert, so sei des Reiches Kraft bewährt": bravo! Aber Lohengrin schien nun wirklich entschlossen, sich aus dem öffentlichen Leben zurückzuziehen. „Überall wurde an mir gezweifelt", durfte auch er sagen. Nacheinander klagte er den toten Telramund und die ohnmächtige Elsa an. Da keiner von beiden ihm widersprach, würde er ohne Weiteres recht behalten haben; dazu kam aber noch, dass er tatsächlich in der Rangliste obenan stand. Denn jetzt gab er sich zu erkennen. Die Nennung seines Namens rief bei der ganzen Versammlung, die noch nie von ihm gehört hatte, eine un-

geheure Bewegung hervor. Die Mannen konnten sich gar nicht beruhigen; alles andere schienen sie erwartet zu haben, nur nicht,
dass er Lohengrin hieß. Umso dringlicher ersuchten sie den geliebten Herrscher, von dem folgenschweren Schritt der Abdankung[1]
diesmal noch abzusehen. Aber Lohengrin blieb heiser und unnah-
bar. Übrigens wartete schon der Schwan. Eine letzte Frechheit Or-
truds brach ihr zur allgemeinen Genugtuung den Hals. Leider deckte gleich darauf auch Elsa das Schlachtfeld, das Lohengrin, statt des
entzauberten Schwans von einer kräftigen Taube gezogen, hinter
sich ließ. Dafür war der junge, soeben eingetroffene Gottfried in
drei Tagen der dritte Landesfürst, dem Edle und Mannen, treu und
bieder wie immer, ihre Huldigung darbrachten.

„Das kommt davon", bemerkte Diederich, indes er Guste in den
Mantel half. Alle diese Katastrophen, die Wesensäußerungen der
Macht waren, hatten ihn erhoben und tief befriedigt. „Wovon
kommt es denn", meinte Guste, zum Widersprechen aufgelegt.
„Bloß weil sie wissen will, wer er ist? Das kann sie wohl verlangen,
das ist nicht mehr wie anständig." – „Es hat einen höheren Sinn",
erklärte ihr Diederich streng. „Die Geschichte mit dem Gral, das
soll heißen, der Allerhöchste Herr ist nächst Gott nur seinem Gewissen verantwortlich. Na, und wir wieder ihm. Wenn das Interesse
Seiner Majestät in Betracht kommt, kannst du machen, was du
willst, ich sage nichts, und eventuell –" Eine Handbewegung gab zu
verstehen, dass auch er, in einen derartigen Konflikt gestellt, Guste
unbedenklich dahinopfern würde. Dies erboste Guste. „Das ist ja
Mord! Wie komm ich dazu, dass ich muss draufgehen, weil Lohengrin ein temperamentloser Hammel ist. Nicht einmal in der Hoch-
zeitsnacht hat Elsa von ihm was gemerkt!" Und Guste rümpfte die
Nase, wie damals beim Verlassen des Liebeskabinetts, wo auch
nichts geschehen war.

Auf dem Heimweg versöhnten sich die Verlobten. „Das ist die
Kunst, die wir brauchen!", rief Diederich aus. „Das ist deutsche
Kunst!" Denn hier erschienen ihm, in Text und Musik, alle nationalen Forderungen erfüllt. Empörung war hier dasselbe wie Verbrechen, das Bestehende, Legitime ward glanzvoll gefeiert, auf Adel und

---

[1] Abdankung: Thronverzicht

Gottesgnadentum der höchste Wert gelegt, und das Volk, ein von den Ereignissen ewig überraschter Chor, schlug sich willig gegen die Feinde seiner Herren. Der kriegerische Unterbau und die mystischen Spitzen, beides war gewahrt. Auch wirkte es bekannt und
5 sympathisch, dass in dieser Schöpfung der schönere und geliebtere Teil der Mann war. „Ich fühl das Herze mir vergehn, schau ich den wonniglichen[1] Mann", sangen auch die Männer samt dem König. So war denn die Musik an ihrem Teil der männlichen Wonne voll, war heldisch, wenn sie üppig war, und kaisertreu noch in der
10 Brunst. Wer widerstand da? Tausend Aufführungen einer solchen Oper, und es gab niemand mehr, der nicht national war! Diederich sprach es aus: „Das Theater ist auch eine meiner Waffen." Kaum ein Majestätsbeleidigungsprozess konnte die Bürger so gründlich aus dem Schlummer rütteln. „Ich habe den Lauer in die Vogtei gebracht,
15 aber wer den ‚Lohengrin' geschrieben hat, vor dem nehm ich den Hut ab." Er schlug ein Zustimmungstelegramm an Wagner vor. Guste musste ihn aufklären, es sei nicht mehr zu machen. Einmal auf so hohem Gedankenflug begriffen, äußerte sich Diederich über die Kunst im Allgemeinen. Unter den Künsten gab es eine Rangord-
20 nung. „Die höchste ist die Musik, daher ist es die deutsche Kunst. Dann kommt das Drama."

„Warum?", fragte Guste.

„Weil man es manchmal in Musik setzen kann und weil man es nicht zu lesen braucht, und überhaupt."
25 „Und was kommt dann?"

„Die Porträtmalerei natürlich, wegen der Kaiserbilder. Das Übrige ist nicht so wichtig."

„Und der Roman?"

„Der ist keine Kunst. Wenigstens Gott sei Dank keine deutsche: das
30 sagt schon der Name."

Und dann war der Hochzeitstag da. Denn beide hatten Eile: Guste wegen der Leute, Diederich aus Gründen der Politik. Um mehr Eindruck zu machen, hatte man beschlossen, dass Magda und Kienast am gleichen Tage heiraten sollten. Kienast war eingetroffen, und

---

[1] wonniglich (veraltet): beseligend, rührend

Diederich betrachtete ihn manchmal mit Unruhe, weil Kienast sich
den Bart hatte abnehmen lassen, den Schnurrbart an den Augenwinkeln trug und auch schon blitzte. In den Verhandlungen über
Magdas Gewinnanteil zeigte er einen schreckenerregenden Geschäfts-
5　geist. Diederich, nicht ohne Besorgnis wegen des Ausgangs der Sache, wenn auch entschlossen, seine Pflicht gegen sich selbst restlos
zu erfüllen, vertiefte sich jetzt öfter in seine Geschäftsbücher ...
Sogar am Morgen vor seiner Trauung, und schon im Frack, saß er
im Kontor; da ward eine Karte gebracht: „Karnauke, Premierleut-
10　nant a. D." – „Was kann der wollen, Sötbier?" Der alte Buchhalter
wusste es auch nicht. „Na egal. Einen Offizier kann ich nicht abwei-
sen." Und Diederich ging selbst zur Tür.
In der Tür aber erschien ein ungewöhnlich strammer Herr in einem
grünlichen Sommermantel, der troff und den er am Halse fest ge-
15　schlossen trug. Unter seinen spitzen Lackschuhen entstand sofort
eine Lache, von seinem grünen Agrarierhütchen[1], das er merkwür-
digerweise aufbehielt, regnete es. „Zunächst wollen wir uns mal
trockenlegen", versetzte der Herr und begab sich, bevor Diederich
zustimmte, zum Ofen. Hier sagte er schnarrend: „Verkaufen, was?
20　Klemme, was?" Diederich begriff nicht sogleich; dann warf er einen
unruhigen Blick auf Sötbier. Der Alte hatte sich wieder an seinen
Brief gemacht. „Herr Premierleutnant[2] haben sich gewiss in der
Hausnummer geirrt", bemerkte Diederich schonend; aber es half
nichts. „Quatsch. Weiß Bescheid. Nur keine Fisimatenten[3]. Höherer
25　Befehl. Schnauze halten und verkaufen, sonst gnade Gott."
Diese Sprache war zu auffallend; Diederich konnte nicht länger
übersehen, dass trotz der militärischen Vergangenheit des Herrn
seine ungeheure Strammheit nicht echt war und dass seine Augen
verglast waren. In dem Augenblick, als Diederich dies feststellte,
30　nahm der Herr sein grünes Agrarierhütchen vom Kopf und entleer-
te es seines Wassers auf Diederichs Frackhemd. Dies veranlasste
Diederich zu einem Protest, aber der Herr nahm ihn sehr übel. „Ich
stehe Ihnen zur Verfügung", schnarrte er. „Die Herren von Quitzin

---

[1]　Agrarierhütchen: Landarbeiterhut
[2]　Premierleutnant: Oberleutnant
[3]　Fisimatenten: unnötige Umstände

und von Wulckow werden in meinem Auftrag mit Ihnen reden."
Dabei zwinkerte er angestrengt – und Diederich, dem ein schreck-
licher Verdacht kam, vergaß seinen Zorn, er war einzig bedacht,
den Premierleutnant aus der Tür zu drängen. „Wir sprechen draußen", raunte er ihm zu, und nach der anderen Seite, für Sötbier:
„Der Herr ist sinnlos betrunken, ich muss sehen, wie ich ihn loswerde." Aber Sötbier hatte die Lippen zusammengepresst, die Stirn
gefaltet und kehrte diesmal nicht zu seinem Brief zurück.
Der Herr ging geradewegs in den Regen hinaus, Diederich folgte
ihm. „Deswegen keine Feindschaft, reden kann man doch." Erst
nachdem auch er durchnässt war, gelang es ihm, den Herrn wieder
ins Haus zu lotsen. Durch den leeren Maschinenraum schrie der
Premierleutnant: „Glas Schnaps! Kaufe alles, Schnaps mit!" Obwohl
die Arbeiter zur Feier seiner Hochzeit freihatten, sah Diederich sich
angstvoll um; er öffnete den Verschlag, wo die Chlorsäcke lagen
und beförderte mit verzweifeltem Schub den Herrn hinein. Es stank
furchtbar; der Herr nieste mehrmals, worauf er sagte: „Karnauke
mein Name, warum stinken Sie so?"
„Haben Sie einen Hintermann?", fragte Diederich. Der Herr nahm
auch das übel. „Was wollen Sie damit sagen? ... Ach so, kaufe, was
Platz hat." Diederichs Blick folgend, betrachtete er sein triefendes
Sommermäntelchen. „Momentane Verlegenheit", schnarrte er. „Ver-
mittle Kavalieren. Ehrensache."
„Was bietet Ihr Auftraggeber?"
„Hundertzwanzig die Kiste."
Und wie Diederich sich entsetzte oder empörte: zweihunderttau-
send sei sein Grundstück wert, der Premierleutnant blieb dabei:
„Hundertzwanzig die Kiste."
„Nicht zu machen" – Diederich vollführte eine unvorsichtige Bewe-
gung nach dem Ausgang, worauf der Herr ernstlich gegen ihn vor-
ging. Diederich musste ringen, fiel auf einen Chlorsack und der
Herr über ihn. „Stehen Sie auf", keuchte Diederich, „hier werden wir
gebleicht." Der Premierleutnant heulte auf, als brennte es ihm schon
durch die Kleider – und plötzlich hatte er seine stramme Haltung
zurück. Er zwinkerte. „Präsident von Wulckow eklig hinterher, dass
Sie verkaufen, sonst kein Geschäft mit ihm zu machen. Vetter Quit-

zin arrondiert[1] Besitz hierherum. Rechnet bestimmt auf Ihr Entgegenkommen. Hundertzwanzig die Kiste." Diederich, bleicher, als
wäre er im Chlor liegengeblieben, versuchte noch: „Hundertfünfzig" – aber die Stimme versagte ihm. Das war mehr, als man loya-
5 lerweise fassen konnte! Wulckow, starrend von Beamtenehre, un-
bestechlich wie das Jüngste Gericht! ... Mit einem trostlosen Blick
überflog er nochmals die Gestalt dieses Karnauke, Premierleut-
nants a. D. Den schickte Wulckow, dem lieferte er sich aus! Hätte
man nicht neulich, unter vier Augen, mit aller gebotenen Vorsicht
10 und gegenseitigen Achtung das Geschäft verhandeln können? Aber
diese Junker konnten nur den Leuten an die Kehle springen; auf
Geschäfte verstanden sie sich noch immer nicht. „Gehen Sie nur
voran zum Notar", raunte Diederich, „ich komme gleich." Er ließ
ihn hinaus. Wie er aber selbst fort wollte, stand da der alte Sötbier,
15 noch immer mit den gekniffenen Lippen. „Was wünschen Sie?"
Diederich war ermattet.

„Junger Herr", begann der Alte hohl, „was Sie jetzt vorhaben, dafür
kann ich nicht mehr die Verantwortung tragen."

„Wird nicht verlangt." Diederich gab sich Haltung. „Ich weiß allein,
20 was ich tue." Der Alte hob beschwörend die Hände.

„Sie wissen es nicht, junger Herr! Unsere Lebensarbeit von Ihrem
seligen Vater und mir, die verteidige ich! Dass wir das Geschäft
aufgebaut haben mit Fleiß und solider Arbeit, dadurch sind Sie groß
geworden. Und wenn Sie mal teure Maschinen kaufen und mal die
25 Aufträge ablehnen, das ist ein Zickzackkurs, damit bringen Sie das
Geschäft herunter. Und jetzt verkaufen Sie das alte Haus!"

„Sie haben an der Tür gehorcht. Wenn etwas geschieht, ohne dass
Sie dabei sind, das vertragen Sie noch immer nicht recht. Erkälten
Sie sich hier nur nicht." Diederich höhnte.

30 „Sie dürfen es nicht verkaufen!", jammerte Sötbier. „Ich kann nicht
zusehen, wie der Sohn und Erbe meines alten Herrn die solide
Grundlage der Firma untergräbt und treibt Großmannspolitik."
Diederich maß ihn mitleidig. „Großzügigkeit war zu Ihrer Zeit
noch nicht erfunden, Sötbier. Heute wagt man was. Betrieb ist die

---

[1] arrondieren: abrunden

Hauptsache. Später werden Sie sehen, wozu es gut war, dass ich das Haus verkaufe."

„Ja, das werden Sie auch erst später sehen. Vielleicht wenn Sie bankerott sind oder wenn Ihnen Ihr Schwager, Herr Kienast, einen Prozess anhängt. Sie haben gewisse Manipulationen gemacht zum Schaden Ihrer Schwestern und Ihrer Mutter! Wenn ich dem Herrn Kienast manches sagen wollte –: bloß dass ich Pietät habe, sonst könnte ich Sie ins Unglück bringen!"

Der Alte war außer sich. Er kreischte, Tränen der Wut in den roten Lidern. Diederich trat nahe an ihn hin, er hielt ihm die geballte Hand unter die Nase. „Das versuchen Sie mal! Ich beweise glatt, dass Sie die Firma bestohlen haben, und zwar schon immer. Meinen Sie, ich habe keine Vorkehrungen getroffen?"

Auch der Alte erhob seine zitternde Faust. Sie schnaubten sich an; Sötbier rollte blutige Augäpfel, Diederich blitzte. Dann trat der Alte zurück. „Nein, so soll es nicht kommen. Ich war immer ein treuer Diener meines alten Herrn. Mein Gewissen gebietet mir, seinem Nachfolger meine bewährte Kraft so lange als möglich zu erhalten."

„Das könnte Ihnen passen", sagte Diederich hart und kalt. „Seien Sie froh, wenn ich Sie nicht direkt hinauswerfe. Schreiben Sie nur gleich Ihr Entlassungsgesuch, es ist schon bewilligt." Und er schritt von dannen.

Beim Notar verlangte er, dass in den Kaufvertrag als Käufer „Unbekannt" gesetzt werde. Karnauke feixte. „Unbekannt ist gut. Wir kennen doch Herrn von Quitzin." Darauf lächelte auch der Notar. „Ich sehe", sagte er, „Herr von Quitzin arrondiert sich. Bislang gehörte ihm in der Meisestraße nur die kleine Kneipe Zum Huhn. Aber wegen der beiden Grundstücke hinter dem Ihren, Herr Doktor, verhandelt er auch schon. Dann grenzt er an den Stadtpark und hat Platz für riesige Anlagen."

Diederich zitterte schon wieder. Leise bat er den Notar um Diskretion, so lange es gehe. Dann nahm er Abschied, er habe keine Zeit zu verlieren. „Weiß ich", sagte der Premierleutnant und hielt ihn fest. „Freudentag. Frühstück Hotel Reichshof. Bin gerüstet." Er öffnete das grüne Mäntelchen und zeigte auf seinen zerknitterten Gesellschaftsanzug. Diederich sah ihn entsetzt an, er versuchte sich zu wehren; aber der Leutnant drohte wieder mit seinen Zeugen.

Die Braut wartete schon längst, die beiden Mütter trockneten ihr die Tränen, unter dem anzüglichen Lächeln der anwesenden Damen. Auch dieser Bräutigam ging durch! Magda und Kienast waren empört; und zwischen Schweinichenstraße und Meisestraße liefen
5 Boten ... Endlich! Diederich war da, wenn auch in seinem alten Frack. Er gab nicht einmal Erklärungen. Am Standesamt und in der Kirche wirkte er verstört. Allerseits bemerkte man, auf einer so zustande gekommenen Verbindung ruhe kein Segen. Auch Pastor Zillich erwähnte in seiner Ansprache, dass der irdische Besitz et-
10 was Vergängliches sei. Man begriff seine Enttäuschung. Käthchen war gar nicht erschienen.

Beim Hochzeitsfrühstück aß Diederich schweigend und sichtlich noch anders beschäftigt. Selbst das Essen vergaß er oft und stierte in die Luft. Einzig der Premierleutnant Karnauke hatte die Gabe,
15 seine Aufmerksamkeit zu wecken. Freilich tat der Leutnant das Seine; schon nach der Suppe brachte er einen Toast[1] auf die Braut aus, mit Anspielungen, denen die Versammlung nach Maßgabe ihres bisherigen Weingenusses noch nicht gewachsen war. Mehr beunruhigt ward Diederich durch gewisse andere Wendungen Karnaukes,
20 die er mit Zwinkern nach seinem Platz begleitete und die leider auch Kienast nachdenklich stimmten. Der Zeitpunkt, den Diederich mit Herzklopfen voraussah, trat ein: Kienast stand auf und bat ihn um ein Wort unter vier Augen ... Da aber klingelte der Premierleutnant heftig ans Glas, stramm schnellte er vom Sitz. Der schon
25 vorgeschrittene Lärm des Festes brach jäh ab; man sah an Karnaukes gespitzten Fingern ein blaues Band hängen und darunter ein Kreuz, dessen Rand golden funkelte ... Ah! und Tumult und Glückwünsche. Diederich reichte beide Hände hin, eine Seligkeit, kaum zu ertragen, flutete ihm vom Herzen in den Hals, er redete von
30 selbst und bevor er wusste, was. „Seine Majestät ... Unerhörte Gnade ... Bescheidene Verdienste, nie wankende Treue ..." Er dienerte, er legte, wie Karnauke ihm das Kreuz überreichte, die Hand auf das Herz, schloss die Augen und versank: so als stände vor ihm ein anderer, der Geber selbst. Unter der Gnadensonne fühlte Diederich,
35 dies war die Rettung und der Sieg. Wulckow hielt den Pakt. Die

---

[1] Toast: Trinkspruch

Macht hielt Diederich den Pakt! Der Kronenorden[1] vierter Klasse blitzte, und es ward Ereignis, das Denkmal Wilhelms des Großen und Gausenfeld, Geschäft und Ruhm!

Der Aufbruch drängte. Kienast, immerhin bewegt und einge-
5 schüchtert, bekam einige Worte allgemeinen Inhalts hingeworfen, von herrlichen Tagen, denen er entgegengeführt werden sollte, von großen Dingen, die man mit ihm und der ganzen Familie vorhabe – und fort war Diederich mit Guste.

Sie bestiegen die erste Klasse, er spendete drei Mark und zog die
10 Vorhänge zu. Sein vom Glück beschwingter Tatendrang litt keinen Aufschub, Guste hätte so viel Temperament nie erwartet. „Du bist doch nicht wie Lohengrin", bemerkte sie. Als sie aber schon hinglitt und die Augen schloss, richtete Diederich sich nochmals auf. Eisern stand er vor ihr, ordenbehangen, eisern und blitzend. „Bevor wir
15 zur Sache selbst schreiten", sagte er abgehackt, „gedenken wir Seiner Majestät unseres allergnädigsten Kaisers. Denn die Sache hat den höheren Zweck, dass wir Seiner Majestät Ehre machen und tüchtig Soldaten liefern."

„Oh!", machte Guste, von dem Gefunkel auf seiner Brust entrückt
20 in höheren Glanz. „Bist – du – das – Diederich?"

---

[1] Kronenorden: Der Kronenorden wurde vom preußischen König für besondere Verdienste verliehen.

VI

Herr und Frau Doktor Heßling aus Netzig sahen einander stumm
an im Lift des Züricher Hotel, denn man fuhr sie in den vierten
Stock. Dies war das Ergebnis des Blickes, den der Geschäftsführer
schnell und schonend über sie hingeführt hatte. Diederich füllte
5 gehorsam den Meldezettel aus; erst als der Oberkellner fort war,
äußerte er seine Entrüstung über den Betrieb hier und über Zürich.
Sie ward immer lauter und verdichtete sich zu dem Vorsatz, an Baedeker[1] zu schreiben. Da diese Vergeltung indes zu wenig greifbar
schien, machte er kehrt gegen Guste: Ihr Hut sei schuld. Guste wie-
10 der schob es auf Diederichs Hohenzollernmantel. So stürzten sie
denn zum Lunch[2] mit hochroten Köpfen. An der Tür machten sie
halt und schnauften unter den Blicken der Gäste, Diederich im
Smoking, Guste aber mit einem Hut, der Bänder, Federn und
Schnalle, alles auf einmal, hatte und der unzweifelhaft in die Bel-
15 etage[3] gehörte. Ihr Bekannter, der Oberkellner, führte sie im Triumph zu ihren Plätzen.
Mit Zürich und auch mit dem Hotel versöhnten sie sich am Abend.
Denn erstens war das Zimmer im vierten Stock nicht ehrenvoll,
aber billig; und dann hing gerade gegenüber den Betten des Ehe-
20 paares eine fast lebensgroße Odaliske[4], der bräunliche Leib hin-
schwellend auf üppigem Polster, mit den Händen unter dem Kopf,
feuchtes Schmachten im schwarzen Spalt der Augen. In der Mitte
war sie von dem Rahmen zerschnitten, was dem Ehepaar Anlass zu
Scherzen gab. Am nächsten Tage gingen sie umher mit Blei in den
25 Lidern, verschlangen riesige Mahlzeiten und fragten sich nur, was
erst geschehen wäre, wenn die Odaliske nicht in der Mitte zerschnitten, sondern ganz gewesen wäre. Aus Müdigkeit versäumten
sie den Zug und kehrten am Abend, so früh wie möglich, in ihr

---

[1] Baedeker: international bekannter Verlag für Reiseführer
[2] Lunch: Mittagessen
[3] Beletage: erstes Stockwerk, bevorzugte Wohnebene in adligen und
     großbürgerlichen Häusern
[4] Odaliske: sinnliche Frauenfigur

billiges und aufreibendes Zimmer zurück. Ein Ende dieser Art zu leben war nicht absehbar; da las Diederich mit seinen schweren Lidern in der Zeitung, dass der Kaiser unterwegs nach Rom sei zum Besuch des Königs von Italien. Ein Schlag, er war aufgewacht. Elastisch bewegte er sich zum Portier, ins Büro, an den Lift; und mochte Guste jammern, dass ihr schwindlig werde, die Koffer waren schon fertig. Diederich schleifte Guste schon hinaus. „Muss es denn sein?", klagte sie, „wo doch das Bett so gut ist!" Aber Diederich hinterließ nur noch einen höhnischen Blick für die Odaliske. „Amüsieren Sie sich weiter gut, meine Gnädigste!"

Vor Aufregung schlief er lange nicht. Guste schnarchte friedlich an seiner Schulter, indes Diederich, durch die Nacht sausend, bedachte, wie nun auf einer anderen Linie, aber nicht weniger sausend, demselben Ziel der Kaiser selbst entgegenfuhr. Der Kaiser und Diederich machten ein Wettrennen! Und da Diederich schon mehrmals im Leben hatte Gedanken äußern dürfen, die auf mystische Art mit denen des Allerhöchsten Herrn zusammenzufallen schienen, vielleicht wusste Seine Majestät zu dieser Stunde um Diederich: wusste, dass sein treuer Untertan ihm zur Seite über die Alpen zog, um den feigen Welschen[1] mal klarzumachen, was Kaisertreue heißt. Er blitzte die Schläfer auf der anderen Bank an, kleine schwarze Leute, deren Gesichter im Schlaf verfallen aussahen. Germanische Reckenhaftigkeit sollten sie kennenlernen!

Früh in Mailand und mittags in Florenz stiegen Reisende aus, was Diederich nicht begriff. Er versuchte, ohne merklichen Erfolg, den Übriggebliebenen beizubringen, welches Ereignis sie in Rom erwarte. Zwei Amerikaner zeigten sich empfänglicher, worauf Diederich triumphierend: „Na, Sie beneiden uns wohl auch um unsern Kaiser!" Da sahen die Amerikaner einander an, mit einer stummen Frage, die ergebnislos blieb.

Vor Rom ging Diederichs Aufregung in wilden Tätigkeitsdrang über. Den Finger in einem Sprachführer, lief er dem Zugpersonal nach und suchte in Erfahrung zu bringen, wer früher ankommen werde, sein Kaiser oder er. Gustes Leidenschaft hatte sich an der des

---

[1] Welschen: abschätzig für romanische Völker, vor allem Italiener und Italienerinnen

Gatten entzündet. „Diedel!", rief sie. „Ich bin imstande und werf
ihm meinen Reiseschleier auf den Weg, damit dass er darüber geht,
und die Rosen von meinem Hut schmeiß ich auch hin!" – „Wenn er
dich aber sieht, und du machst ihm Eindruck?", fragte Diederich
5 und lächelte fieberhaft. Gustes Busen begann zu wogen, sie senkte
die Lider. Diederich, der keuchte, riss sich los aus der furchtbaren
Spannung. „Meine Mannesehre ist mir heilig, was ich hiermit fest-
stelle. In diesem Falle aber –" Und er schloss mit einer knappen
Geste.
10 Da kam man an – aber ganz anders, als die Gatten es erträumt hatten. In größter Verwirrung wurden die Reisenden von Beamten aus
dem Bahnhof gedrängt, bis an den Rand eines weiten Platzes und in
die Straßen dahinter, die sofort wieder abgesperrt wurden. Aber
Diederich, in entfesselter Begeisterung, durchbrach die Schranken.
15 Guste, die entsetzt die Arme reckte, ließ er mit allem Handgepäck
dastehen und stürzte drauflos. Schon war er inmitten des Platzes;
zwei Soldaten mit Federhüten jagten ihm nach, dass ihre bunten
Frackschöße flogen. Da schritten die Bahnhofsrampe mehrere Herren herab, und alsbald fuhr ein Wagen auf Diederich zu. Diederich
20 schwenkte den Hut, er brüllte auf, dass die Herren im Wagen ihr
Gespräch unterbrachen. Der rechts neigte sich vor – und sie sahen
einander an, Diederich und sein Kaiser. Der Kaiser lächelte kalt
prüfend mit den Augenfalten, und die Falten am Mund ließ er ein
wenig herab. Diederich lief ein Stück mit, die Augen weit aufgeris-
25 sen, immer schreiend und den Hut schwenkend, und einige Sekunden lang waren sie, indes ringsum dahinten eine fremde Menge ihnen Beifall klatschte, in der Mitte des leeren Platzes und unter einem knallblauen Himmel ganz miteinander allein, der Kaiser und
sein Untertan.
30 Schon verschwand der Wagen drüben in der beflaggten Straße, die
Hochrufe schwollen schon ab in der Ferne, und Diederich, der aufseufzte und die Augen schloss, setzte den Hut wieder auf.
Guste winkte ihn krampfhaft herbei, und die Leute, die noch um-
herstanden, klatschten ihm zu, mit Gesichtern voll heiterer Wohl-
35 wollens. Auch die Soldaten, die vorhin ihn verfolgt hatten, lachten
nun. Einer von ihnen ging in seiner Teilnahme so weit, dass er einen Kutscher herbeirief. Wie er abfuhr, grüßte Diederich die Men-

ge. „Sie sind wie die Kinder", erklärte er seiner Gattin. „Na, aber auch entsprechend schlapp", setzte er hinzu, und er gestand: „In Berlin wäre das denn doch nicht gegangen ... Wenn ich an den Krawall Unter den Linden denke, der Betrieb war 'n bisschen schärfer."
5 Und er setzte sich zurecht, um am Hotel vorzufahren. Dank seiner Haltung bekamen sie ein Zimmer im zweiten Stock.

Die erste Morgensonne aber sah Diederich schon wieder in den Straßen. „Der Kaiser steht früh auf", hatte er Guste bedeutet, die nur aus den Kissen grunzte. Übrigens konnte er sie nicht brauchen
10 bei seiner Aufgabe. Den Finger auf dem Plan der Stadt, gelangte er bis vor den Quirinal[1] und stellte sich hin. Der stille Platz war hellgolden von schrägen Strahlen, grell und wuchtig im leeren Himmel stand der Palast – und gegenüber Diederich, der Majestät gewärtig, auf vorgestreckter Brust den Kronenorden vierter Klasse. Die Trep-
15 pen herauf aus der Stadt trippelte eine Ziegenherde und verschwand hinter dem Brunnen und den riesigen Rossebändigern[2]. Diederich sah sich nicht um. Zwei Stunden vergingen, die Passanten wurden häufiger, eine Schildwache war hinter ihrem Haus hervorgekommen, in einem der beiden Portale bewegte sich ein Porti-
20 er, und mehrere Personen gingen ein oder aus. Diederich ward unruhig. Er machte sich näher an die Fassade heran, strich langsam vorbei, gespannt ins Innere spähend. Bei seinem dritten Erscheinen führte der Portier, ein wenig zögernd, die Hand an den Hut. Als Diederich stehenblieb und zurückgrüßte, ward er vertraulich. „Al-
25 les in Ordnung", sagte er hinter der Hand; und Diederich nahm die Meldung mit einer Miene des Einverständnisses entgegen. Es schien ihm nur natürlich, dass man ihn über das Wohlergehen seines Kaisers unterrichtete. Seine Fragen, wann der Kaiser ausfahren werde und wohin, wurden anstandslos beantwortet. Der Portier verfiel
30 von selbst darauf, dass Diederich, um den Kaiser zu begleiten, einen Wagen brauchen werde, und er schickte danach. Inzwischen hatte

---

[1] Quirinal: Der Quirinalpalast, heute Residenz des italienischen Staatspräsidenten, war der Sitz der Könige Italiens in Rom.
[2] Rossebändiger: Gemeint ist der Dioskurenbrunnen, auf dem die aus der griechischen Mythologie stammenden Halbbürder Castor und Pollux zwei Pferde bändigen. Pollux war der Sohn des Zeus, sein Halbbruder Castor hatte einen sterblichen Vater, wurde aber ebenfalls als Sohn von Zeus angesehen.

ein Häuflein Neugieriger sich gebildet, und dann trat der Portier beiseite; hinter einem Vorreiter, im offenen Wagen, erschien, unter dem Blitzen seines Adlerhelms, der blonde Herr des Nordens. Diederichs Hut flog schon, Diederich schrie, wie aus der Pistole ge-
5 schossen, auf Italienisch: „Es lebe der Kaiser!" Und gefällig schrie das Häuflein mit ... Diederich aber, ein Sprung in den Einspänner, der bereitstand, und los, hinterdrein, den Kutscher angefeuert mit rauem Schrei und geschwungenem Trinkgeld. Und sieh: schon hielt er, dahinten nahte erst der Allerhöchste Wagen. Als der Kaiser aus-
10 stieg, war wieder ein Häuflein da, und wiederum schrie Diederich auf Italienisch ... Wache gehalten vor dem Haus, worin sein Kaiser weilte! Die Brust heraus und angeblitzt, wer sich in die Nähe traute! Nach zehn Minuten war das Häuflein neu vervollständigt, der Wagen entrollte dem Tor, und Diederich: „Es lebe der Kaiser!" – und,
15 im Echo des Häufleins, wildbrausend zurück zum Quirinal. Wache. Der Kaiser im Tschako[1]. Das Häuflein. Ein neues Ziel, eine neue Rückkehr, eine neue Uniform, und wieder Diederich, und wieder jubelnder Empfang. So ging es weiter, und nie hatte Diederich ein schöneres Leben gekannt. Sein Freund, der Portier, unterrichtete
20 ihn zuverlässig, wohin man fuhr. Auch kam es vor, dass ein salutierender Beamter ihm eine Meldung machte, die er herablassend entgegennahm, oder dass einer Direktiven[2] zu erbitten schien – und dann erteilte Diederich sie in unbestimmter Form, aber gebieterisch. Die Sonne stieg hoch und höher; vor den brennenden Mar-
25 morquadern der Fassaden, hinter denen sein Kaiser weltumspannende Unterredungen pflog, litt Diederich, ohne zu wanken, Hitze und Durst. So stramm er sich hielt, war es ihm doch, als sinke sein Bauch unter der Last des Mittags bis auf das Pflaster herab und als schmelze ihm auf der Brust sein Kronenorden vierter Klasse ... Der
30 Kutscher, der immer häufiger die nächste Kneipe betrat, empfand endlich Bewunderung für das heldenhafte Pflichtgefühl des Deutschen und brachte ihm Wein mit. Neues Feuer in den Adern, machten sich beide an das nächste Rennen. Denn die kaiserlichen Ren-

---

[1] Tschako: militärische Kopfbedeckung
[2] Direktiven: Anordnungen

ner[1] liefen scharf; um ihnen vorauszukommen, musste man Gassen durchjagen, die aussahen wie Kanäle und deren spärliche Passanten sich schreckensvoll gegen die Mauern drückten; oder es hieß aussteigen und Hals über Kopf eine Treppe nehmen. Dann aber
5 stand Diederich pünktlich an der Spitze seines Häufleins, sah die siebente Uniform aussteigen und schrie. Und dann wandte der Kaiser den Kopf und lächelte. Er erkannte ihn wieder, seinen Untertan! Den, der schrie, den, der immer schon da war, wie Swinegel[2]. Diederich, federnd vor Hochgefühl über die Allerhöchste Aufmerk-
10 samkeit, blitzte das Volk an, in dessen Mienen heiteres Wohlwollen stand.

Erst die Versicherung des Portiers, dass Seine Majestät nun frühstücke, erlaubte es Diederich, sich Gustes zu erinnern. „Wie siehst du aus!", rief sie bei seinem Anblick und zog sich gegen die Wand zu-
15 rück. Denn er war rot wie eine Tomate, völlig aufgeweicht, und sein Blick war hell und wild wie der eines germanischen Kriegers der Vorzeit auf einem Eroberungszug durch Welschland. „Dies ist ein großer Tag für die nationale Sache!", versetzte er mit Wucht. „Seine Majestät und ich, wir machen moralische Eroberungen!" Wie er
20 dastand! Guste vergaß ihren Schrecken und den Ärger über das lange Warten; sie kam herbei mit liebevollen Armen, und demütig rankte sie sich an ihm hinauf.

Aber kaum das Stündchen zum Essen gönnte Diederich sich. Er wusste wohl, nach dem Mittagsmahl ruhte der Kaiser; dann hieß es,
25 unter seinen Fenstern Wache stehen und nicht weichen. Er wich nicht; und der Erfolg zeigte, wie recht er tat. Denn noch hielt er seinen Posten, dem Portal gegenüber, nicht achtzig Minuten lang besetzt, als es geschah, dass ein verdächtig aussehendes Individuum unter Benutzung einer kurzen Abwesenheit des Portiers sich ein-
30 schlich, sich hinter eine Säule drückte und im lauernden Schatten Pläne barg, die nicht anders sein konnten als unheilvoll. Da aber Diederich! Wie den Sturm und mit Kriegsgeschrei sah man ihn über den Platz tosen. Aufgescheuchtes Volk stürzte sofort hinterdrein,

---

[1] Renner: schnelle Pferde
[2] Swinegel: Igel, Anspielung auf den Schwank „Der Hase und der Igel" der Brüder Grimm

die Wache eilte herbei, im Portal lief Dienerschaft zusammen – und
alle bewunderten Diederich, wie er einen, der sich versteckt hatte,
wild ringend hervorzerrte. Die beiden schlugen dermaßen um sich,
dass nicht einmal die bewaffnete Macht an sie herankam. Plötzlich
5 sah man Diederichs Gegner, dem es gelungen war, den rechten Arm
zu befreien, eine Büchse schwingen. Atemlose Sekunden – dann
tobte die aufheulende Panik dem Ausgang zu. Eine Bombe! Er
wirft! … Er hatte schon geworfen. In der Erwartung des Knalls lagen die nächsten, im Voraus wimmernd, am Boden. Diederich aber:
10 weiß auf Gesicht, Schultern und Brust stand er da und nieste. Es
roch stark nach Pfefferminz. Die Kühnsten kehrten um und unter-
suchten ihn mit der Nase; ein Soldat unter wallenden Federn betupfte ihn mit dem benetzten Finger und kostete. Diederich verstand wohl, was er hierauf der Menge mitteilte und weshalb so-
15 gleich in alle Gesichter das heitere Wohlwollen zurückkehrte, denn
seit einem Augenblick blieb ihm selbst kein Zweifel mehr darüber,
dass er mit Zahnpulver beworfen war. Dessen ungeachtet behielt er
die Gefahr im Auge, der der Kaiser, dank seiner Wachsamkeit, vielleicht entronnen war. Der Attentäter suchte – ganz vergebens – an
20 ihm vorbei das Weite zu gewinnen: Diederichs eiserne Faust überlie-
ferte ihn den Polizeiwächtern. Diese stellten fest, dass es sich um einen Deutschen handelte, und baten Diederich, ihn zu inquirieren[1].
Er unterzog sich der Aufgabe, trotz dem Zahnpulver, das ihn be-
deckte, mit höchster Korrektheit. Die Antworten des Menschen,
25 der bezeichnenderweise Künstler war, hatten keine ausgesprochen
politische Färbung, verrieten aber durch ihre abgrundtiefe Respektlosigkeit und Unmoral nur zu wohl die Tendenzen des Umsturzes,
weshalb Diederich seine Verhaftung dringend empfahl. Die Wächter führten ihn ab, nicht ohne vor Diederich zu salutieren, der nur
30 noch Zeit hatte, sich von seinem Freunde, dem Portier, abbürsten zu
lassen. Denn schon war der Kaiser gemeldet; Diederichs persönlicher Dienst begann wieder.
Sein Dienst führte ihn rastlos umher bis in die Nacht und endlich
vor das Gebäude der deutschen Botschaft, wo Seine Majestät Emp-
35 fang hielt. Ein längerer Aufenthalt des Allerhöchsten Herrn gab

---

[1] inquirieren: einer Befragung unterziehen

Diederich Gelegenheit, beim nächsten Wirt seine Stimmung zu erhöhen. Er erklomm vor der Tür einen Stuhl und richtete an das
Volk eine Ansprache, die von nationalem Geiste strotzte und der
schlappen Bande die Vorzüge eines strammen Regiments klar-
machte und eines Kaisers, der kein Schattenkaiser war ... Sie sahen
ihn, rot überstrahlt vom Licht der offenen Becken, die vor dem Pa-
laste des Deutschen Reiches loderten, auf seinem Stuhl den eckig
behaarten Mund aufreißen, sahen ihn blitzen und wie von Eisen
starren – was ihnen offenbar genügte, um ihn zu verstehen, denn
sie jubelten, klatschten und ließen den Kaiser leben, sooft Diederich
ihn leben ließ. Mit einem Ernst, der nicht ohne Drohung war, nahm
Diederich für seinen Herrn und die furchtbare Macht seines Herrn
die Huldigungen des Auslandes entgegen, worauf er von dem Stuhl
herabkletterte und wieder zum Wein ging. Mehrere Landsleute,
kaum weniger angeregt als er, tranken ihm zu und kamen nach in
heimischer Weise. Einer entfaltete eine Abendzeitung mit einem
riesigen Bild des Kaisers und las den Bericht eines Zwischenfalles
vor, den im Portal des Quirinals ein Deutscher hervorgerufen hatte.
Nur durch die Geistesgegenwart eines Beamten im persönlichen
Dienst des Kaisers war Schlimmeres verhindert worden; und auch
das Bildnis dieses Beamten war dabei. Diederich erkannte ihn
wohl. Wenn die Ähnlichkeit auch nur allgemeiner Natur und der
Name arg entstellt war, der Umfang des Gesichtes und der Schnurrbart stimmten. So sah denn Diederich den Kaiser und sich selbst auf
dem gleichen Zeitungsblatt vereinigt, den Kaiser samt seinem Untertan der Welt zur Bewunderung dargeboten. Es war zu viel.
Feuchten Auges richtete Diederich sich auf und stimmte die Wacht
am Rhein an. Der Wein, der so billig war, und die Begeisterung, die
immer neu genährt ward, bewirkten, dass die Kunde, der Kaiser
verlasse die Botschaft, Diederich nicht mehr in korrekter Haltung
fand. Er tat gleichwohl alles, was er noch vermochte, um seiner
Pflicht zu genügen. Er schoss im Zickzack das Kapitol hinab, stolperte und rollte über die Stufen weiter. Drunten in der Gasse holten
seine Zechgenossen ihn ein, er stand mit dem Gesicht der Mauer
zugekehrt ... Fackelschein und Hufschlag: der Kaiser! Die andern
schwankten hinterdrein, Diederich aber, kein Komment half ihm
mehr, glitt hin, wo er stand. Zwei städtische Wächter fanden ihn, an

die Mauer gelehnt, in einer Lache sitzen. Sie erkannten den Beamten im persönlichen Dienst des Deutschen Kaisers, und voll tiefer Besorgnisse beugten sie sich über ihn. Gleich darauf aber sahen sie einander an und brachen in ungeheure Fröhlichkeit aus. Der persönliche Beamte war gottlob nicht tot, denn er schnarchte; und die Lache, in der er saß, war kein Blut.

Am nächsten Abend, bei der Galavorstellung im Theater, sah der Kaiser ungewöhnlich ernst aus. Diederich bemerkte es, er sagte zu Guste: „Jetzt weiß ich doch, wozu ich das viele Geld hab ausgegeben. Pass auf, wir erleben einen historischen Moment!" Und seine Ahnung betrog ihn nicht. Die Abendblätter verbreiteten sich im Theater, und man erfuhr, der Kaiser werde noch nachts abreisen und er habe seinen Reichstag aufgelöst! Diederich, ebenso ernst wie der Kaiser, erklärte allen, die in der Nähe saßen, die Schwere des Ereignisses. Der Umsturz hatte sich nicht entblödet, die Militärvorlage abzulehnen! Die Nationalgesinnten gingen für ihren Kaiser in einen Kampf auf Leben und Tod! Er selbst werde mit dem nächsten Zuge nach Hause fahren, versicherte er, worauf man ihm sofort den Zug nannte ... Wer nicht zufrieden war, war Guste. „Endlich ist man mal woanders, und Gott sei Dank hat man es und kann sich was leisten. Wie komm ich dazu, dass ich mich soll zwei Tage im Hotel mopsen[1] und dann gleich wieder retour[2], bloß wegen –" Der Blick, den sie nach der kaiserlichen Loge schleuderte, war so voll von Auflehnung, dass Diederich mit äußerster Strenge einschritt. Guste ward ihrerseits laut; ringsum zischte man, und als Diederich den Widersachern blitzend die Stirne bot, sah er sich von ihnen veranlasst, mit Guste aufzubrechen, noch bevor ihr Zug ging. „Komment hat das Pack nun mal nicht", stellte er draußen fest und schnaufte stark. „Überhaupt, was ist hier los, möcht ich mal wissen. Schönes Wetter, na ja ... Na, nu sieh dir wenigstens noch das alte Zeug an, das da rumsteht!", heischte er. Guste, wieder gebändigt, sagte klagend: „Ich genieß es ja." Und dann fuhren sie in gemessenem Abstand hinter dem Zug des Kaisers her. Guste, die in der Eile

---

[1] sich mopsen: sich langweilen
[2] retour (franz.): hier: nach Hause zurück

ihre Schwämme und Bürsten vergessen hatte, wollte immer aussteigen. Damit sie sechsunddreißig Stunden Geduld hatte, musste Diederich ihr unermüdlich die nationale Sache vorhalten. Trotzdem waren, als sie endlich in Netzig Fuß fasste, ihre erste Sorge die
5   Schwämme. Am Sonntag hatte man ankommen müssen! Zum Glück war wenigstens die Löwenapotheke offen. Indes Diederich vor dem Bahnhof auf die Koffer wartete, ging Guste schon hinüber. Da sie aber nicht zurückkam, folgte er ihr.

Die Tür der Apotheke stand halb offen, drei junge Burschen spähten
10   hinein und wälzten sich. Diederich, der über sie wegsah, erstarrte vor Staunen – denn drinnen hinter dem Ladentisch schritt, die Arme gekreuzt und mit düsterem Blick, hin und her sein alter Freund und Kommilitone Gottlieb Hornung. Guste sagte gerade: „Nun bin ich doch gespannt, ob ich bald meine Zahnbürste kriege", da kam Gott-
15   lieb Hornung hinter dem Ladentisch hervor, die Arme immer verschränkt und Guste in seinen düsteren Blick fassend. „Sie werden meiner Miene angesehen haben", begann er mit Rednerstimme, „dass ich weder in der Lage noch gewillt bin, Ihnen eine Zahnbürste zu verkaufen." – „Nanu!", machte Guste und wich zurück. „Aber
20   Sie haben doch das ganze Glas hier voll." Gottlieb Hornung lächelte wie Luzifer[1]. „Der Onkel dort oben" – er warf den Kopf zurück und zeigte mit dem Kinn nach der Decke, hinter der wohl sein Prinzipal[2] hauste –, „der kann hier feilbieten, was ihm beliebt. Ich fühle mich dadurch nicht berührt. Ich habe nicht sechs Semester studiert und
25   einer hochfeinen Korporation angehört, damit ich mich jetzt hier hinstelle und Zahnbürsten verkaufe." – „Wozu sind Sie denn da?", fragte Guste, merklich eingeschüchtert. Da versetzte Hornung, majestätisch rollend: „Ich bin für die Rezeptur da!" Und Guste fühlte wohl, sie sei zurückgeschlagen; sie wandte sich zum Gehen. Eins
30   fiel ihr doch noch ein. „Mit den Schwämmen wäre es wohl dasselbe?" – „Ganz dasselbe", bestätigte Hornung. Hierauf hatte Guste offenbar gewartet, um sich ernstlich zu entrüsten. Sie streckte den

---

[1]   Luzifer: wörtl. übers. „Lichtträger", in der christlichen Tradition Name eines
      von Gott abgefallenen und zum Teufel gewordenen Engels
[2]   Prinzipal: Geschäftseigentümer

Busen vor und wollte loslegen; Diederich hatte eben noch Zeit, da-
zwischenzutreten. Er gab dem Freunde recht darin, dass die Würde
der Neuteutonia zu wahren und ihr Banner hochzuhalten sei. Wenn
jemand trotzdem einen Schwamm brauchte, konnte er ihn sich am
5 Ende selbst nehmen und den Betrag hinlegen – was Diederich hiermit tat. Gottlieb Hornung ging inzwischen beiseite und pfiff, als sei
er allein. Sodann bekundete Diederich seine Teilnahme an dem bisherigen Ergehen des Freundes. Leider war viel Missgeschick dabei;
denn da Hornung niemals Schwämme und Zahnbürsten hatte ver-
10 kaufen wollen, war er schon aus fünf Apotheken entlassen worden.
Dennoch war er entschlossen, weiter für seine Überzeugung einzu-
stehen, auf die Gefahr, dass es ihn auch hier wieder seine Stellung
kostete. „Da sieh dir einen echten Neuteutonen an!", sagte Diederich
zu Guste, und sie sah ihn sich an.
15 Diederich hielt seinerseits nicht länger zurück mit dem, was er erlebt und erreicht hatte. Er machte auf seinen Orden aufmerksam,
drehte Guste vor Hornung rundherum und nannte die Ziffer ihres
Vermögens. Der Kaiser, dessen Feinde und Beleidiger dank Diederich hinter Schloss und Riegel saßen, war in Rom ganz kürzlich und
20 gleichfalls dank Diederich einer persönlichen Gefahr entronnen.
Die Zeitungen sprachen, um eine Panik an den Höfen und an der
Börse zu vermeiden, nur von dem Bubenstreich eines Halbwahn-
sinnigen, „aber im Vertrauen gesagt, ich habe Anlass zu glauben,
dass ein weitverzweigtes Komplott bestanden hat. Du wirst verste-
25 hen, Hornung, dass das nationale Interesse die größte Zurückhaltung gebietet, denn du bist sicher auch ein national gesinnter
Mann." Hornung war es natürlich, und so konnte Diederich sich
über die hochwichtige Aufgabe verbreiten, die ihn genötigt hatte,
von seiner Hochzeitsreise plötzlich zurückzukehren. Es galt, in Net-
30 zig den nationalen Kandidaten durchzubringen! Die Schwierigkeiten
durfte man sich nicht verhehlen. Netzig war eine Hochburg des
Freisinns, der Umsturz rüttelte an den Grundlagen ... Hier begann
Guste zu drohen, dass sie mit dem Gepäck nach Hause fahren werde. Diederich konnte den Freund nur noch dringend einladen, ihn
35 gleich heute Abend zu besuchen, er habe dringend mit ihm zu reden. Wie er in den Wagen stieg, sah er einer der Schlingel, die
draußen gewartet hatten, die Apotheke betreten und eine Zahn-

bürste verlangen. Diederich bedachte, dass Gottlieb Hornung eben vermöge seiner aristokratischen Richtung, die ihm beim Verkauf von Schwämmen und Zahnbürsten so hinderlich war, im Kampf gegen die Demokratie ein wertvoller Bundesgenosse werden kön-
5 ne. Aber dies war die geringste seiner schleunigen Sorgen. Der alten Frau Heßling wurden nur schnell ein paar Tränen erlaubt, dann musste sie wieder in das obere Stockwerk hinauf, wo früher nur das Dienstmädchen und die nasse Wäsche untergebracht waren und wohin Diederich jetzt seine Mutter und Emmi beseitigt hatte. Den
10 Ruß von der Reise noch im Bart, begab er sich hintenherum zum Präsidenten von Wulckow, ließ darauf, nicht weniger unauffällig, Napoleon Fischer zu sich kommen und hatte inzwischen schon Schritte getan, um ohne Verzug eine Zusammenkunft mit Kunze, Kühnchen und Zillich zu bewirken.
15 Der Sonntagnachmittag erschwerte das Unternehmen; der Major konnte nur mit Mühe seiner Kegelpartie entrissen werden, den Pastor musste man an einem Familienausflug mit Käthchen und Assessor Jadassohn verhindern, und der Professor befand sich in den Händen seiner beiden Pensionäre, die ihn schon halb betrunken ge-
20 macht hatten. Schließlich gelang es, alle im Lokal des Kriegervereins zusammenzutreiben, und Diederich eröffnete ihnen ohne weiteren Zeitverlust, dass ein nationaler Kandidat aufgestellt werden müsse und dass nach Lage der Dinge nur einer in Frage komme, nämlich Herr Major Kunze. „Hurra!", rief Kühnchen ohne Weiteres,
25 aber die Miene des Majors zog sich noch gewitterhafter zusammen. Ob man ihn denn für naiv halte, knirschte er hervor. Ob man glaube, er lechze nach einer Blamage. „Ein nationaler Kandidat in Netzig, was dem passiert, darauf bin ich nicht neugierig. Wenn alles so gewiss wäre wie der nationale Durchfall!" Diederich ließ dies kei-
30 neswegs gelten. „Wir haben den Kriegerverein, den wollen die Herren in Rechnung stellen. Der Kriegerverein ist eine unschätzbare Operationsbasis. Von ihr aus schlagen wir uns in gerader Linie durch, wenn ich so sagen darf, bis zum Kaiser-Wilhelm-Denkmal, und dort wird die Schlacht gewonnen." – „Hurra!", schrie Kühnchen
35 wieder, die beiden andern aber wünschten doch zu wissen, was es mit dem Denkmal sei, und Diederich weihte sie ein in seine Erfindung – wobei er lieber darüber hinwegging, dass das Denkmal der

Gegenstand eines Paktes zwischen ihm und Napoleon Fischer sei.
Das freisinnige Säuglingsheim, so viel verriet er, war nicht populär,
eine Menge Wähler ließen sich zu der nationalen Sache herüberzie-
hen, wenn man ihnen aus dem Nachlass des alten Kühlemann ein
5 Kaiser-Wilhelm-Denkmal versprach. Erstens wurden dabei mehr
Handwerker beschäftigt, und dann kam Betrieb in die Stadt, die
Einweihung solch eines Denkmals zog weite Kreise, Netzig hatte
Aussicht, seinen schlechten Ruf als demokratischer Sumpf zu verlieren und in die Gnadensonne zu rücken. Dabei dachte Diederich
10 an seinen Pakt mit Wulckow, über den er auch lieber hinging. „Dem
Manne aber, der so unendlich viel für uns alle erreicht und errungen hat –", er zeigte schwungvoll auf Kunze, „dem Manne wird
unsere liebe alte Stadt ganz sicher auch dereinst ein Denkmal setzen. Er und Kaiser Wilhelm der Große werden einander anblicken
15 –" – „Und die Zunge zeigen", schloss der Major, der bei seinem
Unglauben verharrte. „Wenn Sie meinen, die Netziger warten nur
auf den großen Mann, der sie mit klingendem Spiel in das nationale Lager führt, warum spielen Sie dann nicht selbst den großen
Mann?" Und er bohrte sich in Diederichs Augen. Aber Diederich
20 riss sie nur noch ehrlicher auf; er legte die Hand auf das Herz. „Herr
Major! Meine wohlbekannte kaisertreue Gesinnung hat mir schon
schwerere Prüfungen auferlegt als eine Kandidatur für den Reichstag, und die Prüfungen, das darf ich sagen, hab ich bestanden! Dabei hab ich mich nicht gescheut, als Vorkämpfer der guten Sache,
25 allen Hass der Schlechtgesinnten auf meine Person zu laden, und
hab es mir dadurch unmöglich gemacht, die Frucht meiner Opfer
selbst einzustecken. Mich würden die Netziger nicht wählen, meine
Sache werden sie wählen, und darum trete ich zurück, denn sachlich sein heißt deutsch sein, und lasse Ihnen, Herr Major, neidlos
30 die Ehren und die Freuden!" Allgemeine Bewegung. Kühnchens
Bravo klang tränenfeucht, der Pastor nickte weihevoll, und Kunze
starrte, sichtlich erschüttert, unter den Tisch. Diederich aber fühlte
sich leicht und gut, er hatte sein Herz sprechen lassen, und es hatte
Treue, Opfersinn und mannhaften Idealismus ausgedrückt. Diede-
35 richs blondbehaarte Hand streckte sich über den Tisch, und die
braunbehaarte des Majors schlug zögernd, doch kräftig hinein.

Nach dem Herzen freilich ergriff bei allen vier Männern wieder die
Vernunft das Wort. Der Major erkundigte sich, ob Diederich bereit
sei, ihn zu entschädigen für die ideellen und materiellen Verluste,
von denen er bedroht sei, falls er gegen den Kandidaten des freisin-
5 nigen Klüngels in die Schranken trete und ihm unterliege. „Sehen
Sie wohl!" – und er reckte den Finger gegen Diederich, der angesichts dieser Gradlinigkeit nicht gleich Worte fand. „So ganz koscher[1] kommt Ihnen die nationale Sache auch nicht vor, und dass
Sie mich durchaus rankriegen wollen, wie ich Sie kenne, Herr Doktor,
10 hängt das mit irgendwelchen Fisimatenten Ihrerseits zusammen,
von denen ich als grader Soldat gottlob nichts verstehe." Hierauf
beeilte Diederich sich, dem geraden Soldaten einen Orden zu versprechen, und da er sein Einverständnis mit Wulckow durchblicken
ließ, war der nationale Kandidat endlich rückhaltlos gewonnen ...
15 Inzwischen aber hatte Pastor Zillich es sich überlegt, ob seine Stellung in der Stadt es ihm erlaube, den Vorsitz des nationalen Wahl-
komitees zu übernehmen. Sollte er die Zwietracht in seine Gemeinde tragen? Sein leiblicher Schwager Heuteufel war der Kandidat
der Liberalen! Freilich, wenn man statt des Denkmals eine Kirche
20 gebaut hätte! „Denn wahrlich, Gotteshäuser tun mehr denn je not,
und meine liebe Kirche von Sankt Marien wird von der Stadt so
sehr vernachlässigt, dass sie heute oder morgen mir und meinen
Christen auf den Kopf fallen kann." Ohne Säumen verbürgte Diederich sich für alle gewünschten Reparaturen. Zur Bedingung machte
25 er nur, dass der Pastor von den Vertrauensstellungen der neuen
Partei alle diejenigen Elemente fernhalte, die schon durch gewisse
Äußerlichkeiten berechtigte Zweifel an der Echtheit ihrer nationalen Gesinnung erregten. „Ohne in Familienverhältnisse eingreifen
zu wollen", setzte Diederich hinzu und sah Käthchens Vater an, der
30 offenbar begriffen hatte, denn er muckte nicht ... Aber auch Kühnchen, der längst nicht mehr hurra schrie, meldete sich. Die beiden
andern hatten ihn, während sie selbst sprachen, nur mit Gewalt auf
seinem Sitz festgehalten; kaum dass sie ihn losließen, riss er stürmisch die Debatte an sich. Wo musste die nationale Gesinnung vor

---

[1] koscher: eigentlich: den Speisegesetzen im Judentum entsprechend; hier:
rein, unbedenklich

allem wurzeln? In der Jugend! Wie aber war das möglich, wenn der
Rektor des Gymnasiums ein Freund des Herrn Buck war. „Da kann
ich mir die Schwindsucht an den Hals reden von unseren glorreichen Taten im Jahre siebzig ..." Genug, Kühnchen wollte Rektor
werden, und Diederich bewilligte es ihm großmütig.
Nachdem dermaßen die politische Haltung auf der gesunden
Grundlage der Interessen festgelegt war, konnte man sich mit gutem Gewissen der Begeisterung hingeben, die, wie Pastor Zillich
erklärte, von Gott kam und auch der besten Sache erst die höhere
Weihe lieh, und so begab man sich in den Ratskeller.

In aller Frühe, als die vier Herren heimgingen, klebten an den Mauern zwischen den weißen Wahlaufrufen Heuteufels und den roten
des Genossen Fischer die schwarz-weiß-rot[1] geränderten Plakate,
die Herrn Major Kunze als Kandidaten der „Partei des Kaisers"
empfahlen. Diederich pflanzte sich so fest, als es ihm möglich war,
davor auf und las mit schneidiger Tenorstimme: „Vaterlandslose
Gesellen des aufgelösten Reichstages haben es gewagt, unserem
herrlichen Kaiser die Machtmittel zu versagen, deren er zur Größe
des Reiches bedarf ... Wollen uns des großen Monarchen würdig
erweisen und seine Feinde zerschmettern! Einziges Programm: Der
Kaiser! Die für mich und die wider mich: Umsturz und ‚Partei des
Kaisers'!" Kühnchen, Zillich und Kunze bekräftigen alles mit Geschrei; und da einige Arbeiter, die in die Fabrik gingen, erstaunt
stehen blieben, drehte Diederich sich um und erläuterte ihnen das
nationale Manifest. „Leute!", rief er. „Ihr wisst gar nicht, was ihr für
ein Schwein habt, dass ihr Deutsche seid. Denn um unseren Kaiser
beneidet uns die ganze Welt, habe mich soeben im Ausland persönlich davon überzeugt." Hier schlug Kühnchen mit der Faust auf dem
Anschlagbrett einen Tusch, und die vier Herren schrien hurra, indes die Arbeiter ihnen zusahen. „Wollt ihr, dass euer Kaiser euch
Kolonien schenkt?", fragte Diederich sie. „Na also. Dann schärft
ihm gefälligst das Schwert! Wählt keinen vaterlandslosen Gesellen,
das verbitte ich mir, sondern einzig den Kandidaten des Kaisers,
Herrn Major Kunze: Sonst garantiere ich euch keinen Augenblick

---

[1] schwarz-weiß-rot: Flaggenfarbe des Deutschen Kaiserreiches

für unsere Stellung in der Welt, und es kann euch passieren, dass
ihr mit zwanzig Mark weniger Lohn alle vierzehn Tage nach Hause
geht!" Hier sahen die Arbeiter stumm einander an, und dann setzten sie sich wieder in Bewegung.

5 Aber auch die Herren verloren keine Zeit. Kunze selbst ging auf
steifen Beinen an die Aufgabe, den Mitgliedern des Kriegervereins
den Standpunkt klarzumachen. „Wenn die Kerls glauben", erklärte
er, „sie können künftig noch den freien Gewerkschaften angehören!
Den Freisinn treiben wir ihnen noch aus! Von heute ab greift 'ne
10 schärfere Tonart Platz!" Pastor Zillich verhieß eine verwandte Tätigkeit in den christlichen Vereinen, indes Kühnchen zum Voraus
von der frischen Begeisterung seiner Primaner schwärmte, die auf
Fahrrädern die Stadt durcheilen und Wähler herbeischleppen sollten. Das rastloseste Pflichtgefühl aber beseelte doch Diederich. Er
15 verschmähte jede Ruhe; seiner Gattin, die im Bett lag und ihn mit
Vorwürfen empfing, erwiderte er blitzend: „Mein Kaiser hat ans
Schwert geschlagen, und wenn mein Kaiser ans Schwert schlägt,
dann gibt es keine ehelichen Pflichten mehr. Verstanden?" Worauf
Guste sich schroff herumwarf und das mit ihren hinteren Reizen
20 ausgefüllte Federbett wie einen Turm zwischen sich und den Unge-
fälligen stellte. Diederich unterdrückte das Bedauern, das ihn be-
schleichen wollte, und schrieb ungesäumt einen Warnruf gegen das
freisinnige Säuglingsheim. Die „Netziger Zeitung" brachte ihn auch,
obwohl sie vor zwei Tagen aus der Feder des Herrn Doktor Heuteufel
25 eine überaus warme Empfehlung des Säuglingsheims gebracht hatte.
Denn, wie der Redakteur Nothgroschen hinzusetzte, das Organ des
gebildeten Bürgertums war es seinen Abonnenten schuldig, an jede
neu auftauchende Idee vor allem den Prüfstein seines Kulturgewis-
sens zu legen. Und dies tat Diederich in geradezu vernichtender
30 Weise. Für wen war so ein Säuglingsheim naturgemäß in erster Linie bestimmt? Für die unehelichen Kinder. Was begünstigte es also?
Das Laster. Hatten wir das nötig? Nicht die Spur; „denn wir sind
Gott sei Dank nicht in der traurigen Lage der Franzosen, die durch
die Folgen ihrer demokratischen Zuchtlosigkeit schon so gut wie
35 auf den Aussterbeetat gesetzt sind. Die mögen uneheliche Geburten
preiskrönen, weil sie sonst keine Soldaten mehr haben. Wir aber
sind nicht angefault, wir erfreuen uns eines unerschöpflichen Nach-

wuchses! Wir sind das Salz der Erde!" Und Diederich rechnete den
Abonnenten der „Netziger Zeitung" vor, bis wann sie und ihresglei-
chen hundert Millionen betragen würden und wie lange es höchstens noch dauern könne, bis die Erde deutsch sei.

5 Hiermit waren, nach der Meinung des nationalen Komitees, die
Vorbereitungen getroffen für die erste Wahlversammlung der „Partei des Kaisers". Sie sollte bei Klappsch sein, der seinen Saal patrio-
tisch aufgemacht hatte. In Tannenkränzen glühten Transparente:
„Der Wille des Königs ist das höchste Gebot", „Es gibt für euch nur
10 einen Feind, und der ist mein Feind", „Die Sozialdemokratie nehme
ich auf mich", „Mein Kurs ist der richtige", „Bürger, erwacht aus
dem Schlummer!" Für das Erwachen sorgten Klappsch und Fräulein Klappsch, indem sie überall immer frisches Bier hinstellten,
ohne so peinlich wie sonst die Bierfilze aufzuhäufen. So ward Kun-
15 ze, als der Vorsitzende, Pastor Zillich, ihn der Versammlung vorstellte, schon mit Stimmung aufgenommen. Diederich freilich, hinter der Rauchwolke, in der das Büro saß, machte die unliebsame
Bemerkung, dass auch Heuteufel, Cohn und einige von ihrem An-
hang in den Saal gelangt waren. Er stellte Gottlieb Hornung zur
20 Rede, denn Hornung hatte die Aufsicht. Aber er wollte sich nichts
sagen lassen, er war gereizt, es hatte ihn zu große Mühe gekostet,
die Leute zusammenzutreiben. So viele Lieferanten, wie das Kaiser-
Wilhelm-Denkmal dank seiner Agitation nun schon hatte, konnte
die Stadt nie bezahlen, und wenn der alte Kühlemann dreimal starb!
25 Geschwollene Hände hatte Hornung von den Begrüßungen all der
neubekehrten Patrioten! Zumutungen hatten sie an ihn gestellt!
Dass er sich mit einem Drogisten[1] assoziieren sollte, war noch das
Wenigste. Aber Gottlieb Hornung protestierte gegen diesen demokratischen Mangel an Distanz. Der Besitzer der Löwenapotheke
30 hatte ihm soeben gekündigt, und er war entschlossener als je, weder Schwämme noch Zahnbürsten zu verkaufen ... Inzwischen
stammelte Kunze an seiner Kandidatenrede. Denn seine finstere
Miene täuschte Diederich nicht darüber, dass der Major dessen,
was er sagen wollte, durchaus nicht sicher war und dass der Wahl-

---

[1]   Drogist: Angestellter in einer Drogerie, also eines Geschäfts für Heil- und
Pflegeprodukte

kampf ihn befangener machte, als der Ernstfall es getan haben würde. Er sagte: „Meine Herren, das Heer ist die einzige Säule", da jedoch einer aus der Gegend Heuteufels dazwischenrief: „Schon
faul!", verwirrte Kunze sich sogleich und setzte hinzu: „Aber wer
5 bezahlt es? Der Bürger." Worauf die um Heuteufel bravo riefen.
Hierdurch in eine falsche Richtung gedrängt, erklärte Kunze: „Darum sind wir alle Säulen, das dürfen wir wohl verlangen, und wehe
dem Monarchen –" – „Sehr richtig!", antworteten freisinnige Stimmen, und die gutgläubigen Patrioten schrien mit. Der Major wisch-
10 te sich den Schweiß; ohne sein Zutun nahm seine Rede einen Verlauf, als hielte er sie im liberalen Verein. Diederich zog ihn von
hinten am Rockschoß, er beschwor ihn, Schluss zu machen, aber
Kunze versuchte es vergebens: Den Übergang zur Wahlparole der
„Partei des Kaisers" fand er nicht. Am Ende verlor er die Geduld,
15 ward jäh dunkelrot und stieß mit unvermittelter Wildheit hervor:
„Ausrotten bis auf den letzten Stumpf! Hurra!" Der Kriegerverein
donnerte Beifall. Wo nicht mitgeschrien wurde, erschienen auf Diederichs Wink eilends Klappsch oder Fräulein Klappsch.
Zur Diskussion meldete sich alsbald Doktor Heuteufel, aber Gott-
20 lieb Hornung kam ihm zuvor. Diederich für seine Person blieb lieber im Hintergrund, hinter der Rauchwolke des Präsidiums. Er hatte Hornung zehn Mark versprochen, und Hornung war nicht in der
Lage, sie auszuschlagen. Knirschend trat er an den Rand der Bühne
und erläuterte die Rede des verehrten Herrn Majors dahin, dass das
25 Heer, für das wir alle zu jedem Opfer bereit seien, unser Bollwerk
gegen die Schlammflut der Demokratie sei. „Die Demokratie ist die
Weltanschauung der Halbgebildeten", stellte der Apotheker fest.
„Die Wissenschaft hat sie überwunden." – „Sehr richtig!", rief jemand; es war der Drogist, der sich mit ihm assoziieren wollte. „Her-
30 ren und Knechte wird es immer geben!", bestimmte Gottlieb Hornung, „denn in der Natur ist es auch so. Und es ist das einzig Wahre,
denn jeder muss über sich einen haben, vor dem er Angst hat, und
einen unter sich, der vor ihm Angst hat. Wohin kämen wir sonst!
Wenn der erste Beste sich einbildet, er ist ganz für sich selbst was
35 und alle sind gleich! Wehe dem Volk, dessen überkommene, ehr-
würdige Formen sich erst in den demokratischen Mischmasch auf-
lösen und wo der zersetzende Standpunkt der Persönlichkeit das

Übergewicht bekommt!" Hier verschränkte Gottlieb Hornung die
Arme und schob den Nacken vor. „Ich", rief er, „der ich einer hochfeinen Verbindung angehört habe und den freudigen Blutverlust für
die Ehre der Farben kenne, ich bedanke mich dafür, dass ich Zahn-
5 bürsten verkaufen soll!"
„Und Schwämme auch nicht?", fragte jemand.
„Auch nicht!", entschied Hornung. „Ich verbitte mir ganz energisch,
dass noch mal einer kommt. Man soll immer wissen, wen man vor
sich hat. Jedem das Seine. Und in diesem Sinne geben wir unsere
10 Stimme nur einem Kandidaten, der dem Kaiser so viel Soldaten bewilligt, als er haben will. Denn entweder haben wir einen Kaiser
oder nicht!"
Damit trat Gottlieb Hornung zurück und sah, den Unterkiefer vor-
geschoben, aus gefalteten Brauen in das Beifallsgebrause. Der Krie-
15 gerverein ließ es sich nicht nehmen, mit geschwungenen Biergläsern an ihm und Kunze vorbeizudefilieren. Kunze nahm Händedrü-
cke entgegen, Hornung stand eher da – und Diederich konnte nicht
umhin, mit Bitterkeit zu empfinden, dass diese beiden zweitklassi-
gen Persönlichkeiten den Vorteil hatten von einer Gelegenheit, die
20 sein Werk war. Er musste ihnen die Volksgunst des Augenblicks
wohl lassen, denn er wusste besser als die beiden Gimpel[1], wo dies
hinauswollte. Da der nationale Kandidat am Ende nur dazu da war,
eine Hilfstruppe für Napoleon Fischer anzuwerben, tat man gut
daran, sich nicht selbst hinauszustellen. Heuteufel freilich legte es
25 darauf an, Diederich hervorzulocken. Der Vorsitzende, Pastor Zillich, konnte ihm das Wort nicht länger verweigern, sofort begann
er vom Säuglingsheim. Das Säuglingsheim sei eine Sache des sozialen Gewissens und der Humanität. Was aber sei das Kaiser-Wilhelm-Denkmal? Eine Spekulation, und die Eitelkeit sei noch der
30 anständigste der Triebe, auf die spekuliert werde … Die Lieferanten
dort unten hörten zu in einer Stille voll peinlicher Gefühle, denen
hie und da ein dumpfes Murren entstieg. Diederich bebte. „Es gibt
Leute", behauptete Heuteufel, „denen es auf hundert Millionen
mehr für das Militär nicht ankommt, denn sie wissen schon, womit
35 sie es für ihre Person wieder hereinbringen." Da schnellte Diederich

---

[1]   Gimpel: Finkenart, hier (beleidigend): komische Vögel

auf: „Ich bitte ums Wort!", und mit Bravo! Hoho! Abtreten! explo-
dierten die Gefühle der Lieferanten. Sie grölten, bis Heuteufel fort
war und Diederich dastand.

Diederich wartete lange, bevor das Meer der nationalen Empörung
sich beruhigte. Dann begann er: „Meine Herren!" „Bravo!", schrien
die Lieferanten, und Diederich musste weiter warten in der Atmosphäre gleichgestimmter Gemüter, worin das Atmen ihm leicht
war. Als sie ihn reden ließen, gab er der allgemeinen Empörung
Worte, dass der Vorredner es habe wagen können, die Versammlung in ihrer nationalen Gesinnung zu verdächtigen. „Unerhört!",
riefen die Lieferanten. „Das beweist uns nur", rief Diederich, „wie
zeitgemäß die Gründung der ‚Partei des Kaisers' war! Der Kaiser
selbst hat befohlen, dass alle diejenigen sich zusammenschließen,
die, ob edel oder unfrei, ihn von der Pest des Umsturzes befreien
wollen. Das wollen wir, und darum steht unsere nationale und kaisertreue Gesinnung hoch über den Verdächtigungen derer, die
selbst bloß eine Vorfrucht des Umsturzes sind!" Noch bevor der
Beifall losbrechen konnte, sagte Heuteufel sehr deutlich: „Abwar-
ten! Stichwahl!" Und obwohl die Lieferanten sogleich alles Weitere
im Getöse ihrer Hände erstickten, fand Diederich doch schon in
diesen zwei Worten so gefährliche Andeutungen versteckt, dass er
schnell ablenkte. Das Säuglingsheim war ein weniger verfängliches
Gebiet. Wie? Eine Sache des sozialen Gewissens sollte es sein? Ein
Ausfluss des Lasters war es! „Wir Deutschen überlassen so was den
Franzosen, die ein sterbendes Volk sind!" Diederich brauchte nur
seinen Artikel aus der „Netziger Zeitung" herzusagen. Der vom
Pastor Zillich geleitete Jünglingsverein sowie die christlichen
Handlungsgehilfen klatschten bei jedem Wort. „Der Germane ist
keusch!", rief Diederich, „darum haben wir im Jahre siebzig gesiegt!" Jetzt war die Reihe am Kriegerverein, von Begeisterung zu
dröhnen. Hinter dem Tisch des Vorstandes sprang Kühnchen auf,
schwenkte seine Zigarre und kreischte: „Nu verklobben wer sie
bald noch emal!" Diederich hob sich auf die Zehen. „Meine Herren!", schrie er angestrengt in die nationalen Wogen, „das Kaiser-
Wilhelm-Denkmal soll eine Huldigung für den erhabenen Großvater sein, den wir, ich darf es sagen, alle fast wie einen Heiligen verehren, und zugleich ein Versprechen an den erhabenen Enkel,

unsern herrlichen jungen Kaiser, dass wir so bleiben wollen, wie wir sind, nämlich keusch, freiheitsliebend, wahrhaftig, treu und tapfer!"

Hier waren wieder die Lieferanten nicht mehr zu halten. Selbstver-
⁵ gessen schwelgten sie im Idealen – und auch Diederich war sich keiner weltlichen Hintergedanken mehr bewusst, nicht seines Paktes mit Wulckow, nicht seiner Verschwörung mit Napoleon Fischer noch seiner dunklen Absichten für die Stichwahl. Reine Begeisterung entführte seine Seele auf einen Flug, von dem ihr schwindelte.
¹⁰ Erst nach einer Weile konnte er wieder schreien. „Abzuweisen und mit aller Schärfe hinter die ihnen gebührenden Schranken zurückzudämmen sind daher die Anwürfe derer, die weiter nichts wollen, als uns verweichlichen mit ihrer falschen Humanität!" – „Wo haben Sie Ihre echte sitzen?", fragte die Stimme Heuteufels und stachelte
¹⁵ dadurch die nationale Gesinnung der Versammelten so hoch auf, dass Diederich nur noch stellenweise zu hören war. Man verstand, er wollte keinen ewigen Frieden, denn das war ein Traum, und nicht einmal ein schöner. Dagegen wollte er eine spartanische¹ Zucht der Rasse. Blödsinnige und Sittlichkeitsverbrecher waren
²⁰ durch einen chirurgischen Eingriff an der Fortpflanzung zu verhindern. Bei diesem Punkt verließ Heuteufel mit den Seinen das Lokal. Von der Tür rief er noch her: „Den Umsturz kastrieren Sie auch!" Diederich antwortete: „Machen wir, wenn Sie noch lange nörgeln!" – „Machen wir!", tönte es zurück von allen Seiten. Alle waren plötz-
²⁵ lich auf den Füßen, prosteten, jauchzten und vermischten ihre Hochgefühle. Diederich, umbraust von Huldigungen, wankend unter dem Ansturm treudeutscher Hände, die die seinen schütteln wollten, und nationaler Biergläser, die mit ihm anstießen, sah von seiner Bühne in den Saal hinaus, der seinem durch Rausch getrübten Blick weiter
³⁰ und höher schien. Aus den höchsten Tabakswolken glühten ihn mystisch die Gebote seines Herrn an: „Der Wille des Königs!", „Mein Feind!", „Mein Kurs!" Er wollte sie in das brausende Volk hineinschreien – aber er griff sich an die Kehle, kein Ton kam mehr: Diederich war stockheiser. Da sah er sich voll Sorge nach Heuteufel

---

¹ spartanisch: Das antike Volk der Spartaner verbindet man allgemein mit einer entsagungsvollen und selbstlosen Lebensführung.

um, der leider fort war. ‚Ich hätte ihn nicht so reizen sollen. Jetzt gnade mir Gott, wenn er mich pinselt.'

Die schlimmste Rache Heuteufels war, dass er Diederich das Ausgehen verbot. Draußen tobte der Kampf täglich wilder, und alle standen
5 in der Zeitung, weil alle redeten: Pastor Zillich sogar und selbst der
Redakteur Nothgroschen, zu schweigen von Kühnchen, der überall
zugleich redete. Nur Diederich in seinem neu altdeutsch möblierten
Salon gurgelte stumm. Von der Estrade[1] beim Fenster sahen drei
Bronzefiguren in zweidrittel Lebensgröße ihm zu: der Kaiser, die
10 Kaiserin und der Trompeter von Säckingen[2]. Sie waren ein Gele-
genheitskauf bei Cohn gewesen; obwohl Cohn das Heßling'sche
Papier abbestellt hatte und noch immer nicht national empfand,
hatte Diederich sie in seiner Einrichtung nicht missen wollen. Guste warf sie ihm vor, wenn sie ihren Hut zu teuer fand.
15 Guste begann in letzter Zeit launisch zu werden, auch kamen ihr
Übelkeiten, während deren sie sich im Schlafzimmer von der alten
Frau Heßling pflegen ließ. Sobald es ihr besser ging, erinnerte sie
die Alte daran, dass hier eigentlich alles mit ihrem Geld bezahlt war.
Frau Heßling verfehlte nicht, die Heirat mit ihrem Diedel als eine
20 wahre Gnade hinzustellen für Guste, in ihrer damaligen Lage. Zum
Schluss war Guste rot aufgebläht und schnaufte, Frau Heßling aber
vergoss Tränen. Diederich hatte den Nutzen davon, denn beide waren nachher mit ihm die Liebe selbst, in der Absicht, ihn, der nichts
ahnte, auf ihre Seite zu bringen.
25 Was Emmi betraf, so schlug sie, ihrer Gewohnheit folgend, einfach
die Tür zu und ging hinauf in ihr Zimmer, das eine schräge Decke
hatte. Guste sann darauf, sie auch daraus noch zu vertreiben. Wo
sollte man bei Regen die Wäsche trocknen. Wenn Emmi, weil sie
nichts hatte, keinen Mann fand, musste man sie eben unter ihrem
30 Stande verheiraten, mit einem braven Handwerker! Aber freilich,
Emmi spielte sich auf die Feinste in der Familie hinaus, sie verkehr-

---

[1] Estrade: eine Art Podest, gebildet durch eine Erhöhung des Fußbodens
[2] Trompeter von Säckingen: Hauptfigur im gleichnamigen Epos von Joseph
    Victor von Scheffel (1826 – 1886). In diesem Bestseller geht es um die Liebe
    zwischen einem mittellosen Künstler und einer Adligen.

te mit Brietzens ... Denn dies erbitterte Guste am meisten, Emmi
ward zu den Fräulein von Brietzen eingeladen – obwohl diese das
Haus nie betreten hatten. Ihr Bruder, der Leutnant, würde Guste,
von den Soupers[1] bei ihrer Mutter her, wenigstens einen Besuch
geschuldet haben, aber nur der zweite Stock des Heßling'schen
Hauses ward von ihm für würdig befunden, es war nachgerade auffallend ... Ihre gesellschaftlichen Erfolge behüteten Emmi freilich
nicht vor Tagen großer Niedergeschlagenheit; dann verließ sie ihr
Zimmer nicht einmal zu den Mahlzeiten, die gemeinsam waren.
Einmal ging Guste, aus Mitgefühl und Langeweile, hinauf zu ihr,
Emmi schloss aber, wie sie sie sah, die Augen, sie lag in ihrer hin-
fließenden Matinee bleich und starr da. Guste, die keine Antwort
bekam, versuchte es ihrerseits mit Vertraulichkeiten über Diederich
und über ihren Zustand. Da zog Emmis starres Gesicht sich jäh
zusammen, sie wälzte sich auf einen ihrer Arme, und mit dem andern winkte sie heftig nach der Tür. Guste blieb den Ausdruck ihrer
Empörung nicht schuldig; Emmi, jäh aufgesprungen, gab ihrem
Wunsch, allein zu bleiben, die deutlichsten Worte; und als die alte
Frau Heßling hinzukam, war es schon beschlossene Sache, dass die
beiden Teile der Familie künftig getrennt essen würden. Diederich,
dem Guste vorweinte, war peinlich berührt von den Weibergeschichten. Zum Glück kam ihm ein Gedanke, der geeignet schien,
zunächst mal Ruhe zu schaffen. Da er wieder über ein wenig Stimme verfügte, ging er gleich zu Emmi und verkündete ihr seinen
Entschluss, sie für einige Zeit nach Eschweiler zu schicken, zu Magda. Erstaunlicherweise lehnte sie ab. Da er nicht nachließ, wollte sie
aufbegehren, ward aber plötzlich wie von Angst befallen und begann leise und inständig zu bitten, dass sie dableiben dürfe. Diederich, dem, er wusste nicht was ans Herz griff, ließ ratlos die Augen
umhergehn, und dann zog er sich zurück.
Am Tage darauf erschien Emmi, als sei nichts geschehen, beim Mittagessen, frisch gerötet und in bester Laune. Guste, die umso zurückhaltender blieb, warf Diederich Blicke zu. Er glaubte zu verstehen; er erhob sein Glas gegen Emmi und sagte schalkhaft: „Prost,
Frau von Brietzen." Da erblasste Emmi. „Mach dich nicht lächer-

---

[1] Souper: festliches Abendessen

lich!", rief sie zornig, warf die Serviette hin und schlug die Tür zu.
„Nanu", knurrte Diederich; aber Guste hob nur die Schultern. Erst
als die alte Frau Heßling fort war, sah sie Diederich merkwürdig in
die Augen und fragte: „Glaubst du wirklich?" Er erschrak, machte
5 aber ein fragendes Gesicht. „Ich meine", erklärte Guste, „dann
könnte mich der Herr Leutnant wenigstens auf der Straße grüßen.
Aber heute hat er einen Bogen gemacht." Diederich bezeichnete dies
als Unsinn. Guste erwiderte: „Wenn ich es mir bloß einbilde, dann
bilde ich mir noch mehr ein, weil ich nämlich in der Nacht schon
10 öfter was durchs Haus schleichen gehört habe, und heute sagte
auch Minna –" Weiter kam Guste nicht. „Aha!" Diederich schnob.
„Mit den Dienstboten steckst du zusammen! Das tat Mutter auch
immer. Aber ich kann dir nur sagen, dass ich das nicht dulde. Über
der Ehre meines Hauses wache ich allein, dazu brauche ich weder
15 Minna noch dich, und wenn ihr anderer Meinung seid, dann seht
lieber gleich beide zu, dass ihr die Tür wiederfindet, wo ihr herein-
gekommen seid!" Vor dieser mannhaften Haltung konnte Guste
sich freilich nur ducken, aber sie lächelte ihm von unten nach, wie
er davonging.
20 Diederich seinerseits war froh, durch sein festes Auftreten die Sache aus der Welt geschafft zu haben. Denn noch verwickelter, als es
in diesen Zeiten schon war, durfte das Leben nicht werden. Seine
Heiserkeit, die ihn leider nun drei Tage lang dem Kampfe fernhielt,
war von den Feinden nicht unbenutzt gelassen. Ja, Napoleon Fi-
25 scher hatte ihn noch heute Morgen davon unterrichtet, dass die
„Partei des Kaisers" ihm zu stark werde und dass sie neuerdings zu
viel gegen die Sozialdemokratie hetze. Unter diesen Umständen –
Um ihn zu beruhigen, hatte Diederich ihm versprechen müssen, gleich
heute werde er die übernommenen Verpflichtungen erfüllen und
30 von den Stadtverordneten das sozialdemokratische Gewerkschaftshaus verlangen … So begab er sich, durchaus noch nicht hergestellt,
in die Versammlung – und hier musste er erleben, dass der Antrag
betreffend das Gewerkschaftshaus soeben eingebracht worden war,
und zwar von den Herren Cohn und Genossen. Die Liberalen
35 stimmten dafür, er ging durch, so glatt, als sei er der erste Beste.
Diederich, der den nationalen Verrat der Cohn und Genossen laut
geißeln wollte, konnte nur bellen: Der tückische Streich hatte ihn

abermals der Stimme beraubt. Kaum heimgekehrt, ließ er sich Napoleon Fischer kommen.

„Sie sind entlassen!", bellte Diederich. Der Maschinenmeister grinste verdächtig. „Schön", sagte er und wollte abziehen.

5 „Halt!", bellte Diederich. „Wenn Sie meinen, Sie kommen so leicht los. Gehen Sie mit dem Freisinn zusammen, dann verlassen Sie sich darauf, dass ich unsern Vertrag bekanntmache! Sie sollen was erleben!"

„Politik ist Politik", bemerkte Napoleon Fischer achselzuckend. Und
10 da Diederich vor so viel Zynismus nicht einmal mehr bellen konnte, trat Napoleon Fischer vertraulich näher, fast hätte er Diederich auf die Schulter geklopft. „Herr Doktor", sagte er wohlwollend, „tun Sie doch nur nicht so. Wir beide: – na ja, ich sage bloß, wir beide –" Und sein Grinsen war so voll von Mahnungen, dass Diederich er-
15 schauerte. Schnell bot er Napoleon Fischer eine Zigarre an. Fischer rauchte und sagte: „Wenn einer von uns beiden erst anfängt zu reden, wo hört dann der andere auf! Hab ich recht, Herr Doktor? Aber wir sind doch keine alten Seichtbeutel[1], die immer gleich mit allem herausmüssen, wie zum Beispiel der Herr Buck."

20 „Wieso?", fragte Diederich tonlos und fiel von einer Angst in die andere. Der Maschinenmeister tat erstaunt. „Das wissen Sie nicht? Der Herr Buck erzählt doch überall, dass Sie den nationalen Rummel nicht so schlimm meinen. Sie möchten bloß Gausenfeld billig haben und denken, Sie kriegen es billiger, wenn Klüsing Angst we-
25 gen gewisser Aufträge hat, weil er nicht national ist."

„Das sagt er?", fragte Diederich, zu Stein geworden.

„Das sagt er", wiederholte Fischer. „Und er sagt auch, er tut Ihnen den Gefallen und spricht für Sie mit Klüsing. Dann werden Sie sich wohl wieder beruhigen, sagt er."

30 Da wich der Bann von Diederich. „Fischer!", versetzte er mit kurzem Gebell. „Merken Sie sich, was jetzt kommt. Den alten Buck werden Sie noch im Rinnstein[2] stehn und betteln sehn. Jawohl! Dafür werd ich sorgen, Fischer. Adieu."

---

[1] Seichtbeutel: flüssigkeitsdurchlässiges Siebtuch
[2] Rinnstein: Abflussmulde zwischen Straße und Bordstein

Napoleon Fischer war hinaus, aber Diederich bellte noch lange, im
Zimmer umherstampfend, vor sich hin. Der Schuft, der falsche Bie-
dermann! Hinter allen Widerständen stak der alte Buck, Diederich
hatte es immer geahnt. Der Antrag Cohn und Genossen war sein
Werk gewesen – und jetzt die infame Verleumdung mit Gausenfeld.
Diederichs ganzes Innere bäumte sich auf, in der Unbestechlichkeit
seiner kaisertreuen Gesinnung. ‚Und woher weiß er es?‘, dachte er
mit zornigem Entsetzen. ‚Hat Wulckow mich verkauft? Sie glauben
wohl alle schon, ich treibe doppeltes Spiel?‘ Denn Kunze und die
anderen waren ihm heute merklich abgekühlt erschienen; sie hielten es scheinbar nicht mehr für nötig, ihn einzuweihen in das, was
vorging? Diederich gehörte nicht dem Komitee an, er hatte der Sache das Opfer seines persönlichen Ehrgeizes gebracht. War er darum vielleicht nicht der eigentliche Gründer der „Partei des Kaisers"?
… Verrat überall, Intrigen, feindseliger Verdacht – und nirgends
schlichte deutsche Treue.
Da er nur bellen konnte, musste er in der nächsten Wahlversammlung hilflos zusehen, wie Zillich, es war klar, aus welchem persönlichen Interesse, Jadassohn reden ließ und wie Jadassohn stürmischen Beifall erntete, als er gegen die Elenden und die vaterlandslosen Gesellen loszog, die Napoleon Fischer wählen würden.
Diederich bemitleidete dieses wenig staatsmännische Vorgehen, er
wusste sich Jadassohn hoch überlegen. Andererseits war es nicht
zu verkennen, dass Jadassohn, je weiter er sich durch seinen Erfolg
hinreißen ließ, desto lautere Zustimmung bei gewissen Zuhörern
fand, die keineswegs national anmuteten, sondern sichtlich zu
Cohn und Heuteufel gehörten. Sie waren in verdächtiger Menge
erschienen – und Diederich, überreizt durch die Fallen ringsum,
sah am Ursprung auch dieses Manövers wieder den Erzfeind stehen, ihn, der überall das Böse lenkte, den alten Buck.
Der alte Buck hatte blaue Augen, ein menschenfreundliches Lächeln, und er war der falscheste Hund von allen, die die Gutgesinnten umdrohten. Der Gedanke an den alten Buck hielt Diederich
noch im Traum besessen. Am folgenden Abend unter der Familien-
lampe gab er den Seinen keine Antworten; er führte eingebildete
Streiche gegen den alten Buck. Besonders erbitterte es ihn, dass er
den Alten für einen schon zahnlosen Schwätzer gehalten hatte, und

jetzt zeigte er die Zähne. Nach all seinen humanitären Redensarten
wirkte es auf Diederich wie eine Herausforderung, dass er sich nun
doch nicht einfach fressen ließ. Die heuchlerische Milde, mit der er
getan hatte, als verzeihe er Diederich den Ruin seines Schwieger-
5 sohnes! Wozu hatte er ihn protegiert und in die Stadtverordnetenversammlung gebracht? Nur damit Diederich sich Blößen gebe und
leichter zu fassen sei. Die Frage des Alten damals, ob Diederich der
Stadt sein Grundstück verkaufen wolle, stellte sich jetzt als die gefährlichste Falle heraus. Diederich fühlte sich durchschaut von je-
10 her; ihm war jetzt, als sei bei seiner geheimen Unterredung mit dem
Präsidenten von Wulckow der alte Buck, unsichtbar im Tabaks-
qualm, dabei gewesen; und als Diederich, in einer dunklen Winter-
nacht an Gausenfeld hinangeschlichen, sich in den Graben geduckt
und die Augen, die vielleicht funkelten, geschlossen hatte, da war
15 droben der alte Buck vorbeigegangen und hatte zu ihm hinabge-
späht ... Im Geiste sah Diederich den Alten sich über ihn beugen
und die weiße, weiche Hand hinhalten, um ihm aus dem Graben zu
helfen. Die Güte in seinen Zügen war krasser Hohn, sie war das
Unerträglichste. Er dachte Diederich kirre zu machen und mit sei-
20 nen Schlichen leise zurückzuleiten, wie einen verlorenen Sohn.
Aber man sollte sehen, wer schließlich die Treber[1] fraß!
„Was hast du, mein lieber Sohn?", fragte Frau Heßling, denn Diederich
hatte vor Hass und Angst schwer aufgestöhnt. Er erschrak; in diesem
Augenblick betrat Emmi das Zimmer, sie hatte es, so meinte Diede-
25 rich, schon mehrmals betreten, ging zum Fenster, streckte den Kopf
hinaus, seufzte, als sei sie allein, und begab sich auf den Rückweg.
Guste sah ihr nach; wie Emmi an Diederich vorbeikam, umfasste Gustes spöttischer Blick sie beide, und Diederich erschrak noch tiefer:
Denn dies war das Lächeln des Umsturzes, das er an Napoleon Fischer
30 kannte. So lächelte Guste. Vor Schrecken runzelte er die Stirn und rief
barsch: „Was gibt es!" Schleunigst verkroch sich Guste in ihre Flicke-
rei, Emmi aber blieb stehen und sah ihn mit den entgeisterten Augen
an, die sie jetzt manchmal hatte. „Was ist mit dir?", fragte er, und da sie
stumm blieb: „Wen suchst du auf der Straße?" Sie hob nur die Schul-

---

[1] Treber: beim Bierbrauen entstehende Rückstände vom Braumalz, als
     Viehfutter verwendet

tern, in ihrer Miene geschah gar nichts. „Nun?", wiederholte er leiser; denn ihr Blick, ihre Haltung, die merkwürdig unbeteiligt und
dadurch überlegen schienen, erschwerten es ihm, laut zu sein. Sie
ließ sich endlich herbei, zu sprechen.

5 „Es hätte sein können, dass die beiden Fräulein von Brietzen noch
gekommen wären."

„Am späten Abend?", fragte Diederich. Da sagte Guste: „Weil wir an
die Ehre doch gewöhnt sind. Und überhaupt, sie sind schon gestern
mit ihrer Mama abgereist. Wenn sie einem nicht adieu sagen, weil
10 sie einen gar nicht kennen, braucht man bloß an der Villa vorbeizu-
gehen."

„Wie?", machte Emmi.

„Na gewiss doch!" Und das Gesicht überglänzt, triumphierend ließ
Guste das Ganze los. „Der Leutnant reist auch bald hinterher. Er ist
15 doch versetzt." Eine Pause, ein Blick. „Er hat sich versetzen lassen."

„Du lügst", sagte Emmi. Sie hatte gewankt, man sah, wie sie sich
steif machte. Den Kopf sehr hoch, wandte sie sich ab und ließ hinter
sich den Vorhang fallen. Im Zimmer war Stille. Die alte Frau Heßling auf ihrem Sofa faltete die Hände, Guste sah herausfordernd Die-
20 derich nach, der schnaufend umherlief. Als er wieder bei der Tür
war, gab er sich einen Ruck. Durch den Spalt erblickte er Emmi, die
im Esszimmer auf einem Stuhl saß oder hing, zusammengekrümmt,
als habe man sie gebunden und dort hingeworfen. Sie zuckte, dann
kehrte sie das Gesicht der Lampe zu; vorhin war es ganz weiß gewe-
25 sen und war jetzt stark gerötet, der Blick sah nichts – und plötzlich
sprang sie auf, fuhr los wie gebrannt, und mit zornigen, unsicheren
Schritten stürmte sie fort, sich anschlagend, ohne Schmerz zu fühlen, fort, wie in Nebel hinein, wie in Qualm ... Diederich drehte sich
in steigender Angst nach Frau und Mutter um. Da Guste zur Res-
30 pektlosigkeit geneigt schien, raffte er den gewohnten Komment zusammen und stampfte stramm hinter Emmi her.

Noch hatte er nicht die Treppe erreicht, und droben ward schon
heftig die Tür versperrt, mit Schlüssel und Riegel. Da begann Diederichs Herz so stark zu klopfen, dass er anhalten musste. Als er
35 hinaufgelangt war, blieb ihm nur eine schwache, atemlose Stimme,
um Einlass zu verlangen. Keine Antwort, aber er hörte etwas klirren auf dem Waschtisch – und plötzlich schwenkte er die Arme,

schrie, schlug gegen die Tür und schrie unförmlich. Vor seinem eigenen Lärm hörte er nicht, wie sie öffnete, und schrie noch, als sie schon vor ihm stand. „Was willst du?", fragte sie zornig, worauf Diederich sich sammelte. Von der Treppe spähten mit fragendem Entsetzen Frau Heßling und Guste hinauf. „Unten bleiben!", befahl er, und er drängte Emmi in das Zimmer zurück. Er schloss die Tür. „Das brauchen die anderen nicht zu riechen", sagte er knapp, und er nahm aus der Waschschüssel einen kleinen Schwamm, der von Chloroform troff. Er hielt ihn mit gestrecktem Arm von sich fort und heischte: „Woher hast du das?" Sie warf den Kopf zurück und sah ihn an, sagte aber nichts. Je länger dies dauerte, umso weniger wichtig fühlte Diederich die Frage werden, die doch von Rechts wegen die erste war. Schließlich ging er einfach zum Fenster und warf den Schwamm in den dunklen Hof. Es platschte, er war in den Bach gefallen. Diederich seufzte erleichtert.

Jetzt hatte Emmi eine Frage: „Was führst du hier eigentlich auf? Lass mich gefälligst machen, was ich will!"

Dies kam ihm unerwartet: „Ja was – was willst du denn?"

Sie sah weg, sie sagte achselzuckend: „Dir kann es gleich sein."

„Na höre mal!" Diederich empörte sich. „Wenn du vor deinem himmlischen Richter dich nicht mehr genierst[1], was ich persönlich durchaus missbillige: Ein bisschen Rücksicht könntest du wohl auch auf uns hier nehmen. Man ist nicht allein auf der Welt."

Ihre Gleichgültigkeit verletzte ihn ernstlich. „Einen Skandal in meinem Hause verbitte ich mir! Ich bin der Erste, den es trifft."

Plötzlich sah sie ihn an. „Und ich?"

Er schnappte. „Meine Ehre – !" Aber er hörte gleich wieder auf: Ihre Miene, die er nie so ausdrucksvoll gekannt hatte, klagte und höhnte zugleich. In seiner Verwirrung ging er zur Tür. Hier fiel ihm ein, was das Gegebene sei.

„Im Übrigen werde ich meinerseits als Bruder und Ehrenmann natürlich voll und ganz meine Pflicht tun. Ich darf erwarten, dass du dir inzwischen die äußerste Zurückhaltung auferlegst." Mit einem Blick nach der Waschschüssel, aus der noch immer der Geruch kam: „Dein Ehrenwort!"

---

[1] sich genieren: sich schämen

„Lass mich in Ruhe", sagte Emmi. Da kehrte Diederich zurück.

„Du scheinst dir des Ernstes der Lage denn doch nicht bewusst zu sein. Du hast, wenn das, was ich fürchten muss, wahr ist – "

„Es ist wahr", sagte Emmi.

5 „Dann hast du nicht nur deine eigene Existenz, zum Mindesten deine gesellschaftliche, infrage gestellt, sondern deine ganze Familie mit Schande bedeckt. Und wenn ich nun im Namen von Pflicht und Ehre vor dich hintrete – "

„Dann ist es auch noch so", sagte Emmi.

10 Er erschrak; er setzte an, um seinen Abscheu zu bekunden vor so viel Zynismus, aber in Emmis Gesicht stand zu deutlich, was alles sie durchschaut und abgetan hinter sich ließ. Vor der Überlegenheit ihrer Verzweiflung kam Diederich ein Schaudern an. In ihm zersprang es wie künstliche Federn. Die Beine wurden ihm weich, er

15 setzte sich und brachte hervor; „So sag mir doch nur – Ich will dir auch – " Er sah an Emmis Erscheinung hin, das Wort Verzeihen blieb ihm stecken. „Ich will dir helfen", sagte er. Sie sagte müde: „Wie willst du das wohl machen", und sie lehnte sich drüben an die Wand.

20 Er sah vor sich nieder. „Du musst mir freilich einige Aufklärungen geben: ich meine, über gewisse Einzelheiten. Ich vermute, dass es schon seit deinen Reitstunden dauert? ..."

Sie ließ ihn weiter vermuten, sie bestätigte nicht, noch widersprach sie – wie er aber zu ihr aufsah, hatte sie weich geöffnete Lippen,

25 und ihr Blick hing an ihm mit Staunen. Er begriff, dass sie staunte, weil er vieles, das sie allein getragen hatte, ihr abnahm, indem er es aussprach. Ein unbekannter Stolz erfasste sein Herz, er stand auf und sagte vertraulich: „Verlass dich auf mich. Gleich morgen früh gehe ich hin."

30 Sie bewegte leise und angstvoll den Kopf.

„Du kennst das nicht. Es ist aus."

Da machte er seine Stimme wohlgemut. „Ganz wehrlos sind wir auch nicht! Ich möchte doch sehen!"

Zum Abschied gab er ihr die Hand. Sie rief ihn nochmals zurück.

35 „Du wirst ihn fordern?" Sie riss die Augen auf und hielt die Hand vor den Mund.

„Wieso?", machte Diederich, denn hieran hatte er nicht mehr gedacht.

„Schwöre mir, dass du ihn nicht forderst!"

Er versprach es. Zugleich errötete er, denn er hätte gern noch gewusst, für wen sie fürchtete, für ihn oder für den andern. Dem andern würde er es nicht gegönnt haben. Aber er unterdrückte die Frage, weil die Antwort ihr peinlich sein konnte; und er verließ das Zimmer beinahe auf den Fußspitzen.

Die beiden Frauen, die noch immer drunten warteten, schickte er streng zu Bett. Er selbst legte sich erst dann neben Guste, als sie schon schlief. Er hatte zu bedenken, wie er morgen auftreten würde. Natürlich imponieren! Zweifel am Ausgang der Sache überhaupt nicht zulassen! ... Aber anstatt seiner eigenen, schneidigen Gestalt erschien vor Diederichs Geist immer wieder ein gedrungener Mann mit blanken bekümmerten Augen, der bat, aufbrauste und ganz zusammenbrach: Herr Göppel, Agnes Göppels Vater. Jetzt verstand Diederich in banger Seele, wie damals dem Vater zumute gewesen war. „Du kennst das nicht", meinte Emmi. Er kannte es – weil er es zugefügt hatte.

„Gott bewahre!", sagte er laut und wälzte sich herum. „Ich lasse mich auf die Sache nicht ein. Emmi hat doch nur geblufft mit dem Chloroform. Die Weiber sind raffiniert genug dafür. Ich werf sie hinaus, wie es sich gehört!" Da stand vor ihm auf regnerischer Straße Agnes und starrte, das Gesicht weiß von Gaslicht, zu seinem Fenster hinauf. Er deckte das Betttuch über seine Augen. ‚Ich kann sie nicht auf die Straße jagen!‘ Es ward Morgen, und er sah verwundert, was mit ihm geschehen war.

‚Ein Leutnant steht früh auf‘, dachte er und entwischte, bevor Guste wach wurde. Hinter dem Sachsentor die Gärten zwitscherten und dufteten zum Frühlingshimmel. Die Villen, noch verschlossen, sahen frisch gewaschen aus und als seien lauter Neuvermählte hineingezogen. ‚Wer weiß‘, dachte Diederich und atmete die gute Luft ein, ‚vielleicht ist es gar nicht schwer. Es gibt anständige Menschen. Auch liegen die Dinge doch wesentlich günstiger als –‘ Er ließ den Gedanken lieber fallen. Dort hinten hielt ein Wagen – vor welchem Haus denn? Also doch. Das Gitter stand offen, auch die Tür. Der Bursche kam ihm entgegen. „Lassen Sie nur", sagte Diederich, „ich sehe den Herrn Leutnant schon." Denn im Zimmer gradaus packte von Brietzen einen Koffer. „So früh?", fragte er, ließ den Deckel des Koffers fallen und klemmte sich den Finger ein. „Verdammt." Diederich dachte entmutigt: ‚Er ist auch beim Packen.'

5 „Welchem Zufall verdanke ich denn –", begann Herr von Brietzen, aber Diederich machte, ohne es zu wollen, eine Bewegung, des Sinnes, dass dies unnütz sei. Trotzdem natürlich leugnete Herr von Brietzen. Er leugnete sogar länger als damals Diederich, und Diederich erkannte dies innerlich an, denn wenn es auf die Ehre eines 10 Mädchens ankam, hatte ein Leutnant immerhin noch um einige Grade genauer zu sein als ein Neuteutone. Als man endlich über die Lage der Dinge im Reinen war, stellte Herr von Brietzen sich dem Bruder sofort zur Verfügung, was von ihm gewiss nicht anders zu erwarten war. Aber Diederich, trotz seinem tiefen Bangen, erwider-15 te mit heiterer Stirn, er hoffe, eine Austragung mit den Waffen erübrige sich, wenn nämlich Herr von Brietzen – Und Herr von Brietzen machte eben das Gesicht, das Diederich vorhergesehen hatte, und brauchte eben die Ausreden, die in Diederichs Geist schon erklungen waren. In die Enge getrieben, sagte er den Satz, den Diede-20 rich vor allem fürchtete und der, er sah es ein, nicht zu vermeiden war. Ein Mädchen, das ihre Ehre nicht mehr hatte, machte man nicht zur Mutter seiner Kinder! Diederich antwortete darauf, was Herr Göppel geantwortet hatte, niedergeschlagen wie Herr Göppel. Den rechten Zorn fand er erst, als er an seine große Drohung ge-25 langte, die Drohung, von der er sich schon seit gestern den Erfolg versprach.

„Angesichts Ihrer unritterlichen Weigerung, Herr Leutnant, sehe ich mich leider veranlasst, Ihren Oberst von der Sache in Kenntnis zu setzen."

30 Wirklich schien Herr von Brietzen peinlich getroffen. Er fragte unsicher: „Was wollen Sie damit erreichen? Dass ich eine Moralpredigt kriege? Na schön. Im Übrigen aber –" Herr von Brietzen festigte sich wieder, „was Ritterlichkeit ist, darüber denkt der Oberst denn doch wohl etwas anders als ein Herr, der sich nicht schlägt."

35 Da aber stieg Diederich. Herr von Brietzen möge gefälligst seine Zunge hüten, sonst könnte es ihm passieren, dass er es mit der Neuteutonia zu tun bekomme! Ihm, Diederich, sei der freudige

Blutverlust für die Ehre der Farben durch seine Schmisse beschei-
nigt! Er wolle dem Herrn Leutnant wünschen, dass er einmal in den
Fall komme, einen Grafen von Tauern-Bärenheim zu fordern! „Ich
hab ihn glatt gefordert!" Und im selben Atem behauptete er, dass er
so einem frechen Junker noch lange nicht das Recht einräume, einen bürgerlichen Mann und Familienvater nur so abzuschießen.
„Die Schwester verführen und den Bruder abschießen, das möchten
Sie wohl!", rief er, außer sich. Herr von Brietzen, in einem ähnlichen Zustand wie Diederich, sprach davon, dem Koofmich von seinem Burschen die Fresse einschlagen zu lassen; und da der Bursche
schon bereitstand, räumte Diederich das Feld, aber nicht ohne einen letzten Schuss. „Wenn Sie meinen, für Ihre Frechheiten bewilligen wir Ihnen auch noch die Militärvorlage! Sie sollen sehen, was
Umsturz ist!"
Draußen in der einsamen Allee wütete er weiter, zeigte dem unsichtbaren Feinde die Faust und stieß Drohungen aus. „Das kann euch
schlecht bekommen! Wenn wir mal Schluss machen!" Plötzlich bemerkte er, dass die Gärten noch immer zum Frühlingshimmel zwitscherten und dufteten, und es ward ihm klar, selbst die Natur,
mochte sie schmeicheln oder die Zähne zeigen, war ohne Einfluss
auf die Macht, die Macht über uns, die ganz unerschütterlich ist. Mit
dem Umsturz war leicht drohen; aber das Kaiser-Wilhelm-Denkmal? Wulckow und Gausenfeld? Wer treten wollte, musste sich treten lassen, das war das eherne Gesetz der Macht. Diederich, nach
seinem Anfall von Auflehnung, fühlte schon wieder den heimlichen Schauer dessen, den sie tritt … Ein Wagen kam von dort hinten: Herr von Brietzen mit seinem Koffer. Diederich, ehe er es bedachte, machte halb Front, bereit zu grüßen. Aber Herr von Brietzen sah weg. Diederich freute sich, trotz allem, des frischen und
ritterlichen jungen Offiziers. ‚Den macht uns niemand nach', stellte
er fest.
Freilich, nun er die Meisestraße betrat, ward ihm beklommen. Von
Weitem sah er Emmi nach ihm ausspähen. Ihm fiel auf einmal ein,
was sie in der vergangenen Stunde, die ihr Schicksal entschied,
durchgemacht haben musste. Arme Emmi, nun war es entschieden.
Die Macht war wohl erhebend, aber wenn es die eigene Schwester
traf – ‚Ich habe nicht gewusst, dass es mir so nahegehen würde.' Er

nickte hinauf, so ermunternd wie möglich. Sie war viel schmaler geworden, warum sah das niemand? Unter ihrem blass flimmernden Haar hatte sie große schlaflose Augen, ihre Lippe zitterte, als er ihr zuwinkte; auch das fing er auf in seiner scharfsichtigen Angst.

5 Die Treppe hinauf schlich er fast. Im ersten Stock kam sie aus dem Zimmer und ging vor ihm her in den zweiten. Oben drehte sie sich um – und als sie sein Gesicht gesehen hatte, ging sie hinein ohne eine Frage, ging bis zum Fenster und blieb abgewendet stehen. Er raffte sich zusammen; er sagte laut: „Oh! noch ist nichts verloren."

10 Darauf erschrak er und schloss die Augen. Da er aufstöhnte, wandte sie sich um, kam langsam herbei und legte, um mitzuweinen, den Kopf an seine Schulter.

Nachher hatte er einen Auftritt mit Guste, die hetzen wollte. Diederich sagte ihr auf den Kopf zu, dass sie Emmis Unglück nur miss-
15 brauche, um sich zu rächen für die ihr nicht grade günstigen Umstände, unter denen sie selbst geheiratet worden war. „Emmi läuft wenigstens keinem nach." Guste kreischte auf. „Bin ich dir vielleicht nachgelaufen?" Er schnitt ab. „Überhaupt ist sie meine Schwester!" ... Und da sie nun unter seinem Schutz lebte, fing er an,
20 sie interessant zu finden und ihr eine ungewöhnliche Achtung zu erweisen. Nach dem Essen küsste er ihr die Hand, mochte Guste grinsen. Er verglich die beiden; wie viel gemeiner war Guste! Magda selbst, die er bevorzugt hatte, weil sie Erfolg gehabt hatte, kam in seiner Erinnerung nicht mehr auf gegen die verlassene Emmi. Denn
25 Emmi war durch ihr Unglück feiner und gewissermaßen ungreifbarer geworden. Wenn ihre Hand so bleich und abwesend dalag und Emmi stumm in sich versenkt war wie in einen unbekannten Abgrund, fühlte Diederich sich berührt von der Ahnung einer tieferen Welt. Die Eigenschaft als Gefallene, unheimlich und verächtlich bei
30 jeder anderen, um Emmi, Diederichs Schwester, legte sie eine Luft von seltsamem Schimmer und fragwürdiger Anziehung. Glänzender zugleich und rührender war nun Emmi.

Der Leutnant, der das alles veranlasst hatte, verlor erheblich gegen sie – und mit ihm die Macht, in deren Namen er triumphiert hatte.
35 Diederich erfuhr, dass sie manchmal einen gemeinen und niedrigen Anblick bieten könne: die Macht und alles, was in ihren Spuren ging, Erfolg, Ehre, Gesinnung. Er sah Emmi an und musste zweifeln

an dem Wert dessen, was er erreicht hatte oder noch erstrebte: Gustes und ihres Geldes, des Denkmals, der hohen Gunst, Gausenfelds, der Auszeichnungen und Ämter. Er sah Emmi an und dachte auch an Agnes. Agnes, die Weichheit und Liebe in ihm gepflegt hatte, sie
5 war in seinem Leben das Wahre gewesen, er hätte es festhalten sollen! Wo war sie jetzt? Tot? Er saß manchmal da, den Kopf in den Händen. Was hatte er nun? Was hatte man vom Dienst der Macht? Wieder einmal versagte alles, alle verrieten ihn, missbrauchten seine reinsten Absichten, und der alte Buck beherrschte die Lage. Ag-
10 nes, die nichts vermochte als leiden, es beschlich ihn, als ob sie gesiegt habe. Er schrieb nach Berlin und erkundigte sich nach ihr. Sie war verheiratet und leidlich gesund. Das erleichterte ihn, aber irgendwie enttäuschte es ihn auch.

Aber während er, den Kopf in den Händen, dasaß, kam der Wahltag
15 herbei. Erfüllt von der Eitelkeit der Dinge, hatte Diederich von allem, was vorging, nichts mehr sehen wollen, auch nicht, dass die Miene seines Maschinenmeisters immer feindlicher ward. Am Sonntag der Wahl, frühmorgens, als Diederich noch im Bett lag, trat Napoleon Fischer bei ihm ein. Ohne sich im Geringsten zu ent-
20 schuldigen, begann er: „Ein ernstes Wort in letzter Stunde, Herr Doktor!" Diesmal war er es, der Verrat witterte und sich auf den Pakt berief. „Ihre Politik, Herr Doktor, hat ein doppeltes Gesicht. Uns haben Sie Versprechungen gemacht, und loyal, wie wir sind, haben wir gegen Sie nicht agitiert, sondern bloß gegen den Frei-
25 sinn."

„Wir auch", behauptete Diederich.

„Das glauben Sie selbst nicht. Sie haben sich bei Heuteufel angebiedert. Er hat Ihnen Ihr Denkmal schon bewilligt. Wenn Sie nicht gleich heute mit fliegenden Fahnen zu ihm übergehn, dann tun Sie es si-
30 cher bei der Stichwahl und treiben schnöden Volksverrat."

Napoleon Fischer tat, die Arme verschränkt, noch einen langen Schritt auf das Bett zu. „Sie sollen bloß wissen, Herr Doktor, dass wir die Augen offenhalten."

Diederich sah sich in seinem Bett hilflos dem politischen Gegner
35 ausgeliefert. Er suchte ihn zu besänftigen. „Ich weiß, Fischer, Sie sind ein großer Politiker. Sie sollten in den Reichstag kommen."

„Stimmt." Napoleon blinzte von unten. „Denn wenn ich nicht hin-
einkomme, dann geht in Netzig in mehreren Betrieben ein Streik
los. Einen von den Betrieben kennen Sie ziemlich genau, Herr Doktor." Er machte kehrt. Von der Tür her fasste er Diederich, der vor
Schreck ganz in die Federn gerutscht war, nochmals ins Auge. „Und
darum hoch die internationale Sozialdemokratie!", rief er und ging
ab.

Diederich rief aus seinen Federn: „Seine Majestät der Kaiser, hurra!" Dann aber blieb nichts übrig, als der Lage ins Gesicht zu sehen.
Sie sah drohend genug aus. Schwer von Ahnungen eilte er auf die
Straße, in den Kriegerverein, zu Klappsch, und überall musste er
erkennen, dass in den Tagen seiner Mutlosigkeit die tückische Tak-
tik des alten Buck weitere Erfolge zu verzeichnen gehabt hatte. Die
„Partei des Kaisers" war verwässert durch Zulauf aus den Reihen
des Freisinns und der Abstand Kunzes von Heuteufel unbeträcht-
lich gegen die Kluft zwischen ihm und Napoleon Fischer. Pastor
Zillich, der mit seinem Schwager Heuteufel einen verschämten
Gruß austauschte, erklärte, dass die „Partei des Kaisers" mit ihrem
Erfolg zufrieden sein dürfe, denn sicher habe sie dem Kandidaten
des Freisinns, wenn er schließlich siege, das nationale Gewissen
gestärkt. Da Professor Kühnchen sich ähnlich äußerte, war der Verdacht nicht von der Hand zu weisen, dass ihnen die von Diederich
und Wulckow erpressten Versprechungen noch nicht genügten und
dass sie sich durch weitere persönliche Vorteile vom alten Buck
hatten gewinnen lassen. Der Korruption des demokratischen Klüngels war alles zuzutrauen! Was Kunze betraf, so wollte er auf jeden
Fall selbst gewählt werden, notfalls mithilfe der Freisinnigen. Ihn
hatte sein Ehrgeiz korrumpiert, er hatte ihn schon dahin gebracht,
zu versprechen, dass er für das Säuglingsheim eintreten werde!
Diederich entrüstete sich; Heuteufel sei hundertmal schlimmer als
irgendein Prolet; und er spielte auf die düsteren Folgen an, die eine
so unpatriotische Haltung haben müsse. Leider durfte er nicht
deutlicher werden – und vor sich das Bild des Streiks, im Herzen
schon die Trümmer des Kaiser-Wilhelm-Denkmals, Gausenfelds,
aller seiner Träume, lief er im Regen umher zwischen den Wahllo-
kalen und schleppte gutgesinnte Wähler herbei, im vollen Bewusstsein, dass ihre Kaisertreue den Weg verfehlte und den schlimmsten

Feinden des Kaisers helfe. Abends bei Klappsch, kotbespritzt bis an den Hals und fiebrig entrückt durch den Lärm des langen Tages, durch das viele Bier und das Nahen der Entscheidung, vernahm er das Ergebnis: gegen achttausend Stimmen für Heuteufel, sechstausend und einige für Napoleon Fischer, Kunze aber hatte dreitausendsechshundertzweiundsiebzig. Stichwahl zwischen Heuteufel und Fischer. „Hurra!", schrie Diederich, denn nichts war verloren, und Zeit war gewonnen.

Mit starkem Schritt ging er von dannen, den Schwur im Herzen, dass er fortan das Äußerste tun werde, um die nationale Sache noch zu retten. Es eilte, denn Pastor Zillich hätte am liebsten sofort alle Mauern mit Zetteln bedeckt, die den Anhängern der „Partei des Kaisers" empfahlen, in der Stichwahl für Heuteufel zu stimmen. Kunze freilich gab sich der eitlen Hoffnung hin, Heuteufel werde ihm zu Gefallen zurücktreten. Welche Verblendung! Gleich am Morgen las man die weißen Zettel, auf denen der Freisinn heuchlerisch erklärte, national sei auch er, die nationale Gesinnung sei nicht das Privileg einer Minderheit, und darum – Der Trick des alten Buck enthüllte sich vollends; wenn nicht die ganze „Partei des Kaisers" in den Schoß des Freisinns zurückkehren sollte, hieß es handeln.

Mächtig von Energie gespannt, traf Diederich, von seinen Erkundigungen heimkehrend, im Hausflur auf Emmi, die einen Schleier vor dem Gesicht hatte und sich bewegte, als sei alles gleich. ‚Danke‘, dachte er, ‚es ist durchaus nicht gleich. Wohin kämen wir.‘ Und er grüßte Emmi verstohlen und mit einer Art von Scheu.

Er zog sich in sein Büro zurück, aus dem der alte Sötbier verschwunden war und wo nun Diederich, sein eigener Prokurist und nur seinem Gott verantwortlich, seine folgenschweren Entschlüsse fasste. Er trat zum Telefon, er verlangte Gausenfeld. Da ging die Tür auf, der Briefträger legte seinen Packen hin, und Diederich sah obenauf: Gausenfeld. Er hängte wieder ein, er betrachtete, nickend wie das Schicksal, den Brief. Schon gemacht. Der Alte hatte ohne Worte begriffen, dass er seinen Freunden Buck und Konsorten kein Geld mehr geben dürfe und dass man nötigenfalls imstande sei, ihn persönlich verantwortlich zu machen. Gelassen zerriss Diederich

den Umschlag – aber nach zwei Zeilen las er fliegend. Was für eine
Überraschung! Klüsing wollte verkaufen! Er war alt, er sah seinen
natürlichen Nachfolger in Diederich!
Was hieß dies? Diederich setzte sich in die Ecke und dachte tief. Es
hieß vor allem, dass Wulckow schon eingegriffen hatte. Der Alte
war in blasser Angst wegen der Regierungsaufträge, und der Streik,
mit dem Napoleon Fischer drohte, gab ihm den Rest. Wo war die
Zeit, als er sich aus der Klemme zu ziehen glaubte, wenn er Diederich einen Teil des Papiers für die „Netziger Zeitung" anbot. Jetzt
bot er ihm ganz Gausenfeld an! ‚Man ist eine Macht', stellte Diederich fest – und es ging ihm auf, dass Klüsings Zumutung, die Fabrik
zu kaufen und richtig nach ihrem Wert zu bezahlen, wie die Dinge
lagen, einfach lächerlich sei. Worauf er wirklich laut lachte ... Da
nahm er wahr, dass am Schluss des Briefes, nach der Unterschrift,
noch etwas stand, ein Zusatz, kleiner geschrieben als das Übrige
und so unscheinbar, dass Diederich ihn vorhin übersehen hatte. Er
entzifferte – und der Mund ging ihm von selbst auf. Plötzlich tat er
einen Sprung. „Na also!", rief er frohlockend durch sein einsames
Büro. „Da haben wir sie!" Hierauf bemerkte er tief ernst: „Es ist
schauerlich. Ein Abgrund." Er las noch einmal, Wort für Wort, den
verhängnisvollen Zusatz, legte den Brief in den Geldschrank und
schloss mit hartem Griff. Dort innen schlummerte nun das Gift für
Buck und die Seinen – geliefert von ihrem Freund. Nicht nur, dass
Klüsing sie nicht mehr mit Geld versah, er verriet sie auch. Aber sie
hatten es verdient, das konnte man sagen; eine solche Verderbnis
hatte wahrscheinlich selbst Klüsing angeekelt. Wer da noch Scho-
nung übte, machte sich mitschuldig. Diederich prüfte sich. ‚Scho-
nung wäre geradezu ein Verbrechen. Sehe jeder, wo er bleibe! Hier
heißt es rücksichtslos vorgehen. Dem Geschwür die Maske herun-
terreißen und es mit eisernem Besen auskehren! Ich übernehme es
im Interesse des öffentlichen Wohles, meine Pflicht als nationaler
Mann schreibt es mir vor. Es ist nun mal eine harte Zeit!'
Den Abend darauf war eine große öffentliche Volksversammlung,
einberufen vom freisinnigen Wahlkomitee in den Riesensaal der
„Walhalla". Mit der regen Hilfe Gottlieb Hornungs hatte Diederich
Vorsorge getroffen, dass die Wähler Heuteufels keineswegs unter
sich blieben. Er selbst fand es unnütz, die Programmrede des Kan-

didaten mit anzuhören; er ging hin, als schon die Diskussion begonnen haben musste. Gleich im Vorraum stieß er auf Kunze, der in
übler Verfassung war. „Ausrangierter Schlagetot[1]!", rief er. „Sehen
Sie mich an, Herr, und sagen Sie mir, ob so ein Mann aussieht, der
5 sich das sagen lässt!" Da er vor Aufregung sich nicht weiter erklären konnte, löste Kühnchen ihn ab. „Zu mir hätte Heuteufel das
sagen sollen!", schrie er. „Da hätte er nun aber Kühnchen kennengelernt!" Diederich empfahl dem Major dringend, seinen Gegner zu
verklagen. Aber Kunze brauchte keinen Ansporn mehr, er vermaß
10 sich, Heuteufel ganz einfach in die Pfanne zu hauen. Auch dies war
Diederich recht, und er stimmte lebhaft zu, als Kunze erkennen
ließ, dass er unter diesen Umständen lieber mit dem ärgsten Umsturz gehe als mit dem Freisinn. Hiergegen äußerten Kühnchen und
auch Pastor Zillich, der hinzukam, ihre Bedenken. ‚Die Reichsfein-
15 de – und die ‚Partei des Kaisers'! Bestochene Feiglinge!', sagte Diederichs Blick – indes der Major fortfuhr, Rache zu schnauben. Blutige Tränen sollte die Bande weinen! „Und zwar noch heute Abend",
verhieß darauf Diederich mit einer so eisernen Bestimmtheit, dass
alle stutzten. Er machte eine Pause und blitzte jeden einzeln an.
20 „Was würden Sie sagen, Herr Pastor, wenn ich Ihren Freunden vom
Freisinn gewisse Machenschaften nachwiese ..." Pastor Zillich war
erbleicht, Diederich ging zu Kühnchen über. „Betrügerische Manipulationen mit öffentlichen Geldern ..." Kühnchen hüpfte. „Nu leg
sich eener lang hin!", rief er schreckensvoll. Kunze aber brüllte auf.
25 „An mein Herz!", und er riss Diederich in seine Arme. „Ich bin ein
schlichter Soldat", versicherte er. „Die Schale mag rau sein, aber der
Kern ist echt. Beweisen Sie den Kanaillen ihre Schurkerei, und Major Kunze ist Ihr Freund, als ob Sie mit ihm im Feuer gestanden
hätten bei Marslatuhr[2]!"
30 Der Major hatte Tränen in den Augen, Diederich auch. Und so
hochgespannt wie ihre beiden Seelen war die Stimmung im Saal.
Der Eintretende sah überall Arme in die Luft fahren, die aus blauem
Dunst bestand, und hier und dort schrie eine Brust. „Pfui!", „Sehr

---

[1] Schlagetot: auch als „Totschläger" bekannte Schlagwaffe
[2] Marslatuhr: Bei der Schlacht von Mars-la-Tour nahe Metz 1870 fügte Preußen
    dem französischen Heer eine empfindliche Niederlage zu.

richtig!" oder „Gemeinheit!". Der Wahlkampf war auf der Höhe, Diederich stürzte sich hinein, mit unerhörter Erbitterung, denn vor dem Büro, das der alte Buck in Person leitete, wer stand am Rand der Bühne und redete? Sötbier, Diederichs entlassener Prokurist! Aus
5 Rache hielt Sötbier eine Hetzrede, worin er über die Arbeiterfreundlichkeit gewisser Herren auf das Abfälligste urteilte. Sie sei nichts als ein demagogischer Kniff, womit man, um gewisser persönlicher Vorteile willen, das Bürgertum spalten und dem Umsturz Wähler zutreiben wolle. Früher habe der Betreffende im Gegenteil gesagt:
10 „Wer Knecht ist, soll Knecht bleiben." – „Pfui!", riefen die Organisierten. Diederich stieß um sich, bis er unter der Bühne stand. „Gemeine Verleumdung!", schrie er Sötbier ins Gesicht. „Schämen Sie sich, seit Ihrer Entlassung sind Sie unter die Nörgler gegangen!" Der von Kunze kommandierte Kriegerverein brüllte wie ein Mann: „Gemein-
15 heit!" und „Hört, hört!" – indes die Organisierten pfiffen und Sötbier eine zitterige Faust reckte gegen Diederich, der ihm drohte, er werde ihn einsperren lassen. Da erhob der alte Buck sich und klingelte.

Als man wieder hören konnte, sagte er mit weicher Stimme, die anschwoll und erwärmte: „Mitbürger! Wollt doch dem persönli-
20 chen Ehrgeiz Einzelner nicht Nahrung gewähren, indem ihr ihn ernst nehmt! Was sind hier Personen? Was selbst Klassen? Es geht um das Volk, dazu gehören alle, nur die Herren nicht. Wir müssen zusammenhalten, wir Bürger dürfen nicht immer aufs Neue den Fehler begehen, der schon in meiner Jugend begangen wurde, dass
25 wir unser Heil den Bajonetten anvertrauen, sobald auch die Arbeiter ihr Recht wollen. Dass wir den Arbeitern niemals ihr Recht geben wollten, das hat den Herren die Macht verschafft, auch uns das unsere zu nehmen."

„Sehr wahr!"

30 „Das Volk, wir alle haben angesichts der uns abgeforderten Heeresvermehrung die vielleicht letzte Gelegenheit, unsere Freiheit zu behaupten gegen Herren, die uns nur noch rüsten, damit wir unfrei sind. Wer Knecht ist, soll Knecht bleiben, das wird nicht nur euch Arbeitern gesagt: Das sagen die Herren, deren Macht wir immer
35 teurer bezahlen sollen, uns allen!"

„Sehr wahr! Bravo! Keinen Mann und keinen Groschen!" Inmitten bewegter Zustimmung setzte der alte Buck sich. Diederich, dem äu-

ßersten Kampf nahe und im Voraus schweißtriefend, sandte noch
einen Blick durch den Saal und bemerkte Gottlieb Hornung, der die
Lieferanten des Kaiser-Wilhelm-Denkmals befehligte. Pastor Zillich bewegte sich unter den christlichen Jünglingen, der Krieger-
5 verein war um Kunze geschart: Da zog Diederich blank. „Der Erbfeind erhebt wieder mal das Haupt!", schrie er mit Todesverachtung.
„Ein Vaterlandsverräter, wer unserm herrlichen Kaiser versagt, was
er –"

„Hu, hu!", riefen die Vaterlandsverräter; aber Diederich, unter den
10 Beifallssalven[1] der Gutgesinnten, schrie weiter, wenn ihm auch die
Stimme überschnappte. „Ein französischer General hat Revanche
verlangt!" Vom Büro her fragte jemand: „Wie viel hat er aus Berlin
dafür bekommen?" Worauf man lachte – indes Diederich mit den
Armen hinaufgriff, als wollte er in die Luft steigen. „Schimmernde
15 Wehr! Blut und Eisen! Mannhafte Ideale! Starkes Kaisertum!" Seine
Kraftworte stießen rasselnd aneinander, umlärmt vom Getöse der
Gutgesinnten. „Festes Regiment! Bollwerk gegen die Schlammflut der
Demokratie!"

„Ihr Bollwerk heißt Wulckow!", rief wieder die Stimme vom Büro.
20 Diederich fuhr herum, er erkannte Heuteufel. „Wollen Sie sagen,
die Regierung Seiner Majestät –?" – „Auch ein Bollwerk!", sagte
Heuteufel. Diederich reckte den Finger nach ihm. „Sie haben den
Kaiser beleidigt!", rief er mit äußerster Schneidigkeit. Aber hinter
ihm kreischte jemand: „Spitzel!" Es war Napoleon Fischer, und sei-
25 ne Genossen wiederholten es aus rauen Kehlen. Sie waren aufgesprungen, sie umringten Diederich in unglückverheißender Weise.
„Er provoziert schon wieder! Er will noch einen ins Loch bringen!
Raus!" Und Diederich ward angepackt. Angstverzerrt wand er den
Hals, den schwielige Fäuste beengten, nach dem Vorsitzenden hin
30 und flehte erstickt um Hilfe. Der alte Buck gewährte sie ihm, er
klingelte anhaltend, und er schickte sogar einige junge Leute aus,
damit sie Diederich von seinen Feinden erretteten. Kaum dass er
sich rühren konnte, schwang Diederich den Finger gegen den alten
Buck. „Die demokratische Korruption!", schrie er, tanzend vor Lei-
35 denschaft. „Ich will sie ihm beweisen!" – „Bravo! Reden lassen!" –

---

[1] Beifallssalven: Salve: schnelle Folge von Schüssen

und das Lager der nationalen Männer setzte sich in Bewegung, überrannte die Tische und maß sich Aug in Auge mit dem Umsturz. Ein Handgemenge schien bevorzustehen: Schon fasste der Polizeileutnant dort oben seinen Helm an, um sich damit zu bedecken; es
5 war ein kritischer Moment – da hörte man von der Bühne herab befehlen: „Ruhe! Er soll sprechen!" Und es ward fast still, man hatte einen Zorn vernommen, größer als irgendeiner hier. Der alte Buck, heraufgewachsen hinter seinem Tisch dort oben, war kein würdiger Greis mehr, er schien schlanker vor Kraft, vom Hass war er
10 bleich, und einen Blick schnellte er gegen Diederich: Der Atem stockte einem.

„Er soll sprechen!", wiederholte der Alte. „Auch Verräter haben das Wort, bevor sie abgeurteilt werden. So sehen die Verräter an der Nation aus. Sie haben sich nur äußerlich verändert seit den Zeiten,
15 da mein Geschlecht kämpfte, fiel, ins Gefängnis und auf die Richtstätte[1] ging."

„Haha", machte hier Gottlieb Hornung, voll überlegenen Spottes. Zu seinem Unglück saß er im Armbereich eines starken Arbeiters, der so furchtbar nach ihm ausholte, dass Hornung, noch bevor der
20 Schlag ihn traf, umfiel mitsamt seinem Stuhl.

„Schon damals", rief der Alte, „gab es solche, die statt der Ehre den Nutzen wählten und denen keine Herrschaft demütigend schien, wenn sie sie bereicherte. Der sklavische Materialismus[2], Frucht und Mittel jeder Tyrannei, er war es, dem wir unterlagen, und auch ihr,
25 Mitbürger –"

Der Alte breitete die Arme aus, er spannte sich zu dem letzten Schrei seines Gewissens.

„Mitbürger, auch ihr lauft heute Gefahr, von ihm verraten und seine Beute zu werden! Dieser Mensch soll sprechen."
30 „Nein!"

„Er soll sprechen. Dann aber fragt ihn, wie viel eine Gesinnung, die national zu nennen er die Stirn hat, in barem Gelde beträgt. Fragt

---

[1] Richtstätte: Ort für Hinrichtungen
[2] Materialismus: Weltanschauung, die im Gegensatz zum Idealismus die Materie zum Prinzip der Wirklichkeit erklärt

ihn, wem er sein Haus verkauft hat, zu welchem Zweck und mit welchem Nutzen!"

„Wulckow!" Der Ruf kam von der Bühne, aber der Saal nahm ihn auf. Diederich, gebieterische Fäuste hinter sich, gelangte nicht ganz
5 freiwillig die Stufen zur Bühne hinauf. Dort sah er ratsuchend umher: Der alte Buck saß regungslos, die Hand geballt auf dem Knie und ließ ihn nicht aus dem Auge; Heuteufel, Cohn, alle Herren des Büros erwarteten mit kalter Gier im Gesicht seinen Zusammenbruch; und „Wulckow!" rief der Saal ihm zu, „Wulckow!". Er stam-
10 melte etwas von Verleumdung, das Herz flog ihm, einen Augenblick schloss er die Augen, in der Hoffnung, er werde umfallen und der Sache überhoben sein. Aber er fiel nicht um – und als nichts anderes mehr möglich war, kam ihm ein ungeheurer Mut. Er griff an seine Brusttasche, seiner Waffe sicher, und er maß kampfesfreu-
15 dig den Feind, jenen tückischen Alten, der nun endlich die Maske des väterlichen Gönners verloren hatte und seinen Hass bekannte. Diederich blitzte ihn an, er stieß vor ihm beide Fäuste gegen den Boden. Dann trat er kraftvoll vor den Saal her.

„Wollen Sie was verdienen?", brüllte er, wie ein Ausrufer, in den
20 Tumult – und es ward still, wie auf ein Zauberwort. „Jeder kann bei mir verdienen!", brüllte Diederich, mit unverminderter Gewalt. „Jedem, der mir nachweist, wie viel ich am Verkauf meines Hauses verdient habe, zahle ich ebenso viel!"

Hierauf schien niemand gefasst. Die Lieferanten zuerst riefen bra-
25 vo, dann entschlossen sich auch die Christen und die Krieger, aber ohne rechte Zuversicht, denn es ward wieder „Wulckow!" gerufen, noch dazu nach dem Takt von Biergläsern, die man auf die Tische stieß. Diederich erkannte, dass dies ein vorbereiteter Streich war, der nicht nur ihm, sondern weit höheren Mächten galt. Er sah sich
30 unruhig um, und wirklich zückte der Polizeileutnant schon wieder den Helm. Diederich bedeutete ihm mit der Hand, dass er es schon machen werde, und er brüllte: „Nicht Wulckow, ganz andere Leute! Das freisinnige Säuglingsheim! Dafür hätte ich mein Haus hergeben sollen, das ist mir nahegelegt worden, ich kann es beschwören.
35 Ich als nationaler Mann habe mich energisch gewehrt gegen die Zumutung, die Stadt zu betrügen und den Raub zu teilen mit einem gewissenlosen Magistratsrat!"

„Sie lügen!", rief der alte Buck und stand flammend da. Aber Diederich flammte noch höher, im Vollgefühl seines Rechtes und seiner sittlichen Sendung. Er griff in die Brusttasche, und vor dem tausendköpfigen Drachen dort unten, der ihn anspritzte: „Lügner! Schwind

5 ler!", schwenkte er furchtlos seinen Schein. „Beweis!", brüllte er und schwenkte so lange, bis sie hörten.

„Bei mir ist es nicht geglückt, aber in Gausenfeld. Jawohl, Mitbürger! In Gausenfeld! ... Wieso? Gleich. Zwei Herren von der freisinnigen Partei sind beim Besitzer gewesen und haben das Vorkaufs

10 recht verlangt auf ein gewisses Terrain, für den Fall, dass das Säuglingsheim dorthin kommt."

„Namen! Namen!"

Diederich schlug sich auf die Brust, auch zum Letzten bereit. Klüsing hatte ihm alles verraten, nur nicht die Namen. Blitzend

15 fasste er die Herren des Vorstands ins Auge; einer schien zu erbleichen. ,Wer wagt, gewinnt', dachte Diederich, und er brüllte: „Der eine ist Herr Warenhausbesitzer Cohn!"

Und er trat ab, mit der Miene erfüllter Pflicht. Drunten nahm Kunze ihn entgegen und küsste ihn selbstvergessen rechts und links ins

20 Gesicht, wozu die Nationalgesinnten klatschten. Die anderen schrien: „Beweis!" oder „Schwindel!". Aber „Cohn soll reden!", das wollten alle, Cohn konnte sich den Anforderungen unmöglich entziehen. Der alte Buck sah ihn an, starr, mit einem sichtbaren Zittern der Wangen; und dann erteilte er ihm von selbst das Wort. Cohn,

25 von Heuteufel mit einem Stoß versehen, kam ohne rechte Überzeugung hinter dem langen Tisch des Komitees hervor, schleppte die Füße nach und hatte ungünstig gewirkt, noch bevor er anfing. Er lächelte entschuldigend. „Meine Herren, das werden Sie dem Herrn Vorredner doch nicht glauben", sagte er so sanft, dass fast niemand

30 es verstand. Dennoch meinte Cohn schon zu weit gegangen zu sein. „Ich will den Herrn Vorredner nicht gradezu dementieren, aber so war es denn doch nicht."

„Aha! Er gibt es zu!" – und jäh brach ein Aufruhr los, dass Cohn, auf nichts vorbereitet, einen Sprung rückwärts tat. Der Saal war

35 nur noch ein Fuchteln und Schäumen. Schon fielen da und dort Gegner übereinander her. „Hurra!", kreischte Kühnchen und sauste durch die Reihen mit flatterndem Haar, die Fäuste geschwungen, anfeu

ernd zur Metzelei ... Auch auf der Bühne war alles auf den Beinen, außer dem Polizeileutnant. Der alte Buck hatte den Platz des Vorsitzenden verlassen, und abgekehrt von dem Volk, über das der letzte Schrei seines Gewissens vergebens hingegangen war, abseits und
5 allein, richtete er die Augen dorthin, wo niemand sah, dass sie weinten. Heuteufel sprach entrüstet auf den Polizeileutnant ein, der sich von seinem Stuhl nicht rührte, ward aber darüber belehrt, dass der Beamte allein entscheide, ob und wann er auflöse. Es brauchte nicht grade in dem Augenblick zu geschehen, wo es für den Frei-
10 sinn schlecht stand! Worauf Heuteufel zum Tisch ging und die Glocke führte. Dazu schrie er: „Der zweite Name!" Und da alle Herren auf der Bühne mitschrien, hörte man es endlich, und Heuteufel konnte fortfahren.

„Der Zweite, der in Gausenfeld war, ist Herr Landgerichtsrat Küh-
15 lemann! Stimmt. Kühlemann selbst. Derselbe Kühlemann, aus dessen Nachlass das Säuglingsheim gebaut werden soll. Will jemand behaupten, Kühlemann bestiehlt seinen eigenen Nachlass? Na also!" – und Heuteufel zuckte die Achseln, worauf beifällig gelacht ward. Nicht lange; die Leidenschaften fauchten schon wieder. „Be-
20 weise! Kühlemann soll selbst reden! Diebe!" Herr Kühlemann sei schwerkrank, erklärte Heuteufel. Man werde hinschicken, man telefoniere schon. „Auweh", raunte Kunze seinem Freunde Diederich zu. „Wenn Kühlemann es war, sind wir fertig und können einpacken." – „Noch lange nicht!", verhieß Diederich, tollkühn. Pastor
25 Zillich seinerseits setzte seine Hoffnung nur mehr auf den Finger Gottes. Diederich in seiner Tollkühnheit sagte: „Brauchen wir gar nicht!" – und er machte sich über einen Zweifler her, dem er zuredete. Die Gutgesinnten reizte er zu entschiedener Stellungnahme, ja, er drückte Sozialdemokraten die Hand, um ihren Hass gegen die
30 bürgerliche Korruption zu verstärken – und überall hielt er den Leuten Klüsings Brief vor die Augen. Er schlug so heftig mit dem Handrücken auf das Papier, dass niemand lesen konnte, und rief: „Steht da Kühlemann? Da steht Buck! Wenn Kühlemann noch japsen kann, wird er zugeben müssen, dass er es nicht war. Buck war
35 es!"
Dabei überwachte er dennoch die Bühne, wo es merkwürdig still geworden war. Die Herren des Komitees liefen durcheinander, aber

sie flüsterten nur. Den alten Buck sah man nicht mehr. „Was ist los?" Auch im Saal ward es ruhiger, noch wusste man nicht, warum. Plötzlich hieß es: „Kühlemann soll tot sein." Diederich fühlte es mehr, als dass er es hörte. Er gab es plötzlich auf, zu reden und sich
5 abzuarbeiten. Vor Spannung schnitt er Gesichter. Wenn jemand ihn fragte, antwortete er nicht, er vernahm ringsum ein wesenloses Gewirr von Lauten und wusste nicht mehr deutlich, wo er war. Dann kam aber Gottlieb Hornung und sagte: „Er ist weiß Gott tot. Ich war oben, sie haben telefoniert. Im Moment ist er gestorben."
10 „Im richtigen Moment", sagte Diederich und sah sich um, erstaunt, als erwachte er. „Der Finger Gottes hat sich wieder mal bewährt", stellte Pastor Zillich fest, und Diederich ward sich bewusst, dass dieser Finger doch nicht zu verachten war. Wie, wenn er dem Schicksal einen andern Lauf angewiesen hätte? ... Die Parteien im Saal
15 lösten sich auf; das Eingreifen des Todes in die Politik machte aus den Parteien Leute; sie sprachen gedämpft und verzogen sich. Als er schon draußen war, erfuhr Diederich noch, der alte Buck habe eine Ohnmacht erlitten.

Die „Netziger Zeitung" berichtete über die „tragisch verlaufene
20 Wahlversammlung" und schloss daran einen ehrenvollen Nachruf für den hochverdienten Mitbürger Kühlemann. Den Verblichenen traf kein Makel[1], wenn etwa Dinge vorgefallen waren, die der Aufklärung bedurften ... Das Weitere geschah, nachdem Diederich und Napoleon Fischer eine Besprechung unter vier Augen gehabt hat-
25 ten. Noch am Abend vor der Wahl hielt die „Partei des Kaisers" eine Versammlung ab, von der die Gegner nicht ausgeschlossen waren. Diederich trat auf und geißelte mit flammenden Worten die demokratische Korruption und ihr Haupt in Netzig, das mit Namen zu nennen die Pflicht eines kaisertreuen Mannes sei – aber er nannte
30 es doch lieber nicht. „Denn, meine Herren, das Hochgefühl schwellt mir die Brust, dass ich mich verdient mache um unseren herrlichen Kaiser, wenn ich seinem gefährlichsten Feinde die Maske abreiße und Ihnen beweise, dass er auch nur verdienen will." Hier kam ihm ein Einfall, oder war es eine Erinnerung, er wusste nicht. „Seine

---

[1] Makel: Fehler, Mangel

Majestät haben das erhabene Wort gesprochen: Mein afrikanisches
Kolonialreich für einen Haftbefehl gegen Eugen Richter[1]! Ich aber,
meine Herren, liefere Seiner Majestät die nächsten Freunde Richters!" Er ließ die Begeisterung verrauschen; dann, mit verhältnis-
mäßig gedämpfter Stimme: „Und darum, meine Herren, habe ich
besondere Gründe, zu vermuten, was man an hoher, sehr hoher
Stelle von der ‚Partei des Kaisers' erwartet." Er griff an seine Brusttasche, als trüge er dort auch diesmal die Entscheidung; und plötzlich aus voller Lunge: „Wer jetzt noch seine Stimme dem Freisinnigen gibt, der ist kein kaisertreuer Mann!" Da die Versammlung dies
einsah, machte Napoleon Fischer, der zugegen war, den Versuch, sie
auf die gebotenen Konsequenzen ihrer Haltung hinzuweisen. Sofort fuhr Diederich dazwischen. Die nationalen Wähler würden
schweren Herzens ihre Pflicht tun und das kleinere Übel wählen.
„Aber ich bin der Erste, der jedes Paktieren mit dem Umsturz weit
von sich weist!" Er schlug so lange auf das Rednerpult, bis Napoleon in der Versenkung verschwand. Und dass Diederichs Entrüstung
echt war, ersah man in der Frühe des Stichwahltages aus der sozialdemokratischen „Volksstimme[2]", die, unter höhnischen Ausfällen
gegen Diederich selbst, alles wiedergab, was er über den alten Buck
gesagt hatte, und zwar nannte sie den Namen. „Heßling fällt hinein", sagten die Wähler, „denn jetzt muss Buck ihn verklagen."
Aber viele antworteten: „Buck fällt hinein, der andere weiß zu
viel." Auch die Freisinnigen, soweit sie der Vernunft zugänglich waren, fanden jetzt, es sei an der Zeit, vorsichtig zu werden. Wenn die
Nationalen, mit denen nicht zu spaßen schien, nun einmal meinten,
man solle für den Sozialdemokraten stimmen – Und war der Sozialdemokrat erst gewählt, dann war es gut, dass man ihn mit gewählt hatte, sonst ward man noch boykottiert von den Arbeitern …
Die Entscheidung aber fiel nachmittags um drei. In der Kaiser-Wilhelm-Straße erscholl Alarmgeblase, alles stürzte an die Fenster und
unter die Ladentüren, um zu sehen, wo es brenne. Es war der Krie-

---

[1] Eugen Richter (1838 – 1906): Politiker der Freisinnigen Partei, der vor allem
     mit der Politik Bismarcks immer wieder kritisch ins Gericht ging
[2] Volksstimme: 1890 als eine der Sozialdemokratie nahestehende Tageszei-
     tung gegründet

gerverein in Uniform, der herbeimarschierte. Seine Fahne zeigte ihm den Weg der Ehre. Kühnchen, der das Kommando führte, hatte die Pickelhaube[1] wild im Nacken sitzen und schwang auf furchterregende Weise seinen Degen. Diederich in Reih und Glied stapfte
5 mit und freute sich der Zuversicht, dass nun in Reih und Glied, nach Kommandos und auf mechanischem Wege alles Weitere sich abwickeln werde. Man brauchte nur zu stapfen, und aus dem alten Buck ward Kompott gemacht unter dem Taktschritt der Macht! ... Am andern Ende der Straße holte man die neue Fahne ab und empfing
10 sie, bei schmetternder Musik, mit stolzem Hurra. Unabsehbar verlängert durch die Werbungen des Patriotismus, erreichte der Zug das Klapp'sche Lokal. Hier ward in Sektionen[2] eingeschwenkt, und Kühnchen befahl „Küren[3]". Der Wahlvorstand, an seiner Spitze Pastor Zillich, wartete schon, festlich gekleidet, im Hausflur. Kühn-
15 chen kommandierte mit Kampfgeschrei: „Auf, Kameraden, zur Wahl! Wir wählen Fischer!" – worauf es vom rechten Flügel ab, unter schmetternder Musik, in das Wahllokal ging. Dem Kriegerverein aber folgte der ganze Zug. Klappsch, der auf so viel Begeisterung nicht vorbereitet war, hatte schon kein Bier mehr. Zuletzt,
20 als die nationale Sache alles abgeworfen zu haben schien, dessen sie fähig war, kam noch, von Hurra empfangen, der Bürgermeister Doktor Scheffelweis. Er ließ sich ganz offenkundig den roten Zettel in die Hand drücken, und bei der Rückkehr von der Urne sah man ihn freudig bewegt. „Endlich!", sagte er und drückte Diederich die
25 Hand. „Heute haben wir den Drachen besiegt." Diederich erwiderte schonungslos: „Sie, Herr Bürgermeister? Sie stecken noch halb in seinem Rachen. Dass er Sie nur nicht mitnimmt, jetzt wo er verreckt!" Während Doktor Scheffelweis erbleichte, stieg wieder ein Hurra. Wulckow! ...
30 Fünftausend und mehr Stimmen für Fischer! Heuteufel mit kaum dreitausend war fortgefegt von der nationalen Woge, und in den Reichstag zog der Sozialdemokrat. Die „Netziger Zeitung" stellte einen Sieg der „Partei des Kaisers" fest, denn ihr verdanke man es,

---

[1] Pickelhaube: preußischer Militärhelm mit Spitze
[2] in Sektionen: in Gruppen
[3] Küren: jemanden für einen Ehrentitel auswählen

dass eine Hochburg des Freisinns gefallen sei – womit aber Nothgroschen weder große Befriedigung noch lauten Widerspruch
weckte. Die eingetretene Tatsache fanden alle natürlich, aber
gleichgültig. Nach dem Rummel der Wahlzeit hieß es nun wieder
5 Geld verdienen. Das Kaiser-Wilhelm-Denkmal, noch soeben der
Mittelpunkt eines Bürgerkrieges, regte keinen mehr auf. Der alte
Kühlemann hatte der Stadt sechshunderttausend Mark für gemein-
nützige Zwecke vermacht, sehr anständig. Säuglingsheim oder
Kaiser-Wilhelm-Denkmal, es war wie Schwamm oder Zahnbürste,
10 wenn man zu Gottlieb Hornung kam. In der entscheidenden Sitzung der Stadtverordneten zeigte es sich, dass die Sozialdemokraten für das Denkmal waren, also schön. Irgendjemand schlug vor,
gleich ein Komitee zu bilden und dem Herrn Regierungspräsidenten von Wulckow den Ehrenvorsitz anzubieten. Hier erhob sich
15 Heuteufel, den seine Niederlage wohl doch geärgert hatte, und äußerte Bedenken, ob der Regierungspräsident, der einem gewissen
Grundstücksgeschäft nicht fernstehe, sich selbst für berufen halten
werde, das Grundstück mitzubestimmen, auf dem das Denkmal stehen solle. Man schmunzelte und zwinkerte ein wenig; und Diede-
20 rich, dem es kalt durch den Leib schnitt, wartete, ob jetzt der Skandal kam. Er wartete still, mit einem verstohlenen Kitzel, wie es der
Macht ergehen werde, nun jemand rüttelte. Er hätte nicht sagen
können, was er sich wünschte. Da nichts kam, erhob er sich stramm
und protestierte, ohne übertriebene Anstrengung, gegen eine Un-
25 terstellung, die er schon einmal öffentlich widerlegt habe. Die andere Seite dagegen habe die ihr zur Last gelegten Missbräuche bisher nicht im Mindesten entkräftet. „Trösten Sie sich", erwiderte
Heuteufel, „Sie werden es bald erleben. Die Klage ist schon einge-
reicht."
30 Dies bewirkte immerhin eine Bewegung. Der Eindruck ward freilich abgeschwächt, als Heuteufel gestehen musste, dass sein Freund
Buck nicht den Stadtverordneten Doktor Heßling, sondern nur die
„Volksstimme" verklagt habe. „Heßling weiß zu viel", wiederholte
man – und neben Wulckow, dem der Ehrenvorsitz zufiel, ward Die-
35 derich zum Vorsitzenden des Kaiser-Wilhelm-Denkmal-Komitees
ernannt. Im Magistrat fanden diese Beschlüsse in dem Bürgermeister Doktor Scheffelweis einen warmen Fürsprecher, und sie gingen

durch, wobei der alte Buck durch Abwesenheit glänzte. Wenn er seine Sache selbst nicht höher einschätzte! Heuteufel sagte: „Soll er sich die Schweinereien, die er nicht verhindern kann, auch noch persönlich ansehen?" Aber damit schadete Heuteufel nur sich
5 selbst. Da der alte Buck nun in kurzer Zeit zwei Niederlagen erlitten hatte, sah man voraus, der Prozess gegen die „Volksstimme" werde seine dritte sein. Die Aussage, die man vor Gericht zu machen haben würde, passte jeder schon im Voraus den gegebenen Umständen an. Heßling war natürlich zu weit gegangen, sagten ver-
10 nünftig Denkende. Der alte Buck, den alle von jeher kannten, war kein Schwindler und Gauner. Eine Unvorsichtigkeit wäre ihm vielleicht zuzutrauen gewesen, besonders jetzt, wo er die Schulden seines Bruders bezahlte und selbst schon das Wasser an der Kehle hatte. Ob er nun wirklich mit Cohn bei Klüsing gewesen war wegen
15 des Terrains? Ein gutes Geschäft: – es hätte nur nicht herauskommen dürfen! Und warum musste Kühlemann genau in der Minute abkratzen, wo er seinen Freund hätte freischwören sollen. So viel Pech bedeutete etwas. Herr Tietz, der kaufmännische Leiter der „Netziger Zeitung", der in Gausenfeld ein und aus ging, sagte ausdrück-
20 lich, man begehe nur ein Verbrechen gegen sich selbst, wenn man für Leute eintrete, die augenscheinlich ausgespielt hätten. Auch machte Tietz darauf aufmerksam, dass der alte Klüsing, der mit einem Wort die ganze Sache hätte beenden können, sich hütete, zu reden. Er war krank, nur seinetwegen musste die Verhandlung auf
25 unbestimmte Zeit vertagt werden.
Was ihn aber nicht abhielt, seine Fabrik zu verkaufen. Dies war das Neueste, dies waren die „einschneidenden Veränderungen in einem großen, für das wirtschaftliche Leben Netzigs hochbedeutsamen Unternehmen", von denen die „Netziger Zeitung" dunkel meldete.
30 Klüsing war mit einem Berliner Konsortium in Verbindung getreten. Diederich, gefragt, warum er nicht mittue, zeigte den Brief vor, worin Klüsing ihm, früher als jedem andern, den Kauf angeboten hatte. „Und zwar unter Bedingungen, die nie wiederkommen", setzte er hinzu. „Leider bin ich stark engagiert bei meinem Schwager in
35 Eschweiler, ich weiß nicht einmal, ob ich nicht von Netzig wegziehen muss." Aber als Sachverständiger erklärte er auf Befragen Nothgroschens, der seine Antwort veröffentlichte, dass der Prospekt eher

noch hinter der Wahrheit zurückbleibe. Gausenfeld sei tatsächlich eine Goldgrube; der Ankauf der Aktien, die an der Börse zugelassen seien, könne nur auf das Wärmste empfohlen werden. Tatsächlich wurden die Aktien in Netzig stark gefragt. Wie sachlich und
5 von persönlichem Interesse unbeeinflusst Diederichs Urteil gewesen war, zeigte sich bei einer besonderen Gelegenheit, als nämlich der alte Buck Geld suchte. Denn er war so weit; seine Familie und sein Gemeinsinn hatten ihn glücklich so weit gebracht, dass auch seine Freunde nicht mehr mitgingen. Da griff Diederich ein. Er gab
10 dem Alten zweite Hypothek für sein Haus in der Fleischhauergrube. „Er muss es verzweifelt nötig gehabt haben", bemerkte Diederich, sooft er davon erzählte. „Wenn er es von mir, seinem entschiedensten politischen Gegner, annimmt! Wer hätte das früher von ihm gedacht." Und Diederich sah gedankenvoll in das Schicksal …
15 Er setzte hinzu, das Haus werde ihm teuer zu stehen kommen, wenn es ihm zufalle. Freilich, aus dem seinen müsse er bald heraus. Und auch dies zeigte, dass er auf Gausenfeld nicht rechnete … „Aber", erklärte Diederich, „der Alte ist nicht auf Rosen gebettet, wer weiß, wie sein Prozess ausgeht – und grade weil ich ihn poli-
20 tisch bekämpfen muss, wollte ich zeigen – Sie verstehen." Man verstand, und man beglückwünschte Diederich zu seinem mehr als korrekten Verhalten. Diederich wehrte ab. „Er hat mir Mangel an Idealismus vorgeworfen, das durfte ich nicht auf mir sitzen lassen." Männliche Rührung zitterte in seiner Stimme.
25 Die Schicksale nahmen ihren Lauf; und wenn man manche auf Terrainschwierigkeiten stoßen sah, durfte man umso freudiger anerkennen, dass das eigene glattging. Diederich erfuhr dies so recht an dem Tage, als Napoleon Fischer nach Berlin reiste, um die Militärvorlage abzulehnen. Die „Volksstimme" hatte eine Massendemons-
30 tration angekündigt, der Bahnhof sollte polizeilich besetzt sein; Pflicht eines nationalen Mannes war es, dabei zu sein. Unterwegs stieß Diederich auf Jadassohn. Man begrüßte einander so förmlich, wie die kühl gewordenen Beziehungen es vorschrieben. „Sie wollen sich auch den Klimbim ansehen?", fragte Diederich.
35 „Ich gehe in Urlaub – nach Paris." Tatsächlich trug Jadassohn Kniehosen. Er setzte hinzu: „Schon um den politischen Dummheiten auszuweichen, die hier begangen worden sind."

Diederich beschloss, vornehm hinwegzuhören über die Verärgerung eines Menschen, der keinen Erfolg gehabt hatte. „Man dachte eigentlich", sagte er, „Sie würden jetzt Ernst machen."

„Ich? Wieso?"

5 „Fräulein Zillich ist freilich fort zu ihrer Tante."

„Tante ist gut", Jadassohn feixte. „Und man dachte, Sie wohl auch?"

„Mich lassen Sie nur aus dem Spiel." Diederich machte ein Gesicht voll Einverständnis. „Aber wieso ist Tante gut? Wo ist sie denn hin?"

10 „Durchgegangen", sagte Jadassohn. Da blieb Diederich denn doch stehn und schnaufte. Käthchen Zillich durchgegangen! In was für Abenteuer hätte man verwickelt werden können! ... Jadassohn sagte weltmännisch: „Nun ja, nach Berlin. Die guten Eltern haben noch keine Ahnung. Ich bin weiter nicht böse mit ihr, Sie verstehen, 15 es musste mal zum Klappen kommen."

„So oder so", ergänzte Diederich, der sich gefasst hatte.

„Lieber so als so", berichtigte Jadassohn; worauf Diederich, vertraulich die Stimme gesenkt: „Jetzt kann ich es Ihnen ja sagen, mir kam das Mädchen schon immer so vor, als ob sie bei Ihnen auch nicht 20 sauer werden würde."

Aber Jadassohn verwahrte sich, nicht ohne Eigenliebe. „Was glauben Sie denn. Ich selbst habe ihr Empfehlungen mitgegeben. Passen Sie auf, sie macht Karriere in Berlin."

„Daran zweifle ich nicht." Diederich zwinkerte. „Ich kenne ihre 25 Qualitäten ... Sie allerdings haben mich für naiv gehalten." Jadassohns Abwehr ließ er nicht gelten. „Sie haben mich für naiv gehalten. Und zur selben Zeit bin ich Ihnen verdammt ins Gehege gekommen, jetzt kann ich es ja sagen." Er berichtete dem andern, der immer unruhiger ward, sein Erlebnis mit Käthchen im Liebeskabinett 30 – berichtete es so vollständig, wie es in Wahrheit nicht stattgefunden hatte. Mit einem Lächeln befriedigter Rache sah er auf Jadassohn, der sichtlich im Zweifel war, ob hier der Ehrenpunkt Platz greifen müsse. Schließlich entschied er sich dafür, Diederich auf die Schulter zu klopfen, und man zog in freundschaftlicher Weise die 35 gebotenen Schlüsse. „Die Sache bleibt natürlich streng unter uns ... So ein Mädchen muss man auch gerecht beurteilen, denn woher soll die bessere Lebewelt sich ergänzen ... Die Adresse? Aber nur

Ihnen. Kommt man dann mal nach Berlin, so weiß man doch, woran man ist." – „Es hätte sogar einen gewissen Reiz", bemerkte Diederich, in sich hineinblickend; und da Jadassohn sein Gepäck sah, nahmen sie Abschied. „Die Politik hat uns leider etwas auseinandergebracht, aber im Menschlichen findet man sich, Gott sei Dank, wieder. Viel Vergnügen in Paris."

„Vergnügen kommt nicht in Frage." Jadassohn wandte sich um, mit einem Gesicht, als sei er im Begriff, jemand hineinzulegen. Da er Diederichs beunruhigte Miene sah, kam er zurück. „In vier Wochen", sagte er merkwürdig ernst und gefasst, „werden Sie es selbst sehn. Vielleicht ist es vorzuziehen, wenn Sie die Öffentlichkeit schon jetzt darauf vorbereiten." Diederich, ergriffen wider Willen, fragte: „Was haben Sie vor?" Und Jadassohn, bedeutungsschwer, mit dem Lächeln eines opfervollen Entschlusses: „Ich stehe im Begriff, meine äußere Erscheinung in Einklang zu bringen mit meinen nationalen Überzeugungen." ... Als Diederich den Sinn dieser Worte erfasst hatte, konnte er nur noch eine achtungsvolle Verbeugung machen; Jadassohn war schon fort. Dahinten flammten, nun er die Halle betrat, seine Ohren noch einmal – das letzte Mal! – auf, wie zwei Kirchenfenster im Abendschein.

Auf den Bahnhof zu rückte eine Gruppe von Männern, in deren Mitte eine Standarte[1] schwebte. Einige Schutzleute kamen nicht eben leichtfüßig die Treppe herab und stellten sich ihnen entgegen. Alsbald stimmte die Gruppe die Internationale[2] an. Gleichwohl ward ihr Ansturm von den Vertretern der Macht erfolgreich zurückgeschlagen. Mehrere kamen freilich durch und scharten sich um Napoleon Fischer, der, langarmig wie er war, seine bestickte Reisetasche beinahe am Boden schleppte. Beim Büfett erfrischte man sich nach diesen in der Julisonne für die Sache des Umsturzes bestandenen Strapazen. Dann versuchte Napoleon Fischer auf dem Bahnsteig, da der Zug ohnedies Verspätung hatte, eine Ansprache zu halten; aber ein Polizist untersagte es dem Abgeordneten. Napoleon setzte die bestickte Tasche hin und fletschte die Zähne. Wie Diede-

---

[1] Standarte: Truppenfahne
[2] die Internationale: international bekanntes Kampflied der sozialistischen Bewegung

rich ihn kannte, war er im Begriff, einen Widerstand gegen die
Staatsgewalt zu begehen. Zu seinem Glück fuhr der Zug ein – und
erst jetzt ward Diederich auf einen untersetzten Herrn aufmerksam,
der sich aber abwandte, wenn man um ihn herumging. Er hielt ei-
5 nen großen Blumenstrauß vor sich hin und sah dem Zug entgegen.
Diederich kannte doch diese Schultern ... Das ging mit dem Teufel
zu! Aus einem Coupé grüßte Judith Lauer, ihr Mann half ihr herunter, ja er überreichte ihr den Blumenstrauß, und sie nahm ihn mit
dem ernsten Lächeln, das sie hatte. Wie die beiden sich nach dem
10 Ausgang wandten, ging Diederich ihnen schleunigst aus dem Weg,
und er schnaufte dabei. Mit dem Teufel ging es nicht zu, Lauers Zeit
war einfach herum, er war wieder frei. Nicht, dass von ihm etwas zu
fürchten stand, immerhin musste man sich erst wieder daran gewöhnen, ihn draußen zu wissen ... Und mit einem Bouquet holte er
15 sie ab! Wusste er denn nichts? Er hatte doch Zeit gehabt, nachzu-
denken. Und sie, die zu ihm zurückkehrte, nachdem er fertig gesessen hatte! Es gab Verhältnisse, von denen man sich als anständiger
Mensch nichts träumen ließ. Übrigens stand Diederich den Dingen
nicht näher als jeder andere; er hatte damals nur seine Pflicht getan.
20 ‚Alle werden dieselbe peinliche Empfindung haben wie ich. Man
wird ihm allerseits zu verstehen geben, dass er am besten zu Hause
bleibt ... Denn wie man sich bettet, liegt man.‘ Käthchen Zillich hatte es begriffen und die richtige Folgerung gezogen. Was ihr recht
war, konnte gewissen anderen Leuten billig sein, nicht nur dem
25 Herrn Lauer.
Diederich selbst, der von achtungsvollen Grüßen geleitet durch die
Stadt schritt, nahm jetzt auf die natürlichste Weise den Platz ein, den
seine Verdienste ihm bereitet hatten. Durch diese harte Zeit hatte er
sich nun so weit hindurchgekämpft, dass bloß noch die Früchte zu
30 pflücken waren. Die anderen hatten angefangen, an ihn zu glauben;
alsbald kannte auch er keinen Zweifel mehr ... Über Gausenfeld liefen
neuerdings ungünstige Gerüchte um, und die Aktien fielen. Woher
wusste man, dass die Regierung der Fabrik ihre Aufträge entzogen
und sie dem Heßling'schen Werk übertragen hatte? Diederich hatte
35 nichts verlauten lassen, aber man wusste es, noch bevor die Arbeiter-
entlassungen kamen, die die „Netziger Zeitung" so sehr bedauerte.
Der alte Buck, als Vorsitzender des Aufsichtsrates, musste sie leider

persönlich anregen, was ihm allgemein schadete. Die Regierung ging wahrscheinlich nur wegen des alten Buck so scharf vor. Es war ein Fehler gewesen, ihn zum Vorsitzenden zu wählen. Überhaupt hätte er mit dem Geld, das Heßling ihm anständigerweise gegeben hatte, lieber Schulden bezahlen sollen, statt Gausenfelder Aktien zu kaufen. Diederich selbst äußerte überall diese Ansicht. „Wer hätte das früher von ihm gedacht!", bemerkte er auch hierzu wieder, und wieder tat er einen gedankenvollen Blick in das Schicksal. „Man sieht, wozu einer imstande ist, der den Boden unter den Füßen verliert." Worauf jeder den beklemmenden Eindruck mitnahm, der alte Buck werde auch ihn selbst, als Aktionär von Gausenfeld, in seinen Ruin hineinreißen. Denn die Aktien fielen. Infolge der Entlassungen drohte ein Streik: Sie fielen noch tiefer … Hier machte Kienast sich Freunde. Kienast war unvermutet in Netzig eingetroffen, zur Erholung, wie er sagte. Keiner gestand es gern dem andern ein, dass er Gausenfelder hatte und hereingefallen war. Kienast hinterbrachte es dem, dass jener schon verkauft habe. Seine persönliche Meinung war, dass es hohe Zeit sei. Ein Makler, den er übrigens nicht kannte, saß dann und dann im Café und kaufte. Einige Monate später brachte die Zeitung ein tägliches Inserat des Bankhauses Sanft & Co. Wer noch Gausenfelder hatte, konnte sie hier mühelos abstoßen. Tatsächlich besaß zu Anfang des Herbstes kein Mensch mehr die faulen Papiere. Dagegen ging das Gerede, Heßling und Gausenfeld sollten fusioniert werden. Diederich zeigte sich verwundert. „Und der alte Herr Buck?", fragte er. „Als Vorsitzender des Aufsichtsrates wird er wohl noch mitreden wollen. Oder hat er selbst schon verkauft?" – „Der hat mehr Sorgen", hieß es dann. Denn in seiner Beleidigungssache gegen die „Volksstimme" war jetzt die Verhandlung anberaumt. „Er wird wohl hineinfliegen", meinte man; und Diederich, mit vollkommener Sachlichkeit: „Schade um ihn. Dann hat er in seinem letzten Aufsichtsrat gesessen."

In diesem Vorgefühl gingen alle zu der Verhandlung. Die auftretenden Zeugen erinnerten sich nicht. Klüsing hatte schon längst zu jedem vom Verkauf der Fabrik gesprochen. Hatte er von jenem Terrain besonders gesprochen? Und hatte er als den Unterhändler den alten Buck genannt? Dies alles blieb zweifelhaft. In den Kreisen der Stadtverordneten war bekannt gewesen, dass das Grundstück in

Frage komme für das damals in Aussicht genommene Säuglingsheim. War Buck dafür gewesen? Jedenfalls nicht dagegen. Mehreren
war es aufgefallen, wie lebhaft er sich für den Platz interessierte.
Klüsing selbst, der noch immer krank war, hatte in seiner kommis-
sarischen Vernehmung[1] ausgesagt, sein Freund Buck sei bis vor
Kurzem bei ihm ein und aus gegangen. Wenn Buck ihm von dem
Vorkaufsrecht auf das Terrain gesprochen haben sollte, so habe er
dies keinesfalls in einem für Buck ehrenrührigen Sinne aufgefasst
... Der Kläger Buck wünschte festgestellt zu sehen, dass der verstorbene Kühlemann es gewesen sei, der mit Klüsing verhandelt habe:
Kühlemann selbst, der Spender des Geldes. Aber die Feststellung
misslang, Klüsings Aussage war unentschieden auch hierin. Dass
Cohn es behauptete, war nicht wesentlich, da Cohn ein Interesse
hatte, seinen eigenen Besuch in Gausenfeld harmlos erscheinen zu
lassen. Als gewichtigster Zeuge blieb Diederich übrig, dem Klüsing
geschrieben und der gleich darauf mit ihm eine Unterredung gehabt hatte. War damals ein Name gefallen? Er sagte aus: „Mir lag
nicht daran, den oder jenen Namen zu erfahren. Ich stelle fest, dass
ich, was alle Zeugen bestätigen, niemals öffentlich den Namen des
Herrn Buck genannt habe. Mein Interesse in der Sache war einzig
das der Stadt, die nicht durch Einzelne geschädigt werden sollte. Ich
bin für die politische Moral eingetreten. Persönliche Gehässigkeit
liegt mir fern, und es würde mir leidtun, wenn der Herr Kläger aus
dieser Verhandlung nicht ganz vorwurfsfrei hervorgehen sollte."
Seinen Worten folgte ein anerkennendes Gemurmel. Nur Buck
schien unzufrieden; er fuhr auf, rot im Gesicht ... Diederich sollte
nun angeben, welches seine persönliche Auffassung der Sache sei.
Er setzte an: Da trat Buck vor, straff aufgerichtet, und seine Augen
flammten wieder, wie in der tragisch verlaufenen Wahlversammlung.
„Ich erlasse es dem Herrn Zeugen, ein schonendes Gutachten abzu-
geben über meine Person und mein Leben. Er ist nicht der Mann
dazu. Seine Erfolge sind mit anderen Mitteln erreicht als die meinen, und sie haben einen anderen Gegenstand. Mein Haus war im-

---

[1] kommissarische Vernehmung: Zeugenbefragung außerhalb des eigentlichen
Gerichtsprozesses

mer jedem offen und zugänglich, auch dem Herrn Zeugen. Mein
Leben gehört seit mehr als fünfzig Jahren nicht mir, es gehört einem
Gedanken, den zu meiner Zeit mehrere hatten, der Gerechtigkeit
und dem Wohl aller. Ich war vermögend, als ich in die Öffentlich-
5 keit trat. Wenn ich sie verlasse, werde ich arm sein. Ich brauche
keine Verteidigung!"
Er schwieg, sein Gesicht zitterte noch – aber Diederich zuckte nur
die Achseln. Auf welche Erfolge berief sich der Alte? Er hatte schon
längst keine mehr und brachte nun hohle Worte vor, auf die nie-
10 mand eine Hypothek gab. Er tat erhaben und befand sich schon
unter den Rädern. Konnte ein Mensch seine Lage so sehr verkennen? „Wenn einer von uns den andern von oben herab zu behandeln hat –" Und Diederich blitzte. Er blitzte den Alten, der vergebens
flammte, einfach nieder, und diesmal endgültig, mitsamt der Ge-
15 rechtigkeit und dem Wohl aller. Zuerst das eigene Wohl – und gerecht war die Sache, die Erfolg hatte! ... Er fühlte deutlich, dass dies
für alle feststand. Auch der Alte fühlte es, er setzte sich wieder, er
bekam runde Schultern, in seine Miene trat etwas wie Scham. Zu
den Schöffen[1] gewendet, sagte er: „Ich verlange keine Ausnahme-
20 stellung, ich unterwerfe mich dem Urteil meiner Mitbürger."
Worauf denn Diederich, als sei nichts geschehen, in seiner Aussage
fortfuhr. Sie war wirklich sehr schonend und machte den besten
Eindruck. Seit dem Prozess Lauer fand man ihn durchaus günstig
verändert; er hatte an überlegener Ruhe gewonnen, was freilich
25 kein Kunststück hieß, da er jetzt ein gemachter Mann und fein heraus war. Grade schlug es Mittag, und im Saal verbreitete sich sum-
mend das Neueste aus der „Netziger Zeitung": Es war Tatsache,
Heßling, Großaktionär von Gausenfeld, war als Generaldirektor
berufen worden ... Neugierig musterte man ihn – und ihm gegen-
30 über den alten Buck, auf dessen Kosten er Seide gesponnen hatte[2].
Die Zwanzigtausend, die er dem Alten zuletzt noch geliehen hatte,
bekam er nun mit hundert Prozent zurück, und war noch edel. Dass
der Alte sich für das Geld grade Gausenfelder gekauft hatte, wirkte
wie ein guter Witz von Heßling und tröstete im Augenblick man-

---

[1] Schöffen: ehrenamtliche Richter, die an Prozessen mitwirken
[2] Seide spinnen: hier: reich werden

chen über den eigenen Verlust. Bei Diederichs Abgang schwieg
man an seinem Wege. Die Grüße drückten Achtung in dem Grade
aus, wo sie in Unterwürfigkeit übergeht. Die Hereingefallenen grüß-
ten den Erfolg.

5 Mit dem alten Buck verfuhren sie unwirscher. Als der Vorsitzende
das Urteil verkündete, ward geklatscht. Nur fünfzig Mark für den
Redakteur der „Volksstimme"! Der Beweis war nicht vollständig erbracht, guter Glaube ward zugebilligt. Vernichtend für den Kläger,
sagten die Juristen – und wie Buck das Gerichtsgebäude verließ,
10 wichen auch die Freunde ihm aus. Kleine Leute, die an Gausenfeld
ihre Ersparnisse verloren hatten, schüttelten die Fäuste hinter ihm
her. Und allen brachte dieser Spruch des Gerichts die Erleuchtung,
dass sie mit ihrer Meinung über den alten Buck eigentlich schon
längst fertig waren. Ein Geschäft wie das mit dem Terrain für das
15 Säuglingsheim musste wenigstens glücken: Das Wort war von Heßling, und es stimmte. Aber daran lag es: Dem alten Buck war seiner
Lebtage kein Geschäft geglückt. Er dünkte sich was Wunder, wenn
er als Stadtvater und Parteiführer mit Schulden abschnitt. Faule
Kunden gab es noch mehr! Der geschäftlichen Fragwürdigkeit aber
20 entsprach die moralische, dafür zeugte die nie recht aufgeklärte
Geschichte mit der Verlobung seines Sohnes, desselben, der sich
jetzt beim Theater umhertrieb. Und Bucks Politik? Eine internationale Gesinnung, immer nur Opfer fordern für demagogische[1] Zwecke, aber wie Hund und Katz mit der Regierung, was dann wieder
25 auf die Geschäfte zurückwirkte: das war die Politik eines Menschen, der nichts mehr zu verlieren hat und dem es an gutbürgerli-
cher Mündelsicherheit[2] gebricht. Entrüstet erkannte man, dass man
sich auf Gedeih und Verderb in der Hand eines Abenteurers befunden hatte. Ihn unschädlich zu machen war der allgemeine Herzens-
30 wunsch. Da er von selbst aus dem vernichtenden Urteil die Folgerungen nicht zog, mussten andere sie ihm nahelegen. Das Verwal-
tungsrecht enthielt doch wohl eine Bestimmung, wonach ein
Gemeindebeamter sich durch sein Verhalten in und außer dem
Amte der Achtung, die dieses erfordert, würdig zu erweisen hatte.

---

[1] demagogisch: aufhetzend
[2] Mündelsicherheit: vor Verlusten geschützte Vermögensanlage

Ob der alte Buck diese Bestimmung erfüllte? Die Frage aufwerfen
hieß sie verneinen, wie die „Netziger Zeitung", ohne natürlich seinen Namen zu nennen, feststellte. Aber es musste erst so weit kommen, dass die Stadtverordnetenversammlung mit der Angelegenheit
5 befasst ward. Da endlich, einen Tag vor der Debatte, nahm der hart-
gesottene Alte Vernunft an und legte sein Amt als Stadtrat nieder.
Seine politischen Freunde konnten ihn hiernach, bei Gefahr, die
letzten Anhänger zu verlieren, nicht länger an der Spitze der Partei
lassen. Er machte es ihnen nicht leicht, wie es schien; mehrfache
10 Besuche bei ihm und ein sanfter Druck waren nötig, bevor in der
Zeitung sein Brief erschien: Das Wohl der Demokratie sei ihm
wichtiger als seins. Da ihr, unter der Einwirkung von Leidenschaften, die er für vergänglich halten wolle, jetzt Schaden drohe durch
seinen Namen, trete er zurück. „Wenn es dem Ganzen nützen kann,
15 bin ich bereit, den ungerechten Makel, den der getäuschte Volks-
wille mir auferlegt, zu tragen, im Glauben an die ewige Gerechtigkeit des Volkes, das ihn dereinst wieder von mir nehmen wird."
Dies fasste man als Heuchelei und Überhebung auf; die Wohlmei-
nenden entschuldigten es mit Greisenhaftigkeit. Übrigens hatte,
20 was er schrieb oder nicht schrieb, keinen Belang mehr, denn was
war er noch? Leute, die ihm Stellungen oder Gewinn verdankten,
sahen ihm plötzlich ins Gesicht, ohne an den Hut zu fassen. Manche lachten und machten laute Bemerkungen: Es waren die, denen
er nichts zu befehlen gehabt hatte und die dennoch voll Ergeben-
25 heit gewesen waren, solange er das allgemeine Ansehen genoss.
Statt der alten Freunde aber, die auf seinem täglichen Spaziergang
sich niemals vorfanden, kamen neue, seltsame. Sie begegneten ihm,
wenn er heimkehrte und es schon dämmerte, und es war etwa ein
kleiner Geschäftsmann mit gehetzten Augen, dem der Bankerott im
30 Nacken saß, oder ein düsterer Trunkenbold, oder irgendein die
Häuser entlangstreichender Schatten. Diese sahen ihm, den Schritt
verlangsamend, entgegen mit scheuer oder frecher Vertraulichkeit.
Sie rückten wohl zögernd ihre Kopfbedeckung, dann winkte der
alte Buck ihnen zu, und auch die Hand, die hingehalten ward, nahm
35 er, ganz gleich welche.
Da die Zeit verging, beachtete auch der Hass ihn nicht mehr. Wer mit
Absicht weggesehen hatte, ging nun gleichgültig vorbei, und manch-

mal grüßte er wieder, aus alter Gewohnheit. Ein Vater, der seinen
jungen Sohn bei sich hatte, bekam eine nachdenkliche Miene, und
waren sie vorüber, erklärte er dem Kinde: „Hast du den alten Herrn
gesehen, der da so allein hinschleicht und niemand ansieht? Dann
merke dir für dein Leben, was aus einem Menschen die Schande machen kann." Und das Kind ward fortan beim Anblick des alten Buck
von einem geheimnisvollen Grauen überlaufen, gleichwie das er-
wachsene Geschlecht, als es klein war, bei seinem Anblick einen un-
erklärten Stolz gefühlt hatte. Junge Leute freilich gab es, die der herrschenden Meinung nicht folgten. Manchmal, wenn der Alte das Haus
verließ, war eben die Schule aus. Die Herden der Heranwachsenden
trabten davon, ehrfürchtig machten sie ihren Lehrern Platz, und
Kühnchen, jetzt rückhaltlos national, oder Pastor Zillich, sittenstren-
ger als je seit dem Unglück mit Käthchen, eilten hindurch, ohne einen
Blick für den Gefallenen. Da blieben am Wege diese wenigen jungen
Leute stehen, jeder für sich, wie es schien, und aus eigenem Antrieb.
Ihre Stirnen sahen weniger glatt aus als die meisten; sie hatten Ausdruck in den Augen, nun sie Kühnchen und Zillich den Rücken kehrten und vor dem alten Buck den Kopf entblößten. Unwillkürlich
hielt er dann den Schritt an und sah in diese zukunftsträchtigen
Gesichter, noch einmal voll der Hoffnung, mit der er sein Leben
lang in alle Menschengesichter gesehen hatte.

Diederich inzwischen hatte wahrhaftig keine Zeit, viel Aufmerksamkeit zu wenden an nebensächliche Begleiterscheinungen seines
Aufstiegs. Die „Netziger Zeitung", jetzt unbedingt zu Diederichs
Verfügung, stellte fest, dass Herr Buck selbst es gewesen sei, der,
noch bevor er den Vorsitz im Aufsichtsrat niederlegte, die Berufung
des Herrn Doktor Heßling zum Generaldirektor befürworten musste. An der Tatsache spürte mancher einen eigenartigen Geschmack.
Doch gab Nothgroschen zu bedenken, dass Herr Generaldirektor
Doktor Heßling sich ein großes und unbestrittenes Verdienst um
die Allgemeinheit erworben habe. Ohne ihn, der mehr als die Hälfte der Aktien in aller Stille an sich gebracht hatte, wären sie sicherlich immer tiefer gefallen, und gar manche Familie verdankte es nur
Herrn Doktor Heßling, dass sie vor dem Zusammenbruch bewahrt
blieb. Der Streik war durch die Energie des neuen Generaldirektors

glücklich beschworen. Seine nationale und kaisertreue Gesinnung bürgte dafür, dass die Regierungssonne künftig über Gausenfeld nicht mehr untergehen werde. Kurz, herrliche Zeiten brachen nun an für das wirtschaftliche Leben Netzigs und besonders für die Pa-
5 pierindustrie – zumal das Gerücht von einer Fusion des Heßling'schen Werkes mit Gausenfeld, wie aus sicherer Quelle verlautete, auf Wahrheit beruhte. Nothgroschen konnte verraten, dass Herr Doktor Heßling nur unter dieser Bedingung sich habe bewegen lassen, die Leitung Gausenfelds zu übernehmen.
10 Tatsächlich hatte Diederich nichts so Eiliges zu tun, als das Aktienkapital erhöhen zu lassen. Für das neue Kapital ward das Heßling'sche Werk erworben. Diederich hatte ein glänzendes Geschäft gemacht. Seine erste Regierungshandlung hatte der Erfolg gekrönt, er war Herr der Lage, mit seinem Aufsichtsrat aus gefügigen Männern,
15 und konnte darangehen, der inneren Organisation des Unternehmens seinen Herrscherwillen aufzudrücken. Gleich anfangs versammelte er sein ganzes Volk von Arbeitern und Angestellten. „Einige von euch", sagte er, „kennen mich schon, vom Heßling'schen Werk her. Na, und ihr andern sollt mich kennenlernen! Wer mir
20 behilflich sein will, ist willkommen, aber Umsturz wird nicht geduldet! Vor noch nicht zwei Jahren hab ich das einem kleinen Teil von euch gesagt, und jetzt seht euch an, wie viele ich jetzt unter meinem Befehl habe. Ihr könnt stolz auf einen solchen Herrn sein! Verlasst euch auf mich, ich werde es mir angelegen sein lassen, eu-
25 ern nationalen Sinn zu wecken und euch zu treuen Anhängern der bestehenden Ordnung zu machen." Und er verhieß ihnen eigene Wohnhäuser, Krankenunterstützungen, billige Lebensmittel. „Sozialistische Umtriebe aber verbitte ich mir! Wer in Zukunft anders wählt, als ich will, fliegt!" Auch dem Unglauben, sagte Diederich,
30 sei er zu steuern entschlossen; jeden Sonntag werde er sich überzeugen, wer in der Kirche sei und wer nicht. „Solange in der Welt die unerlöste Sünde herrscht, wird es Krieg und Hass, Neid und Zwietracht geben. Und darum: einer muss Herr sein!"
Um diesen obersten Grundsatz zur Geltung zu bringen, wurden alle
35 Räume der Fabrik bedeckt mit Inschriften, die ihn verkündeten. Durchgang verboten! Wasserholen mit den Eimern der Feuerlöschapparate verboten! Flaschenbier holen erst recht verboten, denn

Diederich hatte nicht versäumt, mit einer Brauerei einen Vertrag zu schließen, der ihm Vorteile sicherte vom Konsum seiner Leute ... Essen, Schlafen, Rauchen, Kinder mitbringen, „Poussieren[1], Schäkern, Knutschen, überhaupt jede Unzucht" strengstens verboten! In den Arbeiterhäusern waren, noch bevor sie wirklich dastanden, Pflegekinder verboten. Ein in freier Liebe dahinlebendes Paar, das unter Klüsing zehn Jahre lang sich der Entdeckung zu entziehen gewusst hatte, wurde feierlich entlassen. Dieser Vorfall war für Diederich sogar der Anlass, ein neues Mittel zur sittlichen Hebung des Volkes zu verwenden. An den geeigneten Orten ließ er ein in Gausenfeld selbst erzeugtes Papier aufhängen, bei dessen Benutzung niemand umhinkonnte, die moralischen oder staatserhaltenden Maximen[2] zu beachten, mit denen es bedruckt war. Zuweilen hörte er die Arbeiter einen von hoher Stelle stammenden Ausspruch einander zurufen, von dem sie auf diesem Wege überzeugt worden waren, oder sie sangen ein patriotisches Lied, das sich ihnen bei derselben Gelegenheit eingeprägt hatte. Ermutigt durch diese Erfolge, brachte Diederich seine Erfindung in den Handel. Sie trat unter dem Zeichen „Weltmacht" auf, und wirklich trug sie, wie eine großzügige Reklame es verkündete, deutschen Geist, gestützt auf deutsche Technik, siegreich durch die Welt.

Alle Konfliktsstoffe zwischen Herrn und Arbeitern konnten auch diese erzieherischen Papiere nicht entfernen. Eines Tages sah Diederich sich veranlasst, bekannt zu geben, dass er vom Versicherungsgeld nur Zahnbehandlung, nicht aber auch Zahnersatz bezahlen werde. Ein Mann hatte sich ein ganzes Gebiss verfertigen lassen! Da Diederich sich auf seine, freilich erst nachträglich erlassene Bekanntmachung berief, prozessierte der Mann und bekam abenteuerlicherweise sogar recht. Hierdurch in seinem Glauben an die herrschende Ordnung erschüttert, ward er zum Aufwiegler, verkam sittlich und wäre unter andern Umständen unbedingt entlassen worden. So aber konnte Diederich sich nicht entschließen, das Gebiss, das ihn teuer zu stehen kam, dahinzugeben, und behielt daher auch den Mann ... Die ganze Angelegenheit, er verhehlte es sich nicht,

---

[1] poussieren: flirten
[2] Maximen: persönliche Grundsätze

war dem Geiste der Arbeiterschaft nicht zuträglich. Hinzu kam die
Einwirkung gefährlicher politischer Ereignisse. Als im neu eröffne-
ten Reichstagsgebäude mehrere sozialdemokratische Abgeordnete
beim Kaiserhoch sitzen geblieben waren, da konnte man nicht mehr
5 zweifeln, die Notwendigkeit einer Umsturzvorlage war bewiesen.
Diederich machte in der Öffentlichkeit dafür Stimmung; seine Leute bereitete er darauf in einer Ansprache vor, die sie mit düsterem
Schweigen aufnahmen. Die Mehrheit des Reichstages war gewis-
senlos genug, die Vorlage abzulehnen, und der Erfolg ließ nicht
10 warten, ein Industrieller ward ermordet. Ermordet! Ein Industrieller! Der Mörder behauptete, kein Sozialdemokrat zu sein, aber das
kannte Diederich von seinen eigenen Leuten her; und der Ermorde-
te sollte arbeiterfreundlich gewesen sein, aber das kannte Diederich
an sich selbst. Tage- und wochenlang öffnete er keine Tür ohne
15 Bangen vor einem dahinter schon gezückten Messer. Sein Büro er-
hielt Selbstschüsse, und gemeinsam mit Guste kroch er jeden Abend
durch das Schlafzimmer und suchte. Seine Telegramme an den Kaiser, mochten sie von der Stadtverordnetenversammlung ausgehen,
vom Vorstand der „Partei des Kaisers", vom Unternehmerverband
20 oder vom Kriegerverein: die Telegramme, mit denen Diederich den
Allerhöchsten Herrn überschüttete, schrien nach Hilfe gegen die
von den Sozialisten angefachte Revolutionsbewegung, der wieder
ein Opfer mehr erlegen war; nach Befreiung von dieser Pest, nach
schleunigen gesetzlichen Maßnahmen, militärischem Schutz der
25 Autorität und des Eigentums, nach Zuchthausstrafen für Streikende, die jemand abhielten zu arbeiten … Die „Netziger Zeitung", die
alles dies pünktlich wiedergab, vergaß aber keinesfalls hinzuzufü-
gen, wie sehr gerade Herr Generaldirektor Doktor Heßling sich
verdient mache um den sozialen Frieden und die Arbeiterfürsorge.
30 Jedes von Diederich neuerbaute Arbeiterhaus führte Nothgroschen
stark geschmeichelt im Bilde vor und schrieb dazu einen hochge-
stimmten Artikel. Mochten gewisse andere Arbeitgeber, deren Einfluss in Netzig glücklicherweise nicht mehr infrage kam, unter ihren Angestellten subversive Tendenzen schüren, indem sie sie am
35 Gewinn beteiligten. Die von Herrn Generaldirektor Doktor Heßling vertretenen Grundsätze zeitigten zwischen Arbeitgeber und
Arbeitnehmer das denkbar beste Verhältnis, wie Seine Majetät der

Kaiser es überall in der deutschen Industrie zu sehen wünschten. Ein kräftiger Widerstand gegen die unberechtigten Forderungen der Arbeiter sowie eine Koalition der Arbeitgeber gehörten bekanntlich gleichfalls zum sozialen Programm des Kaisers, das mit zu verwirklichen ein Ruhmestitel des Herrn Generaldirektor Doktor Heßling war. – Und daneben stand Diederichs Bild.

Solche Anerkennung spornte zu immer eifrigerer Betätigung an – trotz der unerlösten Sünde, die ihre verheerende Wirkung übrigens nicht nur geschäftlich, sondern auch in der Familie äußerte. Hier war es leider Kienast, der Neid und Zwietracht säte. Er behauptete, dass ohne ihn und seine unauffällige Vermittlung beim Ankauf der Aktien Diederich seine glänzende Stellung gar nicht erlangt haben würde. Worauf Diederich erwiderte, dass Kienast durch einen seinen Mitteln entsprechenden Aktienbesitz entschädigt sei. Dies erkannte der Schwager nicht an, vielmehr vermaß er sich, für seine pietätlosen Ansprüche eine rechtliche Grundlage gefunden zu haben. War er nicht als Gatte Magdas der Mitbesitzer, zu einem Achtel ihres Wertes, der alten Heßling'schen Fabrik gewesen? Die Fabrik war verkauft, Diederich hatte bares Geld und Gausenfelder Vorzugsaktien[1] dafür bekommen. Kienast verlangte ein Achtel der Kapitalrente[2] und der jährlichen Dividende[3] der Vorzugsaktien. Auf dieses unerhörte Ansinnen erwiderte Diederich mit aller Energie, dass er weder seinem Schwager noch seiner Schwester irgendetwas mehr schuldig sei. „Ich war nur verpflichtet, euch euren Anteil vom jährlichen Gewinn meiner Fabrik zu zahlen. Meine Fabrik ist verkauft. Gausenfeld gehört nicht mir, sondern einer Aktiengesellschaft. Was das Kapital betrifft, das ist mein Privatvermögen. Ihr habt nichts zu fordern." – Kienast nannte dies einen offenen Raub, Diederich, durch die eigenen Argumente vollkommen überzeugt, sprach von Erpressung, und dann folgte ein Prozess.

Der Prozess dauerte drei Jahre. Er ward mit immer wachsender Erbitterung geführt, besonders vonseiten Kienasts, der, um sich ihm

---

[1] Vorzugsaktien: bevorrechtigte Aktienanteile an einem Unternehmen
[2] Kapitalrente: regelmäßige Rentenerträge eines angelegten Finanzkapitals
[3] Dividende: Gewinnanteile eines Unternehmens, die an die Aktionäre ausgeschüttet werden

ganz zu widmen, seine Stellung in Eschweiler aufgab und mit Magda nach Netzig zog. Als Hauptzeugen gegen Diederich hatte er den
alten Sötbier aufgestellt, der in seiner Rachsucht nun wirklich beweisen wollte, dass Diederich schon früher an seine Verwandten
5 nicht die ihnen zustehenden Summen abgeführt habe. Auch verfiel
Kienast darauf, gewisse Punkte in Diederichs Vergangenheit mithilfe des jetzigen Abgeordneten Napoleon Fischer aufhellen zu
wollen: was ihm freilich niemals recht gelang. Immerhin aber ward
Diederich durch dieses Vorgehen genötigt, zu verschiedenen Malen
10 größere Beträge für die sozialdemokratische Parteikasse zu erlegen.
Und er durfte es sich sagen, sein persönlicher Verlust schmerzte ihn
weniger als der Abbruch, den dergestalt die nationale Sache erlitt ...
Guste, deren Blick so weit nicht reichte, schürte den Streit der Männer mehr aus weiblichen Motiven. Ihr Erstes war ein Mädchen, und
15 sie verzieh Magda ihren Jungen nicht. Magda, die den Geldsachen
anfangs nur ein laues Interesse entgegengebracht hatte, leitete den
Beginn der Feindseligkeiten von dem Tage her, als Emmi mit einem
aus Berlin bezogenen, unerhörten Hut erschien. Magda stellte fest,
dass Emmi jetzt von Diederich in der empörendsten Weise bevor-
20 zugt wurde. Emmi bewohnte in Gausenfeld ein eigenes Apparte-
ment, wo sie Tees gab[1]. Die Höhe ihres Toilettegeldes stellte eine
Unverschämtheit gegen die verheiratete Schwester dar. Magda
musste sehen, dass der Vorrang, den ihre Verheiratung ihr eingetra-
gen hatte, sich in das Gegenteil verkehrte; und sie beschuldigte Die-
25 derich, er habe sich ihrer, vor dem Anbruch seiner Glanzzeit, heim-
tückisch entledigt. Wenn Emmi auch jetzt noch keinen Mann fand,
schien dies besondere Gründe zu haben – die man sich in Netzig
denn auch ins Ohr sagte. Magda sah kein Hindernis, sie laut auszu-
sprechen. Durch Inge Tietz erfuhr man es in Gausenfeld; aber Inge
30 brachte zugleich eine Waffe gegen die Verleumderin mit, weil sie
nämlich bei Kienasts der Hebamme begegnet war, und das erste
Kind war kaum ein halbes Jahr. Ein furchtbarer Aufruhr trat hierauf
ein, telefonische Beschimpfungen von Haus zu Haus, Drohungen
mit gerichtlicher Klage, wofür man Stoff sammelte, indem jede der
35 beiden Frauen das Zimmermädchen der andern anwarb.

---

[1] Tees geben: zu geselligen Teekränzchen einladen

Und bald nachdem Diederich und Kienast mit männlicher Besonnenheit den äußersten Familienskandal für diesmal noch verhütet hatten, brach er dennoch aus. Guste und Diederich bekamen anonyme Briefe, die sie vor jedem Dritten und sogar voreinander verstecken mussten, so grenzenlos frivol[1] war ihr Inhalt. Noch dazu illustrierten ihn Zeichnungen, die jedes erlaubte Maß einer wenn auch realistischen Kunst überschritten. Pünktlich jeden Morgen lagen die harmlos grauen Umschläge auf dem Frühstückstisch, und jeder ließ den seinen verschwinden, wobei man tat, als habe man den des andern nicht bemerkt. Eines Tages freilich war es aus mit dem Versteckenspiel, denn Magda hatte die Kühnheit, in Gausenfeld zu erscheinen, versehen mit einem Packen ganz gleichartiger Briefe, die sie selbst erhalten haben wollte. Dies fand Guste zu stark. „Du wirst wohl wissen, wer sie dir schreibt!", brach sie hervor, erstickt und rot angelaufen. Magda sagte, sie könne es sich denken, und darum sei sie gekommen. „Wenn du es nötig hast", erwiderte Guste und zischte, „dass du dir selbst musst solche Briefe schreiben, damit du in Stimmung kommst, dann schreib sie wenigstens anderen Leuten nicht, die es nicht nötig haben!" Magda protestierte und stieß ihrerseits, grün im Gesicht, Beschuldigungen aus. Aber Guste war zum Telefon gestürzt, sie rief Diederich aus dem Büro herbei; dann lief sie fort und kehrte mit einem Packen Briefe zurück. Gegenüber trat Diederich ein und hatte seinen auch schon dabei. Als die drei interessanten Sammlungen wirkungsvoll ausgebreitet auf dem Tisch lagen, sahen die drei Verwandten entgeistert einander an. Dann fassten sie sich und schrien alle gleichzeitig dieselben Anklagen. Um nicht an Boden zu verlieren, rief Magda das Zeugnis ihres Mannes an, der gleichfalls heimgesucht sei. Guste behauptete, auch bei Emmi etwas gesehen zu haben. Emmi ward geholt und gestand unschwer in ihrer wegwerfenden Art, dass auch ihr die Post solche Schweinereien gebracht habe. Die meisten habe sie vernichtet. Die alte Frau Heßling sogar war nicht verschont geblieben! Sie leugnete zwar weinend, solange es ging, ward aber überführt … Da dies alles die Angelegenheit nur erweiterte, aber nicht klärte, trennte man sich beiderseits mit Drohungen, die innerlich haltlos, aber keines-

---

[1] frivol: mit mehrdeutiger sexueller Anspielung

wegs ohne Schrecken waren. Um ihre Stellung zu befestigen, hielt
jede der Parteien Umschau nach Bundesgenossen, wobei sich zunächst herausstellte, dass auch Inge Tietz zu den Empfängern der
unpassenden Darbietungen gehörte. Was hiernach zu vermuten
5 stand, bestätigte sich. Der unheimliche Briefschreiber hatte überall
in das Privatleben eingegriffen, sogar bei Pastor Zillich, ja beim
Bürgermeister und den Seinen. So weit man blickte, hatte er um das
Haus Heßling und alle guten Häuser, die ihm nahestanden, eine
Atmosphäre der krassesten Obszönität¹ geschaffen. Wochenlang
10 wagte Guste sich nicht hinaus. Ihr und Diederichs Argwohn warf
sich entsetzensvoll von dem auf jenen. In ganz Netzig traute keiner
mehr dem Vertrautesten. Der Tag kam und die Frühstücksstunde,
da im Schoß der Familie Heßling der Verdacht die letzten Grenzen
verletzte. Ein Dokument, unbeirrbar wie noch keins, zitterte in
15 Gustes Hand; es hielt Augenblicke fest, die in ihrer Eigentümlich-
keit nur ihr und ihrem Gatten, tief verschwiegen, bewusst waren.
Kein Dritter ahnte dies, sonst hörte alles auf. Dann aber? ... Guste
sandte über den Kaffeetisch einen prüfenden Blick zu Diederich: In
seiner Hand zitterte das gleiche Papier, und auch sein Blick prüfte.
20 Schnell schlugen beide, schreckengepackt, die Augen nieder.
Der Verräter war überall. Wo niemand sonst war, da war er ein
zweites Ich. Durch ihn ward in nie geahnter Weise alle bürgerliche
Ehrbarkeit infrage gestellt. Dank seiner Tätigkeit wäre in Netzig
jedes moralische Selbstgefühl und alle gegenseitige Achtung zum
25 Untergang verurteilt gewesen, hätte man nicht, wie auf allseitige
Verabredung, Gegenmaßregeln getroffen, die sie wiederherstellten.
Die tausendfältigen Ängste, unterirdisch fortarbeitend nach einem
Ausweg, liefen zusammen von allen Seiten, schufen mit der Kraft
der vereinigten Angst den Kanal, der ans Licht führte, und konnten
30 endlich ihre dunklen Fluten ergießen über einen Mann. Gottlieb
Hornung wusste nicht, wie ihm geschah. Unter vier Augen mit Diederich hatte er nach seiner Weise großgetan und sich gewisser Brie-
fe gerühmt, die er geschrieben haben wollte. Auf Diederichs strenge
Vorhaltungen bemerkte er nur, solche Briefe schreibe doch jetzt je-

---

¹ Obszönität: Handlung oder Äußerung, die herrschende gesellschaftliche
  Konventionen in erheblicher Weise missachtet

der, es sei Mode, ein Gesellschaftsspiel – was Diederich sofort gebührend zurückwies. Er nahm aus der Unterredung den Eindruck mit, sein alter Freund und Kommilitone Gottlieb Hornung, der schon so manche nützlichen Dienste geleistet hatte, sei ganz geeignet, auch hier einen zu leisten, wäre es selbst unfreiwillig; weshalb er ihn pflichtgemäß anzeige. Und als Hornung erst einmal laut genannt war, zeigte es sich, dass er schon längst überall verdächtig war. Er hatte während der Wahlen zahlreiche Einblicke erhalten, war übrigens aus Netzig und ohne Verwandte, was ihm den Unfug offenbar erleichtert hatte. Hinzu kam sein Verzweiflungskampf um das Recht, weder Schwämme noch Zahnbürsten zu verkaufen; dieser Kampf verbitterte ihn zusehends, er hatte ihm gewisse höhnische Äußerungen entrissen, über Herrschaften, die die Schwämme wohl nicht nur außen nötig hätten und bei denen mit Zähneputzen noch nichts geschehen sei. Er ward angeklagt und gab in mehreren Fällen seine Urheberschaft ohne Weiteres zu. In den meisten freilich leugnete er sie umso kräftiger, aber dafür gab es Schreibsachverständige. Gegenüber der Meinung eines Zeugen wie Heuteufel, der von einer Epidemie sprach und behauptete, ein Einzelner sei zu schwach für diesen ungeheuren Haufen Mist, standen alle übrigen Aussagen, stand der öffentliche Wille. Auf das Glücklichste vertrat ihn Jadassohn, der seit seiner Rückkehr aus Paris kleinere Ohren hatte und zum Staatsanwalt befördert war. Der Erfolg und das Bewusstsein, einwandfrei dazustehen, hatten ihn sogar Mäßigung gelehrt; er sah ein, dass Rücksicht auf das große Ganze es gebiete, den Stimmen Gehör zu schenken, die Hornung für nervös überreizt ausgaben. Am bestimmtesten tat dies Diederich, der für seinen unglücklichen Jugendfreund in jeder Weise eintrat. Hornung kam mit einem Aufenthalt im Sanatorium davon, und als er herausdurfte, versah Diederich ihn, wenn er nur Netzig verließ, mit Mitteln, die ihn gegen die Schwämme und Zahnbürsten für einige Zeit wappneten. Auf die Dauer freilich waren sie wohl die Stärkeren, und ein gutes Ende ließ sich kaum vorhersagen für Gottlieb Hornung ... Natürlich hörten, sobald er wohlverwahrt in der Anstalt saß, die Briefe auf. Oder wenigstens ließ man sich, wenn noch einer kam, nichts mehr merken, die Affäre war abgetan.

Diederich durfte wieder sagen: „Mein Haus ist meine Burg." Die Familie, nicht länger schmutzigen Eingriffen ausgesetzt, blühte auf das Reinste empor. Nach Gretchen, die 1894 geboren ward, und Horst, von 1895, folgte 1896 Kraft. Diederich, ein gerechter Vater,
5 legte jedem der Kinder, noch bevor es da war, ein Konto an und trug vorerst die Kosten der Ausstattung und der Hebamme ein. Seine Auffassung vom Eheleben war die strengste. Horst kam nicht ohne Mühe zur Welt. Als es vorüber war, erklärte Diederich seiner Gattin, dass er, vor die Wahl gestellt, sie glatt hätte sterben lassen. „So
10 peinlich es mir gewesen wäre", setzte er hinzu. „Aber die Rasse ist wichtiger, und für meine Söhne bin ich dem Kaiser verantwortlich." Die Frauen waren der Kinder wegen da, Frivolitäten und Ungehörigkeiten versagte Diederich ihnen, war aber nicht abgeneigt, ihnen Erhebung und Erholung zu gönnen. „Halte dich an die drei großen
15 G", bedeutete er Guste. „Gott, Gafee und Gören." Auf dem rotgewürfelten Tischtuch, mit Reichsadler und Kaiserkrone in den Würfeln, lag neben der Kaffeekanne immer die Bibel, und Guste war gehalten, jeden Morgen daraus vorzulesen. Am Sonntag ging man zur Kirche. „Es ist oben erwünscht", sagte Diederich ernst, wenn
20 Guste sich sträubte. Wie Diederich in der Furcht seines Herrn, hatte Guste in der Furcht des ihren zu leben. Beim Eintritt ins Zimmer war es ihr bewusst, dass dem Gatten der Vortritt gebühre. Die Kinder wieder mussten ihr selbst die Ehre erweisen, und der Teckel[1] Männe hatte alle zu Vorgesetzten. Beim Essen dann oblag es Hund
25 und Kindern, sich schweigend zu verhalten; Gustes Sache war es, aus den Stirnfalten des Gatten zu ersehen, ob es geboten sei, dass man ihn ungestört lasse oder aber ihm durch Geplauder die Sorgen verscheuche. Gewisse Gerichte wurden nur für den Hausherrn aufgetragen, und Diederich warf an guten Tagen ein Stück davon über
30 den Tisch, um herzlich lachend zuzusehn, wer es erwischte, Gretchen, Guste oder Männe. Sein Nachmittagsschlaf war öfters durch eine Verdauungsstörung beschwert; Gustes Pflicht erheischte dann, ihm warme Bauchbinden anzulegen. Diederich verhieß ihr, ächzend und schwer beängstet, dass er sein Testament machen und
35 einen Vormund einsetzen werde. Guste werde kein Geld in die

---

[1] Teckel: Dackel

Hand bekommen. „Ich hab für meine Söhne gearbeitet, aber nicht, damit du dich nachher amüsierst!" Guste machte geltend, ihr eigenes Vermögen sei die Grundlage von allem, aber sie kam schön an ... Freilich, wenn Guste den Schnupfen hatte, durfte sie nicht erwarten, dass Diederich nun seinerseits ihre Pflege übernahm. Sie hatte sich dann nach Möglichkeit von ihm fernzuhalten, denn Diederich war entschlossen, keine Bazillen zu dulden. Die Fabrik betrat er nur mit desinfizierenden Tabletten im Munde; und eines Nachts entstand großer Lärm, weil die Köchin an Influenza erkrankt war und vierzig Grad Fieber hatte. „Sofort aus dem Hause mit der Schweinerei!", befahl Diederich; und als sie fort war, irrte er noch lange, keimtötende Flüssigkeiten verspritzend, durch die Wohnung.

Am Abend bei der Lektüre des „Lokal-Anzeigers" erklärte er seiner Gattin immer wieder, dass leben nicht notwendig sei, wohl aber schifffahren – was Guste schon darum einsah, weil auch sie die Kaiserin Friedrich nicht mochte, die uns bekanntlich an England verriet, ganz abgesehen von gewissen häuslichen Zuständen in Schloss Friedrichskron[1], die Guste lebhaft missbilligte. Gegen England brauchten wir eine starke Flotte; es musste unbedingt zerschmettert werden, es war der ärgste Feind des Kaisers. Und warum? Man wusste es in Netzig ganz genau: nur weil Seine Majestät einst in angeregter Laune dem Prinzen von Wales[2] dort, wo es am verlockendsten erschien, einen freundschaftlichen Schlag versetzt hatten. Außerdem kamen aus England gewisse feine Papiersorten, deren Einfuhr durch einen siegreichen Krieg am sichersten abgestellt worden wäre. Über die Zeitung hinweg sagte Diederich zu Guste: „So wie ich England hasse, hat nur Friedrich der Große dies Volk von Dieben und Händlern gehasst. Das ist ein Wort Seiner Majestät, und ich unterschreibe es." Er unterschrieb jedes Wort in jeder Rede des Kaisers, und zwar in der ersten, stärkeren Form, nicht in der abgeschwächten, die sie am Tage darauf annahmen. Alle diese Kernworte deutschen und zeitgemäßen Wesens – Diede-

---

[1] Schloss Friedrichskron: besser bekannt als das „Neue Palais", ein Schloss in Potsdam, das Kaiser Wilhelm II. (1859 – 1941) als Wohnsitz nutzte

[2] Prinz von Wales: Den Titel des Prinzen von Wales trägt im britischen Königshaus in der Regel der vorgesehene Erbfolger der Krone.

rich lebte und webte in ihnen, wie in Ausstrahlungen seiner eigenen Natur, sein Gedächtnis bewahrte sie, als habe er sie selbst gesprochen. Manchmal hatte er sie wirklich schon gesprochen. Andere untermischte er bei öffentlichen Gelegenheiten seinen eigenen
5 Erfindungen, und weder er noch ein anderer unterschied, was von
ihm kam und was von einem Höheren ... „Dies ist süß", sagte Guste,
die das Vermischte las. „Der Dreizack[1] gehört in unsere Faust", behauptete Diederich unbeirrt, indes Guste ein Erlebnis der Kaiserin
zum Besten gab, das sie tief befriedigte. In Hubertusstock gefiel sich
10 die hohe Frau in einfacher, beinahe bürgerlicher Kleidung. Ein
Briefträger, dem sie sich auf der Landstraße zu erkennen gab, hatte
ihr nicht geglaubt, dass sie es sei, und sie ausgelacht. Nachher war
er vernichtet auf die Knie gesunken und hatte eine Mark erhalten.
Dies entzückte auch Diederich – wie es ihm andererseits an das
15 Herz griff, dass der Kaiser am Weihnachtsabend auf die Straße
ging, um mit siebenundfünfzig Mark neugeprägten Geldes den Armen Berlins ein frohes Fest zu bereiten – und wie es ihn ahnungs-
voll erschauern ließ, dass Seine Majestät Ehrenbailli des Malteser-
ordens[2] geworden war. Welten, nie geahnt, erschloss der „Lokal-
20 Anzeiger", und dann wieder brachte er einem die Allerhöchsten
Herrschaften gemütlich nahe. Im Erker dort die dreiviertel lebens-
großen Bronzefiguren der Majestäten schienen lächelnd näher zu
rücken, und den Trompeter von Säckingen, der sie begleitete, hörte
man traulich blasen. „Himmlisch muss es bei Kaisers sein", meinte
25 Guste, „wenn große Wäsche ist. Sie haben hundert Leute zum Waschen!" Wohingegen Diederich von tiefem Wohlgefallen erfüllt
ward durch die Teckel des Kaisers, die vor den Schleppen der Hof-
damen keine Achtung zu haben brauchten. Der Plan reifte in ihm,
bei seiner nächsten Soiree seinem Männe volle diesbezügliche Frei-
30 heit zu erteilen. Freilich, schon auf der folgenden Spalte machte ein
Telegramm ihm ernste Sorge, weil es noch immer nicht feststand,

---

[1] Dreizack: Stichwaffe, in den Mythen des alten Griechenlands das Kennzeichen des Meeresgottes Poseidon, im übertragbaren Sinn Zeichen der
Herrschaft über das Meer

[2] Ehrenbailli des Maltersordens: Ehrenamt im katholischen Orden der
Malteserritter

ob der Kaiser und der Zar sich treffen würden. „Wenn es nicht bald kommt", sagte er gewichtig, „müssen wir uns auf alles gefasst machen. Die Weltgeschichte lässt nicht mit sich spaßen." Gern hielt er sich länger bei drohenden Katastrophen auf, denn „die deutsche Seele ist ernst, fast tragisch", stellte er fest.

Aber Guste zeigte keine Teilnahme mehr, sie gähnte immer häufiger. Unter dem strafenden Blick des Gatten schien sie sich an eine Pflicht zu erinnern, sie machte herausfordernde Schlitzaugen und bedrängte ihn sogar mit ihren Knien. Er wollte noch einen nationalen Gedanken äußern, da sagte Guste mit ungewohnt strenger Stimme: „Quatsch"; Diederich aber, weit entfernt, diesen Übergriff zu bestrafen, blinzelte sie an, als erwartete er noch mehr … Da er sie unten zu umspannen versuchte, verscheuchte sie vollends ihre Müdigkeit, und plötzlich hatte er eine mächtige Ohrfeige – worauf er nichts erwiderte, sondern aufstand und sich schnaufend hinter einen Vorhang drückte. Und als er wieder in das Licht kam, zeigte es sich, dass seine Augen keineswegs blitzten, sondern voll Angst und dunklen Verlangens standen … Dies schien Guste die letzten Bedenken zu nehmen. Sie erhob sich; indes sie in fesselloser Weise mit den Hüften schaukelte, begann sie ihrerseits heftig zu blitzen, und den wurstförmigen Finger gebieterisch gegen den Boden gestreckt, zischte sie: „Auf die Knie, elender Schklafe!" Und Diederich tat, was sie heischte! In einer unerhörten und wahnwitzigen Umkehrung aller Gesetze durfte Guste ihm befehlen: „Du sollst meine herrliche Gestalt anbeten!" – und dann auf den Rücken gelagert, ließ er sich von ihr in den Bauch treten. Freilich unterbrach sie sich inmitten dieser Tätigkeit und fragte plötzlich ohne ihr grausames Pathos und streng sachlich: „Haste genug?" Diederich rührte sich nicht; sofort ward Guste wieder ganz Herrin. „Ich bin die Herrin, du bist der Untertan", versicherte sie ausdrücklich. „Aufgestanden! Marsch!" – und sie stieß ihn mit ihren Grübchenfäusten vor sich her nach dem ehelichen Schlafgemach. „Freu dich!", verhieß sie ihm schon, da gelang es Diederich, zu entwischen und das Licht abzudrehen. Im Dunkeln, versagenden Herzens, vernahm er, wie Guste dort hinten ihm die wenigst anständigen Namen gab, wobei sie freilich schon wieder gähnte. Etwas später lag sie vielleicht schon und schlief – Diederich aber, noch immer des Äußersten gewärtig,

kroch auf allen vieren die Estrade hinan und versteckte sich hinter
dem bronzenen Kaiser …

Regelmäßig nach solchen nächtlichen Fantasien ließ er sich am
Morgen das Wirtschaftsbuch vorlegen, und wehe, wenn Gustes
5 Rechnung nicht glatt aufging. Durch ein fürchterliches Strafgericht
in Gegenwart aller Dienstboten setzte Diederich ihrem kurzen
Machtdünkel, falls sie noch eine Erinnerung daran bewahrte, ein
jähes Ende. Autorität und Sitte triumphierten wieder. Auch sonst
war dafür gesorgt, dass die ehelichen Beziehungen nicht allzu sehr
10 zum Vorteil Gustes ausschlugen, denn jeden zweiten, dritten
Abend, manchmal noch öfter, ging Diederich fort – zum Stammtisch in den Ratskeller, wie er sagte, aber das stimmte nicht immer
… Am Stammtisch war Diederichs Platz unter einem gotischen Bogen, in dem zu lesen stand: „Je schöner die Kneip, desto schlimmer
15 das Weib, je schlimmer das Weib, desto schöner die Kneip." Und
auch die kernigen alten Sinnsprüche in den übrigen Bogen rächten
einen in wohltuender Weise für die Zugeständnisse, die man, durch
die Natur genötigt, der Frau daheim zuweilen machte. „Wer nicht
liebt Wein und Gesang, verdient ein Weib sein Leben lang", oder
20 „Behüt euch Gott vor Schmerz und Wunden, vor bösen Weibern
und bösen Hunden". Dagegen las, wer zwischen Jadassohn und
Heuteufel die Augen zur Decke erhob: „Friedliche Rast am trauli-
chen Herd, und an der Wand ein schneidiges Schwert. Nach alter
Sitt in deutscher Mitt, kommt trinkt euch aller Sorgen quitt[1]." Was
25 allerseits geschah, ohne Unterschied der Konfession[2] und Partei.
Denn auch Cohn und Heuteufel samt ihren näheren Freunden und
Gesinnungsgenossen hatten im Lauf der Zeit sich eingefunden, einer nach dem andern und ohne viel Aufsehn, weil es eben auf die
Dauer niemandem möglich war, den Erfolg zu bestreiten oder zu
30 übersehen, der den nationalen Gedanken beflügelte und immer höher trug. Das Verhältnis Heuteufels zu seinem Schwager Zillich litt
nach wie vor unter Misshelligkeiten. Zwischen den Weltanschau-
ungen lagen denn doch unübersteigbare Schranken, und „in seine

---

[1] quitt: hier: befreit von etwas
[2] Konfession: Religionszugehörigkeit, religiöses Bekenntnis

religiösen Überzeugungen lässt sich der Deutsche nicht hineinreden", wie man auf beiden Seiten feststellte. In der Politik dagegen war bekanntlich jede Ideologie vom Übel. Seinerzeit im Frankfurter Parlament hatten gewiss hochbedeutende Männer gesessen, aber es waren noch keine Realpolitiker gewesen, und darum hatten sie nichts als Unsinn gemacht, wie Diederich bemerkte. Übrigens milde gestimmt durch seine Erfolge, gab er zu, dass das Deutschland der Dichter und Denker vielleicht auch seine Berechtigung gehabt habe. „Aber es war doch nur eine Vorstufe, unsere geistigen Leistungen heute liegen auf dem Gebiet der Industrie und Technik. Der Erfolg beweist." Heuteufel musste es zugeben. Seine Äußerungen über den Kaiser, über Wirksamkeit und Bedeutung Seiner Majestät klangen wesentlich zurückhaltender als ehedem; bei jedem neuen Auftreten des Allerhöchsten Redners stutzte er, versuchte zu nörgeln und ließ doch erkennen, dass er am liebsten sich einfach angeschlossen hätte. Der entschiedene Liberalismus, dies ward nachgerade allgemein anerkannt, konnte nur gewinnen, wenn auch er sich mit der Energie des nationalen Gedankens erfüllte, wenn er positiv mitarbeitete und bei zielbewusstem Hochhalten des freiheitlichen Banners doch den Feinden, die uns den Platz an der Sonne nicht gönnten, ein unerbittliches quos ego[1] zurief. Denn nicht nur unser Erbfeind Frankreich erhob immer aufs Neue das Haupt: Auch die Abrechnung mit den unverschämten Engländern rückte näher! Die Flotte, für deren Ausbau die geniale Propaganda unseres genialen Kaisers unermüdlich wirkte, tat uns bitter not, und unsere Zukunft lag tatsächlich auf dem Wasser, diese Erkenntnis gewann immer mehr an Boden. Rings um den Stammtisch griff die Idee der Flotte Platz und ward zur lodernden Flamme, die, immer neu mit deutschem Wein genährt, ihrem Schöpfer huldigte. Die Flotte, diese Schiffe, verblüffende Maschinen bürgerlicher Erfindung, die, in Betrieb gesetzt, Weltmacht produzierten, genau wie in Gausenfeld gewisse Maschinen ein gewisses „Weltmacht" benanntes Papier produzierten, sie lag Diederich mehr als alles am Herzen, und Cohn wie Heuteufel wurden dem nationalen Gedanken vor allem durch die Flotte gewonnen. Eine Landung in England war der Traum, der

---

[1] quos ego (lat.): hier: Euch komme ich schon!

unter den gotischen Gewölben des Ratskellers nebelte. Die Augen funkelten, und die Beschießung Londons ward verhandelt. Die Beschießung von Paris war eine Begleiterscheinung und vollendete die Pläne, die Gott mit uns vorhatte. Denn „die christlichen Kano-
5 nen tun gute Arbeit", wie Pastor Zillich sagte. Nur Major Kunze bezweifelte dies, er erging sich in den düstersten Voraussagen. Seit er, Kunze, von dem Genossen Fischer besiegt worden war, hielt er jede Niederlage für möglich. Aber er blieb der einzige Nörgler. Wer am meisten triumphierte, war Kühnchen. Die Taten, die der
10 schreckliche kleine Greis einst im großen Krieg vollführt hatte, jetzt endlich, ein Vierteljahrhundert später, fanden sie ihre wahre Bestätigung in der allgemeinen Gesinnung. „Die Saat", sagte er, „die wir dunnemals gesät haben, na nu geht se auf. Dass meine alten Augen das noch sehen dürfen!" – und dann schlief er ein bei
15 seiner dritten Flasche.

Im Ganzen erfreulich gestaltete sich auch Diederichs Verhältnis zu Jadassohn. Die ehemaligen Rivalen, beide gereift und in die Sphäre der gesättigten Existenzen vorgerückt, beeinträchtigten einander weder politisch noch am Stammtisch, und auch nicht in jener ver-
20 schwiegenen Villa, die Diederich an dem Abend der Woche aufsuchte, wo er ohne Gustes Wissen dem Stammtisch fernblieb. Sie lag vor dem Sachsentor, es war die ehemals von Brietzen'sche Villa, und sie ward bewohnt von einer einzelnen Dame, die selten öffentlich gesehen ward und dann niemals zu Fuß. In einer Proszeniums-
25 loge der „Walhalla" saß sie zuweilen in großer Aufmachung, ward allgemein durch die Operngläser betrachtet, aber von niemand gegrüßt; und ihrerseits verhielt sie sich wie eine Königin, die ihr Inkognito[1] wahrt. Natürlich wusste trotz der Aufmachung alle Welt, das war Käthchen Zillich, die, in Berlin für ihren Beruf vorgebildet, ihn
30 in der von Brietzen'schen Villa nunmehr erfolgreich ausübte. Auch verkannte niemand, dass dieser Tatbestand nicht geeignet schien, das Ansehen des Pastors Zillich zu heben. Die Gemeinde nahm schweres Ärgernis, zu schweigen von den Spöttern, die entzückt waren. Um eine Katastrophe abzuwenden, beantragte der Pastor
35 bei der Polizei die Beseitigung des Übels, stieß aber auf einen Wi-

---

[1] inkognito: unter fremdem Namen

derstand, der nur erklärlich schien, wenn man gewisse Zusammenhänge annahm zwischen der Villa von Brietzen und den höchsten
Stellen der Stadt. An der irdischen Gerechtigkeit nicht weniger als
an der göttlichen verzweifelnd, schwor der Vater, das Amt des Rich-
5 ters selbst zu übernehmen, und wirklich sollte er eines Nachmittags, als sie noch im Bette lag, die verlorene Tochter einer Züchti-
gung unterzogen haben. Nur der Mutter, die ihm, alles ahnend, gefolgt war, verdankte Käthchen ihr nacktes Leben, wie die Gemeinde
behauptete. Der Mutter sagte man eine verwerfliche Schwäche
10 nach für die Tochter in ihrem sündigen Glanz. Was Pastor Zillich
betraf, so erklärte er von der Kanzel herab Käthchen für tot und
verfault, wodurch er sich vor dem Einschreiten des Konsistoriums[1]
rettete. Mit der Zeit verstärkte die ihm widerfahrene Prüfung seine
Autorität ... Diederich seinerseits kannte von den Herren, die an
15 Käthchens Lebenswandel mit Einlagen beteiligt waren, offiziell nur
Jadassohn, obwohl Jadassohn von allen die kleinsten Einlagen
machte, Diederich vermutete sogar, gar keine. Jadassohns Beziehungen zu Käthchen lagen eben, noch von früher her, als Hypothek[2] auf dem Unternehmen. So nahm Diederich keinen Anstand,
20 die Sorgen, die es ihm machte, mit Jadassohn zu besprechen. Die
beiden rückten am Stammtisch in der Nische zusammen, die die
Inschrift trug: „Was einem Mann zur Lust ein minnig Weiblein brät,
gar wohl gerät“; und mit der gebotenen Rücksicht auf Pastor Zillich, der nicht weit davon über die christlichen Kanonen handelte,
25 besprachen sie die Angelegenheiten der Villa von Brietzen. Diederich beklagte sich über Käthchens unersättliche Ansprüche an seine Kasse, von Jadassohn erwartete er einen günstigen Einfluss auf
sie in dieser Beziehung. Aber Jadassohn fragte nur: „Wozu haben
Sie sie denn? Sie soll doch Geld kosten?“ Und dies war auch wieder
30 richtig. Denn nach seiner ersten kurzen Genugtuung, Käthchen auf
diesem Wege doch noch erworben zu haben, betrachtete Diederich
sie nachgerade nur mehr als einen Posten, einen stattlichen Posten,

---

[1] Konsistorium: evangelischer Kirchenrat
[2] Hypothek: Grundpfandrecht. Dies wird meist genutzt, um eine Immobilie zur
Kreditsicherung zu verwenden.

auf seinem Reklamekonto[1]. „Meine Stellung", sagte er zu Jadassohn, „erfordert eine großzügige Repräsentation. Sonst würde ich, offen gestanden, das ganze Geschäft fallen lassen, denn unter uns, Käthchen bietet nicht genug." Hier lächelte Jadassohn beredsam, sagte aber nichts. „Überhaupt", fuhr Diederich fort, „ist sie dasselbe Genre[2] wie meine Frau, und meine Frau" – er hielt die Hand vor – „ist leistungsfähiger. Sehen Sie, gegen sein Gemüt kann man nichts machen, nach jedem Abstecher in die Villa von Brietzen kommt es mir vor, als ob ich meiner Frau etwas schulde. Lachen Sie nur, tatsächlich schenke ich ihr dann immer was. Wenn es ihr nur nicht auffällt!" Jadassohn lachte mit noch mehr Grund, als Diederich meinte; denn er hatte es schon längst für seine sittliche Pflicht gehalten, Frau Generaldirektor Heßling aufzuklären über diese Zusammenhänge.

Im Politischen ergab sich für Diederich und Jadassohn ein ähnlich ersprießliches Zusammenwirken wie bei Käthchen; denn gemeinsam beeiferten sie sich, die Stadt von Schlechtgesinnten zu reinigen, besonders von solchen, die die Pest der Majestätsbeleidigungen weiterverbreiteten. Diederich mit seinen vielfachen Beziehungen machte sie ausfindig, worauf Jadassohn sie ans Messer lieferte. Nach dem Erscheinen des „Sanges an Ägir[3]" gestaltete sich ihre Tätigkeit besonders fruchtbar. In Diederichs eigenem Hause nannte die Klavierlehrerin, die mit Guste übte, den „Sang an Ägir" einen – ! In das, was sie gesagt hatte, flog sie selbst … Wolfgang Buck sogar, der neuerdings wieder in Netzig weilte, erklärte die Verurteilung für durchaus angemessen, denn sie befriedigte das monarchische Gefühl. „Einen Freispruch hätte das Volk nicht verstanden", sagte er am Stammtisch. „Die Monarchie ist unter den politischen Regimen eben das, was in der Liebe die strengen und energischen Damen sind. Wer dementsprechend veranlagt ist, verlangt, dass etwas geschieht, und mit Milde ist ihm nicht gedient." Hier errötete Die-

---

[1] Reklamekonto: Werbungskosten
[2] Genre: Gattung
[3] Sang an Ägir: ein von Kaiser Wilhelm II. (1859 – 1941) mitkomponiertes vaterländisches Lied zu Ehren des Ägir, des Meeresgottes in der nordischen Sagenwelt

derich ... Leider bekundete Buck solche Gesinnungen nur, solange er nüchtern war. Späterhin gab er durch seine von früher her sattsam bekannte Art, die heiligsten Güter in den Schmutz zu ziehen, Gelegenheit genug, ihn aus jeder anständigen Gesellschaft auszu-
5 schließen. Diederich war es, der ihn vor diesem Schicksal bewahrte. Er verteidigte seinen Freund. „Die Herren müssen bedenken, er ist erblich belastet, denn die Familie weist Anzeichen einer schon ziemlich weit vorgeschrittenen Degeneration[1] auf. Andererseits spricht es für einen gesunden Kern in ihm, dass das Schauspielerda-
10 sein ihn denn doch nicht befriedigt hat und dass er zu seinem Beruf als Rechtsanwalt zurückgefunden hat." Man erwiderte, es sei verdächtig, wenn Buck sich über seine fast dreijährigen Erfahrungen beim Theater so völlig ausschweige. War er überhaupt noch satisfaktionsfähig? Diese Frage konnte Diederich nicht beantworten; es
15 war ein logisch nicht begründeter, aber tief sitzender Drang, der ihn dem Sohn des alten Buck immer wieder näherte. Immer wieder nahm er mit Eifer eine Unterredung auf, die doch jedes Mal schroff abbrach, nachdem sie die schärfsten Gegensätze bloßgelegt hatte. Er führte Buck sogar in sein Heim ein, erlebte dabei aber eine Über-
20 raschung. Denn wenn Buck anfangs wohl nur einem besonders guten Kognak zuliebe kam, bald kam er sichtlich wegen Emmi. Die beiden verstanden sich, über Diederich hinweg und in einer Art, die ihn befremdete. Sie führten spitze und scharfe Gespräche, anscheinend ohne das Gemüt oder die anderen Faktoren, die der Verkehr
25 der Geschlechter normalerweise in Betrieb setzte; und senkten sie die Stimmen und wurden vertraulich, fand Diederich sie vollends unheimlich. Er hatte nur die Wahl, ob er dazwischenfahren und korrekte Verhältnisse herstellen oder aber das Zimmer verlassen wollte. Zu seinem eigenen Erstaunen entschied er sich für das Letz-
30 tere. ‚Sie haben beide sozusagen ihre Schicksale gehabt, wenn die Schicksale auch danach waren‘, sagte er sich mit der Überlegenheit, die ihm zukam, und ohne viel darauf zu achten, dass er im Grunde stolz war auf Emmi, stolz, weil Emmi, seine eigene Schwester, fein genug, besonders genug, ja fragwürdig genug schien, um sich mit
35 Wolfgang Buck zu verständigen. ‚Wer weiß‘, dachte er zögernd, und

---

[1] Degeneration: Zurückbildung

dann entschlossen: ‚Warum nicht! Bismarck hat es auch so gemacht
mit Österreich. Zuerst niedergeworfen, dann ein Bündnis!'
Aus diesen noch dunklen Überlegungen heraus widmete Diederich
auch dem Vater Wolfgangs wieder ein gewisses Interesse. Der alte
5 Buck, von einem Herzleiden befallen, kam nur mehr selten zum Vorschein, und dann stand er die meiste Zeit vor irgendeinem Schaufens-
ter, scheinbar in die Auslage vertieft, in Wirklichkeit aber einzig be-
müht, zu verbergen, dass er nicht atmen konnte. Was dachte er? Wie
urteilte er über die neue geschäftliche Blüte Netzigs, den nationalen
10 Aufschwung und über die, die jetzt die Macht hatten? War er überzeugt und auch innerlich besiegt? Es kam vor, dass Generaldirektor
Doktor Heßling, der mächtigste Mann der Bürgerschaft, sich heimlich in ein Haustor drückte, um dann ungesehen hinterdreinzu-
schleichen hinter diesem einflusslosen, schon halb vergessenen Al-
15 ten: er auf seiner Höhe rätselhaft beunruhigt durch einen Sterben-
den … Da der alte Buck seine Hypothekenzinsen nur noch mit
Verspätung zahlte, schlug Diederich dem Sohn vor, er wolle das
Haus übernehmen. Natürlich dürfe der alte Herr es bewohnen, solange er lebe. Auch die Einrichtung wollte Diederich kaufen und
20 sogleich bezahlen. Wolfgang bestimmte den Vater, anzunehmen.
Inzwischen ging der 22. März 1897 vorüber, Wilhelm der Große war
hundert Jahre alt geworden, und sein Denkmal stand noch immer
nicht im Volkspark. Die Interpellationen[1] in der Stadtverordnetenversammlung nahmen kein Ende, mehrmals waren unter schweren
25 Kämpfen Nachtragskredite bewilligt und wieder überschritten
worden. Der schwerste Schlag hatte die Gemeinde getroffen, als
Seine Majestät den höchstseligen Großvater als Fußgänger ablehn-
ten und ein Reiterstandbild befahlen. Diederich, von Ungeduld getrieben, ging des Öfteren am Abend in die Meisestraße, um sich
30 vom Stand der Arbeiten zu überzeugen. Es war Mai und peinlich
warm noch in der Dämmerung, aber auf dem leeren, neu ange-
pflanzten Areal des Volksparkes ging ein Luftzug. Diederich sann
wieder einmal mit gereizten Gefühlen dem glänzenden Geschäft
nach, das der Rittergutsbesitzer Herr von Quitzin hier gemacht hat-
35 te. Der hatte es bequem gehabt! Grundstücksgeschäfte waren kein

---

[1] Interpellationen: Auskunftsersuche von Abgeordneten

Kunststück, wenn der Vetter Regierungspräsident war. Die Stadt musste ihm einfach das Ganze abnehmen für das Kaiser-Wilhelm-Denkmal und musste zahlen, was er verlangte ... Da tauchten zwei Gestalten auf; Diederich sah rechtzeitig, wer es war, und zog sich
5 ins Gebüsch zurück.

„Hier lässt sich atmen", sagte der alte Buck. Sein Sohn erwiderte: „Wenn einem hier nicht die Lust dazu vergeht. Sie haben anderthalb Millionen Schulden gemacht, um dieses Mülllager zu schaffen." Und er zeigte auf den unfertigen Aufbau von steinernen Sockeln,
10 Adlern, Rundbänken, Löwen, Tempeln und Figuren. Die Adler setzten flügelschlagend ihre Krallen in den noch leeren Sockel, andere Exemplare nisteten wieder auf jenen die Rundbänke symmetrisch unterbrechenden Tempeln; dort holten aber auch Löwen zum Sprung aus nach dem Vordergrund, wo ohnehin Aufregung genug
15 herrschte durch flatternde Fahnen und heftig agierende Menschen. Napoleon der Dritte, in der geknickten Haltung von Wilhelmshöhe[1] die Rückwand des Sockels zierend, als Besiegter hinter dem Triumphwagen, war überdies immer in Gefahr, von einem Löwen angefallen zu werden, der gerade hinter ihm, auf der Treppe des Monu-
20 ments, seinen schlimmsten Buckel machte – wohingegen Bismarck und die anderen Paladine[2], mitten im Tierkäfig wie zu Hause, vom Fuß des Sockels mit allen Händen hinauflangten, um mit anzugreifen bei den Taten des noch abwesenden Herrschers.

„Wer müsste nun dort oben einhersprengen?", fragte Wolfgang Buck
25 ... „Der Alte war nur ein Vorläufer. Dies mystisch-heroische Spektakel wird nachher mit Ketten von uns abgesperrt sein, und wir werden zu gaffen haben: was von allem der Endzweck war. Theater, und kein gutes."

Nach einer Weile, die Dämmerung graute, sagte der Vater: „Und du,
30 mein Sohn? Auch dir schien es einmal der Endzweck, zu spielen."

„Wie meinem ganzen Geschlecht. Mehr können wir nicht. Wir sollten uns leicht und klein nehmen heute, es ist die sicherste Haltung

---

[1] Wilhelmshöhe: Schloss bei Kassel, in dem der französische Kaiser Napoleon III. (1808 – 1873) während des Deutsch-Französischen Krieges 1870/71 für mehrere Monate gefangen gehalten wurde
[2] Paladine: dem Kaiser besonders nahestehende Adelige

angesichts der Zukunft; und ich sage nicht, dass es mehr war als Eitelkeit, weshalb ich die Bühne wieder verlassen habe. Lächerlich, Vater, ich bin gegangen, weil einmal, als ich spielte, ein Polizeipräsident geweint hatte. Aber bedenke auch, ob dies erträglich war. Fein-
5 heiten letzten Grades, Einsicht in Herzen, hohe Moral, Modernität des Intellektes und der Seele stelle ich für Menschen dar, die meinesgleichen scheinen, weil sie mir zuwinken und betroffene Gesichter haben. Nachher aber liefern sie Revolutionäre aus und schießen auf Streikende. Denn mein Polizeipräsident steht für alle."
10 Hier wandte Buck sich genau dem Busch zu, der Diederich barg.
„Kunst bleibt euch Kunst, und alles Ungestüm des Geistes rührt nie an euer Leben. Den Tag, an dem die Meister eurer Kultur dies begriffen hätten wie ich, würden sie euch, wie ich, allein lassen mit euren wilden Tieren." Und er zeigte nach den Löwen und Adlern. Auch
15 der Alte sah auf das Denkmal; er sagte: „Sie sind sehr mächtig geworden; aber durch ihre Macht ist in die Welt weder mehr Geist noch mehr Güte gekommen. Also war es umsonst. Auch wir waren scheinbar umsonst da." Er blickte auf den Sohn. „Dennoch dürft ihr ihnen das Feld nicht lassen."
20 Wolfgang seufzte schwer. „Worauf hoffen, Vater? Sie hüten sich, die Dinge auf die Spitze zu treiben wie jene Privilegierten vor der Revolution. Aus der Geschichte haben sie leider Mäßigung gelernt. Ihre soziale Gesetzgebung baut vor und korrumpiert. Sie sättigt das Volk gerade so weit, dass es ihm sich nicht mehr verlohnt, ernstlich
25 zu kämpfen, um Brot, geschweige Freiheit. Wer zeugt noch gegen sie?"
Da reckte der Alte sich auf, seine Stimme ward noch einmal klangvoll. „Der Geist der Menschheit", sagte er, und nach einer Pause, da der Junge den Kopf gesenkt hielt: „Du musst ihm glauben, mein
30 Sohn. Wenn die Katastrophe, der sie auszuweichen denken, vorüber sein wird, sei gewiss, die Menschheit wird das, worauf die erste Revolution folgte, nicht scham- und vernunftloser nennen als die Zustände, die die unseren waren."
Er sagte leise wie aus der Ferne: „Der würde nicht gelebt haben, der
35 nur in der Gegenwart lebte."
Plötzlich schien es, als schwankte er. Der Sohn griff rasch hin, und an seinem Arm, zusammengesunken und stockenden Schrittes, ver-

schwand der Alte im Dunkel. Diederich aber, der auf anderen Wegen enteilte, hatte das Gefühl, aus einem bösen, wenn auch größtenteils unbegreiflichen Traum zu kommen, worin an den Grundlagen gerüttelt worden war. Und trotz dem Unwirklichen, das alles Gehörte an sich hatte, schien hier tiefer gerüttelt worden zu sein, als je der ihm bekannte Umsturz rüttelte. Dem einen dieser beiden waren die Tage gezählt, der andere hatte auch nicht viel vor sich, aber Diederich fühlte, es wäre besser gewesen, sie hätten einen gesunden Lärm im Lande geschlagen, als dass sie hier im Dunkeln diese Dinge flüsterten, die doch nur von Geist und Zukunft handelten.

In der Gegenwart gab es freilich greifbarere Angelegenheiten. Gemeinsam mit dem Schöpfer des Denkmals entwarf Diederich das künstlerische Arrangement für die Feier der Enthüllung – wobei der Schöpfer mehr Entgegenkommen bewies, als man von ihm erwartet haben würde. Überhaupt kehrte er bis jetzt nur die guten Seiten seines Berufes hervor, nämlich Genie und vornehme Gesinnung, während er sich im Übrigen durchaus korrekt und geschäftstüchtig zeigte. Der junge Mann, ein Neffe des Bürgermeisters Doktor Scheffelweis, lieferte ein Beispiel dafür, dass es, veralteter Vorurteile ungeachtet, überall Anständigkeit gibt und dass noch kein Grund zum Verzweifeln ist, wenn ein junger Mensch für ein Brotstudium[1] zu faul ist und Künstler wird. Als er das erste Mal von Berlin nach Netzig zurückkehrte, trug er noch eine Samtjacke und zog der Familie nur Unannehmlichkeiten zu; aber bei seinem zweiten Besuch besaß er schon einen Zylinder, und nicht lange, so ward er von Seiner Majestät entdeckt und durfte für die Siegesallee das wohlgetroffene Bildnis des Markgrafen Hatto des Gewaltigen[2] schaffen, nebst den Bildnissen seiner beiden bedeutendsten Zeitgenossen, des Mönches Tassilo[3], der an einem Tage hundert Liter Bier

---

[1] Brotstudium: Studium, das man ohne innere Neigung und nur zum Geldverdienen betreibt

[2] Markgraf Hatto der Gewaltige: vom Autor erfundene Heldenfigur der preußischen Geschichte

[3] Mönch Tassilo: erfundene Figur

trinken konnte, und des Ritters Klitzenzitz[1], der die Berliner roboten[2] lehrte, wenn sie ihn dann auch hängten. Auf die Verdienste des
Ritters Klitzenzitz hatten Seine Majestät den Oberbürgermeister
noch besonders aufmerksam gemacht, was wieder günstig zurück-
gewirkt hatte auf die Karriere des Bildhauers. Man konnte nicht
Zuvorkommenheit genug haben für einen Mann, auf dem ein un-
mittelbarer Strahl der Gnadensonne lag; Diederich stellte ihm sein
Haus zur Verfügung, er mietete ihm auch das Reitpferd, das der
Künstler brauchte, um seine Kräfte spielen zu lassen – und welche
Aussichten, als der berühmte Gast die ersten Zeichenversuche des
kleinen Horst vielversprechend nannte! Diederich bestimmte ste-
henden Fußes Horst der Kunst, dieser so zeitgemäßen Laufbahn.
Wulckow, der keinen Sinn für die Kunst hatte und sich mit dem
Günstling Seiner Majestät nicht zu stellen wusste, bekam vom
Denkmalskomitee die Ehrengabe von zweitausend Mark, auf die er
als Ehrenvorsitzender das Recht hatte; die bei der Enthüllung zu
haltende Festrede aber übertrug das Komitee seinem ordentlichen
Vorsitzenden, dem geistigen Schöpfer des Denkmals und Begrün-
der der nationalen Bewegung, die zu seiner Errichtung geführt hat-
te, Herrn Stadtverordneten Generaldirektor Doktor Heßling, bravo!
Diederich, bewegt und geschwellt, sah sich am Fuße neuer Erhö-
hungen. Der Oberpräsident selbst ward erwartet, vor der hohen
Exzellenz sollte Diederich reden, welche Folgen versprach das!
Wulckow freilich schickte sich an, sie zu hintertreiben; gereizt, weil
ausgeschaltet, weigerte er sich sogar, auf der Tribüne der offiziellen
Damen auch Guste zuzulassen. Diederich hatte dieserhalb mit ihm
einen Auftritt, der erregt verlief, aber ohne Ergebnis blieb. Heftig
schnaufend kehrte er zu Guste heim. „Es bleibt dabei, du sollst keine
offizielle Dame sein. Man wird ja sehn, wer offizieller ist, du oder er!
Er soll dich noch bitten! Ich hab ihn Gott sei Dank nicht mehr nötig,
aber er vielleicht mich." – Und so kam es, denn als das nächste Heft
der „Woche" erschien, was brachte es, außer den gewohnten Kaiser-
bildern? Zwei Porträtaufnahmen, die eine den Schöpfer des Netziger Kaiser-Wilhelm-Denkmals darstellend, wie er gerade an seinem

---

[1]   Ritter Klitzenzitz: erfundene Figur
[2]   roboten: Lehnwort, gebildet aus dem russischen Verb für „arbeiten"

Werk den letzten Hammerschlag tat, die andere aber den Vorsitzenden des Komitees und seine Gattin, Diederich samt Guste. Von
Wulckow nichts – was allgemein bemerkt und als Zeichen angesehen ward, dass seine Stellung erschüttert sei. Er selbst musste es
5 fühlen, denn er tat Schritte, um doch noch in die „Woche" zu kommen. Er suchte Diederich auf, aber Diederich ließ sich verleugnen.
Der Künstler seinerseits brauchte Ausflüchte. Da geschah es tatsächlich, dass Wulckow auf der Straße an Guste herantrat: Die Geschichte mit dem Platz bei den offiziellen Damen sei ein Missver-
10 ständnis ... „Schön hat er gemacht wie unser Männe", berichtete
Guste. „Aber nun gerade nicht!", entschied Diederich, und er nahm
keinen Anstand, die Geschichte umherzuerzählen. „Soll man sich
Zwang antun", sagte er zu Wolfgang Buck, „wo der Mann doch geliefert ist. Herr Oberst von Haffke gibt ihn auch schon auf." Kühn
15 setzte er hinzu: „Jetzt sieht er, es gibt noch andere Mächte. Wulckow
hat es zu seinem Schaden nicht verstanden, sich beizeiten den modernen Lebensbedingungen einer großzügigen Öffentlichkeit anzupassen, die dem heutigen Kurs ihren Stempel aufdrücken." – „Absolutismus, gemildert durch Reklamesucht", ergänzte Buck.
20 Angesichts des Wulckow'schen Niederganges fand Diederich jenen
Grundstückshandel, der ihn selbst so sehr benachteiligt hatte, immer anstößiger. Seine Entrüstung nahm einen solchen Umfang an,
dass der Besuch, den gerade jetzt der Reichstagsabgeordnete Fischer in Netzig machte, für Diederich zur wahrhaft befreienden
25 Gelegenheit ward. Parlamentarismus und Immunität[1] hatten doch
ihr Gutes! Denn Napoleon Fischer stellte sich umgehend im Reichstag hin und enthüllte. Er enthüllte, ohne dass ihm das Geringste
geschehen konnte, die Schiebungen des Regierungspräsidenten von
Wulckow in Netzig, seinen Riesengewinn am Grundstück des Kai-
30 ser-Wilhelm-Denkmals, der nach Napoleon Fischers Behauptung
von der Stadt erpresst war, und das Ehrengeschenk von angeblich
fünftausend Mark, dem er den Titel „Schmiergeld" gab. Der Zeitung
zufolge bemächtigte sich hier der Volksvertreter ungeheure Erregung. Freilich galt sie nicht Wulckow, sondern dem Enthüller. Wü-
35 tend verlangte man Beweise und Zeugen; Diederich zitterte, in der

---

[1] Immunität: Schutz vor Strafverfolgung für Abgeordnete oder Diplomaten

nächsten Zeile konnte sein Name kommen. Zum Glück kam er
nicht, Napoleon Fischer blieb sich der Pflicht seines Amtes bewusst.
Stattdessen redete der Minister, er überließ den unerhörten, leider
unter dem Schutze der Immunität begangenen Angriff auf einen
5 Abwesenden, der sich nicht verteidigen konnte, dem Urteil des
Hauses. Das Haus urteilte, indem es dem Herrn Minister Beifall
klatschte. Parlamentarisch war der Fall erledigt, es erübrigte nur
noch, dass auch die Presse ihren Abscheu äußerte und, soweit sie
nicht einwandfrei gesinnt war, ganz leicht dabei mit dem Auge
10 zwinkerte. Mehrere sozialdemokratische Blätter, die die Vorsicht
außer Acht gelassen hatten, mussten ihren verantwortlichen Redakteur den Gerichten ausliefern, so auch die Netziger „Volksstimme". Diederich benutzte diesen Anlass, um zwischen sich und denen, die an dem Herrn Regierungspräsidenten hatten zweifeln kön-
15 nen, glatt das Tischtuch zu zerschneiden. Er und Guste machten
Besuch bei Wulckows. „Ich weiß aus erster Quelle", sagte er nachher, „dem Mann ist die größte Zukunft gewiss. Er war neulich auf
der Jagd mit Majestät und hat einen großartigen Witz gerissen."
Acht Tage später brachte die „Woche" ein ganzseitiges Bildnis, Glat-
20 ze und Bart auf der einen Hälfte, ein Bauch auf der anderen, und dazu
die Unterschrift: „Regierungspräsident von Wulckow, der geistige
Schöpfer des Netziger Kaiser-Wilhelm-Denkmals, gegen den kürzlich ein allgemein als empörend empfundener Angriff im Reichstag
erfolgte und dessen Ernennung zum Oberpräsidenten bevorsteht
25 ..." Das Bild des Generaldirektors Heßling mit Frau hatte nur eine
Viertelseite eingenommen. Diederich überzeugte sich, dass der ge-
bührende Abstand wiederhergestellt war. Die Macht blieb, auch
unter den modernen Lebensbedingungen einer großzügigen Öffentlichkeit, unangreifbar wie je – was ihn trotz allem tief befrie-
30 digte. Er ward hierdurch innerlich auf das Günstigste vorbereitet
für seine Festrede.
Sie war entstanden in den ehrgeizigen Gesichten vom Schlaf ge-
miedener Nächte und bei regem Gedankenaustausch mit Wolfgang
Buck und besonders mit Käthchen Zillich, die für die Größe des
35 kommenden Ereignisses ein merkwürdig klares Verständnis zeigte.

Am Schicksalstage, als Diederich, das Herz klopfend gegen die Niederschrift seiner Rede, um halb elf mit seiner Gattin beim Festplatz
anfuhr, bot der Platz einen noch wenig belebten, aber umso besser
geordneten Anblick. Vor allem, der Militärkordon[1] war schon gezogen! – und gelangte man auch nur nach Gewährung aller Garanti-
en hindurch, so lag doch eben hierin eine feierliche Erhebung angesichts des nicht privilegierten Volkes, das hinter unseren Soldaten
und am Fuß einer großen schwarzen Brandmauer in der Sonne die
schwitzenden Hälse reckte. Die Tribünen, links und rechts von den
langen weißen Tüchern, hinter denen man Wilhelm den Großen
vermuten durfte, empfingen den Schatten ihrer Zeltdächer sowie
zahlreicher Fahnen. Links die Herren Offiziere waren, wie Diederich
feststellte, durch ihre ins Blut übergegangene Disziplin befähigt,
sich und ihre Damen ohne fremde Hilfe einzurichten; alle Strenge
der polizeilichen Überwachung war nach rechts verlegt, wo das
Zivil sich um die Sitze balgte. Auch Guste gab sich nicht zufrieden
mit dem ihren, einzig das offizielle Festzelt gegenüber dem Denkmal
schien ihr würdig, sie aufzunehmen, sie war eine offizielle Dame,
Wulckow hatte es anerkannt. Diederich musste hin mit ihr, wenn er
kein Feigling war, aber natürlich ward sein tollkühner Angriff so
nachdrücklich zurückgewiesen, wie er es vorausgesehen hatte. Der
Form wegen und damit Guste nicht an ihm zweifelte, verwahrte er
sich gegen den Ton des Polizeileutnants und wäre beinahe verhaftet worden. Sein Kronenorden vierter Klasse, seine schwarz-weiß-
rote Schärpe und die Rede, die er vorzeigte, retteten ihn gerade
noch, konnten aber keineswegs, weder vor der Welt noch vor ihm
selbst, als vollwertiger Ersatz gelten für die Uniform. Sie, die einzige
wirkliche Ehre, gebrach ihm nun einmal, und Diederich musste
auch hier wieder bemerken, dass man ohne Uniform, trotz sonsti-
ger Erstklassigkeit, doch mit schlechtem Gewissen durchs Leben
ging.
Im Zustand der Auflösung trat das Ehepaar Heßling seinen allseitig
bemerkten Rückzug an, Guste bläulich geschwollen in ihren Federn,
Spitzen und Brillanten, Diederich schnaufend und nach Kräften den
Bauch mit der Schärpe vorgestreckt, als breitete er die Nationalfar-

---

[1] Militärkordon: Postenkette von Soldaten

ben über seine Niederlage. So mussten sie hindurch zwischen dem Kriegerverein, der, Eichenkränze um die Zylinderhüte, unterhalb der Militärtribüne stand, an seiner Spitze Kühnchen als Landwehrleutnant, und den Ehrenjungfrauen drüben, weiß mit schwarz-
5 weiß-roten Schärpen und befehligt von Pastor Zillich im Talar. Nun sie aber anlangten, wer saß, in der Haltung einer Königin, auf Gustes Stuhl? Man war starr: Käthchen Zillich. Hier fühlte Diederich sich denn doch bemüßigt, seinerseits ein Machtwort zu sprechen. „Die Dame hat sich geirrt, der Platz ist nicht für die Dame", sagte er,
10 keineswegs zu Käthchen Zillich, die er für ebenso fremd wie zweideutig zu halten schien, sondern zu dem Aufsichtsbeamten – und hätten ihm auch nicht die menschlichen Laute ringsum recht gegeben; Diederich stand hier für die stummen Gewalten von Ordnung, Sitte und Gesetz, eher wäre die Tribüne eingestürzt, als dass Käth-
15 chen Zillich auf ihr verblieb ... Dennoch geschah das Außerordentliche, dass der Beamte unter Käthchens ironischem Lächeln die Achseln zuckte, und selbst der Schutzmann, den Diederich anrief, gab nur einen weiteren unbegreiflichen Stützpunkt ab für den Übergriff der Unmoral. Diederich, betäubt vor einer Welt, deren Betrieb ge-
20 stört schien, ließ es geschehen, dass Guste abgeschoben ward nach einer Sitzreihe ganz oben, wobei sie mit Käthchen Zillich einige die Gegensätze betonende Worte wechselte. Der Meinungsaustausch griff schon auf Unbeteiligte über und drohte auszuarten: Da schmetterte Musik los, der Einzugsmarsch der Gäste auf der Wartburg[1],
25 und wirklich bezogen sie das offizielle Zelt, voran Wulckow, unverkennbar trotz seiner roten Husarenuniform, zwischen einem Herrn in Frack und Ordensstern und einem hohen General. War es möglich? Noch zwei hohe Generale! Und ihre Adjutanten, Uniformen in allen Farben, Sternenblitzen und ein Wuchs! „Wer ist der Gelbe, der
30 Lange?", forschte Guste innig. „Ist das ein schöner Mann!" – „Wollen Sie mich gefälligst nicht treten!", verlangte Diederich, denn auch sein Nachbar war aufgesprungen, alle verrenkten sich, fieberten und schwelgten. „Sieh sie dir an, Guste! Emmi ist eine Gans, dass sie nicht mitwollte. Das ist das einzige, erstklassige Theater, es ist das Höchs-

---

[1] Einzugsmarsch der Gäste auf der Wartburg: aus der Oper „Tannhäuser und der Sängerkrieg auf Wartburg" von Richard Wagner (1813–1883)

te, da kann man nichts machen!" – „Aber der mit den gelben Auf-
schlägen[1]", schwärmte Guste. „Der Schlanke! Der muss ein echter
Aristokrat sein, das seh ich gleich." Diederich lachte wollüstig. „Da
ist überhaupt keiner dabei, der nicht ein echter Aristokrat ist, da-
5 rauf kannst du Gift nehmen. Wenn ich dir sage, ein Flügeladjutant
Seiner Majestät ist hier!" – „Der Gelbe!" – „Persönlich hier!"
Man suchte sich zurecht. „Der Flügeladjutant! Zwei Divisionsgenerale[2], Donnerwetter!" Und die schneidige Anmut der Begrüßungen;
sogar der Bürgermeister Doktor Scheffelweis ward aus seinem be-
10 scheidenen Hintergrund gezogen und durfte in seiner Train[3]-Re-
serveleutnantsuniform strammstehen vor seinen hohen Vorgesetzten. Herr von Quitzin als Ulan[4] besichtigte durch sein Monokel den
Grund und Boden der Veranstaltung, der vorübergehend ihm selbst
gehört hatte. Wulckow aber, der rote Husar, brachte die volle Be-
15 deutung eines Regierungspräsidenten erst jetzt zur Geltung, wo er
salutierend das gewaltige, von Schnüren umrahmte Profil seiner
unteren Körperteile hervorkehrte. „Das sind die Säulen unserer
Macht!", rief Diederich in die wuchtigen Klänge des Einzugsmar-
sches. „Solange wir solche Herren haben, werden wir der Schrecken
20 der ganzen Welt sein!" Und voll überwältigenden Dranges, in der
Meinung, seine Stunde sei da, stürzte er hinunter, nach dem Rednerpodium. Aber der Schutzmann, der es bewachte, trat ihm entgegen: „Nee, nee, Sie komm'n noch nich ran", sagte der Schutzmann.
Jäh in seinem Schwunge gehemmt, stieß Diederich gegen einen
25 Aufsichtsbeamten, der ihm nachgesetzt hatte: derselbe wie vorhin,
ein Magistratsdiener, der ihm versicherte, er wisse wohl, der Platz
der Dame mit den gelben Haaren gehöre dem Herrn Stadtverordneten, „aber auf höheren Befehl hat ihn die Dame gekriegt". Das Weitere verriet der Mann in ersterbendem Flüsterton, und Diederich
30 entließ ihn mit einer Bewegung, die sagte: Dann allerdings. Der Flügeladjutant Seiner Majestät! Dann allerdings! Diederich überlegte,

---

[1] Aufschläge: umgeschlagene Enden des Ärmels der Militäruniform
[2] Divisionsgeneral: General, der eine Division, also eine größere militärische
Kampfgruppe, befehligt
[3] Train: für den Nachschub zuständige Truppenteile
[4] Ulan: Soldat der Kavallerie

ob es nicht geboten sei, umzukehren und Käthchen Zillich öffentlich seine Huldigung zu entbieten.

Er kam nicht mehr dazu, Oberst von Haffke kommandierte der Fahnenkompanie „Rührt euch!", und auch Kühnchen ließ seine Krieger

5 sich rühren; hinter dem Festzelt intonierte die Regimentsmusik: „Vortreten zum Beten." Dies geschah, sowohl vonseiten der Ehrenjungfrauen wie des Kriegervereins. Kühnchen in seiner historischen Landwehruniform[1], die außer vom Eisernen Kreuz von einem ruhmreichen Flicken geziert ward, denn hier war eine französische Kugel hindurchgegangen, traf inmitten des Geländes auf

10 Pastor Zillich in seinem Talar[2]; auch die Fahnenkompanie fand sich ein, und man gab unter dem Vortritt Zillichs dem alten Alliierten die Ehre. Auf der Ziviltribüne[3] ward das Publikum von den Beamten gehalten, sich zu erheben, die Herren Offiziere taten es von

15 selbst. Überdies stimmte die Kapelle „Ein feste Burg[4]" an. Zillich schien trotzdem noch irgendetwas vorzuhaben, aber der Oberpräsident, offenbar in der Annahme, dass der alte Alliierte[5] nun genug habe, ließ sich, gelblichen Gesichts, auf seinen Sessel nieder, rechts von ihm der blühende Flügeladjutant, links die Divisionsgenerale.

20 Als die ganze Versammlung im offiziellen Zelt nach den ihr innewohnenden Gesetzen gruppiert war, sah man den Regierungspräsidenten von Wulckow einen Wink erteilen, infolgedessen ein Schutzmann sich in Bewegung setzte. Er begab sich zu seinem Kollegen, der das Rednerpodium bewachte, worauf dieser das Wort an

25 Diederich richtete: „Na, nu kommse man ran", sagte der Schutzmann.

Diederich gab Acht, dass er beim Hinaufsteigen nicht stolperte, denn die Beine waren ihm plötzlich weich geworden, auch sah er verschwommen. Nach einigem Schnaufen unterschied er im kahlen

30 Umkreis ein Bäumchen, das keine Blätter hatte, aber mit schwarz-

---

[1] Landwehruniform: Uniform eines Soldaten der Reserve
[2] Talar: Kleidung eines Geistlichen
[3] Ziviltribüne: Tribüne für Anwesende, die nicht dem Militär angehören
[4] Eine feste Burg: evangelisches Kirchenlied
[5] Alliierter: Verbündeter

weiß-roten Blüten aus Papier übersät war. Der Anblick des Bäum-
chens gab ihm Gedächtnis und Kraft zurück; er begann:
„Eure Exzellenzen! Höchste, hohe und geehrte Herren!
Hundert Jahre sind es, dass der große Kaiser, dessen Denkmal der
5 Enthüllung harrt durch den Vertreter Seiner Majestät, uns und dem
Vaterlande geschenkt ward; gleichzeitig aber, das macht diese Stunde noch bedeutsamer, ist fast ein Jahrzehnt vergangen, seit sein
großer Enkel den Thron bestiegen hat! Wie sollten wir da nicht vor
allem auf die große Zeit, die wir selbst miterleben durften, einen
10 stolzen und dankbaren Rückblick werfen."
Diederich warf ihn. Er feierte abwechselnd den beispiellosen Aufschwung der Wirtschaft und des nationalen Gedankens. Längere
Zeit verweilte er beim Ozean. „Der Ozean ist unentbehrlich für
Deutschlands Größe. Der Ozean beweist uns, dass auf ihm und jen-
15 seits von ihm ohne Deutschland und ohne den Deutschen Kaiser
keine Entscheidung mehr fallen darf, denn das Weltgeschäft ist
heute das Hauptgeschäft!" Aber nicht nur vom geschäftlichen
Standpunkt, noch mehr geistig und sittlich war der Aufschwung
ein beispielloser zu nennen. Wie sah es denn früher aus mit uns?
20 Diederich entwarf ein wenig schmeichelhaftes Bild des älteren Geschlechts, das durch eine einseitige humanitäre Bildung zu zuchtlosen Anschauungen verführt, in nationaler Hinsicht noch keinen
Komment gehabt hatte. Wenn das jetzt gründlich anders geworden
war, wenn wir, im berechtigten Selbstgefühl, das tüchtigste Volk
25 Europas und der Welt zu sein, von Nörglern und Elenden abgesehen, nur noch eine einzige nationale Partei bildeten, wem verdankten wir es? Allein Seiner Majestät, antwortete Diederich. „Er hat
den Bürger aus dem Schlummer gerüttelt, sein erhabenes Beispiel
hat uns zu dem gemacht, was wir sind!" – wobei Diederich sich auf
30 die Brust schlug. „Seine Persönlichkeit, seine einzige, unvergleich-
liche Persönlichkeit ist stark genug, dass wir allesamt uns efeuartig
an ihr emporranken dürfen!", rief er aus, obwohl es nicht in seinem
Entwurf stand. „Was Seine Majestät der Kaiser zum Wohl des deutschen Volkes beschließt, dabei wollen wir ihm jubelnd behilflich
35 sein, ob wir nun edel sind oder unfrei. Auch der einfache Mann aus
der Werkstatt ist willkommen!", fügte er wieder aus dem Stegreif
hinzu, jäh inspiriert durch den Geruch des schwitzenden Volkes

men missbilligende Mienen, und der Oberpräsident hatte gezuckt. Auf der Offizierstribüne litt selbstverständlich die Haltung nicht im Geringsten, beim Zivil machte sich immerhin eine gewisse Unruhe bemerklich. Diederich brachte das Gekreisch zum Verstummen, denn
5 er rief, gleichfalls donnernd: „Unser alter Alliierter bezeugt es! Wir sind nicht so! Wir sind ernst, treu und wahr! Deutsch sein heißt eine Sache um ihrer selbst willen tun! Wer von uns hätte je aus seiner Gesinnung ein Geschäft gemacht? Wo gar wären die bestechlichen Beamten? Biederkeit des Mannes eint hier sich weibli-
10 cher Reine, denn das Weibliche zieht uns hinan, nicht ist es uns Werkzeug unedlen Vergnügens. Das strahlende Bild echt deutschen Wesens aber erhebt sich auf dem Boden des Christentums, und das ist der einzig richtige Boden, denn jede heidnische Kultur, mag sie noch so schön und herrlich sein, wird bei der ersten Katastrophe
15 erliegen; und die Seele deutschen Wesens ist die Verehrung der Macht, der überlieferten und von Gott geweihten Macht, gegen die man nichts machen kann. Darum sollen wir nach wie vor die höchste Pflicht in der Verteidigung des Vaterlandes sehen, die höchste Ehre im Rock des Königs und die höchste Arbeit im Waf-
20 fenhandwerk!"

Der Donner grollte, wenn auch eingeschüchtert, wie es schien, durch Diederichs immer gewaltigere Stimme; dagegen fielen Tropfen, die man einzeln hörte, so schwer waren sie.

„Aus dem Lande des Erbfeindes", schrie Diederich, „wälzt sich im-
25 mer wieder die Schlammflut der Demokratie her, und nur deutsche Mannhaftigkeit und deutscher Idealismus sind der Damm, der sich ihr entgegenstellt. Die vaterlandslosen Feinde der göttlichen Weltordnung aber, die unsere staatliche Ordnung untergraben wollen, die sind auszurotten bis auf den letzten Stumpf, damit, wenn wir der-
30 einst zum himmlischen Appell berufen werden, dass dann ein jeder mit gutem Gewissen vor seinen Gott und seinen alten Kaiser treten kann, und wenn er gefragt wird, ob er aus ganzem Herzen für des Reiches Wohl mitgearbeitet habe, er an seine Brust schlagen und offen sagen darf: Ja!"
35 Wobei Diederich sich einen solchen Schlag auf die Brust versetzte, dass ihm die Luft ausblieb. Die notgedrungene Pause, die er eintreten ließ, benutzte die Ziviltribüne, um durch Unruhe zu bekunden, dass

sie seine Rede für beendet halte; denn das Gewitter stand jetzt genau über den Köpfen der Festversammlung, und im schwefelgelben Licht, einzeln, langsam und als warnten sie, klopften immerfort diese eigroßen Regentropfen ... Diederich hatte wieder Luft.

5 „Wenn jetzt die Hülle fällt", begann er mit neuem Schwung, „wenn zum Gruß die Fahnen und Standarten sich neigen, die Degen sich senken und Bajonette im Präsentiergriff blitzen –" Da krachte es im Himmel so ungeheuerlich, dass Diederich sich duckte und, bevor er es sich versah, unter seinem Pult hockte. Zum Glück kam er wieder

10 hervor, ohne dass sein Verschwinden bemerkt worden wäre, denn allen war es ähnlich ergangen. Kaum dass noch jemand hörte, wie Diederich Seine Exzellenz den Herrn Oberpräsidenten bat, er möge geruhen zu befehlen, dass die Hülle falle. Immerhin trat der Oberpräsident vor das offizielle Zelt hinaus, er war gelber, als es seine

15 Natur war, das Funkeln seines Sterns war erloschen, und er sagte schwach: „Im Namen Seiner Majestät befehle ich: Die Hülle falle" – worauf sie fiel. Auch ertönte die Wacht am Rhein. Und der Anblick Wilhelms des Großen, wie er durch die Luft ritt, in der Haltung eines Familienvaters, aber umringt von allen Furchtbarkeiten

20 der Macht, stählte die Untertanen noch einmal gegen die Drohungen von oben, das Kaiserhoch des Oberpräsidenten fand lebhaften Widerhall. Freilich, die Klänge von „Heil dir im Siegerkranz" gaben Seiner Exzellenz das Zeichen, dass sie sich nun bis an den Fuß des Denkmals zu begeben, es zu besichtigen und den Schöpfer, der

25 schon wartete, durch eine Anrede auszuzeichnen hatten. Jeder begriff es, dass der hohe Herr zweifelnd den Blick zum Himmel richtete; aber wie nicht anders zu erwarten stand, siegte sein Pflichtgefühl und siegte umso glänzender, als er der einzige Herr im Frack war unter so vielen tapferen Militärs. Er wagte sich kühn hinaus,

30 hin ging er unter den großen, langsamen Tropfen, und mit ihm Ulanen, Kürassiere[1], Husaren und Train ... Schon war die Inschrift „Wilhelm der Große" zur Kenntnis genommen worden, der Schöpfer, durch eine Anrede ausgezeichnet, bekam seinen Orden, und gerade sollte auch der geistige Schöpfer Heßling vorgestellt und ge-

35 schmückt werden, da platzte der Himmel. Er platzte ganz und auf

---

[1] Kürassier: Anhänger der berittenen Truppengattung

einmal, mit einer Heftigkeit, die einem lange verhaltenen Ausbruch glich. Bevor noch die Herren sich umgedreht hatten, standen sie im Wasser bis an die Knöchel, Seiner Exzellenz lief es aus Ärmeln und Hosen. Die Tribünen verschwanden hinter Stürzen Wassers, wie auf fern wogendem Meer erkannte man, dass die Zeltdächer sich gesenkt hatten unter der Wucht des Wolkenbruches, in ihren nassen Umschlingungen wälzten links und rechts sich schreiende Massen. Die Herren Offiziere machten gegen die Elemente von der blanken Waffe Gebrauch, durch Schnitte in das Segeltuch bahnten sie sich den Ausweg. Das Zivil gelangte nur als graue Wickelschlange hinab, die mit wilden Zuckungen im überschwemmten Gelände badete. Unter solchen Umständen sah der Oberpräsident es ein, dass der weitere Verlauf des Festprogramms aus Zweckmäßigkeitsrücksichten zu unterbleiben habe. Blitzeumlodert und wasserspritzend wie ein Springbrunnen, trat er einen beschleunigten Rückzug an, und ihm nach der Flügeladjutant, die beiden Divisionsgenerale, Dragoner[1], Husaren, Ulanen und Train. Unterwegs erinnerten Seine Exzellenz sich des noch immer an ihrem Finger hängenden Ordens für den geistigen Schöpfer, und pflichttreu bis zum Äußersten, aber bestrebt, jeden Aufenthalt zu vermeiden, händigten sie ihn, laufend und wasserspritzend, dem Präsidenten von Wulckow aus. Wulckow seinerseits begegnete einem Schutzmann, der den Ereignissen noch standhielt, und betraute ihn mit der Übergabe der Allerhöchsten Auszeichnung, worauf der Schutzmann durch Sturm und Grausen irrte, auf der Suche nach Diederich. Schließlich fand er ihn unter dem Rednerpult im Wasser hockend. „Da hamse 'n Willemsorden", sagte der Schutzmann und machte, dass er weiterkam, denn gerade schlug ein Blitz ein, so nahe, als sollte er die Verleihung des Ordens verhindern. Diederich hatte nur geseufzt.

Als er es endlich unternahm, mit einer Gesichtshälfte auf die Erde zu spähen, war der Umsturz auf ihr noch immer im Wachsen. Drüben die große schwarze Brandmauer klaffte und ging daran, umzufallen, samt dem Haus dahinter. Über einem Knäul von Geschöpfen in jagendem Geisterlicht, schwefelgelb und blau, bäumten sich die Pferde der Paradekutschen und nahmen Reißaus. Glücklich das

---

[1] Dragoner: Reitertruppe

nicht privilegierte Volk, das draußen und über alle Berge war; die Besitzenden und Gebildeten dagegen waren in der Lage, dass sie auf ihren Köpfen schon die fliegenden Trümmer des Umsturzes fühlten, samt dem Feuer von oben. Kein Wunder, wenn die Umstände ihr Verhalten bestimmten und manche Damen, in nicht kommentmäßiger Weise vom Ausgang zurückgestoßen, schlankweg übereinanderrollten. Nur ihrer Tapferkeit vertrauend, machten die Herren Offiziere gegen jeden, der sich ihnen entgegenstellte, von ihren Machtmitteln Gebrauch – indes Fahnentücher, losgerissen im Sturm von den Überresten der Tribünen und des offiziellen Zeltes, schwarz-weiß-rot durch die Luft sausten, den Kämpfern um die Ohren. Dazu, hoffnungslos, wie die Dinge standen, spielte die Regimentsmusik immer weiter „Heil dir im Siegerkranz[1]", spielte selbst nach der Durchbrechung des Militärkordons und der Weltordnung, spielte wie auf einem untergehenden Schiff dem Entsetzen auf und der Auflösung. Ein neuer Anlauf des Orkans warf auch sie auseinander – und Diederich, die Augen zugedrückt und schwindelnd des Endes von allem gewärtig, tauchte zurück in die kühle Tiefe seines Rednerpultes, das er umklammerte wie das Letzte auf Erden. Sein Abschiedsblick aber hatte umfasst, was über alle Begriffe war: das Gehege, das schwarz-weiß-rot behangene rund um den Volkspark, zusammengebrochen, niedergelegt durch das Gewicht der auf ihm Lastenden, und dann dies Drunter und Drüber, dies Umeinanderkugeln, Sichaufhäufen und Abrutschen, dies Kopfstehen und Dem-andern-sich-ins-Gesicht-Setzen und dies Gefegtwerden von den Peitschen der Höhe, unter Strömen Feuers, diesen Kehraus, wie der einer betrunkenen Maskerade, Kehraus von Edel und Unfrei, vornehmstem Rock und aus dem Schlummer erwachtem Bürger, einzigen Säulen, gottgesandten Männern, idealen Gütern, Husaren, Ulanen, Dragonern und Train!

Aber die apokalyptischen Reiter flogen weiter; Diederich merkte es, sie hatten nur ein Manöver abgehalten für den Jüngsten Tag, der Ernstfall war es nicht. Unter Vorbehalt verließ er seine Zuflucht und

---

[1] Heil dir im Siegerkranz: Titel der Kaiserhymne. Die patriotische Hymne wurde 1871 zur deutschen Kaiserhymne erklärt.

stellte fest, dass es nur noch goss und dass Kaiser Wilhelm der Große noch da war, mit allem Zubehör der Macht. Diederich hatte die ganze Zeit das Gefühl gehabt, das Denkmal sei zerschmettert und weggeschwommen. Der Festplatz freilich sah aus wie eine wüste Erinnerung, keine Seele belebte seine Trümmer. Doch, dahinten bewegte sich eine, sie trug sogar Ulanenuniform: Herr von Quitzin, der das eingestürzte Haus besichtigte. Dem Blitz erlegen, rauchte es hinter den Resten seiner großen schwarzen Brandmauer; und in der Flucht aller hatte nur Herr von Quitzin standgehalten, denn ihn stärkte ein Gedanke. Diederich sah ihm ins Herz. ‚Das Haus‘, dachte Herr von Quitzin, ‚hätten wir auch noch loswerden sollen an das Pack. Aber nicht zu machen gewesen, haben es mit aller Gewalt nicht durchgedrückt. Na, nu kriege ich die Versicherung. Es gibt einen Gott.‘ Und dann ging er der Feuerwehr entgegen, die zum Glück nicht mehr wesentlich eingreifen konnte in das Geschäft.

Auch Diederich, durch das Beispiel ermutigt, machte sich auf den Weg. Er hatte seinen Hut verloren, am Boden seiner Schuhe schlenkerte Wasser, und in der rückwärtigen Erweiterung der Beinkleider trug er eine Pfütze mit sich herum. Da ein Wagen nicht erreichbar schien, beschloss er, die innere Stadt zu durchqueren. Die Winkel der alten Straßen fingen den Wind ab, ihm ward es wärmer. ‚Von einem Katarrh[1] ist nicht die Rede. Guste soll mir aber doch einen Wickel um den Bauch machen. Wenn sie nur gefälligst keine Influenza ins Haus einschleppt!‘ Nach dieser Sorge erinnerte er sich seines Ordens: „Der Wilhelms-Orden, Stiftung Seiner Majestät, wird nur verliehen für hervorragende Verdienste um die Wohlfahrt und Veredelung des Volkes … Den haben wir!“, sagte Diederich laut in der leeren Gasse. „Und wenn es Dynamit regnet!“ Der Umsturz der Macht vonseiten der Natur war ein Versuch mit unzulänglichen Mitteln gewesen. Diederich zeigte dem Himmel seinen Wilhelms-Orden und sagte „Ätsch!“ – worauf er ihn sich ansteckte, neben den Kronenorden vierter Klasse.

In der Fleischhauergrube hielten mehrere Fuhrwerke: merkwürdig, vor dem Haus des alten Buck. Eins war noch dazu ein Landwagen. Sollte etwa –? Diederich spähte in das Haus: Die gläserne Flurtür

---

[1] Katarrh: Schnupfen, Erkältung

stand außerordentlicherweise offen, so als würde jemand erwartet, der selten kam. Feierlich still die weite Diele, nur, wie er an der Küche vorbeischlich, ein Wimmern: die alte Magd, mit dem Gesicht auf den Armen. ‚Also ist es so weit' – und plötzlich ward Diederich
5 von einem Schauer angerührt, er blieb stehen, bereit, den Rückzug anzutreten. ‚Dabei habe ich nichts zu tun ... Doch! Dabei habe ich zu tun, denn hier ist jedes Stück mein, ich habe die Pflicht, dafür zu sorgen, dass sie mir nachher nichts forttragen.' Aber nicht nur dies drängte ihn vorwärts; Schwierigeres und Tieferes kündigte sich an
10 mit Schnaufen und Bauchklemmen. Gehaltenen Schrittes erstieg er die flachen alten Stufen und dachte: ‚Respekt vor einem tapferen Feind, wenn er das Feld der Ehre deckt! Gott hat gerichtet, ja, ja, so geht es, keiner kann sagen, ob er nicht eines Tages – Na hören Sie, es gibt denn doch Unterschiede, eine Sache ist gut oder nicht gut.
15 Und für den Ruhm der guten Sache soll man nichts versäumen, unser alter Kaiser hat sich wahrscheinlich auch zusammennehmen müssen, als er nach Wilhelmshöhe zu dem gänzlich erledigten Napoleon ging.'
Hier war er schon im Zwischengeschoss und betrat vorsichtig den
20 langen Gang, an dessen Ende die Tür offen, auch hier wieder offen stand. Sich gegen die Wand drücken, und einen Blick hinein: ein Bett, mit dem Fuß hergewendet, darin lehnte an gehäuften Kissen der alte Buck und schien nicht bei sich. Kein Laut; war er denn allein? Behutsam auf die Gegenseite – nun sah man die verhängten
25 Fenster und davor im Halbkreis die Familie: dem Bett zunächst Judith Lauer, ganz starr, dann Wolfgang mit einem Gesicht, das niemand erwartet hätte; zwischen den Fenstern die zusammengedrängte Herde der fünf Töchter neben dem bankerotten Vater, der nicht einmal mehr elegant war; weiterhin der verbaute Sohn mit
30 seiner stumpfblickenden Frau, und endlich Lauer, der gesessen hatte. Mit gutem Grund hielten alle sich so still; zu dieser Stunde verloren sie die letzte Aussicht, noch einmal mitzureden! Sie waren obenauf gewesen und hatten sich in Sicherheit gewiegt, solange der Alte standhielt. Er war gefallen, und sie mit, er verschwand, und sie alle
35 mit. Er hatte immer nur auf Flugsand gestanden, da er nicht auf der Macht stand. Nichtig Ziele, die fortführten von der Macht! Frucht-

los Geist, denn nichts hinterließ er als Verfall! Verblendung jeder
Ehrgeiz, der nicht Fäuste hatte und Geld in den Fäusten!

Woher aber dies Gesicht, das Wolfgang hatte? Es sah nicht aus wie
Trauer, obwohl Tränen aus seinen dort hinüberverlangenden Augen fielen; es sah aus wie Neid, gramvoller Neid. Was hatten die
andern? Judith Lauer, deren Brauen sich dunkel zusammenzogen, ihr
Mann, der aufseufzte – und die Frau des Ältesten sogar faltete vor
dem Gesicht ihre Arbeiterinnenhände. Diederich, in entschlossener
Haltung, stellte sich mitten vor die Tür. Es war dunkel im Gang, die
da sahen nicht, und mochten sie; aber der Alte? Sein Gesicht war
genau hierher gerichtet, und wo es hinsah, ahnte man dennoch
mehr, als hier war, Erscheinungen, die niemand ihm verstellen
konnte. Ihren Widerschein in seinen überraschten Augen, öffnete er
auf den Kissen langsam die Arme, versuchte sie zu heben, hob, bewegte sie, winkend und empfangend – wen doch? Wie viele wohl,
mit so langem Winken und Empfangen? Ein ganzes Volk, sollte
man glauben, und welchen Wesens, dass es durch sein Kommen
dies geisterhafte Glück hervorrief in den Zügen des alten Buck?

Da erschrak er, als sei er einem Fremden begegnet, der Grauen mit-
brachte: erschrak und rang nach Atem. Diederich, ihm gegenüber,
machte sich noch strammer, wölbte die schwarz-weiß-rote Schärpe,
streckte die Orden vor, und für alle Fälle blitzte er. Der Alte ließ auf
einmal den Kopf fallen, tief vornüber fiel er, ganz wie gebrochen.
Die Seinen schrien auf. Vom Entsetzen gedämpft, rief die Frau des
Ältesten: „Er hat etwas gesehen! Er hat den Teufel gesehen!" Judith
Lauer stand langsam auf und schloss die Tür. Diederich war schon
entwichen.

Anhang

Heinrich Mann 1931

1. Wichtige Lebensstationen Heinrich Manns

Heinrich Mann, einer der bedeutendsten deutschen Schriftsteller des 20. Jahrhunderts, führte ein bewegtes Leben. Von den Nationalsozialisten aus Deutschland vertrieben, lebte er zunächst im Exil in Frankreich, bis er in die USA übersiedelte. Unter dem Eindruck der politischen Verwerfungen in Europa wurde er zu einer bedeutenden intellektuellen Stimme gegen Nationalsozialismus und Tyrannei.

1871	Geburt Heinrich Manns am 27. März in Lübeck als erstes von fünf Kindern des Lübecker Kaufmanns und Konsuls Thomas Johann Heinrich Mann und seiner aus Brasilien stammenden Ehefrau Julia, geb. da Silva-Bruhns
1875	Geburt seines Bruders Thomas Mann, der ebenfalls Schriftsteller wurde
1885	erstmaliges Abfassen kleiner Erzählungen
1889	vorzeitiger Abgang vom Gymnasium und Beginn einer Buchhandelsausbildung in Dresden
1891 – 1892	Volontariat im S. Fischer Verlag Berlin, dem späteren Hausverlag von Heinrich und Thomas Mann
1891	Tod des Vaters
1893	Umzug der Familie Mann von Lübeck nach München
1894	Veröffentlichung des ersten Romans „In einer Familie"
1895 – 1896	Herausgebertätigkeit für die antisemitisch ausgerichtete Monatsschrift „Das Zwanzigste Jahrhundert. Blätter für deutsche Art und Wohlfahrt"
1895 – 1898	mehrjähriger Italienaufenthalt in Rom und Palestrina, dort mehrere Monate lang gemeinsam mit seinem Bruder Thomas
1899 – 1914	häufig wechselnde Aufenthaltsorte, überwiegend Berlin, München, Nizza und am Gardasee
1900	Veröffentlichung des Romans „Im Schlaraffenland. Ein Roman unter feinen Leuten"
1905	Veröffentlichung des Romans „Professor Unrat" und der Novellensammlung „Flöten und Dolche"
1906	erste Vorarbeiten zum Roman „Der Untertan"
1909	Erscheinen des Romans „Die kleine Stadt"
1910	Selbstmord der jüngsten Schwester Carla
1910	Uraufführungen verschiedener Theaterstücke Heinrich Manns in Berlin
1912	Beginn der Ausarbeitung des Romans „Der Untertan"

1914	Vorabdruck des Romans „Der Untertan" in der Zeitschrift „Die Zeit im Bild"
1914	Heirat Heinrichs mit Maria Kanovà (1886 – 1947), gemeinsamer Wohnort München
1915	Zerwürfnis zwischen Heinrich und seinem Bruder Thomas, dessen Begeisterung für den Ersten Weltkrieg Heinrich nicht teilt
1916	Geburt der Tochter Henriette Maria Leonie
1918	Erscheinen des Romans „Der Untertan" in Buchform im Verlag Kurt Wolff Leipzig
1920	Uraufführung des Stücks „Der Weg zur Macht" im Münchner Residenztheater
1922	Aussöhnung zwischen den Brüdern Heinrich und Thomas
1923	Tod der Mutter
1925	erste Ideen für den Roman „Henri Quatre" auf einer Reise nach Frankreich
1926	Berufung in die Preußische Akademie der Künste zu Berlin, Sektion Dichtkunst
1927	Selbstmord der Schwester Julia
1928	Trennung von seiner Frau und Übersiedlung nach Berlin
1929	Begegnung mit Nelly Kröger (1898 – 1944), seiner späteren zweiten Ehefrau
1930	Scheidung der ersten Ehe
1930	Verfilmung des Romans „Professor Unrat" unter dem Titel „Der blaue Engel", weibliche Hauptrolle Marlene Dietrich (1901 – 1992)
1931	Wahl zum Präsidenten der Sektion Dichtkunst bei der Preußischen Akademie der Künste
1933	Aufrufe zum gemeinsamen Handeln von Sozialdemokraten und Kommunistischer Partei gegen den Nationalsozialismus, gemeinsam mit dem Physiker Albert Einstein (1879 – 1955) und der Künstlerin Käthe Kollwitz (1867 – 1945)
1933	Ausschluss aus der Preußischen Akademie der Künste

1933	Flucht vor den Nationalsozialisten ins Exil nach Frankreich
1933	Aberkennung der deutschen Staatsbürgerschaft
1933 – 1940	Aufenthalt in Frankreich, zunächst in Sanary-sur-Mer, dann Nizza; Vorsitzender des Vorbereitenden Ausschusses zur Schaffung einer deutschen Volksfront, Ehrenpräsident des Schutzbundes deutscher Schriftsteller und Verfasser antinationalsozialistischer Flugschriften
1935	Auftritt auf dem Internationalen Schriftstellerkongress in Paris zur Verteidigung der Kultur
1935	Roman „Die Jugend des Königs Henri Quatre"
1936	Annahme der tschechoslowakischen Staatsbürgerschaft
1938	Roman „Die Vollendung des Königs Henri Quatre"
1939	Heirat mit Nelly Kröger
1939	Verschleppung der geschiedenen Ehefrau Maria ins Konzentrationslager Theresienstadt
1940	nach der Niederlage Frankreichs gegen Deutschland Flucht in die USA, Wohnsitze in Los Angeles und Santa Monica, Verfasser von Drehbüchern für die Filmgesellschaft Warner Brothers
1944	Selbstmord Nelly Manns
1945	Veröffentlichung der Memoiren „Ein Zeitalter wird besichtigt"
1947	Ehrendoktorwürde der Humboldt-Universität Berlin
1949	Verleihung des „Nationalpreises 1. Klasse für Kunst und Literatur" der DDR
1950	Ernennung Heinrich Manns zum Präsidenten der Akademie der Künste in Berlin/DDR
1950	Tod Heinrich Manns am 11. März in Santa Monica
1951	Verfilmung des Romans „Der Untertan" durch die DEFA, dem staatlichen Filmunternehmen der DDR
1961	Überführung der Urne auf den Dorotheenstädtischen Friedhof in Ost-Berlin

2. Der historisch-soziale Kontext

Mit seinem Roman „Der Untertan" zeichnete Heinrich Mann ein Zeitbild der politischen und gesellschaftlichen Verhältnisse im Deutschen Kaiserreich unter Kaiser Wilhelm II. (1859–1941), die geprägt waren von der zentralen Bedeutung des Militärs und der im Volk verbreiteten Grundhaltung der Obrigkeitshörigkeit.

Der geschichtliche Hintergrund – Deutschland unter Kaiser Wilhelm II.

Preußischer Militarismus, bürgerlicher Untertanengeist und weltpolitisches Großmachtgehabe, verstärkt durch enorme deutsche Erfolge in Wissenschaft und Technik, dazu die unvollendet gebliebene innere Einigung des erst seit 1871 bestehenden Deutschen Kaiserreichs – diese Problemlagen sieht der Historiker Hagen Schulze (1943–2014) in der Person Kaiser Wilhelms II. wie in einem Brennglas gebündelt.

Hagen Schulze: Kleine deutsche Geschichte (Auszüge, leicht verändert)

Wilhelm II. verkörperte den Geist der neuen Epoche in vieler Hinsicht. Ganz anders als sein Großvater Wilhelm I. war er ein Mann der öffentlichen Pose, blendend und beeindruckend. Als Student in Bonn hatte er gelernt, dass Wissen Macht ist, als Potsdamer Kadett die Neigung zu
5 klirrenden Auftritten und Preußens Gloria erworben. Ein Mann mit glänzenden Gaben, einem brillanten Gedächtnis und scharfem Verstand, aber bigott erzogen und bis ins Absurde romantisch gestimmt, zudem durch seinen verkrüppelten Arm und seine herrschsüchtige Mutter auch seelisch beschädigt: noch als Kriegsherr ein arroganter
10 ewiger Kadett, ein technikverliebter Träumer, der wissenschaftliche Großforschungsinstitute begründete und sich vorzugsweise als Friedrich der Große oder als Großer Kurfürst verkleidete, ein Mann für viele Rollen, aber ohne sichere Identität. Wilhelm II. war das wandelnde Sinnbild für das Volk, über das er herrschte.
15 Seine Thronbesteigung im Jahre 1888 markierte einen Einschnitt in der Geschichte des Deutschen Reichs. Der symbolhafte Wechsel von dem schlichten Wilhelm I., der sich ganz als preußischer König fühlte und

den Hermelin des Kaisermantels hasste, zu dem prunkliebenden, exaltierten, romantischen Enkel, der sich – ganz unhistorisch – in der Nachfolge der mittelalterlichen Kaiser sah, entsprach einem grundlegenden Stimmungswechsel im Reich. Wer will, mag dies auf dem Hintergrund
5 ökonomischer Veränderungen erklären – nach Jahrzehnten des Freihandels, einer der wichtigsten Glaubenssätze des liberalen Bürgertums, erhoben seit Mitte der Siebzigerjahre die westdeutschen Schwerindustriellen die Forderung nach Zollschutz gegen ausländische Konkurrenzprodukte, und angesichts der zunehmenden weltweiten
10 Getreideüberproduktion schlossen sich die ostelbischen Landwirte dieser Forderung an. Nach langen publizistischen und parlamentarischen Kämpfen setzten sich die protektionistischen Interessen durch und mit ihnen auch die dahinterstehenden politischen und gesellschaftlichen Kräfte. Der bürgerliche Nationalliberalismus, im ersten
15 Reichsjahrzehnt die Stütze der Bismarck'schen Politik, wurde mehr und mehr in die Opposition verdrängt, die konservativen Parteien traten in den Vordergrund. So verlor das liberale Bürgertum trotz seines zunehmenden ökonomischen Gewichts an politischem Einfluss, während namentlich der immer noch auf adliger Grundherrschaft beruhende
20 ostelbische Agrarbesitz, ungeachtet seiner abnehmenden ökonomischen Bedeutung, nicht nur politisch, sondern auch gesellschaftlich an Statur gewann.

Damit einher nahm die Armee innenpolitisch an Gewicht zu, von parlamentarischer Kontrolle ohnehin frei und nur dem Souverän unter
25 stellt. Sie sah sich selbst als einzigen Garant des Staats und der Monarchie, und dies nicht nur gegen äußere, sondern auch gegen innere Gegner, also gegen Sozialdemokraten, Katholiken und Liberale. Und es zeigte sich, dass in der Öffentlichkeit die Leitbilder des preußischen Militärs die des bürgerlichen Liberalismus zunehmend übertrumpften.
30 Die zivilen Tugenden des für die deutsche Geschichte im 19. Jahrhundert so wesentlichen gebildeten und besitzenden Bürgertums verloren an Vorbildlichkeit, Tonfall und Haltung des preußischen Gardeleutnants gewannen an Ansehen. Gewiss, in der deutschen Provinz, vor allem in den Residenzen und Bürgerstädten des „Dritten Deutsch
35 land", namentlich in Süddeutschland, blieb das schlichtere bürgerliche Selbstverständnis der ersten Jahrhunderthälfte bestehen, doch das zunehmende politische Schwergewicht der preußischen Dreiheit

Kaiserhof, Gutshof und Kasernenhof prägte das deutsche Selbstbewusstsein. Hinzu kam die hohe Wertschätzung, die die Armee seit den Einigungskriegen in der Bevölkerung genoss: Sie war der Stolz der Nation. Diese Hochachtung übertrug sich auf jeden Heeresangehörigen
5 und verschaffte ihm innerhalb seiner sozialen Umwelt erhöhte Reputation. Aus diesem Grund wurde auch die allgemeine Wehrpflicht nicht als Last, sondern als Auszeichnung und soziale Chance empfunden. Um Waffen und Uniformen lag ein romantischer, idealisierender Glanz, der von Presse und Literatur verbreitet und verstärkt wurde, mit Aus
10 nahme weniger liberaler und sozialistischer Zeitungen. Auch im Zivilleben wurde es wichtig, „gedient" zu haben. Beamte und Lehrer bezogen ihr Selbstbewusstsein aus ihrem Reserveoffiziers-Status und übertrugen die Normen, die sie in der Armee kennengelernt hatten, auf Ämter und Schulen. Dass dieser zunehmende „Gesinnungsmilita
15 rismus" die politische Urteilsbildung beeinflusste, zunächst bei den Untertanen, dann auch bei den Regierenden, war nicht zu vermeiden. Aber das reichte nicht aus, um einen gesellschaftlichen Stil zu bilden, es fehlte unter dem auftrumpfenden Gehabe an Substanz. Mit einer Flut von Äußerlichkeiten suchte man diesen mehr gefühlten als reflek
20 tierten Mangel zu verdecken. In der Architektur trat der Neobarock hervor – typisch dafür der Abriss des kaum 60 Jahre zuvor von Schinkel erbauten, kleinen und schlichten Berliner Doms zugunsten des massiven, überladenen, völlig unproportionierten gegenwärtigen Baus, den Raschdorff um die Jahrhundertwende errichtete. Dazu eine Flut von
25 Symbolen und Allegorien, deren Beliebigkeit das Fehlen eines inneren geistigen Bandes der Nation anzeigte. Klirrendes Auftreten, darunter Unsicherheit und das Gefühl, dass das alles nicht dauern könne: Das war der Nenner des „Wilhelminismus".
Der wichtigste Grund dafür lag darin, dass die „innere Reichsgrün
30 dung" nicht vorankam. Deutschland blieb innerlich zersplittert, die alten territorialen wie konfessionellen Spaltungen ließen sich in kurzer Zeit so wenig überbrücken wie die sozialen Gräben, die sich im Gefolge der Industrialisierung zwischen Industrie und Landwirtschaft, Adel und Bürgertum, Kapital und Arbeit aufgetan hatten. Die politischen
35 Parteien, die diese Gegensätze eigentlich aufnehmen und ausgleichen mussten, waren dieser Aufgabe nicht gewachsen, nicht zuletzt, da sie in der deutschen Verfassungsordnung nicht mit politischer Verantwor

tung und also auch nicht mit dem Zwang zum Kompromiss belastet
waren. So mühten sich die Parteien um philosophisch-ideologische
Programme mehr als um pragmatische Politik, waren ihren Anhängern eher Ersatzkirchen als Interessenvertretungen; das deutsche Par-
teiensystem bestand aus unversöhnlichen Antagonismen, ein Gewirr
von Schützengräben und Igelstellungen.

[...]

Wo *common sense* oder der Bezug auf übergeordnete gemeinsame
Wertmaßstäbe notwendig gewesen wären, herrschte der ideologisch
aufgeladene Kampf aller gegen alle im gesellschaftlichen System, über-
formt lediglich durch einen gemeinsamen reichsdeutschen Nationalismus, der bis weit in die Arbeiterbewegung hineinreichte, allen internati-
onalistischen Beteuerungen der Sozialdemokratie zum Trotz.

Aber dieser Nationalismus wurde blass und schal. Mit der Reichsgrün-
dung war die Utopie verschwunden, die zwei Generationen deutscher
Patrioten Sinn und Maß des politischen Handelns wie auch Identität
gegeben hatte, und an die Stelle der Utopie war die Ökonomie getreten. Was fehlte, das war eine bürgerliche Kultur des *common sense,* der
gemeinschaftlichen Üblichkeiten und Selbstverständlichkeiten, die
die politische Kultur von Deutschlands westlichen Nachbarn regulier-
te, und es fehlte darüber hinaus eine einigende Idee, die über das Ge-
genwärtige hinaus in die Zukunft wies.

So gab es nur eine Instanz, die imstande war, diesen vergleichsweise dramatischen gesellschaftlichen Zustand zu entschärfen, indem sie sämtliche Konfliktlösungsbemühungen einschließlich der gesellschaftlichen
Sinn- und Identitätsprobleme auf sich selbst bündelte: Das war der
Staat, der preußisch-deutsche Obrigkeits-, Verwaltungs-, Erziehungs-
und Verteilungsstaat, der sich für alles und jedes zuständig erklärte, von
der Sozialfürsorge bis zur Friedhofsordnung, und dessen Institutionen,
dessen Verwaltung und vor allem dessen Militär der Ideologie huldigten,
über den Interessengegensätzen der Gesellschaft und unabhängig von
ihnen zu existieren und das Wohl des Ganzen zu repräsentieren, eine im
Kern antidemokratische, autoritäre Idee. Und dies umso mehr, als die
wirkliche Volksvertretung, der Reichstag, als Stätte des Geschwätzes und
des Zanks galt und deshalb wenig Ansehen besaß; mit den Worten eines
konservativen Abgeordneten sollte der Kaiser jederzeit imstande sein,
das Parlament von einem Leutnant mit zehn Mann schließen zu lassen.

Wie tief dieses Leitbild vom über dem unverantwortlichen Volk und dessen Streitigkeiten stehenden „Vater Staat" verwurzelt war, zeigte nicht zuletzt die deutsche Sozialdemokratie, die für sich beanspruchte, der große Gegenentwurf zu diesem Staatswesen zu sein, tatsächlich aber in
5 Geist wie Aufbau die Staatsorganisation bis ins Letzte kopierte. „Der Feind, den wir am tiefsten hassen/Das ist der Unverstand der Massen": Das war nicht Motto preußischer Amtsstuben, sondern ein Vers aus der sozialdemokratischen „Arbeiter-Marseillaise".

[…]

10 „Wissen ist Macht" – dieser Satz galt für den Staat wie für den Einzelnen, bis hinein in die Arbeiterbewegung, für die die gesellschaftliche Emanzipation in erster Linie aus ihren autonomen Bildungsbemühungen erwuchs – die Arbeiter-Bildungsvereine stellten im wahrsten Sinne des Wortes Volkshochschulen dar. Aber der Staat organisierte und
15 förderte nicht nur Schulen und Hochschulen, sondern er gründete auch modernste Einrichtungen der naturwissenschaftlichen Großforschung, um die britische, französische und amerikanische Forschung zu übertrumpfen. Die Kaiser-Wilhelm-Gesellschaft, 1911 in Berlin gegründet und teils vom Staat, teils von der Großindustrie finanziert,
20 betrieb Grundlagen- und Projektforschung in bislang unbekannter Größenordnung. Bis 1918 gingen aus ihren Instituten nicht weniger als fünf Nobelpreisträger hervor: Albert Einstein, Max Planck, Emil Fischer, Fritz Haber und Max v. Laue. Wilhelm II. ließ es sich nicht nehmen, das erste Institut selbst einzuweihen; der von mittelalterlicher Kaiserherr-
25 lichkeit träumende Romantiker in Kürass und Adlerhelm, der da *big science* inaugurierte, verkörperte die ganze Gespaltenheit des Zeitalters.

Für die enorme wirtschaftliche und politische Dynamik, die sich hier entwickelte, schien das kleine Mitteleuropa zu eng. Die Begrenzung auf
30 bescheidene, nur nach innen gerichtete Entwicklungen, auf saturierte Verhältnisse wurde vom deutschen Bürgertum als demütigend und im Vergleich zu den europäischen Nachbarn als diskriminierend empfunden. Nationale Politik hatte bislang geheißen, die Einigung Deutschlands und anschließend die innere Konsolidierung des Reichs herbeizu-
35 führen. Seit den 1880er-Jahren aber hieß deutsche Politik Weltpolitik, gemäß den Sätzen Max Webers anlässlich seiner Freiburger Antrittsrede von 1895: „Wir müssen begreifen, dass die Einigung Deutschlands ein

Jugendstreich war, den die Nation auf ihre alten Tage beging und seiner Kostspieligkeit halber besser unterlassen hätte, wenn sie der Abschluss und nicht der Ausgangspunkt einer deutschen Weltmachtpolitik sein sollte."

5 Weltmachtstreben also als Vollendung und Erfüllung der nationalen Einheit: Das war der entscheidende Bruch mit der Politik Bismarcks, die eine Politik der strikten Selbstbeschränkung auf Mitteleuropa gewesen war. Hinter dem Aufbruch in imperialistische Abenteuer stand keineswegs die alte adlige preußische Oberschicht, die ausländischen

10 Beobachtern so unzivilisiert und schreckenerregend vorkam, die aber ganz mit der Verteidigung ihrer zunehmend unterhöhlten sozialen und innenpolitischen Stellung befasst war und außenpolitisch nicht die geringsten Ambitionen besaß. Dahinter stand vielmehr das liberale und besitzende Bürgertum, Erbe der deutschen Nationalbewegung,

15 das jetzt, mit dem Anwachsen seiner wirtschaftlichen Macht, auf Expansion und Weltgeltung setzte. Dabei ist schwer zu unterscheiden, was wirtschaftspolitisches Kalkül und was Kompensation nationaler Frustrationen angesichts der imperialistischen Ausdehnung der Nachbarnationen, Frankreichs, Englands und Russlands, war.

20 Der Ruf nach deutschen Kolonien und Einflusssphären war von Bismarck noch hinhaltend und widerstrebend behandelt worden. Das war die Zeit der kolonialen Abenteurer wie Carl Peters und Gustav Nachtigall gewesen, die die deutsche Fahne über Ost-Afrika und Kamerun aufgepflanzt und die dann mithilfe einer drängenden Presse

25 und des Drucks von kolonialen Massenorganisationen und Wirtschaftsverbänden das Protektorat durch das Reich mehr oder weniger erzwungen hatten. Das änderte sich unter Bismarcks Nachfolgern. Unter dem Druck von Massenverbänden neuen Stils wie der 1887 gegründeten „Deutschen Kolonialgesellschaft" und vor allen Dingen des „All-

30 deutschen Verbands" von 1891 wurde die Errichtung von deutschen Kolonien in Afrika und Ozeanien zum offiziellen Bestandteil deutscher Außenpolitik: Südwest-Afrika (heute Namibia), Ost-Afrika (heute Tansania), Togo und Kamerun wurden ebenso zu deutschen Schutzgebieten wie das chinesische Tsingtau und ein Teil Neu-Guineas. Über die

35 Verteilung der Welt konnte man sich mit den europäischen Nachbarn noch wie unter Gentlemen einigen. Das erwiesen die auf einer internationalen Konferenz in Berlin 1885 verabschiedete Kongo-Akte, der

deutsch-britische Sansibar-Vertrag von 1891 und schließlich der Vertrag von Algeciras von 1906, mit dem die Marokko-Frage geregelt wurde.

Gefährlicher waren aber zwei weitere Elemente deutscher Weltpolitik.
Da war einmal die Verlängerung der deutschen Einflussachse über Wien und Südosteuropa hinaus in das Gebiet des Osmanischen Reichs bis nach Mesopotamien, die mit der pompösen und Russland wie England provozierenden Orientreise Wilhelms II. von 1897 und mit dem 1899 begonnenen Bau der Bagdad-Bahn ihren Höhepunkt fand. Damit waren die russischen Balkan- und Bosporus-Ambitionen ebenso wie die britische Mittelost- und Indienstellung angegriffen, und jeder Konflikt in diesen weltpolitisch neuralgischen Punkten musste auf den Frieden in Mitteleuropa zurückwirken. Und da war weiterhin die deutsche Flottenpolitik. Seit der Übernahme der deutschen Außenpolitik durch Bernhard v. Bülow 1897 und der fast gleichzeitigen Ernennung des Admirals Alfred v. Tirpitz zum Chef des Reichsmarineamts wurde der Aufbau einer deutschen Kriegsmarine vorangetrieben, die der mächtigsten Seemacht, zur Zeit noch England, Paroli bieten sollte. Da war keineswegs klar kalkulierte Machtpolitik im Spiel, sondern eine Welle nationaler Begeisterung und Selbstbestätigungssucht, die tief sitzende Minderwertigkeitsgefühle gegenüber dem in so vielem überlegenen „englischen Vetter" zu kompensieren suchte und von einer

„Hurra! Die Soldaten!" (Szene im Berliner Tiergarten), Holzstich 1899

regelrechten Massenbewegung getragen wurde, an der Spitze der „Deutsche Flottenverein", mit über einer Million Mitgliedern der stärkste deutsche Agitationsverband. Dass auf diese Weise die englischen Interessen an ihrer empfindlichsten Stelle getroffen, dass damit England an die Seite der europäischen Flankenmächte Russland und Frankreich gedrängt wurde, hat in den öffentlichen Debatten der Zeit keine Rolle gespielt.

Wie einst vor der deutschen Reichseinigung herrschte eine von Emotionen und dumpfen Massengefühlen aufgeheizte, gegen die Ratio des europäischen Gleichgewichts gerichtete allgemeine Stimmung. Diesmal allerdings besaß diese Bewegung ihre Vertreter auch in der politischen Führung, vor allem in der Person des Kaisers, der keine Gelegenheit ausließ, durch martialische Auftritte und schlecht überlegte Reden die britische Politik zu beunruhigen und zu provozieren.

(Hagen Schulze: Kleine deutsche Geschichte. München: Verlag C. H. Beck 2007, S. 115 ff. (Auszüge, leicht verändert))

Eine Zeitanalyse

Erich Mühsam (1878 – 1934) war ein politischer Autor, der anarchistische[1] Positionen vertrat und sich für eine gemeinsame Revolution von Anarchisten und Kommunisten einsetzte. Als erbitterter Gegner der Nationalsozialisten wurde er 1934 im Konzentrationslager Oranienburg ermordet. In der Aufbruchsstimmung der Novemberrevolution 1918/19 verfasst er seinen „Appell an den Geist". Darin ruft er mit eindrucksvoller Sprachgewalt Künstler und Schriftsteller dazu auf, sich nicht in

Erich Mühsam

einem entrückten Elfenbeinturm einzuschließen, sondern sich ihrer Verantwortung für die Gesellschaft bewusst zu werden und sich tatkräftig für Menschlichkeit und Gerechtigkeit einzusetzen.

---

[1] Anarchismus: Lehre, die eine Gesellschaftsform ohne Staatsgewalt und gesetzlichen Zwang einfordert

Erich Mühsam: Appell an den Geist

Wir Menschen sind geschaffen, in Gesellschaft miteinander zu leben; wir sind aufeinander angewiesen, leben voneinander, beackern miteinander die Erde und verbrauchen miteinander ihren Ertrag. Man mag diese Einrichtung der Natur als Vorzug oder als Benachteiligung ge-
5 genüber fast allen anderen Tieren bewerten: die Abhängigkeit des Menschen von den Menschen besteht, und sie zwingt unsern Instinkt in soziale Empfindungen. Sozial empfinden heißt somit, sich der Zugehörigkeit zur Gemeinschaft der Menschen bewusst sein; sozial handeln heißt im Geiste der Gemeinschaft wirken. Dies ist der Konflikt, in
10 den die Natur uns Menschen gestellt hat: dass die Erde von unseren Händen Arbeit fordert, um uns ihre Früchte herzugeben, und dass unser Wesen bestimmt ist von Faulheit, Genusssucht und Machthunger. Wir wollen Nahrung, Behausung und Kleidung haben, ohne uns dafür anstrengen zu müssen; wir wollen, fern von der Pein quälender Not-
15 wendigkeiten, beschaulich genießen; wir wollen Macht ausüben über unsere Mitmenschen, um sie zu zwingen, uns unsre heitere Notentrücktheit zu sichern.

Den Ausweg zu finden aus dieser Diskrepanz: das ist das soziale Problem aller Zeiten. Nie hat sich eine Zeit kläglicher mit dem Problem
20 abgefunden als unsere. Der kapitalistische Staat, das traurigste Surrogat einer sozialen Gesellschaft, hat im Namen einer geringen, durch keinerlei geistige oder menschliche Eigenschaften ausgezeichneten Minderheit die Macht über die gewaltige Mehrzahl der Mitmenschen okkupiert[1], indem er sie von der freien Benutzung der Arbeitsmittel
25 ausschließt. Sein einziges Machtmittel ist Zwang; gezwungene Menschen beschützen in gedankenloser Knechtschaffenheit Faulheit und Genuss der privilegierten Machthaber. Wild, sinnlos, roh, von keinem Brudergefühl gebändigt, toben die Menschen gegeneinander. Was sie als Macht erstreben, ist nüchterner Besitz an materiellen Gütern. Der
30 Kampf aller gegen alle ist kein Ringen um den Preis der Schönheit, der inneren Freiheit, der Kultur, – sondern eine groteske Balgerei um die größte Kartoffel. Auf der einen Seite Hunger, Elend, Verkommenheit; auf der anderen Seite geschmackloser Luxus, plumpe Kraftprotzerei,

---

[1] okkupieren: besetzen

schamlose Ausbeutung. Und all das chaotische Getümmel verstrickt in einem stählernen Netz von Gesetzen, Verordnungen, Drohungen, die die bevorzugte Minderheit schuf, um ihrer Gewaltherrschaft das Ansehen des Rechts zu geben. Eine verlogene Ethik hat das Wissen um

5 Wahrhaftigkeit und Rechtlichkeit vergiftet. Rabulistische[1] Advokatenlogik hat den guten, reinen und wahren Begriff der Freiheit zum Popanz[2] autoritärer Marktschreier verdreht. Die Verständigung der Menschen geschieht im Kauderwelsch[3] der Politik; der Wille der Menschen beugt sich unter abstrakte Paragrafen; das Rückgrat der Menschen

10 passt sich verkrümmten Uniformen an.

Geknebelt ist der Gedanke, das Wort und die Tat, – geknebelt selbst die Sehnsucht nach Gerechtigkeit und Menschlichkeit. Die Seele des Menschen ist dem Staate beamtet, und der Geist der Menschen schläft im Schutze der Obrigkeit. Kein Knirschen der Wut stört die Hast der Ge-

15 schäfte. Der Lärm geht um den Profit; kein Stöhnen der Verzweiflung übertönt ihn. Wer aber warnend seine Stimme hebt, wer Menschen sucht, um mit ihnen zu bauen, aufzurichten das Werk der Freiheit, der Freude und des Friedens, dem gellt das Lachen ins Ohr derer, die sich nicht stören lassen wollen, derer, die Tritte empfangen und um sich

20 treten, das Hohnlachen der Philister[4]. Welche Ansicht der Mensch von den Dingen der Menschen haben darf, ist vom Staate abgestempelt. Einzelne Einrichtungen des Staates, besondere Maßnahmen darf er kritisieren, benörgeln, beschimpfen. Aber wehe dem, der der Fäulnis der Gesellschaft in die Tiefe leuchtet. Er ist verfemt, geächtet, ausge-

25 stoßen. An Mitteln fehlt es den Philistern nicht, ihn unschädlich zu machen: sie haben ihre „öffentliche Meinung", sie haben die Presse. Wohl eifern auch die Organe der verschiedenen Parteien gegeneinander; wohl tuten auf der Jagd nach dem Profit in den Gefilden der öffentlichen Meinung die Hörner am lautesten und am schrillsten. Aber darin

30 sind sie einig: der freie Gedanke, das freie Wort, die freie Sehnsucht darf keine Stätte haben in ihrem Revier. Ein breiter Graben zieht sich durch ihrer aller Lager; und in dem fließt der Strom, mit dem wir

---

[1] rabulistisch: hier: abwertend für wortklauberisch
[2] Popanz: künstlich geschaffenes Schreckgespenst
[3] Kauderwelsch: unverständliche Sprechweise
[4] Philister: Spießbürger

schwimmen müssen. Hoch über den Ebenen, in denen die Philister einander in die Seiten puffen, ragt die Burg, darin der Geist wohnt. Der Literat und der Künstler wenden den Blick degoutiert[1] ab vom Gewimmel der Menge. Was schert es sie, wie Hinz den Kunz übers Ohr haut!
5 Dem Bettler, der am Weg die Drehorgel leiert, gibt man mildtätig einen Groschen und geht seines Weges. Zu ihnen hinauf, in die Domänen[2] der Kultur darf der Dunst des Alltags nicht steigen. Die Nase zu vor den Ausdünstungen des Volks! Den Blick empor zu den reinen Höhen der Geistigkeit. Lächelnd spottet man bei den ästhetischen Gelagen über
10 den Snob[3], der auf die Tribüne steigt und die Massen aufruft zum Kampf gegen Gewalt und Ausbeutung, für Recht und Freiheit. Ein Sensationshascher und Reklameheld – im besten Falle ein verrannter Narr, dem es schon recht geschieht, wenn man ihn ignoriert und boykottiert. Was geht ihn die soziale Not des Volkes an?! … Der Künstler,
15 der sich allem, was die Umwelt angeht, so hoch überlegen dünkt, ist ein Philister. Seine bequeme Zufriedenheit hat nichts Erhabenes, sondern nur etwas Verächtliches. Er verschließt die Augen vor dem Elend, in dem er selbst bis an die Knöchel watet, und macht sich damit für die Behörden zum Erwünschtesten aller Staatsbürger. Aber gerade der
20 Künstler hätte tausendmal Grund, wütend aufzubegehren gegen die Schändlichkeiten unseres Gesellschaftsbetriebes. Sein Werk steht – und das muss so sein – jenseits der Marktbewertung. Unter den Zuständen, die uns umgeben, ist es daher überflüssig, wertlos, unnütz und mithin lächerlich oder gefährlich. Der Künstler selbst gilt – sofern
25 er nicht als Kapitalist andere Menschen für sich arbeiten lässt – als Schmarotzer, als Schädling, als Verkehrsstörung. Soll ihn seine Kunst ernähren, so muss er sie dem verrotteten Geschmack des Banausentums unterordnen, und er verkommt menschlich und künstlerisch. – Hat er aber die Mittel zum Leben, produziert er, wozu es ihn treibt, so
30 bleibt sein Werk den Mitmenschen fremd, und die höchste Freude des Schaffenden, mit seiner Arbeit Menschenseelen zu erfrischen und zu

---

[1] degoutiert: gehoben für angeekelt
[2] Domänen: hier: Spezialgebiete
[3] Snob: abwertend für eine Person, die sich gegenüber anderen den Anschein kultureller Überlegenheit geben will

erhellen, bleibt ihm versagt. Aber er ist ja Esoteriker[1]. Ihm genügt ja die Anerkennung der Wenigen, derer, die „reif" sind für seine Kunst, die gleich ihm dem Spektakel des Lebens ferne stehen. Ach, Schwätzerei! – Das ist eine matte, blutleere, dürftige Kunst, die nicht getränkt ist

5 vom warmen roten Zustrom der lebendigen Wirklichkeit. Nur das sind noch immer die Zeiten der Kultur gewesen, in denen Geist und Volk eins waren, in denen aus den Werken der Kunst und des Schrifttums die Seele des Volkes leuchtete. Ihr törichte Einsame, die ihr wähnt, oben in euern Ateliers andre, freiere Luft zu atmen, als die Masse auf

10 den Plätzen der Städte! Auch ihr esst auf euerm Kothurn[2] das Brot, das Menschenhände gesäet, Menschenhände gebacken, Menschenhände euch gereicht haben. Tut nicht, als wäret ihr Besondere! Seid Menschen! Habt Herz! Und besinnt euch auf die Unwürdigkeit eurer Existenz! – Ihr, die Ihr Werke schafft, aus denen der Geist unsrer Zeit in die

15 Zukunft flammen soll, sorgt, dass Eure Werke nicht lügen! – Helft Zustände schaffen, die wert sind, in herrlichen Taten der Kunst und der Dichtung gepriesen zu werden! Täuscht der Nachwelt nicht Bilder vor, die das jämmerliche Grau unsrer Tage in Gold malen! Seid keine Philister, da Ihr allen Anlass habt, Rebellen zu sein! Paria[3] ist der Künstler,

20 wie der letzte der Lumpen! Wehe dem Künstler, der kein Verzweifelter ist! Wir, die wir geistige Menschen sind, wollen zusammenstehen, – in einer Reihe mit Vagabunden und Bettlern, mit Ausgestoßenen und Verbrechern wollen wir kämpfen gegen die Herrschaft der Unkultur! Jeder, der Opfer ist, gehört zu uns! Ob unser Leib Mangel leidet oder

25 unsre Seele, wir müssen zum Kampfe blasen! – Gerechtigkeit und Kultur – das sind die Elemente der Freiheit! – Die Philister der Börse und der Ateliers, zitternd werden sie der Freiheit das Feld räumen, wenn einmal der Geist sich dem Herzen verbündet!

(Erich Mühsam: Appell an den Geist (1911), abgedruckt in: Kain. Zeitschrift für Menschlichkeit. Hrsg. von Erich Mühsam. Jg. 1, Nr. 2 [Mai 1911], S. 17 – 21)

---

[1] Esoteriker: Anhänger mystischer Geheimlehren
[2] Kothurn: Ursprünglich Schuhe mit hohen Sohlen, die von Schauspielern in antiken Theaterstücken getragen wurden. In der übertragenen Bedeutung ist eine hochmütige Haltung und gestelzte Sprache bei Künstlern/Künstlerinnen gemeint.
[3] Paria: Bezeichnung für eine unterprivilegierte Person am Rande der Gesellschaft

Der Schriftsteller Heinrich Mann und das Kaiserreich

Heinrich Mann war keineswegs nur ein am Rande stehender Zeitzeuge des wilhelminischen Deutschlands. Vielmehr zeigt sein Biograf Manfred Flügge, dass die politische Weltanschauung Manns erst in der intensiven Auseinandersetzung mit den inneren Widersprüchen des Kaiserreichs ausreifte.

Manfred Flügge: Heinrich Mann. Eine Biographie

Das Jahr 1914 schien zu großen Hoffnungen zu berechtigen. Am 1. Januar begann die Münchner illustrierte Wochenschrift *Zeit im Bild* mit der Veröffentlichung des neuen Romans von Heinrich Mann, *Der Untertan*. Der Autor hatte dafür ein Honorar von 10 000 Mark erhalten. Doch

5 am 13. August 1914, einen Tag nach Heinrichs Hochzeit mit Mimi, wurde der Abdruck eingestellt, ein freiwilliges Zugeständnis an die neue Lage seit dem Ausbruch des Krieges am 1. August. „Im gegenwärtigen Augenblick kann ein großes öffentliches Organ nicht in satirischer Form an deutschen Verhältnissen Kritik üben", rechtfertigte sich die

10 Redaktion. Erst nach dem Krieg erschien der Roman in Buchform und wurde ein sensationeller Erfolg.

Der Untertan ist nicht nur ein Ereignis in der Biografie von Heinrich Mann, er gehört zur deutschen Kulturgeschichte im 20. Jahrhundert. Hier war der radikale Roman des Kaiserreichs, der erste Versuch zur

Reiterstandbild Wilhelms II. in Köln

Analyse der deutlichen Krise. Während Bruder Thomas noch eine ironische Versöhnung von Reich und Geist herbeiträumte (in *Königliche Hoheit*), griff Heinrich das Reich in seinen moralischen Grundlagen an und prophezeite ihm den Untergang. [...]

5 Zwischen Karikatur und Realismus findet der Roman nicht immer die Balance, er lebt vor allem von den Exzessen seines Helden, der auf seiner Hochzeitsreise in Rom den Kaiser vor einem Attentäter beschützt. Begegnungen mit dem Idol enden für den Untertan immer ungut. [...] Nicht weniger als die „Geschichte der öffentlichen Seele in Deutsch-

10 land" wollte er schreiben, folgt man dem ursprünglichen Untertitel. Dahinter steckte die Intuition, dass die Geschichte der öffentlichen und der privaten Emotionen in dieser Nation zwischen Romantik und Reaktion, zwischen Technik und Tradition, zwischen Märchen und Macht ein wesentliches Thema sind. Und so versuchte er, seelische,

15 politische, ästhetische und sexuelle Einstellungen in eine Geschichte zu binden, in ein soziales Panorama, an dessen beiden Enden der Untertan und der Kaiser stehen.

1916, ein Jahr vor der Oktoberrevolution, erschien in Sankt Petersburg eine russische Übersetzung des Romans *Der Untertan* in zwei Bänden.

20 In einer Besprechung hieß es, der Roman, von einem guten Deutschen geschrieben, sei ein menschliches Dokument und ein Akt von Zivilcourage. Den derben und pathetischen Heinrich Mann dürfe man nicht mit seinem feinen und zurückhaltenden Bruder verwechseln, wie zuweilen geschehen. Bald sollte man die Brüder leichter unterscheiden ler-

25 nen.

Und sie war doch schön, die Kaiserzeit. Heinrich Mann hat einige Marotten und Torheiten der Epoche geteilt, einige Sackgassen erkundet und in Abgründe geschaut, aber er hat sich auch einen ganz eigenen Kreis der Erfahrung geschaffen, eine persönliche Welt des Anschauens

30 und Denkens. Er entwickelte sich zum Romancier, zum Theaterautor, zum Essayisten und zum Kritiker der Gesellschaft. Fast ganz auf sich gestellt, durchschaute er das Getriebe seiner Zeit, stellte sich ihr entgegen, suchte und fand seine Vorbilder und Anregungen in der Fremde.

35 Seine Entwicklung hatte ihn auf dem Umweg über eine sehr spezielle Ästhetik zur politischen Auseinandersetzung geführt, auf die er kaum

vorbereitet war. Ein ‚Realist' war er nicht, aber ebendarum auch kein Opportunist. Er entwickelte Prinzipien, die unrealistisch, irreal, abstrakt erscheinen mögen. Aber sie wiesen über die Grenzen seiner Zeit hinaus, auch über die Borniertheiten der wilhelminischen Gesellschaft. Die deutsche Krise war zuerst eine innere Krise, ehe sie zu Konflikten mit der übrigen Welt führte. Heinrich Mann persönlich war da schon lange unterwegs in Richtung „Westen".

„Der Hass des Geistes auf den infamen Materialismus[1] dieses ‚Deutschen Reiches' ist beträchtlich. Aber wie soll er eine Macht werden? […] Das deutsche Reich ist ohne Geist, sogar unter Keulenschlägen gegen den Geist gegründet worden; möglichenfalls politisiert sich dieses Volk auch unter Ausschluss des Geistes?" Das schrieb Heinrich Mann im Jahr 1909 und stand damit ganz in der Linie von Nietzsches[2] Verdikt aus den *Unzeitgemäßen Betrachtungen*, das Deutsche Reich sei 1871 auf Kosten des deutschen Geistes gegründet worden.

Die moderne Art der Politisierung durch Parteiwesen, Ideologien oder Bewegungen, die zur Macht strebten, entstand erst als Folge des Weltkriegs. Vor 1914 gab man sich unpolitisch, auch jene, die antibürgerlich auftraten. Das Unbehagen im Kaiserreich verspürte Heinrich Mann nach 1900, nicht aber Thomas. Dieser empfand ein nicht hinterfragtes Wohlbehagen, und warum auch nicht, ihm glückte doch alles, privat wie öffentlich. Zeitkritik holte er später nach, aus sicherem Abstand, im *Zauberberg* (1924); da konnte er entspannt, ironisch, überlegen sein. Heinrich dagegen drängte es, sich mit noch offenen Prozessen auseinanderzusetzen, auch in späteren Jahren, mit dem Risiko des Fehlurteils.

Das Reich war ja neu, mächtig, aufstrebend; der Kaiser war jung und dynamisch, auf seine Weise modern. Das neue Jahrhundert brach an. Neben neuer Technik stand viel alter Zinnober. Neben neuen Ideen und Theorien stand romantisches Gerümpel. In wessen Namen sollte man protestieren? Und welcher Zukunft sollte man sich verschreiben, da sich doch alles erst herausbildete, da sich doch gerade erst alte deutsche Träume von der Einheit erfüllt hatten? Ging man nicht herrlichen Zeiten entgegen? Kunst, Ideen, Technik, Wissenschaft, Politik,

---

[1] infamer Materialismus: hier: schändliche Orientierung an materiellen Werten
[2] Friedrich Wilhelm Nietzsche (1844 – 1900): deutscher Philosoph

alles schritt voran. Doch das junge Reich war eben nicht zu sich selber gekommen, es war ruhelos, es hatte keine ‚natürlichen' Grenzen. Die Keime seiner inneren und äußeren Zersetzung trug es schon in sich. Aber das sahen nur wenige. Und selbst die kritischsten Geister wollten im Reich reüssieren[1]. Bis zu einem gewissen Grade mussten sie mitgehen, sich einfügen. Radikale Ablehnung oder gar die Vision eines Danach gab es nur bei wenigen.

Das Bismarck-Reich schien zur historisch endgültigen Form Deutschlands zu werden und war dann doch nur eine relativ kurze Etappe in der langen und konfliktreichen Nationenbildung. Seine innere Unruhe rührte auch daher, dass es gegen den Gang der Geschichte, gegen den Strom der Zeit errichtet war. Es war mächtig: industriell, wissenschaftlich, technisch, militärisch. Doch es suchte keine andere Form der Geltung als Macht. Zuneigung, Bewunderung, Anziehungskraft konnte und wollte es nicht erlangen, auch nicht in seinem geistigen Leben oder in seinen alltäglichen Lebensformen. Es konnte seinen Frieden nicht finden, nach innen nicht und nicht nach außen. Es schätzte die Freiheit nicht, verachtete sie. Und es schuf auch keine wirkliche Einheit im Innern: Es gab stets innere Feinde, notfalls wurden sie erfunden.

Das Reich hatte keine Basis für eine Identität von unten oder aus der Geschichte heraus. Weder Sprache noch Religion hätten eine Einheit definieren können. Auch Selbstbestimmung kam nicht infrage: Dänen, Polen, Elsässer wollten nicht dazugehören. Es war ein reiner Machtstaat ohne übergreifende Idee und ohne grundlegende Werte. Besessen von einem Bedürfnis nach Sicherheit und Stabilität, in Wahrheit stets virtuell im Krieg mit allen, bereitete man sich auf den nächsten Waffengang vor. Die innere Leere wurde mit Getöse und Getue überdeckt, mit dem Schauspiel der Macht, einer Zurschaustellung ohne Stil. Und der ‚moderne' Kaiser war der erste Darsteller und Komödiant dieser hohlen Macht. Als Intellektueller musste man ein ‚Reichsfeind' werden.

Die Binnenseite der politischen Widersprüche war die allgemeine Nervosität. Sie gehörte zur Signatur der modernen Zeiten schlechthin, fand aber im wilhelminischen Deutschland ihren greifbarsten Ausdruck. Leben, Werk und erste Ehe von Heinrich Mann bieten reiches

---

[1] reüssieren: Erfolg haben

Anschauungsmaterial für den Begriff des „Zeitalters der Nervosität", wobei es unwichtig ist, ob es sich um ein Phantasma oder um medizinische Realität handelt. Die subjektive Ausformung der politischen Ruhelosigkeit, als Haltlosigkeit und Daseinsschwindel, wird nicht erst nach
5 Bismarcks Entlassung manifest, denn er selbst war ein Nervenbündel. In Heinrich Manns Novelle *Doktor Biebers Versuchung* (1898) sagt der Patient Sägemüller: „Ich bin Neurastheniker. Dies ist meine Profession und mein Schicksal." Den Begriff Neurasthenie hatte der New Yorker Nervenarzt George M. Beard 1880 eingeführt. Diese Nervenschwäche,
10 „Grenzzustand zwischen Krankheit und Gesundheit", wurde als „charakteristisches Leiden" inszeniert und galt als Grund, sich in spezielle Kuren zu begeben. Die Neurasthenie war moralisch nicht eindeutig einzuordnen, es gab fließende Grenzen zum Begriff der Hysterie, den man auf Männer nicht anwenden wollte.
15 In der politischen Sphäre zeigte sich die Nervosität als latente Spannung, die jederzeit in offene Krisen umschlagen konnte. Die Krisenstimmung hatte ihre rationalen Gründe in der unsicheren Basis des Reichs, dessen Identität und Finalität, aber auch dessen Platz in der modernen Zeit ungeklärt war, was mit theatralischem Pomp und
20 Machtentfaltung überspielt wurde. Die halb absolutistische Struktur des von Bismarck geschaffenen Reiches war ein Anachronismus[1] und den neuen Problemen nicht angemessen, sie stand in krassem Widerspruch zur stürmischen Entwicklung von Industrie und Technik; das Wachstum von Arbeiterschaft, Städten und Massengesellschaft trieb
25 die alten Mächte in die Enge.
Hinzu kam die Unklarheit über die außenpolitischen Ziele. War Deutschland nun saturiert[2] oder brauchte es weitere Expansion? Wer waren seine Verbündeten, wer die Feinde? Die Unruhe wurde von den Anhängern von Bismarck und nach 1890 auch von ihm selbst geschürt.
30 Deutschland hatte eine imperialistische Ideologie, aber kein Imperium, seine Weltpolitik war ohne Ziel. Die Außenpolitik geriet, zumindest nach 1890, zu einem komplexen Geflecht von Widersprüchen. „Unsere Politik mit ihren durcheinanderlaufenden Engagements ähnelt dem Schienengewirr auf einem großen Bahnhof", sagte Graf Hol-

---

[1] Anachronismus: nicht mehr zeitgemäße Einrichtung
[2] saturiert: gesättigt, befriedigt

stein[1] schon 1897. Schließlich verdarb man es sich mit allen anderen Mächten. Es gab weder Geduld noch Gelassenheit, keine abwartende Politik der ruhigen Hand, es herrschte die Zwangsvorstellung, dass die Zeit dränge (es drängten vor allem die Militärs), es kam zu neurasthenischer Aufgeregtheit, begleitet von Entschlusslosigkeit.

Schaut man genauer hin, sieht man ein psychologisches Doppelspiel: Nach außen zeigte man Härte, nach innen gab es viele weiche Seiten. Heinrich Manns Untertan, im Kern ein weiches Kind geblieben, ließe sich als vortreffliches Beispiel für dieses Doppelwesen anführen.

Das Jahr 1914 war in der „Geschichte der öffentlichen Seele" ein wesentlicher Moment. Den Sommer 1914 beherrschte die Kriegspsychose, allerdings nur in den großen Städten und vor allem in Berlin, also in den Hochburgen der Neurasthenie. Nach dem Attentat von Sarajewo[2] überließen die Politiker das Handeln den Militärs. Viele Zivilisten erlebten den Kriegsanfang wie eine neue Art von Kur, als Erholung vom Alltag, manche sprachen vom heilenden Stahlbad des Krieges. Es sollte nicht das letzte Mal sein, dass man in Deutschland Heil und Unheil verwechselte. Der Mythos von der Mobilisierungseuphorie vom August 1914 wurde später zu einer Keimzelle der NS-Ideologie; sie wollte nationale Einheitseuphorie im Aufbruch und im Kampf gegen eingebildete Feinde. In dieser latenten Spannung, die auf eine große Krise zulief, ist Heinrich Mann zum Autor geworden. Auf seine Weise hat er die deutschen Widersprüche ausgelebt, nach Nietzsche und nach Harden. Er war fremd in seiner Zeit und ihr doch hoffnungslos verbunden.

Heinrich Mann hatte seine zunächst aus ‚rechten' Ideen gespeiste Kritik der neuen Zeit in eine Kritik von links verwandelt. Sein späterer linksliberaler Idealismus enthielt noch viele Elemente seines frühen Konservatismus. Diese Widersprüchlichkeit war das bleibende Erbe des Kaiserreichs, unter dem er gereift war. Im Mai 1919, als das Reich schon Geschichte war, zog Heinrich Mann In einem Essay sein Fazit über *Kaiserreich und Republik*.

---

[1] Friedrich August von Holstein (1837 – 1909): deutscher Diplomat in Diensten des Kaiserreichs

[2] Attentat von Sarajevo: Beim Attentat von Sarajevo am 28. Juni 1914 wurde der österreichisch-ungarische Thronfolger von einem serbischen Nationalisten ermordet. Das Attentat löste eine politische Krise zwischen den europäischen Staaten und schließlich den Ersten Weltkrieg (1914 – 1918) aus.

Das Reich, das so fest gegründet schien, habe sich als „eine unwesent-
liche Schöpfung der Deutschen" erwiesen. „Die Deutschen wohnten in
diesem Reich nie ganz, […] weil es nicht ganz deutsch war." Es war nur
„die Geschichte einer deutschen Verirrung", ein „System des absolu-
5 ten Militarismus". Der deutschen Einheit selber stand Heinrich Mann
gar nicht feindlich gegenüber, sie „war geboten für Deutschland, aber
nicht weniger für die Welt. […] Aber der deutsche Drang nach Einheit
war in die Hände von Gewaltmenschen geraten, und sie stampften
hinweg über das langsame Reifen einer friedlichen Demokratie." Der
10 Begriff Freiheit verlor den Rang, den er vor 1870 doch auch in Deutschland gehabt hatte. „Kaum im Genuss seiner Einheit, verleugnete
Deutschland die Gedanken der Freiheit und Selbstbestimmung der
Völker." Aus dem Sieg von 1870/71 wurde nichts Positives gemacht,
man schuf „ein Herrenvolk von Untertanen". „Ein bürgerliches
15 Deutschland, auf sich selbst gestellt, auf seine Freiheits- und Völkerlie-
be, seinen noch lebenden Idealismus, wäre andere Wege gegangen."
Freundschaft mit Frankreich wäre nötig gewesen und der Weg der
Menschenwürde.

Vom Absolutismus hatte das Reich die Verlogenheit, vom Parlamenta-
20 rismus allein die Bestechlichkeit. Zudem wurde Hass geschürt, nach
innen gegen die ‚Reichsfeinde', nach außen gegen die anderen Völker.
„So kam der Krieg. […] Sie haben ihn nicht gewollt, sie haben nur so
gelebt, dass er kommen musste." Ein Satz, der noch Bestand hat nach
langen Jahren der Auseinandersetzung über Deutschlands „Griff nach
25 der Weltmacht".

Das Entscheidende für ihn und seinesgleichen war: „Der Mensch des
Geistes war im Kaiserreich der Paria[1]. Weder angesehen noch ernst genommen, von der Macht und den Würden ausgeschlossen wie sonst
keiner, […] sein Beruf war, lebender Protest zu sein […]. Er verbrachte
30 das Zeitalter des Widergeistes geduckt […], er dachte konservativ und
nihilistisch zugleich. Er war das fragwürdigste, das abgründigste Er-
zeugnis des Reiches."

(Flügge, Manfred: Heinrich Mann. Eine Biographie. Reinbek bei Hamburg: Rowohlt
2006, S. 154 – 163)

---

[1] Paria: Bezeichnung für eine unterprivilegierte Person am Rande der
Gesellschaft

3. Quellenlage des Romans

Seit Langem ist bekannt, dass Heinrich Mann bei der Abfassung des Ro-
mans „Der Untertan" zahlreiche Anleihen bei öffentlichen Reden des Kai-
sers nahm, damit seine Hauptfigur Diederich Heßling möglichst so
sprach wie eine satirische Kopie Wilhelms II. Erst 2019, also hundert Jah-
re nach dem erstmaligen Erscheinen des Texts, konnte der Germanist
Werner Bellmann eine zweite, bislang noch nicht bekannte Quelle aus
dem Jahr 1909 ausfindig machen.

Die ersten Einfälle zu seinem Roman „Der Untertan" und auch Pläne
für eine mögliche Struktur seines neuen Erzählprojekts hat Heinrich
Mann 1906/07 in einem Notizbuch festgehalten. Es hat Jahre gedauert,
bis er – Ende 1911 – mit der Niederschrift der endgültigen Fassung be-
5   ginnt und diese im Juli 1914 zum Abschluss bringen kann. Als wichtigste Quelle genutzt hat Heinrich Mann, und zwar schon bald nach deren
Erscheinen, eine 1907 von Wilhelm Schröder publizierte Ausgabe von
Reden und sonstigen öffentlichen Äußerungen Kaiser Wilhelms II. In
der Forschungsliteratur zum „Untertan" wurden die vor allem in Rede-
10 äußerungen Diederich Heßlings einmontierten Zitate weitgehend
identifiziert und hinsichtlich ihrer – zumeist satirischen – Funktion erörtert.
Für mehrere Kaiserzitate, für die der Forschung ein Herkunftsnachweis
bislang nicht gelungen ist, und auch für eine Reihe historischer Anspie-
15 lungen und anekdotenhafter Einsprengsel im Romantext konnte fol-
gende Publikation – als direkte oder indirekte Quelle – ermittelt werden: „Private Lives of Kaiser William II. and His Consort. Secret History
of the Court of Berlin." […] „Private Lives[1]" ist in weiten Teilen erkenn-
bar gespeist aus den Beobachtungen und dem Erleben einer Person,
20 die sich über viele Jahre hinweg in der engsten Umgebung des Herr-
scherpaares aufgehalten hat – und die Darstellung ist gekennzeichnet
durch eine äußerst kritische Haltung insbesondere gegenüber Kaiser
Wilhelm II. Kontrastiert wird, um einige Beispiele zu nennen, dessen
Prunk- und Verschwendungssucht bei höfischen Festen, Reisen und

---

[1]   Bibliografische Angaben zu diesem Titel finden sich ebenfalls: Bellmanns
Aufsatz, Angaben s. S. 439.

aufwendigen Jagdvergnügen mit dem Geiz gegenüber den Angestellten und Dienstboten des Hofes. Dargestellt wird seine panische Angst vor Krankheiten (insbesondere des Halses und der Atemwege) und das daraus resultierende rücksichtslose Verhalten gegenüber jedermann,
[5] der Erkältungssymptome zeigte; dargestellt werden auch seine Geltungssucht, seine Eitelkeiten (dreihundert Uniformen) und die sonstigen vielfältigen Ausprägungen seiner Exzentrizität [...] Verteilen sich die aus Wilhelm Schröders Dokumentation übernommenen Zitate über den gesamten Text von „Der Untertan", so können signifikante
[10] Entlehnungen aus „Privat Lives" nur für das letzte Romankapitel nachgewiesen werden. Das lässt darauf schließen, dass Heinrich Mann die entsprechenden Informationen erst im Schlussstadium der Romanniederschrift zugekommen sind, also zu einem Zeitpunkt, als die vollständige amerikanische Ausgabe von „Private Lives" vorliegt. – Nach-
[15] folgend werden die markantesten Beispiele für Entlehnungen dokumentiert und erörtert.

Der Untertan, S. 359 – 360: [*Anmerkung des Bearbeiters: Die Seitenzahlen wurden der Ausgabe des Schöningh Verlags angepasst.*]

[Diederich Heßling:] „Seine Majestät haben das erhabene Wort ge-
[20] sprochen: Mein afrikanisches Kolonialreich für einen Haftbefehl gegen Eugen Richter! Ich aber, meine Herren, liefere seiner Majestät die nächsten Freunde Richters!"

Bei dem „erhabenen Wort" des Kaisers, für das ein Herkunftsnachweis (in kaiserlichen Reden, Briefen usw.) bislang nicht erbracht werden
[25] konnte, handelt es sich ganz offensichtlich um eine Variation des Ausspruchs, der in der folgenden Passage von „Private Lives" [...] zitiert wird:

„Last February, Eugene Richter made his great speech against William's hunting companions, who, he thundered, manipulate the
[30] Kaiser at will. 'My African Empire for a lettre de cachet[1] that will send

---

[1] Lettre de cachet (franz.): ursprünglich Schreiben des Königs von Frankreich, mit denen er Strafmaßnahmen und Festnahmen ohne ordentliches Gerichtsurteil festlegte

this rabulist to Spandau! Would I not gladly forget all about him there!'
exclaimed His Majesty when the tirade became known."

Eugen Richter, Führer der Freisinnigen Volkspartei im Deutschen
Reichstag und einer der schärfsten Kritiker des persönlichen Regi-
5 ments Wilhelms II. ist der „Rabulist[1]", den der Kaiser sehnlichst ins
Zuchthaus nach Spandau wünscht. […]

Der Untertan, S. 383:

„Über die Zeitung hinweg sagte Diederich zu Guste: ‚So wie ich England hasse, hat nur Friedrich der Große dies Volk von Dichtern und
10 Händlern gehasst. Das ist ein Wort seiner Majestät, und ich unterschreibe es.'"

Der Ausspruch Wilhelms II. ist in „Private Lives" in folgender Form
überliefert: „My hatred of England is only equalled by the contempt
Frederick the Great bore to the nation of thieves and traffickers." […]

15 Der Untertan, S. 384:

„‚Der Dreizack gehört in unsere Faust', behauptete Diederich unbeirrt,
indes Guste ein Erlebnis der Kaiserin zum besten gab, das sie tief befriedigte. In Hubertusstock gefiel sich die hohe Frau in einfacher, beinahe bürgerlicher Kleidung. Ein Briefträger, dem sie sich auf der Land-
20 straße zu erkennen gab, hatte ihr nicht geglaubt, dass sie es sei, und
sie ausgelacht. Nachher war er vernichtet auf die Knie gesunken und
hatte eine Mark erhalten. Dies entzückte auch Diederich – wie es ihm
andererseits an das Herz griff, dass der Kaiser am Weihnachtsabend
auf die Straße ging, um mit siebenundfünfzig Mark neugeprägten Gel-
25 des den Armen Berlins ein frohes Fest zu bereiten."

Das die Textpassage einleitende Zitat, das einer am 18. Juni 1897 in
Köln gehaltenen Rede Wilhelms II. entstammt, hat Heinrich Mann
wahrscheinlich der Dokumentation von Wilhelm Schröder entnom-
men. Der sich anschließende Kurzbericht über das „Erlebnis der Kaise-
30 rin" in Hubertusstock, der kaiserlichen Jagdresidenz nordöstlich von

---

[1] Rabulist: hier: Wortklauber

Berlin, basiert auf einer rund vierzig Zeilen umfassenden detailreichen Schilderung in „Private Lives". Der Schluß dieser Schilderung zeigt, dass Auguste Viktoria bei ihrem Spaziergang von jener Hofdame begleitet wurde, auf deren Aufzeichnungen […] „Private Lives" weitgehend basiert:

„[…] and as the Leibjäger, too, arrived on the scene, the zealous postman quickly collapsed and, throwing himself on his knees, begged the sovereign lady's pardon. Of course, it was granted; it would have been ridiculous to make the old fool seriously. By Her Majesty's command, I gave him a mark that he might drown his terror in a bottle of Schnaps."

[…]

(Bellmann, Werner: Tagebücher und private Aufzeichnungen einer kaiserlichen Hofdame. Eine neuentdeckte Quelle für Heinrich Manns *Der Untertan* und Martin Walsers *Angstblüte*, in: Wirkendes Wort, 2/2019, S. 183 – 196, hier: S. 183 – 186)

4. Zeitgenössische Reaktionen auf den Roman

Bei seinem ersten Erscheinen wurde der Roman „Der Untertan" von den Rezensenten sehr gegensätzlich aufgenommen. Während beispielsweise Josef Froberger, Redakteur der „Kölnischen Volkszeitung", zu dem Schluss kam, dass Heinrich Mann seine literarische Begabung an einen minderwertigen Stoff vergeudet habe, begrüßte der einflussreiche Journalist und Publizist Kurt Tucholsky das Werk Manns als prophetische Zeitanalyse. Der Münchner Literaturkritiker Richard Rieß wiederum lobte die vollendete satirische Form, wohingegen der liberale Theodor Heuss, später der erste Bundespräsident der Bundesrepublik Deutschland, den mangelnden Kunstcharakter des Werks kritisierte.

Rezension von Josef Froberger (1919)

Es ist nicht zu leugnen, dass er [Heinrich Mann, Anmerkung des Verfassers] trotz karikaturenhafter Tendenzen manche unglückselige Schwächen des offiziellen und offiziösen Patriotismus, namentlich in den Kreisen des Beamtentums, mit eindringlicher Schärfe in satirische Be-
5 leuchtung rückt, aber diese ganze Art der Satire ist seelisch so niederdrückend, sie schließt in solchem Maße jeden freundlichen Ausblick auf Besserung durch gesunde Volkskräfte aus, dass vom ganzen Werke nur eine trübe, lähmende Stimmung ausgehen kann. [...] Die Art, wie dieser Vertreter des Bürgertums bis zur Schnurrbartmode den Kaiser
10 nachahmt, sein dröhnendes Bramarbasieren[1] mit abgeleierten patriotischen Redensarten, die ständige Wiederholung der gleichen Motive karikaturenhafter Zeichnung, dies alles wirkt auf die Dauer geradezu nervenzerreibend, es ist die reinste Spartakusliteratur[2]. Eine seelenhafte Ergründung innerlichen Lebens darf unter solchen Umständen
15 nicht erwartet werden, die menschlichen Figuren, namentlich die Frauengestalten, sind in groben Strichen ins übertrieben Typenhafte

---

[1] Bramarbasieren: mit Erfolgen angeben
[2] Spartakusliteraur: Der Spartakusbund war eine marxistisch ausgerichtete Vereinigung im Kaiserreich, die sich besonders gegen Militarismus und Imperialismus wandte.

vergrößert, nur selten begegnet man, wie bei der Gestalt von Agnes Göppel, menschlich individuellen Zügen. Innerliche Konflikte sind deswegen auch keine vorhanden, die Handlung schreitet in lediglich von außen kommenden Stößen voran. Und dort verfügt Mann über eine
5 ungewöhnliche Kraft und Tätigkeit künstlerischer Darstellung, die einen stets aufs Neue bedauern lässt, dass der innerliche Gehalt der hervorragenden Technik so wenig entspricht. Sein Stil bietet in seinen reichen, jeder Stufe der Handlung fein entsprechenden Modulationen[1] eine ungewöhnliche Spannweite von wirklichkeitsfreudiger Aus-
10 drucksfähigkeit. Nur wenige moderne Schriftsteller verstehen es wie er, die Handlung und die warme Bewegtheit des Lebens in Stil und Sprache übergehen zu lassen. […] Es ist darum aufs Tiefste zu beklagen, dass ein solcher Künstler, den Neigungen der Tagesmode folgend, seine Tätigkeiten an unwürdige Gegenstände verschwendet und in ei-
15 ne rein negative Richtung geraten ist. Sein neuester Zeitroman, der Deutschlands Schwächen in eine so grelle, so übertrieben einseitige Beleuchtung bringt, ist trotz der angeführten stilistischen Vorzüge ein im Wesentlichen durchaus unbefriedigendes Werk […]. Der Heinrich Mann von jüngeren Literaturkreisen zugedachte Führerberuf findet in
20 einem solchen Werke jedenfalls keine Begründung.

(Josef Froberger (1871 – 1931): Heinrich Manns neuester Zeitroman (1919; Auszüge), abgedruckt in: Kölnische Volkszeitung und Handels-Blatt, 60. Jg., Nr. 228, 22. März 1919 (Morgen-Ausgabe). Die hier vorliegenden Auszüge folgen in Auswahl und Textgestalt dem Abdruck in: Betz, Frederick: Erläuterungen und Dokumente – Heinrich Mann: Der Untertan. Stuttgart: Reclam 1993, S. 122 – 124)

Rezension von Kurt Tucholsky (1919)

Dieses Buch Heinrich Manns, heute, gottseidank, in Aller Hände, ist das Herbarium[2] des deutschen Mannes. Hier ist er ganz: in seiner Sucht, zu befehlen und zu gehorchen, in seiner Roheit und in seiner Religiosität, in seiner Erfolganbeterei und in seiner namenlosen Zivilfeigheit. Leider: es
5 ist der deutsche Mann schlechthin gewesen; wer anders war, hatte nichts zu sagen, hieß Vaterlandsverräter und war kaiserlicherseits angewiesen, den Staub des Landes von den Pantoffeln zu schütteln. Das Er-

---

[1] Modulation: Fachbegriff aus der Musik, der den Übergang von einer Tonlage in eine andere bezeichnet

[2] Herbarium: Sammlung getrockneter Pflanzenteile für wissenschaftliche Zwecke

staunlichste an dem Buch ist sicherlich die Vorbemerkung: „Der Roman wurde abgeschlossen Anfang Juli 1914." Wenn ein Künstler dieses Ranges das schreibt,

5 ist es wahr: bei jedem andern würde man an Mystifikation denken, so überraschend ist die Sehergabe, so haarscharf ist das Urteil, bestätigt von der Geschichte, bestätigt von dem, was die Unterta-

10 nen als allein maßgebend betrachten: vom Erfolg. Und es muss immerhin bemerkt werden, dass die alten Machtha-

Kurt Tucholsky (1890 – 1935)

ber – ach, wären sie alt! – dieses Buch von ihrem Standpunkt aus mit Recht verboten haben: denn es ist ein gefährliches Buch. […] Diese Pa-

15 rallele mit dem Staatsoberhaupt ist erstaunlich durchgearbeitet. Diederich Heßling gebraucht nicht nur dieselben Tropen und Ausdrücke, wenn er redet wie sein kaiserliches Vorbild – am lustigsten einmal in der Antrittsrede zu den Arbeitern […] – er handelt auch im Sinne des Gewaltigen, er beugt sich nach oben, wie der seinem Gotte, so er seinem Re-

20 gierungspräsidenten, und tritt nach unten. Denn diese beiden Charaktereigenschaften sind an Heßling, sind am Deutschen auf das subtilste ausgebildet: sklavisches Unterordnungsgefühl und sklavisches Herrschaftsgelüst. […] Das ganze bombastische und doch so kleine Wesen des kaiserlichen Deutschland wird schonungslos in diesem Buch aufge-

25 rollt. […] tiefer ist nie die Popularität Wagners enthüllt worden als hier an einer Lohengrin-Aufführung, die voll witziger Beziehungen zur deutschen Politik strotzt […] – und vor allem zeigt Heinrich Mann, wonach eben das Buch seinen Namen führt: die Unfreiheit des Deutschen. […] Und noch eins scheint mir in diesem Werk, das auch noch die kleinen

30 und kleinsten Züge der Hurramiene mit dem aufgebürsteten Katerschnurrbart eingefangen hat, auf das glücklichste dargestellt zu sein: das Rätsel der Kollektivität[1]. Was der Jurist Otto Gierke einst die reale Verbandspersönlichkeit benannte, diese Erscheinung, dass ein Verein nicht die Summe seiner Mitglieder ist, sondern mehr, sondern etwas

35 Andres, über ihnen Schwebendes: das ist hier in nuce aufgemalt und

---

[1] Kollektivität: Gemeinschaftlichkeit

dargetan. Neuteutonen und Soldaten und Juristen und schließlich Deutsche – es sind alles Kollektivitäten, die den Einzelnen von jeder Verantwortung frei machen, und denen anzugehören Ruhm und Ehre einbringt, Achtung erheischt und kein Verdienst beansprucht. Man ist es
5 eben, und damit fertig. Der Musketier[1] Lyck, der den Arbeiter erschießt – historisch – und dafür Gefreiter wird; der Bürger Heßling, der – nicht historisch, aber mehr als das: typisch – alle anders Gearteten wie Wilde ansieht; sie sind Sklaven der rätselvollen Kollektivität, die diesem Lande und dieser Zeit so unendlich Schmachvolles aufgebürdet hat. [...]
10 Aus kleinen Ereignissen wird die letzte Enthüllung des deutschen Seelenzustandes: am fünfundzwanzigsten Februar 1892 demonstrierten die Arbeitslosen vor dem Königlichen Schloss in Berlin, und daraus wird in dem Buch eine grandiose Szene mit dem opernhaften Kaiser als Mittelstaffage[2], einer begeisterten Menge Volks und in ihnen, unter ihnen
15 und ganz mit ihnen: Heßling, der Deutsche, der Claqueur[3], der junge Mann, der das Staatserhaltende liebt, der Untertan. Und aus all dem Tohuwabohu, aus dem Gewirr der spießigen Kleinstadt, aus den Klatschprozessen und aus den Schiebungen – man sagt: Verordnungen; und meint: Grundstücksspekulation –, aus lächerlichen Ehrenkodexen
20 und simplen Gaunereien strahlt die Figur des alten Buck. Man muss so hassen können wie Mann, um so lieben zu können. [...] Und das Buch [...] zeigt uns wieder, dass wir auf dem rechten Wege sind, und bestätigt uns, dass Liebe, die nach außen in Hass umschlagen kann, das Einzige ist, um in diesem Volke durchzudringen, um diesem Volke zu helfen, um
25 endlich, endlich einmal die Farben Schwarzweiß-rot, in die sie sich verrannt haben wie die Stiere, von dem Deutschland abzutrennen, das wir lieben, und das die Besten aller Alter geliebt haben.

(Ignaz Wrobel [d. i. Kurt Tucholsky]: Der Untertan (1919; Auszüge), abgedruckt in: Die Weltbühne, 15. Jg., Nr. 13, 20. März 1919, S. 317 – 321. Wiederabgedruckt in: Kurt Tucholsky: Gesammelte Werke. Hrsg. von Mary Gerold-Tucholsky und Fritz J. Raddatz. Bd. 1. Reinbek bei Hamburg: Rowohlt 1960, S. 383. Die hier vorliegenden Auszüge folgen in Auswahl und Textgestalt dem Abdruck in: Betz, Frederick: Erläuterungen und Dokumente – Heinrich Mann: Der Untertan. Stuttgart: Reclam 1993, S. 120 – 122.)

[1] Musketier: ursprünglich mit Musketen bewaffnete Truppeneinheit, im Kaiserreich Bezeichnung einer Infanteriegattung
[2] Mittelstaffage: Gemeint ist die schmückende Funktion des Kaisers als Teil der Inszenierung.
[3] Claquer: jemand, der fürs Applauskatschen bezahlt wird

Rezension von Richard Rieß (1919)

Dieser Roman, der ein politischer Roman ist, indem er den bestimmenden Typus malt, ist ein höchst amüsantes Buch, und wir könnten ihn herzhaft belachen, wenn – ja, wenn wir die Kosten dieses Human nicht jetzt selber so schwer zu tragen hätten. Künstlerisch steht das
5 Buch, das, wie z. B. auch „Professor Unrat" neben seinem Hauptthema die „Moral" der „kleinen Stadt" ihren Klatsch und innere Sittenlosigkeit malt, sehr hoch. Es ist aus bewunderungswürdigem Reichtum freigebig in der Menschengestaltung, und wenn auch jede Figur und jedes Ereignis von den karikaturistischen Gestaltstendenzen Stil und Stem-
10 pel erhält, so ist doch trotz mancher Vergröberung immer wieder das echte, wahre Leben zu erkennen. Der Stil ist nicht so artistisch wie in Manns früheren, nicht so reine Kunstform wie vor allem in seinem letzten Werk, den „Armen", die zwar dem Stoffe und der Idee nach eine Fortsetzung des „Untertans" darstellen, aber bei all ihrem hohen
15 künstlerischen Werte ihr Thema nicht so restlos erfassen und so überzeugend zur Geltung bringen wie „Der Untertan". Die Sprache des neuerschienenen Romans ist nüchterner. Sie verzichtet auf manche früher bewunderte Schönheit der Heinrich Mannschen Diktion, aber sie bringt den Gedanken klarer zur Anschauung und zum Erfassen.
20 Als Kunstwerk betrachtet, ist das Buch eine der wuchtigsten, formell und inhaltlich reifsten Satiren, die wir in deutscher Sprache besitzen. Es ist zumal im Anfange glänzend aufgebaut. Zu riesiger Größe wachsen oft Visionen. Wie auch in manchen früheren Büchern erscheint hier ein – keineswegs ironisch gegebenes, sondern gerade durch seinen
25 Ernst wirksames Pathos des Grotesken.
Eine Gefahr, die mir dieses Buch in sich zu bergen scheint, eine Gefahr; die um so größer ist, als die künstlerische Kraft des Buches zu überzeugen versteht, sei nicht verschwiegen. Sie liegt in der Einseitigkeit des Bildes, das der Leser aus diesem Romane von Deutschland gewinnt.
30 Wohl ist der Typ Heßling ein deutscher Typ, aber er ist nicht Deutsch-

land. Die Gegenströmung bleibt in dem Buche allzu stark im Schatten, dabei ist sie doch immer dagewesen. Und sie hätte sich auch im Kriege [...] mehr Geltung verschafft, wenn wir nicht von den – „Heßlingschen" belogen und betrogen worden wären.

(Richard Rieß: Heinrich Mann und der „Kaiserismus", in: Königsberger Hartung'sche Zeitung, Nr. 31, 19. Januar 1919 (Sonntagbeilage), S. 2. Zitiert nach: Betz, Frederick: Erläuterungen und Dokumente – Heinrich Mann: Der Untertan: Stuttgart: Reclam 1993, S. 116 – 117)

Rezension von Theodor Heuss (1919)

Heinrich Mann auf den Spuren Zolas[1]: was der Franzose in ungezählten Bänden leisten wollte, die „Natur- und Sozialgeschichte einer Familie unter dem
5 Zweiten Kaiserreich", in den Rougon-Macquarts, das ungefähr wollte Mann in den zwei Büchern verdichten: „Der Untertan" und „Die Armen". [...]
Während Thomas Mann aus seiner be-
10 herrschten Kühle die Liebe leuchten lassen will, die Deutschland für ihn bedeutet, immer etwas bedacht, dass dies in guter Form geschehe, verwandelt Heinrich seine bewegte Leiden-
15 schaft zu erkältendem Hass, und auf gute Haltung kommt es ihm nicht mehr an. Der „Untertan" ist ein starker Ver-

Theodor Heuss (1884 – 1963), liberaler Journalist und Politiker, 1949 – 1985 Bundespräsident der Bundesrepublik Deutschland

such, und der Einfall, in dem „Helden", dem Parvenu-Industriellen Heßling, den Kaiser zu zeichnen, konnte zum großen Wurf werden,
20 aber die Ausführung blieb leider in der Kolportage[2] stecken. Nicht darüber soll gesprochen werden, ob das Wilhelminische Deutschland in der Tat so ausgesehen hat, ob der deutsche Typus der ekelhafte, feige, verbrecherische und brutale Bursche war, wie er hier beschrieben ist, ob die deutsche Mittelstadt eine Sammlung von Eseln, Lüstlingen,

---

[1] Émile Zola (1840 – 1902): französischer Schriftsteller
[2] Kolportage: minderwertige, effekthascherische Literatur

Bonzen usw. – das Buch ist ein gut geschriebenes Pamphlet, aber ein ganz dürftiges Kunstwerk. Zum Humor fehlt ihm die Liebe, zum Hass die freie Leidenschaft – was bleibt, sind ein paar glänzende Episoden, wie die Lohengrin-Aufführung, die das Tempo einer überlegenen Sati-
5 re erhält, während die sexuellen Geschichten, die Gerichtsszenen, die politischen Innigen nur wenig über ganz grobe Mache emporragen. Mann möchte Pedant des „Milieus" sein – es fehlt ihm die Geduld. Er möchte die Groteske geben – es fehlt ihm die Freiheit des Lachens. Der hassende Politiker erschlägt den anschauenden Dichter.

(Theodor Heuss: Mann gegen Mann (1919), in: Theodor Heuss: Vor der Bücherwand. Skizzen zu Dichtern und Dichtung. Hrsg. von Friedrich Kaufmann und Hermann Leins. Tübingen: Wunderlich 1961, S. 289 f. Zitiert nach: Betz, Frederick: Erläuterungen und Dokumente – Heinrich Mann: Der Untertan. Stuttgart: Reclam 1993, S. 128 – 129)

5. Hinweise zur Textanalyse

Einen Romanauszug beschreiben und deuten

Im Folgenden werden die wesentlichen Gesichtspunkte, die es bei einer schriftlichen Analyse eines Romanauszuges zu berücksichtigen gilt, entlang des Analyseaufbaus (Einleitung, Hauptteil, Schluss) stichwortartig vorgestellt.

1. Einleitung

- Autor/Autorin, Titel ...
- Schwerpunkte des Romans, allgemeine Hinweise zu den intentionalen Akzenten (Worum geht es dem Autor/der Autorin in seinem/ihrem Roman? Was verdeutlicht er/sie insgesamt?)
- kurze Inhaltszusammenfassung des Auszugs bzw. inhaltliche Einordnung (Was geschieht kurz zuvor, was schließt sich an?)
- Festlegung der Analysemethode (aspektorientiert, linearanalytisch)

2. Hauptteil

2.1 Linearanalyse auf der Basis einer möglichen Textgliederung

- den Aufbau kurz beschreiben
- Beschreibung und Deutung der Einzelabschnitte (Aussage zum Inhalt, zum Deutungsschwerpunkt des Abschnitts und zu den sprachlichen Auffälligkeiten, die die Deutung stützen, Überleitung zum nächsten Abschnitt ...)

2.2 Aspektgeleitete Analyse

- Kennzeichnung der zu bearbeitenden Deutungsaspekte
- Entfaltung des jeweiligen Deutungsaspekts (Aussage zum inhaltlichen Zusammenhang, in dem der Schwerpunkt relevant ist, Beschreibung der sprachlichen Besonderheiten, die die Deutung stützen, Überleitung zum nächsten Aspekt ...)

3. Schlussteil

- Zusammenfassung der Analyseergebnisse
- Vergleich mit dem Gesamtzusammenhang des Romans (Was ist typisch in dem Auszug, welche neuen Akzente sind möglicherweise enthalten?)

Auch das ist wichtig:
- Bearbeiten Sie zunächst die Textvorlage mit einem Stift und planen Sie Ihren Text kurz.
- Zitieren Sie korrekt! Fügen Sie Zitate richtig in den Satzbau Ihres Textes ein!
- Arbeiten Sie nach Möglichkeit mit fachsprachlichen Ausdrücken (rhetorische Figuren, grammatische Begriffe ...)!
- Verlieren Sie nicht den „roten Faden"! Der Leser/Die Leserin muss diesen nachvollziehen können!
- Vermeiden Sie Wiederholungen, die Ihren Text lediglich verlängern, aber keinen Erkenntniswert beinhalten!
- Absätze machen Ihren Text leserfreundlich!
- Beachten Sie die Regeln der Rechtschreibung und Zeichensetzung!

(Stefan Volk: EinFach Deutsch: Theodor Fontane: Effi Briest. Paderborn: Schöningh Verlag [2] 2020, S. 426 – 427)

Wichtige rhetorische Figuren

rhetorische Figur	Erklärung	Beispiel
Alliteration	Zwei oder mehrere Wörter in unmittelbarer Nähe beginnen mit demselben betonten Anlaut.	„das Sitzen, Stehen, Sprechen oder Singen" (S. 25, Z. 14 f.)
Anapher	Mehrere Zeilen oder Sätze beginnen mit demselben Wort.	„Alles drängte vorwärts, alles stürzte einem Ziel zu" (S. 21, Z. 5 f.)
Antithese, Antitheton	Gegensätzliche Begriffe oder Gedanken werden gegenübergestellt.	„zu dem schrecklichen lieben Gott" (S. 5, Z. 17)
Asyndeton	Wörter oder Wortgruppen stehen unverbunden nebeneinander.	Frisch, fromm, fröhlich, frei
Bild	Dieser Begriff fasst die Ausdrucksweisen bildhaften, übertragenen Sprechens zusammen: Symbol, Metapher, Personifikation …	
Chiasmus	Jeweils zwei Wörter werden kreuzweise gegenübergestellt.	Heiß ist die Sonne, der Mond jedoch kalt.
Correctio	Ein Sprecher oder eine Sprecherin berichtigt sich während des Vortrages selbst.	„Agnes! Süße Agnes […]" (S. 64, Z. 8)
Ellipse	Darunter versteht man einen Satz, der nicht vollständig ist.	„Die Erklärungen Seiner Erlaucht waren so durchaus befriedigend, dass ich meinerseits unmöglich" (S. 36, Z. 14 f.)

rhetorische Figur	Erklärung	Beispiel
Euphemismus	Das Negative eines Sachverhalts wird durch positive Bezeichnungen verhüllt oder beschönigt.	„Diederich ward einem Packer überliefert, der ihn die Treppe hinabbeförderte." (S. 38, Z. 14 f.)
Hyperbel	Übertreibung, Übersteigerung	Das habe ich dir schon tausendmal gesagt.
Inversion	Die übliche Wortfolge wird verändert.	Nicht für erforderlich aber hält man es …
Ironie	Der Sprecher, die Sprecherin meint das Gegenteil des Gesagten.	„Eine nette Gesellschaft!" (S. 195, Z. 4 f.)
Klimax	Eine Reihe von Ausdrücken wird in steigender Anordnung gebraucht.	„unerbitterlichen, menschenverachtenden, maschinellen Organismus" (S. 7, Z. 31 f.)
Litotes	Die Bedeutung eines Sachverhaltes wird durch die Verneinung seines Gegenteils gesteigert.	„ich darf Sie wohl darauf hinweisen, dass Ihre Verbindung mit den Bucks Ihnen […] nicht gerade nützt" (S. 215, Z. 26 ff.)
Metapher	Ein Wort wird aus den Bedeutungszusammenhängen des vertrauten Sprachgebrauchs gelöst und in andere Zusammenhänge so eingeordnet, dass es eine neue Bedeutung erhält.	„Der Geist der Zeit geht hier noch in Filzschuhen über die Straße." (S. 275, Z. 22 f.)

rhetorische Figur	Erklärung	Beispiel
Parallelismus	In aufeinanderfolgenden Sätzen werden die Satzglieder in gleicher Weise angeordnet.	„Die Macht, die über uns hingeht und deren Hufe wir küssen! Die über Hunger, Trotz und Hohn hingeht! Gegen die wir nichts können, weil wir alle sie lieben! Die wir im Blut haben, weil wir die Unterwerfung darin haben!" (S. 56, Z. 26 ff.)
Personifikation	Abstrakten Begriffen, unbelebten Erscheinungen, Tieren und Pflanzen werden Eigenschaften oder Verhaltensweisen zugeordnet, die nur Personen zukommen.	„einsames Glas" (S. 20, Z. 7)
Rhetorische Frage	Ein Sprecher/eine Sprecherin setzt durch eine Scheinfrage, die eine nachdrückliche Aussage enthält, die Zustimmung des Zuhörers/der Zuhörerin als gegeben voraus. Eine Antwort wird nicht erwartet.	„Merken Se es nicht?" (S. 38, Z. 13)
Symbol	Ein konkreter Gegenstand wird als Träger eines allgemeinen Sinnzusammenhangs gesetzt.	Das Kreuz als Zeichen des Christentums, Farbsymbole wie grün (Hoffnung), weiß (Unschuld) …

rhetorische Figur	Erklärung	Beispiel
Vergleich	Durch wie, sowie, als ob u. A. wird eine Beziehung zwischen zwei Bereichen hergestellt, zwischen denen eine Gemeinsamkeit besteht.	„Er fühlte sich […] wie vom Boden gehoben." (S. 63, Z. 29)
Wortwiederholung	Wiederholungen einzelner oder mehrerer Wörter in unmittelbarer Nähe	„‚Brot! Arbeit!' Ein deutlicheres Grollen, ausbrechend aus der Tiefe, jetzt drüben, jetzt hier: ‚Brot! Arbeit!' Anschwellend, über die Menge hinrollend, wie aus einer Gewitterwolke: ‚Brot! Arbeit!'" (S. 53, Z. 2 ff.)
Zeugma	Gleiche Satzglieder werden syntaktisch richtig miteinander verbunden, obwohl sie von der Bedeutung her nicht zusammen passen.	Ich will Blumen und Tränen auf ihr Grab streuen.

(Nach: Johannes Diekhans: EinFach Deutsch. Gotthold Ephraim Lessing: Nathan der Weise. Textausgabe. Paderborn: Schöningh Verlag ³²2020, S. 189 – 192. Die Seitenangaben (Zitate) beziehen sich auf diese Textausgabe: Heinrich Mann: Der Untertan. Erarbeitet von Claudia Müller-Völkl/Michael Völkl. Braunschweig: Westermann Bildungsmedien Verlag 2021.)

Bildnachweis: